2013

CHINA LABOUR STATISTICAL YEARBOOK

中国劳动统计年鉴

Compiled by
Department of Population and Employment Statistics
National Bureau of Statistics
Department of Planning and Finance,
Ministry of Human Resources and Social Security

国家统计局人口和就业统计司
人力资源和社会保障部规划财务司 编

中国统计出版社
China Statistics Press

图书在版编目（CIP）数据

中国劳动统计年鉴. 2013：汉英对照 / 国家统计局人口和就业统计司，人力资源和社会保障部规划财务司编. -- 北京：中国统计出版社, 2014.1
ISBN 978-7-5037-7032-6

Ⅰ. ①中… Ⅱ. ①国… ②人… Ⅲ. ①劳动经济－统计资料－中国－2013－年鉴－汉、英 Ⅳ. ①F249.2-54

中国版本图书馆 CIP 数据核字（2013）第 299502 号

中国劳动统计年鉴—2013

作　　者 / 国家统计局人口和就业统计司，人力资源和社会保障部规划财务司编
责任编辑 / 徐　涛
封面设计 / 李雪燕
出版发行 / 中国统计出版社
通信地址 / 北京市丰台区西三环南路甲 6 号　邮政编码/100073
电　　话 / 邮购（010）63376909　书店（010）68783171
网　　址 / http://csp.stats.gov.cn
印　　刷 / 河北天普润印刷厂
经　　销 / 新华书店
开　　本 / 880×1230 毫米　1/16
字　　数 / 936 千字
印　　张 / 29.25
版　　别 / 2014 年 1 月第 1 版
版　　次 / 2014 年 1 月第 1 次印刷
定　　价 / 260.00 元

本书附同版本 CD-ROM 一张，光盘内容以书面文字为准。
中国统计版图书，如有印装错误，本社发行部负责调换。

《中国劳动统计年鉴-2013》编委会和编辑部工作人员

CHINA LABOUR STATISTICAL YEARBOOK-2013

Editorial Board and Staff

编辑说明

《中国劳动统计年鉴—2013》是一部全面反映中华人民共和国劳动经济情况的资料性年刊。本刊收集了2012年全国和各省、自治区、直辖市的有关劳动统计数据。主要指标还编有历年统计数据。

全书共分为14个部分：1.综合；2.就业与失业；3.城镇单位就业人员和工资总额；4.国有单位就业人员和工资总额；5.城镇集体单位就业人员和工资总额；6.其他单位就业人员和工资总额；7.乡镇企业就业人员；8.职业培训与技能鉴定；9.劳动关系；10.社会保障；11.工会工作；12.香港资料；13.澳门资料；14.台湾资料。书末还附有国外有关资料和主要统计指标解释。

参与本书编辑或提供资料的单位除国家统计局、人力资源和社会保障部外，还有农业部和全国总工会。

本书资料的取得形式主要有国家和部门的报表统计、行政记录和抽样调查。全国劳动力、就业人员等资料是运用有关资料推算的，有的资料分项相加不等于总计。望读者使用时予以注意。

恳请广大读者对本书提出宝贵意见。

《中国劳动统计年鉴》编辑部

二〇一三年十二月

PREFACE

China Labour Statistical Yearbook 2013 is an annual statistics publication, which is comprehensively reported the labour economic situation for 2012 and some main indicators series for historically years at nation and provinces, autonomous regions and municipalities levels and parts of cities.

The book is organized into 14 parts, which are:1.General Survey; 2.Employment and Unemployment; 3.Employment and Tatal Wages in Urban Units; 4.Employment and Tatal Wages in State-owned Units; 5.Employment and Tatal Wages in Urban Collective-owned Units; 6.Employment and Tatal Wages in Other Ownership Units; 7.Employment in Township and Village Enterprises; 8. Vocational Training and Skill Appraisal; 9.Labour Relation; 10.Social Security; 11.Trade Union Works; 12.Main Indicators of Hong Kong; 13.Main Indicators of Macao; 14.Main Indicators of Taiwan. In addition, Main Indicators of Other Countries and Explanatory Notes on Main Statistical Indicators are provided in the end of the book.

Besides National Bureau of Statistical and Ministry of Human Resources and Social Security, Ministry of Agriculture and All-China Federation of Trade Unions also participate in the compiling work of this book.

Data resources of this book mainly come from state and departments reporting system, administration records and sampling surveys. Since the information of labor resources and employment for the whole country are calculated according to relevant data, they are not equal to the add-results of all sub-items.

China Labour Statistical Yearbook—2013 Editorial Staff

December 2013

图1　人口及就业情况
POPULATION AND EMPLOYMENT

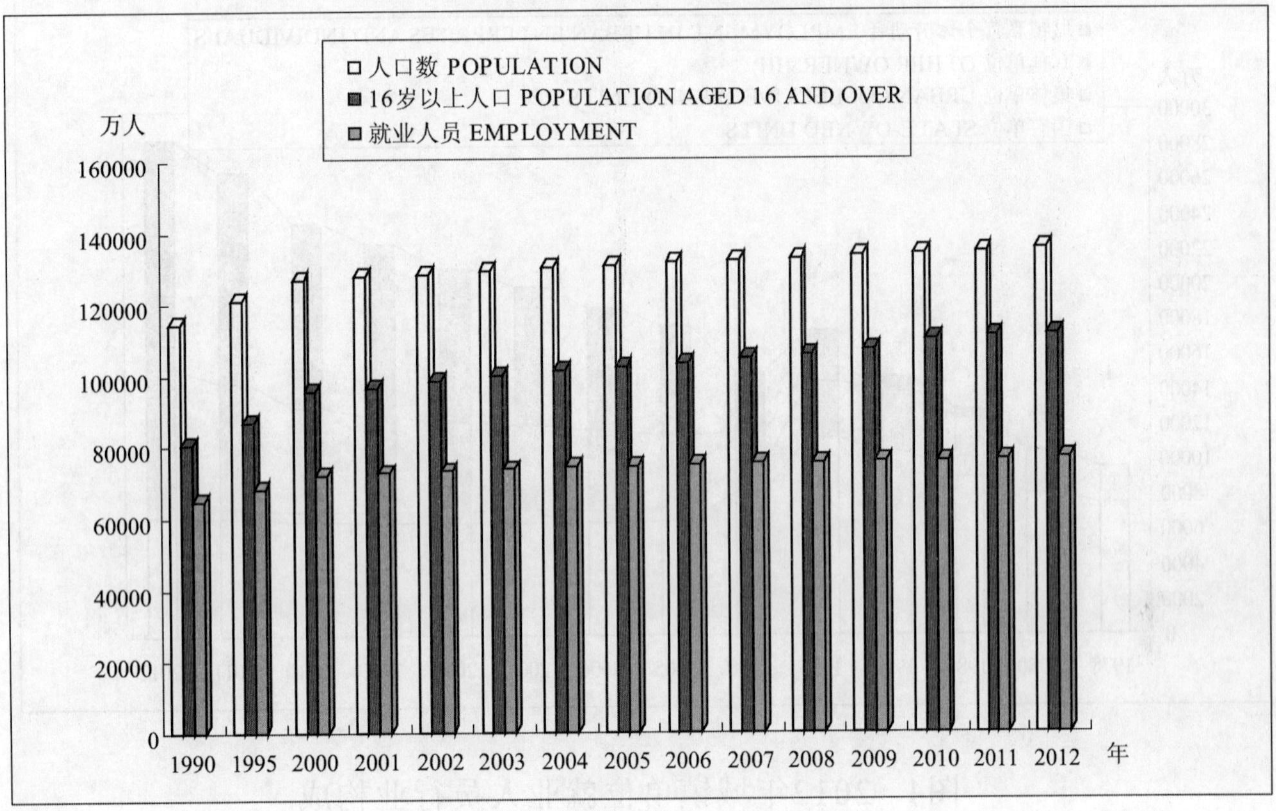

图2　就业人员产业构成
COMPOSITION OF EMPLOYMENT BY INDUSTRY

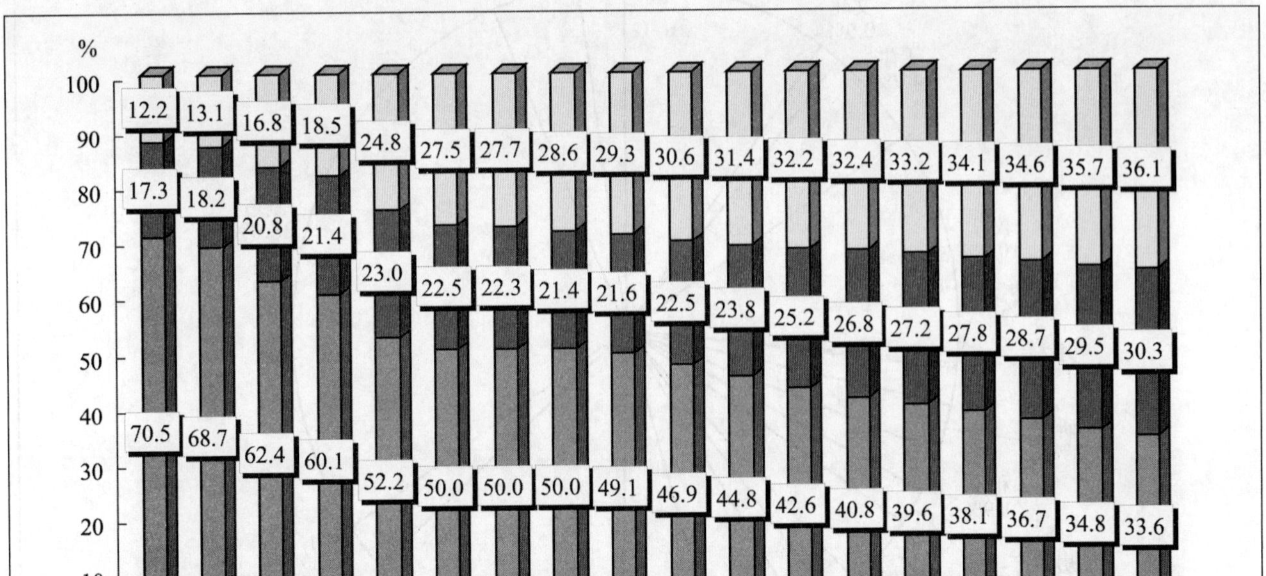

图3　城镇就业人员登记注册类型构成

COMPOSITION OF URBAN EMPLOYMENT BY OWNERSHIP

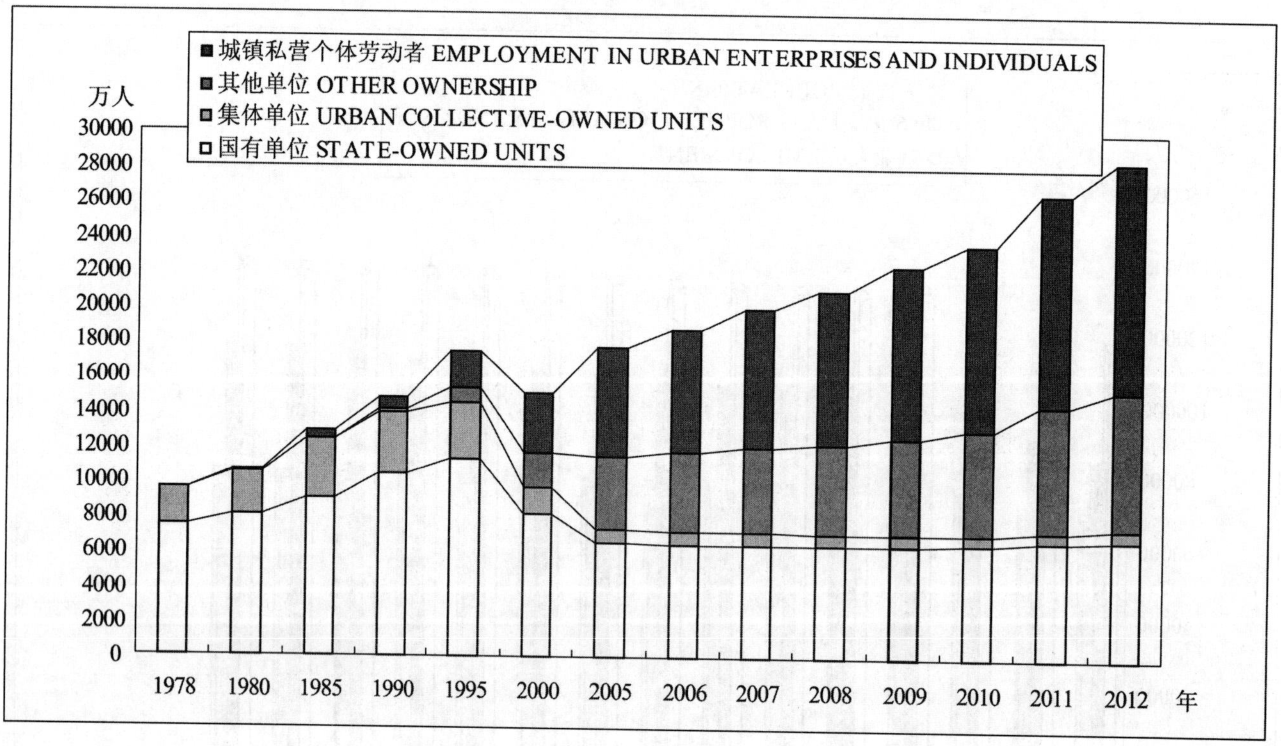

图4　2012年城镇单位就业人员行业构成

COMPOSITION OF EMPLOYMENT IN URBAN UNITS (2012)

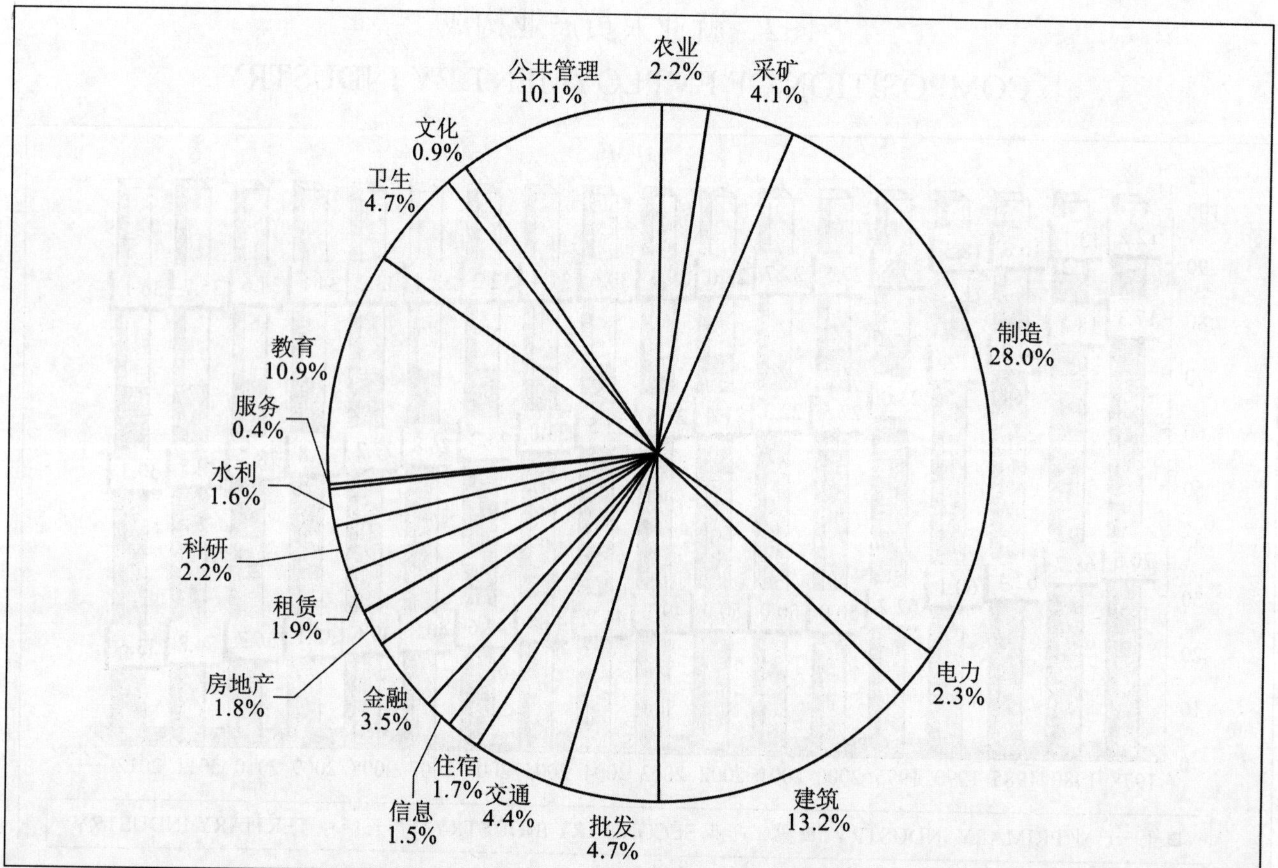

图5 2012年城镇单位女性就业人员占就业人员比重
PROPORTION OF FEMALE EMPLOYMENT IN URBAN UNITS BY SECTOR (2012)

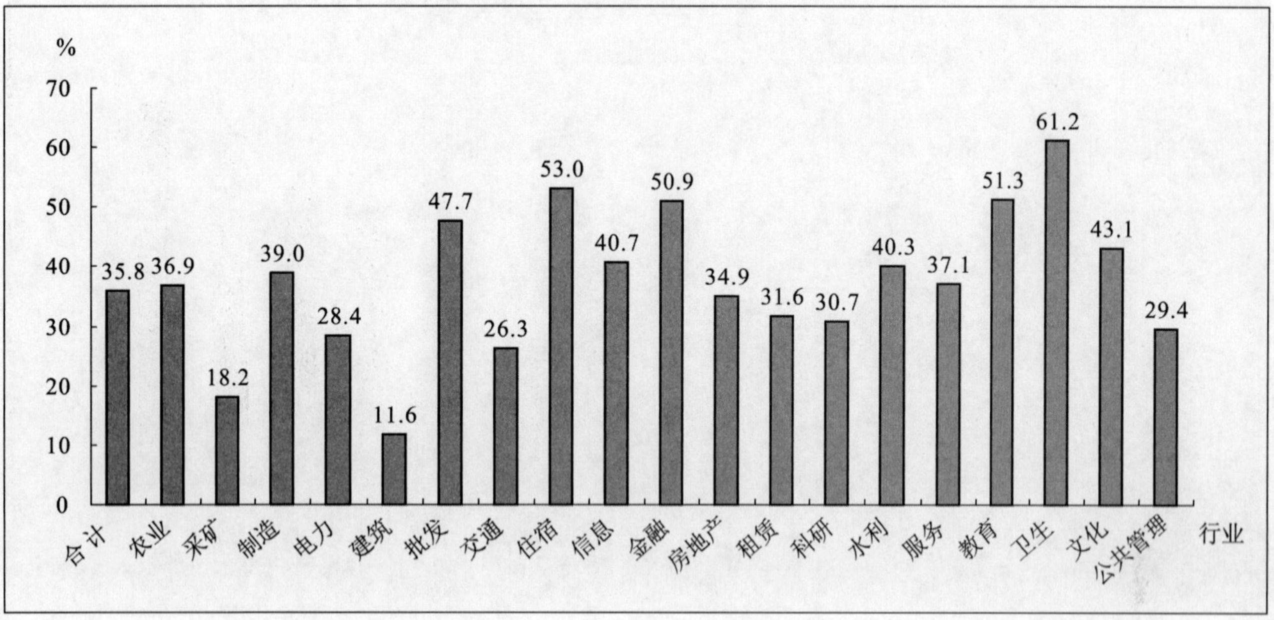

目　录

CONTENTS

一、综　合

GENERAL SURVEY

二、就业与失业
EMPLOYMENT AND UNEMPLOYMENT

三、城镇单位就业人员和工资总额
EMPLOYMENT AND TOTAL WAGES IN URBAN UNITS

四、国有单位就业人员和工资总额
EMPLOYMENT AND TOTAL WAGES IN STATE-OWNED UNITS

五、城镇集体单位就业人员和工资总额
EMPLOYMENT AND TOTAL WAGES IN URBAN COLLECTIVE-OWNED UNITS

六、其他单位就业人员和工资总额
EMPLOYMENT AND TOTAL WAGES IN OTHER OWNERSHIP UNITS

七、乡镇企业就业人员
EMPLOYMENT IN TOWNSHIP AND VILLAGE ENTERPRISES

八、职业培训与技能鉴定
VOCATIONAL TRAINING AND SKILL APPRAISAL

九、劳动关系
LABOUR RELATION

十、社会保障
SOCIAL SECURITY

十一、工会工作
TRADE UNION WORKS

十二、香港资料
MAIN INDICATORS OF HONG KONG

十三、澳门资料
MAIN INDICATORS OF MACAO

十四、台湾资料
MAIN INDICATORS OF TAIWAN

附录一、国外有关资料
MAIN INDICATORS OF OTHER COUNTRIES

一、综　合

GENERAL SURVEY

1-1 全国劳动统计主要指标
MAIN INDICATORS OF NATIONAL LABOUR STATISTICS

指 标	Item	2011	2012	2012年比上年增长 % Increase Rate (2011=100)
总人口(万人)	**Total Population (10 000 persons)**	**134735**	**135404**	**0.5**
16岁以上人口数(万人)	**Population Above 16(10 000 persons)**	**110932**	**111586**	**0.6**
经济活动人口(万人)	**Economically Active Population(10 000 persons)**	**78579**	**78894**	**0.4**
全国就业人员年末人数(万人)	**Employment (end of year, 10 000 persons)**	**76420**	**76704**	**0.4**
城镇就业人员	Urban Employment	35914	37102	3.3
单位就业人员	Unit Employment	14413.3	15236.4	5.7
#国有单位	State-owned Units	6704.2	6839.0	2.0
集体单位	Collective-owned Units	603.1	589.7	-2.2
其他单位	Other Ownership Units	7106.0	7807.7	9.9
城镇私营和个体就业人员	Employment in Urban Private Enterprises and Individuals	12138.8	13200.1	8.7
乡村就业人员	Rural Employment	40506	39602	-2.2
城镇单位就业人员工资总额(亿元)	**Total Wages of the Urban Units Employment (100 million yuan)**	**59954.7**	**70914.2**	**18.3**
#国有单位	State-owned Units	28954.8	32950.0	13.8
集体单位	Collective-owned Units	1737.4	1990.4	14.6
其他单位	Other Ownership Units	29262.4	35973.8	22.9
城镇单位就业人员平均工资(元)	**Average Wage of the Urban Units Employment (yuan)**	**41799**	**46769**	**11.9**
#国有单位	State-owned Units	43483	48357	11.2
集体单位	Collective-owned Units	28791	33784	17.3
其他单位	Other Ownership Units	41323	46360	12.2
在岗职工平均工资(元)	**Average wage of staff and workers**	**42452**	**47593**	**12.1**
#国有单位	State-owned Units	44695	49750	11.3
集体单位	Collective-owned Units	29261	34431	17.7
其他单位	Other Ownership Units	41449	46682	12.6
城镇登记失业人员年末人数(万人)	**Urban Registered Unemployment (10 000 persons)**	**922**	**917**	**-0.5**
非经济活动人口(万人)	**Noneconomically Active Population (10 000 persons)**	**32353**	**32692**	**1.0**

注:自2009年始,“城镇单位就业人员工资总额”和“城镇单位就业人员平均工资”即为2008年及以前的“城镇单位就业人员劳动报酬”和“城镇单位就业人员平均劳动报酬”。往年本年鉴及相关资料中1994-2008年城镇单位就业人员劳动报酬和平均劳动报酬指标与此指标统计口径相同(以下各表同).

a)Since 2009, “Total wages of the urban units employment” and “Average wage of the urban units employment” refer to “Earnings of the urban units employment” and “Average earning of the urban units employment” before 2008. Statistical coverage of “Earnings of the urban units employment” and “Average earning of the urban units employment” in this previous yearbook and relevant books from 1994 to 2008 are the same with the indicators above(The same applies to the tables followings).

1-2 人口数及构成(年末数)
POPULATION AND COMPOSITION (End of Year)

单位：万人、%

(10 000 persons,%)

年 份 Year	总人口 Total Population	按性别分 Grouped by Sex				按城乡分 Grouped by Residence			
		男 Male		女 Female		城镇 Urban		乡村 Rural	
		人口数 Population	比重 Proportion	人口数 Population	比重 Proportion	人口数 Population	比重 Proportion	人口数 Population	比重 Proportion
1952	57482	29833	51.9	27649	48.1	7163	12.5	50319	87.5
1957	64653	33469	51.8	31184	48.2	9949	15.4	54704	84.6
1962	67295	34517	51.3	32778	48.7	11659	17.3	55636	82.7
1965	72538	37128	51.2	35410	48.8	13045	18.0	59493	82.0
1970	82992	42686	51.4	40306	48.6	14424	17.4	68568	82.6
1971	85229	43819	51.4	41410	48.6	14711	17.3	70518	82.7
1972	87177	44813	51.4	42364	48.6	14935	17.1	72242	82.9
1973	89211	45876	51.4	43335	48.6	15345	17.2	73866	82.8
1974	90859	46727	51.4	44132	48.6	15595	17.2	75264	82.8
1975	92420	47564	51.5	44856	48.5	16030	17.3	76390	82.7
1976	93717	48257	51.5	45460	48.5	16341	17.4	77376	82.6
1977	94974	48908	51.5	46066	48.5	16669	17.6	78305	82.4
1978	96259	49567	51.5	46692	48.5	17245	17.9	79014	82.1
1979	97542	50192	51.5	47350	48.5	18495	19.0	79047	81.0
1980	98705	50785	51.5	47920	48.6	19140	19.4	79565	80.6
1981	100072	51519	51.5	48553	48.5	20171	20.2	79901	79.8
1982	101654	52352	51.5	49302	48.5	21480	21.1	80174	78.9
1983	103008	53152	51.6	49856	48.4	22274	21.6	80734	78.4
1984	104357	53848	51.6	50509	48.4	24017	23.0	80340	77.0
1985	105851	54725	51.7	51126	48.3	25094	23.7	80757	76.3
1986	107507	55581	51.7	51926	48.3	26366	24.5	81141	75.5
1987	109300	56290	51.5	53010	48.5	27674	25.3	81626	74.7
1988	111026	57201	51.5	53825	48.5	28661	25.8	82365	74.2
1989	112704	58099	51.6	54605	48.5	29540	26.2	83164	73.8
1990	114333	58904	51.5	55429	48.5	30195	26.4	84138	73.6
1991	115823	59466	51.3	56357	48.7	31203	26.9	84620	73.1
1992	117171	59811	51.0	57360	49.0	32175	27.5	84996	72.5
1993	118517	60472	51.0	58045	49.0	33173	28.0	85344	72.0
1994	119850	61246	51.1	58604	48.9	34169	28.5	85681	71.5
1995	121121	61808	51.0	59313	49.0	35174	29.0	85947	71.0
1996	122389	62200	50.8	60189	49.2	37304	30.5	85085	69.5
1997	123626	63131	51.1	60495	48.9	39449	31.9	84177	68.1
1998	124761	63604	51.0	61157	49.0	41608	33.4	83153	66.6
1999	125786	64126	51.0	61660	49.0	43748	34.8	82038	65.2
2000	126743	65437	51.6	61306	48.4	45906	36.2	80837	63.8
2001	127627	65672	51.5	61955	48.5	48064	37.7	79563	62.3
2002	128453	66115	51.5	62338	48.5	50212	39.1	78241	60.9
2003	129227	66556	51.5	62671	48.5	52376	40.5	76851	59.5
2004	129988	66976	51.5	63012	48.5	54283	41.8	75705	58.2
2005	130756	67375	51.5	63381	48.5	56212	43.0	74544	57.0
2006	131448	67728	51.5	63720	48.5	58288	44.3	73160	55.7
2007	132129	68048	51.5	64081	48.5	60633	45.9	71496	54.1
2008	132802	68357	51.5	64445	48.5	62403	47.0	70399	53.0
2009	133450	68647	51.4	64803	48.6	64512	48.3	68938	51.7
2010	134091	68748	51.3	65343	48.7	66978	49.9	67113	50.1
2011	134735	69068	51.3	65667	48.7	69079	51.3	65656	48.7
2012	135404	69395	51.3	66009	48.7	71182	52.6	64222	47.4

1-3 国内生产总值及构成
GROSS DOMESTIC PRODUCT AND COMPOSITION

年 份 Year	国内生产总值 Gross Domestic Product	第一产业 Primary Industry	第二产业 Secondary Industry	第三产业 Tertiary Industry
一、绝对数(亿元) Value (100 million yuan)				
1978	3645.2	1027.5	1745.2	872.5
1980	4545.6	1371.6	2192.0	982.0
1985	9016.0	2564.4	3866.6	2585.0
1986	10275.2	2788.7	4492.7	2993.8
1987	12058.6	3233.0	5251.6	3574.0
1988	15042.8	3865.4	6587.2	4590.3
1989	16992.3	4228.0	7278.0	5486.3
1990	18667.8	5062.0	7717.4	5888.4
1991	21781.5	5342.2	9102.2	7337.1
1992	26923.5	5866.6	11699.5	9357.4
1993	35333.9	6963.8	16454.4	11915.7
1994	48197.9	9572.7	22445.4	16179.8
1995	60793.7	12135.8	28679.5	19978.5
1996	71176.6	14015.4	33835.0	23326.2
1997	78973.0	14441.9	37543.0	26988.1
1998	84402.3	14817.6	39004.2	30580.5
1999	89677.1	14770.0	41033.6	33873.4
2000	99214.6	14944.7	45555.9	38714.0
2001	109655.2	15781.3	49512.3	44361.6
2002	120332.7	16537.0	53896.8	49898.9
2003	135822.8	17381.7	62436.3	56004.7
2004	159878.3	21412.7	73904.3	64561.3
2005	184937.4	22420.0	87598.1	74919.3
2006	216314.4	24040.0	103719.5	88554.9
2007	265810.3	28627.0	125831.4	111351.9
2008	314045.4	33702.0	149003.4	131340.0
2009	340902.8	35226.0	157638.8	148038.0
2010	401512.8	40533.6	187383.2	173596.0
2011	473104.0	47486.2	220412.8	205205.0
2012	518942.1	52373.6	235162.0	231406.5
二、构成(%) Composition (%)				
1978	100.0	28.2	47.9	23.9
1980	100.0	30.2	48.2	21.6
1985	100.0	28.4	42.9	28.7
1986	100.0	27.2	43.7	29.1
1987	100.0	26.8	43.6	29.6
1988	100.0	25.7	43.8	30.5
1989	100.0	25.1	42.8	32.1
1990	100.0	27.1	41.3	31.6
1991	100.0	24.5	41.8	33.7
1992	100.0	21.8	43.4	34.8
1993	100.0	19.7	46.6	33.7
1994	100.0	19.8	46.6	33.6
1995	100.0	19.9	47.2	32.9
1996	100.0	19.7	47.5	32.8
1997	100.0	18.3	47.5	34.2
1998	100.0	17.6	46.2	36.2
1999	100.0	16.5	45.8	37.7
2000	100.0	15.1	45.9	39.0
2001	100.0	14.4	45.1	40.5
2002	100.0	13.7	44.8	41.5
2003	100.0	12.8	46.0	41.2
2004	100.0	13.4	46.2	40.4
2005	100.0	12.1	47.4	40.5
2006	100.0	11.1	47.9	40.9
2007	100.0	10.8	47.3	41.9
2008	100.0	10.7	47.4	41.8
2009	100.0	10.3	46.2	43.4
2010	100.0	10.1	46.7	43.2
2011	100.0	10.0	46.6	43.4
2012	100.0	10.1	45.3	44.6

1-4 国内生产总值指数、就业人员平均工资和城镇居民消费价格指数
INDICES OF GROSS DOMESTIC PRODUCT,AVERAGE WAGE AND URBAN CONSUMER PRICE INDEX

(上年=100) (preceding year=100)

年 份 Year	国内生产总值指数 Indices of Gross Domestic Product	就业人员平均工资指数 Index of Average Wage of the Urban Units Employment		城镇居民消费价格指数 Urban Consumer Price Index
		货币工资 Money Wage	实际工资 Real Wage	
1979	107.6	108.6	106.7	101.9
1980	107.8	114.1	106.1	107.5
1981	105.2	101.3	98.9	102.5
1982	109.1	103.4	101.5	102.0
1983	110.9	103.5	101.4	102.0
1984	115.2	117.9	114.7	102.7
1985	113.5	117.9	105.3	111.9
1986	108.8	115.8	108.3	107.0
1987	111.6	109.8	101.0	108.8
1988	111.3	119.7	99.2	120.7
1989	104.1	110.8	95.2	116.3
1990	103.8	110.6	109.2	101.3
1991	109.2	109.3	104.0	105.1
1992	114.2	115.9	106.7	108.6
1993	114.0	124.3	107.1	116.1
1994	113.1	134.6	107.7	125.0
1995	110.9	118.9	101.8	116.8
1996	110.0	111.8	102.8	108.8
1997	109.3	107.8	104.5	103.1
1998	107.8	115.5	116.2	99.4
1999	107.6	111.7	113.2	98.7
2000	108.4	112.2	111.3	100.8
2001	108.3	116.1	115.3	100.7
2002	109.1	114.2	115.4	99.0
2003	110.0	112.9	111.9	100.9
2004	110.1	114.0	110.4	103.3
2005	111.3	114.3	112.5	101.6
2006	112.7	114.6	112.9	101.5
2007	114.2	118.5	113.4	104.5
2008	109.6	116.9	110.7	105.6
2009	109.2	111.6	112.6	99.1
2010	110.4	113.3	109.8	103.2
2011	109.3	114.4	108.6	105.3
2012	107.7	111.9	109.0	102.7

注：1994年及以前为城镇单位职工平均工资数(以下各表同)。
a)Data before 1994 are staff and workers figures(The same as in the following tables).

1-5 全国就业人员年末人数

NUMBER OF EMPLOYMENT AT THE YEAR-END

单位：万人、% (10 000 persons,%)

年 份 Year	就业人员 Employment 合 计 Total	占人口比重 Percentage of Total Population	城镇就业人员 Urban Employment	乡村就业人员 Rural Employment	按三次产业分 Group by Industry 第一产业 Primary Industry	第二产业 Secondary Industry	第三产业 Tertiary Industry	构成(以合计为100) Percentage(total=100) 第一产业 Primary Industry	第二产业 Secondary Industry	第三产业 Tertiary Industry
1952	20729	36.1	2486	18243	17317	1531	1881	83.5	7.4	9.1
1953	21364	36.3	2754	18610	17747	1715	1902	83.1	8.0	8.9
1954	21832	36.2	2744	19088	18151	1882	1799	83.1	8.6	8.3
1955	22328	36.3	2802	19526	18592	1913	1823	83.3	8.6	8.1
1956	23018	36.6	2993	20025	18544	2468	2006	80.6	10.7	8.7
1957	23771	36.8	3205	20566	19309	2142	2320	81.2	9.0	9.8
1958	26600	40.3	5300	21300	15490	7076	4034	58.2	26.6	15.2
1959	26173	38.9	5389	20784	16271	5402	4500	62.2	20.6	17.2
1960	25880	39.1	6119	19761	17016	4112	4752	65.7	15.9	18.4
1961	25590	38.9	5336	20254	19747	2856	2987	77.2	11.2	11.6
1962	25910	38.5	4537	21373	21276	2059	2575	82.1	8.0	9.9
1963	26640	38.5	4603	22037	21966	2038	2636	82.5	7.6	9.9
1964	27736	39.3	4828	22908	22801	2183	2752	82.2	7.9	9.9
1965	28670	39.5	5136	23534	23396	2408	2866	81.6	8.4	10.0
1966	29805	40.0	5354	24451	24297	2600	2908	81.5	8.7	9.8
1967	30814	40.3	5446	25368	25165	2661	2988	81.7	8.6	9.7
1968	31915	40.6	5630	26285	26063	2743	3109	81.7	8.6	9.7
1969	33225	41.2	5825	27400	27117	3030	3078	81.6	9.1	9.3
1970	34432	41.5	6312	28120	27811	3518	3103	80.8	10.2	9.0
1971	35620	41.8	6868	28752	28397	3990	3233	79.7	11.2	9.1
1972	35854	41.1	7200	28654	28283	4276	3295	78.9	11.9	9.2
1973	36652	41.1	7388	29264	28857	4492	3303	78.7	12.3	9.0
1974	37369	41.1	7687	29682	29218	4712	3439	78.2	12.6	9.2
1975	38168	41.3	8222	29946	29456	5152	3560	77.2	13.5	9.3

注：全国就业人员1990年及以后的数据根据劳动力调查、人口普查推算，2001年及以后数据根据第六次人口普查数据重新修订(下表同)。

a) From 1990 to 2000, the total number of employed persons were estimated according to Labour Force Survey and Population Census, since 2001, were revised according to the 6th National Population Census. The same applies to the following tables.

1-5 续表 continued

单位：万人、%　　　　(10 000 persons,%)

年 份 Year	就业人员 Employment 合 计 Total	就业人员 Employment 占人口比重 Percentage of Total Population	城镇就业人员 Urban Employment	乡村就业人员 Rural Employment	按三次产业分 Group by Industry 第一产业 Primary Industry	按三次产业分 Group by Industry 第二产业 Secondary Industry	按三次产业分 Group by Industry 第三产业 Tertiary Industry	构成(以合计为100) Percentage(total=100) 第一产业 Primary Industry	构成(以合计为100) Percentage(total=100) 第二产业 Secondary Industry	构成(以合计为100) Percentage(total=100) 第三产业 Tertiary Industry
1976	38834	41.4	8692	30142	29443	5611	3780	75.8	14.5	9.7
1977	39377	41.5	9127	30250	29340	5831	4206	74.5	14.8	10.7
1978	40152	41.7	9514	30638	28318	6945	4890	70.5	17.3	12.2
1979	41024	42.1	9999	31025	28634	7214	5177	69.8	17.6	12.6
1980	42361	42.9	10525	31836	29122	7707	5532	68.7	18.2	13.1
1981	43725	43.7	11053	32672	29777	8003	5945	68.1	18.3	13.6
1982	45295	44.6	11428	33867	30859	8346	6090	68.1	18.4	13.5
1983	46436	45.1	11746	34690	31151	8679	6606	67.1	18.7	14.2
1984	48197	46.2	12229	35968	30868	9590	7739	64.0	19.9	16.1
1985	49873	47.1	12808	37065	31130	10384	8359	62.4	20.8	16.8
1986	51282	47.7	13292	37990	31254	11216	8811	60.9	21.9	17.2
1987	52783	48.3	13783	39000	31663	11726	9395	60.0	22.2	17.8
1988	54334	48.9	14267	40067	32249	12152	9933	59.3	22.4	18.3
1989	55329	49.1	14390	40939	33225	11976	10129	60.1	21.6	18.3
1990	64749	56.6	17041	47708	38914	13856	11979	60.1	21.4	18.5
1991	65491	56.5	17465	48026	39098	14015	12378	59.7	21.4	18.9
1992	66152	56.5	17861	48291	38699	14355	13098	58.5	21.7	19.8
1993	66808	56.4	18262	48546	37680	14965	14163	56.4	22.4	21.2
1994	67455	56.3	18653	48802	36628	15312	15515	54.3	22.7	23.0
1995	68065	56.2	19040	49025	35530	15655	16880	52.2	23.0	24.8
1996	68950	56.3	19922	49028	34820	16203	17927	50.5	23.5	26.0
1997	69820	56.5	20781	49039	34840	16547	18432	49.9	23.7	26.4
1998	70637	56.6	21616	49021	35177	16600	18860	49.8	23.5	26.7
1999	71394	56.8	22412	48982	35768	16421	19205	50.1	23.0	26.9
2000	72085	56.9	23151	48934	36043	16219	19823	50.0	22.5	27.5
2001	72797	57.0	24123	48674	36399	16234	20165	50.0	22.3	27.7
2002	73280	57.0	25159	48121	36640	15682	20958	50.0	21.4	28.6
2003	73736	57.1	26230	47506	36204	15927	21605	49.1	21.6	29.3
2004	74264	57.1	27293	46971	34830	16709	22725	46.9	22.5	30.6
2005	74647	57.1	28389	46258	33442	17766	23439	44.8	23.8	31.4
2006	74978	57.0	29630	45348	31941	18894	24143	42.6	25.2	32.2
2007	75321	57.0	30953	44368	30731	20186	24404	40.8	26.8	32.4
2008	75564	56.9	32103	43461	29923	20553	25087	39.6	27.2	33.2
2009	75828	56.8	33322	42506	28890	21080	25857	38.1	27.8	34.1
2010	76105	56.8	34687	41418	27931	21842	26332	36.7	28.7	34.6
2011	76420	56.7	35914	40506	26594	22544	27282	34.8	29.5	35.7
2012	76704	56.6	37102	39602	25773	23241	27690	33.6	30.3	36.1

1-6 分行业就业人员年末人数

EMPLOYMENT AT THE YEAR-END BY SECTOR

单位：万人 (10 000 persons)

年 份 Year	合 计 Total	农、林、牧、渔业 Farming, Forestry, Animal Husbandry and Fishery	采掘业 Mining and Quarrying	制造业 Manufacturing	电力、煤气及水的生产和供应业 Production and Supply of Electricity, Gas and Water	建筑业 Construction	地质勘查业、水利管理业 Geological Prospecting & Water Conservancy	交通运输、仓储及邮电通信业 Transport, Storage, Post and Telecommunications
1978	40152	28318	652	5332	107	854	178	750
1980	42361	29122	697	5899	118	993	188	805
1985	49873	31130	795	7412	142	2035	197	1279
1986	51282	31254	809	8019	152	2236	197	1376
1987	52783	31663	819	8359	164	2384	200	1453
1988	54334	32249	832	8652	177	2491	204	1521
1989	55329	33225	842	8547	180	2407	199	1522
1990	64749	34117	882	8624	192	2424	197	1566
1991	65491	34956	905	8839	203	2482	199	1617
1992	66152	34795	898	9106	215	2660	202	1674
1993	66808	33966	932	9295	240	3050	144	1688
1994	67455	33386	915	9613	246	3188	139	1864
1995	68065	33018	932	9803	258	3322	135	1942
1996	68950	32909	902	9763	273	3408	129	2013
1997	69820	33095	868	9612	283	3449	129	2062
1998	70637	33232	721	8319	283	3327	116	2000
1999	71394	33493	667	8109	285	3412	111	2022
2000	72085	33355	597	8043	284	3552	110	2029
2001	73025	32974	561	8083	288	3669	105	2037
2002	73740	32487	558	8307	290	3893	98	2084

1-6 续表 continued

单位：万人 (10 000 persons)

年 份 Year	批发和零售贸易、餐饮业 Wholesale and Retail Trade & Catering Services	金融、保险业 Finance and Insurance	房地产业 Real Estate Trade	社 会 服务业 Social Services	卫生、体育和社会福利业 Health Care, Sporting and Social Welfare	教育、文化艺术和广播电影电视业 Education, Culture and Arts, Radio, Film and Television	科学研究和综合技术服务业 Scientific Research and Polytechnical Services	国家机关政党机关和社会团体 Government Agencies, Party Agencies and Social Organizations	其 他 Others
1978	1140	76	31	179	363	1093	92	467	521
1980	1363	99	37	276	389	1147	113	527	588
1985	2306	138	36	401	467	1273	144	799	1319
1986	2413	152	38	466	482	1324	152	873	1338
1987	2576	170	39	501	496	1375	158	925	1502
1988	2743	194	42	534	508	1403	161	971	1655
1989	2770	205	43	550	518	1426	165	1022	1709
1990	2839	218	44	594	536	1457	173	1079	1798
1991	2998	234	48	604	553	1497	179	1136	1910
1992	3209	248	54	643	565	1520	183	1148	2313
1993	3459	270	66	543	416	1210	173	1030	3740
1994	3921	264	74	626	434	1436	178	1033	4155
1995	4292	276	80	703	444	1476	182	1042	4484
1996	4511	292	84	747	458	1513	183	1093	4563
1997	4795	308	87	810	471	1557	186	1093	4862
1998	4645	314	94	868	478	1573	178	1097	5118
1999	4751	328	96	923	482	1568	173	1102	4969
2000	4686	327	100	921	488	1565	174	1104	5643
2001	4737	336	107	976	493	1568	165	1101	5852
2002	4969	340	118	1094	493	1565	163	1075	6245

1-7　各地区分登记注册类型城镇就业人员年末人数及构成(2012年)

URBAN EMPLOYMENT AND COMPOSITION AT THE YEAR-END BY REGISTRATION STATUS AND REGION(2012)

单位：万人　　　　(10 000 persons)

地　区	Region	合　计 Total	国有单位 State-owned Units	集体单位 Collective-owned Units	其他单位 Other Ownership Units	私营企业 个　体 Private Enterprises, Individuals	构成（以合计为100）Composition(Total=100) 国有单位 State-owned Units	集体单位 Collective-owned Units	其他单位 Other Ownership Units	私营企业 个　体 Private Enterprises Individuals
全国总计	**National**	**37102.0**	**6839.0**	**589.7**	**7807.7**	**13200.1**	**24.1**	**2.1**	**27.5**	**46.4**
北　京	Beijing	1074.4	188.3	19.8	509.2	357.0	17.5	1.8	47.4	33.2
天　津	Tianjin	419.8	89.7	8.0	191.4	130.7	21.4	1.9	45.6	31.1
河　北	Hebei	965.2	332.4	21.1	266.4	345.2	34.4	2.2	27.6	35.8
山　西	Shanxi	651.4	239.8	24.8	171.3	215.4	36.8	3.8	26.3	33.1
内蒙古	Inner Mongolia	562.1	176.3	8.5	85.9	291.4	31.4	1.5	15.3	51.8
辽　宁	Liaoning	1206.0	310.3	35.1	253.3	607.3	25.7	2.9	21.0	50.4
吉　林	Jilin	599.1	170.4	9.0	106.1	313.6	28.4	1.5	17.7	52.4
黑龙江	Heilongjiang	844.3	335.4	15.3	120.2	373.4	39.7	1.8	14.2	44.2
上　海	Shanghai	948.6	140.5	11.7	403.5	392.9	14.8	1.2	42.5	41.4
江　苏	Jiangsu	2298.0	296.0	30.2	504.8	1467.0	12.9	1.3	22.0	63.8
浙　江	Zhejiang	1965.2	225.4	25.7	819.0	895.1	11.5	1.3	41.7	45.5
安　徽	Anhui	917.3	225.7	17.2	193.9	480.4	24.6	1.9	21.1	52.4
福　建	Fujian	1145.3	166.2	16.0	455.6	507.5	14.5	1.4	39.8	44.3
江　西	Jiangxi	722.5	209.0	18.1	158.7	336.7	28.9	2.5	22.0	46.6
山　东	Shandong	1843.2	447.4	63.2	599.6	733.1	24.3	3.4	32.5	39.8
河　南	Henan	1382.5	409.3	50.9	421.1	501.3	29.6	3.7	30.5	36.3
湖　北	Hubei	1232.5	298.6	19.7	279.6	634.5	24.2	1.6	22.7	51.5
湖　南	Hunan	1105.1	282.6	27.5	257.5	537.6	25.6	2.5	23.3	48.6
广　东	Guangdong	2792.6	430.3	55.3	818.4	1488.6	15.4	2.0	29.3	53.3
广　西	Guangxi	634.5	214.0	16.2	127.7	276.5	33.7	2.6	20.1	43.6
海　南	Hainan	190.9	54.4	3.5	32.1	100.8	28.5	1.9	16.8	52.8
重　庆	Chongqing	786.9	128.9	10.0	214.3	433.7	16.4	1.3	27.2	55.1
四　川	Sichuan	1141.9	358.8	33.8	248.3	501.1	31.4	3.0	21.7	43.9
贵　州	Guizhou	419.7	174.6	6.8	88.1	150.2	41.6	1.6	21.0	35.8
云　南	Yunnan	769.5	194.6	12.7	185.4	376.9	25.3	1.6	24.1	49.0
西　藏	Tibet	67.2	24.2	0.4	0.6	42.0	36.0	0.6	0.8	62.5
陕　西	Shaanxi	676.8	271.6	15.2	124.5	265.6	40.1	2.2	18.4	39.2
甘　肃	Gansu	355.2	158.6	8.1	44.7	143.8	44.7	2.3	12.6	40.5
青　海	Qinghai	109.0	43.8	1.6	16.3	47.3	40.2	1.4	15.0	43.4
宁　夏	Ningxia	137.1	40.9	0.8	25.7	69.7	29.8	0.6	18.7	50.8
新　疆	Xinjiang	472.5	200.8	3.4	84.6	183.8	42.5	0.7	17.9	38.9

1-8 分登记注册类型城镇单位就业人员年末人数及构成
EMPLOYMENT AND COMPOSITION IN URBAN UNITS BY REGISTRATION STATUS(End of Year)

单位：万人 (10 000 persons)

年 份 Yesr	合 计 Total	国有单位 State-owned Units	集体单位 Collective-owned Units	其他单位 Other Owner-ship Units	构成(以合计为100) Composition(Total=100)		
					国有单位 State-owned Units	集体单位 Collective-owned Units	其他单位 Other Owner-ship Units
1971	6787	5318	1469		78.4	21.6	
1975	8198	6426	1772		78.4	21.6	
1978	9499	7451	2048		78.4	21.6	
1979	9967	7693	2274		77.2	22.8	
1980	10444	8019	2425		76.8	23.2	
1981	10940	8372	2568		76.5	23.5	
1982	11281	8630	2651		76.5	23.5	
1983	11515	8771	2744		76.2	23.8	
1984	11890	8637	3216	37	72.6	27.0	0.3
1985	12358	8990	3324	44	72.7	26.9	0.4
1986	12809	9333	3421	55	72.9	26.7	0.4
1987	13214	9654	3488	72	73.1	26.4	0.5
1988	13608	9984	3527	97	73.4	25.9	0.7
1989	13742	10108	3502	132	73.5	25.5	1.0
1990	14059	10346	3549	164	73.6	25.2	1.2
1991	14508	10664	3628	216	73.5	25.0	1.5
1992	14792	10889	3621	282	73.6	24.5	1.9
1993	14849	10920	3393	536	73.5	22.9	3.6
1994	14849	10890	3211	747	73.3	21.6	5.0
1995	15301	11261	3147	894	73.6	20.6	5.8
1996	15221	11244	3016	962	73.9	19.8	6.3
1997	15036	11044	2883	1109	73.5	19.2	7.4
1998	12696	9058	1963	1675	71.3	15.5	13.2
1999	12130	8572	1712	1846	70.7	14.1	15.2
2000	11612	8102	1499	2011	69.8	12.9	17.3
2001	11166	7640	1291	2235	68.4	11.6	20.0
2002	10985	7163	1122	2700	65.2	10.2	24.6
2003	10970	6876	1000	3094	62.7	9.1	28.2
2004	11099	6710	897	3492	60.5	8.1	31.5
2005	11404	6488	810	4106	56.9	7.1	36.0
2006	11713	6430	764	4519	54.9	6.5	38.6
2007	12024	6424	718	4882	53.4	6.0	40.6
2008	12193	6447	662	5084	52.9	5.4	41.7
2009	12573	6420	618	5535	51.1	4.9	44.0
2010	13052	6516	597	5938	49.9	4.6	45.5
2011	14413	6704	603	7106	46.5	4.2	49.3
2012	15236	6839	590	7808	44.9	3.9	51.2

注:1994年及以前为职工数(以下各表同)。
a)Data before 1994 are staff and workers figures(The same as in the following tables).

1-9 分行业城镇单位就业人员年末人数

EMPLOYMENT IN URBAN UNITS BY SECTOR(End of Year)

单位：万人 (10 000 persons)

年 份 Year	合 计 Total	农、林、牧、渔业 Farming, Forestry, Animal Husbandry and Fishery	采掘业 Mining and Quarrying	制造业 Manufacturing	电力、煤气及水的生产和供应业 Production and Supply of Electricity, Gas and Water	建筑业 Construction	地质勘查业、水利管理业 Geological Prospecting and Water Conservancy	交通运输、仓储及邮电通信业 Transport, Storage,Post and Tele-communications
1994	15258.5	690.6	914.6	5491.6	245.9	1112.3	138.6	859.8
1995	15300.8	669.4	921.4	5493.1	257.9	1090.1	134.6	848.5
1996	15221.1	631.3	891.8	5344.0	272.8	1069.7	128.9	853.2
1997	15036.2	629.2	856.8	5129.9	283.3	1037.4	129.0	850.5
1998	12695.7	562.5	707.3	3826.1	282.9	878.1	116.2	721.5
1999	12130.2	536.5	655.2	3554.3	285.0	814.8	111.4	704.2
2000	11612.5	516.4	585.2	3300.7	283.8	780.1	110.2	680.4
2001	11165.8	483.2	548.2	3070.1	287.8	774.0	104.9	651.6
2002	10985.2	455.2	542.7	2980.7	289.6	803.2	97.7	639.5

1-9 续表 continued

单位：万人 (10 000 persons)

年 份 Year	批发和零售贸易、餐饮业 Wholesale and Retail Trade & Catering Services	金融、保险业 Finance and Insurance	房地产业 Real Estate Trade	社会服务业 Social Services	卫生、体育和社会福利业 Health Care, Sporting and Social Welfare	教育、文化艺术和广播电影电视业 Education, Culture and Arts, Radio, Film and Television	科学研究和综合技术服务业 Scientific Research and Polytechnical Services	国家机关政党机关和社会团体 Government Agencies, Party Agencies and Social Organizations	其 他 Others
1994	1863.6	264.0	74.4	458.9	433.6	1435.9	177.5	1032.9	64.5
1995	1855.9	276.3	79.6	461.4	444.3	1476.1	181.9	1041.7	68.8
1996	1830.0	291.9	84.3	472.1	457.5	1512.6	182.7	1092.6	105.8
1997	1796.1	308.2	86.9	494.3	471.1	1556.7	185.8	1093.1	127.8
1998	1286.6	313.5	93.7	470.4	477.7	1573.3	177.5	1096.5	111.9
1999	1141.5	328.5	96.6	476.0	482.0	1567.8	173.6	1102.1	100.9
2000	1009.5	326.8	100.4	483.5	488.1	1565.8	174.5	1103.8	103.1
2001	874.2	335.9	107.5	491.4	493.0	1567.9	165.0	1100.9	110.1
2002	774.5	339.8	118.4	521.0	493.2	1565.1	162.7	1074.7	127.0

1-10 分行业城镇单位就业人员(国有单位)

EMPLOYMENT IN URBAN UNITS BY SECTOR(State-owned Units,End of Year)

单位：万人 (10 000 persons)

年份 Year	合计 Total	农、林、牧、渔业 Farming, Forestry, Animal Husbandry and Fishery	采掘业 Mining and Quarrying	制造业 Manufacturing	电力、煤气及水的生产和供应业 Production and Supply of Electricity, Gas and Water	建筑业 Construction	地质勘查业、水利管理业 Geological Prospecting and Water Conservancy	交通运输、仓储及邮电通信业 Transport, Storage,Post and Tele-communications
1994	11213.9	663.7	828.3	3345.0	230.8	654.5	136.4	699.7
1995	11260.5	642.6	839.0	3347.9	238.3	627.9	132.5	699.1
1996	11243.6	605.5	813.6	3238.6	251.2	616.1	126.7	705.6
1997	11044.2	605.1	776.8	3028.2	258.0	598.0	125.9	706.1
1998	9058.1	541.1	600.7	1900.7	243.2	462.8	114.0	601.5
1999	8572.1	517.2	529.0	1665.2	240.1	419.0	109.2	585.8
2000	8101.9	496.2	451.3	1432.1	234.1	391.7	108.0	566.5
2001	7639.9	464.5	404.6	1210.0	231.9	357.6	102.8	536.2
2002	7162.9	433.4	350.4	994.9	223.5	320.6	95.6	518.2

1-10 续表 continued

单位：万人 (10 000 persons)

年份 Year	批发和零售贸易、餐饮业 Wholesale and Retail Trade & Catering Services	金融、保险业 Finance and Insurance	房地产业 Real Estate Trade	社会服务业 Social Services	卫生、体育和社会福利业 Health Care, Sporting and Social Welfare	教育、文化艺术和广播电影电视业 Education, Culture and Arts, Radio, Film and Television	科学研究和综合技术服务业 Scientific Research and Polytechnical Services	国家机关政党机关和社会团体 Government Agencies, Party Agencies and Social Organizations	其他 Others
1994	1066.7	198.7	60.2	313.2	372.3	1412.4	167.5	1023.4	41.0
1995	1072.2	204.8	62.9	321.0	383.2	1443.0	170.0	1033.1	43.1
1996	1064.7	210.7	64.6	335.4	394.8	1486.2	168.7	1084.3	76.9
1997	1045.7	217.6	65.3	352.6	407.6	1502.7	170.2	1087.2	97.2
1998	706.0	217.5	65.1	331.7	417.0	1519.7	159.5	1091.1	86.4
1999	620.3	226.5	64.0	330.7	422.6	1512.9	157.0	1097.2	75.4
2000	544.0	223.4	63.3	326.7	427.3	1508.4	151.2	1098.9	78.7
2001	460.6	221.7	63.4	322.6	433.4	1507.7	141.9	1097.0	83.9
2002	380.4	216.2	61.3	327.4	437.8	1497.2	139.1	1071.0	96.0

1-11 分行业城镇单位就业人员(城镇集体单位)
EMPLOYMENT IN URBAN UNITS BY SECTOR
(Urban Collective-owned Units,End of Year)

单位：万人 (10 000 persons)

年份 Year	合计 Total	农、林、牧、渔业 Farming, Forestry, Animal Husbandry and Fishery	采掘业 Mining and Quarrying	制造业 Manufacturing	电力、煤气及水的生产和供应业 Production and Supply of Electricity, Gas and Water	建筑业 Construction	地质勘查业、水利管理业 Geological Prospecting and Water Conservancy	交通运输、仓储及邮电通信业 Transport, Storage,Post and Tele-communications
1994	3285.4	24.3	83.0	1541.5	9.1	440.7	2.1	151.0
1995	3146.7	23.7	78.3	1438.3	9.2	440.3	2.0	139.5
1996	3015.8	21.8	73.8	1364.8	10.8	424.0	2.1	135.7
1997	2882.7	19.9	73.1	1261.3	11.3	404.1	3.0	127.0
1998	1963.2	16.2	49.3	758.4	10.8	321.4	2.1	81.3
1999	1711.8	14.6	42.5	636.8	9.7	291.2	2.0	69.1
2000	1499.3	13.9	35.1	531.7	9.4	272.5	1.9	58.4
2001	1291.0	11.8	30.9	437.1	8.4	255.2	1.6	49.1
2002	1122.0	10.9	30.7	357.1	7.1	231.3	1.4	41.4

1-11 续表 continued

单位：万人 (10 000 persons)

年份 Year	批发和零售贸易、餐饮业 Wholesale and Retail Trade & Catering Services	金融、保险业 Finance and Insurance	房地产业 Real Estate Trade	社会服务业 Social Services	卫生、体育和社会福利业 Health Care, Sporting and Social Welfare	教育、文化艺术和广播电影电视业 Education, Culture and Arts, Radio, Film and Television	科学研究和综合技术服务业 Scientific Research and Polytechnical Services	国家机关政党机关和社会团体 Government Agencies, Party Agencies and Social Organizations	其他 Others
1994	732.3	62.8	6.5	107.9	60.9	22.7	8.5	9.5	22.7
1995	707.3	67.5	6.7	99.3	60.7	32.1	8.7	8.7	24.3
1996	678.5	73.2	7.7	90.3	62.1	25.0	10.4	8.4	27.5
1997	647.6	77.4	7.9	90.4	62.8	52.6	10.5	5.9	27.8
1998	424.5	72.1	7.2	72.4	59.6	51.7	9.7	5.3	21.2
1999	355.0	71.8	7.5	68.9	58.2	52.2	8.3	4.8	19.2
2000	292.5	70.4	6.8	64.2	59.4	53.3	7.9	4.9	17.0
2001	223.2	69.1	6.9	59.1	57.7	55.2	5.3	3.9	16.6
2002	174.7	66.9	8.0	52.9	52.5	58.3	4.8	3.4	20.5

1-12 分行业城镇单位就业人员(其他单位)
EMPLOYMENT IN URBAN UNITS BY SECTOR
(Other Ownership Units,End of Year)

单位：万人 (10 000 persons)

年 份 Year	合 计 Total	农、林、牧、渔业 Farming, Forestry, Animal Husbandry and Fishery	采掘业 Mining and Quarrying	制造业 Manufacturing	电力、煤气及水的生产和供应业 Production and Supply of Electricity, Gas and Water	建筑业 Construction	地质勘查业、水利管理业 Geological Prospecting and Water Conservancy	交通运输、仓储及邮电通信业 Transport, Storage,Post and Tele-communications
1994	759.2	2.6	3.3	605.1	6.1	17.1		9.1
1995	893.6	3.2	4.0	706.8	10.3	22.0		9.8
1996	961.7	4.0	4.4	740.5	10.8	29.5		12.0
1997	1109.4	4.2	6.9	840.4	14.1	35.3		17.4
1998	1674.5	5.2	57.3	1167.1	28.9	93.8	0.1	38.7
1999	1846.3	4.8	83.7	1252.2	35.2	104.6	0.2	49.2
2000	2011.3	6.4	98.8	1336.9	40.4	115.9	0.3	55.6
2001	2234.9	6.9	112.7	1423.0	47.5	161.2	0.5	66.2
2002	2700.3	10.9	161.6	1628.7	58.9	251.3	0.7	79.8

1-12 续表 continued

单位：万人 (10 000 persons)

年 份 Year	批发和零售贸易、餐饮业 Wholesale and Retail Trade & Catering Services	金融、保险业 Finance and Insurance	房地产业 Real Estate Trade	社会服务业 Social Services	卫生、体育和社会福利业 Health Care, Sporting and Social Welfare	教育、文化艺术和广播电影电视业 Education, Culture and Arts, Radio, Film and Television	科学研究和综合技术服务业 Scientific Research and Polytechnical Services	国家机关政党机关和社会团体 Government Agencies, Party Agencies and Social Organizations	其 他 Others
1994	64.6	2.4	7.6	37.8	0.4	0.7	1.5		0.7
1995	76.3	3.9	9.9	41.2	0.4	0.9	3.1		1.4
1996	86.8	8.0	12.0	46.4	0.5	1.4	3.6		1.5
1997	102.8	13.3	13.7	51.3	0.6	1.5	5.1		2.7
1998	156.1	23.9	21.3	66.3	1.1	1.9	8.3		4.4
1999	166.3	30.2	25.1	76.4	1.2	2.7	8.3		6.3
2000	173.0	33.0	30.3	92.6	1.4	4.1	15.3		7.4
2001	190.4	45.1	37.2	109.7	1.9	5.0	17.8		9.7
2002	219.4	56.8	49.0	140.7	3.0	9.6	18.8		11.0

1-13 分行业城镇单位就业人员年末人数
URBAN UNITS EMPLOYMENT BY SECTOR

单位：万人 (10 000 persons)

登记注册类型 Registration Status 年 份 Year	合 计 Total	农、林、牧、渔业 Agriculture, Forestry, Farming of Animals and Fishery	采矿业 Mining	制造业 Manufacturing	电力、燃气及水的生产和供应业 Production and Distribution of Electricity, Gas and Water	建筑业 Construction
全 国 National						
2003	10969.7	484.5	488.3	2980.5	297.6	833.7
2004	11098.9	466.1	500.7	3050.8	300.6	841.0
2005	11404.0	446.3	509.2	3210.9	299.9	926.6
2006	11713.2	435.2	529.7	3351.6	302.5	988.7
2007	12024.4	426.3	535.0	3465.4	303.4	1050.8
2008	12192.5	410.1	540.4	3434.3	306.5	1072.6
2009	12573.0	373.7	553.7	3491.9	307.7	1177.5
2010	13051.5	375.7	562.0	3637.2	310.5	1267.5
2011	14413.3	359.5	611.6	4088.3	334.7	1724.8
国有单位 State-owned Units						
2003	6875.6	457.7	264.3	870.7	224.1	299.3
2004	6709.9	439.4	268.8	746.3	219.3	281.2
2005	6488.2	423.5	241.3	614.0	209.5	272.5
2006	6430.5	414.2	241.7	554.0	208.8	262.8
2007	6423.5	406.3	232.8	518.1	202.4	271.3
2008	6447.0	392.1	242.9	485.5	203.1	267.7
2009	6420.2	356.1	243.7	437.8	198.6	262.7
2010	6516.4	357.4	234.1	416.5	203.9	278.7
2011	6704.2	340.9	250.3	397.8	215.0	333.2
集体单位 Collective-owned units						
2003	999.9	14.1	27.7	296.6	7.0	217.3
2004	897.2	12.5	27.1	259.6	6.6	198.1
2005	809.9	9.1	24.8	221.9	6.1	186.9
2006	763.6	7.1	25.1	203.9	6.0	184.9
2007	718.4	6.0	23.2	182.1	5.6	181.5
2008	661.8	4.9	22.2	165.2	5.1	169.2
2009	618.1	4.9	17.6	148.5	5.1	163.7
2010	597.5	4.4	18.8	134.4	5.2	161.7
2011	603.1	4.0	20.4	124.1	5.5	187.4
其他单位 Other Ownership units						
2003	3094.3	12.7	196.3	1813.2	66.5	317.1
2004	3491.8	14.1	204.8	2044.9	74.7	361.7
2005	4105.9	13.7	243.1	2374.9	84.4	467.2
2006	4519.1	13.9	262.9	2593.7	87.8	540.9
2007	4882.4	14.1	279.0	2765.2	95.4	598.0
2008	5083.7	13.1	275.3	2783.6	98.4	635.6
2009	5534.7	12.6	292.4	2905.6	103.9	751.2
2010	5937.6	14.0	309.1	3086.2	101.4	827.1
2011	7106.0	14.6	340.9	3566.4	114.2	1204.2

1-13 续表 1 continued

单位：万人 (10 000 persons)

地 区	交通运输、仓储和邮政业 Traffic, Transport, Storage and post	信息传输、计算机服务和软件业 Information Transfer, Computer and Software	批发和零售业 Wholesale and Retail Trade	住宿和餐饮业 Accommo-dation and Restaurants	金融业 Finance	房地产业 Real Estate	租赁和商务服务业 Tenancy and Business Services
全 国 National							
2003	636.5	116.8	628.1	172.1	353.3	120.2	183.5
2004	631.8	123.7	586.7	177.1	356.0	133.4	194.4
2005	613.9	130.1	544.0	181.2	359.3	146.5	218.5
2006	612.7	138.2	515.7	183.9	367.4	153.9	236.7
2007	623.1	150.2	506.9	185.8	389.7	166.5	247.2
2008	627.3	159.5	514.4	193.2	417.6	172.7	274.7
2009	634.4	173.8	520.8	202.1	449.0	190.9	290.5
2010	631.1	185.8	535.1	209.2	470.1	211.6	310.1
2011	662.8	212.8	647.5	242.7	505.3	248.6	286.6
国有单位 State-owned Units							
2003	492.8	72.0	301.0	73.4	208.1	52.2	106.0
2004	473.4	74.1	259.6	70.5	196.4	50.9	107.9
2005	443.3	65.8	214.7	67.5	177.5	47.5	114.6
2006	433.0	65.6	186.7	63.8	165.1	45.0	121.0
2007	432.0	62.5	174.1	58.6	161.4	45.2	120.5
2008	424.5	63.0	160.7	56.6	155.4	43.5	125.9
2009	413.9	64.6	144.2	55.2	146.0	43.5	125.4
2010	403.3	62.5	137.3	54.6	144.3	45.4	131.5
2011	415.9	67.0	145.7	56.3	146.3	47.6	127.9
集体单位 Collective-owned units							
2003	38.7	1.8	128.6	16.2	67.0	7.4	30.2
2004	34.1	1.3	108.9	15.0	66.6	7.8	30.7
2005	30.6	1.4	89.9	13.7	63.8	8.2	35.2
2006	27.2	1.1	77.4	12.7	62.1	8.0	34.1
2007	24.6	0.9	69.0	11.6	61.3	7.7	34.4
2008	22.2	0.8	58.6	11.0	60.1	7.4	33.1
2009	20.6	1.1	52.5	10.4	53.1	8.7	36.7
2010	19.8	1.0	48.0	9.6	52.1	9.2	37.6
2011	17.5	1.3	46.8	10.0	50.2	8.6	31.8
其他单位 Other Ownership units							
2003	105.0	43.0	198.6	82.5	78.3	60.6	47.3
2004	124.4	48.3	218.3	91.6	93.1	74.7	55.8
2005	140.0	62.8	239.4	100.1	117.9	90.9	68.7
2006	152.6	71.5	251.6	107.3	140.2	101.0	81.6
2007	166.4	86.8	263.8	115.7	167.0	113.6	92.3
2008	180.6	95.7	295.0	125.6	202.0	121.8	115.7
2009	199.9	108.1	324.2	136.5	249.9	138.7	128.4
2010	208.0	122.3	349.9	145.1	273.7	157.1	140.9
2011	229.4	144.5	455.0	176.5	308.9	192.4	126.9

1-13　续表 2　continued

单位：万人　　　　　　(10 000 persons)

地　区	科学研究、技术服务和地质勘查业 Scientific Research, Technical Service and Geologic Perambulation	水利、环境和公共设施管理业 Management of Water Conservancy, Environment and Public Establishment	居民服务和其他服务业 Resident Services and Other Services	教　育 Education	卫生、社会保障和社会福利业 Sanitation, Social Security and Social Welfare	文化体育和娱乐业 Culture, Sports and Entertainment	公共管理和社会组织 Public Management and Social Organization
全　国 National							
2003	221.9	172.5	52.8	1442.8	485.8	127.8	1171.0
2004	222.1	176.1	54.2	1466.8	494.7	123.4	1199.0
2005	227.7	180.4	53.9	1483.2	508.9	122.5	1240.8
2006	235.5	187.0	56.6	1504.4	525.4	122.4	1265.6
2007	243.4	193.5	57.4	1520.9	542.8	125.0	1291.2
2008	257.0	197.3	56.5	1534.0	563.6	126.0	1335.0
2009	272.6	205.7	58.8	1550.4	595.8	129.5	1394.3
2010	292.3	218.9	60.2	1581.8	632.5	131.4	1428.5
2011	298.5	230.3	59.9	1617.8	679.1	135.0	1467.6
国有单位 State-owned Units							
2003	185.1	155.3	22.1	1378.3	430.9	117.0	1165.1
2004	188.6	158.0	24.2	1409.7	437.9	111.9	1191.8
2005	188.5	161.0	24.9	1424.9	452.4	110.5	1234.3
2006	193.0	165.4	27.7	1448.0	466.8	110.1	1257.5
2007	197.5	169.8	28.7	1462.9	483.2	111.3	1285.0
2008	201.6	172.8	28.8	1481.9	501.2	110.9	1328.8
2009	209.4	178.3	28.3	1490.6	529.9	111.9	1380.0
2010	219.6	189.9	28.9	1517.4	562.6	113.1	1415.6
2011	218.2	198.0	30.7	1540.9	606.0	113.8	1452.7
集体单位 Collective-owned units							
2003	4.8	10.7	15.2	57.1	51.2	3.2	5.0
2004	4.5	10.2	13.5	43.1	50.0	2.8	4.8
2005	3.8	9.6	10.3	40.2	48.3	2.5	3.5
2006	3.5	10.0	9.8	36.0	48.8	2.3	3.6
2007	3.4	10.2	8.9	34.3	48.7	2.3	2.9
2008	3.4	10.8	8.8	24.6	49.8	2.3	2.4
2009	4.2	10.5	8.2	17.4	49.9	2.2	2.7
2010	4.2	10.5	7.8	17.5	51.4	2.2	2.2
2011	3.7	10.8	6.0	19.1	51.5	2.0	2.4
其他单位 Other Ownership units							
2003	32.0	6.5	15.6	7.4	3.6	7.5	0.8
2004	29.0	7.9	16.5	14.0	6.8	8.7	2.5
2005	35.5	9.8	18.7	18.1	8.2	9.6	3.0
2006	38.9	11.6	19.0	20.4	9.8	10.0	4.4
2007	42.5	13.5	19.8	23.7	11.0	11.5	3.3
2008	52.0	13.7	19.0	27.5	12.6	12.7	3.8
2009	59.0	16.8	22.3	42.3	16.0	15.4	11.6
2010	68.6	18.5	23.5	46.8	18.6	16.2	10.7
2011	76.5	21.5	23.1	57.7	21.6	19.2	12.5

1-14 分行业城镇单位就业人员年末人数(2012年)
URBAN UNITS EMPLOYMENT BY SECTOR(2012)

单位：万人 (10 000 persons)

项 目	Item	合 计 Total	国有单位 State-owned Units	城镇集体单位 Urban Collective-owned Units	其他单位 Other Ownership Units
全国总计	**National Total**	**15236.4**	**6839.0**	**589.7**	**7807.7**
农、林、牧、渔业	Agriculture, Forestry, Animal Husbandry and Fishery	338.9	320.5	5.0	13.4
采矿业	Mining	631.0	256.2	20.6	354.2
制造业	Manufacturing	4262.2	369.5	113.7	3779.0
电力、热力、燃气及水生产和供应业	Production and Supply of Electricity, Heat, Gas and Water	344.6	218.3	5.1	121.1
建筑业	Construction	2010.3	345.8	185.0	1479.4
批发和零售业	Wholesale and Retail Trades	711.8	148.5	40.9	522.4
交通运输、仓储和邮政业	Transport, Storage and Post	667.5	419.5	17.7	230.3
住宿和餐饮业	Hotels and Catering Services	265.1	57.6	9.3	198.1
信息传输、软件和信息技术服务业	Information Transmission, Software and Information Technology	222.8	65.8	1.3	155.7
金融业	Financial Intermediation	527.8	151.9	50.1	325.7
房地产业	Real Estate	273.7	46.7	8.7	218.3
租赁和商务服务业	Leasing and Business Services	292.3	116.7	33.7	141.8
科学研究和技术服务业	Scientific Research and Technical Services	330.7	232.5	5.4	92.8
水利、环境和公共设施管理业	Management of Water Conservancy, Environment and Public Facilities	243.8	208.9	10.6	24.3
居民服务、修理和其他服务业	Service to Households, Repair and Other Services	62.1	30.4	6.1	25.7
教育	Education	1653.4	1567.2	19.0	67.2
卫生和社会工作	Health and Social Service	719.3	639.5	52.6	27.3
文化、体育和娱乐业	Culture, Sports and Entertainment	137.7	115.0	2.5	20.2
公共管理、社会保障和社会组织	Public Management, Social Security and Social Organization	1541.5	1528.6	2.3	10.6

1-15 分登记注册类型城镇单位女性就业人员年末人数

FEMALE EMPLOYMENT IN URBAN UNITS BY REGISTRATION STATUS AND REGION(End of Year)

单位：万人 (10 000 persons)

年份 Year	地区 Region	合计 Total	国有单位 State-owned Units	城镇集体单位 Urban Collective-owned Units	其他单位 Other Ownership Units
2011		5227.7	2522.4	195.9	2509.4
2012		5458.9	2590.1	188.4	2680.4
北京	Beijing	287.6	80.5	8.2	199.0
天津	Tianjin	94.4	30.2	2.1	62.1
河北	Hebei	223.4	138.3	7.4	77.7
山西	Shanxi	140.6	92.2	9.7	38.8
内蒙古	Inner Mongolia	98.5	69.4	3.6	25.5
辽宁	Liaoning	205.5	111.7	10.7	83.1
吉林	Jilin	101.3	65.3	3.6	32.4
黑龙江	Heilongjiang	165.0	124.2	4.7	36.0
上海	Shanghai	212.6	55.7	4.1	152.8
江苏	Jiangsu	338.6	121.6	12.8	204.2
浙江	Zhejiang	361.2	93.3	8.5	259.4
安徽	Anhui	138.5	74.9	5.9	57.7
福建	Fujian	246.8	61.7	5.4	179.7
江西	Jiangxi	133.9	72.0	4.2	57.6
山东	Shandong	380.8	160.7	19.1	201.0
河南	Henan	317.3	159.1	17.8	140.4
湖北	Hubei	201.2	105.6	6.4	89.2
湖南	Hunan	188.4	102.4	6.4	79.6
广东	Guangdong	520.5	169.5	18.0	333.1
广西	Guangxi	131.7	85.8	3.8	42.2
海南	Hainan	35.2	21.0	1.0	13.2
重庆	Chongqing	110.7	45.5	2.7	62.5
四川	Sichuan	216.6	130.5	9.1	77.0
贵州	Guizhou	86.9	59.3	1.9	25.8
云南	Yunnan	132.1	76.3	3.1	52.6
西藏	Tibet	9.0	8.7	0.1	0.2
陕西	Shaanxi	146.5	98.9	4.3	43.4
甘肃	Gansu	71.7	55.2	2.1	14.4
青海	Qinghai	21.6	16.3	0.5	4.8
宁夏	Ningxia	24.8	16.5	0.3	8.1
新疆	Xinjiang	116.1	87.8	1.2	27.2

1-16 各地区分行业城镇单位女性就业人员年末人数(2012年)

FEMALE EMPLOYMENT IN URBAN UNITS BY SECTOR AND REGION(2012)

单位：万人 (10 000 persons)

地区	Region	合计 Total	农、林、牧、渔业 Agriculture, Forestry, Animal Husbandry and Fishery	采矿业 Mining	制造业 Manufacturing	电力、热力、燃气及水生产和供应业 Production and Supply of Electricity, Heat,Gas and Water	建筑业 Construction	批发和零售业 Wholesale and Retail Trades
全国	**National**	**5458.9**	**125.1**	**114.6**	**1661.0**	**97.7**	**233.8**	**339.4**
北京	Beijing	287.6	1.1	1.0	39.3	2.3	7.9	32.9
天津	Tianjin	94.4	0.2	1.7	42.4	1.1	3.7	7.0
河北	Hebei	223.4	2.0	4.8	47.2	5.9	9.0	13.2
山西	Shanxi	140.6	0.8	13.6	21.4	3.4	5.3	6.9
内蒙古	Inner Mongolia	98.5	8.1	3.6	14.1	3.3	2.8	3.8
辽宁	Liaoning	205.5	10.2	6.7	51.7	4.2	8.9	10.4
吉林	Jilin	101.3	5.2	2.9	18.9	2.2	2.4	4.4
黑龙江	Heilongjiang	165.0	33.4	8.6	20.8	4.4	5.7	6.8
上海	Shanghai	212.6	0.3	0.0	84.1	1.4	4.7	29.9
江苏	Jiangsu	338.6	3.4	3.6	153.8	3.4	10.4	18.1
浙江	Zhejiang	361.2	0.2	0.2	164.1	3.1	20.4	20.5
安徽	Anhui	138.5	2.0	4.1	33.2	2.7	7.5	8.1
福建	Fujian	246.8	1.2	0.8	140.3	2.8	15.4	11.1
江西	Jiangxi	133.9	3.7	1.8	43.2	3.2	8.3	7.9
山东	Shandong	380.8	0.9	16.5	149.1	5.9	14.0	24.7
河南	Henan	317.3	2.2	12.6	92.0	6.6	15.0	18.6
湖北	Hubei	201.2	4.1	2.8	57.8	5.8	12.5	15.3
湖南	Hunan	188.4	0.8	1.7	43.8	4.3	10.3	8.8
广东	Guangdong	520.5	2.3	0.8	238.9	5.2	12.2	30.6
广西	Guangxi	131.7	3.3	1.2	27.6	2.8	3.9	5.6
海南	Hainan	35.2	5.2	0.2	3.7	0.6	0.6	2.3
重庆	Chongqing	110.7	0.3	1.3	29.6	2.3	10.9	10.1
四川	Sichuan	216.6	1.2	5.0	50.3	5.7	15.3	8.6
贵州	Guizhou	86.9	0.5	2.1	15.3	2.4	3.8	5.5
云南	Yunnan	132.1	3.3	2.9	22.6	3.0	9.1	11.0
西藏	Tibet	9.0	0.1		0.3	0.3	0.1	0.2
陕西	Shaanxi	146.5	1.2	5.7	28.6	3.0	6.2	8.3
甘肃	Gansu	71.7	1.8	1.5	10.5	2.4	3.3	2.9
青海	Qinghai	21.6	0.5	0.5	3.4	0.6	0.9	1.1
宁夏	Ningxia	24.8	0.9	1.1	3.2	1.2	0.6	1.6
新疆	Xinjiang	116.1	24.7	5.3	9.8	2.3	2.9	3.3

1-16 续表 1 continued

单位：万人 (10 000 persons)

地 区	Region	交通运输、仓储和邮政业 Transport, Storage and Post	住宿和餐饮业 Hotels and Catering Services	信息传输、软件和信息技术服务业 Information Transmission, Software and Information Technology	金融业 Finance Intermedi-ation	房地产业 Real Estate	租赁和商务服务业 Leasing and Business Services
全 国	**National**	**175.7**	**140.6**	**90.6**	**268.8**	**95.6**	**92.4**
北 京	Beijing	15.4	16.6	19.4	19.9	14.5	23.9
天 津	Tianjin	2.7	2.1	1.3	4.3	1.8	1.0
河 北	Hebei	6.4	3.9	3.0	12.8	2.4	1.3
山 西	Shanxi	5.6	3.1	2.7	8.0	0.9	1.8
内蒙古	Inner Mongolia	4.3	1.7	2.4	5.6	0.7	1.1
辽 宁	Liaoning	8.1	3.7	4.0	11.5	4.6	2.9
吉 林	Jilin	3.3	1.7	2.1	5.4	1.7	1.6
黑龙江	Heilongjiang	6.1	2.3	2.6	7.2	1.8	1.7
上 海	Shanghai	7.1	10.0	3.0	15.9	4.9	5.4
江 苏	Jiangsu	9.8	6.7	4.4	15.1	2.9	3.9
浙 江	Zhejiang	7.6	8.9	5.9	20.3	7.1	8.1
安 徽	Anhui	4.7	2.5	1.8	8.4	2.5	1.3
福 建	Fujian	4.8	5.1	2.0	7.6	3.6	1.8
江 西	Jiangxi	3.6	2.6	1.7	5.3	1.6	0.9
山 东	Shandong	10.0	7.5	3.5	15.8	4.9	3.9
河 南	Henan	9.0	5.7	2.9	11.4	4.1	3.8
湖 北	Hubei	6.8	5.3	2.3	8.0	3.0	1.5
湖 南	Hunan	6.6	5.5	2.8	10.9	3.4	2.9
广 东	Guangdong	16.1	16.2	6.9	23.7	11.3	9.7
广 西	Guangxi	4.7	2.8	2.0	5.8	2.0	2.9
海 南	Hainan	1.3	3.4	0.4	1.2	1.5	0.6
重 庆	Chongqing	2.9	4.1	1.4	6.9	2.3	1.1
四 川	Sichuan	7.6	4.0	2.5	11.1	2.4	1.5
贵 州	Guizhou	2.6	2.3	1.0	3.6	1.9	0.7
云 南	Yunnan	3.8	4.9	1.9	4.7	2.5	1.9
西 藏	Tibet	0.2	0.2	0.2	0.4		0.1
陕 西	Shaanxi	5.2	4.4	3.6	7.4	2.5	1.5
甘 肃	Gansu	3.1	1.1	0.9	3.4	0.7	0.6
青 海	Qinghai	1.2	0.4	0.4	1.1	0.3	0.2
宁 夏	Ningxia	1.3	0.4	0.3	1.6	0.4	0.5
新 疆	Xinjiang	3.8	1.6	1.2	4.6	1.4	2.3

1-16 续表 2 continued

单位：万人 (10 000 persons)

地 区	Region	科学研究和技术服务业 Scientific Research and Technical Services	水利、环境和公共设施管理业 Management of Water Conservancy, Environment and Public Establishment	居民服务、修理和其他服务业 Services to Household, Repair and Other Services	教育 Education	卫生和社会工作 Health and Social Service	文化、体育和娱乐业 Culture, Sports and Entertainment	公共管理、社会保障和社会组织 Public Management, Social Security and Social Organization
全 国	**National**	**101.4**	**98.2**	**23.1**	**847.5**	**440.1**	**59.4**	**453.8**
北 京	Beijing	19.0	3.4	4.1	26.3	16.0	8.2	16.3
天 津	Tianjin	2.2	1.1	1.9	9.4	5.5	0.7	4.2
河 北	Hebei	4.5	4.7	0.9	54.1	19.9	2.3	25.4
山 西	Shanxi	2.0	3.6	0.3	30.0	10.9	2.0	18.6
内蒙古	Inner Mongolia	1.7	3.6	0.3	19.4	7.7	1.6	12.9
辽 宁	Liaoning	4.8	5.8	1.1	30.9	18.0	2.2	15.7
吉 林	Jilin	2.2	3.4	0.4	21.7	10.0	1.6	10.2
黑龙江	Heilongjiang	3.3	3.7	2.1	26.1	13.0	1.8	13.6
上 海	Shanghai	3.8	2.1	1.5	17.7	11.9	2.2	6.5
江 苏	Jiangsu	3.8	5.3	0.4	46.5	25.8	2.7	18.4
浙 江	Zhejiang	5.0	5.1	0.8	39.1	24.1	3.1	17.5
安 徽	Anhui	2.2	3.0	0.2	25.7	15.1	1.4	12.1
福 建	Fujian	2.1	1.7	0.4	24.4	11.4	1.4	8.8
江 西	Jiangxi	1.6	2.6	0.2	19.9	11.6	1.8	12.4
山 东	Shandong	3.3	4.9	1.2	52.1	28.7	2.7	31.2
河 南	Henan	4.0	5.0	0.6	60.2	26.8	2.8	34.3
湖 北	Hubei	4.0	3.8	0.6	28.2	19.5	2.7	17.3
湖 南	Hunan	2.6	4.0	0.7	33.8	21.1	2.0	22.3
广 东	Guangdong	6.6	5.9	2.5	64.2	34.9	4.1	28.3
广 西	Guangxi	2.9	4.0	0.3	30.4	16.1	1.2	12.2
海 南	Hainan	0.6	1.3	0.1	5.8	3.0	0.5	2.8
重 庆	Chongqing	1.1	1.8	0.2	17.8	8.1	0.8	7.8
四 川	Sichuan	4.6	4.8	0.4	40.9	23.7	1.9	25.1
贵 州	Guizhou	1.5	2.1	0.4	19.2	8.6	0.6	12.8
云 南	Yunnan	2.4	2.5	0.3	26.5	12.6	1.5	14.6
西 藏	Tibet	0.3	0.1		2.1	0.9	0.2	3.6
陕 西	Shaanxi	4.4	3.6	0.6	28.9	13.2	2.2	15.9
甘 肃	Gansu	1.6	1.9	0.1	16.4	6.5	1.1	12.0
青 海	Qinghai	0.8	0.4	0.2	3.8	2.2	0.3	3.2
宁 夏	Ningxia	0.4	1.0		4.3	2.5	0.3	3.2
新 疆	Xinjiang	2.0	2.4	0.3	21.8	10.6	1.4	14.5

1-17 分细行业城镇单位女性就业人员占就业人员比重(2012年)
PROPORTION OF FEMALE EMPLOYMENT IN URBAN UNITS BY SECTOR(2012)

以就业人员为100 (Total Employment=100)

项 目	Item	合 计 Total	国有单位 State-owned Units	城镇集体单位 Urban Collective-owned Units	其他单位 Other Ownership Units
全国总计	**National Total**	**35.8**	**37.9**	**32.0**	**34.3**
农、林、牧、渔业	**Agriculture, Forestry, Animal Husbandry and Fishery**	**36.9**	**37.0**	**33.0**	**36.6**
农业	Farming	41.7	41.9	30.0	40.1
林业	Forestry	28.3	28.2	32.0	33.8
畜牧业	Animal Husbandry	40.2	40.4	38.5	39.1
渔业	Fishery	26.8	31.6	18.0	18.9
农、林、牧、渔服务业	Service in Support of Agriculture	30.6	30.0	39.4	34.7
采矿业	**Mining**	**18.2**	**21.0**	**14.6**	**16.3**
煤炭开采和洗选业	Mining and Washing of Coal	14.6	15.5	13.4	14.1
石油和天然气开采业	Extraction of Petroleum and Natural Gas	33.2	32.6		34.4
黑色金属矿采选业	Mining and Processing of Ferrous Metal Ores	18.9	18.1	21.4	18.9
有色金属矿采选业	Mining and Processing of Non-Ferrous Metal Ores	19.4	21.7	15.2	18.9
非金属矿采选业	Mining and Processing of Non-metal Ores	22.0	27.9	14.4	20.7
开采辅助活动	Support Activities for Mining	27.8	29.8	11.7	21.8
其他采矿业	Mining of Other Ores	23.7	19.9	33.0	22.0
制造业	**Manufacturing**	**39.0**	**29.5**	**40.8**	**39.8**
农副食品加工业	Processing of Food from Agricultural Products	42.8	32.4	35.9	43.6
食品制造业	Manufacture of Foods	47.1	43.0	42.3	47.5
酒、饮料和精制茶制造业	Manufacture of Liquor, Beverages and Refined Tea	37.6	38.6	49.0	37.3
烟草制品业	Manufacture of Tobacco	35.9	33.7	46.9	40.9
纺织业	Manufacture of Textile	58.0	56.0	55.5	58.1
纺织服装、服饰业	Manufacture of Textile, Wearing Apparel and Accessories	66.5	55.1	58.1	66.8
皮革、毛皮、羽毛及其制品和制鞋业	Manufacture of Leather, Fur, Feather and Related Products and Footwear	57.6	49.1	59.4	57.7
木材加工和木、竹、藤、棕、草制品业	Processing of Timber, Manufacture of Wood, Bamboo, Rattan,Palm and Straw Products	38.7	33.9	32.2	39.7
家具制造业	Manufacture of Furniture	35.5	35.4	37.1	35.4
造纸及纸制品业	Manufacture of Paper and Paper Products	36.7	34.7	38.3	36.8
印刷和记录媒介复制业	Printing and Reproduction of Recording Media	42.5	37.9	48.8	42.9
文教、工美、体育和娱乐用品制造业	Manufacture of Articles for Culture, Education, Arts and Crafts, Sport and Entertainment Activities	56.1	48.0	56.2	56.1
石油加工、炼焦及核燃料加工业	Processing of Petroleum, Coking and Processing of Nuclear Fuel	28.8	31.4	46.4	27.6
化学原料及化学制品制造业	Manufacture of Raw Chemical Materials and Chemical Products	31.7	31.9	33.2	31.6
医药制造业	Manufacture of Medicines	47.0	46.1	46.9	47.0
化学纤维制造业	Manufacture of Chemical Fibres	38.0	37.6	47.0	37.9
橡胶和塑料制品业	Manufacture of Rubber and Plastics Products	41.2	34.9	45.8	41.2
非金属矿物制品业	Manufacture of Non-metallic Mineral Products	29.9	26.0	29.8	30.2
黑色金属冶炼和压延加工业	Smelting and Pressing of Ferrous Metals	21.0	19.9	27.5	21.2
有色金属冶炼和压延加工业	Smelting and Pressing of Non-ferrous Metals	23.6	22.7	39.7	23.5
金属制品业	Manufacture of Metal Products	30.4	26.3	38.0	30.2

1-17 续表 1 continued

以就业人员为100 (Total Employment=100)

项　目	Item	合　计 Total	国有单位 State-owned Units	城镇集体单　位 Urban Collective-owned Units	其他单位 Other Ownership Units
通用设备制造业	Manufacture of General Purpose Machinery	28.8	26.7	32.4	28.8
专用设备制造业	Manufacture of Special Purpose Machinery	28.0	24.5	45.9	27.6
汽车制造业	Manufacture of Automobiles	27.1	25.8	33.4	27.2
铁路、船舶、航空航天和其他运输设备制造业	Manufacture of Railway, Ship, Aerospace and Other Transport Equipments	27.0	27.3	31.2	26.7
电气机械和器材制造业	Manufacture of Electrical Machinery and Apparatus	40.8	28.9	36.1	41.4
计算机、通信和其他电子设备制造业	Manufacture of Computers, Communication and Other Electronic Equipment	46.1	38.7	76.6	46.1
仪器仪表制造业	Manufacture of Measuring Instruments and Machinery	42.6	36.8	42.7	43.1
其他制造业	Other Manufacture	48.8	36.1	46.6	50.0
废弃资源综合利用业	Utilization of Waste Resources	31.4	35.2	52.4	28.2
金属制品、机械和设备修理业	Repair Service of Metal Products, Machinery and Equipment	21.5	21.6	35.6	20.4
电力、热力、燃气及水生产和供应业	**Production and Supply of Electricity, Heat, Gas and Water**	**28.4**	**28.6**	**29.7**	**27.9**
电力、热力生产和供应业	Production and Supply of Electric Power and Heat Power	25.9	26.0	25.6	25.7
燃气生产和供应业	Production and Supply of Gas	33.1	33.6	35.8	32.8
水的生产和供应业	Production and Supply of Water	37.8	39.0	36.2	35.3
建筑业	**Construction**	**11.6**	**14.0**	**13.1**	**10.9**
房屋建筑业	Construction of Buildings	10.6	12.2	12.0	10.2
土木工程建筑业	Civil Engineering	14.0	16.2	17.0	12.5
建筑安装业	Building Installation	14.8	14.3	19.9	14.2
建筑装饰和其他建筑业	Building Decoration and Other Constructions	12.5	15.4	18.9	11.9
批发和零售业	**Wholesale and Retail Trades**	**47.7**	**38.0**	**40.1**	**51.0**
批发业	Wholesale Trade	39.9	33.4	34.7	43.4
零售业	Retail Trade	54.7	47.6	44.4	56.5
交通运输、仓储和邮政业	**Transport, Storage and Post**	**26.3**	**26.0**	**28.4**	**26.8**
铁路运输业	Railway Transport	18.2	17.5	39.0	23.8
道路运输业	Road Transport	28.0	29.5	25.3	26.7
水上运输业	Water Transport	18.0	16.8	26.0	18.5
航空运输业	Air Transport	36.5	39.3	40.7	35.0
管道运输业	Transport Via Pipelines	26.7	28.5	39.6	21.9
装卸搬运和运输代理业	Loading, Unloading and Forwarding Agency	29.4	26.9	26.0	31.3
仓储业	Storage	27.3	26.1	38.8	28.5
邮政业	Post	39.1	42.2	41.5	22.9
住宿和餐饮业	**Hotels and Catering Services**	**53.0**	**53.1**	**55.5**	**52.9**
住宿业	Hotels	53.5	53.2	55.0	53.6
餐饮业	Catering Services	52.4	52.4	56.8	52.3
信息传输、软件和信息技术服务业	**Information Transmission, Software and Information Technology**	**40.7**	**41.8**	**41.6**	**40.2**
电信、广播电视和卫星传输服务	Telecommunication, Radio and Television and Satellite Transmission Service	43.8	42.1	38.5	45.3
互联网和相关服务	Internet and Related Service	40.4	40.5	44.1	40.4
软件和信息技术服务业	Software and Information Technology	35.4	36.8	46.8	35.2
金融业	**Financial Intermediation**	**50.9**	**48.1**	**42.6**	**53.6**
货币金融服务	Monetary and Financial Service	48.6	47.0	42.6	51.8

1-17 续表 2 continued

以就业人员为100 (Total Employment=100)

项 目	Item	合 计 Total	国有单位 State-owned Units	城镇集体单位 Urban Collective-owned Units	其他单位 Other Ownership Units
资本市场服务	Capital Market Service	40.6	38.2	45.9	41.1
保险业	Insurance	56.8	55.1	46.2	57.3
其他金融业	Other Financial Activities	40.1	36.5	32.2	41.6
房地产业	**Real Estate**	**34.9**	**35.2**	**34.6**	**34.9**
#房地产开发经营	Development and Management of Real Estate	33.9	33.3	28.4	34.1
物业管理	Property Management	35.5	35.2	36.7	35.5
房地产中介服务	Agency Services of Real Estate	41.5	40.9	43.8	41.6
租赁和商务服务业	**Leasing and Business Services**	**31.6**	**25.9**	**25.8**	**37.7**
租赁业	Leasing	29.0	40.7	32.9	25.2
商务服务业	Business Services	31.7	25.7	25.7	38.1
科学研究和技术服务业	**Scientific Research and Technical Services**	**30.7**	**30.6**	**30.7**	**30.8**
研究和试验发展	Research and Experimental Development	33.1	32.8	32.8	35.0
专业技术服务业	Professional Technical Services	29.1	29.0	31.5	29.2
科技推广和应用服务业	Science and Technology Popularization and Application Services	33.4	32.9	27.3	35.2
水利、环境和公共设施管理业	**Management of Water Conservancy, Environment and Public Facilities**	**40.3**	**40.2**	**47.7**	**38.2**
水利管理业	Management of Water Conservancy	28.3	28.2	25.7	32.1
生态保护和环境治理业	Ecological Protection and Environmental Treatment	32.6	32.1	43.7	34.4
公共设施管理业	Management of Public Facilities	44.1	44.4	49.9	39.1
居民服务、修理和其他服务业	**Service to Households, Repair and Other Services**	**37.1**	**30.2**	**39.3**	**44.7**
居民服务业	Service to Households	41.2	37.7	36.9	50.6
机动车、电子产品和日用产品修理业	Repair of Motor Vehicle, Electronics and Household Products	28.8	32.6	33.3	26.4
其他服务业	Other Services	35.9	19.8	44.8	49.6
教育	**Education**	**51.3**	**51.0**	**56.1**	**56.6**
#初等教育	Primary Education	55.3	55.2	53.5	61.8
中等教育	Secondary Education	48.2	48.1	47.5	51.9
高等教育	Senior Education	44.1	43.8	51.3	50.0
卫生和社会工作	**Health and Social Service**	**61.2**	**61.6**	**56.5**	**61.3**
卫生	Health	61.6	62.1	56.4	61.6
社会工作	Social Service	48.9	48.1	62.4	55.0
文化、体育和娱乐业	**Culture, Sports and Entertainment**	**43.1**	**42.5**	**42.2**	**46.8**
新闻和出版业	Journalism and Publishing Activities	43.9	43.5	45.6	46.5
广播、电视、电影和影视录音制作业	Radio, Television, Motion Picture and Videotape Programme Production Services	38.8	38.5	36.1	42.6
文化艺术业	Cultural and Art Activities	46.7	46.8	41.7	47.1
体育	Sports Activities	41.9	35.6	43.8	49.7
娱乐业	Entertainment	44.1	41.0	45.6	46.6
公共管理、社会保障和社会组织	**Public Management, Social Security and Social Organization**	**29.4**	**29.4**	**37.9**	**37.3**
中国共产党机关	Organs of Communist Party of China	25.4	25.4	2.4	41.8
国家机构	Government Agencies	29.2	29.1	38.5	43.3
人民政协、民主党派	People's Political Consultative Conference and Democratic Parties	27.1	27.0	38.6	32.9
社会保障	Social Security	45.5	45.3	54.4	61.0
群众团体、社会团体和其他成员组织	Non-Governmental Organizations, Social Organizations and Membership Organizations	38.0	37.9	33.4	40.9

1-18 分登记注册类型城镇单位就业人员工资总额及指数
TOTAL WAGES AND INDEX OF EMPLOYED PERSONS BY REGISTRATION STATUS

年 份 Year	工资总额(亿元) Total Wages (100 million yuan)				指数(以上年为100) Index (preceding year=100)			
	合 计 Total	国有单位 State-owned Units	集体单位 Collective-owned Units	其他单位 Other Owner-ship Units	合 计 Total	国有单位 State-owned Units	集体单位 Collective-owned Units	其他单位 Other Owner-ship Units
1965	282.3	235.3	47.0		107.1	105.0	118.4	
1970	334.3	277.5	56.8		103.6	105.5	95.3	
1971	364.0	302.0	62.0		108.9	108.8	109.2	
1972	409.6	340.0	69.6		112.5	112.6	112.3	
1973	429.1	353.3	75.8		104.8	103.9	108.9	
1974	441.9	370.9	71.0		103.0	105.0	93.7	
1975	463.5	386.1	77.4		104.9	104.1	109.0	
1976	489.2	406.1	83.1		105.5	105.2	107.4	
1977	514.8	425.7	89.1		105.2	104.8	107.2	
1978	568.9	468.7	100.2		110.5	110.1	112.5	
1979	646.7	529.5	117.2		113.7	113.0	117.0	
1980	772.4	627.9	144.5		119.4	118.6	123.3	
1981	820.0	660.4	159.6		106.2	105.2	110.4	
1982	882.0	708.9	173.1		107.6	107.3	108.5	
1983	934.6	748.1	186.5		106.0	105.5	107.7	
1984	1133.4	875.8	254.0	3.6	121.3	117.1	136.2	
1985	1383.0	1064.8	312.3	5.9	122.0	121.6	123.0	163.9
1986	1659.7	1288.5	362.8	8.4	120.0	121.0	116.2	142.4
1987	1881.1	1459.3	409.1	12.7	113.3	113.3	112.8	151.2
1988	2316.2	1807.1	487.6	21.5	123.1	123.8	119.2	169.3
1989	2618.5	2050.2	534.4	33.9	113.1	113.5	109.6	157.7
1990	2951.1	2324.1	581.0	46.0	112.7	113.4	108.7	135.7
1991	3323.9	2594.9	658.6	70.4	112.6	111.7	113.4	153.0
1992	3939.2	3090.4	743.2	105.6	118.5	119.1	112.8	150.0
1993	4916.2	3812.7	849.9	253.6	124.8	123.4	114.4	240.2
1994	6656.4	5177.4	1023.3	455.6	135.4	135.8	120.4	179.7
1995	8055.8	6172.6	1210.6	672.6	119.0	117.4	115.6	142.2
1996	8964.4	6893.3	1269.4	801.7	111.3	111.7	104.9	119.2
1997	9602.4	7323.9	1283.9	994.5	107.1	106.2	101.1	124.0
1998	9540.2	6934.6	1054.9	1550.7	99.4	94.7	82.2	155.9
1999	10155.9	7289.9	995.8	1870.1	106.5	105.1	94.4	120.6
2000	10954.7	7744.9	950.7	2259.1	107.9	106.2	95.5	120.8
2001	12205.4	8515.2	898.5	2791.7	111.4	109.9	94.5	123.6
2002	13638.1	9138.0	863.9	3636.2	111.7	107.3	96.1	130.3
2003	15329.6	9911.9	867.1	4550.6	112.4	108.5	100.4	125.1
2004	17615.0	11038.2	876.2	5700.6	114.9	111.4	101.0	125.3
2005	20627.1	12291.7	906.4	7429.0	117.1	111.4	103.4	130.3
2006	24262.3	13920.6	983.8	9357.9	117.6	113.3	108.5	126.0
2007	29471.5	16689.1	1108.1	11674.3	121.5	119.9	112.6	124.8
2008	35289.5	19487.9	1203.2	14598.4	119.7	116.8	108.6	125.0
2009	40288.2	21862.7	1273.3	17152.1	114.2	112.2	105.8	117.5
2010	47269.9	24886.4	1433.7	20949.7	117.3	113.8	112.6	122.1
2011	59954.7	28954.8	1737.4	29262.4	126.8	116.3	121.2	139.7
2012	70914.2	32950.0	1990.4	35973.8	118.3	113.8	114.6	122.9

1-19 分行业城镇单位就业人员工资总额（1995-2002年）

TOTAL WAGES OF EMPLOYED PERSONS IN URBAN UNITS (1995-2002)

单位：亿元 (100 million yuan)

登记注册类型 Registration Status 年 份 Year	合 计 Total	农、林、牧、渔业 Farming, Forestry, Animal Husbandry and Fishery	采掘业 Mining and Quarrying	制造业 Manufacturing	电力、煤气及水的生产和供应业 Production and Supply of Electricity, Gas and Water	建筑业 Construction	地质勘查业、水利管理业 Geological Prospecting and Water Conservancy	交通运输、仓储及邮电通信业 Transport, Storage, Post and Telecommunications
全 国 National								
1995	8055.8	234.1	519.0	2804.2	197.5	629.2	80.2	577.7
1996	8964.4	251.3	568.8	2984.0	235.6	668.3	84.4	659.8
1997	9602.4	269.7	577.9	3044.6	269.8	696.9	92.0	719.1
1998	9540.2	257.8	517.6	2792.1	294.8	659.6	92.7	708.5
1999	10155.9	260.4	498.6	2836.4	325.6	662.2	98.0	768.5
2000	10954.7	268.9	498.4	2966.7	363.3	699.1	108.4	837.7
2001	12205.4	278.5	531.1	3088.5	416.7	750.9	115.4	918.9
2002	13638.1	289.9	597.6	3343.9	470.8	838.0	118.6	1016.7
国有单位 State-owned Units								
1995	6172.6	225.2	489.6	1764.3	180.0	412.0	79.3	518.4
1996	6893.3	240.4	538.2	1855.7	214.1	436.0	83.4	593.4
1997	7323.9	258.9	544.5	1813.7	243.0	451.5	90.1	644.3
1998	6934.6	247.9	457.1	1368.3	249.6	388.4	91.1	619.8
1999	7289.9	250.1	415.6	1293.4	267.5	377.5	96.4	659.0
2000	7744.9	255.7	382.5	1260.0	291.0	389.0	106.6	711.9
2001	8515.2	265.7	387.7	1190.5	325.2	378.9	113.6	762.7
2002	9138.0	272.7	372.5	1098.9	349.0	365.1	115.9	821.9
集体单位 Collective-owned units								
1995	1210.6	6.8	27.4	523.7	6.7	202.5	0.8	49.0
1996	1269.4	8.0	28.3	534.1	8.9	212.1	1.0	52.1
1997	1283.9	7.7	29.8	513.5	9.9	218.8	1.9	51.0
1998	1054.9	7.0	22.3	389.3	10.1	188.7	1.5	42.0
1999	995.8	7.0	19.3	343.6	9.5	183.9	1.5	39.6
2000	950.7	7.7	17.5	309.3	9.9	188.7	1.4	34.5
2001	898.5	6.8	17.5	270.6	10.5	188.0	1.2	31.4
2002	863.9	7.0	18.6	244.8	9.1	179.0	1.4	28.8
其他单位 Other Ownership units								
1995	672.6	2.2	2.0	516.1	10.7	14.7		10.3
1996	801.7	2.8	2.3	594.3	12.6	20.2		14.3
1997	994.5	3.0	3.7	717.4	16.9	26.6		23.8
1998	1550.7	3.0	38.2	1034.5	35.0	82.5		46.7
1999	1870.1	3.4	63.7	1199.5	48.5	100.9	0.2	69.9
2000	2259.1	5.5	98.4	1397.3	62.4	121.4	0.4	91.3
2001	2791.7	6.1	125.8	1627.4	81.0	184.0	0.6	124.8
2002	3636.2	10.2	206.6	2000.2	112.7	293.9	1.4	166.1

1-19 续表 continued

单位：亿元 (100 million yuan)

登记注册类型 Registration Status 年 份 Year	批发和零售贸易、餐饮业 Wholesale and Retail Trade & Catering Services	金融、保险业 Finance and Insurance	房地产业 Real Estate Trade	社 会 服务业 Social Services	卫生、体育和社会福利业 Health Care, Sporting and Social Welfare	教育、文化艺术和广播电影电视业 Education, Culture and Arts, Radio, Film and Television	科学研究和综合技术服务业 Scientific Research and Polytechnical Services	国家机关政党机关和社会团体 Government Agencies, Party Agencies and Social Organizations	其 他 Others
全 国 National									
1995	771.9	199.6	56.8	274.2	256.0	727.1	123.4	563.1	41.5
1996	835.9	243.4	69.2	317.3	306.1	849.0	145.3	676.8	69.3
1997	864.0	295.3	78.7	372.0	351.6	970.0	165.6	748.6	86.7
1998	768.0	332.4	95.5	399.6	400.3	1106.7	179.1	840.8	94.8
1999	745.6	388.5	110.4	446.6	460.6	1275.0	200.6	977.5	101.5
2000	742.8	434.3	124.7	502.5	525.4	1435.9	233.7	1097.5	115.3
2001	732.5	524.7	149.0	587.9	629.3	1746.1	267.7	1325.6	142.4
2002	745.5	612.4	180.5	701.0	718.7	2033.7	304.5	1485.9	180.4
国有单位 State-owned Units									
1995	477.8	152.3	42.1	188	226.3	714.2	115.5	558.6	28.9
1996	514.2	181.5	49.7	220.7	271.2	836.2	134.0	672.7	52.2
1997	530.3	213.9	54.8	258.0	311.9	946.4	152.1	745.0	65.4
1998	438.9	235.3	60.4	269.8	358.0	1080.8	161.7	837.1	70.3
1999	417.5	267.0	65.5	296.6	413.4	1244.3	181.0	973.6	71.8
2000	410.0	300.4	72.1	319.0	473.6	1401.5	199.5	1093.1	78.9
2001	384.4	350.2	80.9	358.4	571.2	1699.0	229.6	1322.0	95.3
2002	365.8	398.1	86.2	392.6	658.0	1970.7	261.0	1482.1	127.7
集体单位 Collective-owned units									
1995	239.6	42.6	4.3	45.2	29.3	12.0	4.9	4.5	11.1
1996	254.8	49.4	5.0	44.1	34.3	11.6	6.6	4.1	15.0
1997	249.9	58.1	5.9	50.1	38.9	22.1	6.6	3.6	16.3
1998	196.0	58.4	6.3	44.6	40.4	23.6	6.2	3.7	15.0
1999	174.8	64.2	7.9	46.3	45.0	27.3	6.4	3.8	15.7
2000	154.6	67.4	7.1	46.6	49.4	29.6	7.0	4.3	15.5
2001	125.5	74.3	7.2	47.3	54.6	39.2	4.6	3.7	16.2
2002	107.9	81.9	9.0	46.5	56.0	46.3	4.6	3.4	19.6
其他单位 Other Ownership units									
1995	54.5	4.7	10.4	41.0	0.4	0.8	3.0		1.5
1996	67.0	12.5	14.5	52.5	0.6	1.3	4.7		2.1
1997	83.8	23.3	17.9	63.9	0.8	1.5	6.8		5.0
1998	133.1	38.7	28.8	85.2	1.9	2.3	11.3		9.5
1999	153.3	57.2	37.1	103.7	2.2	3.4	13.1		13.9
2000	178.3	66.5	45.5	136.8	2.4	4.8	27.2		21.0
2001	222.6	100.3	60.8	182.2	3.6	7.9	33.6		31.0
2002	271.8	132.4	85.3	261.9	4.7	16.7	38.8		33.5

1-20 分行业城镇单位就业人员工资总额（2003-2011年）

TOTAL WAGES OF EMPLOYED PERSONS IN URBAN UNITS (2003-2011)

单位：亿元 (100 million yuan)

登记注册类型 Registration Status / 年 份 Year	合 计 Total	农、林、牧、渔业 Agriculture, Forestry, Farming of Animals and Fishery	采矿业 Mining	制造业 Manufacturing	电力、燃气及水的生产和供应业 Production & Distribution of Electricity Gas & Water	建筑业 Construction	交通运输、仓储和邮政业 Traffic, Transport, Storage and post
全 国 National							
2003	15329.6	335.8	662.9	3772.7	552.0	965.9	1008.0
2004	17615.0	351.2	831.8	4316.4	646.8	1081.3	1144.7
2005	20627.1	368.7	1031.2	5056.6	741.8	1324.7	1279.5
2006	24262.3	403.3	1259.6	6035.8	858.0	1612.1	1471.5
2007	29471.5	464.6	1500.5	7241.2	1012.7	1946.2	1727.9
2008	35289.5	516.4	1847.3	8498.9	1180.4	2313.6	2006.3
2009	40288.2	537.4	2089.1	9302.2	1283.5	2837.9	2234.9
2010	47269.9	627.1	2458.8	11140.8	1468.3	3471.5	2541.9
2011	59954.7	697.7	3174.2	15031.4	1755.7	5596.4	3074.1
国有单位 State-owned Units							
2003	9911.9	314.4	368.5	1111.8	403.8	384.3	793.0
2004	11038.2	327.6	463.2	1082.7	459.1	404.6	853.6
2005	12291.7	346.5	500.3	1048.1	505.4	442.4	918.3
2006	13920.6	378.8	588.6	1126.3	586.1	488.3	1024.3
2007	16689.1	437.1	675.5	1231.2	673.6	571.1	1185.9
2008	19487.9	486.8	854.8	1353.5	781.8	643.8	1329.6
2009	21862.7	505.1	932.2	1391.9	836.7	731.9	1446.8
2010	24886.4	590.0	1041.5	1525.7	974.9	892.2	1612.6
2011	28954.8	654.1	1333.5	1720.5	1141.3	1218.4	1939.6
集体单位 Collective-owned units							
2003	867.1	8.6	19.9	227.8	10.2	180.2	31.6
2004	876.2	8.6	23.4	224.9	11.1	181.2	30.1
2005	906.4	7.2	27.9	215.6	11.1	188.9	30.3
2006	983.8	6.8	34.6	225.5	11.8	210.8	30.3
2007	1108.1	7.0	40.1	237.9	13.0	246.5	32.4
2008	1203.2	6.6	44.4	259.6	13.9	265.6	33.8
2009	1273.3	7.6	35.4	265.4	15.1	284.9	36.4
2010	1433.7	8.0	44.5	281.1	17.7	327.7	39.6
2011	1737.4	8.8	61.1	313.4	19.8	471.8	43.7
其他单位 Other Ownership units							
2003	4550.6	12.8	274.5	2433.0	138.0	401.4	183.4
2004	5700.6	15.0	345.3	3008.8	176.6	495.5	261.0
2005	7429.0	15.0	503.1	3792.9	225.4	693.3	330.9
2006	9357.9	17.7	636.3	4683.9	260.2	913.0	416.9
2007	11674.3	20.5	784.9	5772.0	326.1	1128.6	509.6
2008	14598.4	23.0	948.0	6885.9	384.7	1404.2	643.0
2009	17152.1	24.7	1121.5	7644.9	431.6	1821.1	751.7
2010	20949.7	29.1	1372.8	9334.0	475.7	2251.6	889.8
2011	29262.4	34.7	1779.6	12997.5	594.7	3906.2	1090.7

1-20 续表 1 continued

单位：亿元 (100 million yuan)

登记注册类型 Registration Status 年 份 Year	信息传输、计算机服务和软件业 Information Transfer, Computer and Software	批发和零售业 Wholesale and Retail Trade	住宿和餐饮业 Accommodation and Restaurants	金融业 Finance	房地产业 Real Estate	租赁和商务服务业 Tenancy and Business Services	科学研究、技术服务和地质勘查业 Scientific Research, Technical Service & Geologic Perambulation
全 国 National							
2003	356.0	696.3	190.9	734.4	202.7	305.2	454.4
2004	404.3	770.5	221.2	866.7	243.3	351.4	514.6
2005	491.8	832.0	249.8	1047.7	293.0	449.8	614.0
2006	587.4	920.0	280.0	1292.9	338.4	565.6	736.9
2007	699.1	1061.8	314.6	1670.3	426.2	668.9	923.9
2008	862.8	1323.9	371.2	2202.9	520.8	893.7	1154.6
2009	996.2	1509.2	418.9	2658.8	607.8	1021.4	1350.6
2010	1171.7	1783.0	484.6	3219.0	745.6	1198.5	1619.3
2011	1475.6	2594.8	655.2	4007.0	1052.5	1325.3	1879.6
国有单位 State-owned Units							
2003	179.0	338.0	76.6	447.4	82.2	157.7	368.5
2004	200.6	336.7	85.5	497.2	87.3	174.9	426.6
2005	193.8	338.2	90.2	542.1	92.2	213.0	488.3
2006	212.6	349.9	95.5	573.8	96.0	246.3	575.5
2007	223.9	376.0	96.6	697.9	112.0	281.2	713.0
2008	242.5	423.6	108.8	805.6	121.6	344.3	850.4
2009	273.2	451.6	117.4	822.5	132.6	380.2	980.1
2010	289.8	499.6	130.8	940.3	152.9	435.3	1151.7
2011	336.9	607.8	161.8	1077.7	205.1	498.8	1294.2
集体单位 Collective-owned units							
2003	2.3	87.0	13.8	93.9	8.8	32.5	6.2
2004	2.3	80.8	14.1	107.8	9.9	35.2	6.1
2005	3.4	74.6	13.8	118.6	11.0	45.3	6.8
2006	2.9	71.8	14.6	134.8	12.4	47.9	8.2
2007	2.6	74.0	14.8	157.7	14.0	54.6	8.4
2008	2.2	76.4	16.8	187.1	15.3	57.1	10.4
2009	3.5	78.3	17.4	197.1	19.5	69.3	14.1
2010	3.8	80.9	18.1	228.3	22.7	77.8	15.5
2011	5.3	93.1	23.4	263.5	25.2	77.7	17.7
其他单位 Other Ownership units							
2003	174.7	271.3	100.5	193.2	111.7	115.1	79.7
2004	201.4	353.1	121.6	261.7	146.0	141.2	82.0
2005	294.5	419.2	145.8	386.9	189.8	191.5	118.8
2006	372.0	498.3	170.0	584.3	230.0	271.3	153.2
2007	472.6	611.8	203.1	814.8	300.2	333.1	202.6
2008	618.2	823.9	245.7	1210.3	383.9	492.3	293.9
2009	719.5	979.3	284.0	1639.2	455.7	571.9	356.4
2010	878.1	1202.5	335.7	2050.4	570.0	685.4	452.1
2011	1133.4	1893.8	470.0	2665.8	822.3	748.8	567.7

1-20 续表 2 continued

单位：亿元 (100 million yuan)

登记注册类型 Registration Status 年 份 Year	水利、环境和公共设施管理业 Management of Water Conservancy, Environment & Public Establishment	居民服务和其他服务业 Resident Services and Other Services	教 育 Education	卫生、社会保障和社会福利业 Sanitation, Social Security and Social Welfare	文化体育和娱乐业 Culture, Sports and Entertainment	公共管理和社会组织 Public Management and Social Organization
全 国 National						
2003	202.6	66.4	2035.9	782.1	217.9	1787.6
2004	226.1	71.8	2346.2	902.3	251.5	2072.7
2005	257.3	85.1	2690.8	1047.8	275.8	2489.6
2006	289.8	102.5	3127.8	1226.1	314.9	2839.7
2007	352.2	115.8	3917.2	1496.6	378.1	3553.8
2008	413.8	132.1	4556.1	1789.3	429.3	4276.0
2009	474.3	146.8	5338.6	2095.3	488.5	4896.8
2010	555.9	168.4	6136.5	2506.4	543.7	5428.8
2011	659.8	197.9	6938.8	3078.6	642.1	6118.1
国有单位 State-owned Units						
2003	182.5	32.6	1970.1	717.2	202.5	1781.7
2004	202.3	37.4	2274.2	827.5	233.2	2064.1
2005	229.0	43.3	2604.2	962.0	253.6	2480.9
2006	254.4	57.4	3027.3	1121.2	288.9	2829.5
2007	308.0	62.5	3782.4	1371.4	345.6	3544.3
2008	360.7	75.8	4416.4	1637.6	386.9	4263.5
2009	411.9	81.7	5154.6	1910.9	432.3	4869.2
2010	481.2	92.6	5919.7	2277.1	478.5	5400.2
2011	566.0	113.8	6651.3	2803.9	550.1	6079.9
集体单位 Collective-owned units						
2003	10.6	13.1	53.0	59.4	3.0	5.2
2004	10.5	12.1	45.2	64.3	3.1	5.5
2005	10.4	11.3	50.8	71.3	3.4	4.6
2006	11.8	12.2	55.1	83.9	3.2	5.1
2007	13.4	12.8	71.6	98.6	4.0	5.0
2008	16.5	14.2	55.6	118.6	4.6	4.7
2009	17.8	15.2	48.0	136.2	5.0	7.1
2010	19.4	16.4	54.7	166.3	5.4	5.9
2011	22.5	14.9	68.2	192.9	6.1	8.4
其他单位 Other Ownership units						
2003	9.5	20.7	12.8	5.4	12.3	0.7
2004	13.3	22.4	26.8	10.4	15.3	3.1
2005	17.9	30.5	35.8	14.5	18.8	4.1
2006	23.6	33.0	45.4	21.0	22.7	5.1
2007	30.8	40.6	63.2	26.6	28.6	4.5
2008	36.6	42.1	84.1	33.1	37.9	7.8
2009	44.6	50.0	136.1	48.1	51.1	20.6
2010	55.3	59.5	162.1	63.0	59.9	22.7
2011	71.3	69.2	219.3	81.8	85.9	29.8

1-21 分行业城镇单位就业人员工资总额(2012年)
URBAN UNITS EMPLOYMENT BY SECTOR(2012)

单位：亿元 (100 million yuan)

项 目	Item	合 计 Total	国有单位 State-owned Units	城镇集体单位 Urban Collective-owned Units	其他单位 Other Ownership Units
全国总计	**National Total**	**70914.2**	**32950.0**	**1990.4**	**35973.8**
农、林、牧、渔业	Agriculture, Forestry, Animal Husbandry and Fishery	760.8	713.5	10.8	36.5
采矿业	Mining	3600.7	1513.3	73.6	2013.8
制造业	Manufacturing	17668.1	1765.0	339.3	15563.7
电力、热力、燃气及水生产和供应业	Production and Supply of Electricity, Heat, Gas and Water	1999.6	1278.7	20.3	700.7
建筑业	Construction	7392.7	1422.7	550.6	5419.4
批发和零售业	Wholesale and Retail Trades	3271.3	708.9	94.4	2467.9
交通运输、仓储和邮政业	Transport, Storage and Post	3531.5	2258.7	50.4	1222.3
住宿和餐饮业	Hotels and Catering Services	824.4	192.5	25.8	606.2
信息传输、软件和信息技术服务业	Information Transmission, Software and Information Technology	1769.4	372.4	4.8	1392.2
金融业	Financial Intermediation	4669.0	1237.8	305.6	3125.6
房地产业	Real Estate	1271.3	204.3	30.0	1037.0
租赁和商务服务业	Leasing and Business Services	1531.2	517.8	98.2	915.2
科学研究和技术服务业	Scientific Research and Technical Services	2259.4	1477.6	24.9	756.8
水利、环境和公共设施管理业	Management of Water Conservancy, Environment and Public Facilities	784.6	669.0	25.7	89.9
居民服务、修理和其他服务业	Service to Households, Repair and Other Services	217.1	113.9	16.6	86.6
教育	Education	7851.0	7486.8	77.3	286.8
卫生和社会工作	Health and Social Service	3718.5	3373.4	224.3	120.7
文化、体育和娱乐业	Culture, Sports and Entertainment	735.4	624.6	8.2	102.6
公共管理、社会保障和社会组织	Public Management, Social Security and Social Organization	7058.3	7019.0	9.5	29.9

1-22 分登记注册类型城镇单位就业人员平均工资及指数
AVERAGE WAGE AND INDEX OF EMPLOYED PERSONS BY REGISTRATION STATUS

年 份 Year	平均工资(元) Average Wage (yuan)				指数（以上年为100） Index (preceding year=100)			
	合 计 Total	国有单位 State-owned Units	城镇集体单位 Urban Collective-owned Units	其他单位 Other Ownership Units	合 计 Total	国有单位 State-owned Units	城镇集体单位 Urban Collective-owned Units	其他单位 Other Ownership Units
1965	590	652	398		100.7	98.6	111.2	
1970	561	609	405		97.6	98.5	92.3	
1971	560	597	429		99.8	98.0	105.9	
1972	588	622	465		105.0	104.2	108.4	
1973	587	614	489		99.8	98.7	105.2	
1974	584	622	441		99.5	101.3	90.2	
1975	580	613	453		99.3	98.6	102.7	
1976	575	605	464		99.1	98.7	102.4	
1977	576	602	478		100.2	99.5	103.0	
1978	615	644	506		106.8	107.0	105.9	
1979	668	705	542		108.6	109.5	107.1	
1980	762	803	623		114.1	113.9	114.9	
1981	772	812	642		101.3	101.1	103.0	
1982	798	836	671		103.4	103.0	104.5	
1983	826	865	698		103.5	103.5	104.0	
1984	974	1034	811	1048	117.9	119.5	116.2	
1985	1148	1213	967	1436	117.9	117.3	119.2	137.0
1986	1329	1414	1092	1629	115.8	116.6	112.9	113.4
1987	1459	1546	1207	1879	109.8	109.3	110.5	115.3
1988	1747	1853	1426	2382	119.7	119.9	118.1	126.8
1989	1935	2055	1557	2707	110.8	110.9	109.2	113.6
1990	2140	2284	1681	2987	110.6	111.1	108.0	110.3
1991	2340	2477	1866	3468	109.3	108.5	111.0	116.1
1992	2711	2878	2109	3966	115.9	116.2	113.0	114.4
1993	3371	3532	2592	4966	124.3	122.7	122.9	125.2
1994	4538	4797	3245	6302	134.6	135.8	125.2	126.9
1995	5348	5553	3934	7728	118.9	117.3	121.1	119.9
1996	5980	6207	4312	8521	111.8	111.8	109.6	110.3
1997	6444	6679	4516	9092	107.8	107.6	104.7	106.7
1998	7446	7579	5314	9241	115.5	113.5	117.7	101.6
1999	8319	8443	5758	10142	111.7	111.4	108.4	109.8
2000	9333	9441	6241	11238	112.2	111.8	108.4	110.8
2001	10834	11045	6851	12437	116.1	117.0	109.8	110.7
2002	12373	12701	7636	13486	114.2	115.0	111.5	108.4
2003	13969	14358	8627	14843	112.9	113.0	113.0	110.1
2004	15920	16445	9723	16519	114.0	114.5	112.7	111.3
2005	18200	18978	11176	18362	114.3	115.4	114.9	111.2
2006	20856	21706	12866	21004	114.6	114.4	115.1	114.4
2007	24721	26100	15444	24271	118.5	120.2	120.0	115.6
2008	28898	30287	18103	28552	116.9	116.0	117.2	117.6
2009	32244	34130	20607	31350	111.6	112.7	113.8	109.8
2010	36539	38359	24010	35801	113.3	112.4	116.5	114.2
2011	41799	43483	28791	41323	114.4	113.4	119.9	115.4
2012	46769	48357	33784	46360	111.9	111.2	117.3	112.2

1-23 分行业城镇单位就业人员平均工资（1995-2002年）
AVERAGE WAGE OF EMPLOYED PERSONS IN URBAN UNITS BY SECTOR (1995-2002)

单位：元 (yuan)

年份 Year	合计 Total	农、林、牧、渔业 Farming, Forestry, Animal Husbandry and Fishery	采掘业 Mining and Quarrying	制造业 Manufacturing	电力、煤气及水的生产和供应业 Production and Supply of Electricity, Gas and Water	建筑业 Construction	地质勘查业、水利管理业 Geological Prospecting and Water Conservancy	交通运输、仓储及邮电通信业 Transport, Storage, Post and Telecommunications
全 国 National								
1995	5348	3516	5743	5199	7829	5755	5953	6910
1996	5980	4045	6477	5673	8803	6242	6571	7833
1997	6444	4306	6825	5979	9641	6652	7147	8527
1998	7446	4532	7228	7118	10457	7434	7916	9714
1999	8319	4808	7507	7874	11487	7945	8793	10825
2000	9333	5142	8317	8836	12801	8668	9590	12170
2001	10834	5676	9541	9891	14471	9415	10904	13987
2002	12373	6314	10992	11152	16296	10212	12226	15818
国有单位 State-owned Units								
1995	5553	3520	5933	5347	7720	6453	5977	7511
1996	6207	4031	6709	5792	8686	6961	6601	8482
1997	6679	4297	7086	6006	9527	7363	7166	9189
1998	7579	4525	7485	6950	10298	8129	7934	10180
1999	8443	4787	7718	7578	11210	8686	8815	11141
2000	9441	5087	8258	8513	12419	9431	9617	12418
2001	11045	5633	9426	9550	14001	10189	10952	14099
2002	12701	6234	10580	10825	15636	11139	12219	15758
集体单位 Collective-owned units								
1995	3934	2926	3675	3730	7438	4673	4283	3593
1996	4312	3805	3956	4018	8315	5103	4780	3977
1997	4516	3939	4160	4134	9045	5476	6343	4067
1998	5314	4359	4577	5004	9434	5940	6966	5130
1999	5758	4863	4556	5326	9795	6279	7555	5682
2000	6241	5529	4867	5726	10680	6822	7464	5807
2001	6851	5626	5515	6101	12233	7225	7622	6311
2002	7636	6434	6036	6757	12912	7698	9579	6895
其他单位 Other Ownership units								
1995	7728	7264	5221	7483	10740	6862	5503	10825
1996	8521	7514	5238	8175	12036	7044	5870	12240
1997	9092	7192	5385	8640	12204	7617	5961	14095
1998	9241	5817	6745	8797	12179	8988	7070	12077
1999	10142	6877	7646	9592	13843	9508	8953	14366
2000	11238	8600	9827	10450	15513	10330	13483	16399
2001	12437	8649	11087	11361	17192	11120	11583	18826
2002	13486	9392	12846	12338	19212	11291	18115	20900

1-23 续表 continued

单位：元 (yuan)

年 份 Year	批发和零售贸易、餐饮业 Wholesale and Retail Trade & Catering Services	金融、保险业 Finance and Insurance	房地产业 Real Estate Trade	社 会 服务业 Social Services	卫生、体育和社会福利业 Health Care, Sporting and Social Welfare	教育、文化艺术和广播电影电视业 Education, Culture and Arts, Radio, Film and Television	科学研究和综合技术服务业 Scientific Research and Polytechnical Services	国家机关政党机关和社会团体 Government Agencies, Party Agencies and Social Organizations	其 他 Others
全 国 National									
1995	4260	7357	7351	6037	5831	4999	6818	5484	6250
1996	4674	8402	8405	6839	6758	5699	7981	6286	7143
1997	4872	9665	9269	7642	7566	6332	8953	6939	6862
1998	5884	10595	10402	8523	8445	7101	10112	7721	8497
1999	6436	11901	11579	9393	9625	8188	11501	8920	10153
2000	7188	13178	12551	10386	10832	9224	13374	9978	11205
2001	8207	15628	14074	11996	12821	11210	16220	12061	12862
2002	9439	18023	15384	13582	14652	13073	18792	13844	14212
国有单位 State-owned Units									
1995	4567	7558	6861	5932	5980	5026	6807	5486	6827
1996	4941	8638	7861	6676	6932	5714	7941	6296	7563
1997	5141	9904	8554	7406	7757	6402	8921	6943	6854
1998	6132	10801	9368	8142	8651	7182	10061	7725	8178
1999	6647	11865	10374	8975	9856	8278	11440	8925	9635
2000	7364	13215	11462	9709	11156	9341	13059	9983	10049
2001	8162	15678	12897	11130	13243	11339	16048	12071	11293
2002	9371	18313	14144	12067	15121	13237	18792	13858	13258
集体单位 Collective-owned Units									
1995	3461	6432	6643	4659	4869	3722	5871	5213	4848
1996	3838	6858	6740	4979	5602	4609	6738	5009	5667
1997	3901	7570	7654	5676	6264	4226	6805	6166	5761
1998	4530	8074	9056	6195	6846	4556	7000	6952	7049
1999	4820	8941	10391	6640	7775	5310	7921	7922	8124
2000	5110	9571	10270	7221	8347	5642	9198	8811	9007
2001	5450	10707	10516	7902	9474	7192	9522	9304	9638
2002	6017	12283	11315	8849	10680	8042	10228	10199	9642
其他单位 Other Ownership Units									
1995	7403	13035	10996	10189	9518	9149	10080		11629
1996	7976	16495	12426	11708	12182	9592	13372		14185
1997	8264	18194	13726	12747	13914	10386	14659		18939
1998	8492	16419	14142	13012	16691	12367	14773		22038
1999	9137	19375	15021	13777	18281	13477	16240		22977
2000	10235	20904	15402	15086	18158	12413	18916		28972
2001	11634	23300	16791	16839	18482	16449	19523		32267
2002	12349	23772	17613	18947	16114	17854	20879		31279

1-24 分行业城镇单位就业人员平均工资（2003-2011年）
AVERAGE WAGE OF EMPLOYED PERSONS IN URBAN UNITS BY SECTOR (2003-2011)

单位：元 (yuan)

登记注册类型 Registration Status 年 份 Year	合 计 Total	农、林、牧、渔业 Agriculture, Forestry, Farming of Animals and Fishery	采矿业 Mining	制造业 Manufacturing	电力、燃气及水的生产和供应业 Production & Distribution of Electricity, Gas & Water	建筑业 Construction	交通运输、仓储和邮政业 Traffic, Transport, Storage and post
全 国 National							
2003	13969	6884	13627	12671	18574	11328	15753
2004	15920	7497	16774	14251	21543	12578	18071
2005	18200	8207	20449	15934	24750	14112	20911
2006	20856	9269	24125	18225	28424	16164	24111
2007	24721	10847	28185	21144	33470	18482	27903
2008	28898	12560	34233	24404	38515	21223	32041
2009	32244	14356	38038	26810	41869	24161	35315
2010	36539	16717	44196	30916	47309	27529	40466
2011	41799	19469	52230	36665	52723	32103	47078
国有单位 State-owned Units							
2003	14358	6819	13819	12520	18030	12495	15973
2004	16445	7417	17198	14374	20933	14076	17938
2005	18978	8122	20843	16831	24105	16032	20716
2006	21706	9145	24827	20117	28145	18166	23723
2007	26100	10706	29177	23671	33355	20963	27606
2008	30287	12384	35564	27471	38567	23394	31259
2009	34130	14160	38626	31142	42160	27750	34976
2010	38359	16522	44904	36386	47724	31777	40097
2011	43483	19253	53387	43031	53333	36071	47318
集体单位 Collective-owned units							
2003	8627	6127	7194	7594	14774	8311	8100
2004	9723	7027	8628	8581	16898	9111	8777
2005	11176	8042	11067	9671	18323	10071	9920
2006	12866	9789	13626	10978	19880	11428	11062
2007	15444	11490	17131	12985	23237	13611	13102
2008	18103	13546	19813	15455	27603	15641	15062
2009	20607	15392	20075	17620	29369	17565	17538
2010	24010	18156	23791	20841	33851	20210	19882
2011	28791	21887	30114	25031	36122	25027	24927
其他单位 Other Ownership units							
2003	14843	10077	14285	13596	20805	12227	17573
2004	16519	10332	17308	14944	23757	13271	21165
2005	18362	10952	21044	16294	26822	14593	23968
2006	21004	12677	24513	18394	29663	16780	27578
2007	24271	14686	28291	21210	34314	18825	30892
2008	28552	17400	34246	24401	38968	21767	36041
2009	31350	19456	38640	26617	41931	24325	37883
2010	35801	21359	44907	30609	47164	27522	43176
2011	41323	23851	52703	36360	52377	32097	48362

1-24 续表 1 continued

单位：元 (yuan)

登记注册类型 Registration Status 年 份 Year	信息传输、计算机服务和软件业 Information Transfer, Computer and Software	批发和零售业 Wholesale and Retail Trade	住宿和餐饮业 Accommo-dation and Restaurants	金融业 Finance	房地产业 Real Estate	租赁和商务服务业 Tenancy and Business Services	科学研究、技术服务和地质勘查业 Scientific Research, Technical Service & Geologic Perambulation
全 国 National							
2003	30897	10894	11198	20780	17085	17020	20442
2004	33449	13012	12618	24299	18467	18723	23351
2005	38799	15256	13876	29229	20253	21233	27155
2006	43435	17796	15236	35495	22238	24510	31644
2007	47700	21074	17046	44011	26085	27807	38432
2008	54906	25818	19321	53897	30118	32915	45512
2009	58154	29139	20860	60398	32242	35494	50143
2010	64436	33635	23382	70146	35870	39566	56376
2011	70918	40654	27486	81109	42837	46976	64252
国有单位 State-owned Units							
2003	24969	10937	10482	21267	15749	15042	19775
2004	27389	12724	12137	25063	17215	16470	22711
2005	29935	15492	13428	30396	19449	19076	25989
2006	32747	18444	14851	34727	21324	20804	30023
2007	36277	21450	16432	43465	25073	23800	36456
2008	38947	25983	19091	52309	27683	27418	42643
2009	42379	30908	21177	56719	30800	30431	47277
2010	46402	35814	23864	66014	33967	33680	53235
2011	50401	41337	28756	74650	43814	39447	60316
集体单位 Collective-owned units							
2003	12486	6610	8356	14023	12002	10896	12962
2004	17633	7312	9311	16209	12793	11639	13441
2005	24524	8261	10145	18560	13259	13230	18053
2006	24058	9256	11453	21694	15625	14204	23058
2007	24875	10686	12897	25881	18557	16329	24823
2008	27892	12906	15149	31358	20856	17547	29988
2009	30904	14777	16569	37453	22516	19276	33025
2010	37576	16816	18808	44154	24617	20981	37538
2011	40344	19982	23327	52984	29661	24499	47764
其他单位 Other Ownership units							
2003	41911	13665	12425	25374	18898	25742	25591
2004	43474	16265	13553	28513	19933	27581	29233
2005	48602	17709	14692	33307	21331	29040	34523
2006	53807	19959	15922	42687	23181	34514	40707
2007	56392	23594	17780	51553	27004	37443	48861
2008	65686	28358	19800	62044	31556	43406	57827
2009	68067	30717	21064	67574	33311	45078	61697
2010	74178	35109	23505	77445	37102	50179	67716
2011	81005	42596	27313	88882	43183	60406	76446

1-24 续表 2 continued

单位：元 (yuan)

登记注册类型 Registration Status 年 份 Year	水利、环境和公共设施管理业 Management of Water Conservancy, Environment and Public Establishment	居民服务和其他服务业 Resident Services and Other Services	教 育 Education	卫生、社会保障和社会福利业 Sanitation, Social Security and Social Welfare	文化体育和娱乐业 Culture, Sports and Entertainment	公共管理和社会组织 Public Management and Social Organization
全 国 National						
2003	11774	12665	14189	16185	17098	15355
2004	12884	13680	16085	18386	20522	17372
2005	14322	15747	18259	20808	22670	20234
2006	15630	18030	20918	23590	25847	22546
2007	18383	20370	25908	27892	30430	27731
2008	21103	22858	29831	32185	34158	32296
2009	23159	25172	34543	35662	37755	35326
2010	25544	28206	38968	40232	41428	38242
2011	28868	33169	43194	46206	47878	42062
国有单位 State-owned Units						
2003	11782	14419	14371	16741	17340	15382
2004	12850	16366	16217	19061	20955	17406
2005	14254	17323	18388	21500	23110	20270
2006	15517	20548	21027	24298	26374	22608
2007	18293	21744	25997	28719	31210	27790
2008	21000	26443	29925	33075	34993	32350
2009	23161	28874	34678	36575	38749	35491
2010	25478	32417	39166	41112	42367	38387
2011	28812	36923	43436	47185	48690	42230
集体单位 Collective-owned units						
2003	10030	8683	9330	11610	9424	10293
2004	10433	8910	10559	12869	10953	11454
2005	11051	10690	12670	14826	13635	12906
2006	11948	12170	15338	17325	14169	14129
2007	13312	14476	21010	20442	17414	17002
2008	15413	16412	22645	24028	19686	18941
2009	16891	18509	27515	27618	22177	26039
2010	18551	20818	31486	32645	24796	26957
2011	20987	24834	36355	37853	30051	35277
其他单位 Other Ownership units						
2003	14392	14038	17986	15110	16565	8763
2004	16645	13893	19964	15789	18002	12617
2005	18681	16502	20664	18084	19926	14036
2006	20388	17410	23099	21225	22712	11765
2007	23390	21014	27494	24600	25384	13994
2008	26869	20566	31211	28831	29567	21586
2009	27154	22877	32663	30579	32898	17849
2010	30217	25536	35282	34672	37107	21392
2011	33331	30287	38912	38803	44958	23891

1-25 分行业城镇单位就业人员平均工资(2012年)
URBAN UNITS EMPLOYMENT BY SECTOR(2012)

单位：亿元 (100 million yuan)

项 目	Item	合 计 Total	国有单位 State-owned Units	城镇集体单位 Urban Collective-owned Units	其他单位 Other Ownership Units
全国总计	**National Total**	**46769**	**48357**	**33784**	**46360**
农、林、牧、渔业	Agriculture, Forestry, Animal Husbandry and Fishery	22687	22484	22592	27612
采矿业	Mining	56946	58534	35953	57001
制造业	Manufacturing	41650	47367	29538	41453
电力、热力、燃气及水生产和供应业	Production and Supply of Electricity, Heat, Gas and Water	58202	58589	39587	58293
建筑业	Construction	36483	40116	29607	36476
批发和零售业	Wholesale and Retail Trades	46340	47377	23096	47882
交通运输、仓储和邮政业	Transport, Storage and Post	53391	54342	28474	53592
住宿和餐饮业	Hotels and Catering Services	31267	33376	27535	30827
信息传输、软件和信息技术服务业	Information Transmission, Software and Information Technology	80510	57056	38770	90839
金融业	Financial Intermediation	89743	82040	61756	97706
房地产业	Real Estate	46764	43464	34365	47983
租赁和商务服务业	Leasing and Business Services	53162	44875	29583	65637
科学研究和技术服务业	Scientific Research and Technical Services	69254	64206	46890	83362
水利、环境和公共设施管理业	Management of Water Conservancy, Environment and Public Facilities	32343	32152	24432	37466
居民服务、修理和其他服务业	Service to Households, Repair and Other Services	35135	37642	27415	33992
教育	Education	47734	47995	41061	43473
卫生和社会工作	Health and Social Service	52564	53653	43265	45020
文化、体育和娱乐业	Culture, Sports and Entertainment	53558	54398	33433	51217
公共管理、社会保障和社会组织	Public Management, Social Security and Social Organization	46074	46207	41285	28113

1-26 分行业城镇单位就业人员平均货币工资指数（1995-2002年）

INDICES OF MONEY AVERAGE EARNING OF EMPLOYED PERSONS IN URBAN UNITS BY SECTOR (1995-2002)

上年=100 (preceding year=100)

年份 Year	合计 Total	农、林、牧、渔业 Farming, Forestry, Animal Husbandry and Fishery	采掘业 Mining and Quarrying	制造业 Manufacturing	电力、煤气及水的生产和供应业 Production and Supply of Electricity, Gas and Water	建筑业 Construction	地质勘查业、水利管理业 Geological Prospecting and Water Conservancy	交通运输、仓储及邮电通信业 Transport, Storage, Post and Telecommunications
全国 National								
1995	118.9	124.5	123.2	121.2	127.3	118.1	109.5	121.9
1996	111.8	115.0	112.8	109.1	112.4	108.5	110.4	113.4
1997	107.8	106.5	105.4	105.4	109.5	106.6	108.8	108.9
1998	115.5	105.2	105.9	119.1	108.5	111.8	110.8	113.9
1999	111.7	106.1	103.9	110.6	109.8	106.9	111.1	111.4
2000	112.2	106.9	110.8	112.2	111.4	109.1	109.1	112.4
2001	116.1	110.4	114.7	111.9	113.0	108.6	113.7	114.9
2002	114.2	111.2	115.2	112.7	112.6	108.5	112.1	113.1
国有单位 State-owned Units								
1995	117.3	124.6	122.4	118.8	126.3	118.3	109.4	121.6
1996	111.8	114.5	113.1	108.3	112.5	107.9	110.4	112.9
1997	107.6	106.6	105.6	103.7	109.7	105.8	108.6	108.3
1998	113.5	105.3	105.6	115.7	108.1	110.4	110.7	110.8
1999	111.4	105.8	103.1	109.0	108.9	106.9	111.1	109.4
2000	111.8	106.3	107.0	112.3	110.8	108.6	109.1	111.5
2001	117.0	110.7	114.1	112.2	112.7	108.0	113.9	113.5
2002	115.0	110.7	112.2	113.4	111.7	109.3	111.6	111.8
集体单位 Collective-owned units								
1995	121.1	116.2	131.5	121.1	129.9	118.7	115.9	115.5
1996	109.6	130.0	107.6	107.7	111.8	109.2	111.6	110.7
1997	104.7	103.5	105.2	102.9	108.8	107.3	132.7	102.3
1998	117.7	110.7	110.0	121.0	104.3	108.5	109.8	126.1
1999	108.4	111.6	99.5	106.4	103.8	105.7	108.5	110.8
2000	108.4	113.7	106.8	107.5	109.0	108.6	98.8	102.2
2001	109.8	101.8	113.3	106.5	114.5	105.9	102.1	108.7
2002	111.5	114.4	109.4	110.8	105.6	106.5	125.7	109.3
其他单位 Other Ownership units								
1995	119.9	129.2	123.1	120.8	131.6	116.0	126.2	120.3
1996	110.3	103.4	100.3	109.2	112.1	102.7	106.7	113.1
1997	106.7	95.7	102.8	105.7	101.4	108.1	101.6	115.2
1998	101.6	80.9	125.3	101.8	99.8	118.0	118.6	85.7
1999	109.8	118.2	113.4	109.0	113.7	105.8	126.6	119.0
2000	110.8	125.1	128.5	108.9	112.1	108.6	150.6	114.2
2001	110.7	100.6	112.8	108.7	110.8	107.6	85.9	114.8
2002	108.4	108.6	115.9	108.6	111.7	101.5	156.4	111.0

1-26 续表 continued

上年=100 (preceding year=100)

年 份 Year	批发和零售贸易、餐饮业 Wholesale and Retail Trade & Catering Services	金融、保险业 Finance and Insurance	房地产业 Real Estate Trade	社 会 服务业 Social Services	卫生、体育和社会福利业 Health Care, Sporting and Social Welfare	教育、文化艺术和广播电影电视业 Education, Culture and Arts, Radio, Film and Television	科学研究和综合技术服务业 Scientific Research and Polytech-nical Services	国家机关政党机关和社会团体 Government Agencies, Party Age-ncies and Social Or-ganizations	其 他 Others
全 国 National									
1995	120.3	109.9	117.1	119.3	114.4	111.2	111.3	111.5	120.5
1996	109.7	114.2	114.3	113.3	115.9	114.0	117.1	114.6	114.3
1997	104.2	115.0	110.3	111.7	112.0	111.1	112.2	110.4	96.1
1998	120.8	109.6	112.2	111.5	111.6	112.1	112.9	111.3	123.8
1999	109.4	112.3	111.3	110.2	114.0	115.3	113.7	115.5	119.5
2000	111.7	110.7	108.4	110.6	112.5	112.7	116.3	111.9	110.4
2001	114.2	118.6	112.1	115.5	118.4	121.5	121.3	120.9	114.8
2002	115.0	115.3	109.3	113.2	114.3	116.6	115.9	114.8	110.5
国有单位 State-owned Units									
1995	118.5	108.3	115.0	116.7	114.1	111.4	110.1	111.4	119.3
1996	108.2	114.3	114.6	112.5	115.9	113.7	116.7	114.8	110.8
1997	104.0	114.7	108.8	110.9	111.9	112.0	112.3	110.3	90.6
1998	119.3	109.1	109.5	109.9	111.5	112.2	112.8	111.3	119.3
1999	108.4	109.9	110.7	110.2	113.9	115.3	113.7	115.5	117.8
2000	110.8	111.4	110.5	108.2	113.2	112.8	114.2	111.9	104.3
2001	110.8	118.6	112.5	114.6	118.7	121.4	122.9	120.9	112.4
2002	114.8	116.8	109.7	108.4	114.2	116.7	117.1	114.8	117.4
集体单位 Collective-owned Units									
1995	122.2	114.0	126.8	125.7	115.6	109.1	125.5	120.8	120.1
1996	110.9	106.6	101.5	106.9	115.1	123.8	114.8	96.1	116.9
1997	101.6	110.4	113.6	114.0	111.8	91.7	101.0	123.1	101.7
1998	116.1	106.7	118.3	109.1	109.3	107.8	102.9	112.7	122.4
1999	106.4	110.7	114.7	107.2	113.6	116.5	113.2	114.0	115.3
2000	106.0	107.0	98.8	108.8	107.4	106.3	116.1	111.2	110.9
2001	106.7	111.9	102.4	109.4	113.5	127.5	103.5	105.6	107.0
2002	110.4	114.7	107.6	112.0	112.7	111.8	107.4	109.6	100.0
其他单位 Other Ownership Units									
1995	112.2	120.7	113.3	115.7	130.8	111.0	125.3		117.6
1996	107.7	126.5	113.0	114.9	128.0	104.8	132.7		122.0
1997	103.6	110.3	110.5	108.9	114.2	108.3	109.6		133.5
1998	102.8	90.2	103.0	102.1	120.0	119.1	100.8		116.4
1999	107.6	118.0	106.2	105.9	109.5	109.0	109.9		104.3
2000	112.0	107.9	102.5	109.5	99.3	92.1	116.5		126.1
2001	113.7	111.5	109.0	111.6	101.8	132.5	103.2		111.4
2002	106.1	102.0	104.9	112.5	87.2	108.5	106.9		96.9

1-27 分行业城镇单位就业人员平均货币工资指数（2004-2011年）
INDICES OF MONEY AVERAGE EARNING OF EMPLOYED PERSONS IN URBAN UNITS BY SECTOR (2004-2011)

上年=100 (preceding year=100)

登记注册类型 Registration Status / 年份 Year	合计 Total	农、林、牧、渔业 Agriculture, Forestry, Farming of Animals and Fishery	采矿业 Mining	制造业 Manufacturing	电力、燃气及水的生产和供应业 Production & Distribution of Electricity, Gas & Water	建筑业 Construction	交通运输、仓储和邮政业 Traffic, Transport, Storage and post
全国 National							
2004	114.0	108.9	123.1	112.5	116.0	111.0	114.7
2005	114.3	109.5	121.9	111.8	114.9	112.2	115.7
2006	114.6	112.9	118.0	114.4	114.8	114.5	115.3
2007	118.5	117.0	116.8	116.0	117.8	114.3	115.7
2008	116.9	115.8	121.5	115.4	115.1	114.8	114.8
2009	111.6	114.3	111.1	109.9	108.7	113.8	110.2
2010	113.3	116.4	116.2	115.3	113.0	113.9	114.6
2011	114.4	116.5	118.2	118.6	111.4	116.6	116.3
国有单位 State-owned Units							
2004	114.5	108.8	124.5	114.8	116.1	112.7	112.3
2005	115.4	109.5	121.2	117.1	115.2	113.9	115.5
2006	114.4	112.6	119.1	119.5	116.8	113.3	114.5
2007	120.2	117.1	117.5	117.7	118.5	115.4	116.4
2008	116.0	115.7	121.9	116.1	115.6	111.6	113.2
2009	112.7	114.3	108.6	113.4	109.3	118.6	111.9
2010	112.4	116.7	116.3	116.8	113.2	114.5	114.6
2011	113.4	116.5	118.9	118.3	111.8	113.5	118.0
集体单位 Collective-owned units							
2004	112.7	114.7	119.9	113.0	114.4	109.6	108.4
2005	114.9	114.4	128.3	112.7	108.4	110.5	113.0
2006	115.1	121.7	123.1	113.5	108.5	113.5	111.5
2007	120.0	117.4	125.7	118.3	116.9	119.1	118.4
2008	117.2	117.9	115.7	119.0	118.8	114.9	115.0
2009	113.8	113.8	113.8	113.8	113.8	113.8	113.8
2010	116.5	118.0	118.5	118.3	115.3	115.1	113.4
2011	119.9	120.5	126.6	120.1	106.7	123.8	125.4
其他单位 Other Ownership units							
2004	111.3	102.5	121.2	109.9	114.2	108.5	120.4
2005	111.2	106.0	121.6	109.0	112.9	110.0	113.2
2006	114.4	115.8	116.5	112.9	110.6	115.0	115.1
2007	115.6	115.8	115.4	115.3	115.7	112.2	112.0
2008	117.6	118.5	121.0	115.0	113.6	115.6	116.7
2009	109.8	111.8	112.8	109.1	107.6	111.8	105.1
2010	114.2	109.8	116.2	115.0	112.5	113.1	114.0
2011	115.4	115.4	115.4	115.4	115.4	115.4	115.4

1-27 续表 1 continued

上年=100 (preceding year=100)

登记注册类型 Registration Status 年　份 Year	信息传输、计算机服务和软件业 Information Transfer, Computer and Software	批发和零售业 Wholesale and Retail Trade	住宿和餐饮业 Accommodation and Restaurants	金融业 Finance	房地产业 Real Estate	租赁和商务服务业 Tenancy and Business Services	科学研究、技术服务和地质勘查业 Scientific Research, Technical Service & Geologic Perambulation
全　国 National							
2004	108.3	119.4	112.7	116.9	108.1	110.0	114.2
2005	116.0	117.2	110.0	120.3	109.7	113.4	116.3
2006	111.9	116.6	109.8	121.4	109.8	115.4	116.5
2007	109.8	118.4	111.9	124.0	117.3	113.5	121.5
2008	115.1	122.5	113.3	122.5	115.5	118.4	118.4
2009	105.9	112.9	108.0	112.1	107.1	107.8	110.2
2010	110.8	115.4	112.1	116.1	111.3	111.5	112.4
2011	110.1	120.9	117.6	115.6	119.4	118.7	114.0
国有单位 State-owned Units							
2004	109.7	116.3	115.8	117.8	109.3	109.5	114.8
2005	109.3	121.8	110.6	121.3	113.0	115.8	114.4
2006	109.4	119.1	110.6	114.2	109.6	109.1	115.5
2007	110.8	116.3	110.6	125.2	117.6	114.4	121.4
2008	107.4	121.1	116.2	120.3	110.4	115.2	117.0
2009	108.8	119.0	110.9	108.4	111.3	111.0	110.9
2010	109.5	115.9	112.7	116.4	110.3	110.7	112.6
2011	108.6	115.4	120.5	113.1	129.0	117.1	113.3
集体单位 Collective-owned units							
2004	141.2	110.6	111.4	115.6	106.6	106.8	103.7
2005	139.1	113.0	109.0	114.5	103.6	113.7	134.3
2006	98.1	112.0	112.9	116.9	117.8	107.4	127.7
2007	103.4	115.4	112.6	119.3	118.8	115.0	107.7
2008	112.1	120.8	117.5	121.2	112.4	107.5	120.8
2009	110.8	114.5	109.4	119.4	108.0	109.9	110.1
2010	121.6	113.8	113.5	117.9	109.3	108.8	113.7
2011	107.4	118.8	124.0	120.0	120.5	116.8	127.2
其他单位 Other Ownership units							
2004	103.7	119.0	109.1	112.4	105.5	107.1	114.2
2005	111.8	108.9	108.4	116.8	107.0	105.3	118.1
2006	110.7	112.7	108.4	128.2	108.7	118.8	117.9
2007	104.8	118.2	111.7	120.8	116.5	108.5	120.0
2008	116.5	120.2	111.4	120.3	116.9	115.9	118.4
2009	103.6	108.3	106.4	108.9	105.6	103.9	106.7
2010	109.0	114.3	111.6	114.6	111.4	111.3	109.8
2011	109.2	121.3	116.2	114.8	116.4	120.4	112.9

1-27 续表 2 continued

上年=100 (preceding year=100)

登记注册类型 Registration Status 年 份 Year	水利、环境和公共设施管理业 Management of Water Conservancy, Environment and Public Establishment	居民服务和其他服务业 Resident Services and Other Services	教 育 Education	卫生、社会保障和社会福利业 Sanitation, Social Security and Social Welfare	文化体育和娱乐业 Culture, Sports and Entertainment	公共管理和社会组织 Public Management and Social Organization
全 国 National						
2004	109.4	108.0	113.4	113.6	120.0	113.1
2005	111.2	115.1	113.5	113.2	110.5	116.5
2006	109.1	114.5	114.6	113.4	114.0	111.4
2007	117.6	113.0	123.9	118.2	117.7	123.0
2008	114.8	112.2	115.1	115.4	112.3	116.5
2009	109.7	110.1	115.8	110.8	110.5	109.4
2010	110.3	112.1	112.8	112.8	109.7	108.3
2011	113.0	117.6	110.8	114.8	115.6	110.0
国有单位 State-owned Units						
2004	109.1	113.5	112.8	113.9	120.8	113.2
2005	110.9	105.8	113.4	112.8	110.3	116.5
2006	108.9	118.6	114.4	113.0	114.1	111.5
2007	117.9	105.8	123.6	118.2	118.3	122.9
2008	114.8	121.6	115.1	115.2	112.1	116.4
2009	110.3	109.2	115.9	110.6	110.7	109.7
2010	110.0	112.3	112.9	112.4	109.3	108.2
2011	113.1	113.9	110.9	114.8	114.9	110.0
集体单位 Collective-owned units						
2004	104.0	102.6	113.2	110.8	116.2	111.3
2005	105.9	120.0	120.0	115.2	124.5	112.7
2006	108.1	113.8	121.1	116.9	103.9	109.5
2007	111.4	118.9	137.0	118.0	122.9	120.3
2008	115.8	113.4	107.8	117.5	113.0	111.4
2009	109.6	112.8	121.5	114.9	112.7	137.5
2010	109.8	112.5	114.4	118.2	111.8	103.5
2011	113.1	119.3	115.5	116.0	121.2	130.9
其他单位 Other Ownership units						
2004	115.7	99.0	111.0	104.5	108.7	144.0
2005	112.2	118.8	103.5	114.5	110.7	111.2
2006	109.1	105.5	111.8	117.4	114.0	83.8
2007	114.7	120.7	119.0	115.9	111.8	118.9
2008	114.9	97.9	113.5	117.2	116.5	154.3
2009	101.1	111.2	104.7	106.1	111.3	82.7
2010	111.3	111.6	108.0	113.4	112.8	119.8
2011	110.3	118.6	110.3	111.9	121.2	111.7

1-28 分行业城镇单位就业人员平均实际工资指数（1995-2002年）

INDICES OF REAL AVERAGE WAGE OF EMPLOYED PERSONS IN URBAN UNITS BY SECTOR (1995-2002)

上年=100　　(preceding year=100)

年 份 Year	合 计 Total	农、林、牧、渔业 Farming, Forestry, Animal Husbandry and Fishery	采掘业 Mining and Quarrying	制造业 Manufacturing	电力、煤气及水的生产和供应业 Production and Supply of Electricity, Gas and Water	建筑业 Construction	地质勘查业、水利管理业 Geological Prospecting and Water Conservancy	交通运输、仓储及邮电通信业 Transport, Storage, Post and Telecommu-nications
全 国 National								
1995	101.8	106.6	105.5	103.8	109.0	101.1	93.8	104.3
1996	102.8	105.7	103.7	100.3	103.3	99.7	101.5	104.2
1997	104.5	103.3	102.2	102.2	106.2	103.4	105.5	105.6
1998	116.2	105.9	106.5	119.8	109.1	112.4	111.4	114.6
1999	113.2	107.5	105.2	112.1	111.3	108.3	112.5	112.9
2000	111.3	106.1	109.9	111.3	110.6	108.2	108.2	111.5
2001	115.3	109.6	113.9	111.2	112.3	107.9	112.9	114.1
2002	115.4	112.4	116.4	113.9	113.7	109.6	113.3	114.2
国有单位 State-owned Units								
1995	100.4	106.7	104.8	101.7	108.1	101.2	93.7	104.1
1996	102.7	105.3	103.9	99.6	103.4	99.1	101.5	103.8
1997	104.4	103.4	102.4	100.6	106.4	102.6	105.3	105.1
1998	114.2	105.9	106.3	116.4	108.7	111.1	111.4	111.5
1999	112.9	107.2	104.5	110.5	110.3	108.3	112.6	110.9
2000	110.9	105.4	106.1	111.4	109.9	107.7	108.2	110.6
2001	116.2	110.0	113.4	111.4	112.0	107.3	113.1	112.7
2002	116.2	111.8	113.4	114.5	112.8	110.4	112.7	112.9
集体单位 Collective-owned units								
1995	103.7	99.5	112.6	103.7	111.3	101.6	99.2	98.8
1996	100.7	119.5	98.9	99.0	102.7	100.4	102.6	101.7
1997	101.6	100.4	102.0	99.8	105.5	104.1	128.7	99.2
1998	118.4	111.3	110.7	121.8	104.9	109.1	110.5	126.9
1999	109.8	113.0	100.9	107.8	105.2	107.1	109.9	112.2
2000	107.5	112.8	106.0	106.7	108.2	107.8	98.0	101.4
2001	109.0	101.0	112.5	105.8	113.7	105.2	101.4	107.9
2002	112.6	115.5	110.6	111.9	106.6	107.6	126.9	110.4
其他单位 Other Ownership units								
1995	102.6	110.6	105.4	103.4	112.7	99.3	108.1	103.0
1996	101.3	95.1	92.2	100.4	103.0	94.3	98.0	103.9
1997	103.5	92.8	99.7	102.5	98.3	104.9	98.5	111.7
1998	102.3	81.4	126.0	102.4	100.4	118.7	119.3	86.2
1999	111.2	119.8	114.9	110.5	115.2	107.2	128.3	120.5
2000	109.9	124.1	127.5	108.1	111.2	107.8	149.4	113.2
2001	109.9	99.9	112.0	108.0	110.1	106.9	85.3	114.0
2002	109.5	109.7	117.0	109.7	112.9	102.6	158.0	112.1

1-28 续表 continued

上年=100 (preceding year=100)

年 份 Year	批发和零售贸易、餐饮业 Wholesale and Retail Trade & Catering Services	金融、保险业 Finance and Insurance	房地产业 Real Estate Trade	社 会 服务业 Social Services	卫生、体育和社会福利业 Health Care, Sporting and Social Welfare	教育、文化艺术和广播电影电视业 Education, Culture and Arts, Radio, Film and Television	科学研究和综合技术服务业 Scientific Research and Polytechnical Services	国家机关政党机关和社会团体 Government Agencies, Party Agencies and Social Organizations	其 他 Others
全 国 National									
1995	103.0	94.1	100.3	102.1	97.9	95.2	95.3	95.4	103.1
1996	100.8	105.0	105.1	104.1	106.5	104.8	107.6	105.4	105.0
1997	101.1	111.6	107.0	108.4	108.6	107.8	108.8	107.1	93.2
1998	121.5	110.3	112.9	112.2	112.3	112.8	113.6	111.9	124.6
1999	110.8	113.8	112.8	111.7	115.5	116.8	115.2	117.1	121.1
2000	110.8	109.9	107.5	109.7	111.6	111.8	115.4	111.0	109.5
2001	113.4	117.8	111.4	114.7	117.5	120.7	120.4	120.0	114.0
2002	116.2	116.5	110.4	114.4	115.4	117.8	117.0	115.9	111.6
国有单位 State-owned Units									
1995	101.5	92.7	98.4	100.0	97.7	95.4	94.3	95.3	102.1
1996	99.4	105.0	105.3	103.4	106.5	104.5	107.2	105.5	101.8
1997	100.9	111.2	105.5	107.6	108.5	108.7	109.0	107.0	87.9
1998	120.0	109.7	110.2	110.6	112.2	112.9	113.5	111.9	120.0
1999	109.8	111.3	112.2	111.7	115.4	116.8	115.2	117.1	119.4
2000	109.9	110.5	109.6	107.3	112.3	111.9	113.2	111.0	103.5
2001	110.1	117.8	111.7	113.8	117.9	120.5	122.0	120.1	111.6
2002	116.0	118.0	110.8	109.5	115.3	117.9	118.3	116.0	118.6
集体单位 Collective-owned Units									
1995	104.6	97.6	108.6	107.6	99.0	93.4	107.5	103.4	102.8
1996	101.9	98.0	93.3	98.2	105.7	113.8	105.5	88.3	107.4
1997	98.6	107.1	110.1	110.6	108.5	88.9	98.0	119.4	98.6
1998	116.8	107.3	119.0	109.8	110.0	108.5	103.5	113.4	123.1
1999	107.8	112.2	116.3	108.6	115.1	118.1	114.6	115.5	116.8
2000	105.2	106.2	98.1	107.9	106.5	105.4	115.2	110.3	110.0
2001	105.9	111.1	101.7	108.7	112.7	126.6	102.8	104.9	106.3
2002	111.5	115.9	108.7	113.1	113.9	112.9	108.5	110.7	101.1
其他单位 Other Ownership Units									
1995	96.0	103.4	97.0	99.0	112.0	95.0	107.3		100.7
1996	99.0	116.3	103.9	105.6	117.6	96.4	121.9		112.1
1997	100.5	107.0	107.1	105.6	110.8	105.0	106.3		129.5
1998	103.4	90.8	103.7	102.7	120.7	119.8	101.4		117.1
1999	109.0	119.6	107.6	107.3	111.0	110.4	111.4		105.6
2000	111.1	107.0	101.7	108.6	98.5	91.4	115.6		125.1
2001	112.9	110.7	108.3	110.8	101.1	131.6	102.5		110.6
2002	107.2	103.1	106.0	113.7	88.1	109.6	108.0		97.9

1-29 分行业城镇单位就业人员平均实际工资指数（2004-2011年）

INDICES OF REAL AVERAGE EARNING OF EMPLOYED PERSONS IN URBAN UNITS BY SECTOR (2004-2011)

上年=100 (preceding year=100)

登记注册类型 Registration Status / 年份 Year	合计 Total	农、林、牧、渔业 Agriculture, Forestry, Farming of Animals and Fishery	采矿业 Mining	制造业 Manufacturing	电力、燃气及水的生产和供应业 Production & Distribution of Electricity, Gas & Water	建筑业 Construction	交通运输、仓储和邮政业 Traffic, Transport, Storage and post
全国 National							
2004	110.3	105.4	119.2	108.9	112.3	107.5	111.1
2005	112.5	107.7	120.0	110.0	113.1	110.4	113.9
2006	112.9	111.3	116.3	112.7	113.2	112.9	113.6
2007	113.4	112.0	111.8	111.0	112.7	109.4	110.8
2008	110.7	109.7	115.0	109.3	109.0	108.7	108.7
2009	112.6	115.3	112.1	110.8	109.6	114.8	111.2
2010	109.8	112.8	112.6	111.7	109.5	110.4	111.0
2011	108.6	110.6	112.2	112.6	105.8	110.7	110.5
国有单位 State-owned Units							
2004	110.9	105.3	120.5	111.1	112.4	109.1	108.7
2005	113.6	107.8	119.3	115.2	113.3	112.1	113.7
2006	112.7	111.0	117.4	117.8	115.1	111.7	112.9
2007	115.1	112.0	112.5	112.6	113.4	110.4	111.4
2008	109.8	109.5	115.4	109.9	109.5	105.7	107.2
2009	113.7	115.3	109.5	114.3	110.3	119.6	112.9
2010	108.9	113.1	112.6	113.2	109.7	111.0	111.1
2011	107.7	110.7	112.9	112.3	106.1	107.8	112.1
集体单位 Collective-owned units							
2004	109.1	111.0	116.1	109.4	110.7	106.1	104.9
2005	113.1	112.6	126.2	110.9	106.7	108.8	111.2
2006	113.4	120.0	121.3	111.9	106.9	111.8	109.9
2007	114.8	112.3	120.3	113.2	111.9	114.0	113.4
2008	111.0	111.6	109.5	112.7	112.5	108.8	108.9
2009	114.8	114.8	114.8	114.8	114.8	114.8	114.8
2010	112.9	114.3	114.8	114.6	111.7	111.5	109.9
2011	113.9	114.5	120.2	114.1	101.3	117.6	119.1
其他单位 Other Ownership units							
2004	107.7	99.3	117.3	106.4	110.5	105.1	116.6
2005	109.4	104.3	119.7	107.3	111.1	108.2	111.5
2006	112.7	114.1	114.8	111.2	109.0	113.3	113.4
2007	110.6	110.9	110.5	110.4	110.7	107.4	107.2
2008	111.4	112.2	114.6	108.9	107.5	109.5	110.5
2009	110.8	112.8	113.8	110.0	108.5	112.7	106.0
2010	110.7	106.4	112.6	111.4	109.0	109.6	110.4
2011	109.6	109.6	109.6	109.6	109.6	109.6	109.6

1-29 续表 1 continued

上年=100 (preceding year=100)

登记注册类型 Registration Status 年份 Year	信息传输、计算机服务和软件业 Information Transfer, Computer and Software	批发和零售业 Wholesale and Retail Trade	住宿和餐饮业 Accommo-dation and Restaurants	金融业 Finance	房地产业 Real Estate	租赁和商务服务业 Tenancy and Business Services	科学研究、技术服务和地质勘查业 Scientific Research, Technical Service & Geologic Perambulation
全 国 National							
2004	104.8	115.6	109.1	113.2	104.6	106.5	110.6
2005	114.2	115.4	108.2	118.4	107.9	111.6	114.5
2006	110.3	115.0	108.2	119.7	108.2	113.8	114.8
2007	105.1	113.3	107.1	118.7	112.3	108.6	116.2
2008	109.0	116.0	107.3	116.0	109.3	112.1	112.1
2009	106.8	113.8	108.9	113.0	108.0	108.8	111.1
2010	107.4	111.9	108.6	112.5	107.8	108.0	108.9
2011	104.5	114.8	111.6	109.8	113.4	112.8	108.2
国有单位 State-owned Units							
2004	106.2	112.6	112.1	114.1	105.8	106.0	111.2
2005	107.6	119.8	108.9	119.4	111.2	114.0	112.6
2006	107.8	117.3	109.0	112.6	108.0	107.5	113.8
2007	106.0	111.3	105.9	119.8	112.5	109.5	116.2
2008	101.7	114.7	110.0	114.0	104.6	109.1	110.8
2009	109.7	120.0	111.9	109.4	112.2	111.9	111.8
2010	106.1	112.3	109.2	112.8	106.9	107.2	109.1
2011	103.2	109.6	114.4	107.4	122.5	111.2	107.6
集体单位 Collective-owned units							
2004	136.7	107.1	107.9	111.9	103.2	103.4	100.4
2005	136.9	111.2	107.2	112.7	102.0	111.9	132.2
2006	96.7	110.4	111.2	115.2	116.1	105.8	125.8
2007	98.9	110.5	107.8	114.2	113.7	110.0	103.0
2008	106.2	114.4	111.2	114.7	106.4	101.8	114.4
2009	111.8	115.5	110.4	120.5	108.9	110.9	111.1
2010	117.8	110.3	110.0	114.2	105.9	105.5	110.1
2011	102.0	112.8	117.8	114.0	114.4	110.9	120.8
其他单位 Other Ownership units							
2004	100.4	115.2	105.6	108.8	102.1	103.7	110.6
2005	110.0	107.2	106.7	115.0	105.3	103.6	116.2
2006	109.1	111.1	106.8	126.3	107.1	117.1	116.2
2007	100.3	113.1	106.9	115.6	111.5	103.8	114.9
2008	110.3	113.8	105.5	114.0	110.7	109.8	112.1
2009	104.5	109.3	107.3	109.9	106.5	104.7	107.6
2010	105.6	110.8	108.1	111.1	107.9	107.9	106.4
2011	103.7	115.2	110.4	109.0	110.5	114.3	107.2

1-29 续表 2 continued

上年=100 (preceding year=100)

登记注册类型 Registration Status 年份 Year	水利、环境和公共设施管理业 Management of Water Conservancy, Environment and Public Establishment	居民服务和其他服务业 Resident Services and Other Services	教育 Education	卫生、社会保障和社会福利业 Sanitation, Social Security and Social Welfare	文化体育和娱乐业 Culture, Sports and Entertainment	公共管理和社会组织 Public Management and Social Organization
全 国 National						
2004	105.9	104.6	109.7	110.0	116.2	109.5
2005	109.4	113.3	111.7	111.4	108.7	114.6
2006	107.5	112.8	112.9	111.7	112.4	109.8
2007	112.6	108.1	118.5	113.2	112.7	117.7
2008	108.7	106.3	109.0	109.3	106.3	110.3
2009	110.7	111.1	116.8	111.8	111.5	110.3
2010	106.9	108.6	109.3	109.3	106.3	104.9
2011	107.3	111.7	105.3	109.1	109.8	104.5
国有单位 State-owned Units						
2004	105.6	109.9	109.2	110.2	117.0	109.5
2005	109.2	104.2	111.6	111.0	108.5	114.6
2006	107.3	116.9	112.7	111.4	112.5	109.9
2007	112.8	101.3	118.3	113.1	113.3	117.6
2008	108.7	115.2	109.0	109.1	106.2	110.2
2009	110.7	111.1	116.8	111.8	111.5	110.3
2010	106.6	108.8	109.4	108.9	105.9	104.8
2011	107.4	108.2	105.3	109.0	109.1	104.5
集体单位 Collective-owned units						
2004	100.7	99.3	109.6	107.3	112.5	107.7
2005	104.3	118.1	118.1	113.4	122.5	110.9
2006	106.5	112.2	119.3	115.1	102.4	107.9
2007	106.6	113.8	131.1	112.9	117.6	115.2
2008	109.6	107.4	102.1	111.3	107.1	105.5
2009	110.6	113.8	122.6	116.0	113.7	138.7
2010	106.4	109.0	110.9	114.5	108.3	100.3
2011	107.4	113.3	109.7	110.1	115.1	124.3
其他单位 Other Ownership units						
2004	112.0	95.8	107.5	101.2	105.2	139.4
2005	110.5	116.9	101.9	112.7	108.9	109.5
2006	107.6	104.0	110.2	115.7	112.3	82.6
2007	109.8	115.5	113.9	110.9	107.0	113.8
2008	108.8	92.7	107.5	111.0	110.3	146.1
2009	102.0	112.2	105.6	107.0	112.3	83.4
2010	107.8	108.2	104.7	109.9	109.3	116.1
2011	104.8	112.6	104.7	106.3	115.1	106.1

1-30 分地区全国就业人员受教育程度构成
EDUCATIONAL ATTAINMENT COMPOSITION OF EMPLOYMENT BY REGION

单位：%

(%)

地 区	Region	合 计 Total	男 Male	女 Female	未上过学 Illiterate	小 学 Primary School	初 中 Junior School	高 中 Senior School	大学专科 College	大学本科 University	研究生 Graduate
全 国	**National**	**100.0**	**55.2**	**44.8**	**2.0**	**19.0**	**48.3**	**17.1**	**8.0**	**5.2**	**0.48**
北 京	Beijing	100.0	57.0	43.0	0.3	2.9	20.8	22.5	19.3	27.5	6.79
天 津	Tianjin	100.0	60.7	39.3	0.6	8.8	40.7	22.2	13.7	12.9	1.17
河 北	Hebei	100.0	57.5	42.5	1.5	12.4	57.4	16.8	7.5	4.1	0.29
山 西	Shanxi	100.0	60.3	39.7	0.5	10.6	54.2	19.3	10.0	5.2	0.22
内蒙古	Inner Mongolia	100.0	56.5	43.5	1.6	17.4	45.7	18.3	11.4	5.3	0.34
辽 宁	Liaoning	100.0	55.8	44.2	0.4	15.4	57.1	14.0	7.7	5.2	0.34
吉 林	Jilin	100.0	55.0	45.0	1.2	20.7	51.0	13.5	7.3	5.8	0.39
黑龙江	Heilongjiang	100.0	54.9	45.1	1.3	20.0	56.3	13.0	6.0	3.2	0.19
上 海	Shanghai	100.0	59.1	40.9	0.7	6.7	35.4	23.6	15.9	15.8	1.99
江 苏	Jiangsu	100.0	52.9	47.1	1.4	16.2	46.8	20.2	9.2	5.8	0.45
浙 江	Zhejiang	100.0	54.9	45.1	2.3	20.4	43.2	16.5	9.4	7.7	0.60
安 徽	Anhui	100.0	53.3	46.7	3.8	23.2	52.5	10.8	5.7	3.7	0.33
福 建	Fujian	100.0	55.8	44.2	1.8	19.9	43.9	18.1	9.1	6.9	0.36
江 西	Jiangxi	100.0	55.3	44.7	1.2	19.5	52.9	17.5	6.0	2.8	0.15
山 东	Shandong	100.0	52.4	47.6	2.4	18.3	45.4	19.2	9.0	5.2	0.42
河 南	Henan	100.0	52.8	47.2	2.8	15.1	56.4	16.8	5.8	2.9	0.22
湖 北	Hubei	100.0	55.0	45.0	2.0	18.1	47.4	18.8	8.3	5.0	0.41
湖 南	Hunan	100.0	56.4	43.6	0.8	15.2	46.5	23.2	9.1	4.7	0.47
广 东	Guangdong	100.0	57.5	42.5	0.9	14.4	48.6	23.9	7.8	4.1	0.25
广 西	Guangxi	100.0	54.6	45.4	1.1	20.8	55.6	13.5	6.0	2.6	0.28
海 南	Hainan	100.0	55.3	44.7	1.0	13.4	54.2	18.1	7.8	5.2	0.31
重 庆	Chongqing	100.0	54.1	45.9	2.1	28.1	42.2	15.2	7.1	4.8	0.42
四 川	Sichuan	100.0	54.2	45.8	2.2	27.4	47.4	13.3	5.8	3.5	0.28
贵 州	Guizhou	100.0	55.0	45.0	5.1	33.4	44.9	8.4	5.2	2.8	0.17
云 南	Yunnan	100.0	54.1	45.9	4.1	39.4	39.7	8.4	4.8	3.3	0.25
西 藏	Tibet	100.0	53.4	46.6	8.4	58.1	23.3	3.7	3.2	3.3	0.1
陕 西	Shaanxi	100.0	57.3	42.7	1.5	12.7	48.7	20.2	10.2	6.1	0.73
甘 肃	Gansu	100.0	55.8	44.2	5.7	27.0	40.9	14.3	7.4	4.4	0.31
青 海	Qinghai	100.0	54.2	45.8	6.7	24.1	38.6	14.1	9.7	6.6	0.19
宁 夏	Ningxia	100.0	57.9	42.1	6.1	22.6	42.3	14.8	8.8	5.3	0.16
新 疆	Xinjiang	100.0	57.9	42.1	1.0	26.0	40.9	14.0	12.1	5.5	0.41

资料来源：2012年11月劳动力调查资料(下同)。
Data Resource: 2012.11 Survey (the same as below).

1-31 分地区全国男性就业人员受教育程度构成
EDUCATIONAL ATTAINMENT COMPOSITION OF MALE EMPLOYMENT BY REGION

单位：% (%)

地区 Region	合计 Total	未上过学 Illiterate	小学 Primary School	初中 Junior School	高中 Senior School	大学专科 College	大学本科 University	研究生 Graduate
全国 National	**100.0**	**1.0**	**16.1**	**49.9**	**19.2**	**8.0**	**5.3**	**0.50**
北京 Beijing	100.0	0.2	2.8	21.9	24.5	18.0	25.7	6.93
天津 Tianjin	100.0	0.3	8.6	43.0	23.0	13.1	10.6	1.32
河北 Hebei	100.0	0.8	10.8	58.9	18.4	6.9	4.1	0.21
山西 Shanxi	100.0	0.4	9.5	55.5	20.3	9.1	5.0	0.19
内蒙古 Inner Mongolia	100.0	0.6	14.3	49.0	19.0	11.8	5.0	0.26
辽宁 Liaoning	100.0	0.3	14.2	57.9	14.8	7.3	5.1	0.38
吉林 Jilin	100.0	0.9	18.5	52.3	15.0	7.2	5.7	0.35
黑龙江 Heilongjiang	100.0	0.7	17.2	58.2	14.7	6.0	3.1	0.18
上海 Shanghai	100.0	0.4	5.3	36.5	26.6	14.8	14.3	2.03
江苏 Jiangsu	100.0	0.5	12.1	48.2	22.8	9.4	6.5	0.43
浙江 Zhejiang	100.0	1.3	20.6	43.9	17.5	8.5	7.5	0.67
安徽 Anhui	100.0	2.0	19.8	54.7	13.1	5.8	4.2	0.40
福建 Fujian	100.0	1.0	16.3	46.6	19.8	8.8	7.1	0.34
江西 Jiangxi	100.0	0.5	15.2	53.9	20.6	6.4	3.2	0.17
山东 Shandong	100.0	1.5	14.1	46.8	22.3	9.2	5.6	0.48
河南 Henan	100.0	1.0	11.8	58.6	19.4	5.8	3.1	0.22
湖北 Hubei	100.0	1.2	15.0	48.0	21.0	8.8	5.5	0.48
湖南 Hunan	100.0	0.4	13.4	46.0	25.8	9.0	4.8	0.58
广东 Guangdong	100.0	0.7	11.2	48.4	27.6	7.7	4.2	0.23
广西 Guangxi	100.0	0.4	18.0	56.8	15.7	6.2	2.7	0.33
海南 Hainan	100.0	0.6	9.1	54.6	21.2	8.5	5.8	0.28
重庆 Chongqing	100.0	1.1	26.3	42.7	17.1	7.3	5.0	0.46
四川 Sichuan	100.0	1.6	24.5	49.1	14.7	6.0	4.0	0.29
贵州 Guizhou	100.0	1.8	26.8	52.2	10.4	5.9	2.9	0.14
云南 Yunnan	100.0	1.9	35.6	45.5	8.8	4.5	3.5	0.26
西藏 Tibet	100.0	5.9	57.1	26.9	3.3	3.4	3.2	0.19
陕西 Shaanxi	100.0	0.8	10.5	50.3	21.1	10.0	6.6	0.72
甘肃 Gansu	100.0	2.5	24.4	43.0	17.2	7.7	4.9	0.32
青海 Qinghai	100.0	3.5	21.6	41.5	16.2	10.3	6.6	0.22
宁夏 Ningxia	100.0	4.2	19.8	45.9	16.6	8.3	5.2	0.11
新疆 Xinjiang	100.0	1.1	26.6	42.5	14.5	10.0	5.0	0.37

1-32 分地区全国女性就业人员受教育程度构成
EDUCATIONAL ATTAINMENT COMPOSITION OF FEMALE EMPLOYMENT BY REGION

单位：% (%)

地 区	Region	合 计 Total	未上过学 Illiterate	小 学 Primary School	初 中 Junior School	高 中 Senior School	大学专科 College	大学本科 University	研究生 Graduate
全 国	**National**	**100.0**	**3.1**	**22.5**	**46.4**	**14.4**	**8.1**	**5.0**	**0.45**
北 京	Beijing	100.0	0.4	3.0	19.3	19.8	21.0	29.9	6.61
天 津	Tianjin	100.0	1.0	9.1	37.0	20.9	14.7	16.4	0.93
河 北	Hebei	100.0	2.5	14.6	55.3	14.7	8.2	4.2	0.41
山 西	Shanxi	100.0	0.5	12.2	52.2	17.9	11.3	5.6	0.27
内蒙古	Inner Mongolia	100.0	2.8	21.3	41.5	17.4	10.9	5.6	0.44
辽 宁	Liaoning	100.0	0.5	16.9	56.1	12.8	8.2	5.2	0.29
吉 林	Jilin	100.0	1.6	23.4	49.4	11.7	7.4	5.9	0.43
黑龙江	Heilongjiang	100.0	2.0	23.3	54.1	11.0	6.1	3.3	0.19
上 海	Shanghai	100.0	1.1	8.7	33.6	19.2	17.5	17.8	1.92
江 苏	Jiangsu	100.0	2.4	20.8	45.3	17.3	8.9	4.9	0.48
浙 江	Zhejiang	100.0	3.5	20.1	42.4	15.2	10.5	7.8	0.51
安 徽	Anhui	100.0	5.9	27.1	49.9	8.1	5.5	3.1	0.26
福 建	Fujian	100.0	2.8	24.4	40.5	15.9	9.4	6.6	0.38
江 西	Jiangxi	100.0	2.1	24.7	51.7	13.5	5.5	2.3	0.13
山 东	Shandong	100.0	3.5	23.0	43.9	15.8	8.7	4.9	0.35
河 南	Henan	100.0	4.7	18.7	54.0	13.8	5.8	2.7	0.22
湖 北	Hubei	100.0	2.9	21.8	46.6	16.2	7.7	4.4	0.34
湖 南	Hunan	100.0	1.2	17.5	47.2	19.8	9.2	4.6	0.33
广 东	Guangdong	100.0	1.2	18.6	48.9	19.1	7.8	4.0	0.29
广 西	Guangxi	100.0	2.0	24.3	54.2	10.9	5.9	2.6	0.22
海 南	Hainan	100.0	1.5	18.7	53.6	14.4	6.8	4.5	0.34
重 庆	Chongqing	100.0	3.3	30.2	41.5	13.1	6.8	4.6	0.37
四 川	Sichuan	100.0	3.0	31.0	45.5	11.7	5.5	3.1	0.28
贵 州	Guizhou	100.0	9.2	41.5	36.1	5.9	4.5	2.6	0.20
云 南	Yunnan	100.0	6.7	43.8	33.0	7.9	5.2	3.1	0.24
西 藏	Tibet	100.0	11.2	59.2	19.1	4.1	3.0	3.4	
陕 西	Shaanxi	100.0	2.4	15.6	46.4	18.9	10.6	5.4	0.74
甘 肃	Gansu	100.0	9.9	30.2	38.1	10.7	6.9	3.8	0.30
青 海	Qinghai	100.0	10.4	27.1	35.1	11.6	9.0	6.6	0.16
宁 夏	Ningxia	100.0	8.7	26.5	37.3	12.4	9.5	5.4	0.24
新 疆	Xinjiang	100.0	1.0	25.1	38.8	13.5	15.0	6.1	0.46

1-33 按年龄、性别分的全国就业人员受教育程度构成

EDUCATIONAL ATTAINMENT COMPOSITION OF EMPLOYMENT BY AGE AND SEX

单位：%　　　　(%)

年 龄 Age	合 计 Total	未上过学 Illiterate	小 学 Primary School	初 中 Junior School	高 中 Senior School	大学专科 College	大学本科 University	研究生 Graduate
总计 Total	**100.0**	**2.0**	**19.0**	**48.3**	**17.1**	**8.0**	**5.2**	**0.5**
16-19	100.0	0.4	5.8	67.5	23.2	2.9	0.3	
20-24	100.0	0.2	3.9	49.9	26.2	13.6	6.0	0.1
25-29	100.0	0.2	5.0	47.1	21.2	14.5	11.2	0.9
30-34	100.0	0.4	7.1	48.8	20.7	11.8	9.8	1.4
35-39	100.0	0.5	10.8	54.1	18.3	9.5	6.1	0.7
40-44	100.0	0.8	16.0	56.5	15.2	6.7	4.3	0.4
45-49	100.0	1.1	19.7	54.0	16.1	5.6	3.2	0.3
50-54	100.0	2.1	26.2	45.4	19.2	4.7	2.3	0.2
55-59	100.0	4.9	43.2	38.3	9.5	2.9	1.1	0.1
60-64	100.0	7.2	59.0	28.8	3.9	0.7	0.4	0.0
65+	100.0	16.2	64.0	17.2	2.1	0.3	0.2	0.0
男 Male	**100.0**	**1.0**	**16.1**	**49.9**	**19.2**	**8.0**	**5.3**	**0.5**
16-19	100.0	0.3	5.8	68.6	23.2	2.0	0.2	
20-24	100.0	0.1	3.7	51.5	28.5	11.4	4.7	0.1
25-29	100.0	0.1	4.6	47.2	23.2	13.7	10.5	0.7
30-34	100.0	0.3	5.7	48.4	22.4	11.6	10.2	1.4
35-39	100.0	0.3	8.7	54.2	19.9	9.4	6.8	0.7
40-44	100.0	0.5	12.7	57.0	17.1	7.3	4.9	0.5
45-49	100.0	0.6	15.1	55.3	18.3	6.3	4.0	0.4
50-54	100.0	0.8	18.4	47.7	24.2	5.7	3.0	0.3
55-59	100.0	1.9	33.2	45.6	13.3	4.3	1.6	0.1
60-64	100.0	3.3	52.9	36.3	5.9	1.1	0.5	0.0
65+	100.0	8.8	64.8	22.5	3.1	0.5	0.3	
女 Female	**100.0**	**3.1**	**22.5**	**46.4**	**14.4**	**8.1**	**5.0**	**0.5**
16-19	100.0	0.5	5.8	66.1	23.1	4.1	0.4	
20-24	100.0	0.3	4.2	48.0	23.4	16.3	7.6	0.1
25-29	100.0	0.2	5.5	47.0	18.8	15.4	12.0	1.1
30-34	100.0	0.5	8.8	49.2	18.8	11.9	9.3	1.4
35-39	100.0	0.8	13.3	54.0	16.4	9.7	5.2	0.6
40-44	100.0	1.2	19.8	56.0	13.0	6.1	3.6	0.3
45-49	100.0	1.7	25.3	52.4	13.4	4.8	2.3	0.1
50-54	100.0	3.8	37.0	42.3	12.2	3.2	1.4	0.1
55-59	100.0	9.2	57.4	28.0	4.1	0.9	0.4	0.0
60-64	100.0	12.4	67.2	18.9	1.2	0.2	0.2	0.0
65+	100.0	26.6	62.9	9.6	0.8	0.1	0.0	0.0

1-34 按受教育程度、性别分的全国就业人员年龄构成

AGE COMPOSITION OF EMPLOYMENT BY EDUCATIONAL ATTAINMENT AND SEX

单位：%　　　　　　　　　　　　　　　　　　　　　　　　　　　　　　(%)

年 龄 Age	合 计 Total	未上过学 Illiterate	小 学 Primary School	初 中 Junior School	高 中 Senior School	大学专科 College	大学本科 University	研究生 Graduate
总计 Total	**100.0**	**100.0**	**100.0**	**100.0**	**100.0**	**100.0**	**100.0**	**100.0**
16-19	2.0	0.4	0.6	2.8	2.7	0.7	0.1	
20-24	10.0	1.2	2.1	10.4	15.4	17.0	11.6	2.6
25-29	11.2	1.0	2.9	11.0	13.9	20.3	24.3	21.8
30-34	12.2	2.5	4.6	12.3	14.8	17.9	23.1	35.3
35-39	12.1	3.3	6.9	13.6	13.0	14.4	14.2	16.6
40-44	15.3	6.4	12.9	17.9	13.6	12.8	12.8	12.0
45-49	13.2	7.2	13.7	14.8	12.4	9.3	8.3	7.5
50-54	7.5	7.8	10.3	7.0	8.4	4.3	3.3	2.7
55-59	7.5	18.9	17.2	6.0	4.2	2.7	1.6	1.4
60-64	4.8	17.5	14.9	2.9	1.1	0.4	0.3	0.1
65+	4.1	33.8	13.9	1.5	0.5	0.2	0.2	0.0
男 Male	**100.0**	**100.0**	**100.0**	**100.0**	**100.0**	**100.0**	**100.0**	**100.0**
16-19	2.0	0.6	0.7	2.8	2.5	0.5	0.1	
20-24	9.9	1.4	2.3	10.2	14.7	14.2	8.7	2.4
25-29	11.1	1.4	3.1	10.5	13.4	19.1	21.9	16.7
30-34	11.8	4.0	4.2	11.5	13.8	17.3	22.8	32.3
35-39	11.9	3.9	6.4	12.9	12.3	14.0	15.2	17.2
40-44	14.9	6.6	11.7	17.0	13.2	13.6	13.8	14.2
45-49	13.2	7.7	12.4	14.6	12.5	10.4	10.0	10.5
50-54	7.8	6.2	8.9	7.5	9.9	5.6	4.4	4.2
55-59	8.0	14.6	16.5	7.3	5.5	4.3	2.5	2.3
60-64	5.0	16.1	16.3	3.6	1.5	0.7	0.5	0.2
65+	4.4	37.5	17.5	2.0	0.7	0.3	0.3	
女 Female	**100.0**	**100.0**	**100.0**	**100.0**	**100.0**	**100.0**	**100.0**	**100.0**
16-19	2.0	0.3	0.5	2.8	3.2	1.0	0.2	
20-24	10.2	1.1	1.9	10.5	16.5	20.4	15.4	2.9
25-29	11.4	0.9	2.8	11.5	14.9	21.7	27.4	28.7
30-34	12.6	1.9	5.0	13.4	16.4	18.6	23.6	39.2
35-39	12.4	3.1	7.3	14.4	14.1	14.8	13.0	15.8
40-44	15.8	6.3	14.0	19.1	14.2	11.9	11.6	8.9
45-49	13.3	7.0	15.0	15.0	12.3	7.8	6.1	3.4
50-54	7.0	8.5	11.5	6.3	5.9	2.8	2.0	0.8
55-59	7.0	20.6	17.8	4.2	2.0	0.8	0.6	0.2
60-64	4.6	18.1	13.7	1.9	0.4	0.1	0.2	0.1
65+	3.8	32.3	10.6	0.8	0.2	0.0	0.0	0.1

1-35 按行业、性别分的全国就业人员受教育程度构成
EDUCATIONAL ATTAINMENT COMPOSITION OF EMPLOYMENT BY SECTOR AND SEX

单位：% (%)

受教育程度	Educational Attainment	合 计 Total	农、林、牧、渔业 Farming, Forestry, Animal Husbandry and Fishery	采矿业 Mining	制造业 Manufacturing	电力、热力、燃气及水生产和供应业 Production and Supply of Electricity, Heat, Gas and Water	建筑业 Construction	批发和零售业 Wholesale and Retail Trades
总 计	**Total**	**100.0**	**100.0**	**100.0**	**100.0**	**100.0**	**100.0**	**100.0**
未上过学	Illiterate	2.0	4.3	0.3	0.7	0.3	0.5	0.6
小 学	Primary School	19.0	35.5	10.5	9.9	2.9	15.4	8.0
初 中	Junior School	48.3	53.3	50.7	53.0	27.3	61.9	47.3
高 中	Senior School	17.1	6.3	21.8	23.6	32.9	15.0	29.2
大学专科	College	8.0	0.6	10.9	8.6	24.1	4.5	10.7
大学本科	University	5.2	0.11	5.5	3.8	11.7	2.7	4.1
研究生	Graduate	0.5	0.01	0.3	0.4	0.9	0.1	0.2
男	**Male**	**100.0**	**100.0**	**100.0**	**100.0**	**100.0**	**100.0**	**100.0**
未上过学	Illiterate	1.0	2.4	0.3	0.4	0.1	0.4	0.4
小 学	Primary School	16.1	31.7	11.4	7.9	2.7	14.8	7.9
初 中	Junior School	49.9	56.9	52.3	50.9	29.7	63.4	46.5
高 中	Senior School	19.2	8.2	21.1	26.9	33.8	15.4	29.2
大学专科	College	8.0	0.7	9.7	9.2	22.6	3.6	10.8
大学本科	University	5.3	0.1	4.9	4.2	10.2	2.2	5.0
研究生	Graduate	0.5	0.0	0.3	0.4	0.9	0.1	0.2
女	**Female**	**100.0**	**100.0**	**100.0**	**100.0**	**100.0**	**100.0**	**100.0**
未上过学	Illiterate	3.1	6.1	0.2	1.1	0.8	1.0	0.7
小 学	Primary School	22.5	38.9	6.5	12.5	3.4	18.9	8.1
初 中	Junior School	46.4	50.0	43.2	55.8	21.4	52.3	48.0
高 中	Senior School	14.4	4.5	25.1	19.2	30.6	12.1	29.1
大学专科	College	8.1	0.4	16.5	7.8	27.8	9.8	10.6
大学本科	University	5.0	0.1	8.1	3.3	15.3	5.6	3.3
研究生	Graduate	0.5	0.01	0.3	0.3	0.8	0.2	0.1

注：劳动力调查自2011年开始使用新国民经济行业分类。

Note: The new industry classification has been used since 2011 in the Labour Force Survey (same as below).

1-35 续表 1 continued

单位：% (%)

受教育程度	Educational Attainment	交通运输、仓储和邮政业 Transport, Storage and Post	住宿和餐饮业 Hotels and Catering Services	信息传输、软件和信息技术服务业 Information Transmission, Software and Information Technology	金融业 Finance Inter-mediation	房地产业 Real Estate	租赁和商务服务业 Leasing and Business Services	科学研究和技术服务业 Scientific Research and Technical Services
总　计	**Total**	**100.0**	**100.0**	**100.0**	**100.0**	**100.0**	**100.0**	**100.0**
未上过学	Illiterate	0.2	0.7	0.3	0.2	0.7	0.2	0.2
小　学	Primary School	7.7	10.7	7.2	2.6	7.4	5.2	2.6
初　中	Junior School	51.4	54.9	39.2	19.8	30.8	31.7	17.8
高　中	Senior School	26.3	25.4	25.8	23.4	28.4	26.5	21.1
大学专科	College	9.3	6.1	14.3	28.3	19.2	19.2	23.6
大学本科	University	4.8	2.2	11.9	23.4	12.9	15.6	26.4
研究生	Graduate	0.2	0.1	1.3	2.3	0.6	1.4	8.3
男	**Male**	**100.0**	**100.0**	**100.0**	**100.0**	**100.0**	**100.0**	**100.0**
未上过学	Illiterate	0.2	0.4	0.2	0.1	0.6	0.3	0.0
小　学	Primary School	8.0	9.0	6.2	2.3	7.5	5.6	2.4
初　中	Junior School	54.1	53.3	36.2	19.9	33.5	36.0	16.5
高　中	Senior School	26.4	27.8	26.6	25.8	30.5	27.2	21.9
大学专科	College	7.4	7.0	14.5	26.8	15.3	15.5	23.0
大学本科	University	3.7	2.5	14.5	22.5	11.9	13.9	28.7
研究生	Graduate	0.2	0.1	1.7	2.5	0.6	1.7	7.5
女	**Female**	**100.0**	**100.0**	**100.0**	**100.0**	**100.0**	**100.0**	**100.0**
未上过学	Illiterate	0.4	1.0	0.5	0.3	0.8	0.2	0.5
小　学	Primary School	6.1	12.2	8.2	2.9	7.2	4.8	2.9
初　中	Junior School	38.7	56.4	42.4	19.7	26.1	25.1	20.1
高　中	Senior School	26.3	23.2	24.9	20.9	24.8	25.4	19.7
大学专科	College	18.3	5.3	14.1	29.8	25.8	25.0	24.6
大学本科	University	9.7	1.9	9.2	24.3	14.6	18.4	22.7
研究生	Graduate	0.5	0.0	0.8	2.1	0.6	1.1	9.5

1-35 续表 2 continued

单位：% (%)

受教育程度	Educational Attainment	水利、环境和公共设施管理业 Management of Water Conservancy, Environment and Public Establishment	居民服务、修理和其他服务业 Services to Household, Repair and Other Services	教 育 Education	卫生和社会工作 Health and Social Service	文化、体育和娱乐业 Culture Sports and Entertainment	公共管理、社会保障和社会组织 Public Management, Social Security and Social Organization	国际组织 International Organizations
总 计	**Total**	**100.0**	**100.0**	**100.0**	**100.0**	**100.0**	**100.0**	**100.0**
未上过学	Illiterate	1.1	1.0	0.1	0.3	0.2	0.2	
小 学	Primary School	10.6	11.9	3.0	3.4	4.3	2.7	
初 中	Junior School	33.4	54.5	13.0	15.7	27.8	11.8	31.6
高 中	Senior School	24.6	24.7	16.5	21.3	25.6	22.9	50.3
大学专科	College	17.7	5.6	28.6	32.1	23.0	33.2	3.2
大学本科	University	11.6	2.2	34.3	24.4	17.6	27.5	14.8
研究生	Graduate	1.0	0.1	4.5	2.8	1.6	1.8	
男	**Male**	**100.0**	**100.0**	**100.0**	**100.0**	**100.0**	**100.0**	**100.0**
未上过学	Illiterate	0.9	0.7	0.1	0.3	0.1	0.2	
小 学	Primary School	8.2	11.1	3.5	4.4	4.2	2.8	
初 中	Junior School	31.8	54.3	14.4	20.2	28.1	12.7	56.1
高 中	Senior School	26.4	26.4	16.7	22.9	28.2	23.2	43.9
大学专科	College	18.6	5.6	26.6	26.2	19.8	32.2	
大学本科	University	12.9	2.0	33.9	23.4	18.2	27.1	
研究生	Graduate	1.1	0.1	4.9	2.7	1.5	1.9	
女	**Female**	**100.0**	**100.0**	**100.0**	**100.0**	**100.0**	**100.0**	**100.0**
未上过学	Illiterate	1.4	1.5	0.2	0.3	0.3	0.2	
小 学	Primary School	14.5	12.9	2.7	2.7	4.4	2.6	
初 中	Junior School	36.0	54.8	12.0	12.5	27.5	9.8	8.6
高 中	Senior School	21.6	22.6	16.3	20.1	22.6	22.3	56.3
大学专科	College	16.4	5.7	30.1	36.4	26.7	35.2	6.3
大学本科	University	9.5	2.4	34.5	25.2	16.8	28.3	28.8
研究生	Graduate	0.7	0.0	4.2	2.8	1.8	1.6	

1-36 按职业、性别分的全国就业人员受教育程度构成
EDUCATIONAL ATTAINMENT COMPOSITION OF EMPLOYMENT BY OCCUPATION AND SEX

单位：%　　(%)

受教育程度	Educational Attainment	合计 Total	单位负责人 Unit Head	专业技术人员 Professional and Technical Personnel	办事人员和有关人员 Clerk and Related Workers	商业、服务业人员 Business Service Personnel	农林牧渔水利业生产人员 Agriculture and Water Conservancy Labors	生产运输设备操作人员及有关人员 Production, Transport Equipment Operators and Related Workers	其他 Others
总　计	**Total**	**100.0**	**100.0**	**100.0**	**100.0**	**100.0**	**100.0**	**100.0**	**100.0**
未上过学	Illiterate	2.0	0.1	0.1	0.2	0.7	4.3	0.6	1.2
小　学	Primary School	19.0	4.5	3.6	4.2	9.7	35.4	11.9	10.7
初　中	Junior School	48.3	32.5	18.9	19.6	49.2	53.3	59.9	55.5
高　中	Senior School	17.1	27.6	21.7	26.0	27.3	6.4	20.5	21.0
大学专科	College	8.0	19.5	27.6	27.4	9.3	0.6	5.2	7.4
大学本科	University	5.2	14.5	25.1	21.1	3.6	0.1	1.8	3.7
研究生	Graduate	0.5	1.3	3.1	1.6	0.2	0.0	0.1	0.3
男	**Male**	**100.0**	**100.0**	**100.0**	**100.0**	**100.0**	**100.0**	**100.0**	**100.0**
未上过学	Illiterate	1.0	0.1	0.1	0.2	0.4	2.4	0.4	0.8
小　学	Primary School	16.1	4.0	4.0	5.1	9.1	31.6	10.6	9.5
初　中	Junior School	49.9	31.4	21.8	22.0	48.0	56.8	59.5	53.2
高　中	Senior School	19.2	29.0	21.7	26.4	28.4	8.3	22.2	25.5
大学专科	College	8.0	19.3	24.3	24.6	9.7	0.7	5.3	7.4
大学本科	University	5.3	14.8	24.6	20.2	4.1	0.1	1.8	3.3
研究生	Graduate	0.5	1.5	3.4	1.5	0.2	0.0	0.1	0.3
女	**Female**	**100.0**	**100.0**	**100.0**	**100.0**	**100.0**	**100.0**	**100.0**	**100.0**
未上过学	Illiterate	3.1	0.2	0.2	0.2	0.9	6.1	1.2	2.0
小　学	Primary School	22.5	6.0	3.1	2.5	10.3	38.8	14.7	12.8
初　中	Junior School	46.4	35.9	16.0	15.4	50.3	50.0	60.9	59.3
高　中	Senior School	14.4	23.5	21.6	25.3	26.2	4.6	16.6	14.0
大学专科	College	8.1	20.1	30.9	32.3	9.0	0.4	4.8	7.5
大学本科	University	5.0	13.5	25.5	22.6	3.1	0.1	1.7	4.3
研究生	Graduate	0.5	0.9	2.8	1.8	0.1	0.0	0.1	0.3

1-37　按受教育程度、性别分的全国就业人员职业构成
OCCUPATION COMPOSITION OF EMPLOYMENT BY EDUCATIONAL ATTAINMENT AND SEX

单位：%　　(%)

受教育程度	Educational Attainment	合计 Total	单位负责人 Unit Head	专业技术人员 Professional and Technical Personnel	办事人员和有关人员 Clerk and Related Workers	商业、服务业人员 Business Service Personnel	农林牧渔水利业生产人员 Agriculture and Water Conservancy Labors	生产运输设备操作人员及有关人员 Production, Transport Equipment Operators and Related Workers	其他 Others
总　计	**Total**	**100.0**	**2.1**	**9.6**	**6.0**	**20.1**	**38.1**	**23.8**	**0.4**
未上过学	Illiterate	100.0	0.1	0.7	0.6	7.0	83.6	7.7	0.3
小　学	Primary School	100.0	0.5	1.8	1.3	10.3	71.0	14.9	0.2
初　中	Junior School	100.0	1.4	3.7	2.4	20.4	42.0	29.5	0.5
高　中	Senior School	100.0	3.4	12.1	9.1	32.1	14.2	28.6	0.5
大学专科	College	100.0	5.1	32.9	20.4	23.3	2.7	15.3	0.4
大学本科	University	100.0	5.8	46.4	24.4	13.9	0.8	8.3	0.3
研究生	Graduate	100.0	5.8	61.9	19.7	7.4	0.5	4.4	0.3
男	**Male**	**100.0**	**2.8**	**8.6**	**6.9**	**18.1**	**33.0**	**30.1**	**0.5**
未上过学	Illiterate	100.0	0.2	1.2	1.4	7.6	77.2	12.0	0.3
小　学	Primary School	100.0	0.7	2.2	2.2	10.2	64.6	19.8	0.3
初　中	Junior School	100.0	1.8	3.8	3.1	17.4	37.6	35.9	0.5
高　中	Senior School	100.0	4.3	9.7	9.5	26.7	14.3	34.9	0.6
大学专科	College	100.0	6.9	26.3	21.5	21.9	2.9	20.1	0.4
大学本科	University	100.0	7.9	39.9	26.5	14.0	0.9	10.5	0.3
研究生	Graduate	100.0	8.5	58.9	20.5	7.3	0.3	4.2	0.3
女	**Female**	**100.0**	**1.2**	**10.7**	**4.8**	**22.6**	**44.5**	**16.0**	**0.4**
未上过学	Illiterate	100.0	0.1	0.5	0.3	6.8	86.1	6.0	0.2
小　学	Primary School	100.0	0.3	1.5	0.5	10.3	76.7	10.5	0.2
初　中	Junior School	100.0	0.9	3.7	1.6	24.5	48.0	21.0	0.5
高　中	Senior School	100.0	1.9	16.0	8.3	40.9	14.1	18.3	0.3
大学专科	College	100.0	2.9	40.9	19.0	25.0	2.3	9.6	0.3
大学本科	University	100.0	3.1	54.9	21.7	13.9	0.7	5.4	0.3
研究生	Graduate	100.0	2.2	66.0	18.8	7.4	0.7	4.6	0.2

1-38 按年龄、性别分的全国就业人员就业身份构成
COMPOSITION OF EMPLOYMENT STATUS BY AGE AND SEX

单位：% (%)

年龄 Age	合计 Total	雇员 Employee	雇主 Employer	自营劳动者 Self-employed	家庭帮工 Unpaid Familial Worker
总计 Total	**100.0**	**47.3**	**4.0**	**46.4**	**2.4**
16-19	100.0	61.4	1.1	34.1	3.4
20-24	100.0	67.1	2.0	27.5	3.4
25-29	100.0	63.4	3.6	30.4	2.6
30-34	100.0	57.2	5.2	35.2	2.4
35-39	100.0	52.0	5.7	39.8	2.5
40-44	100.0	46.9	5.1	45.5	2.4
45-49	100.0	43.0	4.6	49.9	2.4
50-54	100.0	39.0	3.6	55.3	2.1
55-59	100.0	28.0	2.8	67.6	1.6
60-64	100.0	15.0	1.6	81.8	1.6
65+	100.0	8.0	1.2	89.8	1.1
男 Male	**100.0**	**50.5**	**5.0**	**43.5**	**1.0**
16-19	100.0	59.3	1.5	35.4	3.9
20-24	100.0	66.6	2.5	27.7	3.2
25-29	100.0	64.6	4.4	29.6	1.5
30-34	100.0	59.6	6.4	33.1	0.9
35-39	100.0	53.7	7.1	38.8	0.4
40-44	100.0	50.5	6.9	42.2	0.4
45-49	100.0	47.6	6.0	45.9	0.5
50-54	100.0	48.0	4.9	46.5	0.6
55-59	100.0	38.2	3.7	57.6	0.5
60-64	100.0	20.7	2.2	76.2	0.9
65+	100.0	10.3	1.7	87.1	0.9
女 Female	**100.0**	**43.4**	**2.6**	**49.9**	**4.1**
16-19	100.0	64.1	0.6	32.4	2.9
20-24	100.0	67.7	1.4	27.4	3.5
25-29	100.0	62.1	2.8	31.3	3.9
30-34	100.0	54.5	3.8	37.5	4.2
35-39	100.0	49.9	4.1	41.1	4.9
40-44	100.0	42.8	3.1	49.3	4.8
45-49	100.0	37.5	3.0	54.8	4.8
50-54	100.0	26.4	1.9	67.5	4.2
55-59	100.0	13.7	1.4	81.7	3.1
60-64	100.0	7.3	0.8	89.2	2.7
65+	100.0	4.9	0.5	93.5	1.2

1-39 按就业身份、性别分的全国就业人员年龄构成
AGE COMPOSITION OF EMPLOYMENT BY EMPLOYMENT STATUS AND SEX

单位：% (%)

年龄 Age	合 计 Total	雇 员 Employee	雇 主 Employer	自营劳动者 Self-employed	家庭帮工 Unpaid Familial Worker
总计 Total	**100.0**	**100.0**	**100.0**	**100.0**	**100.0**
16-19	2.0	2.6	0.6	1.5	2.9
20-24	10.0	14.2	5.0	6.0	14.1
25-29	11.2	15.1	10.3	7.4	12.2
30-34	12.2	14.8	16.0	9.2	12.4
35-39	12.1	13.3	17.4	10.4	12.5
40-44	15.3	15.2	19.9	15.0	15.7
45-49	13.2	12.0	15.5	14.2	13.4
50-54	7.5	6.1	6.8	8.9	6.6
55-59	7.5	4.5	5.3	11.0	5.1
60-64	4.8	1.5	2.0	8.5	3.3
65+	4.1	0.7	1.2	8.0	1.8
男 Male	**100.0**	**100.0**	**100.0**	**100.0**	**100.0**
16-19	2.0	2.4	0.6	1.7	7.6
20-24	9.9	13.1	4.9	6.3	31.0
25-29	11.1	14.2	9.6	7.5	16.3
30-34	11.8	14.0	15.0	9.0	10.8
35-39	11.9	12.7	16.7	10.6	5.0
40-44	14.9	14.9	20.3	14.4	6.1
45-49	13.2	12.4	15.8	13.9	6.3
50-54	7.8	7.5	7.6	8.4	4.7
55-59	8.0	6.1	5.9	10.6	4.1
60-64	5.0	2.0	2.2	8.7	4.1
65+	4.4	0.9	1.4	8.7	4.0
女 Female	**100.0**	**100.0**	**100.0**	**100.0**	**100.0**
16-19	2.0	3.0	0.5	1.3	1.4
20-24	10.2	15.9	5.2	5.6	8.8
25-29	11.4	16.3	12.0	7.2	10.9
30-34	12.6	15.9	18.3	9.5	13.0
35-39	12.4	14.3	19.1	10.2	14.9
40-44	15.8	15.6	18.9	15.6	18.6
45-49	13.3	11.5	15.0	14.6	15.7
50-54	7.0	4.2	5.1	9.4	7.2
55-59	7.0	2.2	3.8	11.4	5.4
60-64	4.6	0.8	1.5	8.2	3.0
65+	3.8	0.4	0.7	7.1	1.1

1-40 按受教育程度、性别分的全国就业人员就业身份构成
COMPOSITION OF EMPLOYMENT STATUS BY EDUCATIONAL ATTAINMENT AND SEX

单位：% (%)

受教育程度	Educational Attainment	合 计 Total	雇 员 Employee	雇 主 Employer	自营劳动者 SelfEmployed	家庭帮工 Unpaid Familial Worker
总 计	**Total**	**100.0**	**47.3**	**4.0**	**46.4**	**2.4**
未上过学	Illiterate	100.0	11.0	0.7	86.5	1.8
小 学	Primary School	100.0	18.9	1.9	76.9	2.2
初 中	Junior School	100.0	40.6	4.0	52.6	2.9
高 中	Senior School	100.0	67.0	6.7	23.9	2.5
大学专科	College	100.0	88.5	4.4	5.9	1.2
大学本科	University	100.0	94.9	2.9	1.9	0.4
研究生	Graduate	100.0	96.5	2.2	1.3	0.1
男	**Male**	**100.0**	**50.5**	**5.0**	**43.5**	**1.0**
未上过学	Illiterate	100.0	16.3	1.5	81.1	1.1
小 学	Primary School	100.0	23.3	2.8	73.3	0.7
初 中	Junior School	100.0	43.1	4.9	50.8	1.2
高 中	Senior School	100.0	65.9	7.6	25.1	1.4
大学专科	College	100.0	87.1	5.5	6.7	0.7
大学本科	University	100.0	93.8	3.8	2.2	0.2
研究生	Graduate	100.0	95.6	3.4	1.0	
女	**Female**	**100.0**	**43.4**	**2.6**	**49.9**	**4.1**
未上过学	Illiterate	100.0	8.9	0.3	88.7	2.1
小 学	Primary School	100.0	15.1	1.2	80.1	3.6
初 中	Junior School	100.0	37.2	2.7	54.9	5.2
高 中	Senior School	100.0	68.7	5.2	21.9	4.2
大学专科	College	100.0	90.2	3.1	5.0	1.7
大学本科	University	100.0	96.3	1.7	1.4	0.6
研究生	Graduate	100.0	97.7	0.4	1.7	0.2

1-41 按就业身份、性别分的全国就业人员受教育程度构成
EDUCATIONAL ATTAINMENT COMPOSITION BY EMPLOYMENT STATUS AND SEX

单位：% (%)

受教育程度	Educational Attainment	合 计 Total	雇 员 Employee	雇 主 Employer	自营劳动者 SelfEmployed	家庭帮工 Unpaid Familial Worker
总 计	**Total**	**100.0**	**100.0**	**100.0**	**100.0**	**100.0**
未上过学	Illiterate	2.0	0.5	0.3	3.7	1.5
小 学	Primary School	19.0	7.6	9.2	31.5	17.7
初 中	Junior School	48.3	41.4	48.6	54.8	58.3
高 中	Senior School	17.1	24.2	28.9	8.8	17.8
大学专科	College	8.0	15.0	8.9	1.0	4.0
大学本科	University	5.2	10.3	3.8	0.2	0.8
研究生	Graduate	0.5	1.0	0.3	0.0	0.0
男	**Male**	**100.0**	**100.0**	**100.0**	**100.0**	**100.0**
未上过学	Illiterate	1.0	0.3	0.3	1.9	1.1
小 学	Primary School	16.1	7.4	8.8	27.2	10.3
初 中	Junior School	49.9	42.6	48.9	58.3	55.5
高 中	Senior School	19.2	25.1	29.0	11.1	26.3
大学专科	College	8.0	13.7	8.7	1.2	5.8
大学本科	University	5.3	9.9	4.0	0.3	1.0
研究生	Graduate	0.5	0.9	0.3	0.0	
女	**Female**	**100.0**	**100.0**	**100.0**	**100.0**	**100.0**
未上过学	Illiterate	3.1	0.6	0.4	5.6	1.6
小 学	Primary School	22.5	7.8	10.2	36.1	20.0
初 中	Junior School	46.4	39.8	48.0	51.0	59.2
高 中	Senior School	14.4	22.9	28.6	6.3	15.1
大学专科	College	8.1	16.8	9.4	0.8	3.4
大学本科	University	5.0	11.0	3.3	0.1	0.7
研究生	Graduate	0.5	1.0	0.1	0.0	0.0

1-42 按年龄、性别分的城镇就业人员就业身份构成
COMPOSITION OF URBAN EMPLOYMENT STATUS BY AGE AND SEX

单位：% (%)

年龄 Age	合计 Total	雇员 Employee	雇主 Employer	自营劳动者 SelfEmployed	家庭帮工 Unpaid Familial Worker
总计 Total	**100.0**	**67.0**	**5.7**	**24.5**	**2.8**
16-19	100.0	77.9	1.2	17.3	3.6
20-24	100.0	79.8	2.5	14.3	3.5
25-29	100.0	76.7	4.5	16.1	2.6
30-34	100.0	72.2	6.7	18.7	2.5
35-39	100.0	67.5	7.8	21.9	2.8
40-44	100.0	64.9	7.1	25.2	2.8
45-49	100.0	62.6	6.4	28.1	2.9
50-54	100.0	61.7	5.3	30.7	2.3
55-59	100.0	52.3	4.6	40.5	2.5
60-64	100.0	30.7	4.1	62.1	3.1
65+	100.0	18.8	3.3	75.0	3.0
男 Male	**100.0**	**67.5**	**6.9**	**24.5**	**1.1**
16-19	100.0	75.3	1.5	18.8	4.4
20-24	100.0	78.4	2.8	15.5	3.3
25-29	100.0	75.7	5.4	17.4	1.5
30-34	100.0	71.6	8.0	19.5	0.9
35-39	100.0	66.8	9.5	23.3	0.5
40-44	100.0	64.6	8.9	26.0	0.5
45-49	100.0	64.4	8.0	27.1	0.5
50-54	100.0	67.5	5.9	25.9	0.7
55-59	100.0	61.7	5.5	32.0	0.8
60-64	100.0	37.7	4.8	56.3	1.2
65+	100.0	23.7	4.2	69.8	2.3
女 Female	**100.0**	**66.3**	**4.1**	**24.6**	**5.0**
16-19	100.0	81.2	0.8	15.4	2.5
20-24	100.0	81.4	2.1	12.9	3.6
25-29	100.0	77.9	3.5	14.6	4.0
30-34	100.0	72.8	5.1	17.7	4.3
35-39	100.0	68.5	5.6	20.3	5.6
40-44	100.0	65.2	4.8	24.2	5.8
45-49	100.0	60.2	4.3	29.5	6.0
50-54	100.0	50.4	3.9	40.1	5.5
55-59	100.0	31.8	2.8	59.2	6.2
60-64	100.0	19.5	2.8	71.5	6.2
65+	100.0	10.6	1.7	83.6	4.1

1-43 按就业身份、性别分的城镇就业人员年龄构成
AGE COMPOSITION OF URBAN EMPLOYMENT BY EMPLOYMENT STATUS AND SEX

单位：% (%)

年龄 Age	合 计 Total	雇 员 Employee	雇 主 Employer	自营劳动者 SelfEmployed	家庭帮工 Unpaid Familial Worker
总计 Total	**100.0**	**100.0**	**100.0**	**100.0**	**100.0**
16-19	1.7	2.0	0.4	1.2	2.2
20-24	10.7	12.7	4.6	6.2	13.3
25-29	13.2	15.1	10.5	8.7	12.5
30-34	14.8	16.0	17.3	11.3	13.1
35-39	13.9	14.0	18.9	12.4	13.8
40-44	16.2	15.7	20.1	16.7	16.5
45-49	13.3	12.5	14.9	15.3	13.8
50-54	7.0	6.5	6.4	8.8	5.9
55-59	5.2	4.1	4.2	8.6	4.7
60-64	2.3	1.1	1.6	5.9	2.6
65+	1.6	0.5	0.9	5.0	1.7
男 Male	**100.0**	**100.0**	**100.0**	**100.0**	**100.0**
16-19	1.6	1.8	0.4	1.3	6.5
20-24	10.1	11.7	4.1	6.4	30.3
25-29	12.6	14.2	9.8	9.0	16.8
30-34	14.2	15.1	16.4	11.3	11.4
35-39	13.5	13.3	18.5	12.8	6.1
40-44	15.9	15.2	20.5	16.8	6.6
45-49	13.3	12.7	15.4	14.7	6.0
50-54	8.2	8.2	7.0	8.6	5.2
55-59	6.3	5.8	5.0	8.2	4.5
60-64	2.5	1.4	1.8	5.8	2.7
65+	1.8	0.6	1.1	5.1	3.8
女 Female	**100.0**	**100.0**	**100.0**	**100.0**	**100.0**
16-19	1.7	2.1	0.3	1.1	0.9
20-24	11.4	14.0	5.8	6.0	8.3
25-29	14.0	16.4	11.9	8.3	11.2
30-34	15.6	17.2	19.3	11.3	13.5
35-39	14.5	14.9	19.7	12.0	16.1
40-44	16.7	16.5	19.4	16.5	19.4
45-49	13.3	12.1	13.8	16.0	16.1
50-54	5.5	4.2	5.2	9.0	6.1
55-59	3.8	1.8	2.6	9.1	4.7
60-64	2.1	0.6	1.4	6.0	2.6
65+	1.4	0.2	0.6	4.8	1.2

1-44 按受教育程度、性别分的城镇就业人员就业身份构成
COMPOSITION OF URBAN EMPLOYMENT STATUS BY EDUCATIONAL ATTAINMENT AND SEX

单位：%

(%)

受教育程度	Educational Attainment	合 计 Total	雇 员 Employee	雇 主 Employer	自营劳动者 SelfEmployed	家庭帮工 Unpaid Familial Worker
总 计	**Total**	**100.0**	**67.0**	**5.7**	**24.5**	**2.8**
未上过学	Illiterate	100.0	29.8	1.9	64.1	4.2
小 学	Primary School	100.0	35.8	4.0	56.3	3.9
初 中	Junior School	100.0	54.6	6.2	35.4	3.9
高 中	Senior School	100.0	74.7	7.5	15.2	2.7
大学专科	College	100.0	89.6	4.7	4.7	1.1
大学本科	University	100.0	94.9	3.0	1.7	0.3
研究生	Graduate	100.0	96.7	2.2	1.0	0.1
男	**Male**	**100.0**	**67.5**	**6.9**	**24.5**	**1.1**
未上过学	Illiterate	100.0	40.7	3.6	53.9	1.8
小 学	Primary School	100.0	38.5	5.4	55.0	1.1
初 中	Junior School	100.0	55.5	7.3	35.9	1.3
高 中	Senior School	100.0	73.6	8.6	16.4	1.4
大学专科	College	100.0	88.1	5.9	5.3	0.7
大学本科	University	100.0	93.8	3.9	2.1	0.2
研究生	Graduate	100.0	95.5	3.5	1.0	
女	**Female**	**100.0**	**66.3**	**4.1**	**24.6**	**5.0**
未上过学	Illiterate	100.0	24.2	1.1	69.3	5.3
小 学	Primary School	100.0	32.9	2.6	57.7	6.8
初 中	Junior School	100.0	53.4	4.7	34.6	7.3
高 中	Senior School	100.0	76.2	5.8	13.3	4.6
大学专科	College	100.0	91.4	3.3	3.8	1.5
大学本科	University	100.0	96.4	1.8	1.3	0.6
研究生	Graduate	100.0	98.3	0.5	1.1	0.2

1-45 按就业身份、性别分的城镇就业人员受教育程度构成

EDUCATIONAL ATTAINMENT COMPOSITION OF URBAN EMPLOYMENT BY EMPLOYMENT STATUS AND SEX

单位: % (%)

受教育程度	Educational Attainment	合 计 Total	雇 员 Employee	雇 主 Employer	自营劳动者 SelfEmployed	家庭帮工 Unpaid Familial Worker
总 计	**Total**	**100.0**	**100.0**	**100.0**	**100.0**	**100.0**
未上过学	Illiterate	0.8	0.4	0.3	2.2	1.3
小 学	Primary School	9.5	5.1	6.7	21.9	13.4
初 中	Junior School	39.6	32.2	43.0	57.1	54.9
高 中	Senior School	24.8	27.7	32.6	15.3	23.7
大学专科	College	14.4	19.2	11.8	2.7	5.5
大学本科	University	9.9	14.1	5.2	0.7	1.2
研究生	Graduate	0.9	1.4	0.4	0.0	0.0
男	**Male**	**100.0**	**100.0**	**100.0**	**100.0**	**100.0**
未上过学	Illiterate	0.5	0.3	0.3	1.1	0.8
小 学	Primary School	8.4	4.8	6.6	18.9	8.5
初 中	Junior School	39.8	32.7	42.2	58.4	46.8
高 中	Senior School	26.5	28.9	33.1	17.7	33.3
大学专科	College	13.8	18.0	11.7	3.0	9.2
大学本科	University	9.9	13.8	5.7	0.8	1.4
研究生	Graduate	1.0	1.4	0.5	0.0	
女	**Female**	**100.0**	**100.0**	**100.0**	**100.0**	**100.0**
未上过学	Illiterate	1.3	0.5	0.3	3.7	1.4
小 学	Primary School	11.0	5.5	7.0	25.8	14.8
初 中	Junior School	39.2	31.6	44.8	55.3	57.2
高 中	Senior School	22.6	26.0	31.5	12.3	20.9
大学专科	College	15.0	20.7	12.0	2.4	4.5
大学本科	University	9.9	14.4	4.2	0.5	1.1
研究生	Graduate	0.9	1.4	0.1	0.0	0.0

1-46 按年龄、性别分的城镇就业人员行业构成
SECTOR COMPOSITION OF URBAN EMPLOYMENT BY AGE AND SEX

单位：%　　(%)

年龄 Age	合计 Total	农、林、牧、渔业 Farming, Forestry, Animal Husbandry and Fishery	采矿业 Mining	制造业 Manufacturing	电力、热力、燃气及水生产和供应业 Production and Supply of Electricity, Heat, Gas and Water	建筑业 Construction	批发和零售业 Wholesale and Retail Trades
总计 Total	**100.0**	**13.7**	**1.9**	**21.9**	**1.4**	**6.4**	**16.4**
16-19	100.0	12.8	0.8	36.5	0.4	3.9	16.1
20-24	100.0	7.8	1.2	29.4	0.9	5.3	19.2
25-29	100.0	7.1	1.3	24.5	1.4	5.6	18.7
30-34	100.0	7.8	1.7	22.1	1.5	5.6	18.6
35-39	100.0	9.4	2.0	23.0	1.8	6.7	18.0
40-44	100.0	11.9	2.5	21.4	1.6	7.5	16.5
45-49	100.0	15.1	2.6	19.8	1.5	7.5	14.4
50-54	100.0	19.4	2.6	17.6	1.7	7.5	12.0
55-59	100.0	30.6	1.7	15.4	1.6	6.8	10.1
60-64	100.0	51.4	0.7	10.6	0.5	5.5	9.7
65+	100.0	69.1	0.3	6.4	0.2	2.2	7.2
男 Male	**100.0**	**11.8**	**2.6**	**22.6**	**1.8**	**9.4**	**13.2**
16-19	100.0	12.7	1.2	35.4	0.8	5.8	12.6
20-24	100.0	7.6	1.6	32.9	1.1	8.4	14.2
25-29	100.0	6.6	1.9	26.4	1.8	8.3	15.1
30-34	100.0	7.0	2.3	22.9	1.8	8.3	14.4
35-39	100.0	8.3	2.6	22.3	2.2	9.9	15.0
40-44	100.0	10.1	3.4	21.5	1.9	11.1	13.3
45-49	100.0	12.0	3.5	19.7	1.9	11.2	11.8
50-54	100.0	13.6	3.5	19.0	2.1	10.1	10.9
55-59	100.0	21.3	2.3	17.6	2.1	9.1	9.6
60-64	100.0	42.9	1.1	12.4	0.7	8.5	9.2
65+	100.0	62.4	0.5	7.3	0.4	3.5	8.2
女 Female	**100.0**	**16.2**	**1.0**	**21.1**	**1.0**	**2.4**	**20.6**
16-19	100.0	12.9	0.4	37.9	0.0	1.6	20.4
20-24	100.0	7.9	0.6	25.4	0.7	1.8	25.0
25-29	100.0	7.8	0.6	22.2	1.0	2.4	23.1
30-34	100.0	8.7	0.9	21.1	1.2	2.4	23.8
35-39	100.0	10.6	1.3	23.8	1.3	2.7	21.7
40-44	100.0	14.1	1.3	21.3	1.2	3.0	20.5
45-49	100.0	19.2	1.3	19.9	1.1	2.5	17.7
50-54	100.0	30.8	0.8	14.9	0.8	2.4	14.1
55-59	100.0	51.2	0.3	10.6	0.6	1.7	11.4
60-64	100.0	65.0	0.2	7.7	0.1	0.8	10.6
65+	100.0	80.3		4.9		0.2	5.5

1-46 续表 1 continued

单位：% (%)

年龄 Age	交通运输、仓储和邮政业 Transport, Storage and Post	住宿和餐饮业 Hotels and Catering Services	信息传输、软件和信息技术服务业 Information Transmission, Software and Information Technology	金融业 Finance Inter-mediation	房地产业 Real Estate	租赁和商务服务业 Leasing and Business Services	科学研究和技术服务业 Scientific Research and Technical Services
总计 Total	**5.6**	**4.4**	**3.2**	**2.3**	**1.4**	**1.7**	**0.9**
16-19	2.7	10.8	2.6	1.2	0.4	1.8	0.3
20-24	4.0	5.9	4.9	2.4	1.2	2.4	0.8
25-29	5.2	4.5	4.9	3.3	1.4	2.3	1.2
30-34	6.1	4.3	4.3	2.4	1.6	1.9	1.2
35-39	6.1	4.2	3.2	2.2	1.1	1.6	0.8
40-44	6.8	4.4	2.4	2.3	1.2	1.6	0.7
45-49	6.2	4.3	2.2	2.2	1.5	1.3	0.8
50-54	5.9	3.7	1.8	2.3	1.6	1.7	0.9
55-59	4.6	2.8	1.6	1.3	1.6	1.3	0.6
60-64	2.3	2.3	1.3	0.5	1.4	0.8	0.2
65+	1.0	1.8	0.6	0.2	1.1	0.6	0.1
男 Male	**7.9**	**3.7**	**3.0**	**2.0**	**1.5**	**1.8**	**1.0**
16-19	3.9	12.1	1.7	0.7	0.6	2.3	0.1
20-24	5.6	6.1	4.4	1.7	1.1	2.2	0.8
25-29	7.1	4.0	5.0	2.8	1.4	2.3	1.3
30-34	9.0	3.9	4.2	2.1	1.8	2.0	1.4
35-39	9.0	3.4	3.1	1.9	1.1	1.8	0.8
40-44	9.9	3.2	2.2	2.2	1.3	1.8	0.8
45-49	8.9	3.2	2.0	2.1	1.6	1.5	0.9
50-54	7.9	2.8	1.6	2.3	1.7	1.9	1.1
55-59	6.2	2.2	1.8	1.6	2.1	1.6	0.8
60-64	3.5	2.5	1.3	0.7	1.7	0.9	0.2
65+	1.6	2.0	0.8	0.3	1.3	0.8	0.2
女 Female	**2.5**	**5.3**	**3.5**	**2.6**	**1.2**	**1.6**	**0.7**
16-19	1.1	9.1	3.7	1.7	0.2	1.1	0.5
20-24	2.3	5.7	5.4	3.1	1.3	2.6	0.8
25-29	2.9	5.0	4.7	3.9	1.4	2.4	1.1
30-34	2.5	4.7	4.5	2.6	1.4	1.8	1.1
35-39	2.7	5.2	3.5	2.6	1.2	1.4	0.7
40-44	2.9	6.0	2.8	2.5	1.0	1.4	0.6
45-49	2.7	5.9	2.4	2.3	1.3	1.1	0.6
50-54	1.8	5.5	2.2	2.4	1.3	1.2	0.7
55-59	1.0	4.1	1.4	0.6	0.6	0.6	0.4
60-64	0.3	2.1	1.4	0.1	1.1	0.8	0.1
65+		1.6	0.3		0.7	0.2	

1-46 续表 2 continued

单位：% (%)

年龄 Age	水利、环境和公共设施管理业 Management of Water Conservancy Environment and Public Establishment	居民服务、修理和其他服务业 Services to Household, Repair and Other Services	教育 Education	卫生和社会工作 Health and Social Service	文化、体育和娱乐业 Culture Sports and Entertainment	公共管理、社会保障和社会组织 Public Management, Social Security and Social Organization	国际组织 International Organizations
总计 Total	**0.8**	**3.7**	**4.1**	**3.0**	**1.4**	**5.9**	**0.01**
16-19	0.3	5.2	1.2	1.1	1.5	0.5	
20-24	0.5	3.7	2.4	2.8	1.8	3.3	
25-29	0.5	3.5	4.1	3.3	1.9	5.2	0.01
30-34	0.7	3.4	5.6	3.7	1.6	5.9	0.01
35-39	0.7	3.4	4.7	3.1	1.1	6.8	0.00
40-44	0.9	3.7	4.3	2.8	1.3	6.3	0.01
45-49	1.1	3.7	4.5	2.9	1.1	7.3	0.00
50-54	1.2	3.8	4.2	3.4	1.3	7.5	0.00
55-59	1.1	4.0	3.6	2.3	1.0	7.8	0.04
60-64	0.6	4.9	1.9	2.1	0.9	2.4	0.01
65+	0.5	2.7	1.3	1.7	0.9	2.0	
男 Male	**0.8**	**3.5**	**3.1**	**2.1**	**1.3**	**6.9**	**0.00**
16-19	0.4	7.0	0.2	0.6	1.4	0.6	
20-24	0.7	4.4	1.0	1.1	1.5	3.6	
25-29	0.6	3.7	2.4	1.7	1.8	5.7	
30-34	0.8	3.6	3.7	2.4	1.6	6.9	
35-39	0.8	3.1	3.5	2.2	1.1	8.0	
40-44	0.8	3.1	3.2	2.0	1.3	7.1	
45-49	1.1	2.9	3.8	2.5	1.0	8.5	
50-54	1.3	3.4	3.7	2.9	1.1	9.0	
55-59	1.2	3.7	3.9	2.2	1.3	9.7	0.06
60-64	0.5	5.3	2.2	2.3	1.1	3.0	
65+	0.6	2.8	1.7	2.0	0.9	2.7	
女 Female	**0.7**	**3.8**	**5.5**	**4.2**	**1.5**	**4.6**	**0.01**
16-19	0.1	3.1	2.4	1.8	1.5	0.5	
20-24	0.4	2.9	4.1	4.7	2.1	3.1	
25-29	0.4	3.4	6.1	5.1	2.1	4.6	0.01
30-34	0.5	3.1	7.9	5.3	1.7	4.7	0.02
35-39	0.6	3.8	6.1	4.3	1.2	5.4	0.00
40-44	0.9	4.4	5.6	3.8	1.3	5.4	0.02
45-49	1.1	4.7	5.3	3.5	1.3	5.8	0.00
50-54	1.1	4.5	5.1	4.3	1.7	4.5	0.01
55-59	1.1	4.8	3.0	2.4	0.6	3.6	0.02
60-64	0.9	4.3	1.4	1.6	0.5	1.3	0.02
65+	0.3	2.6	0.5	1.1	0.8	1.0	

1-47 按行业、性别分的城镇就业人员年龄构成
AGE COMPOSITION OF URBAN EMPLOYMENT BY SECTOR AND SEX

单位：% (%)

年龄 Age	合 计 Total	农、林、牧、渔业 Farming, Forestry, Animal Husbandry and Fishery	采矿业 Mining	制造业 Manufacturing	电力、热力、燃气及水生产和供应业 Production and Supply of Electricity, Heat, Gas and Water	建筑业 Construction	批发和零售业 Wholesale and Retail Trades
总计 Total	**100.0**	**100.0**	**100.0**	**100.0**	**100.0**	**100.0**	**100.0**
16–19	1.7	1.6	0.7	2.8	0.5	1.0	1.7
20–24	10.7	6.1	6.6	14.3	6.9	8.9	12.5
25–29	13.2	6.9	9.2	14.7	12.8	11.6	15.1
30–34	14.8	8.5	13.1	14.9	15.5	13.0	16.9
35–39	13.9	9.5	14.9	14.5	17.2	14.5	15.3
40–44	16.2	14.2	21.5	15.8	17.8	19.0	16.4
45–49	13.3	14.7	18.4	12.0	14.2	15.6	11.7
50–54	7.0	10.0	9.7	5.6	8.2	8.2	5.1
55–59	5.2	11.7	4.7	3.7	5.9	5.5	3.2
60–64	2.3	8.7	0.9	1.1	0.7	2.0	1.4
65+	1.6	8.3	0.3	0.5	0.3	0.6	0.7
男 Male	**100.0**	**100.0**	**100.0**	**100.0**	**100.0**	**100.0**	**100.0**
16–19	1.6	1.8	0.7	2.6	0.7	1.0	1.6
20–24	10.1	6.5	6.4	14.7	6.2	9.0	10.9
25–29	12.6	7.1	9.3	14.7	12.7	11.2	14.5
30–34	14.2	8.5	12.6	14.4	14.1	12.5	15.5
35–39	13.5	9.5	13.6	13.3	16.6	14.1	15.3
40–44	15.9	13.6	20.9	15.1	16.9	18.6	16.0
45–49	13.3	13.5	18.3	11.6	14.0	15.9	12.0
50–54	8.2	9.4	11.0	6.9	9.9	8.7	6.8
55–59	6.3	11.4	5.7	4.9	7.6	6.1	4.6
60–64	2.5	9.1	1.1	1.4	1.0	2.3	1.8
65+	1.8	9.5	0.3	0.6	0.4	0.7	1.1
女 Female	**100.0**	**100.0**	**100.0**	**100.0**	**100.0**	**100.0**	**100.0**
16–19	1.7	1.4	0.7	3.1	0.0	1.1	1.7
20–24	11.4	5.6	7.3	13.8	8.3	8.5	13.9
25–29	14.0	6.7	8.7	14.7	13.2	14.0	15.6
30–34	15.6	8.4	14.8	15.6	18.7	15.4	18.0
35–39	14.5	9.5	19.6	16.4	18.5	16.5	15.3
40–44	16.7	14.7	23.8	17.0	20.1	21.0	16.7
45–49	13.3	15.9	18.7	12.6	14.6	14.3	11.5
50–54	5.5	10.5	4.8	3.9	4.3	5.5	3.7
55–59	3.8	12.0	1.1	1.9	2.2	2.7	2.1
60–64	2.1	8.3	0.3	0.8	0.1	0.7	1.1
65+	1.4	7.1		0.3		0.1	0.4

1-47 续表 1 continued

单位：% (%)

年龄 Age	交通运输、仓储和邮政业 Transport, Storage and Post	住宿和餐饮业 Hotels and Catering Services	信息传输、软件和信息技术服务业 Information Transmission, Software and Information Technology	金融业 Finance Inter-mediation	房地产业 Real Estate	租赁和商务服务业 Leasing and Business Services	科学研究和技术服务业 Scientific Research and Technical Services
总计 Total	**100.0**	**100.0**	**100.0**	**100.0**	**100.0**	**100.0**	**100.0**
16-19	0.8	4.1	1.4	0.9	0.5	1.7	0.6
20-24	7.8	14.4	16.0	11.0	9.5	14.6	10.0
25-29	12.4	13.4	19.8	19.2	13.6	17.4	18.6
30-34	16.1	14.3	19.9	15.3	17.7	16.4	21.2
35-39	15.4	13.2	13.9	13.4	11.8	12.7	12.1
40-44	19.8	16.3	12.2	16.6	14.0	14.8	13.0
45-49	14.9	13.2	9.0	12.9	14.6	10.2	12.5
50-54	7.4	5.9	3.9	7.2	8.1	6.7	7.5
55-59	4.3	3.3	2.6	2.9	6.3	3.8	3.9
60-64	0.9	1.2	1.0	0.5	2.5	1.1	0.4
65+	0.3	0.7	0.3	0.1	1.3	0.5	0.2
男 Male	**100.0**	**100.0**	**100.0**	**100.0**	**100.0**	**100.0**	**100.0**
16-19	0.8	5.4	0.9	0.6	0.6	2.1	0.2
20-24	7.1	16.6	14.8	8.3	7.8	12.1	8.8
25-29	11.4	13.7	21.0	17.7	12.3	15.5	17.4
30-34	16.2	14.7	19.8	14.8	17.6	15.4	20.4
35-39	15.3	12.1	13.7	12.5	9.8	13.2	11.8
40-44	19.8	13.5	11.5	16.9	13.8	15.2	13.3
45-49	14.9	11.4	8.8	14.0	14.8	10.7	13.1
50-54	8.2	6.1	4.3	9.3	9.6	8.4	9.1
55-59	4.9	3.8	3.7	4.9	9.2	5.4	5.0
60-64	1.1	1.7	1.1	0.9	2.9	1.2	0.6
65+	0.4	1.0	0.5	0.2	1.6	0.8	0.4
女 Female	**100.0**	**100.0**	**100.0**	**100.0**	**100.0**	**100.0**	**100.0**
16-19	0.8	3.0	1.8	1.2	0.2	1.2	1.2
20-24	10.6	12.3	17.4	13.8	12.2	18.2	12.0
25-29	16.7	13.1	18.5	20.8	15.8	20.3	20.7
30-34	16.1	14.0	20.0	15.9	18.0	17.8	22.6
35-39	15.6	14.2	14.1	14.4	14.9	12.1	12.6
40-44	19.6	18.9	13.1	16.3	14.4	14.2	12.5
45-49	14.8	14.8	9.2	11.7	14.3	9.4	11.4
50-54	4.0	5.7	3.3	5.0	5.7	4.2	4.8
55-59	1.5	2.9	1.5	0.9	1.8	1.4	2.0
60-64	0.3	0.8	0.8	0.1	1.9	1.0	0.1
65+		0.4	0.1		0.8	0.1	

1-47 续表 2 continued

单位：%　　　　(%)

年龄 Age	水利、环境和公共设施管理业 Management of Water Conservancy Environment and Public Establishment	居民服务、修理和其他服务业 Services to Household, Repair and Other Services	教 育 Education	卫生和社会工作 Health and Social Service	文化、体育和娱乐业 Culture Sports and Entertainment	公共管理、社会保障和社会组织 Public Management, Social Security and Social Organization	国际组织 International Organizations
总计 Total	**100.0**	**100.0**	**100.0**	**100.0**	**100.0**	**100.0**	**100.0**
16-19	0.6	2.4	0.5	0.6	1.8	0.2	
20-24	7.2	10.9	6.2	9.8	13.6	6.0	
25-29	8.5	12.7	13.1	14.5	18.3	11.6	12.7
30-34	13.0	13.8	20.1	18.3	17.0	14.9	17.7
35-39	12.6	13.0	15.7	14.5	11.3	16.1	4.0
40-44	18.1	16.4	16.8	15.0	14.8	17.5	25.5
45-49	18.6	13.4	14.4	12.9	10.5	16.5	1.1
50-54	10.8	7.3	7.1	7.9	6.5	8.9	3.7
55-59	7.5	5.7	4.6	3.9	3.9	6.9	33.1
60-64	1.9	3.1	1.1	1.6	1.4	0.9	2.3
65+	1.1	1.2	0.5	0.9	1.0	0.6	
男 Male	**100.0**	**100.0**	**100.0**	**100.0**	**100.0**	**100.0**	**100.0**
16-19	0.8	3.2	0.1	0.5	1.8	0.1	
20-24	7.9	12.7	3.2	5.3	11.7	5.2	
25-29	8.3	13.1	10.0	10.6	17.4	10.4	
30-34	14.0	14.6	17.3	16.1	16.7	14.3	
35-39	12.7	11.9	15.4	14.1	11.3	15.7	
40-44	15.6	14.0	16.6	15.0	15.1	16.5	
45-49	16.9	10.8	16.7	15.9	9.8	16.4	
50-54	12.3	7.9	9.9	11.3	6.9	10.7	
55-59	8.6	6.5	8.0	6.6	6.0	8.8	100.0
60-64	1.5	3.8	1.8	2.8	2.1	1.1	
65+	1.4	1.4	1.0	1.8	1.2	0.7	
女 Female	**100.0**	**100.0**	**100.0**	**100.0**	**100.0**	**100.0**	**100.0**
16-19	0.2	1.4	0.8	0.7	1.7	0.2	
20-24	6.1	8.8	8.4	12.7	15.9	7.6	
25-29	8.9	12.3	15.3	17.0	19.3	13.9	17.9
30-34	11.4	12.7	22.2	19.8	17.2	15.9	25.0
35-39	12.5	14.4	15.9	14.8	11.3	16.9	5.6
40-44	22.2	19.5	16.9	14.9	14.3	19.5	36.1
45-49	21.4	16.5	12.8	11.0	11.2	16.9	1.5
50-54	8.4	6.5	5.0	5.7	6.1	5.4	5.3
55-59	5.7	4.7	2.1	2.2	1.5	3.0	5.3
60-64	2.5	2.3	0.5	0.8	0.7	0.6	3.2
65+	0.7	1.0	0.1	0.4	0.7	0.3	

1-48 按受教育程度、性别分的城镇就业人员行业构成

SECTOR COMPOSITION OF URBAN EMPLOYMENT BY EDUCATIONAL ATTAINMENT AND SEX

单位：% (%)

受教育程度	Educational Attainment	合计 Total	农、林、牧、渔业 Farming, Forestry, Animal Husbandry and Fishery	采矿业 Mining	制造业 Manufacturing	电力、热力、燃气及水生产和供应业 Production and Supply of Electricity, Heat, Gas and Water	建筑业 Construction	批发和零售业 Wholesale and Retail Trades
总 计	**Total**	**100.0**	**13.7**	**1.9**	**21.9**	**1.4**	**6.4**	**16.4**
未上过学	Illiterate	100.0	54.6	0.7	16.0	0.2	3.8	8.7
小 学	Primary School	100.0	42.4	0.8	16.9	0.3	8.7	11.6
初 中	Junior School	100.0	19.4	2.1	24.7	0.8	8.4	17.6
高 中	Senior School	100.0	4.8	2.1	25.6	2.0	5.2	21.3
大学专科	College	100.0	1.4	2.0	18.5	2.8	3.6	14.5
大学本科	University	100.0	0.7	1.5	13.0	2.0	3.5	8.4
研究生	Graduate	100.0	0.3	0.9	14.7	1.6	1.5	3.6
男	**Male**	**100.0**	**11.8**	**2.6**	**22.6**	**1.8**	**9.4**	**13.2**
未上过学	Illiterate	100.0	42.6	1.5	18.1	0.1	7.9	8.6
小 学	Primary School	100.0	37.2	1.3	15.4	0.4	14.4	10.4
初 中	Junior School	100.0	17.2	3.0	23.8	1.0	12.9	13.4
高 中	Senior School	100.0	4.8	2.6	27.3	2.3	7.4	16.2
大学专科	College	100.0	1.6	2.7	21.0	3.3	4.7	12.4
大学本科	University	100.0	0.8	1.9	14.5	2.2	4.3	8.5
研究生	Graduate	100.0	0.5	1.2	15.9	2.0	1.8	3.8
女	**Female**	**100.0**	**16.2**	**1.0**	**21.1**	**1.0**	**2.4**	**20.6**
未上过学	Illiterate	100.0	60.7	0.2	14.9	0.2	1.8	8.7
小 学	Primary School	100.0	47.7	0.3	18.3	0.2	2.8	12.9
初 中	Junior School	100.0	22.4	0.9	25.7	0.5	2.6	23.1
高 中	Senior School	100.0	4.8	1.2	22.9	1.4	2.0	29.1
大学专科	College	100.0	1.2	1.2	15.6	2.0	2.4	17.1
大学本科	University	100.0	0.6	1.0	11.1	1.8	2.3	8.4
研究生	Graduate	100.0	0.1	0.4	13.1	1.0	1.0	3.3

1-48 续表 1 continued

单位：% (%)

受教育程度	Educational Attainment	交通运输、仓储和邮政业 Transport, Storage and Post	住宿和餐饮业 Hotels and Catering Services	信息传输、软件和信息技术服务业 Information Transmission Software and Information Technology	金融业 Finance Inter-mediation	房地产业 Real Estate	租赁和商务服务业 Leasing and Business Services	科学研究和技术服务业 Scientific Research and Technical Services
总　计	**Total**	**5.6**	**4.4**	**3.2**	**2.3**	**1.4**	**1.7**	**0.9**
未上过学	Illiterate	1.2	3.3	0.8	0.3	1.1	0.6	0.2
小　学	Primary School	3.6	4.1	1.4	0.4	0.9	0.6	0.2
初　中	Junior School	6.1	5.7	2.4	0.7	1.0	1.2	0.3
高　中	Senior School	6.9	5.1	3.7	2.2	1.5	1.9	0.7
大学专科	College	4.8	2.3	4.2	5.0	2.0	2.6	1.4
大学本科	University	3.7	1.2	5.5	6.2	1.9	3.2	2.5
研究生	Graduate	2.1	0.4	6.3	6.5	1.0	3.2	8.5
男	**Male**	**7.9**	**3.7**	**3.0**	**2.0**	**1.5**	**1.8**	**1.0**
未上过学	Illiterate	2.5	3.5	0.8	0.7	1.9	1.1	0.1
小　学	Primary School	6.2	2.9	1.2	0.2	1.2	0.8	0.2
初　中	Junior School	9.3	4.7	2.0	0.7	1.1	1.4	0.3
高　中	Senior School	9.2	4.4	3.3	2.0	1.7	2.1	0.8
大学专科	College	5.7	2.2	4.1	4.4	1.8	2.3	1.7
大学本科	University	4.2	1.1	6.0	5.4	2.0	3.1	3.0
研究生	Graduate	2.3	0.4	7.6	6.3	1.1	3.9	8.4
女	**Female**	**2.5**	**5.3**	**3.5**	**2.6**	**1.2**	**1.6**	**0.7**
未上过学	Illiterate	0.5	3.2	0.9	0.2	0.7	0.3	0.3
小　学	Primary School	1.0	5.3	1.5	0.5	0.7	0.5	0.2
初　中	Junior School	1.8	7.1	3.1	0.8	0.8	0.9	0.4
高　中	Senior School	3.4	6.3	4.4	2.5	1.3	1.8	0.6
大学专科	College	3.7	2.4	4.3	5.7	2.1	2.9	1.2
大学本科	University	2.9	1.2	4.8	7.3	1.9	3.4	1.9
研究生	Graduate	1.8	0.4	4.4	6.8	0.9	2.4	8.8

1-48 续表 2 continued

单位：%　(%)

受教育程度	Educational Attainment	水利、环境和公共设施管理业 Management of Water Conservancy Environment and Public Establishment	居民服务、修理和其他服务业 Services to Household, Repair and Other Services	教育 Education	卫生和社会工作 Health and Social Service	文化、体育和娱乐业 Culture Sports and Entertainment	公共管理、社会保障和社会组织 Public Management, Social Security and Social Organization	国际组织 International Organizations
总　计	**Total**	**0.8**	**3.7**	**4.1**	**3.0**	**1.4**	**5.9**	**0.0**
未上过学	Illiterate	1.2	4.2	0.8	1.1	0.4	1.0	
小　学	Primary School	0.7	4.2	0.9	0.7	0.4	1.1	
初　中	Junior School	0.6	4.6	1.2	0.9	0.9	1.4	0.0
高　中	Senior School	0.8	4.1	2.6	2.5	1.5	5.4	0.0
大学专科	College	1.1	1.9	8.1	7.2	2.3	14.2	0.0
大学本科	University	1.1	1.1	15.7	8.3	2.9	17.6	0.0
研究生	Graduate	0.9	0.4	22.5	10.7	2.9	12.2	
男	**Male**	**0.8**	**3.5**	**3.1**	**2.1**	**1.3**	**6.9**	**0.0**
未上过学	Illiterate	1.9	4.8	0.5	1.5	0.3	1.7	
小　学	Primary School	0.6	4.0	0.8	0.6	0.4	1.5	
初　中	Junior School	0.6	4.3	1.0	0.8	0.8	1.7	
高　中	Senior School	0.9	4.1	1.8	1.8	1.5	5.9	0.0
大学专科	College	1.3	1.9	5.8	4.2	1.9	16.8	
大学本科	University	1.3	1.0	11.5	6.0	2.8	20.5	
研究生	Graduate	1.1	0.5	18.4	7.6	2.4	15.0	
女	**Female**	**0.7**	**3.8**	**5.5**	**4.2**	**1.5**	**4.6**	**0.0**
未上过学	Illiterate	0.9	3.9	1.0	0.8	0.4	0.6	
小　学	Primary School	0.8	4.4	1.0	0.7	0.5	0.7	
初　中	Junior School	0.5	5.0	1.5	1.0	0.9	1.0	0.0
高　中	Senior School	0.8	4.2	3.7	3.7	1.5	4.6	0.0
大学专科	College	0.9	1.8	10.9	10.8	2.7	11.0	0.0
大学本科	University	0.7	1.2	21.2	11.3	3.1	13.8	0.0
研究生	Graduate	0.6	0.1	28.1	15.0	3.6	8.4	

1-49 按行业、性别分的城镇就业人员受教育程度构成
EDUCATIONAL ATTAINMENT COMPOSITION OF URBAN EMPLOYMENT BY SECTOR AND SEX

单位：% (%)

受教育程度	Educational Attainment	合计 Total	农、林、牧、渔业 Farming, Forestry, Animal Husbandry and Fishery	采矿业 Mining	制造业 Manufacturing	电力、热力、燃气及水生产和供应业 Production and Supply of Electricity, Heat, Gas and Water	建筑业 Construction	批发和零售业 Wholesale and Retail Trades
总 计	**Total**	**100.0**	**100.0**	**100.0**	**100.0**	**100.0**	**100.0**	**100.0**
未上过学	Illiterate	0.8	3.4	0.3	0.6	0.1	0.5	0.4
小 学	Primary School	9.5	29.6	4.3	7.3	1.9	13.0	6.8
初 中	Junior School	39.6	56.3	44.2	44.5	22.1	52.4	42.5
高 中	Senior School	24.8	8.7	27.4	28.9	33.6	20.4	32.2
大学专科	College	14.4	1.5	15.6	12.1	27.4	8.2	12.7
大学本科	University	9.9	0.5	7.8	5.9	13.8	5.4	5.1
研究生	Graduate	0.9	0.0	0.4	0.6	1.1	0.2	0.2
男	**Male**	**100.0**	**100.0**	**100.0**	**100.0**	**100.0**	**100.0**	**100.0**
未上过学	Illiterate	0.5	1.8	0.3	0.4	0.0	0.4	0.3
小 学	Primary School	8.4	26.7	4.4	5.8	1.8	12.9	6.7
初 中	Junior School	39.8	58.1	46.1	42.0	23.4	54.3	40.7
高 中	Senior School	26.5	10.8	27.1	32.0	35.1	20.7	32.6
大学专科	College	13.8	1.9	14.4	12.8	26.3	6.9	13.1
大学本科	University	9.9	0.7	7.2	6.4	12.3	4.6	6.4
研究生	Graduate	1.0	0.0	0.4	0.7	1.1	0.2	0.3
女	**Female**	**100.0**	**100.0**	**100.0**	**100.0**	**100.0**	**100.0**	**100.0**
未上过学	Illiterate	1.3	4.9	0.3	0.9	0.2	1.0	0.5
小 学	Primary School	11.0	32.4	4.0	9.6	2.2	13.1	6.9
初 中	Junior School	39.2	54.5	37.5	48.0	19.1	42.2	44.0
高 中	Senior School	22.6	6.7	28.2	24.6	30.1	18.7	32.0
大学专科	College	15.0	1.1	19.7	11.1	30.0	15.1	12.5
大学本科	University	9.9	0.3	10.0	5.3	17.4	9.6	4.0
研究生	Graduate	0.9	0.0	0.4	0.6	0.9	0.4	0.1

1-49 续表 1 continued

单位：%

(%)

受教育程度	Educational Attainment	交通运输、仓储和邮政业 Transport, Storage and Post	住宿和餐饮业 Hotels and Catering Services	信息传输、软件和信息技术服务业 Information Transmission, Software and Information Technology	金融业 Finance Inter-mediation	房地产业 Real Estate	租赁和商务服务业 Leasing and Business Services	科学研究和技术服务业 Scientific Research and Technical Services
总　计	**Total**	**100.0**	**100.0**	**100.0**	**100.0**	**100.0**	**100.0**	**100.0**
未上过学	Illiterate	0.2	0.6	0.2	0.1	0.7	0.3	0.2
小　学	Primary School	6.2	8.9	4.0	1.5	6.6	3.5	2.0
初　中	Junior School	43.5	51.4	29.8	12.9	28.8	26.9	14.5
高　中	Senior School	30.9	28.8	28.7	23.9	28.1	27.6	21.1
大学专科	College	12.4	7.5	18.5	31.6	20.8	21.5	23.9
大学本科	University	6.5	2.6	16.9	27.2	14.3	18.4	29.0
研究生	Graduate	0.4	0.1	1.8	2.7	0.7	1.8	9.3
男	**Male**	**100.0**	**100.0**	**100.0**	**100.0**	**100.0**	**100.0**	**100.0**
未上过学	Illiterate	0.2	0.5	0.1	0.2	0.6	0.3	0.1
小　学	Primary School	6.6	6.6	3.5	1.0	6.9	3.7	1.6
初　中	Junior School	46.8	50.3	26.0	13.0	31.1	30.1	12.0
高　中	Senior School	30.9	31.2	29.3	26.3	30.1	29.7	22.7
大学专科	College	10.0	8.3	18.8	30.0	17.2	17.6	24.1
大学本科	University	5.3	3.0	19.9	26.4	13.4	16.6	31.1
研究生	Graduate	0.3	0.1	2.5	3.0	0.7	2.0	8.5
女	**Female**	**100.0**	**100.0**	**100.0**	**100.0**	**100.0**	**100.0**	**100.0**
未上过学	Illiterate	0.3	0.8	0.3	0.1	0.7	0.2	0.6
小　学	Primary School	4.5	11.1	4.7	2.0	6.1	3.3	2.8
初　中	Junior School	29.5	52.4	34.2	12.8	25.2	22.1	18.6
高　中	Senior School	31.0	26.6	28.0	21.4	25.0	24.5	18.2
大学专科	College	22.4	6.8	18.2	33.2	26.7	27.4	23.5
大学本科	University	11.7	2.3	13.5	28.0	15.6	21.2	25.5
研究生	Graduate	0.7	0.1	1.1	2.4	0.7	1.3	10.7

1-49 续表 2 continued

单位：% (%)

受教育程度	Educational Attainment	水利、环境和公共设施管理业 Management of Water Conservancy Environment and Public Establishment	居民服务、修理和其他服务业 Services to Household, Repair and Other Services	教 育 Education	卫生和社会工作 Health and Social Service	文化、体育和娱乐业 Culture Sports and Entertainment	公共管理、社会保障和社会组织 Public Management, Social Security and Social Organization	国际组织 International Organizations
总 计	**Total**	**100.0**	**100.0**	**100.0**	**100.0**	**100.0**	**100.0**	**100.0**
未上过学	Illiterate	1.3	1.0	0.2	0.3	0.2	0.1	
小 学	Primary School	8.9	11.0	2.1	2.1	3.0	1.8	
初 中	Junior School	28.1	50.0	11.3	11.5	24.3	9.6	6.1
高 中	Senior School	26.4	27.8	15.4	20.9	26.4	22.5	69.1
大学专科	College	20.7	7.3	28.3	34.4	23.5	34.4	4.4
大学本科	University	13.5	2.9	37.7	27.4	20.5	29.6	20.4
研究生	Graduate	1.1	0.1	5.1	3.4	2.0	2.0	
男	**Male**	**100.0**	**100.0**	**100.0**	**100.0**	**100.0**	**100.0**	**100.0**
未上过学	Illiterate	1.1	0.7	0.1	0.4	0.1	0.1	
小 学	Primary School	6.3	9.6	2.2	2.6	2.7	1.8	
初 中	Junior School	26.5	49.0	12.6	14.7	24.5	10.1	
高 中	Senior School	27.5	30.5	15.7	22.4	30.0	22.6	100.0
大学专科	College	21.8	7.4	26.4	27.9	20.3	33.7	
大学本科	University	15.5	2.7	37.2	28.6	20.6	29.5	
研究生	Graduate	1.3	0.1	5.8	3.5	1.8	2.1	
女	**Female**	**100.0**	**100.0**	**100.0**	**100.0**	**100.0**	**100.0**	**100.0**
未上过学	Illiterate	1.7	1.3	0.2	0.3	0.3	0.2	
小 学	Primary School	13.1	12.6	2.0	1.8	3.4	1.7	
初 中	Junior School	30.7	51.1	10.3	9.4	24.1	8.5	8.6
高 中	Senior School	24.7	24.6	15.2	19.9	22.3	22.3	56.3
大学专科	College	18.8	7.2	29.6	38.7	27.2	35.8	6.3
大学本科	University	10.2	3.1	38.0	26.7	20.5	29.8	28.8
研究生	Graduate	0.8	0.0	4.6	3.3	2.2	1.7	

1-50 按年龄、性别分的城镇就业人员职业构成

OCCUPATION COMPOSITION OF URBAN EMPLOYMENT BY AGE AND SEX

单位：% (%)

年龄 Age	合计 Total	单位负责人 Unit Head	专业技术人员 Professional and Technical Personnel	办事人员和有关人员 Clerk and Related Workers	商业、服务业人员 Business Service Personnel	农林牧渔水利业生产人员 Agriculture and Water Conservancy Labors	生产运输设备操作人员及有关人员 Production, Transport Equipment Operators and Related Workers	其他 Others
总计 Total	**100.0**	**3.5**	**15.7**	**10.6**	**29.7**	**13.8**	**26.3**	**0.5**
16-19	100.0	0.6	5.4	3.7	36.4	13.3	40.4	0.4
20-24	100.0	1.0	15.6	10.3	34.9	7.8	30.1	0.4
25-29	100.0	2.4	19.7	11.7	32.4	7.2	26.1	0.4
30-34	100.0	3.8	20.3	11.5	31.2	8.0	24.8	0.4
35-39	100.0	4.3	16.9	10.8	29.6	9.6	28.5	0.4
40-44	100.0	4.0	15.0	9.7	30.2	12.4	28.3	0.5
45-49	100.0	4.8	14.0	10.8	28.7	15.2	26.0	0.5
50-54	100.0	4.4	13.6	11.7	25.2	19.1	25.5	0.5
55-59	100.0	3.9	10.3	12.3	22.5	30.3	20.1	0.7
60-64	100.0	2.1	5.8	6.0	20.3	51.0	14.1	0.7
65+	100.0	0.8	3.7	4.2	15.3	68.2	7.3	0.4
男 Male	**100.0**	**4.6**	**13.2**	**11.9**	**25.4**	**12.0**	**32.4**	**0.5**
16-19	100.0	0.8	3.5	4.5	33.2	13.5	44.0	0.4
20-24	100.0	1.1	11.4	9.3	30.8	7.6	39.4	0.4
25-29	100.0	3.0	15.7	11.6	28.7	6.8	33.8	0.4
30-34	100.0	4.6	16.8	12.3	27.0	7.4	31.4	0.4
35-39	100.0	5.9	14.0	12.1	25.3	8.5	33.7	0.5
40-44	100.0	5.5	13.0	11.4	24.7	10.7	34.2	0.5
45-49	100.0	6.8	12.9	12.8	23.1	12.0	31.9	0.5
50-54	100.0	6.0	12.4	14.2	22.0	13.5	31.3	0.6
55-59	100.0	5.2	11.4	16.2	20.6	21.1	24.7	0.8
60-64	100.0	2.9	7.0	8.9	18.9	42.8	18.9	0.7
65+	100.0	1.1	4.7	6.3	16.8	61.7	9.1	0.3
女 Female	**100.0**	**1.9**	**18.9**	**8.8**	**35.4**	**16.2**	**18.3**	**0.4**
16-19	100.0	0.2	7.7	2.7	40.3	12.9	35.8	0.4
20-24	100.0	0.9	20.5	11.4	39.7	7.9	19.3	0.3
25-29	100.0	1.8	24.5	11.9	36.8	7.7	16.9	0.4
30-34	100.0	2.7	24.5	10.5	36.1	8.8	17.0	0.4
35-39	100.0	2.5	20.3	9.1	34.8	10.9	22.0	0.4
40-44	100.0	2.1	17.5	7.5	37.1	14.5	21.0	0.4
45-49	100.0	2.2	15.4	8.1	36.1	19.4	18.3	0.4
50-54	100.0	1.4	15.9	6.8	31.3	30.1	14.2	0.4
55-59	100.0	1.1	7.8	3.6	26.6	50.6	9.9	0.4
60-64	100.0	0.9	4.0	1.2	22.6	64.1	6.5	0.6
65+	100.0	0.3	2.1	0.8	12.8	79.1	4.4	0.5

1-51 按职业、性别分的城镇就业人员年龄构成

AGE COMPOSITION OF URBAN EMPLOYMENT BY OCCUPATION AND SEX

单位：% (%)

年龄 Age	合计 Total	单位负责人 Unit Head	专业技术人员 Professional and Technical Personnel	办事人员和有关人员 Clerk and Related Workers	商业、服务业人员 Business Service Personnel	农林牧渔水利业生产人员 Agriculture and Water Conservancy Labors	生产运输设备操作人员及有关人员 Production, Transport Equipment Operators and Related Workers	其他 Others
总计 Total	**100.0**	**100.0**	**100.0**	**100.0**	**100.0**	**100.0**	**100.0**	**100.0**
16-19	1.7	0.3	0.6	0.6	2.1	1.6	2.6	1.3
20-24	10.7	3.1	10.6	10.3	12.5	6.0	12.2	8.4
25-29	13.2	9.3	16.6	14.7	14.4	6.9	13.1	12.0
30-34	14.8	16.1	19.2	16.1	15.5	8.6	14.0	13.3
35-39	13.9	17.4	14.9	14.1	13.8	9.6	15.0	13.6
40-44	16.2	18.7	15.5	14.8	16.5	14.6	17.5	17.2
45-49	13.3	18.6	11.9	13.6	12.9	14.7	13.2	13.3
50-54	7.0	9.0	6.1	7.7	5.9	9.7	6.8	8.4
55-59	5.2	5.9	3.4	6.1	3.9	11.5	4.0	7.5
60-64	2.3	1.4	0.9	1.3	1.6	8.6	1.2	3.4
65+	1.6	0.4	0.4	0.7	0.8	8.1	0.5	1.4
男 Male	**100.0**	**100.0**	**100.0**	**100.0**	**100.0**	**100.0**	**100.0**	**100.0**
16-19	1.6	0.3	0.4	0.6	2.1	1.9	2.2	1.2
20-24	10.1	2.4	8.7	7.9	12.2	6.4	12.3	7.6
25-29	12.6	8.1	15.0	12.3	14.3	7.2	13.2	10.7
30-34	14.2	14.2	18.0	14.7	15.1	8.8	13.8	12.6
35-39	13.5	17.1	14.3	13.7	13.4	9.6	14.0	13.2
40-44	15.9	18.8	15.5	15.2	15.4	14.2	16.7	16.7
45-49	13.3	19.6	12.9	14.3	12.1	13.4	13.1	12.6
50-54	8.2	10.5	7.7	9.7	7.1	9.2	7.9	10.7
55-59	6.3	7.0	5.4	8.6	5.1	11.1	4.8	10.0
60-64	2.5	1.6	1.3	1.9	1.9	9.0	1.5	3.5
65+	1.8	0.4	0.6	1.0	1.2	9.3	0.5	1.2
女 Female	**100.0**	**100.0**	**100.0**	**100.0**	**100.0**	**100.0**	**100.0**	**100.0**
16-19	1.7	0.2	0.7	0.5	2.0	1.4	3.4	1.6
20-24	11.4	5.2	12.4	14.7	12.8	5.6	12.0	9.7
25-29	14.0	13.0	18.1	18.8	14.5	6.7	12.9	14.0
30-34	15.6	22.1	20.2	18.5	15.9	8.5	14.5	14.5
35-39	14.5	18.6	15.5	14.9	14.2	9.7	17.4	14.1
40-44	16.7	18.3	15.5	14.2	17.5	15.0	19.2	18.1
45-49	13.3	15.3	10.9	12.2	13.6	16.0	13.3	14.5
50-54	5.5	3.9	4.6	4.2	4.8	10.2	4.2	4.9
55-59	3.8	2.1	1.6	1.5	2.8	11.8	2.0	3.6
60-64	2.1	0.9	0.4	0.3	1.3	8.2	0.7	3.2
65+	1.4	0.2	0.2	0.1	0.5	6.9	0.3	1.8

1-52 按受教育程度、性别分的城镇就业人员职业构成
OCCUPATION COMPOSITION OF URBAN EMPLOYMENT BY EDUCATIONAL ATTAINMENT AND SEX

单位：%　　(%)

受教育程度	Educational Attainment	合 计 Total	单 位 负责人 Unit Head	专业技术人员 Professional and Technical Personnel	办事人员和有关人员 Clerk and Related Workers	商业、服务业人员 Business Service Personnel	农林牧渔水利业生产人员 Agriculture and Water Conservancy Labors	生产运输设备操作人员及有关人员 Production, Transport Equipment Operators and Related Workers	其 他 Others
总　计	**Total**	**100.0**	**3.5**	**15.7**	**10.6**	**29.7**	**13.8**	**26.3**	**0.5**
未上过学	Illiterate	100.0	0.4	2.1	2.2	21.7	54.8	18.1	0.8
小　学	Primary School	100.0	1.4	2.6	2.7	24.7	42.3	25.9	0.4
初　中	Junior School	100.0	2.3	5.3	4.4	33.2	19.5	34.7	0.5
高　中	Senior School	100.0	4.0	13.7	11.2	37.1	5.1	28.4	0.5
大学专科	College	100.0	5.3	33.1	21.5	23.8	1.5	14.4	0.4
大学本科	University	100.0	6.1	46.0	25.0	14.0	0.7	7.9	0.3
研究生	Graduate	100.0	6.0	61.8	20.0	7.3	0.2	4.4	0.3
男	**Male**	**100.0**	**4.6**	**13.2**	**11.9**	**25.4**	**12.0**	**32.4**	**0.5**
未上过学	Illiterate	100.0	0.7	2.6	4.4	24.0	43.6	24.4	0.4
小　学	Primary School	100.0	2.0	2.9	4.6	21.1	37.1	31.8	0.4
初　中	Junior School	100.0	3.1	4.9	5.6	26.9	17.4	41.6	0.5
高　中	Senior School	100.0	5.0	11.0	11.9	31.2	5.1	35.1	0.6
大学专科	College	100.0	7.3	26.2	22.9	22.2	1.7	19.2	0.5
大学本科	University	100.0	8.2	39.5	27.2	14.0	0.8	10.0	0.3
研究生	Graduate	100.0	8.6	58.7	20.7	7.2	0.3	4.2	0.3
女	**Female**	**100.0**	**1.9**	**18.9**	**8.8**	**35.4**	**16.2**	**18.3**	**0.4**
未上过学	Illiterate	100.0	0.2	1.8	1.1	20.5	60.4	15.0	1.0
小　学	Primary School	100.0	0.8	2.3	0.9	28.4	47.4	19.8	0.4
初　中	Junior School	100.0	1.3	5.9	2.8	41.6	22.4	25.5	0.5
高　中	Senior School	100.0	2.3	18.0	10.1	46.1	5.0	18.0	0.4
大学专科	College	100.0	2.9	41.5	19.8	25.6	1.2	8.6	0.3
大学本科	University	100.0	3.3	54.5	22.2	14.0	0.6	5.1	0.3
研究生	Graduate	100.0	2.3	66.0	19.0	7.6	0.0	4.8	0.2

1-53 按职业、性别分的城镇就业人员受教育程度构成
EDUCATIONAL ATTAINMENT COMPOSITION OF URBAN EMPLOYMENT BY OCCUPATION AND SEX

单位：%　　　　(%)

受教育程度	Educational Attainment	合 计 Total	单 位 负责人 Unit Head	专业技术人员 Professional and Technical Personnel	办事人员和有关人员 Clerk and Related Workers	商业、服务业人员 Business Service Personnel	农林牧渔水利业生产人员 Agriculture and Water Conservancy Labors	生产运输设备操作人员及有关人员 Production, Transport Equipment Operators and Related Workers	其 他 Others
总 计	**Total**	**100.0**	**100.0**	**100.0**	**100.0**	**100.0**	**100.0**	**100.0**	**100.0**
未上过学	Illiterate	0.8	0.1	0.1	0.2	0.6	3.4	0.6	1.4
小 学	Primary School	9.5	3.9	1.6	2.5	7.9	29.3	9.4	8.6
初 中	Junior School	39.6	26.6	13.5	16.5	44.1	56.2	52.3	41.9
高 中	Senior School	24.8	28.5	21.7	26.3	30.9	9.2	26.8	27.9
大学专科	College	14.4	22.0	30.3	29.2	11.5	1.5	7.8	13.0
大学本科	University	9.9	17.4	29.1	23.5	4.7	0.5	3.0	6.6
研究生	Graduate	0.9	1.6	3.7	1.8	0.2	0.0	0.2	0.6
男	**Male**	**100.0**	**100.0**	**100.0**	**100.0**	**100.0**	**100.0**	**100.0**	**100.0**
未上过学	Illiterate	0.5	0.1	0.1	0.2	0.5	1.8	0.4	0.4
小 学	Primary School	8.4	3.7	1.8	3.3	7.0	26.2	8.3	7.5
初 中	Junior School	39.8	26.4	14.9	18.9	42.1	57.9	51.2	40.6
高 中	Senior School	26.5	28.8	22.0	26.6	32.6	11.4	28.7	31.8
大学专科	College	13.8	21.7	27.3	26.7	12.1	2.0	8.2	13.4
大学本科	University	9.9	17.5	29.6	22.7	5.5	0.7	3.1	5.7
研究生	Graduate	1.0	1.8	4.3	1.7	0.3	0.0	0.1	0.6
女	**Female**	**100.0**	**100.0**	**100.0**	**100.0**	**100.0**	**100.0**	**100.0**	**100.0**
未上过学	Illiterate	1.3	0.1	0.1	0.2	0.7	4.8	1.1	3.1
小 学	Primary School	11.0	4.3	1.4	1.1	8.8	32.3	11.9	10.4
初 中	Junior School	39.2	27.0	12.2	12.3	46.1	54.5	54.7	44.1
高 中	Senior School	22.6	27.4	21.5	25.9	29.4	7.0	22.2	21.6
大学专科	College	15.0	23.0	33.0	33.7	10.9	1.1	7.0	12.3
大学本科	University	9.9	17.1	28.6	24.9	3.9	0.4	2.8	8.0
研究生	Graduate	0.9	1.1	3.2	2.0	0.2	0.0	0.2	0.5

1-54 城镇就业人员调查周平均工作时间
WEEKLY WORKING HOURS IN URBAN AREA

单位：小时／周 (hours/per week)

分组	Group	2008年11月 Nov.2008	2009年11月 Nov.2009	2010年11月 Nov.2010	2011年11月 Nov.2011	2012年11月 Nov.2012
全　部	**Total**	**44.6**	**44.7**	**47.0**	**46.2**	**46.3**
一、按年龄分組	**By Age**					
	16-19	45.8	46.8	49.1	48.0	47.7
	20-24	45.6	46.1	47.8	46.8	47.1
	25-29	45.7	45.9	47.1	46.6	46.8
	30-34	46.0	46.1	47.5	47.0	46.9
	35-39	45.9	46.1	47.8	47.2	47.3
	40-44	45.4	45.4	47.6	46.9	47.1
	45-49	44.5	44.5	46.8	46.0	46.2
	50-54	43.3	42.9	45.8	44.8	45.2
	55-59	41.0	41.1	44.7	43.4	43.6
	60-64	37.3	37.8	42.6	40.1	41.4
	65+	32.7	33.4	38.5	35.0	35.7
二、按职业分组	**By Occupation**					
单位负责人	Unit Head	47.5	47.5	47.1	47.7	48.2
专业技术人员	Professional and Technical Personnel	43.0	42.8	43.1	43.7	43.7
办事人员和有关人员	Clerk and Related Workers	43.5	43.3	44.0	43.9	44.0
商业、服务业人员	Business Service Personnel	49.1	49.0	49.8	49.5	49.6
农林牧渔水利业生产人员	Agrecultrre and Water Conservancy Labor	37.7	37.7	41.5	38.2	38.3
生产、运输设备操作人员及有关人员	Production, Transport Equipment Operators and Related Workers	48.2	48.9	49.7	48.7	48.8
其　他	Others	46.8	46.3	47.8	47.7	49.8
三、按受教育程度分组	**By Educational Attaiment**					
未上过学	Illiterate	36.4	36.9	43.5	40.1	39.8
小　学	Primary School	41.7	42.3	47.2	45.0	44.5
初　中	Junior School	46.1	46.1	48.9	48.1	48.2
高　中	Senior School	46.0	46.1	47.2	47.1	47.4
大　专	College	43.0	42.9	43.7	43.8	44.0
大学本科	University	41.7	41.5	42.1	42.4	42.4
研究生	Graduate	41.1	41.1	41.1	41.7	41.6

1-55 城镇男性就业人员调查周平均工作时间

MALE WEEKLY WORKING HOURS IN URBAN AREA

单位：小时／周 (hours/per week)

分　组	Group	2008年11月 Nov.2008	2009年11月 Nov.2009	2010年11月 Nov.2010	2011年11月 Nov.2011	2012年11月 Nov.2012
全 部	**Total**	**45.7**	**45.9**	**47.7**	**47.0**	**47.1**
一、按年龄分组	**By Age**					
	16-19	45.8	46.7	49.3	48.0	47.9
	20-24	46.5	47.2	48.5	47.5	47.7
	25-29	46.9	47.1	47.9	47.4	47.7
	30-34	47.1	47.2	48.2	47.8	47.6
	35-39	47.0	47.3	48.4	48.0	48.0
	40-44	46.5	46.7	48.3	47.9	47.9
	45-49	45.8	45.8	47.5	46.8	47.1
	50-54	44.9	44.7	46.6	45.5	46.0
	55-59	43.3	43.3	45.7	44.8	45.2
	60-64	39.9	40.7	44.4	42.1	44.0
	65+	34.7	35.2	40.1	37.4	38.0
二、按职业分组	**By Occupation**					
单位负责人	Unit Head	47.6	47.6	47.0	47.7	48.2
专业技术人员	Professional and Technical Personnel	43.3	43.3	43.6	44.2	44.2
办事人员和有关人员	Clerk and Related Workers	44.0	43.8	44.6	44.4	44.5
商业、服务业人员	Business Service Personnel	49.6	49.5	50.2	50.1	50.1
农林牧渔水利业生产人员	Agrecultrre and Water Conservancy Labor	40.2	40.2	43.3	40.6	40.8
生产、运输设备操作人员及有关人员	Production, Transport Equipment Operators and Related Workers	48.5	49.0	49.9	48.9	48.9
其　他	Others	46.7	47.2	48.2	49.2	50.2
三、按受教育程度分组	**By Educational Attaiment**					
未上过学	Illiterate	39.2	40.2	45.2	42.6	43.7
小　学	Primary School	43.6	44.4	48.4	46.8	46.3
初　中	Junior School	47.2	47.3	49.6	48.9	49.1
高　中	Senior School	46.5	46.7	47.6	47.4	47.8
大　专	College	43.3	43.1	44.0	44.5	44.4
大学本科	University	42.0	41.6	42.4	42.6	42.8
研究生	Graduate	41.3	41.3	41.3	41.8	41.9

1-56 城镇女性就业人员调查周平均工作时间
FEMALE WEEKLY WORKING HOURS IN URBAN AREA

单位：小时／周 (hours/per week)

分组	Group	2008年11月 Nov.2008	2009年11月 Nov.2009	2010年11月 Nov.2010	2011年11月 Nov.2011	2012年11月 Nov.2012
全 部	**Total**	**43.1**	**43.2**	**46.1**	**45.2**	**45.2**
一、按年龄分组	**By Age**					
	16-19	45.8	46.9	48.8	48.1	47.4
	20-24	44.7	45.0	47.0	46.1	46.3
	25-29	44.4	44.6	46.1	45.8	45.7
	30-34	44.7	44.9	46.6	46.1	46.0
	35-39	44.6	44.8	46.9	46.2	46.4
	40-44	44.1	44.0	46.7	45.8	46.2
	45-49	43.0	43.0	45.8	45.0	45.0
	50-54	40.5	39.8	44.2	43.1	43.5
	55-59	36.5	37.0	42.2	40.1	40.1
	60-64	33.3	33.4	39.3	36.6	37.2
	65+	29.6	30.1	35.3	31.2	31.8
二、按职业分组	**By Occupation**					
单位负责人	Unit Head	47.1	46.9	47.2	47.8	48.2
专业技术人员	Professional and Technical Personnel	42.6	42.4	42.7	43.2	43.2
办事人员和有关人员	Clerk and Related Workers	42.5	42.2	42.8	43.0	43.1
商业、服务业人员	Business Service Personnel	48.7	48.6	49.5	49.0	49.1
农林牧渔水利业生产人员	Agrecultrre and Water Conservancy Labor	35.3	35.3	39.6	35.7	35.8
生产、运输设备操作人员及有关人员	Production, Transport Equipment Operators and Related Workers	47.7	48.7	49.5	48.4	48.6
其 他	Others	46.8	44.7	47.1	44.9	49.2
三、按受教育程度分组	**By Educational Attaiment**					
未上过学	Illiterate	35.2	35.5	42.6	38.9	37.7
小 学	Primary School	40.0	40.4	45.9	43.1	42.6
初 中	Junior School	44.5	44.5	47.9	47.1	46.9
高 中	Senior School	45.4	45.3	46.5	46.5	46.7
大 专	College	42.5	42.6	43.2	43.0	43.6
大学本科	University	41.3	41.3	41.7	42.0	42.0
研究生	Graduate	40.6	40.7	40.7	41.4	41.1

1-57 按行业、性别分的城镇就业人员调查周平均工作时间
WEEKLY WORKING HOURS IN URBAN AREA BY SECTOR AND SEX

单位：小时／周 (hours/per week)

行 业	Sector	2012年11月 Nov.2012	男 Male	女 Female
总 计	**National Total**	**46.3**	**47.1**	**45.2**
农、林、牧、渔业	Farming,Forestry,Animal Husbandry and Fishery	38.2	40.7	35.7
采矿业	Mining	45.7	46.2	44.2
制造业	Manufacturing	48.2	48.2	48.0
电力、热力、燃气及水生产和供应业	Production and Supply of Electricity,Heat,Gas and Water	43.3	43.5	42.9
建筑业	Construction	49.4	49.8	47.1
批发和零售业	Wholesale and Retail Trades	50.2	50.9	49.7
交通运输、仓储和邮政业	Transport,Storage and Post	48.8	49.6	45.3
住宿和餐饮业	Hotels and Catering Services	51.4	51.9	50.8
信息传输、软件和信息技术服务业	Information Transmission, Software and Information Technology	47.8	47.7	47.9
金融业	Financial Intermediation	43.2	43.6	42.8
房地产业	Real Estate	45.9	46.8	44.5
租赁和商务服务业	Leasing and Business Services	46.2	46.6	45.7
科学研究和技术服务业	Scientific Research and Technical Service	43.4	43.2	43.6
水利、环境和公共设施管理业	Management of Water Conservancy,Environment and Public Establishment	43.8	43.7	44.1
居民服务、修理和其他服务业	Services to Household,Repair and Other Services	49.1	50.0	48.1
教育	Education	42.5	43.2	42.0
卫生和社会工作	Health and Social Service	44.1	45.1	43.4
文化体育和娱乐业	Culture, Sports and Entertainment	45.6	46.0	45.1
公共管理、社会保障和社会组织	Public Management,Social Security and Social Organization	41.8	42.1	41.3
国际组织	International Organizations	43.4	41.3	44.2

1-58 按年龄、性别分的城镇就业人员工作时间构成
COMPOSITION OF URBAN EMPLOYMENT WORKING HOURS BY AGE AND SEX

单位：%　　　　(%)

年龄 Age	合计 Total	1-8小时 1-8 Hours	9-19小时 9-19 Hours	20-39小时 20-39 Hours	40小时 40 Hours	41-48小时 41-48 Hours	48小时以上 48 Hours+
总计 Total	**100.0**	**0.5**	**1.2**	**8.1**	**37.1**	**20.3**	**32.8**
16-19	100.0	0.3	1.6	10.3	21.0	28.0	38.7
20-24	100.0	0.6	0.7	5.6	34.9	24.8	33.4
25-29	100.0	0.4	0.6	5.2	40.0	22.2	31.7
30-34	100.0	0.4	0.5	5.6	40.5	20.4	32.7
35-39	100.0	0.4	0.8	5.7	37.5	20.6	35.1
40-44	100.0	0.3	0.9	6.9	37.1	19.4	35.3
45-49	100.0	0.5	1.4	8.5	37.8	19.2	32.5
50-54	100.0	0.7	1.5	10.9	38.6	17.9	30.5
55-59	100.0	0.8	2.9	15.8	36.2	15.4	28.9
60-64	100.0	1.0	5.7	25.1	24.7	15.2	28.2
65+	100.0	2.2	11.2	37.6	18.9	12.9	17.2
男 Male	**100.0**	**0.4**	**0.9**	**6.6**	**36.7**	**20.4**	**35.1**
16-19	100.0	0.3	1.7	10.4	20.4	28.4	38.9
20-24	100.0	0.5	0.5	5.1	33.1	24.9	35.9
25-29	100.0	0.2	0.4	4.1	37.8	22.2	35.3
30-34	100.0	0.2	0.3	4.7	38.8	20.9	35.1
35-39	100.0	0.3	0.5	4.7	36.4	20.5	37.7
40-44	100.0	0.3	0.6	5.3	36.9	19.2	37.8
45-49	100.0	0.4	0.8	6.4	38.2	19.4	34.8
50-54	100.0	0.5	0.8	7.7	41.3	18.7	31.1
55-59	100.0	0.5	1.5	10.5	40.3	16.6	30.6
60-64	100.0	0.7	3.7	19.5	25.7	17.3	33.0
65+	100.0	1.5	8.7	33.9	20.9	14.1	20.8
女 Female	**100.0**	**0.6**	**1.8**	**10.1**	**37.6**	**20.1**	**29.8**
16-19	100.0	0.4	1.6	10.2	21.8	27.5	38.5
20-24	100.0	0.8	0.9	6.2	37.0	24.7	30.4
25-29	100.0	0.5	0.7	6.6	42.6	22.1	27.5
30-34	100.0	0.5	0.8	6.6	42.5	19.8	29.8
35-39	100.0	0.4	1.1	7.0	38.9	20.7	32.0
40-44	100.0	0.3	1.2	9.1	37.4	19.7	32.2
45-49	100.0	0.6	2.0	11.4	37.3	19.0	29.6
50-54	100.0	1.1	2.7	17.2	33.4	16.3	29.2
55-59	100.0	1.4	6.0	27.6	27.1	12.7	25.2
60-64	100.0	1.5	8.9	34.2	23.1	11.7	20.6
65+	100.0	3.3	15.5	43.7	15.6	10.8	11.2

1-59 按受教育程度、性别分的城镇就业人员工作时间构成
COMPOSITION OF URBAN EMPLOYMENT WORKING HOURS BY EDUCATIONAL ATTAINMENT AND SEX

单位：% (%)

受教育程度	Educational Attainment	合　计 Total	1-8小时 1-8 Hours	9-19小时 9-19Hours	20-39小时 20-39 Hours	40小时 40 Hours	41-48小时 41-48 Hours	48小时以上 48 Hours+
总　计	**Total**	**100.0**	**0.5**	**1.2**	**8.1**	**37.1**	**20.3**	**32.8**
未上过学	Illiterate	100.0	1.9	9.1	31.4	15.9	11.1	30.7
小　学	Primary School	100.0	0.8	4.5	21.0	20.1	16.2	37.5
初　中	Junior School	100.0	0.6	1.4	9.9	23.6	21.3	43.2
高　中	Senior School	100.0	0.4	0.6	4.3	37.1	24.2	33.5
大学专科	College	100.0	0.2	0.3	3.4	59.8	19.0	17.3
大学本科	University	100.0	0.3	0.2	3.3	71.8	14.1	10.2
研究生	Graduate	100.0	0.1	0.5	2.8	80.0	8.2	8.3
男	**Male**	**100.0**	**0.4**	**0.9**	**6.6**	**36.7**	**20.4**	**35.1**
未上过学	Illiterate	100.0	1.0	6.5	22.4	18.4	14.4	37.3
小　学	Primary School	100.0	0.6	3.1	16.7	20.2	17.3	42.1
初　中	Junior School	100.0	0.4	1.0	8.1	23.4	21.3	45.8
高　中	Senior School	100.0	0.4	0.5	3.7	36.7	23.6	35.1
大学专科	College	100.0	0.2	0.2	3.4	58.6	19.0	18.6
大学本科	University	100.0	0.2	0.1	3.2	70.4	14.6	11.5
研究生	Graduate	100.0	0.1	0.3	2.3	79.0	8.9	9.5
女	**Female**	**100.0**	**0.6**	**1.8**	**10.1**	**37.6**	**20.1**	**29.8**
未上过学	Illiterate	100.0	2.3	10.4	36.0	14.6	9.4	27.3
小　学	Primary School	100.0	0.9	5.8	25.3	20.0	15.2	32.8
初　中	Junior School	100.0	0.8	2.0	12.3	23.9	21.3	39.7
高　中	Senior School	100.0	0.4	0.6	5.2	37.7	25.2	30.9
大学专科	College	100.0	0.3	0.3	3.6	61.3	18.9	15.7
大学本科	University	100.0	0.4	0.3	3.5	73.8	13.5	8.6
研究生	Graduate	100.0	0.2	0.8	3.5	81.5	7.4	6.7

1-60 按户口性质、性别分的城镇就业人员工作时间构成
COMPOSITION OF URBAN EMPLOYMENT WORKING HOURS BY REGISTRATION TYPE AND SEX

单位: %　　　　(%)

户口性质 Registration Type		合　计 Total	1-8小时 1-8 Hours	9-19小时 9-19Hours	20-39小时 20-39 Hours	40小时 40 Hours	41-48小时 41-48 Hours	48小时以上 48 Hours+
总　计	**Total**	**100.0**	**0.5**	**1.2**	**8.1**	**37.1**	**20.3**	**32.8**
农　业	Agriculture	100.0	0.7	2.2	12.7	22.1	20.9	41.4
非农业	Non-Agriculture	100.0	0.3	0.4	4.2	50.0	19.8	25.4
男	**Male**	**100.0**	**0.4**	**0.9**	**6.6**	**36.7**	**20.4**	**35.1**
农　业	Agriculture	100.0	0.5	1.5	9.9	21.2	21.4	45.4
非农业	Non-Agriculture	100.0	0.3	0.3	3.7	49.9	19.5	26.3
女	**Female**	**100.0**	**0.6**	**1.8**	**10.1**	**37.6**	**20.1**	**29.8**
农　业	Agriculture	100.0	1.0	3.2	16.4	23.2	20.1	36.1
非农业	Non-Agriculture	100.0	0.3	0.5	4.7	50.1	20.1	24.2

1-61 按就业身份、性别分的城镇就业人员工作时间构成
COMPOSITION OF URBAN EMPLOYMENT WORKING HOURS BY EMPLOYMENT STATUS AND SEX

单位：% (%)

就业身份	Employment Status	合 计 Total	1-8小时 1-8 Hours	9-19小时 9-19Hours	20-39小时 20-39 Hours	40小时 40 Hours	41-48小时 41-48 Hours	48小时以上 48 Hours+
总 计	**Total**	**100.0**	**0.5**	**1.2**	**8.1**	**37.1**	**20.3**	**32.8**
雇 员	Employee	100.0	0.5	1.3	8.3	42.2	21.6	26.0
雇 主	Employer	100.0	0.3	1.0	4.3	21.0	16.3	57.0
自营劳动者	Self-Employed	100.0	0.4	1.0	7.6	16.6	14.8	59.6
家庭帮工	Unpaid Familial Worker	100.0	0.4	1.3	11.8	19.6	15.6	51.5
男	**Male**	**100.0**	**0.4**	**0.9**	**6.6**	**36.7**	**20.4**	**35.1**
雇 员	Employee	100.0	0.4	0.9	6.6	42.3	21.8	28.1
雇 主	Employer	100.0	0.2	0.9	4.3	21.3	16.4	57.0
自营劳动者	Self-Employed	100.0	0.3	0.8	7.2	15.9	15.5	60.3
家庭帮工	Unpaid Familial Worker	100.0	0.1	1.0	9.6	19.3	13.6	56.3
女	**Female**	**100.0**	**0.6**	**1.8**	**10.1**	**37.6**	**20.1**	**29.8**
雇 员	Employee	100.0	0.7	1.9	10.5	42.1	21.4	23.5
雇 主	Employer	100.0	0.6	1.3	4.4	20.3	16.2	57.2
自营劳动者	Self-Employed	100.0	0.5	1.3	8.4	18.0	13.3	58.4
家庭帮工	Unpaid Familial Worker	100.0	0.4	1.3	12.4	19.6	16.2	50.1

1-62 按行业、性别分的城镇就业人员工作时间构成

单位：%

项　目	Item	合　计 Total
总　计	**National Total**	**100.0**
农、林、牧、渔业	Farming,Forestry,Animal Husbandry and Fishery	100.0
采矿业	Mining	100.0
制造业	Manufacturing	100.0
电力、热力、燃气及水生产和供应业	Production and Supply of Electricity,Heat,Gas and Water	100.0
建筑业	Construction	100.0
批发和零售业	Wholesale and Retail Trades	100.0
交通运输、仓储和邮政业	Transport,Storage and Post	100.0
住宿和餐饮业	Hotels and Catering Services	100.0
信息传输、软件和信息技术服务业	Information Transmission, Software and Information Technology	100.0
金融业	Financial Intermediation	100.0
房地产业	Real Estate	100.0
租赁和商务服务业	Leasing and Business Services	100.0
科学研究和技术服务业	Scientific Research and Technical Service	100.0
水利、环境和公共设施管理业	Management of Water Conservancy,Environment and Public Establishment	100.0
居民服务、修理和其他服务业	Services to Household,Repair and Other Services	100.0
教育	Education	100.0
卫生和社会工作	Health and Social Service	100.0
文化体育和娱乐业	Culture, Sports and Entertainment	100.0
公共管理、社会保障和社会组织	Public Management,Social Security and Social Organization	100.0
国际组织	International Organizations	100.0
男	**Male**	**100.0**
农、林、牧、渔业	Farming,Forestry,Animal Husbandry and Fishery	100.0
采矿业	Mining	100.0
制造业	Manufacturing	100.0
电力、热力、燃气及水生产和供应业	Production and Supply of Electricity,Heat,Gas and Water	100.0
建筑业	Construction	100.0
批发和零售业	Wholesale and Retail Trades	100.0
交通运输、仓储和邮政业	Transport,Storage and Post	100.0
住宿和餐饮业	Hotels and Catering Services	100.0
信息传输、软件和信息技术服务业	Information Transmission, Software and Information Technology	100.0
金融业	Financial Intermediation	100.0

COMPOSITION OF URBAN EMPLOYMENT WORKING HOURS BY SECTOR AND SEX

(%)

1-8小时 1-8 Hours	9-19小时 9-19 Hours	20-39小时 20-39 Hours	40小时 40 Hours	41-48小时 41-48 Hours	48小时以上 48 Hours+
0.5	**1.2**	**8.1**	**37.1**	**20.3**	**32.8**
1.8	6.6	32.1	24.5	14.3	20.6
0.3	0.1	2.3	44.7	29.4	23.1
0.2	0.3	3.6	33.2	27.3	35.5
0.1	0.2	5.0	61.4	17.7	15.6
0.3	0.6	5.4	27.2	19.9	46.6
0.2	0.5	4.5	26.1	21.1	47.5
0.4	0.3	5.1	35.3	18.2	40.6
0.3	0.5	4.9	21.6	23.3	49.4
0.4	0.5	3.3	41.1	19.2	35.6
0.2	0.3	3.8	64.4	17.2	14.1
0.5	0.9	3.5	43.5	25.5	26.2
0.4	0.3	3.5	46.1	22.7	27.0
0.5	0.0	2.0	65.6	18.6	13.3
0.2	0.6	6.1	57.1	16.3	19.7
0.6	1.2	7.8	25.3	19.8	45.3
0.6	0.5	4.5	67.8	13.0	13.5
0.2	0.3	4.2	58.6	18.2	18.5
0.7	0.6	4.9	50.2	16.2	27.3
0.2	0.1	5.2	74.4	11.1	9.0
			56.1	26.5	17.4
0.4	**0.9**	**6.6**	**36.7**	**20.4**	**35.1**
1.3	4.6	26.3	25.6	16.1	26.2
0.4	0.2	2.0	41.8	30.1	25.6
0.2	0.3	2.8	33.8	27.3	35.7
0.1	0.2	4.8	59.1	19.2	16.5
0.2	0.6	5.2	25.7	19.5	48.8
0.2	0.5	4.2	25.8	19.4	49.9
0.3	0.3	5.1	31.8	18.1	44.3
0.2	0.5	4.4	20.5	24.2	50.2
0.3	0.4	2.9	43.9	18.3	34.2
0.1	0.2	3.7	62.3	18.5	15.3

1-62 续表

单位：%

项　　目	Item	合　计 Total
房地产业	Real Estate	100.0
租赁和商务服务业	Leasing and Business Services	100.0
科学研究和技术服务业	Scientific Research and Technical Service	100.0
水利、环境和公共设施管理业	Management of Water Conservancy,Environment and Public Establishment	100.0
居民服务、修理和其他服务业	Services to Household,Repair and Other Services	100.0
教育	Education	100.0
卫生和社会工作	Health and Social Service	100.0
文化体育和娱乐业	Culture, Sports and Entertainment	100.0
公共管理、社会保障和社会组织	Public Management,Social Security and Social Organization	100.0
国际组织	International Organizations	100.0
女	**Female**	**100.0**
农、林、牧、渔业	Farming,Forestry,Animal Husbandry and Fishery	100.0
采矿业	Mining	100.0
制造业	Manufacturing	100.0
电力、热力、燃气及水生产和供应业	Production and Supply of Electricity,Heat,Gas and Water	100.0
建筑业	Construction	100.0
批发和零售业	Wholesale and Retail Trades	100.0
交通运输、仓储和邮政业	Transport,Storage and Post	100.0
住宿和餐饮业	Hotels and Catering Services	100.0
信息传输、软件和信息技术服务业	Information Transmission, Software and Information Technology	100.0
金融业	Financial Intermediation	100.0
房地产业	Real Estate	100.0
租赁和商务服务业	Leasing and Business Services	100.0
科学研究和技术服务业	Scientific Research and Technical Service	100.0
水利、环境和公共设施管理业	Management of Water Conservancy,Environment and Public Establishment	100.0
居民服务、修理和其他服务业	Services to Household,Repair and Other Services	100.0
教育	Education	100.0
卫生和社会工作	Health and Social Service	100.0
文化体育和娱乐业	Culture, Sports and Entertainment	100.0
公共管理、社会保障和社会组织	Public Management,Social Security and Social Organization	100.0
国际组织	International Organizations	100.0

continued

(%)

1-8小时 1-8 Hours	9-19小时 9-19 Hours	20-39小时 20-39 Hours	40小时 40 Hours	41-48小时 41-48 Hours	48小时以上 48 Hours+
0.5	0.7	3.5	39.7	24.8	30.8
0.6	0.4	3.5	43.8	22.3	29.4
0.5	0.0	2.2	66.9	17.3	13.1
0.4	0.9	4.6	59.2	15.3	19.7
0.5	0.9	6.5	24.3	19.8	48.0
0.3	0.5	4.7	64.2	14.0	16.3
0.1	0.0	3.6	55.8	17.4	23.0
0.8	0.8	4.1	48.6	16.4	29.4
0.2	0.1	4.8	73.6	11.4	10.0
			92.0		8.0
0.6	**1.8**	**10.1**	**37.6**	**20.1**	**29.8**
2.4	8.6	37.8	23.5	12.5	15.3
0.1	0.0	3.2	55.4	27.1	14.1
0.1	0.4	4.8	32.2	27.3	35.2
	0.3	5.5	66.5	14.2	13.4
0.5	0.4	6.4	35.4	22.1	35.3
0.2	0.6	4.8	26.3	22.6	45.5
0.5	0.3	5.4	50.5	18.6	24.6
0.4	0.5	5.4	22.6	22.5	48.5
0.4	0.5	3.7	38.0	20.2	37.2
0.3	0.3	4.0	66.6	15.9	12.9
0.4	1.2	3.5	49.6	26.5	18.8
0.2	0.3	3.4	49.4	23.4	23.3
0.5	0.0	1.7	63.4	20.8	13.6
	0.1	8.5	53.8	17.9	19.7
0.7	1.6	9.4	26.5	19.8	42.0
0.8	0.5	4.4	70.5	12.3	11.5
0.2	0.5	4.7	60.5	18.6	15.5
0.7	0.4	5.9	52.1	16.0	25.0
0.3	0.1	6.1	75.9	10.5	7.1
			41.2	37.5	21.3

1-63 按职业、性别分的城镇就业人员工作时间构成
COMPOSITION OF URBAN EMPLOYMENT WORKING HOURS BY OCCUPATION AND SEX

单位：% (%)

职　业	Occupation	合　计 Total	1-8小时 1-8 Hours	9-19小时 9-19 Hours	20-39小时 20-39 Hours	40小时 40 Hours	41-48小时 41-48 Hours	48小时以上 48 Hours+
合　计	**Total**	**100.0**	**0.5**	**1.2**	**8.1**	**37.1**	**20.3**	**32.8**
单位负责人	Unit Head	100.0	0.1	0.4	3.4	41.4	17.2	37.5
专业技术人员	Professional and Technical Personnel	100.0	0.3	0.3	4.1	60.5	18.3	16.5
办事人员和有关人员	Clerk and Related Workers	100.0	0.2	0.1	3.5	62.7	17.6	15.9
商业、服务业人员	Business Service Personnel	100.0	0.3	0.6	5.0	27.8	21.5	44.8
农林牧渔水利业生产人员	Agriculture and Water Conservancy Labors	100.0	1.8	6.6	31.6	25.0	13.9	21.2
生产运输设备操作人员及有关人员	Production,Transport Equipment Operators and Related Workers	100.0	0.3	0.4	4.5	29.6	24.8	40.4
其　他	Others	100.0	0.5	0.4	6.5	23.9	23.6	45.1
男	**Male**	**100.0**	**0.4**	**0.9**	**6.6**	**36.7**	**20.4**	**35.1**
单位负责人	Unit Head	100.0	0.1	0.2	3.1	41.6	17.3	37.6
专业技术人员	Professional and Technical Personnel	100.0	0.2	0.4	3.7	58.3	18.6	18.8
办事人员和有关人员	Clerk and Related Workers	100.0	0.2	0.1	3.4	60.8	17.6	18.0
商业、服务业人员	Business Service Personnel	100.0	0.2	0.5	4.3	27.8	20.7	46.6
农林牧渔水利业生产人员	Agriculture and Water Conservancy Labors	100.0	1.3	4.6	25.8	26.1	15.8	26.4
生产运输设备操作人员及有关人员	Production,Transport Equipment Operators and Related Workers	100.0	0.3	0.4	4.2	29.8	24.1	41.2
其　他	Others	100.0	0.5	0.4	5.9	22.9	22.1	48.0
女	**Female**	**100.0**	**0.6**	**1.8**	**10.1**	**37.6**	**20.1**	**29.8**
单位负责人	Unit Head	100.0		1.1	4.3	40.7	16.8	37.1
专业技术人员	Professional and Technical Personnel	100.0	0.4	0.3	4.5	62.5	18.0	14.4
办事人员和有关人员	Clerk and Related Workers	100.0	0.2	0.1	3.8	66.1	17.6	12.2
商业、服务业人员	Business Service Personnel	100.0	0.4	0.7	5.6	27.8	22.3	43.2
农林牧渔水利业生产人员	Agriculture and Water Conservancy Labors	100.0	2.3	8.6	37.4	23.8	11.9	16.0
生产运输设备操作人员及有关人员	Production,Transport Equipment Operators and Related Workers	100.0	0.3	0.4	5.3	29.1	26.4	38.6
其　他	Others	100.0	0.5	0.3	7.5	25.6	25.9	40.2

1-64 按年龄、性别分的城镇失业人员失业原因构成
UNEMPLOYED REASON COMPOSITION OF URBAN UNEMPLOYMENT BY AGE AND SEX

单位：% (%)

年龄 Age	合 计 Total	离退休 Retired	料理家务 Take Care of Housework	毕业后未工作 Job-off after Graduated	因单位原因失去工作 Lose Job for Working Unit Reasons	因个人原因失去工作 Lose Job for Individual Reasons	承包土地被征用 Land Expropriated	其 他 Others
总计 Total	**100.0**	**5.1**	**21.3**	**18.3**	**19.8**	**23.4**	**2.7**	**9.3**
16-19	100.0		2.3	64.9	8.0	18.2		6.5
20-24	100.0		7.2	57.9	5.3	21.6	0.5	7.6
25-29	100.0		21.4	22.6	10.9	33.7	1.4	10.1
30-34	100.0		30.7	7.1	15.9	33.8	1.6	10.9
35-39	100.0		34.3	2.8	23.7	25.8	3.1	10.3
40-44	100.0		30.6	1.5	29.8	25.0	2.4	10.7
45-49	100.0	3.4	25.9	0.4	37.7	17.4	4.7	10.5
50-54	100.0	22.3	15.0	0.5	36.2	14.1	5.7	6.2
55-59	100.0	29.7	14.5	0.3	28.1	10.2	6.3	10.8
60-64	100.0	42.4	24.6		9.0	6.1	11.9	5.9
65+	100.0	58.1	17.2		5.8	8.7	6.4	3.7
男 Male	**100.0**	**4.5**	**3.4**	**24.4**	**26.0**	**25.2**	**3.6**	**12.8**
16-19	100.0			66.6	9.5	17.4		6.5
20-24	100.0		1.0	62.2	6.5	19.7	0.7	9.8
25-29	100.0		1.2	31.7	12.7	39.5	1.2	13.8
30-34	100.0		2.4	12.9	25.3	39.7	2.5	17.1
35-39	100.0		5.8	6.0	30.8	35.2	5.5	16.7
40-44	100.0		5.0	2.2	37.0	32.9	4.0	18.9
45-49	100.0		7.4	0.9	52.4	20.1	5.6	13.6
50-54	100.0	4.6	4.3	0.4	55.9	19.4	7.4	8.0
55-59	100.0	22.3	3.9		40.2	12.2	7.0	14.3
60-64	100.0	49.1	6.6		14.4	5.0	15.3	9.5
65+	100.0	65.5	11.0		7.0	3.5	8.2	4.8
女 Female	**100.0**	**5.5**	**35.6**	**13.5**	**14.9**	**21.9**	**2.0**	**6.6**
16-19	100.0		7.4	61.1	4.8	20.0		6.7
20-24	100.0		14.1	53.0	3.8	23.7	0.3	5.1
25-29	100.0		34.5	16.7	9.7	29.9	1.6	7.6
30-34	100.0		49.0	3.3	9.8	29.9	1.0	6.9
35-39	100.0		45.5	1.5	21.0	22.1	2.2	7.7
40-44	100.0		44.0	1.1	26.1	20.9	1.5	6.4
45-49	100.0	5.8	39.1	0.1	27.2	15.4	4.2	8.3
50-54	100.0	41.0	26.2	0.5	15.4	8.5	4.0	4.4
55-59	100.0	43.3	34.0	0.8	5.9	6.7	4.9	4.4
60-64	100.0	33.7	48.0		2.1	7.5	7.4	1.3
65+	100.0	41.7	31.2		3.3	20.2	2.4	1.3

1-65 按失业原因、性别分的城镇失业人员年龄构成
AGE COMPOSITION OF URBAN UNEMPLOYMENT BY UNEMPLOYED REASON AND SEX

单位：% (%)

年龄 Age	合　计 Total	离退休 Retired	料理家务 Take Care of Housework	毕业后未工作 Job-off after Graduated	因单位原因失去工作 Lose Job for Working Unit Reasons	因个人原因失去工作 Lose Job for Individual Reasons	承包土地被征用 Land Expropriated	其　他 Others
总计 Total	**100.0**	**100.0**	**100.0**	**100.0**	**100.0**	**100.0**	**100.0**	**100.0**
16–19	3.9		0.4	13.9	1.6	3.1		2.7
20–24	19.4		6.6	61.3	5.2	17.9	3.7	15.8
25–29	13.8		13.9	17.0	7.6	19.9	7.3	14.9
30–34	12.1		17.5	4.7	9.7	17.5	7.1	14.2
35–39	10.8		17.4	1.6	12.9	11.9	12.3	11.8
40–44	12.4		17.9	1.0	18.7	13.3	10.8	14.3
45–49	12.1	8.0	14.6	0.3	22.9	9.0	20.9	13.6
50–54	6.9	30.5	4.9	0.2	12.6	4.2	14.5	4.6
55–59	5.4	31.5	3.7	0.1	7.6	2.3	12.4	6.2
60–64	1.9	15.9	2.2		0.9	0.5	8.2	1.2
65+	1.2	14.0	1.0		0.4	0.5	2.9	0.5
男 Male	**100.0**	**100.0**	**100.0**	**100.0**	**100.0**	**100.0**	**100.0**	**100.0**
16–19	6.1			16.6	2.2	4.2		3.1
20–24	23.1		7.2	58.8	5.8	18.0	4.4	17.8
25–29	12.3		4.2	15.9	6.0	19.2	4.0	13.2
30–34	10.7		7.7	5.7	10.4	16.9	7.4	14.4
35–39	6.8		11.7	1.7	8.0	9.5	10.3	8.9
40–44	9.6		14.3	0.9	13.6	12.5	10.6	14.2
45–49	11.3		24.9	0.4	22.8	9.0	17.4	12.1
50–54	8.0	8.1	10.1	0.1	17.2	6.1	16.3	5.0
55–59	7.8	38.4	9.1		12.1	3.8	15.2	8.7
60–64	2.4	26.1	4.7		1.3	0.5	10.2	1.8
65+	1.9	27.4	6.2		0.5	0.3	4.3	0.7
女 Female	**100.0**	**100.0**	**100.0**	**100.0**	**100.0**	**100.0**	**100.0**	**100.0**
16–19	2.2		0.5	9.9	0.7	2.0		2.2
20–24	16.5		6.5	64.9	4.2	17.8	2.7	12.8
25–29	15.1		14.6	18.6	9.8	20.5	11.9	17.5
30–34	13.3		18.3	3.3	8.7	18.2	6.7	14.0
35–39	13.9		17.8	1.6	19.6	14.0	15.2	16.4
40–44	14.7		18.2	1.2	25.8	14.0	11.1	14.4
45–49	12.6	13.3	13.9	0.1	23.1	8.9	25.9	16.0
50–54	6.1	45.4	4.5	0.2	6.3	2.4	11.9	4.1
55–59	3.4	26.9	3.3	0.2	1.4	1.0	8.3	2.3
60–64	1.5	9.2	2.0		0.2	0.5	5.5	0.3
65+	0.7	5.2	0.6		0.2	0.6	0.8	0.1

1-66 按受教育程度、性别分的城镇失业人员失业原因构成
UNEMPLOYED REASON COMPOSITION OF URBAN UNEMPLOMENT BY EDUCATIONAL ATTAINMENT AND SEX

单位：%　　(%)

受教育程度	Educational Attainment	合计 Total	离退休 Retired	料理家务 Take Care of Housework	毕业后未工作 Job-off after Graduated	因单位原因失去工作 Lose Job for Working Unit Reasons	因个人原因失去工作 Lose Job for Individual Reasons	承包土地被征用 Land Expropriated	其他 Others
总　计	**Total**	**100.0**	**5.1**	**21.3**	**18.3**	**19.8**	**23.4**	**2.7**	**9.3**
未上过学	Illiterate	100.0	2.6	26.7	2.7	10.1	21.2	22.4	14.3
小　学	Primary School	100.0	7.4	34.0	3.2	12.5	18.4	10.4	14.2
初　中	Junior School	100.0	5.5	29.2	9.6	19.3	22.4	3.6	10.3
高　中	Senior School	100.0	5.4	16.4	18.0	25.9	24.8	1.2	8.1
大学专科	College	100.0	3.7	9.7	34.6	16.9	26.4	0.2	8.6
大学本科	University	100.0	1.5	5.6	56.0	10.6	21.3	0.1	4.8
研究生	Graduate	100.0		12.2	36.9	10.5	34.7		5.7
男	**Male**	**100.0**	**4.5**	**3.4**	**24.4**	**26.0**	**25.2**	**3.6**	**12.8**
未上过学	Illiterate	100.0		2.5	7.7	15.4	12.7	34.0	27.7
小　学	Primary School	100.0	6.8	9.5	3.8	19.0	19.7	16.3	24.9
初　中	Junior School	100.0	5.7	4.1	16.4	28.4	25.3	4.6	15.4
高　中	Senior School	100.0	4.0	2.7	24.4	31.6	26.0	2.1	9.2
大学专科	College	100.0	3.7	1.3	37.1	18.6	26.6	0.3	12.5
大学本科	University	100.0	1.5	1.9	56.7	12.0	22.4		5.5
研究生	Graduate	100.0			32.7	11.5	51.3		4.4
女	**Female**	**100.0**	**5.5**	**35.6**	**13.5**	**14.9**	**21.9**	**2.0**	**6.6**
未上过学	Illiterate	100.0	4.0	39.6		7.2	25.8	16.2	7.2
小　学	Primary School	100.0	7.8	50.4	2.7	8.0	17.5	6.5	7.1
初　中	Junior School	100.0	5.4	46.4	5.0	13.0	20.4	2.9	6.9
高　中	Senior School	100.0	6.8	28.9	12.3	20.8	23.6	0.5	7.2
大学专科	College	100.0	3.7	17.5	32.3	15.3	26.2	0.0	5.0
大学本科	University	100.0	1.6	9.6	55.3	9.1	20.1	0.2	4.0
研究生	Graduate	100.0		23.2	40.6	9.6	19.8		6.9

1-67 按失业原因、性别分的城镇失业人员受教育程度构成
EDUCATIONAL ATTAINMENT COMPOSITION OF URBAN UNEMPLOYMENT BY UNEMPLOYED REASON AND SEX

单位：% (%)

受教育程度	Educational Attainment	合计 Total	离退休 Retired	料理家务 Take Care of Housework	毕业后未工作 Job-off after Graduated	因单位原因失去工作 Lose Job for Working Unit Reasons	因个人原因失去工作 Lose Job for Individual Reasons	承包土地被征用 Land Expropriated	其他 Others
总 计	**Total**	**100.0**	**100.0**	**100.0**	**100.0**	**100.0**	**100.0**	**100.0**	**100.0**
未上过学	Illiterate	0.6	0.3	0.8	0.1	0.3	0.5	4.9	0.9
小 学	Primary School	6.8	9.9	10.8	1.2	4.3	5.3	25.8	10.3
初 中	Junior School	41.3	45.0	56.6	21.7	40.1	39.6	54.5	45.8
高 中	Senior School	30.6	32.8	23.6	30.0	39.9	32.4	13.7	26.7
大学专科	College	13.7	10.0	6.3	25.9	11.7	15.5	0.8	12.6
大学本科	University	6.7	2.0	1.8	20.4	3.6	6.1	0.3	3.5
研究生	Graduate	0.4		0.2	0.7	0.2	0.5		0.2
男	**Male**	**100.0**	**100.0**	**100.0**	**100.0**	**100.0**	**100.0**	**100.0**	**100.0**
未上过学	Illiterate	0.5		0.4	0.1	0.3	0.2	4.4	1.0
小 学	Primary School	6.1	9.2	17.3	1.0	4.5	4.8	27.4	11.9
初 中	Junior School	37.9	47.9	46.4	25.4	41.3	38.0	48.4	45.6
高 中	Senior School	32.7	28.4	26.2	32.6	39.7	33.7	18.6	23.6
大学专科	College	14.8	12.1	5.5	22.4	10.5	15.6	1.3	14.4
大学本科	University	7.7	2.5	4.2	17.9	3.6	6.9		3.4
研究生	Graduate	0.4			0.5	0.2	0.8		0.1
女	**Female**	**100.0**	**100.0**	**100.0**	**100.0**	**100.0**	**100.0**	**100.0**	**100.0**
未上过学	Illiterate	0.7	0.5	0.8		0.3	0.8	5.6	0.8
小 学	Primary School	7.3	10.3	10.3	1.5	3.9	5.8	23.4	7.9
初 中	Junior School	44.0	43.2	57.3	16.2	38.4	41.0	63.4	46.1
高 中	Senior School	28.8	35.6	23.4	26.3	40.2	31.1	6.8	31.4
大学专科	College	12.9	8.7	6.3	30.9	13.3	15.5	0.2	9.8
大学本科	University	5.9	1.7	1.6	24.1	3.6	5.4	0.7	3.6
研究生	Graduate	0.3		0.2	1.0	0.2	0.3		0.4

1-68 按年龄、性别分的城镇失业人员受教育程度构成

EDUCATIONAL ATTAINMENT COMPOSITION OF URBAN UNEMPLOYMENT BY AGE AND SEX

单位：% (%)

年龄 Age	合计 Total	未上过学 Illiterate	小学 Primary School	初中 Junior School	高中 Senior School	大专 College	大学本科 University	研究生 Graduate
总计 Total	**100.0**	**0.6**	**6.8**	**41.3**	**30.6**	**13.7**	**6.7**	**0.4**
16-19	100.0		1.1	56.2	33.9	4.9	3.8	
20-24	100.0	0.1	1.3	25.8	30.1	25.3	17.0	0.4
25-29	100.0	0.2	2.0	33.5	27.1	24.1	12.2	0.8
30-34	100.0	0.4	3.7	37.8	35.0	16.5	5.8	0.8
35-39	100.0	0.1	6.7	49.1	31.2	10.1	2.8	0.1
40-44	100.0	0.8	9.6	50.1	30.6	7.6	1.3	0.1
45-49	100.0	0.6	8.0	52.2	32.8	4.4	1.7	0.3
50-54	100.0	1.0	10.1	43.9	40.1	3.8	1.0	
55-59	100.0	2.9	21.3	51.4	17.2	5.1	1.9	0.1
60-64	100.0	2.6	35.0	43.9	14.4	3.0	1.1	
65+	100.0	4.4	29.5	31.8	22.8	11.6		
男 Male	**100.0**	**0.5**	**6.1**	**37.9**	**32.7**	**14.8**	**7.7**	**0.4**
16-19	100.0		1.3	56.8	31.3	5.2	5.5	
20-24	100.0	0.2	1.1	23.5	33.9	24.7	16.5	0.2
25-29	100.0	0.1	3.3	29.0	25.8	28.7	12.6	0.5
30-34	100.0		4.4	35.2	33.7	16.7	8.6	1.4
35-39	100.0	0.0	4.9	39.1	40.8	11.4	3.6	0.2
40-44	100.0	0.6	7.5	42.8	36.6	10.2	2.0	0.3
45-49	100.0	0.5	7.4	47.8	35.0	5.6	3.2	0.6
50-54	100.0	0.2	7.4	45.1	42.0	3.7	1.7	
55-59	100.0	2.5	15.5	54.4	20.9	4.7	1.9	0.1
60-64	100.0	3.8	32.3	40.8	16.7	4.6	1.9	
65+	100.0	0.2	23.7	33.2	28.2	14.7		
女 Female	**100.0**	**0.7**	**7.3**	**44.0**	**28.8**	**12.9**	**5.9**	**0.3**
16-19	100.0		0.8	55.0	40.0	4.3		
20-24	100.0	0.0	1.5	28.4	25.9	25.9	17.6	0.7
25-29	100.0	0.2	1.2	36.5	28.0	21.1	11.9	1.1
30-34	100.0	0.6	3.3	39.6	35.8	16.4	4.0	0.4
35-39	100.0	0.1	7.4	53.0	27.4	9.6	2.4	0.0
40-44	100.0	0.9	10.7	53.9	27.4	6.2	0.9	
45-49	100.0	0.7	8.4	55.3	31.2	3.6	0.6	0.1
50-54	100.0	1.9	13.1	42.6	38.2	4.0	0.2	
55-59	100.0	3.7	31.9	46.0	10.5	5.8	2.1	
60-64	100.0	1.1	38.6	47.9	11.4	1.0		
65+	100.0	13.8	42.3	28.7	10.5	4.6		

1-69 按受教育程度、性别分的城镇失业人员年龄构成
AGE COMPOSITION OF URBAN UNEMPLOYMENT BY EDUCATIONAL ATTAINMENT AND SEX

单位：%　　(%)

年龄 Age	合计 Total	未上过学 Illiterate	小学 Primary School	初中 Junior School	高中 Senior School	大专 College	大学本科 University	研究生 Graduate
总计 Total	**100.0**	**100.0**	**100.0**	**100.0**	**100.0**	**100.0**	**100.0**	**100.0**
16-19	3.9		0.7	5.3	4.4	1.4	2.2	
20-24	19.4	3.1	3.6	12.2	19.2	35.7	49.4	22.9
25-29	13.8	4.2	4.1	11.2	12.3	24.3	25.1	32.2
30-34	12.1	7.2	6.7	11.1	13.9	14.6	10.5	27.6
35-39	10.8	1.9	10.6	12.8	11.0	7.9	4.4	2.5
40-44	12.4	16.1	17.6	15.1	12.5	6.9	2.4	3.6
45-49	12.1	12.1	14.3	15.2	12.9	3.9	3.1	10.0
50-54	6.9	12.0	10.4	7.4	9.1	1.9	1.0	
55-59	5.4	26.2	16.9	6.7	3.0	2.0	1.6	1.3
60-64	1.9	8.2	9.8	2.0	0.9	0.4	0.3	
65+	1.2	9.0	5.3	0.9	0.9	1.0		
男 Male	**100.0**	**100.0**	**100.0**	**100.0**	**100.0**	**100.0**	**100.0**	**100.0**
16-19	6.1		1.3	9.1	5.8	2.1	4.3	
20-24	23.1	7.7	4.0	14.3	23.9	38.6	49.2	13.1
25-29	12.3	2.7	6.6	9.4	9.7	23.9	20.0	15.7
30-34	10.7		7.7	10.0	11.1	12.1	11.9	39.1
35-39	6.8	0.5	5.4	7.0	8.5	5.2	3.2	4.1
40-44	9.6	12.4	11.7	10.8	10.8	6.7	2.4	7.5
45-49	11.3	11.1	13.7	14.3	12.1	4.3	4.7	17.7
50-54	8.0	3.5	9.6	9.5	10.3	2.0	1.8	
55-59	7.8	41.9	19.8	11.2	5.0	2.5	1.9	2.7
60-64	2.4	19.4	12.7	2.6	1.2	0.7	0.6	
65+	1.9	0.8	7.4	1.7	1.6	1.9		
女 Female	**100.0**	**100.0**	**100.0**	**100.0**	**100.0**	**100.0**	**100.0**	**100.0**
16-19	2.2		0.2	2.7	3.0	0.7		
20-24	16.5	0.6	3.3	10.7	14.8	33.1	49.6	31.7
25-29	15.1	5.0	2.5	12.5	14.6	24.6	30.5	47.1
30-34	13.3	11.0	6.0	11.9	16.5	16.8	9.0	17.1
35-39	13.9	2.7	14.1	16.8	13.2	10.4	5.7	1.1
40-44	14.7	18.0	21.6	18.0	14.0	7.1	2.3	
45-49	12.6	12.6	14.6	15.9	13.7	3.5	1.4	3.0
50-54	6.1	16.5	10.9	5.9	8.1	1.9	0.2	
55-59	3.4	17.8	14.9	3.6	1.2	1.5	1.2	
60-64	1.5	2.3	7.9	1.6	0.6	0.1		
65+	0.7	13.3	4.0	0.4	0.3	0.2		

1-70 按年龄、性别分的城镇失业人员寻找工作方式构成
SEEKING JOB METHOD COMPOSITION OF URBAN UNEMPLOYMENT BY AGE AND SEX

单位：% (%)

年龄 Age	合计 Total	在职业介绍机构登记 Register in Employment Agency Office	委托亲友找工作 Ask Friends Relatives about Job	参加招聘会 Take Part in Employment Advertise Meeting	应答或刊登广告 Answer or Advertise	浏览招聘广告 Scan and Want Ads	为自己经营作准备 Prepare for Own Business	其他 Others
总计 Total	**100.0**	**7.0**	**52.4**	**7.3**	**1.0**	**9.7**	**7.2**	**15.4**
16-19	100.0	7.4	61.8	8.0	0.1	10.2	2.3	10.2
20-24	100.0	9.0	41.9	16.9	1.9	13.4	4.9	12.0
25-29	100.0	8.3	47.3	9.9	1.9	14.3	6.0	12.3
30-34	100.0	6.2	50.3	6.2	0.7	12.9	9.1	14.5
35-39	100.0	7.2	52.5	5.0	0.7	7.7	9.5	17.4
40-44	100.0	6.7	57.3	3.0	0.9	7.0	8.9	16.3
45-49	100.0	5.0	58.0	3.6	0.4	6.6	8.3	18.1
50-54	100.0	8.1	57.8	1.3	0.4	5.5	7.7	19.2
55-59	100.0	4.7	64.5	1.9	0.3	4.0	4.7	20.0
60-64	100.0	0.6	57.0	1.1		2.6	9.0	29.7
65+	100.0	1.9	66.9	1.0		1.6	12.3	16.2
男 Male	**100.0**	**7.6**	**49.9**	**8.4**	**1.1**	**9.6**	**8.6**	**14.8**
16-19	100.0	7.8	62.2	3.7	0.1	11.2	3.1	12.0
20-24	100.0	8.9	40.0	18.7	2.1	12.7	5.5	12.1
25-29	100.0	9.7	43.6	12.9	2.6	15.1	6.2	10.0
30-34	100.0	6.9	45.0	7.9	0.4	13.6	10.6	15.7
35-39	100.0	6.4	49.1	6.8	0.7	7.5	16.6	12.9
40-44	100.0	6.3	53.9	2.3	1.1	5.8	13.1	17.5
45-49	100.0	7.8	52.4	3.4	0.5	7.4	11.8	16.7
50-54	100.0	10.4	58.0	2.0	0.7	4.0	8.7	16.3
55-59	100.0	4.3	64.3	2.7	0.2	4.0	4.9	19.7
60-64	100.0		59.4	1.3		3.0	4.5	31.8
65+	100.0	1.4	60.8	1.5		2.3	17.5	16.5
女 Female	**100.0**	**6.5**	**54.3**	**6.4**	**0.9**	**9.8**	**6.1**	**16.0**
16-19	100.0	6.4	61.0	17.7		8.0	0.8	6.2
20-24	100.0	9.1	44.0	15.0	1.6	14.3	4.2	11.8
25-29	100.0	7.4	49.7	7.9	1.4	13.9	5.9	13.9
30-34	100.0	5.8	53.8	5.0	1.0	12.5	8.2	13.8
35-39	100.0	7.6	53.8	4.4	0.7	7.8	6.7	19.2
40-44	100.0	6.9	59.1	3.4	0.8	7.6	6.6	15.7
45-49	100.0	3.1	62.0	3.7	0.2	6.1	5.8	19.2
50-54	100.0	5.6	57.6	0.7		7.1	6.7	22.3
55-59	100.0	5.4	64.9	0.4	0.5	4.0	4.3	20.5
60-64	100.0	1.4	53.8	1.0		1.9	14.9	27.0
65+	100.0	3.1	80.5				0.9	15.5

1-71 按受教育程度、性别分的城镇失业人员寻找工作方式构成
SEEKING JOB METHOD COMPOSITION OF URBAN UNEMPLOYMENT BY EDUCATIONAL ATTAINMENT AND SEX

单位：%

(%)

受教育程度	Educational Attainment	合计 Total	在职业介绍机构登记 Register in Employment Agency Office	委托亲友找工作 Ask Friends Relatives about Job	参加招聘会 Take Part in Employment Advertise Meeting	应答或刊登广告 Answer or Advertise	浏览招聘广告 Scan and Want Ads	为自己经营作准备 Prepare for Own Business	其他 Others
总计	**Total**	**100.0**	**7.0**	**52.4**	**7.3**	**1.0**	**9.7**	**7.2**	**15.4**
未上过学	Illiterate	100.0	4.7	50.8	2.1		1.3	6.0	35.1
小学	Primary School	100.0	4.6	56.9	2.0	0.7	5.0	4.1	26.8
初中	Junior School	100.0	4.8	60.0	3.7	0.7	7.2	7.3	16.3
高中	Senior School	100.0	6.7	54.1	6.1	0.9	9.8	8.0	14.4
大学专科	College	100.0	13.5	37.3	15.1	1.6	13.7	7.7	11.2
大学本科	University	100.0	11.1	26.4	24.4	1.9	21.1	5.0	10.1
研究生	Graduate	100.0	8.4	9.1	12.7	7.7	27.5	16.3	18.3
男	**Male**	**100.0**	**7.6**	**49.9**	**8.4**	**1.1**	**9.6**	**8.6**	**14.8**
未上过学	Illiterate	100.0	6.3	45.4				3.4	45.0
小学	Primary School	100.0	4.3	58.5	1.7	0.9	3.2	6.5	24.9
初中	Junior School	100.0	5.1	57.5	4.0	1.2	7.7	8.5	16.0
高中	Senior School	100.0	7.5	53.0	6.8	1.0	9.3	8.4	14.0
大学专科	College	100.0	13.3	33.9	16.1	1.0	14.0	10.9	10.8
大学本科	University	100.0	11.8	26.0	27.9	2.0	15.7	7.2	9.4
研究生	Graduate	100.0	8.0	2.7	16.9		29.8	13.0	29.5
女	**Female**	**100.0**	**6.5**	**54.3**	**6.4**	**0.9**	**9.8**	**6.1**	**16.0**
未上过学	Illiterate	100.0	3.9	53.7	3.2		1.9	7.5	29.9
小学	Primary School	100.0	4.7	55.7	2.3	0.5	6.2	2.5	28.1
初中	Junior School	100.0	4.6	61.7	3.5	0.3	6.9	6.5	16.5
高中	Senior School	100.0	5.9	55.1	5.5	0.9	10.2	7.6	14.8
大学专科	College	100.0	13.7	40.3	14.1	2.2	13.4	4.7	11.6
大学本科	University	100.0	10.4	26.9	20.8	1.7	26.7	2.7	10.8
研究生	Graduate	100.0	8.8	14.8	8.9	14.7	25.4	19.3	8.1

1-72 按年龄、性别分的城镇失业人员行业构成

SECTOR COMPOSITION OF URBAN UNEMPLOYMENT BY AGE AND SEX

单位：% (%)

年龄 Age	合 计 Total	农、林、牧、渔业 Farming, Forestry, Animal Husbandry and Fishery	采矿业 Mining	制造业 Manufacturing	电力、热力、燃气及水生产和供应业 Production and Supply of Electricity, Heat, Gas and Water	建筑业 Construction	批发和零售业 Wholesale and Retail Trades
总计 Total	**100.0**	**8.2**	**2.5**	**29.5**	**0.9**	**5.7**	**23.5**
16-19	100.0	4.0	1.2	35.4		13.1	17.5
20-24	100.0	6.4	0.4	22.8	0.8	5.4	26.5
25-29	100.0	5.2	1.9	25.8	0.9	3.2	28.1
30-34	100.0	4.2	1.6	24.2	0.4	4.9	32.0
35-39	100.0	6.1	1.7	30.9	0.5	3.7	31.0
40-44	100.0	9.0	3.5	30.0	0.9	7.4	21.3
45-49	100.0	8.2	2.8	33.7	1.0	8.0	19.5
50-54	100.0	10.6	3.5	39.2	1.2	6.3	14.5
55-59	100.0	13.0	4.3	33.2	2.7	4.9	12.9
60-64	100.0	29.5	4.7	27.0	1.1	5.4	8.2
65+	100.0	29.1	7.0	18.2		3.7	17.3
男 Male	**100.0**	**7.8**	**3.7**	**30.1**	**1.0**	**9.0**	**16.3**
16-19	100.0	2.2		38.9		19.3	7.0
20-24	100.0	5.1	0.8	24.3	1.0	10.2	18.6
25-29	100.0	4.7	4.3	24.1	1.7	5.7	23.1
30-34	100.0	3.0	2.7	27.6		7.7	19.8
35-39	100.0	7.0	2.7	27.7	1.0	5.5	25.4
40-44	100.0	7.5	5.7	26.0	0.4	11.1	15.8
45-49	100.0	8.1	4.2	34.1	0.6	13.2	12.4
50-54	100.0	11.1	3.6	43.0	0.5	8.8	9.7
55-59	100.0	9.2	3.9	35.2	3.3	5.9	13.1
60-64	100.0	27.2	8.1	26.5	1.9	8.9	6.9
65+	100.0	22.3	10.0	18.9		5.4	15.2
女 Female	**100.0**	**8.6**	**1.5**	**29.0**	**0.8**	**3.0**	**29.1**
16-19	100.0	7.8	3.8	28.5		0.5	38.7
20-24	100.0	7.8		21.3	0.7	0.7	34.3
25-29	100.0	5.5	0.4	26.9	0.5	1.7	31.2
30-34	100.0	5.0	0.8	21.9	0.6	3.1	40.1
35-39	100.0	5.7	1.3	32.3	0.3	2.9	33.3
40-44	100.0	9.9	2.2	32.3	1.2	5.2	24.6
45-49	100.0	8.2	1.7	33.4	1.2	4.0	25.1
50-54	100.0	10.1	3.3	35.0	1.9	3.5	19.8
55-59	100.0	20.6	5.0	29.3	1.5	3.0	12.3
60-64	100.0	32.7		27.7		0.5	9.9
65+	100.0	44.6		16.6			22.0

1-72 续表 1 continued

单位：% (%)

年龄 Age	交通运输、仓储和邮政业 Transport, Storage and Post	住宿和餐饮业 Hotels and Catering Services	信息传输、软件和信息技术服务业 Information Transmission, Software and Information Technology	金融业 Finance Inter-mediation	房地产业 Real Estate	租赁和商务服务业 Leasing and Business Services	科学研究和技术服务业 Scientific Research and Technical Services
总计 Total	**4.9**	**6.1**	**3.6**	**1.6**	**1.4**	**1.7**	**0.6**
16-19	1.7	11.0	2.7	0.7			7.2
20-24	3.4	7.9	4.6	1.5	2.3	3.3	0.4
25-29	2.5	8.7	4.7	2.3	1.3	2.9	0.6
30-34	4.5	6.4	6.0	1.7	1.3	2.2	0.7
35-39	5.3	5.7	4.0	1.2	1.0	1.0	0.4
40-44	6.8	6.1	2.3	2.0	1.2	1.3	0.4
45-49	5.7	5.6	2.9	1.9	1.8	0.8	0.6
50-54	5.8	4.2	1.9	1.2	1.1	2.1	0.2
55-59	5.8	3.9	3.0	0.9	1.7	1.0	0.1
60-64	4.7	1.9	1.7	0.9	0.8	1.7	
65+	3.4		1.9		2.1		0.5
男 Male	**7.6**	**4.3**	**2.7**	**1.2**	**1.7**	**2.4**	**0.8**
16-19	2.6	12.5	1.1	1.1			10.8
20-24	6.1	7.6	2.0	1.0	1.9	4.0	0.4
25-29	3.4	6.3	4.2	2.2	2.3	3.9	0.4
30-34	7.6	4.3	4.7	1.1	2.2	3.6	1.5
35-39	8.7	5.0	2.1	0.1	2.1	1.1	0.4
40-44	13.7	3.8	2.6	1.8	0.7	2.1	1.0
45-49	7.8	2.4	3.0	2.4	1.6	1.1	0.2
50-54	8.8	2.4	1.1	0.5	1.1	2.7	0.4
55-59	7.3	3.1	3.0	0.6	2.5	1.6	0.1
60-64	4.4	1.5	1.0	0.4	1.4	2.4	
65+	3.4		1.3		2.6		0.7
女 Female	**2.7**	**7.5**	**4.4**	**1.9**	**1.1**	**1.2**	**0.4**
16-19		7.9	6.0				
20-24	0.7	8.2	7.2	2.1	2.6	2.6	0.4
25-29	2.0	10.2	4.9	2.3	0.7	2.3	0.7
30-34	2.4	7.9	6.8	2.1	0.7	1.3	0.1
35-39	3.8	6.0	4.8	1.7	0.5	0.9	0.5
40-44	2.7	7.4	2.1	2.1	1.5	0.7	
45-49	4.0	8.2	2.9	1.5	1.9	0.5	0.9
50-54	2.6	6.3	2.7	2.0	1.1	1.4	
55-59	2.7	5.7	3.1	1.6			
60-64	5.2	2.4	2.6	1.5		0.6	
65+	3.2		3.2		1.0		

1-72 续表 2 continued

单位：%　　　　(%)

年龄 Age	水利、环境和公共设施管理业 Management of Water Conservancy Environment and Public Establishment	居民服务、修理和其他服务业 Services to Household, Repair and Other Services	教 育 Education	卫生和社会工作 Health and Social Service	文化、体育和娱乐业 Culture Sports and Entertainment	公共管理、社会保障和社会组织 Public Management, Social Security and Social Organization	国际组织 International Organizations
总计 Total	**0.4**	**3.5**	**1.6**	**1.6**	**0.9**	**1.8**	
16-19		2.7		0.2	2.4		
20-24	0.2	5.0	1.7	1.7	3.3	2.3	
25-29	0.1	4.6	1.3	2.9	1.2	1.7	
30-34	0.2	4.4	2.2	1.6	0.3	1.3	
35-39	0.2	2.9	1.2	0.9	0.5	1.9	
40-44	0.8	2.9	1.2	1.4	0.4	1.1	
45-49	0.4	3.0	1.2	1.1	0.3	1.6	
50-54	0.1	1.5	0.8	2.0	0.1	3.5	
55-59	0.9	4.1	3.6	1.6	0.7	1.7	
60-64	0.3	2.3	3.4	1.3	3.2	2.1	
65+		4.1	5.0	5.0		2.8	
男 Male	**0.3**	**4.3**	**1.4**	**1.4**	**1.3**	**2.6**	
16-19		1.5		0.3	2.7		
20-24	0.5	5.6	1.2	1.6	4.0	4.2	
25-29	0.2	5.0	1.1	2.5	2.0	3.0	
30-34	0.1	7.5	1.9	1.2	0.8	2.9	
35-39	0.3	4.5	1.4	0.5	0.7	3.7	
40-44	0.4	3.6	0.9	0.7	0.7	1.5	
45-49	0.2	2.6	1.4	1.6	0.5	2.7	
50-54	0.1	1.6	0.9	1.2	0.1	2.4	
55-59	0.6	4.8	1.3	2.0	1.1	1.5	
60-64	0.2	2.0	2.2	0.9	2.2	1.8	
65+		5.3	6.9	3.9		4.0	
女 Female	**0.4**	**2.9**	**1.8**	**1.8**	**0.6**	**1.1**	
16-19		5.1			1.6		
20-24		4.3	2.3	1.8	2.6	0.4	
25-29	0.1	4.3	1.4	3.2	0.7	0.9	
30-34	0.4	2.4	2.3	1.9		0.3	
35-39	0.1	2.2	1.2	1.0	0.4	1.1	
40-44	1.1	2.4	1.4	1.9	0.3	0.9	
45-49	0.5	3.3	1.0	0.8	0.2	0.8	
50-54	0.1	1.5	0.8	2.8	0.2	4.9	
55-59	1.5	2.6	8.3	0.8		2.1	
60-64	0.3	2.8	5.0	1.7	4.5	2.5	
65+		1.3	0.7	7.4			

1-73 按受教育程度、性别分的城镇失业人员行业构成
SECTOR COMPOSITION OF URBAN UNEMPLOYMENT BY EDUCATIONAL ATTAINMENT AND SEX

单位：% (%)

受教育程度	Educational Attainment	合计 Total	农、林、牧、渔业 Farming, Forestry, Animal Husbandry and Fishery	采矿业 Mining	制造业 Manufacturing	电力、热力、燃气及水生产和供应业 Production and Supply of Electricity, Heat, Gas and Water	建筑业 Construction	批发和零售业 Wholesale and Retail Trades
总　计	**Total**	**100.0**	**8.2**	**2.5**	**29.5**	**0.9**	**5.7**	**23.5**
未上过学	Illiterate	100.0	42.4	3.0	16.7		2.6	12.6
小　学	Primary School	100.0	24.1	4.0	24.7	1.2	8.1	14.2
初　中	Junior School	100.0	10.4	3.3	32.2	0.9	6.0	21.6
高　中	Senior School	100.0	3.8	1.8	30.3	0.8	5.3	26.0
大学专科	College	100.0	1.4	0.9	23.3	0.7	5.3	29.6
大学本科	University	100.0	2.1	0.4	23.1	1.3	2.8	26.8
研究生	Graduate	100.0			15.2			16.5
男	**Male**	**100.0**	**7.8**	**3.7**	**30.1**	**1.0**	**9.0**	**16.3**
未上过学	Illiterate	100.0	52.3		25.8			6.3
小　学	Primary School	100.0	29.0	8.3	16.4	0.2	13.6	8.6
初　中	Junior School	100.0	8.9	5.5	31.3	1.1	9.5	13.2
高　中	Senior School	100.0	3.8	2.1	32.3	1.2	9.1	17.0
大学专科	College	100.0	1.8	0.8	29.3	0.9	7.3	27.2
大学本科	University	100.0	2.0	0.8	29.0	0.7	2.9	22.7
研究生	Graduate	100.0			19.8			20.3
女	**Female**	**100.0**	**8.6**	**1.5**	**29.0**	**0.8**	**3.0**	**29.1**
未上过学	Illiterate	100.0	36.9	4.6	11.7		4.0	16.1
小　学	Primary School	100.0	20.5	0.7	30.9	2.0	3.9	18.3
初　中	Junior School	100.0	11.4	1.8	32.8	0.8	3.5	27.6
高　中	Senior School	100.0	3.8	1.4	28.5	0.6	2.1	33.6
大学专科	College	100.0	1.2	1.0	17.8	0.5	3.4	31.9
大学本科	University	100.0	2.1		16.7	2.0	2.7	31.2
研究生	Graduate	100.0			8.8			11.2

1-73 续表 1 continued

单位：% (%)

受教育程度	Educational Attainment	交通运输、仓储和邮政业 Transport, Storage and Post	住宿和餐饮业 Hotels and Catering Services	信息传输、软件和信息技术服务业 Information Transmission, Software and Information Technology	金融业 Finance Inter-mediation	房地产业 Real Estate	租赁和商务服务业 Leasing and Business Services	科学研究和技术服务业 Scientific Research and Technical Services
总　计	**Total**	**4.9**	**6.1**	**3.6**	**1.6**	**1.4**	**1.7**	**0.6**
未上过学	Illiterate	3.4	5.4	2.5		1.6	4.6	
小　学	Primary School	5.1	7.0	2.1	0.2	0.3	1.2	0.0
初　中	Junior School	5.1	6.3	2.6	1.0	0.8	1.3	0.5
高　中	Senior School	5.0	6.9	4.4	1.6	1.6	1.6	0.6
大学专科	College	4.3	3.9	5.3	3.7	3.6	3.0	0.6
大学本科	University	3.8	2.1	6.8	4.9	2.7	5.2	1.3
研究生	Graduate		8.0	19.8	3.7			12.5
男	**Male**	**7.6**	**4.3**	**2.7**	**1.2**	**1.7**	**2.4**	**0.8**
未上过学	Illiterate					2.8	12.9	
小　学	Primary School	7.9	2.8	2.4	0.3	0.6	2.7	0.1
初　中	Junior School	8.9	4.6	1.8	0.6	0.9	2.2	0.9
高　中	Senior School	7.6	5.6	3.0	1.1	2.0	1.7	0.8
大学专科	College	4.2	1.9	4.2	3.1	4.1	2.5	0.7
大学本科	University	6.1	1.1	5.2	5.1	3.1	7.7	1.9
研究生	Graduate		13.8	12.1				6.1
女	**Female**	**2.7**	**7.5**	**4.4**	**1.9**	**1.1**	**1.2**	**0.4**
未上过学	Illiterate	5.3	8.4	3.9		1.0		
小　学	Primary School	3.1	10.2	1.8	0.1	0.1	0.1	
初　中	Junior School	2.3	7.6	3.2	1.4	0.7	0.6	0.2
高　中	Senior School	2.8	7.9	5.5	2.0	1.2	1.6	0.5
大学专科	College	4.4	5.7	6.3	4.3	3.1	3.4	0.5
大学本科	University	1.4	3.2	8.6	4.7	2.1	2.5	0.6
研究生	Graduate			30.5	8.8			21.3

1-73 续表 2 continued

单位：% (%)

受教育程度	Educational Attainment	水利、环境和公共设施管理业 Management of Water Conservancy Environment and Public Establishment	居民服务、修理和其他服务业 Services to Household, Repair and Other Services	教 育 Education	卫生和社会工作 Health and Social Service	文化、体育和娱乐业 Culture Sports and Entertainment	公共管理、社会保障和社会组织 Public Management, Social Security and Social Organization	国际组织 International Organizations
总　计	**Total**	**0.4**	**3.5**	**1.6**	**1.6**	**0.9**	**1.8**	
未上过学	Illiterate		5.2					
小　学	Primary School	0.3	3.5	1.6	0.6	0.4	1.4	
初　中	Junior School	0.4	3.9	1.0	0.9	0.9	1.0	
高　中	Senior School	0.4	3.7	1.4	1.8	0.9	2.2	
大学专科	College	0.1	2.4	3.9	3.7	1.2	3.2	
大学本科	University		1.1	3.5	5.8	1.7	4.6	
研究生	Graduate			21.5	2.9			
男	**Male**	**0.3**	**4.3**	**1.4**	**1.4**	**1.3**	**2.6**	
未上过学	Illiterate							
小　学	Primary School		3.1	0.3	0.9	0.5	2.4	
初　中	Junior School	0.4	5.2	0.9	0.9	1.5	1.8	
高　中	Senior School	0.3	5.0	1.8	1.4	1.0	3.0	
大学专科	College	0.1	1.6	1.9	2.3	1.5	4.5	
大学本科	University			1.7	5.6	1.2	3.1	
研究生	Graduate			28.0				
女	**Female**	**0.4**	**2.9**	**1.8**	**1.8**	**0.6**	**1.1**	
未上过学	Illiterate		8.1					
小　学	Primary School	0.5	3.8	2.5	0.4	0.3	0.7	
初　中	Junior School	0.4	2.9	1.0	0.9	0.4	0.5	
高　中	Senior School	0.5	2.6	1.1	2.1	0.8	1.5	
大学专科	College	0.1	3.1	5.7	4.9	0.9	1.9	
大学本科	University		2.3	5.5	6.1	2.2	6.2	
研究生	Graduate			12.5	6.9			

1-74 按年龄、性别分的城镇失业人员职业构成

OCCUPATION COMPOSITION OF URBAN UNEMPLOYMENT BY AGE AND SEX

单位：%　　　　(%)

年龄 Age	合计 Total	单位负责人 Unit Head	专业技术人员 Professional and Technical Personnel	办事人员和有关人员 Clerk and Related Workers	商业服务人员 Business Service Personnel	农林牧渔水利业生产人员 Agriculture and Water Conservancy Labors	生产运输设备操作人员及有关人员 Production, Transport Equipment Operators and Related Workers	其他 Others
总计 Total	**100.0**	**1.6**	**11.2**	**7.0**	**39.6**	**9.8**	**30.5**	**0.4**
16-19	100.0		6.9	1.6	36.5	4.0	50.9	
20-24	100.0	1.4	11.1	9.0	44.2	7.8	25.8	0.7
25-29	100.0	0.9	13.1	9.0	44.9	6.3	25.5	0.2
30-34	100.0	1.1	11.4	6.8	46.8	6.7	26.1	1.1
35-39	100.0	1.7	12.0	5.5	45.3	8.4	27.0	0.2
40-44	100.0	1.4	10.4	5.7	39.6	11.0	31.9	0.2
45-49	100.0	1.7	8.7	6.3	37.5	10.1	35.3	0.3
50-54	100.0	2.9	11.7	7.7	28.4	11.4	37.9	0.1
55-59	100.0	1.8	12.0	7.5	28.4	13.7	35.9	0.8
60-64	100.0	4.7	15.0	6.8	16.9	29.3	27.4	
65+	100.0		13.7	9.0	27.9	25.5	23.8	0.1
男 Male	**100.0**	**2.2**	**10.8**	**8.4**	**31.4**	**8.5**	**38.1**	**0.6**
16-19	100.0		10.3	1.1	29.1	2.2	57.4	
20-24	100.0	0.6	11.2	10.8	35.3	7.1	33.7	1.2
25-29	100.0	1.2	17.3	8.6	39.7	5.1	27.8	0.4
30-34	100.0	1.6	9.1	6.3	39.5	4.0	38.3	1.2
35-39	100.0	3.7	12.1	9.6	35.3	8.5	30.4	0.5
40-44	100.0	1.7	7.7	7.3	33.0	9.3	40.5	0.5
45-49	100.0	2.6	8.4	9.1	26.2	8.7	44.5	0.6
50-54	100.0	4.9	10.6	6.9	22.6	10.6	44.2	0.2
55-59	100.0	1.6	10.0	8.8	27.3	10.4	41.2	0.8
60-64	100.0	7.7	11.4	10.1	11.9	24.3	34.6	
65+	100.0		16.1	13.0	25.7	19.8	25.2	0.2
女 Female	**100.0**	**1.1**	**11.6**	**5.9**	**46.0**	**10.8**	**24.4**	**0.2**
16-19	100.0			2.7	51.5	7.8	37.9	
20-24	100.0	2.2	10.9	7.2	53.2	8.5	17.9	0.1
25-29	100.0	0.7	10.5	9.3	48.2	7.1	24.1	0.1
30-34	100.0	0.9	13.0	7.1	51.6	8.5	17.9	1.1
35-39	100.0	0.8	12.0	3.8	49.4	8.4	25.5	0.1
40-44	100.0	1.2	12.0	4.7	43.5	12.0	26.7	
45-49	100.0	1.1	9.0	4.1	46.4	11.3	28.0	0.1
50-54	100.0	0.7	12.9	8.5	34.8	12.2	30.9	
55-59	100.0	2.2	16.0	4.9	30.5	20.4	25.3	0.7
60-64	100.0	0.6	19.8	2.2	23.6	36.2	17.6	
65+	100.0		9.1	2.3	37.6	47.0	16.3	

1-75 按受教育程度、性别分的城镇失业人员职业构成
OCCUPATION COMPOSITION OF URBAN UNEMPLOYMENT BY EDUCATIONAL ATTAINMENT AND SEX

单位：% (%)

受教育程度	Educational Attainment	合计 Total	单位负责人 Unit Head	专业技术人员 Professional and Technical Personnel	办事人员和有关人员 Clerk and Related Workers	商业服务人员 Business Service Personnel	农林牧渔水利业生产人员 Agriculture and Water Conservancy Labors	生产运输设备操作人员及有关人员 Production, Transport Equipment Operators and Related Workers	其他 Others
总 计	**Total**	**100.0**	**1.6**	**11.2**	**7.0**	**39.6**	**9.8**	**30.5**	**0.4**
未上过学	Illiterate	100.0		6.3	5.6	40.3	41.7	6.1	
小 学	Primary School	100.0	0.8	6.9	4.1	30.3	24.4	33.3	0.1
初 中	Junior School	100.0	1.3	6.0	4.4	39.7	12.7	35.7	0.3
高 中	Senior School	100.0	1.3	11.8	7.2	43.4	5.3	30.4	0.6
大 专	College	100.0	3.8	24.2	16.0	37.2	1.4	17.1	0.4
大学本科	University	100.0	1.9	35.2	13.6	34.3	3.3	11.1	0.6
研究生	Graduate	100.0	3.5	52.3	23.0	21.1			
男	**Male**	**100.0**	**2.2**	**10.8**	**8.4**	**31.4**	**8.5**	**38.1**	**0.6**
未上过学	Illiterate	100.0			15.6	31.6	52.3	0.5	
小 学	Primary School	100.0	0.5	8.9	4.9	23.6	26.3	35.8	
初 中	Junior School	100.0	1.9	5.4	6.2	29.2	10.2	46.4	0.7
高 中	Senior School	100.0	1.8	11.2	8.2	35.1	5.0	37.7	1.0
大 专	College	100.0	5.7	18.9	15.4	32.7	2.0	25.3	0.0
大学本科	University	100.0	1.8	36.6	13.6	33.4	2.8	11.7	
研究生	Graduate	100.0	6.1	41.3	16.1	36.4			
女	**Female**	**100.0**	**1.1**	**11.6**	**5.9**	**46.0**	**10.8**	**24.4**	**0.2**
未上过学	Illiterate	100.0		9.8		45.1	35.8	9.2	
小 学	Primary School	100.0	1.1	5.3	3.5	35.3	23.1	31.5	0.2
初 中	Junior School	100.0	0.9	6.4	3.0	47.1	14.4	28.1	0.1
高 中	Senior School	100.0	0.9	12.3	6.3	50.4	5.7	24.2	0.2
大 专	College	100.0	2.0	29.0	16.5	41.3	0.9	9.5	0.8
大学本科	University	100.0	2.0	33.6	13.5	35.3	3.8	10.5	1.3
研究生	Graduate	100.0		67.5	32.5				

1-76 按受教育程度、性别分的城镇失业人员未工作时间构成

UNEMPLOYMENT DURATION OF URBAN UNEMPLOYED PERSONS BY EDUCATIONAL ATTAINMENT AND SEX

单位：%　　(%)

受教育程度	Educational Attainment	城镇失业人员 Urban Unemployed Persons	1个月 1 Month	2-3个月 2-3 Months	4-6个月 4-6 Months	7-12个月 7-12 Months	13-24个月 13-24 Months	25个月以上 25+ Months+
总　计	**Total**	**100.0**	**4.6**	**11.3**	**16.2**	**26.4**	**19.4**	**22.2**
未上过学	Illiterate	100.0	5.8	11.4	15.0	25.9	23.1	18.9
小　学	Primary School	100.0	6.4	12.0	14.2	28.0	17.7	21.6
初　中	Junior Secondary School	100.0	4.9	9.9	14.7	26.4	20.0	24.1
高　中	Senior Secondary School	100.0	3.4	10.5	16.3	25.5	20.1	24.3
大学专科	College	100.0	5.5	14.8	16.7	29.9	17.0	16.1
大学本科	University	100.0	4.4	14.5	26.1	22.6	17.7	14.6
研究生及以上	Graduate and Higher Level	100.0	7.1	20.5	12.7	23.5	24.9	11.4
男	**Male**	**100.0**	**5.5**	**13.2**	**17.3**	**26.9**	**18.2**	**19.0**
未上过学	Illiterate	100.0	1.5	12.4	15.1	37.6	23.1	10.2
小　学	Primary School	100.0	8.0	15.9	13.9	29.3	16.6	16.3
初　中	Junior Secondary School	100.0	5.9	12.2	15.0	27.8	18.5	20.6
高　中	Senior Secondary School	100.0	4.0	11.2	18.0	25.4	19.7	21.7
大学专科	College	100.0	6.0	17.2	19.7	29.3	14.7	13.1
大学本科	University	100.0	6.7	16.3	23.7	21.8	17.6	13.9
研究生及以上	Graduate and Higher Level	100.0		29.1	12.6	21.6	29.8	6.8
女	**Female**	**100.0**	**3.9**	**9.7**	**15.3**	**26.1**	**20.3**	**24.7**
未上过学	Illiterate	100.0	8.0	10.9	14.9	19.6	23.1	23.5
小　学	Primary School	100.0	5.3	9.5	14.4	27.1	18.5	25.2
初　中	Junior Secondary School	100.0	4.2	8.3	14.6	25.4	21.0	26.5
高　中	Senior Secondary School	100.0	2.7	9.9	14.6	25.6	20.5	26.6
大学专科	College	100.0	4.9	12.6	13.9	30.5	19.1	18.9
大学本科	University	100.0	2.0	12.7	28.7	23.4	17.8	15.3
研究生及以上	Graduate and Higher Level	100.0	13.4	12.7	12.8	25.1	20.5	15.4

1-77 按年龄、性别分的城镇失业人员未工作时间构成
UNEMPLOYMENT DURATION OF URBAN UNEMPLOYED PERSONS BY AGE AND SEX

单位：% (%)

年 龄 Age	城 镇 失业人员 Urban Unemployed Persons	1个月 1 Month	2-3个月 2-3 Months	4-6个月 4-6 Months	7-12个月 7-12 Months	13-24个月 13-24 Months	25个月以上 25+ Months+
总计 Total	**100.0**	**4.6**	**11.3**	**16.2**	**26.4**	**19.4**	**22.2**
16-19	100.0	8.8	18.2	25.9	22.2	18.9	6.0
20-24	100.0	4.5	17.1	21.3	29.2	17.8	10.1
25-29	100.0	6.4	9.6	18.3	30.5	17.8	17.4
30-34	100.0	4.2	10.6	16.8	28.7	17.9	21.7
35-39	100.0	4.4	9.6	14.3	24.8	23.3	23.6
40-44	100.0	5.2	11.7	11.0	23.7	22.6	25.7
45-49	100.0	3.4	8.3	16.0	22.8	17.1	32.5
50-54	100.0	2.7	8.5	11.3	22.7	20.3	34.5
55-59	100.0	2.3	6.3	8.7	27.5	19.9	35.2
60-64	100.0	4.7	7.6	13.7	25.3	16.5	32.4
65+	100.0	1.7	4.2	9.7	24.1	28.6	31.6
男 Male	**100.0**	**5.5**	**13.2**	**17.3**	**26.9**	**18.2**	**19.0**
16-19	100.0	9.2	16.6	28.2	22.3	18.5	5.3
20-24	100.0	5.4	19.4	20.7	27.1	18.8	8.6
25-29	100.0	7.5	12.0	20.2	31.8	14.9	13.6
30-34	100.0	5.2	15.9	17.7	28.6	15.3	17.3
35-39	100.0	8.4	10.7	12.7	25.0	26.5	16.6
40-44	100.0	6.1	12.5	12.4	26.6	20.7	21.6
45-49	100.0	3.3	9.8	19.1	23.1	14.1	30.6
50-54	100.0	3.1	7.9	10.8	21.9	19.7	36.6
55-59	100.0	2.3	6.8	8.9	32.3	19.4	30.3
60-64	100.0	7.4	9.9	19.1	26.8	16.1	20.5
65+	100.0	2.4	4.4	7.7	26.4	23.4	35.9
女 Female	**100.0**	**3.9**	**9.7**	**15.3**	**26.1**	**20.3**	**24.7**
16-19	100.0	7.8	21.6	20.8	22.0	20.0	7.8
20-24	100.0	3.6	14.4	22.0	31.5	16.7	11.7
25-29	100.0	5.8	8.0	17.1	29.6	19.6	19.9
30-34	100.0	3.6	7.2	16.2	28.8	19.6	24.6
35-39	100.0	2.9	9.2	15.0	24.7	22.0	26.3
40-44	100.0	4.8	11.3	10.2	22.2	23.6	27.8
45-49	100.0	3.5	7.2	13.7	22.5	19.3	33.9
50-54	100.0	2.2	9.1	11.8	23.6	21.0	32.3
55-59	100.0	2.4	5.4	8.4	18.9	20.8	44.1
60-64	100.0	1.1	4.5	6.6	23.2	16.9	47.7
65+	100.0	4.0	14.4	19.2	40.3	22.0	

1-78 各地区居民消费价格指数和商品零售价格指数

CONSUMER PRICE INDICES AND RETAIL PRICE INDICES BY REGION

(上年=100) (preceding year=100)

年份 Year 地区 Region	居民消费价格 Consumer Price Index			商品零售价格 Retail Price Index		
	总指数 General	城市 Urban Household	农村 Rural Household	总指数 General	城市 Urban Household	农村 Rural Household
1994	124.1	125.0	123.4	121.7	120.9	122.9
1995	117.1	116.8	117.5	114.8	113.5	116.4
1996	108.3	108.8	107.9	106.1	105.8	106.4
1997	102.8	103.1	102.5	100.8	100.8	100.7
1998	99.2	99.4	99.0	97.4	97.4	97.6
1999	98.6	98.7	98.5	97.0	97.0	97.1
2000	100.4	100.8	99.9	98.5	98.5	98.5
2001	100.7	100.7	100.8	99.2	98.9	99.6
2002	99.2	99.0	99.6	98.7	98.5	99.1
2003	101.2	100.9	101.6	99.9	99.6	100.5
2004	103.9	103.3	104.8	102.8	102.1	104.2
2005	101.8	101.6	102.2	100.8	100.5	101.4
2006	101.5	101.5	101.5	101.0	100.9	101.4
2007	104.8	104.5	105.4	103.8	103.3	104.9
2008	105.9	105.6	106.5	105.9	105.5	106.7
2009	99.3	99.1	99.7	98.8	98.7	99.0
2010	103.3	103.2	103.6	103.1	102.8	103.6
2011	105.4	105.3	105.8	104.9	104.7	105.5
2012	102.6	102.7	102.5	102.0	101.9	102.2
北京 Beijing	103.3	103.3		100.6	100.6	
天津 Tianjin	102.7	102.7		103.0	103.0	
河北 Hebei	102.6	102.7	102.5	102.2	102.1	102.3
山西 Shanxi	102.5	102.4	102.6	101.8	101.7	102.1
内蒙古 Inner Mongolia	103.1	103.3	102.5	102.5	102.5	102.4
辽宁 Liaoning	102.8	102.9	102.5	102.2	102.3	101.6
吉林 Jilin	102.5	102.5	102.4	101.7	101.6	101.9
黑龙江 Heilongjiang	103.2	103.3	102.9	102.2	102.2	102.3
上海 Shanghai	102.8	102.8		101.2	101.2	
江苏 Jiangsu	102.6	102.6	102.6	102.1	102.0	102.3
浙江 Zhejiang	102.2	102.2	102.3	101.9	101.9	101.8
安徽 Anhui	102.3	102.2	102.4	102.1	102.0	102.3
福建 Fujian	102.4	102.4	102.4	101.8	101.6	102.4
江西 Jiangxi	102.7	102.6	103.0	102.1	101.9	102.5
山东 Shandong	102.1	102.1	102.0	101.6	101.5	101.9
河南 Henan	102.5	102.6	102.4	102.3	102.4	102.1
湖北 Hubei	102.9	102.8	103.0	102.6	102.4	102.7
湖南 Hunan	102.0	102.2	101.6	101.7	101.7	101.8
广东 Guangdong	102.8	102.8	102.9	102.2	102.1	102.4
广西 Guangxi	103.2	103.2	103.3	102.3	102.2	102.4
海南 Hainan	103.2	103.2	103.2	102.7	102.7	102.8
重庆 Chongqing	102.6	102.6		101.6	101.6	
四川 Sichuan	102.5	102.8	102.0	101.6	101.7	101.4
贵州 Guizhou	102.7	102.7	102.8	102.0	101.8	102.6
云南 Yunnan	102.7	103.0	102.3	102.4	102.3	102.5
西藏 Tibet	103.5	103.6	103.4	102.9	103.1	102.5
陕西 Shaanxi	102.8	102.6	103.1	102.3	102.3	102.3
甘肃 Gansu	102.7	102.5	103.1	102.6	102.3	103.3
青海 Qinghai	103.1	103.0	103.1	102.1	102.1	102.1
宁夏 Ningxia	102.0	102.2	101.7	101.0	100.9	101.7
新疆 Xinjiang	103.8	103.4	104.7	103.3	103.0	104.0

1-79 商品零售价格分类指数（2012年）
RETAIL PRICE INDICES BY CATEGORY (2012)

（上年=100） (preceding year=100)

项目	Item	全国 National Indices	城市 Urban Indices	农村 Rural Indices
商品零售价格总指数	**Retail Price Index**	**102.0**	**101.9**	**102.2**
食品类	**Food**	**104.8**	**105.1**	**104.0**
粮食	Grain	103.8	103.9	103.7
油脂	Oil or Fat	105.1	105.6	104.1
肉禽及其制品	Meat, Poultry and Processed Products	102.2	103.0	100.5
蛋	Eggs	97.1	97.2	96.8
水产品	Aquatic Products	108.1	107.9	108.9
菜	Vegetables	113.5	113.5	113.7
调味品	Flavoring	104.5	104.5	104.4
糖	Sugar	104.2	104.6	103.4
干鲜瓜果	Dried and Fresh Melons and Fruits	99.7	99.7	99.6
糕点饼干面包	Cake, Biscuit and Bread	104.2	104.1	104.5
液体乳及乳制品	Milk and Its Products	103.1	103.3	102.6
在外用膳食品	Outward Dinner Food	106.6	106.7	106.2
主食	Staple Food	106.6	106.6	106.5
炒菜	Fried Dishes	106.2	106.3	105.8
地方小吃	Local Snack	108.1	108.4	107.4
其它食品	Other Foods	104.8	105.0	104.0
饮料、烟酒	**Beverages, Tobacco and Liquor**	**103.3**	**103.4**	**102.8**
茶及饮料	Tea and Beverages	104.0	104.3	103.1
烟草	Tobacco	100.5	100.3	100.9
酒	Liquor	106.3	106.8	105.0
服装、鞋帽	**Garments, Shoes and Hats**	**102.9**	**102.8**	**103.4**
服装	Garments	103.3	103.1	103.7
鞋袜帽	Footgear and Hats	102.2	102.0	102.8
纺织品	**Textiles**	**101.5**	**101.4**	**101.9**
衣着材料	Clothing	104.0	104.1	103.9
床上用品	Bedding	100.4	100.3	100.6
家用电器及音像器材	**Household Appliances, Music and Video Equipment**	**97.7**	**97.4**	**98.5**
文化办公用品	**Cultural and Office Appliances**	**98.1**	**97.9**	**99.2**
日用品	**Articles for Daily Use**	**102.1**	**102.2**	**101.7**
日用百货	General Merchandise for Daily Use	101.6	101.7	101.2
日用杂品	Miscellaneous for Daily Use	101.7	101.7	101.7
体育娱乐用品	**Sports and Recreation Articles**	**101.0**	**101.0**	**100.9**
交通、通信用品	**Transportation and Communication Appliances**	**96.0**	**95.6**	**97.7**
家具	**Furniture**	**101.3**	**101.4**	**100.9**
化妆品	**Cosmetics**	**102.2**	**102.3**	**101.9**
金银珠宝	**Gold, Silver and Jewelry**	**101.0**	**100.6**	**102.8**
中西药品及医疗保健用品	**Traditional Chinese and Western Medicines and Health Care Articles**	**102.1**	**102.0**	**102.4**
医疗器具及用品	Medical Apparatus and Article	102.4	102.3	102.8
中药材及中成药	Traditional Chinese Medicinal Materials and Medicines	104.9	104.8	105.1
西药	Western Medicines	100.3	100.2	100.6
书报杂志及电子出版物	**Books, Newspapers, Magazines and Electronic Publications**	**101.4**	**101.4**	**101.3**
燃料	**Fuels**	**102.9**	**102.8**	**103.3**
建筑材料及五金电料	**Building Materials and Hardware**	**100.3**	**100.2**	**100.5**
建筑装璜材料	Building Decoration Materials	99.8	99.7	100.1
五金电料	Hardware	101.8	101.7	101.8

1-80 各地区商品零售价格分类指数

RETAIL PRICE INDICES BY CATEGORY OF COMMODITIES BY REGION

(上年=100) (preceding year=100)

年份 Year / 地区 Region		总指数 General Index	食品 Food	#粮食 Grain	#油脂 Oil or Fat	#肉禽及其制品 Meat, Poultry and Processed Products	#蛋 Eggs	#水产品 Aquatic Products	#菜 Vegetables	#干鲜瓜果 Dried and Fresh Melons and Fruits
	2001	99.2	100.6	101.5	89.3			96.3		
	2002	98.7	99.9	98.6	100.1			96.2		
	2003	99.9	103.4	102.2	112.5	103.0	98.5	100.3	116.3	102.2
	2004	102.8	109.9	126.5	116.8	117.1	119.8	112.5	95.2	104.1
	2005	100.8	103.1	101.4	94.7	103.0	104.7	105.8	108.1	101.7
	2006	101.0	102.6	102.5	98.7	97.3	96.3	101.6	108.1	117.0
	2007	103.8	112.3	106.4	126.3	131.0	121.8	105.3	107.9	102.5
	2008	105.9	114.4	107.0	125.0	121.7	104.3	114.5	110.4	111.3
	2009	98.8	100.9	105.7	81.8	91.7	101.6	102.3	113.2	106.7
	2010	103.1	107.6	111.7	103.7	103.0	108.3	108.3	119.0	114.3
	2011	104.9	111.9	112.3	113.4	122.4	114.3	112.1	101.0	115.9
	2012	102.0	104.8	103.8	105.1	102.2	97.1	108.1	113.5	99.7
北 京	Beijing	100.6	106.7	102.6	104.5	106.7	96.9	104.8	112.0	102.1
天 津	Tianjin	103.0	106.5	102.4	103.7	105.7	101.7	106.7	119.6	91.3
河 北	Hebei	102.2	104.0	102.8	106.4	101.8	96.3	104.5	115.0	96.5
山 西	Shanxi	101.8	104.0	103.0	105.1	101.0	96.2	107.5	114.3	94.4
内蒙古	Inner Mongolia	102.5	105.6	105.3	105.0	105.9	98.5	107.6	110.5	106.2
辽 宁	Liaoning	102.2	105.0	103.8	105.0	102.4	96.5	107.6	118.0	98.0
吉 林	Jilin	101.7	104.8	104.5	106.5	104.0	95.2	108.8	109.5	106.0
黑龙江	Heilongjiang	102.2	106.1	104.4	103.3	106.4	98.1	104.6	116.3	104.3
上 海	Shanghai	101.2	105.9	103.0	103.8	105.1	98.2	105.8	111.1	102.8
江 苏	Jiangsu	102.1	104.7	102.3	104.2	102.5	97.5	108.5	109.0	98.5
浙 江	Zhejiang	101.9	105.3	103.6	103.8	101.1	97.5	109.3	115.6	102.5
安 徽	Anhui	102.1	103.9	104.4	105.7	98.7	94.1	110.5	112.6	99.0
福 建	Fujian	101.8	104.7	102.9	105.3	102.0	96.2	107.9	117.4	99.5
江 西	Jiangxi	102.1	105.3	103.8	104.5	99.1	96.5	112.7	117.7	102.2
山 东	Shandong	101.6	103.5	102.4	107.5	101.5	95.9	108.8	111.4	98.3
河 南	Henan	102.3	103.1	103.5	104.8	99.3	94.7	108.9	113.4	95.7
湖 北	Hubei	102.6	105.6	105.3	104.9	102.2	98.0	112.1	113.5	100.6
湖 南	Hunan	101.7	103.3	105.3	101.8	98.6	100.0	110.7	111.4	99.8
广 东	Guangdong	102.2	105.6	104.9	106.1	104.7	97.7	107.5	114.2	98.4
广 西	Guangxi	102.3	105.4	103.5	108.3	104.0	97.5	105.1	116.2	98.7
海 南	Hainan	102.7	105.3	104.1	105.3	104.4	103.9	101.2	116.5	103.7
重 庆	Chongqing	101.6	104.8	107.7	106.0	99.1	100.6	106.3	112.3	108.0
四 川	Sichuan	101.6	104.1	104.6	105.2	100.0	96.8	112.2	117.1	100.3
贵 州	Guizhou	102.0	104.6	104.8	104.3	101.8	97.9	107.3	109.1	99.3
云 南	Yunnan	102.4	106.0	103.6	102.9	103.9	100.5	105.1	115.4	102.8
西 藏	Tibet	102.9	107.3	103.0	105.9	109.5	101.6	102.8	113.9	107.6
陕 西	Shaanxi	102.3	104.7	103.6	106.8	101.7	97.4	110.0	110.9	99.4
甘 肃	Gansu	102.6	104.3	102.4	104.5	103.8	97.7	105.2	109.6	98.1
青 海	Qinghai	102.1	106.3	103.1	106.0	107.6	99.6	110.4	111.8	97.8
宁 夏	Ningxia	101.0	104.6	101.7	105.4	105.1	98.4	106.7	103.3	96.7
新 疆	Xinjiang	103.3	107.9	107.1	105.7	106.5	102.1	105.6	116.9	109.5

1-80 续表 1 continued

(上年=100) (preceding year=100)

年份 地区	Year Region	饮料烟酒 Beverages, Tobacco and Liquor	服装鞋帽 Garments, Shoes and Hats	纺织品 Textiles	家用电器及音像器材 Household Appliances, Music and Video Equipment	文化办公用品 Cultural and Office Appliances	日用品 Articles for Daily Use	体育娱乐用品 Sports and Recreation Articles	交通、通信用品 Transportation and Communication Appliances
	2001	99.5	98.9	99.1			98.3		
	2002	99.9	97.9	99.4			98.7		
	2003	99.9	97.5	99.3	94.2	95.8	98.5	98.1	91.1
	2004	101.0	98.2	100.0	94.7	96.9	99.6	98.2	91.8
	2005	100.5	97.9	99.8	96.3	96.7	100.2	98.4	91.7
	2006	100.7	99.8	100.0	97.3	97.6	100.8	98.5	92.3
	2007	101.8	99.4	100.2	97.4	97.0	101.1	97.4	92.7
	2008	103.4	98.4	100.5	96.9	96.8	103.7	97.7	93.2
	2009	101.7	97.9	99.6	94.2	96.2	102.0	97.8	93.7
	2010	101.7	98.8	101.2	96.1	97.8	100.3	98.3	95.6
	2011	103.3	101.8	105.7	96.9	97.6	102.3	100.9	96.1
	2012	103.3	102.9	101.5	97.7	98.1	102.1	101.0	96.0
北京	Beijing	103.4	100.8	96.3	95.4	95.7	102.4	104.3	92.7
天津	Tianjin	105.2	106.9	102.3	96.9	94.6	104.1	100.4	96.6
河北	Hebei	104.6	104.0	103.1	98.0	98.4	103.4	102.0	97.3
山西	Shanxi	103.3	102.2	102.7	98.0	98.0	101.7	101.1	96.9
内蒙古	Inner Mongolia	103.0	102.9	102.6	98.9	98.2	101.6	100.3	97.7
辽宁	Liaoning	103.1	101.7	103.7	96.3	99.1	103.0	99.6	95.9
吉林	Jilin	101.5	100.9	103.4	97.9	98.7	100.7	100.4	94.3
黑龙江	Heilongjiang	102.6	103.2	101.6	93.7	97.9	102.1	103.3	94.3
上海	Shanghai	102.1	102.9	99.5	96.2	94.1	102.1	100.0	95.4
江苏	Jiangsu	103.7	103.8	104.6	98.9	97.2	102.8	101.7	96.7
浙江	Zhejiang	102.8	101.1	101.4	98.5	97.3	101.7	99.5	97.0
安徽	Anhui	104.0	102.4	100.2	99.3	99.4	101.9	100.8	99.5
福建	Fujian	102.8	103.9	101.9	96.4	98.6	100.8	100.1	95.4
江西	Jiangxi	103.2	100.1	100.3	97.1	99.4	102.5	100.3	96.4
山东	Shandong	102.8	103.3	102.7	98.5	98.6	101.5	100.6	97.4
河南	Henan	103.8	103.2	102.4	99.5	99.3	102.8	100.9	97.7
湖北	Hubei	102.9	102.2	100.6	98.3	98.9	102.2	100.4	96.3
湖南	Hunan	102.4	101.1	100.4	98.8	99.6	101.1	100.5	97.7
广东	Guangdong	103.1	103.8	99.0	98.1	99.4	102.0	101.7	95.0
广西	Guangxi	102.8	102.8	101.4	97.0	99.0	101.4	100.1	97.4
海南	Hainan	101.7	101.2	103.3	100.5	100.0	105.2	103.2	97.5
重庆	Chongqing	106.2	101.8	96.4	98.4	98.2	102.5	100.5	90.7
四川	Sichuan	103.7	110.0	100.6	95.0	96.8	100.8	100.7	94.9
贵州	Guizhou	102.5	103.5	102.1	97.2	98.4	100.2	101.4	96.3
云南	Yunnan	101.9	98.3	103.5	97.0	97.9	103.1	100.2	96.3
西藏	Tibet	101.3	103.7	102.6	98.7	97.8	101.0	98.3	98.4
陕西	Shaanxi	104.6	102.4	103.6	97.2	99.0	102.0	101.7	96.1
甘肃	Gansu	103.6	103.2	101.8	98.7	99.9	102.3	100.2	95.1
青海	Qinghai	103.4	97.8	99.0	94.5	99.9	101.6	100.8	95.6
宁夏	Ningxia	102.0	102.9	94.1	93.4	96.4	101.7	99.3	93.8
新疆	Xinjiang	105.9	101.5	101.8	95.9	98.5	102.9	98.5	91.8

1-80 续表 2 continued

(上年=100) (preceding year=100)

年 份 地 区	Year Region	家 具 Furniture	化妆品 Cosmetics	金银珠宝 Gold, Silver and Jewelry	中西药品及医疗保健用品 Traditional Chinese and Western Medicines and Health Care Articles	书报杂志及电子出版物 Books, Newspapers, Magazines and Electronic Publications	燃 料 Fuels	建筑材料及五金电料 Building Materials and Hardware
	2001		98.8				102.4	
	2002		98.4				102.0	
	2003	97.8	98.9	108.6	98.4	100.3	109.3	99.7
	2004	98.8	98.9	111.6	96.7	101.0	112.4	103.7
	2005	99.1	99.3	104.4	97.6	100.3	115.4	102.1
	2006	100.1	99.8	119.7	99.1	100.2	112.4	103.0
	2007	101.6	100.2	107.9	102.0	99.7	104.2	105.1
	2008	102.6	100.7	116.8	103.1	101.5	116.0	107.9
	2009	99.7	100.8	95.6	101.5	105.0	92.7	98.4
	2010	100.1	100.4	114.5	104.3	101.3	112.3	103.5
	2011	102.3	101.3	114.3	103.9	100.8	111.1	105.1
	2012	101.3	102.2	101.0	102.1	101.4	102.9	100.3
北 京	Beijing	101.6	102.1	101.3	102.0	102.5	102.7	99.2
天 津	Tianjin	98.7	104.4	95.8	103.6	101.2	102.2	101.1
河 北	Hebei	101.9	103.3	101.5	102.5	100.9	101.0	100.8
山 西	Shanxi	102.4	101.7	100.5	102.1	102.4	102.6	100.5
内蒙古	Inner Mongolia	100.8	101.8	100.3	102.6	100.5	102.0	100.5
辽 宁	Liaoning	103.3	102.7	101.0	102.1	101.5	103.1	101.9
吉 林	Jilin	101.6	101.1	100.4	102.1	100.3	103.6	102.4
黑龙江	Heilongjiang	102.3	102.7	102.0	102.8	99.8	103.1	100.5
上 海	Shanghai	103.3	101.1	99.2	100.0	102.1	102.0	102.6
江 苏	Jiangsu	104.0	103.5	101.8	100.8	101.4	103.4	99.4
浙 江	Zhejiang	101.8	102.5	100.6	100.7	101.0	103.3	100.3
安 徽	Anhui	100.8	101.6	99.2	101.8	102.8	103.5	98.5
福 建	Fujian	98.8	102.4	98.9	102.9	102.6	103.1	98.3
江 西	Jiangxi	104.1	101.0	101.6	103.0	101.2	103.3	100.8
山 东	Shandong	100.3	101.4	101.5	102.2	100.4	102.3	100.0
河 南	Henan	101.8	103.2	103.2	102.4	103.9	104.5	101.3
湖 北	Hubei	100.8	102.3	102.8	103.1	102.9	102.9	101.1
湖 南	Hunan	101.7	101.5	103.0	103.2	100.6	103.5	101.8
广 东	Guangdong	100.4	102.3	101.8	101.7	100.4	102.5	100.4
广 西	Guangxi	102.2	102.0	102.5	101.8	100.3	103.9	99.8
海 南	Hainan	105.9	102.6	103.9	103.0	100.9	103.2	98.4
重 庆	Chongqing	98.5	102.3	99.0	102.7	101.9	102.1	102.6
四 川	Sichuan	97.3	101.3	101.8	101.5	100.2	102.3	97.3
贵 州	Guizhou	104.8	101.9	101.5	104.2	102.0	102.2	99.0
云 南	Yunnan	100.9	102.1	101.6	101.6	100.9	104.7	101.1
西 藏	Tibet	102.7	100.9	101.0	99.8	100.2	104.1	101.2
陕 西	Shaanxi	102.6	102.9	98.5	104.9	101.3	102.9	100.7
甘 肃	Gansu	100.5	103.0	105.6	104.9	100.6	102.6	100.4
青 海	Qinghai	98.9	100.6	100.4	100.8	100.6	103.7	98.3
宁 夏	Ningxia	99.2	101.6	94.5	101.6	102.9	102.5	97.7
新 疆	Xinjiang	103.3	102.2	103.8	104.1	103.4	103.8	97.7

1-80 续表 3 continued

(上年=100) (preceding year=100)

年份 地区	Year Region	化妆品 Cosmetics	金银珠宝 Gold, Silver and Jewelry	中西药品及医疗保健用品 Traditional Chinese and Western Medicines and Health Care Articles	书报杂志及电子出版物 Books, Newspapers, Magazines and Electronic Publications	燃料 Fuels	建筑材料及五金电料 Building Materials and Hardware
	2001	98.8				102.4	
	2002	98.4				102.0	
	2003	98.9	108.6	98.4	100.3	109.3	99.7
	2004	98.9	111.6	96.7	101.0	112.4	103.7
	2005	99.3	104.4	97.6	100.3	115.4	102.1
	2006	99.8	119.7	99.1	100.2	112.4	103.0
	2007	100.2	107.9	102.0	99.7	104.2	105.1
	2008	100.7	116.8	103.1	101.5	116.0	107.9
	2009	100.8	95.6	101.5	105.0	92.7	98.4
	2010	100.4	114.5	104.3	101.3	112.3	103.5
	2011	101.3	114.3	103.9	100.8	111.1	105.1
	2012	102.2	101.0	102.1	101.4	102.9	100.3
北京	Beijing	102.1	101.3	102.0	102.5	102.7	99.2
天津	Tianjin	104.4	95.8	103.6	101.2	102.2	101.1
河北	Hebei	103.3	101.5	102.5	100.9	101.0	100.8
山西	Shanxi	101.7	100.5	102.1	102.4	102.6	100.5
内蒙古	Inner Mongolia	101.8	100.3	102.6	100.5	102.0	100.5
辽宁	Liaoning	102.7	101.0	102.1	101.5	103.1	101.9
吉林	Jilin	101.1	100.4	102.1	100.3	103.6	102.4
黑龙江	Heilongjiang	102.7	102.0	102.8	99.8	103.1	100.5
上海	Shanghai	101.1	99.2	100.0	102.1	102.0	102.6
江苏	Jiangsu	103.5	101.8	100.8	101.4	103.4	99.4
浙江	Zhejiang	102.5	100.6	100.7	101.0	103.3	100.3
安徽	Anhui	101.6	99.2	101.8	102.8	103.5	98.5
福建	Fujian	102.4	98.9	102.9	102.6	103.1	98.3
江西	Jiangxi	101.0	101.6	103.0	101.2	103.3	100.8
山东	Shandong	101.4	101.5	102.2	100.4	102.3	100.0
河南	Henan	103.2	103.2	102.4	103.9	104.5	101.3
湖北	Hubei	102.3	102.8	103.1	102.9	102.9	101.1
湖南	Hunan	101.5	103.0	103.2	100.6	103.5	101.8
广东	Guangdong	102.3	101.8	101.7	100.4	102.5	100.4
广西	Guangxi	102.0	102.5	101.8	100.3	103.9	99.8
海南	Hainan	102.6	103.9	103.0	100.9	103.2	98.4
重庆	Chongqing	102.3	99.0	102.7	101.9	102.1	102.6
四川	Sichuan	101.3	101.8	101.5	100.2	102.3	97.3
贵州	Guizhou	101.9	101.5	104.2	102.0	102.2	99.0
云南	Yunnan	102.1	101.6	101.6	100.9	104.7	101.1
西藏	Tibet	100.9	101.0	99.8	100.2	104.1	101.2
陕西	Shaanxi	102.9	98.5	104.9	101.3	102.9	100.7
甘肃	Gansu	103.0	105.6	104.9	100.6	102.6	100.4
青海	Qinghai	100.6	100.4	100.8	100.6	103.7	98.3
宁夏	Ningxia	101.6	94.5	101.6	102.9	102.5	97.7
新疆	Xinjiang	102.2	103.8	104.1	103.4	103.8	97.7

1-81 居民消费价格分类指数（2012年）

CONSUMER PRICE INDICES BY CATEGORY (2012)

(上年=100) (preceding year=100)

项 目	Item	全 国 National Indices	城 市 Urban Indices	农 村 Rural Indices
居民消费价格指数	**Consumer Price Index**	**102.6**	**102.7**	**102.5**
食品	**Food**	**104.8**	**105.1**	**104.0**
粮食	Grain	104.0	104.1	103.6
#大米	Rice	104.0	104.1	103.8
面粉	Flour	102.6	102.5	102.7
淀粉及制品	Starches and Tubers	103.2	104.0	101.0
干豆类及豆制品	Beans and Bean Products	102.0	102.2	101.4
油脂	Oil or Fat	105.1	105.6	104.1
肉禽及其制品	Meat, Poultry and Processed Products	102.1	102.8	100.2
蛋	Eggs	97.1	97.3	96.8
水产品	Aquatic Products	108.0	107.7	109.0
菜	Vegetables	113.7	113.7	113.9
#鲜菜	Fresh Vegetables	115.9	115.7	116.5
调味品	Flavoring	104.2	104.3	103.9
糖	Carbohydrate	104.2	104.6	103.3
茶及饮料	Tea and Beverages	104.2	104.4	103.3
茶叶	Tea	103.3	103.4	103.1
饮料	Beverages	104.6	105.0	103.4
干鲜瓜果	Dried and Fresh Melons and Fruits	100.1	100.0	100.2
#鲜果	Fresh Fruits	98.8	98.8	99.0
糕点饼干面包	Cake, Biscuit and Bread	104.3	104.2	104.5
液体乳及乳制品	Milk and Its Products	103.2	103.3	102.6
在外用膳食品	Dining Out	106.7	106.8	106.5
其它食品	Other Foods	104.2	104.4	103.8
烟酒及用品	**Tobacco, Liquor and Articles**	**102.9**	**102.9**	**102.7**
烟草	Tobacco	100.5	100.3	100.9
酒	Liquor	106.3	106.9	105.2
衣着	**Clothing**	**103.1**	**102.9**	**103.8**
服装	Garments	103.3	103.2	103.9
衣着材料	Clothing Material	103.5	103.4	103.7
鞋袜帽	Footgear and Hats	102.3	102.0	103.3
衣着加工服务	Clothing Manufacturing Services	107.1	107.2	106.7
家庭设备用品及维修服务	**Household Facilities, Articles and Services**	**101.9**	**102.1**	**101.5**
耐用消费品	Durable Consumer Goods	100.4	100.4	100.3
家具	Furniture	101.3	101.5	100.7
家庭设备	Household Facilities	99.9	99.8	100.1
室内装饰品	Interior Decorations	100.8	100.7	100.9
床上用品	Bed Articles	100.4	100.3	101.0
家庭日用杂品	Daily Use Household Articles	102.6	102.7	102.3
家庭服务及加工维修服务	Household Services and Maintenance and Renovation	109.7	110.2	107.5

1-81 续表 continued

(上年=100) (preceding year=100)

项 目	Item	全 国 National Indices	城 市 Urban Indices	农 村 Rural Indices
医疗保健和个人用品	**Health Care and Personal Articles**	**102.0**	**102.0**	**102.1**
医疗保健	Health Care	101.7	101.7	101.8
医疗器具及用品	Medical Instrument and Articles	102.7	102.7	102.9
中药材及中成药	Traditional Chinese Medicine	105.0	105.0	105.1
西药	Western Medicine	100.3	100.2	100.5
保健器具及用品	Health Care Appliances and Articles	102.5	102.5	102.8
医疗保健服务	Health Care Services	100.7	100.6	100.9
个人用品及服务	Personal Articles and Services	102.6	102.5	103.1
化妆美容用品	Cosmetics	101.3	101.3	101.2
清洁化妆用品	Sanitation Articles	103.5	103.7	103.1
个人饰品	Personal Ornaments	100.2	99.9	101.4
个人服务	Personal Services	105.3	105.2	105.7
交通和通信	**Transportation and Communication**	**99.9**	**99.7**	**100.6**
交通	Transportation	101.2	100.9	101.9
交通工具	Transportation Facility	99.2	98.9	100.2
车用燃料及零配件	Fuels and Parts	102.9	102.9	102.9
车辆使用及维修费	Fees for Vehicles Use and Maintenance	104.5	104.9	103.1
市区公共交通费	Incity Traffic Fare	101.4	101.1	103.3
城市间交通费	Intercity Traffic Fare	101.6	101.0	103.4
通信	Communication	98.0	97.8	98.6
通信工具	Communication Facility	87.8	85.5	92.9
通信服务	Communication Service	99.9	99.9	100.0
娱乐教育文化用品及服务	**Recreation, Education and Culture Articles**	**100.5**	**100.4**	**101.0**
文娱用耐用消费品及服务	Durable Consumer Goods for Cultural and Recreational Use and Services	94.5	94.0	96.0
教育	Education	101.7	101.7	101.9
教材及参考书	Teaching Materials and Reference Books	101.7	101.7	101.8
教育服务	Education Services	101.7	101.7	101.9
文化娱乐	Cultural and Recreational Articles	101.3	101.3	101.1
文化娱乐用品	Cultural Articles	100.4	100.3	100.7
书报杂志	Newspapers and Magazines	101.4	101.4	101.1
文娱费	Expenditure on Culture and Recreation	101.9	101.9	101.6
旅游	Touring and Outing	101.7	101.4	103.4
居住	**Residence**	**102.1**	**102.2**	**101.9**
建房及装修材料	Building and Building Decoration Materials	101.0	101.1	100.9
住房租金	Renting	102.7	102.7	103.2
自有住房	Private Housing	102.3	102.3	102.2
水电燃料	Water, Electricity and Fuels	102.4	102.5	102.4

1-82 各地区居民消费价格分类指数
CONSUMER PRICE INDICES BY CATEGORY AND REGION

(上年=100) (preceding year=100)

年份 Year / 地区 Region	总指数 General Index	食品 Food	#粮食 Grain	#油脂 Oil or Fat	#肉禽及其制品 Meat,Poultry and Processed Products	#蛋 Eggs	#水产品 Aquatic Products	#菜 Vegetables	#鲜菜 Fresh Vegetables
2001	100.7	100.0	99.3	91.7	101.6	106.0	97.1	100.9	101.4
2002	99.2	99.4	98.3	98.7	99.5	102.6	96.7	98.2	98.1
2003	101.2	103.4	102.3	112.6	103.3	98.6	100.3	117.7	120.5
2004	103.9	109.9	126.4	118.2	117.6	120.2	112.7	95.1	93.9
2005	101.8	102.9	101.4	94.3	102.5	104.6	105.9	109.1	110.4
2006	101.5	102.3	102.7	98.6	97.1	96.0	101.2	108.2	108.2
2007	104.8	112.3	106.3	126.7	131.7	121.8	105.1	107.9	107.3
2008	105.9	114.3	107.0	125.4	121.7	104.3	114.2	111.0	110.7
2009	99.3	100.7	105.6	81.7	91.3	101.6	102.5	113.6	115.4
2010	103.3	107.2	111.8	103.8	102.9	108.3	108.1	118.5	118.7
2011	105.4	111.8	112.2	113.4	122.6	114.2	112.1	101.1	100.5
2012	102.6	104.8	104.0	105.1	102.1	97.1	108.0	113.7	115.9
北京 Beijing	103.3	106.6	102.6	104.5	106.7	96.9	104.8	112.0	114.5
天津 Tianjin	102.7	106.4	102.4	103.7	105.7	101.7	106.7	119.6	122.9
河北 Hebei	102.6	103.8	102.9	106.3	101.1	96.4	104.8	114.9	117.1
山西 Shanxi	102.5	104.2	103.0	105.2	101.4	96.2	107.4	114.2	115.9
内蒙古 Inner Mongolia	103.1	105.8	105.7	105.3	105.3	98.1	107.7	112.3	114.5
辽宁 Liaoning	102.8	104.9	103.6	105.0	102.6	96.2	107.3	117.5	121.2
吉林 Jilin	102.5	104.9	104.2	105.7	103.7	94.6	108.5	110.5	113.2
黑龙江 Heilongjiang	103.2	105.5	104.6	102.6	105.4	98.3	104.8	115.3	117.1
上海 Shanghai	102.8	105.8	102.9	103.8	105.1	98.2	105.8	111.1	113.3
江苏 Jiangsu	102.6	104.7	102.3	104.2	102.5	97.0	108.4	109.0	110.1
浙江 Zhejiang	102.2	105.3	103.7	103.7	100.9	97.6	108.8	115.2	117.9
安徽 Anhui	102.3	103.8	104.2	105.8	98.7	94.3	110.8	113.3	114.9
福建 Fujian	102.4	104.6	103.0	105.4	102.0	96.8	107.8	116.5	121.2
江西 Jiangxi	102.7	105.2	103.8	104.2	98.9	96.9	112.6	118.2	120.6
山东 Shandong	102.1	103.5	102.5	107.5	101.6	95.9	108.8	111.2	112.9
河南 Henan	102.5	103.6	104.1	105.0	99.4	94.4	108.9	113.2	115.1
湖北 Hubei	102.9	105.4	105.3	105.2	101.7	98.6	111.1	113.2	114.8
湖南 Hunan	102.0	103.3	105.3	102.5	98.5	100.1	110.9	110.8	111.8
广东 Guangdong	102.8	105.6	105.0	106.0	104.4	98.2	107.3	114.9	117.5
广西 Guangxi	103.2	105.2	103.8	108.2	103.0	97.3	104.9	116.7	119.0
海南 Hainan	103.2	105.2	104.1	106.2	103.8	102.7	102.2	115.6	117.9
重庆 Chongqing	102.6	104.7	107.7	106.0	99.1	100.6	106.7	112.3	113.2
四川 Sichuan	102.5	104.2	104.9	105.2	99.9	97.7	111.5	118.1	120.6
贵州 Guizhou	102.7	104.7	104.5	104.4	101.3	95.7	107.6	109.0	110.8
云南 Yunnan	102.7	106.2	103.5	102.9	103.1	100.1	104.9	117.8	121.1
西藏 Tibet	103.5	106.9	103.0	105.5	108.9	102.4	102.8	114.6	116.6
陕西 Shaanxi	102.8	104.8	103.3	105.9	101.5	97.6	110.4	111.7	113.2
甘肃 Gansu	102.7	104.1	102.3	104.5	104.2	97.4	105.2	108.5	110.7
青海 Qinghai	103.1	106.6	102.8	105.6	107.6	99.2	109.6	112.8	115.1
宁夏 Ningxia	102.0	104.5	101.0	103.0	104.8	97.7	107.2	108.7	110.6
新疆 Xinjiang	103.8	107.6	107.3	105.3	105.9	102.1	105.2	117.6	119.1

1-82 续表 1 continued

(上年=100) (preceding year=100)

年份 Year 地区 Region		#干鲜瓜果 Dried and Fresh Melons and Fruits	#鲜果 Fresh Fruits	#在外用膳食品 Dining Out	烟酒及用品 Tobacco, Liquor and Articles	#烟草 Tobacco	#酒 Liquor	衣着 Clothing	服装 Garments	衣着材料 Clothing Material
	2001	99.9	100.3	100.2	99.7	99.6	99.9	98.1	97.6	98.8
	2002	103.1	103.6	99.9	99.9	99.9	100.1	97.6	97.4	98.9
	2003	103.0	101.8	100.1	99.8	99.8	100.1	97.8	97.6	99.2
	2004	104.0	102.2	104.1	101.2	100.9	102.2	98.5	98.3	100.2
	2005	102.2	101.6	102.4	100.4	100.4	100.6	98.3	98.1	100.0
	2006	117.9	121.5	101.6	100.6	100.2	101.2	99.4	99.0	100.5
	2007	102.2	100.1	107.3	101.7	100.8	103.5	99.4	99.4	101.6
	2008	110.8	109.0	111.8	102.9	100.4	107.5	98.5	98.3	102.4
	2009	107.1	109.1	102.7	101.5	100.4	103.4	98.0	97.8	100.9
	2010	114.6	115.6	103.6	101.6	100.5	103.6	99.0	99.1	103.0
	2011	115.9	116.4	108.2	102.8	100.3	106.7	102.1	102.4	109.2
	2012	100.1	98.8	106.7	102.9	100.5	106.3	103.1	103.3	103.5
北京	Beijing	102.1	101.6	109.9	102.2	100.2	104.4	100.9	100.9	106.2
天津	Tianjin	91.3	86.8	110.5	104.9	98.1	111.9	107.0	105.4	103.8
河北	Hebei	97.1	95.5	105.7	104.7	101.0	108.0	104.7	104.9	103.0
山西	Shanxi	94.3	93.4	109.0	103.1	103.0	103.3	102.1	102.1	104.4
内蒙古	Inner Mongolia	106.0	104.6	106.4	102.8	100.3	105.8	103.8	103.6	105.3
辽宁	Liaoning	97.5	96.5	106.3	102.3	100.5	105.2	102.3	103.1	103.6
吉林	Jilin	105.7	105.4	106.0	102.1	101.2	103.4	101.2	101.2	102.9
黑龙江	Heilongjiang	103.2	101.8	107.1	103.0	101.9	104.2	102.8	103.5	105.1
上海	Shanghai	102.8	100.8	107.8	101.4	100.0	105.0	103.0	103.9	104.9
江苏	Jiangsu	98.2	97.1	106.9	103.9	100.1	110.5	103.6	103.5	105.1
浙江	Zhejiang	103.5	101.8	104.7	101.5	100.2	105.2	101.3	101.6	103.1
安徽	Anhui	99.3	96.9	104.5	103.3	100.0	108.1	102.5	102.9	102.9
福建	Fujian	99.1	98.1	105.1	102.4	101.1	104.2	105.0	105.3	103.7
江西	Jiangxi	102.4	101.2	110.8	102.2	100.8	105.2	100.2	99.7	105.0
山东	Shandong	98.4	96.8	104.0	102.8	100.7	104.4	103.3	103.4	105.3
河南	Henan	97.0	93.8	106.4	103.4	100.4	105.8	103.2	103.0	102.0
湖北	Hubei	100.2	99.3	108.1	103.0	100.1	107.7	102.5	102.8	103.2
湖南	Hunan	99.2	97.8	105.9	102.0	101.3	103.5	101.1	101.2	101.2
广东	Guangdong	98.9	98.4	106.8	102.6	100.8	105.3	104.0	104.7	101.2
广西	Guangxi	98.7	98.1	108.3	103.1	100.2	105.5	103.6	104.7	106.4
海南	Hainan	102.3	101.9	105.4	101.2	100.3	102.9	102.8	102.9	111.4
重庆	Chongqing	108.0	107.4	105.9	107.1	99.8	122.0	102.2	101.1	101.4
四川	Sichuan	100.1	99.2	104.6	102.7	99.9	107.6	109.7	110.1	104.4
贵州	Guizhou	100.0	99.7	109.6	102.8	102.3	103.5	103.8	103.5	107.1
云南	Yunnan	103.5	103.7	108.8	100.6	100.0	103.1	98.7	100.3	101.4
西藏	Tibet	107.6	106.2	110.2	101.5	99.8	103.9	104.3	104.2	101.2
陕西	Shaanxi	100.1	99.0	106.6	103.0	99.9	107.7	102.7	102.5	102.5
甘肃	Gansu	98.0	96.5	106.5	103.0	100.2	108.0	102.6	102.8	101.2
青海	Qinghai	98.8	97.2	110.4	102.8	100.0	105.8	98.4	97.0	102.3
宁夏	Ningxia	96.4	95.5	109.4	101.5	100.0	104.4	103.0	102.6	105.2
新疆	Xinjiang	108.1	107.8	109.0	105.6	101.1	110.2	101.9	101.8	106.5

1-82 续表 2 continued

(上年=100) (preceding year=100)

年 份 Year 地 区 Region		鞋袜帽 Footgear and Hats	衣着加工服务费 Clothing Manufacturing Service	家庭设备用品及维修服务 Household Facilities, Articles and Services	耐用消费品 Durable Consumer Goods	室内装饰品 Interior Decorations	床上用品 Bed Articles	家庭日用杂品 Daily Use Household Articles	家庭服务及加工维修服务费 Household Services and Maintenance and Renovation
	2001	99.0	100.3	97.7	96.1	98.3	99.3	98.6	101.5
	2002	98.0	99.9	97.5	95.9	98.8	98.7	98.0	101.2
	2003	97.7	100.1	97.4	95.8	98.8	98.4	98.3	101.1
	2004	98.3	100.7	98.6	97.1	99.2	99.3	99.8	101.9
	2005	98.3	101.1	99.9	98.8	99.5	99.4	100.4	104.4
	2006	100.2	101.5	101.2	100.8	100.0	99.6	101.1	105.8
	2007	99.0	102.3	101.9	101.6	100.3	99.4	101.7	107.2
	2008	98.2	104.1	102.8	101.2	100.2	99.7	104.9	109.0
	2009	97.8	103.5	100.2	98.1	99.7	98.8	102.5	105.2
	2010	98.2	102.9	100.0	98.5	99.9	99.9	100.3	106.7
	2011	100.7	107.3	102.4	100.4	101.0	104.7	102.5	111.4
	2012	102.3	107.1	101.9	100.4	100.8	100.4	102.6	109.7
北 京	Beijing	100.4	106.1	102.8	100.9	99.5	95.2	105.4	115.4
天 津	Tianjin	110.9	120.9	101.6	99.4	100.1	103.6	102.7	112.2
河 北	Hebei	103.9	115.7	102.8	101.6	102.2	102.7	104.4	106.8
山 西	Shanxi	101.7	106.7	101.7	100.6	100.7	102.3	102.5	106.3
内蒙古	Inner Mongolia	103.9	108.9	101.4	100.9	101.4	100.4	101.5	105.9
辽 宁	Liaoning	100.1	107.2	102.9	100.7	101.2	104.3	104.3	108.4
吉 林	Jilin	100.6	105.2	100.7	99.4	100.0	101.9	101.2	106.3
黑龙江	Heilongjiang	100.7	108.3	101.7	99.5	102.2	99.0	102.4	112.6
上 海	Shanghai	99.3	105.5	103.5	103.0	105.0	99.1	103.0	109.1
江 苏	Jiangsu	103.8	107.5	103.6	102.7	101.8	103.3	102.8	110.6
浙 江	Zhejiang	100.0	108.4	102.5	101.4	100.3	100.1	101.5	111.8
安 徽	Anhui	101.4	106.0	101.6	100.1	100.6	99.4	102.5	109.0
福 建	Fujian	104.0	105.2	101.7	99.1	101.1	100.7	103.1	110.1
江 西	Jiangxi	100.8	108.5	101.7	99.7	103.2	97.4	103.3	110.6
山 东	Shandong	102.9	103.5	101.2	99.9	100.2	101.0	102.5	107.5
河 南	Henan	103.8	107.4	102.8	101.4	101.4	102.1	104.0	116.4
湖 北	Hubei	100.9	112.9	102.2	100.4	101.7	100.6	103.8	108.7
湖 南	Hunan	100.6	107.0	101.4	100.1	101.1	100.6	101.3	110.2
广 东	Guangdong	102.5	102.5	101.9	99.5	100.9	98.6	102.0	109.9
广 西	Guangxi	99.5	109.5	101.1	100.5	100.8	99.5	101.7	106.7
海 南	Hainan	101.0	109.2	103.5	102.4	101.2	100.4	103.7	111.3
重 庆	Chongqing	105.2	108.0	100.9	99.9	98.0	97.9	102.8	104.2
四 川	Sichuan	109.1	109.5	99.6	96.5	98.1	98.8	101.9	109.2
贵 州	Guizhou	104.0	104.7	101.1	99.1	99.4	100.4	101.2	111.5
云 南	Yunnan	94.0	107.0	101.4	99.4	98.7	101.5	102.4	109.1
西 藏	Tibet	102.7	112.4	101.5	101.5	101.6	103.1	100.1	104.3
陕 西	Shaanxi	103.0	106.3	102.4	101.2	102.5	103.3	102.5	108.2
甘 肃	Gansu	101.7	106.1	101.1	100.1	100.9	100.4	101.7	105.5
青 海	Qinghai	102.0	106.9	99.3	97.2	98.5	98.6	102.0	102.1
宁 夏	Ningxia	103.8	110.0	100.2	99.5	101.0	95.4	102.1	102.7
新 疆	Xinjiang	101.2	109.4	101.9	100.4	100.4	98.7	101.2	114.4

1-82 续表 3 continued

(上年=100) (preceding year=100)

年份 Year 地区 Region		医疗保健和个人用品 Health Care and Personal Articles	医疗保健 Health Care	医疗器具及用品 Medical Appliances and Articles	中药材及中成药 Traditional Chinese Medicine	西药 Western Medicine	保健器具及用品 Health Care Appliances and Articles	医疗保健服务 Health Care Services	个人用品及服务 Personal Articles and Services
	2001	100.0	100.3	98.3	101.4	94.8	97.3	110.5	99.5
	2002	98.8	98.5	97.2	96.6	94.5	97.1	108.2	99.5
	2003	100.9	101.2	101.0	105.0	94.5	98.2	108.9	100.2
	2004	99.7	99.1	102.3	98.9	94.9	98.6	105.2	101.2
	2005	99.9	99.5	97.4	96.5	97.7	100.0	105.2	100.8
	2006	101.1	100.2	97.2	99.9	98.4	100.3	103.0	103.2
	2007	102.1	102.1	98.2	107.9	99.1	101.1	102.2	102.1
	2008	102.9	102.2	99.7	106.8	101.1	102.1	100.5	104.4
	2009	101.2	101.4	101.6	102.6	101.0	101.1	101.0	100.8
	2010	103.2	103.3	105.0	111.2	101.0	101.6	100.9	103.0
	2011	103.4	102.9	101.9	111.9	99.7	104.4	100.6	104.4
	2012	102.0	101.7	102.7	105.0	100.3	102.5	100.7	102.6
北京	Beijing	101.5	101.4	103.7	105.6	99.7	102.8	100.0	101.6
天津	Tianjin	102.2	102.3	103.4	102.5	104.7	102.2	100.0	102.0
河北	Hebei	102.4	101.7	104.4	105.6	101.8	100.6	100.2	104.3
山西	Shanxi	101.9	101.9	103.1	107.1	100.8	102.8	101.4	101.9
内蒙古	Inner Mongolia	102.1	101.4	99.6	104.9	100.4	101.0	100.7	103.4
辽宁	Liaoning	101.9	101.4	102.9	104.1	101.1	101.1	100.3	102.9
吉林	Jilin	102.2	101.7	99.4	106.6	100.0	101.4	100.0	103.5
黑龙江	Heilongjiang	102.5	102.1	98.7	106.6	101.7	101.2	99.7	103.7
上海	Shanghai	100.6	99.9	103.9	102.3	95.6	106.9	99.8	101.3
江苏	Jiangsu	101.3	100.6	100.8	104.1	98.7	100.7	100.1	102.5
浙江	Zhejiang	101.3	101.0	100.6	102.6	97.0	106.1	100.7	102.0
安徽	Anhui	101.5	101.0	101.5	102.0	101.0	102.6	99.9	102.4
福建	Fujian	102.3	102.7	100.7	104.2	101.8	102.4	102.9	101.6
江西	Jiangxi	102.2	102.1	101.8	105.3	101.3	101.4	101.0	102.4
山东	Shandong	102.1	101.8	103.9	103.8	100.3	102.7	101.8	102.6
河南	Henan	101.9	101.1	101.6	105.0	101.1	102.7	100.0	103.5
湖北	Hubei	102.8	102.7	101.8	105.8	101.8	103.5	100.9	103.0
湖南	Hunan	102.7	102.6	102.2	106.2	101.8	103.0	100.7	103.1
广东	Guangdong	101.9	101.7	103.1	104.4	99.8	101.1	101.1	102.3
广西	Guangxi	102.0	101.6	102.4	103.4	101.0	100.5	100.8	102.8
海南	Hainan	102.0	101.8	101.8	106.5	101.4	103.8	100.4	102.5
重庆	Chongqing	101.9	102.0	97.2	106.3	100.4	102.2	100.6	101.7
四川	Sichuan	101.7	101.5	101.1	105.6	98.6	101.2	101.5	102.2
贵州	Guizhou	102.5	102.3	101.8	108.2	100.9	99.7	100.6	102.8
云南	Yunnan	101.6	101.1	103.7	104.8	98.9	100.5	100.3	103.1
西藏	Tibet	100.9	100.5	100.7	103.3	97.7	99.9	102.3	101.5
陕西	Shaanxi	103.9	103.7	104.9	110.4	100.8	101.6	100.5	104.4
甘肃	Gansu	103.8	104.3	101.9	108.6	102.5	100.6	102.8	102.5
青海	Qinghai	100.9	101.0	101.1	103.5	99.0	100.6	101.3	100.7
宁夏	Ningxia	101.6	100.8	106.6	103.6	98.1	106.9	100.7	103.6
新疆	Xinjiang	102.9	102.6	102.1	107.3	101.9	102.1	100.4	103.3

1-82 续表 4 continued

(上年=100) (preceding year=100)

年份 Year / 地区 Region		化妆美容用品 Cosmetics	清洁化妆用品 Sanitation Articles	个人饰品 Personal Ornaments	个人服务 Personal Services	交通和通信 Transportation and Communication	交通 Transportation	交通工具 Transportation Facility
	2001	99.8	97.9	97.8	101.7	99.0	101.0	96.4
	2002	99.7	97.3	99.3	101.2	98.1	99.1	95.0
	2003	99.5	97.1	102.9	100.8	97.8	99.5	95.9
	2004	98.8	98.4	104.5	101.8	98.5	100.4	96.5
	2005	99.4	99.4	101.6	101.9	99.0	101.5	97.3
	2006	99.7	99.9	110.8	102.5	99.9	103.2	97.8
	2007	100.1	100.3	104.5	103.1	99.1	100.8	97.7
	2008	100.6	101.7	109.7	105.0	99.1	102.2	98.4
	2009	100.8	102.1	96.3	103.8	97.6	98.6	98.0
	2010	100.5	100.4	108.4	102.8	99.6	101.7	98.7
	2011	101.0	101.8	108.8	104.9	100.5	102.6	99.0
	2012	101.3	103.5	100.2	105.3	99.9	101.2	99.2
北京	Beijing	100.0	102.8	98.8	107.7	99.1	100.7	97.1
天津	Tianjin	104.3	105.0	100.6	99.5	97.6	99.4	96.8
河北	Hebei	102.7	105.0	102.9	105.9	100.3	102.0	101.1
山西	Shanxi	102.0	101.4	99.5	104.8	99.7	100.8	99.1
内蒙古	Inner Mongolia	101.6	102.0	99.1	110.1	99.7	101.1	99.1
辽宁	Liaoning	101.3	103.7	100.4	104.7	100.1	101.6	100.3
吉林	Jilin	101.2	102.9	99.3	107.9	100.2	101.6	99.3
黑龙江	Heilongjiang	99.9	103.0	104.2	105.4	99.5	101.7	100.4
上海	Shanghai	100.1	102.2	96.8	111.8	100.8	102.6	99.3
江苏	Jiangsu	101.2	105.3	99.9	103.5	99.8	100.4	98.9
浙江	Zhejiang	101.2	105.5	98.8	102.4	99.7	100.1	98.3
安徽	Anhui	100.7	104.0	99.3	105.2	100.7	101.3	100.7
福建	Fujian	102.0	103.1	99.8	101.8	100.1	101.9	101.0
江西	Jiangxi	100.6	102.5	101.0	105.5	100.1	102.7	100.9
山东	Shandong	100.7	104.1	102.1	103.9	100.2	101.0	99.2
河南	Henan	102.2	102.7	101.4	106.4	100.7	102.1	100.7
湖北	Hubei	101.2	103.0	100.3	107.4	99.8	100.4	100.1
湖南	Hunan	101.5	102.5	101.5	105.3	99.9	100.2	98.3
广东	Guangdong	101.4	103.1	99.9	104.3	99.2	100.6	98.4
广西	Guangxi	101.1	103.9	100.8	105.6	100.2	101.9	100.0
海南	Hainan	100.7	104.5	101.6	103.4	101.6	103.7	103.1
重庆	Chongqing	101.5	104.1	98.9	103.0	98.3	101.3	98.2
四川	Sichuan	100.6	103.0	100.6	104.2	100.3	101.6	97.7
贵州	Guizhou	100.2	104.5	100.1	105.6	99.6	101.4	100.0
云南	Yunnan	101.6	102.1	101.0	107.0	100.2	101.5	98.9
西藏	Tibet	100.9	100.5	101.6	103.9	101.2	103.3	101.4
陕西	Shaanxi	101.8	104.0	101.8	108.5	99.1	102.1	101.3
甘肃	Gansu	103.9	102.2	101.6	104.8	100.4	102.0	100.4
青海	Qinghai	100.2	100.8	97.6	105.2	99.4	100.7	98.7
宁夏	Ningxia	101.2	103.7	102.5	107.1	99.5	101.7	99.6
新疆	Xinjiang	102.0	104.1	101.7	106.5	99.5	102.3	100.7

1-82 续表 5 continued

(上年=100) (preceding year=100)

年 份 地 区	Year Region	车用燃料及零配件 Fuels and Parts	车辆使用及维修费 Fees for Vehicles Use and Maintenance	市区公共交通费 Incity Traffic Fare	城市间交通费 Intercity Traffic Fare	通信 Communication	通信工具 Communication Facility	通信服务 Communication Services
	2001	99.0	100.4	105.8	104.0	96.8	80.5	101.1
	2002	98.5	100.0	101.9	101.8	97.2	83.5	100.3
	2003	108.3	98.9	100.6	101.4	96.1	82.1	99.4
	2004	107.7	101.0	101.0	102.5	96.8	84.3	99.8
	2005	110.3	102.0	102.2	103.3	96.6	84.1	99.6
	2006	112.8	102.4	104.8	105.6	96.4	82.2	100.0
	2007	103.5	102.4	101.3	103.0	97.1	81.8	100.6
	2008	113.5	100.8	100.5	104.3	95.6	80.7	98.8
	2009	92.8	101.1	100.6	100.5	96.3	81.7	99.5
	2010	111.5	101.7	100.7	101.7	97.3	86.5	99.7
	2011	111.7	103.8	101.7	102.7	97.5	87.0	99.8
	2012	102.9	104.5	101.4	101.6	98.0	87.8	99.9
北 京	Beijing	102.8	109.2	101.1	90.9	95.7	75.1	100.0
天 津	Tianjin	102.9	101.5	101.0	101.4	94.8	63.1	100.0
河 北	Hebei	103.3	105.3	102.1	101.6	98.3	87.4	99.9
山 西	Shanxi	102.8	105.4	101.7	99.8	98.2	83.2	100.2
内蒙古	Inner Mongolia	102.3	104.5	102.4	102.5	97.2	94.3	98.1
辽 宁	Liaoning	102.8	105.3	101.7	101.1	98.6	86.1	100.4
吉 林	Jilin	102.7	108.0	101.8	101.9	97.8	88.9	100.1
黑龙江	Heilongjiang	102.7	101.7	100.8	103.4	97.2	85.8	99.7
上 海	Shanghai	102.6	116.8	101.0	98.2	96.5	73.5	100.3
江 苏	Jiangsu	103.4	103.1	99.2	99.7	98.5	89.3	100.2
浙 江	Zhejiang	103.1	102.4	102.9	99.1	98.6	86.9	100.1
安 徽	Anhui	102.7	101.6	101.0	101.9	100.0	99.9	100.1
福 建	Fujian	102.7	102.5	100.6	104.1	98.0	83.0	99.9
江 西	Jiangxi	103.3	106.9	101.8	103.8	97.8	88.0	99.6
山 东	Shandong	103.2	102.7	100.5	104.1	98.7	92.4	100.2
河 南	Henan	102.9	104.8	105.3	104.4	98.7	91.3	100.1
湖 北	Hubei	102.6	103.5	101.0	98.1	99.1	93.4	100.2
湖 南	Hunan	102.9	101.9	100.4	100.5	99.4	96.8	99.9
广 东	Guangdong	102.5	101.3	101.0	101.2	97.3	86.8	99.1
广 西	Guangxi	102.7	102.1	101.6	104.3	98.3	90.8	100.1
海 南	Hainan	102.3	110.2	107.1	101.7	97.4	82.4	99.0
重 庆	Chongqing	102.8	102.0	100.8	103.8	95.5	82.6	99.1
四 川	Sichuan	102.6	105.2	103.1	103.0	98.2	85.3	100.3
贵 州	Guizhou	103.3	103.1	101.5	100.8	97.8	85.4	100.5
云 南	Yunnan	102.4	105.2	103.6	103.5	98.5	89.3	100.3
西 藏	Tibet	102.9	102.2	108.6	100.4	98.4	96.4	99.3
陕 西	Shaanxi	102.3	102.6	100.9	103.8	96.3	82.8	99.9
甘 肃	Gansu	102.3	104.2	101.0	103.4	98.9	94.2	99.8
青 海	Qinghai	102.3	104.2	100.2	100.9	97.8	89.4	100.1
宁 夏	Ningxia	102.1	102.5	106.3	100.3	96.3	83.8	99.9
新 疆	Xinjiang	102.9	106.5	100.6	103.9	96.7	81.3	100.2

1-82 续表 6 continued

(上年=100) (preceding year=100)

年 份 地 区	Year Region	娱乐教育文化用品及服务 Recreation, Education and Culture	文娱用耐用消费品及服务 Durable Consumer Goods and Service for Recreational Use	教 育 Education	教材及参考书 Teaching Materials and Reference Books	教育服务 Educational Services	文化娱乐 Cultural and Recreational Articles	文化娱乐用品 Cultural Articles
	2001	106.6	91.2	113.6	106.1		101.7	99.4
	2002	100.6	90.5	103.7	99.0		101.2	98.9
	2003	101.3	92.7	104.3	101.7		101.3	98.7
	2004	101.3	93.3	103.4	102.8		101.1	99.4
	2005	102.2	93.8	105.1	100.9		101.2	99.8
	2006	99.5	94.2	100.0	100.3		101.0	99.6
	2007	99.0	93.1	99.6	99.1		101.0	99.5
	2008	99.3	92.3	100.5	100.6		101.3	99.9
	2009	99.3	90.6	101.6	102.9		102.5	99.8
	2010	100.6	94.3	101.4	102.6		101.0	99.7
	2011	100.4	93.7	101.3	101.1	101.4	101.1	100.6
	2012	100.5	94.5	101.7	101.7	101.7	101.3	100.4
北 京	Beijing	102.3	91.2	105.1	99.9	105.5	102.8	101.9
天 津	Tianjin	99.3	92.8	100.2	101.0	100.1	102.0	101.5
河 北	Hebei	100.6	94.2	101.7	101.3	101.8	101.1	101.1
山 西	Shanxi	101.0	94.3	101.8	105.2	101.4	101.4	100.7
内蒙古	Inner Mongolia	100.8	96.6	101.1	101.3	101.1	101.7	100.2
辽 宁	Liaoning	101.1	93.8	102.4	102.1	102.4	100.9	101.2
吉 林	Jilin	101.0	95.5	102.2	100.1	102.7	100.8	101.0
黑龙江	Heilongjiang	99.9	91.2	101.8	102.0	101.8	100.0	99.4
上 海	Shanghai	99.3	87.8	102.0	101.7	102.0	101.8	98.8
江 苏	Jiangsu	99.9	93.0	100.8	102.7	100.7	101.0	100.9
浙 江	Zhejiang	99.4	93.3	100.6	101.9	100.5	101.6	100.1
安 徽	Anhui	101.7	98.4	102.1	104.9	101.5	101.1	100.9
福 建	Fujian	98.8	93.9	97.6	103.2	97.0	101.0	98.7
江 西	Jiangxi	100.9	95.4	101.9	101.8	101.9	101.2	100.7
山 东	Shandong	100.3	97.3	100.9	100.1	101.0	100.5	99.4
河 南	Henan	101.2	95.3	102.5	101.9	102.5	102.0	100.9
湖 北	Hubei	100.6	95.4	101.2	103.6	100.9	101.0	100.6
湖 南	Hunan	101.2	97.9	101.9	100.6	101.9	100.9	100.9
广 东	Guangdong	100.7	95.4	103.0	101.1	103.3	100.6	100.8
广 西	Guangxi	101.5	94.5	103.1	100.4	103.5	103.7	100.1
海 南	Hainan	102.1	100.1	101.7	99.4	102.2	102.0	100.9
重 庆	Chongqing	100.9	95.6	102.6	101.1	102.8	101.0	100.5
四 川	Sichuan	99.5	92.1	101.4	100.7	101.5	101.6	99.5
贵 州	Guizhou	101.2	96.8	102.7	100.7	102.9	101.5	100.3
云 南	Yunnan	101.2	95.5	102.1	100.9	102.3	100.4	98.3
西 藏	Tibet	100.3	98.8	100.9	99.6	101.7	101.2	100.6
陕 西	Shaanxi	100.6	93.3	101.9	101.4	102.0	102.0	101.6
甘 肃	Gansu	101.0	97.7	101.2	100.3	101.3	102.6	100.4
青 海	Qinghai	100.8	96.4	100.8	99.0	101.1	99.0	100.0
宁 夏	Ningxia	98.6	87.3	103.2	108.9	102.2	101.0	99.9
新 疆	Xinjiang	100.1	92.9	102.3	103.5	102.2	101.2	99.0

1-82 续表 7 continued

(上年=100) (preceding year=100)

年份 地区	Year Region	书报杂志 Newspapers and Magazines	文娱费 Expenditure on Culture and Recreation	旅游 Touring and Outing	居住 Residence	建房及装修材料 Building and Decoration Materials	住房租金 Renting	自有住房 Private Housing	水电燃料 Water, Electricity and Fuels
	2001	101.9	104.4	100.3	101.2	98.8	108.6	100.0	102.5
	2002	101.0	104.2	95.9	99.9	98.4	104.4	95.4	102.9
	2003	100.4	104.6	95.4	102.1	99.5	103.5	99.1	105.7
	2004	100.6	103.2	100.6	104.9	104.3	103.0	100.9	107.5
	2005	100.8	102.9	99.6	105.4	102.6	101.9	105.6	108.6
	2006	100.7	102.6	103.1	104.6	103.9	102.7	103.7	105.9
	2007	100.7	102.7	102.3	104.5	105.1	104.2	107.0	103.0
	2008	102.1	102.1	101.1	105.5	107.1	103.5	102.8	106.4
	2009	107.6	102.1	97.5	96.4	100.2	101.6	85.3	97.9
	2010	100.6	102.3	104.9	104.5	103.3	104.9	103.6	105.5
	2011	101.0	101.5	103.8	105.3	104.7	105.3	106.5	103.5
	2012	101.4	101.9	101.7	102.1	101.0	102.7	102.3	102.4
北京	Beijing	106.2	102.6	104.2	103.9	99.2	104.4	105.1	101.4
天津	Tianjin	100.9	102.6	99.3	100.9	101.6	101.0	100.0	103.1
河北	Hebei	100.2	101.3	102.1	101.7	100.9	102.5	101.4	102.8
山西	Shanxi	101.3	101.9	103.2	102.7	99.4	105.1	103.7	102.5
内蒙古	Inner Mongolia	100.5	102.8	102.5	102.4	100.6	104.5	103.3	101.5
辽宁	Liaoning	101.1	100.7	104.1	102.8	102.3	103.6	103.2	101.7
吉林	Jilin	101.1	100.5	101.0	101.8	102.7	104.5	101.0	101.9
黑龙江	Heilongjiang	99.7	100.6	100.0	103.9	100.9	103.3	104.7	104.9
上海	Shanghai	101.7	103.2	102.1	102.8	105.0	100.2	103.2	101.4
江苏	Jiangsu	101.3	101.0	101.6	102.4	100.6	103.6	102.7	102.1
浙江	Zhejiang	100.9	102.4	98.4	101.6	101.3	102.5	101.8	101.3
安徽	Anhui	102.0	100.8	103.6	101.0	99.5	101.6	100.9	102.5
福建	Fujian	103.2	101.7	103.4	101.6	99.5	100.3	101.3	103.8
江西	Jiangxi	101.0	101.9	102.0	102.7	102.2	103.0	104.1	102.2
山东	Shandong	100.4	102.0	102.5	101.8	99.8	102.2	102.9	101.2
河南	Henan	104.3	102.2	101.6	102.5	101.0	103.7	102.8	102.9
湖北	Hubei	102.4	100.5	102.7	102.3	101.5	103.3	102.9	101.7
湖南	Hunan	101.1	100.8	103.6	101.7	102.7	101.2	100.6	102.9
广东	Guangdong	100.7	100.4	100.3	101.8	101.9	102.1	101.2	102.5
广西	Guangxi	100.2	108.6	102.8	103.7	101.4	103.0	102.1	108.2
海南	Hainan	100.3	104.9	107.0	101.7	98.7	102.3	103.2	102.4
重庆	Chongqing	102.4	100.8	102.5	102.5	102.6	104.9	102.9	101.0
四川	Sichuan	101.6	103.7	98.2	100.8	98.0	102.0	100.8	102.7
贵州	Guizhou	102.2	101.8	101.5	101.4	100.9	103.2	100.9	101.9
云南	Yunnan	100.8	102.4	106.2	102.2	101.9	104.1	102.5	101.2
西藏	Tibet	101.6	101.6	100.5	101.4	102.4	100.2	101.2	103.0
陕西	Shaanxi	101.8	102.5	103.2	102.2	101.4	103.0	101.5	102.9
甘肃	Gansu	100.0	104.2	102.3	101.8	101.4	100.6	101.8	102.5
青海	Qinghai	102.6	97.5	109.5	105.0	98.7	106.6	106.9	105.2
宁夏	Ningxia	101.1	102.0	99.7	100.8	96.9	110.2	101.9	102.2
新疆	Xinjiang	100.5	103.6	101.1	102.8	97.5	102.7	104.2	102.2

1-83 城镇居民家庭基本情况
BASIC CONDITIONS OF URBAN HOUSEHOLDS

指　标	Item	1990	2000	2010	2011	2012
调查户数(户)	**Number of Households Surveyed (household)**	**35660**	**42220**	**65607**	**65655**	**65981**
平均每户家庭人口(人)	Average Household Size (person)	3.50	3.13	2.88	2.87	2.86
平均每户就业人口(人)	Average Number of Employed Persons Per Household (person)	1.98	1.68	1.49	1.48	1.49
平均每户就业面(%)	Proportion of Employment per Household (%)	56.57	53.67	51.74	51.57	52.10
平均每一就业者负担人数(包括就业者本人)(人)	Number of Dependents per Employee (including the employee himself or herself) (person)	1.77	1.86	1.93	1.94	1.92
平均每人全部年收入(元)	**Per Capita Annual Income (yuan)**	**1516.21**	**6295.91**	**21033.42**	**23979.20**	**26958.99**
工资性收入	Income from Wages and Salaries	1149.70	4480.50	13707.68	15411.91	17335.62
经营净收入	Net Business Income	22.50	246.24	1713.51	2209.74	2548.29
财产性收入	Income from Properties	15.60	128.38	520.33	648.97	706.96
转移性收入	Income from Transfer	328.41	1440.78	5091.90	5708.58	6368.12
#可支配收入	Disposable Income	1510.16	6279.98	19109.44	21809.78	24564.72
平均每人总支出(元)	**Per Capita Annual Expenditure (yuan)**	**1413.94**	**6147.38**	**18258.38**	**20365.71**	**22341.42**
平均每人现金消费支出(元)	**Per Capita Annual Cash Consumption Expenditure(yuan)**	**1278.89**	**4998.00**	**13471.45**	**15160.89**	**16674.32**
食　品	Food	693.77	1971.32	4804.71	5506.33	6040.85
衣　着	Clothing	170.90	500.46	1444.34	1674.70	1823.39
居　住	Residence	60.86	565.29	1332.14	1405.01	1484.26
家庭设备及用品	Household Facilities and Articles	108.45	374.49	908.01	1023.17	1116.06
交通通信	Transport and Communications	40.51	426.95	1983.70	2149.69	2455.47
文教娱乐	Education, Culture and Recreation	112.26	669.58	1627.64	1851.74	2033.50
医疗保健	Health Care and Medical Services	25.67	318.07	871.77	968.98	1063.68
其他	Others	66.57	171.83	499.15	581.26	657.10
平均每人现金消费支出构成(人均现金消费支出=100)	**Composition of Per Capita Annual Cash Consumption Expenditure (%)**					
食　品	Food	54.25	39.44	35.67	36.32	36.23
衣　着	Clothing	13.36	10.01	10.72	11.05	10.94
居　住	Residence	4.76	11.31	9.89	9.27	8.90
家庭设备及用品	Household Facilities and Articles	8.48	7.49	6.74	6.75	6.69
交通通信	Transport and Communications	3.17	8.54	14.73	14.18	14.73
文教娱乐	Education, Culture and Recreation	8.78	13.40	12.08	12.21	12.20
医疗保健	Health Care and Medical Services	2.01	6.36	6.47	6.39	6.38
其他	Others	5.21	3.44	3.71	3.83	3.94

注：1.本表及1-84表为城镇住户抽样调查资料。
2.从2002年起，城镇住户调查对象由原来的非农业人口改为城市市区和县城关镇住户，本篇章相关资料均按新口径计算，历史数据作了相应调整。

a) Data from this table to 1-84 are obtained from the sample surveys on urban households.

b) Since 2002, the objects of urban households survey are changed from non-farm households to households in the district areas of all city and county towns. The relative data in the chapter are calculated according to the new standard, and historical data have been adjusted accordingly.

1-84 各地区城镇居民平均每人全年家庭收入来源（2012年）

PER CAPITA ANNUAL INCOME OF URBAN HOUSEHOLDS BY SOURCES AND REGION (2012)

单位：元 (yuan)

地 区	Region	可支配收 入 Disposable Income	总收入 Total Income	工资性收入 Income from Wages and Salaries	经营净收入 Net Business Income	财产性收入 Income from Properties	转移性收入 Income from Transfers
全 国	**National Average**	**24564.72**	**26958.99**	**17335.62**	**2548.29**	**706.96**	**6368.12**
北 京	Beijing	36468.75	41103.11	27961.78	1430.22	717.56	10993.54
天 津	Tianjin	29626.41	32944.01	21523.81	1200.10	515.49	9704.61
河 北	Hebei	20543.44	21899.42	13154.52	2257.48	338.47	6148.95
山 西	Shanxi	20411.71	22100.31	14973.64	1041.43	301.84	5783.41
内蒙古	Inner Mongolia	23150.26	24790.79	16872.58	2698.67	564.02	4655.51
辽 宁	Liaoning	23222.67	25915.72	14846.05	2710.30	493.01	7866.35
吉 林	Jilin	20208.04	21659.64	13535.33	2168.82	324.03	5631.45
黑龙江	Heilongjiang	17759.75	19367.84	11700.50	1729.29	186.10	5751.95
上 海	Shanghai	40188.34	44754.50	31109.30	2267.15	575.82	10802.23
江 苏	Jiangsu	29676.97	32519.10	20102.05	3421.90	689.96	8305.20
浙 江	Zhejiang	34550.30	37994.83	22385.09	4694.40	1465.32	9450.02
安 徽	Anhui	21024.21	23524.56	14812.54	2155.33	549.62	6007.07
福 建	Fujian	28055.24	30877.92	19976.01	3336.96	1795.21	5769.73
江 西	Jiangxi	19860.36	21150.24	13348.06	1946.82	527.63	5327.72
山 东	Shandong	25755.19	28005.61	19856.05	2621.41	704.90	4823.24
河 南	Henan	20442.62	21897.23	13666.49	2545.14	333.81	5351.78
湖 北	Hubei	20839.59	22903.85	14191.04	2158.33	476.23	6078.25
湖 南	Hunan	21318.76	22804.55	13237.06	3008.33	867.76	5691.40
广 东	Guangdong	30226.71	34044.38	23632.20	3603.89	1468.73	5339.56
广 西	Guangxi	21242.80	23209.41	14693.47	2131.79	883.71	5500.43
海 南	Hainan	20917.71	22809.87	14672.28	2397.44	717.61	5022.54
重 庆	Chongqing	22968.14	24810.98	15415.44	2183.51	538.43	6673.59
四 川	Sichuan	20306.99	22328.33	14249.32	2017.84	633.82	5427.34
贵 州	Guizhou	18700.51	20042.88	12309.17	1982.45	355.70	5395.56
云 南	Yunnan	21074.50	23000.43	14408.29	2425.03	999.98	5167.14
西 藏	Tibet	18028.32	20224.17	17672.12	570.88	417.86	1563.31
陕 西	Shaanxi	20733.88	22606.01	15547.32	881.96	269.58	5907.14
甘 肃	Gansu	17156.89	18498.46	12514.92	1125.68	259.63	4598.23
青 海	Qinghai	17566.28	19746.63	12614.39	1191.42	92.98	5847.84
宁 夏	Ningxia	19831.41	21902.24	13965.62	2522.84	160.88	5252.90
新 疆	Xinjiang	17920.68	20194.55	14432.12	1633.22	145.50	3983.71

1-85 农村居民家庭基本情况
BASIC CONDITIONS OF RURAL HOUSEHOLDS

指 标	Item	1990	1995	2000	2010	2011	2012
调查户数(户)	**Number of Households Surveyed (household)**	**66960**	**67340**	**68116**	**68190**	**73630**	**73750**
调查户人口(人)	**Number of Residents Surveyed (person)**						
平均每户常住人口	Average Number of Permanent Residents Per Household	4.80	4.48	4.20	3.95	3.90	3.88
平均每户整半劳动力	Average Number of Full/Semi Labour Force Per Household	2.92	2.88	2.76	2.85	2.78	2.76
平均每个劳动力负担人口(含本人)(人)	**Average Number of Dependents per Labour Force (including the laborer himself or herself)(person)**	**1.64**	**1.56**	**1.52**	**1.39**	**1.40**	**1.40**
平均每人年收入(元)	**Per Capita Annual Income (yuan)**						
总收入	Total Income	990.38	2337.87	3146.21	8119.51	9833.14	10990.67
工资性收入	Income from Wages and Salaries	138.80	353.70	702.30	2431.05	2963.43	3447.46
家庭经营收入	Income from Household Operations	815.79	1877.42	2251.28	4937.48	5939.79	6460.97
财产性收入	Income from Properties	35.79	40.98	45.04	202.25	228.57	249.05
转移性收入	Income from Transfers		65.77	147.59	548.74	701.35	833.18
现金收入	Cash Income	676.67	1595.56	2381.60	7088.76	8638.51	9787.19
工资性收入	Income from Wages and Salaries	136.43	352.88	700.41	2427.89	2959.74	3443.53
家庭经营收入	Income from Household Operations	481.19	1116.73	1498.81	3955.36	4810.37	5313.14
财产性收入	Income from Properties	59.05	38.19	38.89	168.33	185.76	219.28
转移性收入	Income from Transfers		87.76	143.49	537.18	682.64	811.25
纯收入	Net Income	686.31	1577.74	2253.42	5919.01	6977.29	7916.58
工资性收入	Income from Wages and Salaries	138.80	353.70	702.30	2431.05	2963.43	3447.46
家庭经营纯收入	Income from Household Operations	518.55	1125.79	1427.27	2832.80	3221.98	3533.37
财产性收入	Income from Properties	28.96	40.98	45.04	202.25	228.57	249.05
转移性收入	Income from Transfers		57.27	78.81	452.92	563.32	686.70
平均每人年支出(元)	**Per Capita Annual Expenditures (yuan)**						
总支出	Total Expenditure	903.47	2138.33	2652.42	6991.79	8641.63	9605.53
家庭经营费用支出	Expenditure for Household Operations	241.09	621.71	654.27	1915.62	2431.05	2626.00
购置生产性固定资产	Purchase of Productive Fixed Assets	20.29	62.33	63.90	193.26	265.75	272.61
税费支出	Taxes and Fees	38.66	88.65	95.52	8.57	11.67	10.04
消费支出	Expenses on Consumption	584.63	1310.36	1670.13	4381.82	5221.13	5908.02
财产性支出	Expenses on Properties	18.80	55.28	19.74	49.25	12.27	9.86
转移性支出	Expenses on Transfers			148.86	443.27	699.76	778.99
现金支出	Cash Expenditure	639.06	1545.81	2140.37	6307.43	7984.94	8961.85
家庭经营费用支出	Expenditure for Household Operations	162.90	454.74	544.49	1757.58	2269.19	2483.01
购买生产性固定资产	Purchase of Productive Fixed Assets	20.46	62.32	63.91	193.26	265.75	272.61
税费支出	Taxes and Fees	33.37	76.96	89.81	8.56	11.65	9.96
消费支出	Expenses on Consumption	374.74	859.43	1284.74	3859.33	4733.35	5414.47
财产性支出	Expenses on Properties	47.59	92.35	9.82	49.25	12.27	9.86
转移性支出	Expenses on Transfers			147.60	439.45	692.73	771.94

注：本表及1-86表为农村住户抽样调查资料。

a) Data from this table to 1-86 are obtained from the sample surveys on rural households.

1-86 各地区按来源分农村居民家庭人均纯收入（2012年）
PER CAPITA ANNUAL NET INCOME OF RURAL HOUSEHOLDS BY SOURCES AND REGION (2012)

单位：元　　(yuan)

地 区	Region	纯收入 Net Income	工资性收入 Income from Wages and Salaries	家庭经营纯收入 Income from Household Operations	财产性收入 Income from Properties	转移性收入 Income from Transfers
全 国	**National Average**	**7916.58**	**3447.46**	**3533.37**	**249.05**	**686.70**
北 京	Beijing	16475.74	10843.48	1318.10	1716.36	2597.79
天 津	Tianjin	14025.54	7922.26	4126.29	921.00	1055.99
河 北	Hebei	8081.39	4005.28	3254.57	218.30	603.23
山 西	Shanxi	6356.63	3175.50	2334.41	140.80	705.91
内蒙古	Inner Mongolia	7611.31	1459.05	4689.11	322.98	1140.17
辽 宁	Liaoning	9383.72	3630.24	4783.35	246.17	723.96
吉 林	Jilin	8598.17	1792.02	5617.63	392.96	795.56
黑龙江	Heilongjiang	8603.85	1816.84	5433.69	580.34	772.98
上 海	Shanghai	17803.68	11477.71	902.61	1381.83	4041.53
江 苏	Jiangsu	12201.95	6775.89	3873.90	458.46	1093.71
浙 江	Zhejiang	14551.92	7678.22	5291.36	588.53	993.81
安 徽	Anhui	7160.46	3243.47	3265.64	111.81	539.54
福 建	Fujian	9967.17	4474.49	4570.44	319.80	602.44
江 西	Jiangxi	7829.43	3532.72	3742.43	120.92	433.36
山 东	Shandong	9446.54	4383.22	4234.55	257.20	571.57
河 南	Henan	7524.94	2989.36	3973.43	135.49	426.66
湖 北	Hubei	7851.71	3189.84	4123.49	65.87	472.51
湖 南	Hunan	7440.17	3847.59	2903.21	112.77	576.59
广 东	Guangdong	10542.84	6804.43	2566.10	556.47	615.84
广 西	Guangxi	6007.55	2245.95	3234.55	53.87	473.17
海 南	Hainan	7408.00	2475.57	4182.73	173.30	576.40
重 庆	Chongqing	7383.27	3400.77	2975.31	175.56	831.63
四 川	Sichuan	7001.43	3088.86	3004.92	166.55	741.09
贵 州	Guizhou	4753.00	1977.73	2249.21	71.54	454.53
云 南	Yunnan	5416.54	1435.87	3328.10	234.19	418.38
西 藏	Tibet	5719.38	1201.93	3678.66	127.71	711.08
陕 西	Shaanxi	5762.52	2727.85	2294.43	200.05	540.18
甘 肃	Gansu	4506.66	1787.72	2114.75	112.08	492.12
青 海	Qinghai	5364.38	1989.69	2221.92	95.26	1057.51
宁 夏	Ningxia	6180.32	2510.53	3071.52	101.55	496.73
新 疆	Xinjiang	6393.68	1008.02	4238.98	170.73	975.95

二、就业与失业

EMPLOYMENT AND UNEMPLOYMENT

2-1 年末城镇登记失业人数及登记失业率

URBAN REGISTERED UNEMPLOYMENT AND UNEMPLOYMENT RATE AT THE YEAR-END

单位：万人、% (10 000 persons,%)

年份 Year	登记失业人数 Urban Registered Unemployment 合计 Total	#失业青年 Youth	比上年增长 Increase over Preceeding year 合计 Total	#失业青年 Youth	登记失业率 Registered Unemployment Rate
1978	530.0	249.1			5.3
1979	567.6	258.2	7.1	3.7	5.4
1980	541.5	382.5	-4.6	48.1	4.9
1981	439.5	343.0	-18.8	-10.3	3.8
1982	379.4	293.8	-13.7	-14.3	3.2
1983	271.4	222.0	-28.5	-24.4	2.3
1984	235.7	195.9	-13.2	-11.8	1.9
1985	238.5	196.9	1.2	0.5	1.8
1986	264.4	209.3	10.9	6.3	2.0
1987	276.6	235.1	4.6	12.3	2.0
1988	296.2	245.3	7.1	4.3	2.0
1989	377.9	309.0	27.6	26.0	2.6
1990	383.2	312.7	1.4	1.2	2.5
1991	352.2	288.4	-8.1	-7.8	2.3
1992	363.9	299.8	3.3	4.0	2.3
1993	420.1	331.9	15.4	10.7	2.6
1994	476.4	301.0	13.4	-9.3	2.8
1995	519.6	310.2	9.1	3.1	2.9
1996	552.8		6.3		3.0
1997	576.8		4.3		3.1
1998	571.0		-1.0		3.1
1999	575.0		0.7		3.1
2000	595.0		3.5		3.1
2001	681.0		14.4		3.6
2002	770.0		13.1		4.0
2003	800.0		3.9		4.3
2004	827.0		3.4		4.2
2005	839.0		1.5		4.2
2006	847.0		1.0		4.1
2007	830.0		-2.0		4.0
2008	886.0		6.7		4.2
2009	921.0		4.0		4.3
2010	908.0		-1.4		4.1
2011	922.0		1.5		4.1
2012	917.0		-0.5		4.1

2-2 各地区年末城镇登记失业人数及登记失业率

URBAN REGISTERED UNEMPLOYMENT AND UNEMPLOYMENT RATE AT THE YEAR-END BY REGION

单位：万人、%　　(10 000 persons,%)

地区	Region	登记失业人员 Unemployment								登记失业率 Unemployment Rate							
		2005	2006	2007	2008	2009	2010	2011	2012	2005	2006	2007	2008	2009	2010	2011	2012
北　京	Beijing	10.6	10.4	10.6	10.3	8.2	7.7	8.1	8.1	2.1	2.0	1.8	1.8	1.4	1.4	1.4	1.3
天　津	Tianjin	11.7	11.7	15.0	13.0	15.0	16.1	20.1	20.4	3.7	3.6	3.6	3.6	3.6	3.6	3.6	3.6
河　北	Hebei	27.8	28.7	29.3	32.2	34.5	35.1	36.0	36.8	3.9	3.8	3.8	4.0	3.9	3.9	3.8	3.7
山　西	Shanxi	14.3	15.6	16.1	17.5	21.6	20.4	21.1	21.0	3.0	3.2	3.2	3.3	3.9	3.6	3.5	3.3
内蒙古	Inner Mongolia	17.7	18.0	18.5	19.9	20.1	20.8	21.8	23.1	4.3	4.1	4.0	4.1	4.0	3.9	3.8	3.7
辽　宁	Liaoning	60.4	54.1	44.5	41.7	41.6	38.9	39.4	38.1	5.6	5.1	4.3	3.9	3.9	3.6	3.7	3.6
吉　林	Jilin	27.6	26.3	23.9	24.3	23.4	22.7	22.2	22.3	4.2	4.2	3.9	4.0	4.0	3.8	3.7	3.7
黑龙江	Heilongjiang	31.3	31.2	31.5	32.1	31.4	36.2	35.0	41.3	4.4	4.4	4.3	4.2	4.3	4.3	4.1	4.2
上　海	Shanghai	27.5	27.8	26.7	26.6	27.9	27.6	27.0	26.7		4.4	4.2	4.2	4.3	4.4	3.5	3.1
江　苏	Jiangsu	41.6	40.4	39.3	41.1	40.7	40.6	41.4	40.5	3.6	3.4	3.2	3.3	3.2	3.2	3.2	3.1
浙　江	Zhejiang	29.0	29.1	28.6	30.7	30.7	31.1	31.7	33.4	3.7	3.5	3.3	3.5	3.3	3.2	3.1	3.0
安　徽	Anhui	27.8	28.2	28.0	29.3	30.1	26.9	33.1	31.3	4.4	4.3	4.1	3.9	3.9	3.7	3.7	3.7
福　建	Fujian	14.9	15.1	14.9	15.0	15.2	14.5	14.6	14.5	4.0	3.9	3.9	3.9	3.9	3.8	3.7	3.6
江　西	Jiangxi	22.8	25.3	24.3	26.0	27.3	26.3	24.6	25.7	3.5	3.6	3.4	3.4	3.4	3.3	3.0	3.0
山　东	Shandong	42.9	43.7	43.5	45.0	45.1	44.5	45.1	43.4	3.3	3.3	3.2	3.7	3.4	3.4	3.4	3.3
河　南	Henan	33.0	35.4	33.1	36.5	38.5	38.2	38.4	38.3	3.5	3.5	3.4	3.4	3.5	3.4	3.4	3.1
湖　北	Hubei	52.6	52.6	54.1	55.1	55.3	55.7	55.1	42.3	4.3	4.2	4.2	4.2	4.2	4.2	4.1	3.8
湖　南	Hunan	41.9	43.3	44.4	47.0	47.8	43.2	43.1	44.1	4.3	4.3	4.3	4.2	4.1	4.2	4.2	4.2
广　东	Guangdong	34.5	36.2	36.2	38.1	39.5	39.3	38.8	39.6	2.6	2.6	2.5	2.6	2.6	2.5	2.5	2.5
广　西	Guangxi	18.5	20.0	18.5	18.8	19.1	19.1	18.8	18.9	4.2	4.2	3.8	3.8	3.7	3.7	3.5	3.4
海　南	Hainan	5.1	5.2	5.4	5.6	5.3	4.8	2.9	3.6	3.6	3.6	3.5	3.7	3.5	3.0	1.7	2.0
重　庆	Chongqing	16.9	15.4	14.1	13.0	13.4	13.0	13.0	12.4	4.1	4.0	4.0	4.0	4.0	3.9	3.5	3.3
四　川	Sichuan	34.3	36.1	34.8	37.9	36.3	34.6	36.9	40.7	4.6	4.5	4.2	4.6	4.3	4.1	4.2	4.0
贵　州	Guizhou	12.1	12.1	12.1	12.5	12.3	12.2	12.5	12.6	4.2	4.1	4.0	4.0	3.8	3.6	3.6	3.3
云　南	Yunnan	13.0	13.8	14.0	14.8	15.4	15.7	16.0	17.4	4.2	4.3	4.2	4.2	4.3	4.2	4.1	4.0
西　藏	Tibet					2.0	2.1	1.0	1.6					3.8	4.0	3.2	2.6
陕　西	Shaanxi	21.5	21.5	21.0	20.8	21.5	21.4	20.9	19.5	4.2	4.0	4.0	3.9	3.9	3.9	3.6	3.2
甘　肃	Gansu	9.3	9.7	9.5	9.4	10.3	10.7	10.8	9.8	3.3	3.6	3.3	3.2	3.3	3.2	3.1	2.7
青　海	Qinghai	3.6	3.7	3.7	3.9	4.1	4.2	4.4	4.1	3.9	3.9	3.8	3.8	3.8	3.8	3.8	3.4
宁　夏	Ningxia	4.4	4.2	4.4	4.8	4.8	4.8	5.2	4.6	4.5	4.3	4.3	4.4	4.4	4.4	4.2	4.2
新　疆	Xinjiang	11.1	11.6	11.7	11.8	11.9	11.0	11.1	11.8	3.9	3.9	3.9	3.7	3.8	3.2	3.2	3.4
新疆兵团	Xingjiang Production and Construction Crops	2.7	3.0	2.6	2.8	3.0	2.5	2.8	2.9	2.8	3.0	2.6	2.8	2.9	2.4	2.6	2.5

2-3 各地区城镇登记失业人员情况(2012年)

BASIC CONDITIONS OF URBAN REGISTERED UNEMPLOYMENT BY REGION (2012)

单位：万人 (10 000 persons)

地区	Region	上年末结转登记失业人员 Unemployment at Last Year-end	本年新登记的失业人员 Unemployment Newly Regis-tered This Year	#女性 Female	#就业转失业人数 Unemploy-employed	本年失业人员就业人数 From the Unemployed This Year	#女性 Female	本年末登记失业人数 Unemploy-ment at the Year-end	#女性 Female	#长期失业者 Long-term Unemploy-ment
北京	Beijing	8.1	22.7	9.4	15.4	21.1	8.6	8.1	3.1	4.9
天津	Tianjin	20.1	9.6	4.8	5.9	9.3	4.6	20.4	10.8	9.1
河北	Hebei	36.0	42.2	17.5	7.5	40.1	15.8	36.8	17.3	5.1
山西	Shanxi	21.1	21.6	8.0	3.9	21.7	7.1	21.0	9.2	2.7
内蒙古	Inner Mongolia	21.8	30.9	13.5	8.3	29.5	12.5	23.1	10.6	2.7
辽宁	Liaoning	39.4	102.7	49.4	70.5	103.7	48.5	38.1	18.3	9.0
吉林	Jilin	22.2	34.2	16.9	11.2	33.5	15.6	22.3	10.0	3.6
黑龙江	Heilongjiang	35.0	77.6	28.5	41.2	60.7	27.3	41.3	19.9	3.8
上海	Shanghai	27.0	40.3	15.2	24.3	33.9	15.6	26.7	9.1	1.4
江苏	Jiangsu	41.4	99.1	48.7	65.8	98.6	48.0	40.5	18.7	11.0
浙江	Zhejiang	31.7	47.3	22.4	20.8	42.3	20.2	33.4	16.0	8.6
安徽	Anhui	33.1	36.5	17.6	11.2	37.1	16.8	31.3	14.0	2.5
福建	Fujian	14.6	29.5	14.5	5.9	26.8	12.3	14.5	6.6	3.6
江西	Jiangxi	24.6	41.0	15.9	6.0	38.5	15.7	25.7	7.9	1.0
山东	Shandong	60.1	88.1	41.2	36.9	87.2	40.4	43.4	18.4	3.4
河南	Henan	38.4	61.4	23.3	15.9	50.3	20.1	38.3	18.0	4.0
湖北	Hubei	55.1	49.5	21.3	10.5	46.8	20.4	42.3	20.5	3.7
湖南	Hunan	43.1	49.8	21.7	17.7	48.1	21.1	44.1	14.6	3.2
广东	Guangdong	38.8	62.5	31.3	22.8	59.9	29.2	39.6	15.7	7.4
广西	Guangxi	18.8	22.4	9.9	6.9	21.7	9.1	18.9	9.0	3.2
海南	Hainan	2.9	4.8	2.0	1.5	4.0	2.0	3.6	1.6	0.8
重庆	Chongqing	13.0	27.9	13.5	11.2	25.8	13.4	12.4	5.9	1.2
四川	Sichuan	36.9	77.8	37.0	30.4	73.7	34.3	40.7	16.8	4.3
贵州	Guizhou	12.5	19.1	8.7	3.4	18.9	8.5	12.6	5.7	2.7
云南	Yunnan	16.0	31.8	14.2	9.1	30.2	13.5	17.4	7.9	2.7
西藏	Tibet	1.1	2.0	0.9	0.2	1.4	0.7	1.6	0.6	0.0
陕西	Shaanxi	20.9	18.4	8.7	2.8	18.6	8.7	19.5	5.6	1.3
甘肃	Gansu	10.7	25.1	11.6	5.4	26.0	12.1	9.8	4.1	1.2
青海	Qinghai	4.4	6.3	2.3	1.9	6.6	2.4	4.1	1.6	1.3
宁夏	Ningxia	5.2	10.9	4.9	3.8	11.5	5.4	4.6	2.1	0.4
新疆	Xinjiang	11.1	47.8	22.5	10.8	45.9	21.5	11.8	4.6	0.5
新疆兵团	Xingjiang Production and Construction Crops	2.8	4.3	2.0	1.3	4.2	2.0	2.9	1.5	0.3

2-4 公共就业服务工作情况(2012年)

单位：人

项　目	Item	本期单位登记招聘人数 Total Registered Job Vacancies This Year	本期登记求职人数 Total Registered Job-seekers This Year	#女性 Female	#城镇登记失业人员 Urban Registered Unemployed persons	#高校毕业生 College Graduates	#农村劳动者 Rural Labours
总　计	**Total**	**73192017**	**57359918**	**22929992**	**13435874**	**6946833**	**23760704**
市(地、州)及以上公共就业人才服务机构	Public Employment (Talent) Services Institution of City (Prefecture) and Above	25091072	18254991	7058547	4377622	3510838	5451023
区(县)公共就业人才服务机构	Public Employment (Talent) Services Institution of District (County)	36766270	29432511	12058205	6636460	2849324	13180201
街道公共就业人才服务机构	Public Employment (Talent) Services Institution of Street	4299535	3316126	1219868	1175104	272796	1260028
乡镇公共就业人才服务机构	Public Employment (Talent) Services Institution of Town	5021766	4676808	1915472	630565	204355	3222027
社区公共就业人才服务窗口	Public Employment (Talent) Services Window of Community	1515615	1285741	547725	569758	88851	374901
行政村公共就业人才服务窗口	Public Employment (Talent) Services Window of Administrative Village	497759	393741	130175	46365	20669	272524

SITUATIONS OF PUBLIC EMPLOYMENT SERVICES (2012)

(person)

本期职业指导人数 Person-times of Vocational Guidance This Year	#女性 Female	本期创业服务人数 Person-times of Vocational Guidance	#女性 Female	本期介绍成功人数 Placed Job-seekers	#女性 Female	#城镇登记失业人员 Urban Registered Unemployed persons	#高校毕业生 College Graduates	#农村劳动者 Rural Labours
24895554	**10692239**	**2512729**	**1057709**	**25921905**	**11068651**	**6846141**	**2759702**	**11835265**
6336905	2817377	835222	316714	7263025	3126277	1820906	1153052	2711992
13598424	5988070	1325440	582969	13895708	5916656	3797862	1365213	6463506
1753937	638410	129408	53379	1480735	638729	637309	113485	508990
2307121	856707	142267	68879	2514662	1051639	291961	81851	1839401
653172	311379	68745	30308	539058	255148	279665	39000	134408
245995	80296	11647	5460	228717	80202	18438	7101	176968

2-5 各地区公共就业服务工作情况(2012年)

单位：人

地 区	Region	本期单位登记招聘人数 Total Registered Job Vacancies This Year	本期登记求职人数 Total Registered Job-seekers This Year	#女性 Female	#城镇登记失业人员 Urban Registered Unemployed persons	#高校毕业生 College Graduates	#农村劳动者 Rural Labours
总 计	**National Total**	**73192017**	**57359918**	**22929992**	**13435874**	**6946833**	**23760704**
北 京	Beijing	1621815	568511	200724	130647	77060	81935
天 津	Tianjin	825277	988013	440755	205157	104790	360688
河 北	Hebei	2297523	1814001	689393	280756	397953	513629
山 西	Shanxi	1136376	1304816	489287	305067	374345	491773
内蒙古	Inner Mongolia	860058	756806	327496	373827	100813	221725
辽 宁	Liaoning	4208548	2189781	942063	1024292	265490	348323
吉 林	Jilin	1158514	888454	367847	362671	84991	279687
黑龙江	Heilongjiang	1515302	1635787	636409	868261	137347	279333
上 海	Shanghai	1589998	1459451			6851	
江 苏	Jiangsu	7307003	6792138	3223123	1574759	672724	2864556
浙 江	Zhejiang	4601260	2694236	875460	359934	159428	1625505
安 徽	Anhui	2377935	1737780	765640	425625	210418	584555
福 建	Fujian	4061271	2790036	1225706	550600	262657	1962658
江 西	Jiangxi	1749294	1600013	727705	343669	66630	714561
山 东	Shandong	4073346	3185307	1389074	1048125	598835	1037366
河 南	Henan	2647812	2027476	808323	496623	322583	747023
湖 北	Hubei	2455250	1871553	844610	558471	166538	724391
湖 南	Hunan	2915336	2301372	1027433	611290	340519	776715
广 东	Guangdong	13339559	11860390	4263149	1583558	1337083	6151273
广 西	Guangxi	3085920	1566623	709456	260467	183959	706877
海 南	Hainan	600625	390258	71520	23391	140665	116951
重 庆	Chongqing	1032762	881938	387996	318581	185132	335135
四 川	Sichuan	1879709	1273320	596124	592445	82974	548408
贵 州	Guizhou	1361539	578324	189466	138199	126336	146604
云 南	Yunnan	640958	485829	197020	159446	44109	228263
西 藏	Tibet	25981	26814	13138	12684	2104	7882
陕 西	Shaanxi	1344263	1344919	612784	227907	358720	551679
甘 肃	Gansu	514034	421552	189956	217234	44991	114560
青 海	Qinghai	566013	645716	226474	53687	19097	539078
宁 夏	Ningxia	337009	436000	148909	35580	4466	296319
新 疆	Xinjiang	828277	606759	256056	250441	50095	255165
兵 团	Xinjiang Production and Construction Corps	233450	235945	86896	42480	17130	148087

SITUATIONS OF PUBLIC EMPLOYMENT SERVICES BY REGION (2012)

(person)

本期职业指导人数 Person-times of Vocational Guidance This Year	#女性 Female	本期创业服务人数 Person-times of Vocational Guidance	#女性 Female	本期介绍成功人数 Placed Job-seekers	#女性 Female	#城镇登记失业人员 Urban Registered Unemployed persons	#高校毕业生 College Graduates	#农村劳动者 Rural Labours
24895554	**10692239**	**2512729**	**1057709**	**25921905**	**11068651**	**6846141**	**2759702**	**11835265**
747427	117895	1943	785	186285	70686	93266	10303	43163
570564	271348	13854	8244	749179	392966	195149	87887	325492
826049	311747	75732	32786	940436	383610	146053	259518	405132
325604	122034	26761	9737	638288	233271	204547	64739	287737
409713	194058	47519	17369	566248	204927	298268	54991	193183
599743	258230	167452	60813	992557	408522	455672	116315	168136
448025	227650	65802	20461	457045	194301	202713	34745	133127
668405	304352	59077	23117	763861	318228	469425	76747	163072
38221				340966				
2582260	1192861	421069	178133	2240988	1097883	696007	298089	1035571
1536801	479565	82494	36260	1355450	493436	199147	71453	669175
762367	338024	117825	51408	885773	376880	243893	95410	323497
718524	319494	19866	9101	1527247	670033	211434	172286	1184019
710611	335851	87039	38321	700484	321194	203170	35089	336015
1484200	693391	275132	103432	1657298	676942	537562	266649	568878
846115	376890	84560	33383	948509	412369	263776	90025	390539
1166747	585843	140237	64861	1018348	442405	353309	87183	392256
1454448	678077	164378	63514	925891	414390	283405	89273	398033
3803038	1566676	108583	41654	4167849	1907488	535638	427035	2137573
617063	299434	42215	16486	711139	314815	138287	88919	377250
88593	43850	22507	11697	74611	32326	9328	20722	19450
741534	362449	105196	49381	377368	171193	154478	62711	150221
1084184	501925	103124	43807	751481	334059	317317	46619	336567
174980	78549	36054	17359	208709	79763	65116	31927	58953
308087	135785	70609	39250	297460	115226	105344	27916	145085
37003	14249	365	124	21738	9779	11140	2247	5191
604981	306257	79897	37347	534155	236056	110632	72574	299201
325130	147335	29988	14624	209590	94532	87495	15136	68092
521515	151653	12613	6886	566049	246845	45643	5339	520200
322424	96980	11981	4955	450111	160900	22373	2938	311712
280566	130989	33259	19318	456616	174184	154014	35233	243237
90632	48798	5598	3096	200176	79442	32540	9684	145508

三、城镇单位就业人员和工资总额

EMPLOYMENT AND TOTAL WAGES IN URBAN UNITS

3-1 分行业就业人员和工资总额(2012年)

EMPLOYMENT AND TOTAL WAGES BY SECTOR(2012)

项 目	Item	年末人数（千人） Year-end Figures (1000 persons)	#女 性 Female	工资总额（亿元） Total Wages (100 million yuan)	平均工资（元） Average Wage (yuan)
全国总计	**National Total**	**152364**	**54589**	**70914.2**	**46769**
农、林、牧、渔业	**Agriculture, Forestry, Animal Husbandry and Fishery**	**3389**	**1251**	**760.8**	**22687**
农业	Farming	1888	787	400.7	21301
林业	Forestry	827	235	178.7	22244
畜牧业	Animal Husbandry	263	106	52.7	20327
渔业	Fishery	38	10	10.3	26668
农、林、牧、渔服务业	Service in Support of Agriculture	372	114	118.4	31913
采矿业	**Mining**	**6310**	**1146**	**3600.7**	**56946**
煤炭开采和洗选业	Mining and Washing of Coal	4399	641	2522.4	57533
石油和天然气开采业	Extraction of Petroleum and Natural Gas	763	253	537.5	68061
黑色金属矿采选业	Mining and Processing of Ferrous Metal Ores	280	53	128.2	45122
有色金属矿采选业	Mining and Processing of Non-Ferrous Metal Ores	332	65	134.0	40746
非金属矿采选业	Mining and Processing of Non-metal Ores	235	52	78.5	33454
开采辅助活动	Support Activities for Mining	298	83	199.4	66565
其他采矿业	Mining of Other Ores	2		0.7	38286
制造业	**Manufacturing**	**42622**	**16610**	**17668.1**	**41650**
农副食品加工业	Processing of Food from Agricultural Products	1607	687	506.7	32369
食品制造业	Manufacture of Foods	1064	502	415.2	40004
酒、饮料和精制茶制造业	Manufacture of Liquor, Beverages and Refined Tea	994	374	377.0	38878
烟草制品业	Manufacture of Tobacco	210	75	213.4	104825
纺织业	Manufacture of Textile	2026	1175	635.3	31387
纺织服装、服饰业	Manufacture of Textile, Wearing Apparel and Accessories	2319	1542	784.7	33826
皮革、毛皮、羽毛及其制品和制鞋业	Manufacture of Leather, Fur, Feather and Related Products and Footwear	1293	745	403.6	31391
木材加工和木、竹、藤、棕、草制品业	Processing of Timber, Manufacture of Wood, Bamboo, Rattan, Palm and Straw Products	345	134	103.7	30592
家具制造业	Manufacture of Furniture	400	142	143.5	36137
造纸及纸制品业	Manufacture of Paper and Paper Products	706	259	252.5	35550
印刷和记录媒介复制业	Printing and Reproduction of Recording Media	419	178	168.2	40030
文教、工美、体育和娱乐用品制造业	Manufacture of Articles for Culture, Education, Arts and Crafts, Sport and Entertainment Activities	902	506	295.7	32321
石油加工、炼焦和核燃料加工业	Processing of Petroleum, Coking and Processing of Nuclear Fuel	652	188	367.2	56523
化学原料和化学制品制造业	Manufacture of Raw Chemical Materials and Chemical Products	2547	807	1094.9	43258
医药制造业	Manufacture of Medicines	1290	606	564.0	44806
化学纤维制造业	Manufacture of Chemical Fibres	254	97	97.2	37754
橡胶和塑料制品业	Manufacture of Rubber and Plastics Products	1340	553	507.3	37662
非金属矿物制品业	Manufacture of Non-metallic Mineral Products	2276	680	781.5	34826
黑色金属冶炼和压延加工业	Smelting and Pressing of Ferrous Metals	2393	503	1105.3	46086
有色金属冶炼和压延加工业	Smelting and Pressing of Non-ferrous Metals	1179	279	479.5	40958
金属制品业	Manufacture of Metal Products	1491	453	584.3	39101

注：不含城镇私营和个体就业人员(以下各表同)。

a)Exclude urban Private and individuals Employment.(same as below)

3-1 续表 1 continued

项　　目	Item	年末人数(千人) Year-end Figures (1000 persons)	#女 性 Female	工资总额(亿元) Total Wages (100 million yuan)	平均工资(元) Average Wage (yuan)
通用设备制造业	Manufacture of General Purpose Machinery	2276	655	1018.8	44430
专用设备制造业	Manufacture of Special Purpose Machinery	1791	502	866.0	48010
汽车制造业	Manufacture of Automobiles	2702	733	1335.0	49247
铁路、船舶、航空航天和其他运输设备制造业	Manufacture of Railway, Ship, Aerospace and Other Transport Equipments	1273	344	654.4	51999
电气机械和器材制造业	Manufacture of Electrical Machinery and Apparatus	2734	1114	1165.0	41966
计算机、通信和其他电子设备制造业	Manufacture of Computers, Communication and Other Electronic Equipment	5128	2365	2286.4	45467
仪器仪表制造业	Manufacture of Measuring Instruments and Machinery	612	260	282.1	46112
其他制造业	Other Manufacture	229	112	88.7	38967
废弃资源综合利用业	Utilization of Waste Resources	65	20	26.9	41596
金属制品、机械和设备修理业	Repair Service of Metal Products, Machinery and Equipment	105	23	63.9	60056
电力、热力、燃气及水生产和供应业	**Production and Supply of Electricity, Heat, Gas and Water**	**3446**	**977**	**1999.6**	**58202**
电力、热力生产和供应业	Production and Supply of Electric Power and Heat Power	2651	687	1650.3	62378
燃气生产和供应业	Production and Supply of Gas	217	72	113.3	52756
水的生产和供应业	Production and Supply of Water	578	218	236.0	41030
建筑业	**Construction**	**20103**	**2338**	**7392.7**	**36483**
房屋建筑业	Construction of Buildings	13927	1478	4892.1	34773
土木工程建筑业	Civil Engineering	3865	542	1611.4	40875
建筑安装业	Building Installation	1263	187	516.8	41418
建筑装饰和其他建筑业	Building Decoration and Other Constructions	1048	131	372.4	37053
批发和零售业	**Wholesale and Retail Trades**	**7118**	**3394**	**3271.3**	**46340**
批发业	Wholesale Trade	3369	1345	2005.5	59679
零售业	Retail Trade	3749	2049	1265.8	34221
交通运输、仓储和邮政业	**Transport, Storage and Post**	**6675**	**1757**	**3531.5**	**53391**
铁路运输业	Railway Transport	1793	326	1197.9	67501
道路运输业	Road Transport	2778	777	1021.9	36999
水上运输业	Water Transport	447	81	318.7	71094
航空运输业	Air Transport	376	137	382.8	104864
管道运输业	Transport Via Pipelines	40	11	24.7	63336
装卸搬运和运输代理业	Loading, Unloading and Forwarding Agency	288	85	156.2	53538
仓储业	Storage	274	75	111.1	40904
邮政业	Post	679	265	318.2	48059
住宿和餐饮业	**Hotels and Catering Services**	**2651**	**1406**	**824.4**	**31267**
住宿业	Hotels	1499	802	494.5	33039
餐饮业	Catering Services	1152	603	329.9	28940
信息传输、软件和信息技术服务业	**Information Transmission, Software and Information Technology**	**2228**	**906**	**1769.4**	**80510**
电信、广播电视和卫星传输服务	Telecommunication, Radio and Television and Satellite Transmission Service	1323	579	833.3	63544
互联网和相关服务	Internet and Related Service	137	55	129.1	95577
软件和信息技术服务业	Software and Information Technology	769	272	807.0	107413
金融业	**Financial Intermediation**	**5278**	**2688**	**4669.0**	**89743**
货币金融服务	Monetary and Financial Service	3245	1579	3339.0	104424

3-1 续表 2 continued

项 目	Item	年末人数（千人）Year-end Figures (1000 persons)	#女 性 Female	工资总额（亿元）Total Wages (100 million yuan)	平均工资（元）Average Wage (yuan)
资本市场服务	Capital Market Service	210	85	303.5	140809
保险业	Insurance	1753	996	921.1	53463
其他金融业	Other Financial Activities	70	28	105.5	157975
房地产业	**Real Estate**	**2737**	**956**	**1271.3**	**46764**
#房地产开发经营	Development and Management of Real Estate	1380	467	779.6	56704
物业管理	Property Management	1035	368	348.4	33989
房地产中介服务	Agency Services of Real Estate	116	48	50.7	45353
租赁和商务服务业	**Leasing and Business Services**	**2923**	**924**	**1531.2**	**53162**
租赁业	Leasing	65	19	30.7	48230
商务服务业	Business Services	2858	905	1500.5	53274
科学研究和技术服务业	**Scientific Research and Technical Services**	**3307**	**1014**	**2259.4**	**69254**
研究和试验发展	Research and Experimental Development	790	262	613.0	78824
专业技术服务业	Professional Technical Services	2064	601	1385.9	68080
科技推广和应用服务业	Science and Technology Popularization and Application Services	453	152	260.4	58002
水利、环境和公共设施管理业	**Management of Water Conservancy, Environment and Public Facilities**	**2438**	**982**	**784.6**	**32343**
水利管理业	Management of Water Conservancy	510	144	187.5	36803
生态保护和环境治理业	Ecological Protection and Environmental Treatment	108	35	43.8	40728
公共设施管理业	Management of Public Facilities	1819	802	553.2	30588
居民服务、修理和其他服务业	**Service to Households, Repair and Other Services**	**621**	**231**	**217.1**	**35135**
居民服务业	Service to Households	260	107	101.0	39075
机动车、电子产品和日用产品修理业	Repair of Motor Vehicle, Electronics and Household Products	91	26	33.1	36105
其他服务业	Other Services	270	97	83.0	31000
教育	**Education**	**16534**	**8475**	**7851.0**	**47734**
#初等教育	Primary Education	5781	3194	2493.0	43320
中等教育	Secondary Education	7328	3535	3423.4	46943
高等教育	Senior Education	2109	931	1346.3	64145
卫生和社会工作	**Health and Social Service**	**7193**	**4401**	**3718.5**	**52564**
卫生	Health	6940	4277	3619.8	53067
社会工作	Social Service	253	124	98.7	39005
文化、体育和娱乐业	**Culture, Sports and Entertainment**	**1377**	**594**	**735.4**	**53558**
新闻和出版业	Journalism and Publishing Activities	330	145	217.0	66287
广播、电视、电影和影视录音制作业	Radio, Television, Motion Picture and Videotape Programme Production Services	414	161	242.8	58821
文化艺术业	Cultural and Art Activities	439	205	191.0	43585
体育	Sports Activities	127	53	55.8	43629
娱乐业	Entertainment	67	30	28.9	43127
公共管理、社会保障和社会组织	**Public Management, Social Security and Social Organization**	**15415**	**4538**	**7058.3**	**46074**
中国共产党机关	Organs of Communist Party of China	557	141	269.9	48667
国家机构	Government Agencies	14117	4116	6463.3	46082
人民政协、民主党派	People's Political Consultative Conference and Democratic Parties	102	28	54.3	53192
社会保障	Social Security	158	72	66.1	41895
群众团体、社会团体和其他成员组织	Non-Governmental Organizations, Social Organizations and Membership Organizations	405	154	188.6	46788

3-2 各地区分行业就业人员和工资总额(2012年)

EMPLOYMENT AND TOTAL WAGES BY SECTOR AND REGION(2012)

地 区	Region	总计 Total 年末人数 (人) Year-end Figures (person)	#女性 Female	工资总额 (千元) Total Wages (1000 yuan)	平均工资 (元) Average Wage (yuan)
全 国	**National**	**152363715**	**54589152**	**7091420915**	**46769**
北 京	Beijing	7173717	2876277	601244875	84742
天 津	Tianjin	2890714	944422	177811816	61514
河 北	Hebei	6199464	2233868	239830341	38658
山 西	Shanxi	4360001	1405826	192271458	44236
内蒙古	Inner Mongolia	2707695	985137	130472950	46557
辽 宁	Liaoning	5987272	2054727	255054145	41858
吉 林	Jilin	2854781	1013181	110729616	38407
黑龙江	Heilongjiang	4709834	1649768	173259409	36406
上 海	Shanghai	5557296	2125852	440453108	78673
江 苏	Jiangsu	8309369	3385546	420590640	50639
浙 江	Zhejiang	10701227	3611524	531311584	50197
安 徽	Anhui	4368291	1384939	192598385	44601
福 建	Fujian	6378556	2468095	279256727	44525
江 西	Jiangxi	3857934	1338519	133499198	38512
山 东	Shandong	11101706	3807768	462817036	41904
河 南	Henan	8811826	3172793	320998474	37338
湖 北	Hubei	5980034	2011575	235849758	39846
湖 南	Hunan	5674859	1884183	218709522	38971
广 东	Guangdong	13039847	5205202	656114340	50278
广 西	Guangxi	3579829	1317325	128051642	36386
海 南	Hainan	900790	351547	35374707	39485
重 庆	Chongqing	3531876	1106914	153358140	44498
四 川	Sichuan	6408886	2165981	269977551	42339
贵 州	Guizhou	2694970	869049	109308569	41156
云 南	Yunnan	3926735	1320674	145404957	37629
西 藏	Tibet	251857	90488	12849747	51705
陕 西	Shaanxi	4112237	1465427	180555369	43073
甘 肃	Gansu	2113309	716858	81079325	37679
青 海	Qinghai	616871	216153	28797958	46483
宁 夏	Ningxia	674222	248292	34975684	47436
新 疆	Xinjiang	2887710	1161242	138813884	44576

3-2 续表 1 continued

地区	Region	农、林、牧、渔业 Agriculture, Forestry, Animal Husbandry and Fishery 年末人数（人） Year-end Figures (person)	#女性 Female	工资总额（千元） Total Wages (1000 yuan)	平均工资（元） Average Wage (yuan)	农业 Farming 年末人数（人） Year-end Figures (person)	#女性 Female	工资总额（千元） Total Wages (1000 yuan)	平均工资（元） Average Wage (yuan)
全国	**National**	**3388566**	**1251300**	**76082930**	**22687**	**1887961**	**787015**	**40074734**	**21301**
北京	Beijing	25446	10785	1015838	39334	6862	3149	240159	33561
天津	Tianjin	5494	1534	291906	52939	1008	310	53470	52732
河北	Hebei	55239	20213	758666	13669	37188	14413	315184	8368
山西	Shanxi	28246	7726	712877	25293	8291	2019	204327	24564
内蒙古	Inner Mongolia	249880	81254	6682269	26573	102152	38343	2235786	21782
辽宁	Liaoning	251729	101953	3039665	12050	218095	92478	2009442	9215
吉林	Jilin	157076	52445	3323307	21126	28516	12990	486759	17180
黑龙江	Heilongjiang	932627	334123	18678531	20830	485390	202875	10568109	22023
上海	Shanghai	12254	3218	651451	50484	5297	1726	261243	43870
江苏	Jiangsu	86041	34144	2291422	26300	68739	28502	1749141	25076
浙江	Zhejiang	8183	2484	343885	41718	2499	885	83434	33135
安徽	Anhui	53814	20384	1234149	22845	29816	12310	579240	19233
福建	Fujian	48172	12425	1173678	24516	17844	5590	242915	14038
江西	Jiangxi	116386	37313	2369898	20580	67863	22590	1360570	20449
山东	Shandong	27503	9094	869699	31290	6888	2266	195769	26701
河南	Henan	58276	21532	1390216	24226	21810	8604	481195	22185
湖北	Hubei	97064	41256	2238661	23039	69137	32278	1574585	22730
湖南	Hunan	24170	7545	496827	20624	4388	1621	76061	17397
广东	Guangdong	72251	22928	1483595	20315	36478	12903	638407	17211
广西	Guangxi	99260	33058	1951246	19511	54832	20512	919656	16373
海南	Hainan	119028	51540	2430868	20436	76888	35416	1651720	21756
重庆	Chongqing	12924	3143	434067	34254	1568	508	35756	23188
四川	Sichuan	40286	12162	1286887	31430	1613	542	49915	32518
贵州	Guizhou	16169	4524	498816	30850	2885	1023	72993	25058
云南	Yunnan	91999	33047	1948084	21232	23746	10429	206878	8826
西藏	Tibet	5670	577	75859	13522	505	189	16603	32748
陕西	Shaanxi	36369	11913	1179621	32557	5742	1834	106998	18641
甘肃	Gansu	55471	18364	1381046	24971	22759	8495	442636	19536
青海	Qinghai	15669	5011	459771	29087	5064	2283	88511	17649
宁夏	Ningxia	23789	8918	695606	28643	13767	5316	288347	20860
新疆	Xinjiang	562081	246687	14694519	26323	460331	204616	12838925	28089

3-2 续表 2 continued

地 区 Region	林业 Forestry 年末人数(人) Year-end Figures (person)	#女性 Female	工资总额(千元) Total Wages (1000 yuan)	平均工资(元) Average Wage (yuan)	畜牧业 Animal Husbandry 年末人数(人) Year-end Figures (person)	#女性 Female	工资总额(千元) Total Wages (1000 yuan)	平均工资(元) Average Wage (yuan)
全 国 National	**827252**	**234502**	**17869996**	**22244**	**263440**	**105938**	**5269138**	**20327**
北 京 Beijing	3644	1436	156603	38840	11274	4798	435990	40121
天 津 Tianjin	560	129	26308	46481	1300	371	65524	50481
河 北 Hebei	5630	1472	142530	25195	3951	1626	75823	20328
山 西 Shanxi	8108	1914	179106	22153	3541	1227	84875	24195
内蒙古 Inner Mongolia	84892	20143	2465842	28704	29503	11722	717721	24309
辽 宁 Liaoning	15996	4040	448249	27925	2727	1162	56361	20473
吉 林 Jilin	93182	27359	1939427	20696	7697	2917	123508	16324
黑龙江 Heilongjiang	322087	85091	5519354	18706	93806	37543	1826750	20159
上 海 Shanghai	340	116	18201	55491	2114	762	88420	43069
江 苏 Jiangsu	4767	1822	115973	24056	3154	1345	108368	34196
浙 江 Zhejiang	1983	532	87519	43305	784	289	25262	32263
安 徽 Anhui	9719	2968	237328	24462	1401	543	36787	26446
福 建 Fujian	12670	2803	393269	30961	468	134	11321	23934
江 西 Jiangxi	30665	9540	635636	20730	1069	267	23499	22169
山 东 Shandong	5271	1468	148838	28366	1437	696	39995	27910
河 南 Henan	10921	3152	285173	26312	6494	1998	142510	22105
湖 北 Hubei	8500	3387	270773	32293	1259	437	28140	22530
湖 南 Hunan	12174	3863	251920	20680	1109	475	18483	16712
广 东 Guangdong	21222	6684	503130	23512	1612	537	47586	30504
广 西 Guangxi	28444	8204	613217	21985	2226	809	67454	30060
海 南 Hainan	39523	15358	704705	17442	669	223	19386	28848
重 庆 Chongqing	2995	699	89492	30419	874	269	33403	38001
四 川 Sichuan	18682	6147	569540	29431	2994	1017	69811	23201
贵 州 Guizhou	5148	1382	146828	28160	1129	380	23541	21657
云 南 Yunnan	37490	13244	717043	19207	532	283	13321	25087
西 藏 Tibet	4221	158	32946	7920	146	32	3750	25685
陕 西 Shaanxi	10232	2921	371330	36762	1498	448	53135	35447
甘 肃 Gansu	13570	3660	324329	23885	1028	266	33995	32192
青 海 Qinghai	2955	671	104559	35016	1970	437	46365	23381
宁 夏 Ningxia	3977	1568	144989	32922	1694	794	49689	29024
新 疆 Xinjiang	7684	2571	225839	29491	73980	32131	898365	12170

3-2 续表 3 continued

地区	Region	渔业 Fishery 年末人数（人）Year-end Figures (person)	#女性 Female	工资总额（千元）Total Wages (1000 yuan)	平均工资（元）Average Wage (yuan)	农、林、牧、渔服务业 Service in Support of Agriculture 年末人数（人）Year-end Figures (person)	#女性 Female	工资总额（千元）Total Wages (1000 yuan)	平均工资（元）Average Wage (yuan)
全国	**National**	**37866**	**10159**	**1025004**	**26668**	**372047**	**113686**	**11844058**	**31913**
北京	Beijing	327	92	41207	127182	3339	1310	141879	41160
天津	Tianjin	237	50	12573	54665	2389	674	134031	55707
河北	Hebei	765	100	10541	13549	7705	2602	214588	27967
山西	Shanxi	174	37	4204	24023	8132	2529	240365	29678
内蒙古	Inner Mongolia	4428	1656	63151	13813	28905	9390	1199769	41631
辽宁	Liaoning	6030	1423	260599	40098	8881	2850	265014	29794
吉林	Jilin	3059	1168	55793	18257	24622	8011	717820	29125
黑龙江	Heilongjiang	4223	943	75547	18022	27121	7671	688771	25544
上海	Shanghai	2336	84	114993	48850	2167	530	168594	76149
江苏	Jiangsu	1347	515	35704	26487	8034	1960	282236	35130
浙江	Zhejiang	511	119	20108	38819	2406	659	127562	53084
安徽	Anhui	923	274	14712	15957	11955	4289	366082	30789
福建	Fujian	240	54	8512	34462	16950	3844	517661	30190
江西	Jiangxi	1609	549	29468	18686	15180	4367	320725	20938
山东	Shandong	1229	333	44337	35813	12678	4331	440760	35134
河南	Henan	510	212	11506	22875	18541	7566	469832	26237
湖北	Hubei	1836	485	38838	21211	16332	4669	326325	19863
湖南	Hunan	3819	830	72184	19061	2680	756	78179	29580
广东	Guangdong	2397	782	66310	27733	10542	2022	228162	21551
广西	Guangxi	320	64	7784	23098	13438	3469	343135	25668
海南	Hainan	607	163	11221	18335	1341	380	43836	32568
重庆	Chongqing	147	45	4895	32852	7340	1622	270521	37782
四川	Sichuan	93	20	2773	29817	16904	4436	594848	35084
贵州	Guizhou	202	55	2898	14276	6805	1684	252556	37405
云南	Yunnan	92	21	2621	28489	30139	9070	1008221	33211
西藏	Tibet					798	198	22560	28306
陕西	Shaanxi	18	4	308	17111	18879	6706	647850	34325
甘肃	Gansu	21	5	544	27200	18093	5938	579542	32209
青海	Qinghai	42	6	1031	24548	5638	1614	219305	37935
宁夏	Ningxia	64	11	1546	24156	4287	1229	211035	49284
新疆	Xinjiang	260	59	9096	34455	19826	7310	722294	37216

3-2 续表 4 continued

地区 Region	采矿业 Mining 年末人数(人) Year-end Figures (person)	#女性 Female	工资总额(千元) Total Wages (1000 yuan)	平均工资(元) Average Wage (yuan)	煤炭开采和洗选业 Mining and Washing of Coal 年末人数(人) Year-end Figures (person)	#女性 Female	工资总额(千元) Total Wages (1000 yuan)	平均工资(元) Average Wage (yuan)
全 国 National	**6310219**	**1146449**	**360067152**	**56946**	**4399311**	**640901**	**252241090**	**57533**
北 京 Beijing	68778	9816	5438907	78381	16280	1788	1137444	70304
天 津 Tianjin	69158	16789	5376043	77244	17651	560	1413715	76811
河 北 Hebei	287978	47946	17982195	62061	190450	29075	12327499	64759
山 西 Shanxi	902565	135822	63280176	71541	892955	134326	62983561	71975
内蒙古 Inner Mongolia	214738	36469	12877734	59315	172993	27410	11219949	64131
辽 宁 Liaoning	325541	66500	17552853	54082	168697	19221	8550081	50047
吉 林 Jilin	166393	29340	6739582	40363	91244	10766	3420331	37489
黑龙江 Heilongjiang	413269	86428	20434637	49530	281755	39094	12007391	42583
上 海 Shanghai	542	121	56459	103785				
江 苏 Jiangsu	128306	35830	6635776	50963	75832	15456	4383859	56141
浙 江 Zhejiang	13956	2331	628988	45015	2660	623	145548	54862
安 徽 Anhui	346114	40940	24453979	70568	327849	36112	23438996	71719
福 建 Fujian	53174	7659	1932343	36341	31415	2804	1159052	37006
江 西 Jiangxi	101209	18367	3995054	39041	70582	11176	2857139	39745
山 东 Shandong	788229	165036	45480932	57906	553372	103475	31819983	57624
河 南 Henan	630007	125532	34866357	55425	486405	83068	27195799	55964
湖 北 Hubei	119741	27533	4966958	41417	15172	1960	448960	29304
湖 南 Hunan	151897	17117	5497790	36492	105948	9727	3736875	35561
广 东 Guangdong	34437	8017	1963095	56370	155	41	2324	15091
广 西 Guangxi	52832	11788	1857966	34933	17068	2524	630482	36505
海 南 Hainan	9792	2409	391544	39582				
重 庆 Chongqing	103873	12618	4378234	41848	90482	10489	3564436	39279
四 川 Sichuan	244752	50480	12630398	46812	133049	18491	5140883	38301
贵 州 Guizhou	181719	20920	7673772	43113	167542	19095	7223030	44058
云 南 Yunnan	222721	29216	8495338	38526	150406	14825	5475044	36848
西 藏 Tibet	1970	338	92125	40673	22	5	1662	72261
陕 西 Shaanxi	299886	57047	17478596	57556	136735	16701	8680227	63489
甘 肃 Gansu	96645	14921	5785806	59549	73723	9443	4537720	61003
青 海 Qinghai	25860	4804	1432373	54731	10012	1407	394869	38411
宁 夏 Ningxia	65632	11142	5180908	77581	65005	10994	5159654	77995
新 疆 Xinjiang	188505	53173	14510234	76486	53852	10245	3184577	59570

3-2 续表 5 continued

地 区	Region	石油和天然气开采业 Extraction of Petroleum and Natural Gas 年末人数（人）Year-end Figures (person)	#女 性 Female	工资总额（千元）Total Wages (1000 yuan)	平均工资（元）Average Wage (yuan)	黑色金属矿采选业 Mining and Processing of Ferrous Metal Ores 年末人数（人）Year-end Figures (person)	#女 性 Female	工资总额（千元）Total Wages (1000 yuan)	平均工资（元）Average Wage (yuan)
全 国	**National**	**762873**	**252906**	**53745932**	**68061**	**280324**	**52873**	**12817044**	**45122**
北 京	Beijing	782	137	48435	71544	20910	4131	1478512	70834
天 津	Tianjin	18984	6717	1757390	95169	4608	597	376713	76990
河 北	Hebei	29660	8608	2264518	78624	34880	5957	1775432	47674
山 西	Shanxi	869	158	63035	73725	5472	520	135113	25316
内蒙古	Inner Mongolia	4297	1068	142981	33182	10931	1996	450478	40039
辽 宁	Liaoning	44542	15518	3531269	77193	26752	5212	1006246	38032
吉 林	Jilin	38179	11313	1730147	44828	12034	1909	492855	40976
黑龙江	Heilongjiang	114844	43384	7752895	68989	1309	318	26476	20847
上 海	Shanghai	222	41	42175	181009				
江 苏	Jiangsu	21625	12495	1180359	54763	5990	1441	263096	43208
浙 江	Zhejiang					1457	267	75007	52306
安 徽	Anhui					10859	2929	718037	57892
福 建	Fujian					4710	906	211972	45197
江 西	Jiangxi	30	5	552	18400	4262	1190	185820	44075
山 东	Shandong	139579	43925	9482731	67943	26745	3798	1308162	50911
河 南	Henan	32116	10643	1868951	57527	6409	1089	175932	27680
湖 北	Hubei	19166	6368	1072748	55231	20372	3354	755874	37276
湖 南	Hunan	48	29	1012	21083	5373	690	157601	29674
广 东	Guangdong	9343	2068	767614	82318	4974	958	248497	48214
广 西	Guangxi	34	11	1460	42941	8031	2131	272337	33793
海 南	Hainan	51	12	3784	70074	5553	1554	276444	49693
重 庆	Chongqing	7293	923	531819	72004	1956	388	101548	51132
四 川	Sichuan	54124	19519	5268537	66754	16076	3340	617974	38962
贵 州	Guizhou					4088	485	123576	30385
云 南	Yunnan	172	56	8704	54742	19868	4498	832057	41549
西 藏	Tibet					773	45	40877	38274
陕 西	Shaanxi	132956	35508	7772556	56835	6735	1086	234466	34159
甘 肃	Gansu	9874	2918	849391	87521	1208	379	50127	41020
青 海	Qinghai	6898	1105	652315	95076	724	176	31368	37522
宁 夏	Ningxia	92	15	6625	70479	449	111	11546	25830
新 疆	Xinjiang	77093	30362	6943929	89943	6816	1418	382901	54090

3-2 续表 6 continued

地 区 Region	有色金属矿采选业 Mining and Processing of Non-ferrous Metal Ores				非金属矿采选业 Mining and Processing of Non-metal Ores			
	年末人数 (人) Year-end Figures (person)	#女 性 Female	工资总额 (千元) Total Wages (1000 yuan)	平均工资 (元) Average Wage (yuan)	年末人数 (人) Year-end Figures (person)	#女 性 Female	工资总额 (千元) Total Wages (1000 yuan)	平均工资 (元) Average Wage (yuan)
全 国 National	**332430**	**64593**	**13401631**	**40746**	**235439**	**51807**	**7850718**	**33454**
北 京 Beijing	2		72	36000	505	55	21186	41379
天 津 Tianjin					7992	1198	417820	51481
河 北 Hebei	2432	288	102364	38425	11899	2511	370107	30799
山 西 Shanxi	1905	476	72784	38167	614	139	11257	18334
内蒙古 Inner Mongolia	16819	3354	722573	43216	9547	2630	333623	34341
辽 宁 Liaoning	17127	1969	649296	39492	10144	1928	344246	35427
吉 林 Jilin	12735	2401	455125	35582	2135	438	52266	23427
黑龙江 Heilongjiang	4799	1140	164469	33159	3221	691	99086	33273
上 海 Shanghai					320	80	14284	45929
江 苏 Jiangsu	1332	420	74896	54430	23499	6017	732308	31737
浙 江 Zhejiang	960	206	55646	58207	8879	1235	352787	39506
安 徽 Anhui	3116	657	134481	44545	4110	1181	157132	38213
福 建 Fujian	6574	750	242203	37023	10417	3191	316078	29934
江 西 Jiangxi	21083	4712	817906	39004	5046	1198	127654	25389
山 东 Shandong	47389	9989	2197117	47186	20623	3846	653996	31322
河 南 Henan	23386	5728	775957	35084	7698	1425	184722	24172
湖 北 Hubei	6354	1511	218638	34248	24099	4157	628581	26921
湖 南 Hunan	27203	4279	1185466	43702	13290	2385	414621	31760
广 东 Guangdong	7700	1826	412164	52592	11555	3031	449851	38597
广 西 Guangxi	19548	4814	712325	36365	7839	2247	232128	29180
海 南 Hainan	953	138	39684	42579	3235	705	71632	21427
重 庆 Chongqing	194	5	8066	43134	3625	785	158823	39745
四 川 Sichuan	22078	4409	954749	44079	17787	4474	590470	33658
贵 州 Guizhou	3064	441	101395	32498	6959	880	222956	32821
云 南 Yunnan	41658	7106	1647123	39981	10488	2697	527994	50735
西 藏 Tibet	1038	217	45621	43951	126	63	3789	30312
陕 西 Shaanxi	20875	3398	720699	34573	1686	193	44290	27647
甘 肃 Gansu	10970	1997	319795	29176	566	95	13291	23400
青 海 Qinghai	4150	838	219683	53963	3998	1266	129671	32073
宁 夏 Ningxia					20	7	1745	87250
新 疆 Xinjiang	6986	1524	351334	50705	3517	1059	172324	45588

3-2 续表 7 continued

地区	Region	开采辅助活动 Support Activities for Mining 年末人数(人) Year-end Figures (person)	#女性 Female	工资总额(千元) Total Wages (1000 yuan)	平均工资(元) Average Wage (yuan)	其他采矿业 Mining of Other Ores 年末人数(人) Year-end Figures (person)	#女性 Female	工资总额(千元) Total Wages (1000 yuan)	平均工资(元) Average Wage (yuan)
全国	**National**	**298147**	**82967**	**19944924**	**66565**	**1695**	**402**	**65813**	**38286**
北京	Beijing	30299	3705	2753258	88393				
天津	Tianjin	19923	7717	1410405	71529				
河北	Hebei	18657	1507	1142275	61199				
山西	Shanxi	750	203	14426	19235				
内蒙古	Inner Mongolia	151	11	8130	50813				
辽宁	Liaoning	57911	22625	3452488	62833	368	27	19227	46667
吉林	Jilin	10060	2511	588236	58322	6	2	622	77750
黑龙江	Heilongjiang	7209	1791	381750	42990	132	10	2570	19470
上海	Shanghai								
江苏	Jiangsu	28	1	1258	44929				
浙江	Zhejiang								
安徽	Anhui	65	4	1153	17738	115	57	4180	36348
福建	Fujian	16		648	38118	42	8	2390	54318
江西	Jiangxi					206	86	5983	29915
山东	Shandong	493		18095	36704	28	3	848	28267
河南	Henan	73993	23579	4664996	62603				
湖北	Hubei	34566	10181	1841881	52389	12	2	276	23000
湖南	Hunan					35	7	2215	63286
广东	Guangdong	694	89	82373	120428	16	4	272	17000
广西	Guangxi					312	61	9234	33097
海南	Hainan								
重庆	Chongqing	323	28	13542	42187				
四川	Sichuan	1548	198	54042	35837	90	49	3743	41589
贵州	Guizhou	66	19	2815	41397				
云南	Yunnan	69	23	1917	25560	60	11	2499	43086
西藏	Tibet					11	8	176	16000
陕西	Shaanxi	899	161	26358	29483				
甘肃	Gansu	120	41	5583	46525	184	48	9899	49495
青海	Qinghai	78	12	4467	55838				
宁夏	Ningxia					66	15	1338	20273
新疆	Xinjiang	40229	8561	3474828	84240	12	4	341	31000

3-2 续表 8 continued

地 区	Region	制造业 Manufacturing 年末人数(人) Year-end Figures (person)	#女 性 Female	工资总额(千元) Total Wages (1000 yuan)	平均工资(元) Average Wage (yuan)	农副食品加工业 Processing of Food from Agricultural Products 年末人数(人) Year-end Figures (person)	#女 性 Female	工资总额(千元) Total Wages (1000 yuan)	平均工资(元) Average Wage (yuan)
全 国	**National**	**42621887**	**16610396**	**1766807181**	**41650**	**1606824**	**687111**	**50669142**	**32369**
北 京	Beijing	1079701	393434	69524525	64235	32200	14079	1435492	43662
天 津	Tianjin	1202451	424326	68736397	56786	19091	5995	975355	51961
河 北	Hebei	1453747	471505	53515190	36613	50826	22132	1448311	28270
山 西	Shanxi	702927	214347	24250138	34941	8290	3357	161851	20133
内蒙古	Inner Mongolia	426678	140899	17897292	41503	25421	9809	821613	31853
辽 宁	Liaoning	1683199	516869	66879637	39507	70024	31433	2132630	30495
吉 林	Jilin	648257	189477	26027835	40216	41648	15945	1166959	27904
黑龙江	Heilongjiang	633458	207979	23534446	36787	70663	25670	1889314	27251
上 海	Shanghai	2187271	841252	143512392	65032	18857	8284	801123	42520
江 苏	Jiangsu	3596736	1538178	155527092	42641	48887	19187	1778604	36482
浙 江	Zhejiang	3724790	1641270	152126787	40464	43940	20274	1520007	35682
安 徽	Anhui	909353	331613	38423350	42393	26426	11968	791988	30870
福 建	Fujian	2923783	1403164	112923963	38725	97541	58164	3341456	34771
江 西	Jiangxi	1020243	432106	27352108	39023	36478	14279	931856	38642
山 东	Shandong	3949770	1491249	144812258	36833	341399	157139	11213906	33102
河 南	Henan	2182526	919776	69311781	33803	138763	61188	4453129	32520
湖 北	Hubei	1605899	578077	62925179	39394	76269	29710	2325960	30935
湖 南	Hunan	1281843	438214	51240389	39788	57861	20041	1760848	29929
广 东	Guangdong	5409380	2389193	230676510	41712	81968	32961	2560089	32036
广 西	Guangxi	718610	275558	23556922	33317	103882	38257	2912052	31691
海 南	Hainan	94934	36892	3328580	34682	18489	8200	509133	27838
重 庆	Chongqing	822507	296070	32283186	40448	25197	12664	877096	34481
四 川	Sichuan	1444877	503316	53330932	36243	42250	15459	1191292	29528
贵 州	Guizhou	476220	153380	17083187	36187	11367	4666	268301	23720
云 南	Yunnan	705302	225687	25680489	36574	59477	26450	1518631	26784
西 藏	Tibet	6612	2781	246228	37313	162	67	4464	27220
陕 西	Shaanxi	862145	286275	34125796	37833	17372	5878	505277	28482
甘 肃	Gansu	338144	104804	14163862	41815	12942	4679	399863	31296
青 海	Qinghai	116883	33555	4967787	42633	1254	326	36292	30018
宁 夏	Ningxia	107791	31529	4333974	39543	4610	1298	168668	37143
新 疆	Xinjiang	305850	97621	14508969	47371	23270	7552	767582	35796

3-2 续表 9 continued

地区	Region	食品制造业 Manufacture of Foods 年末人数(人) Year-end Figures (person)	#女性 Female	工资总额(千元) Total Wages (1000 yuan)	平均工资(元) Average Wage (yuan)	酒、饮料和精制茶制造业 Manufacture of Liquor, Beverages and Refined Tea 年末人数(人) Year-end Figures (person)	#女性 Female	工资总额(千元) Total Wages (1000 yuan)	平均工资(元) Average Wage (yuan)
全国	**National**	**1064157**	**501632**	**41516622**	**40004**	**994040**	**373766**	**37702361**	**38878**
北京	Beijing	51877	26231	2786744	53676	34895	12554	1928999	55108
天津	Tianjin	58009	15539	4427144	78398	15435	4721	996717	60984
河北	Hebei	29176	13974	1140230	39108	25150	10602	727568	28762
山西	Shanxi	6987	3214	177036	26678	19031	7676	953509	49287
内蒙古	Inner Mongolia	32094	11116	1128393	34381	18894	6796	594594	31225
辽宁	Liaoning	21759	11387	616797	28853	22564	8013	757052	32888
吉林	Jilin	14966	6893	374554	24526	21797	7745	639305	29156
黑龙江	Heilongjiang	33113	14602	1007206	27441	29038	11014	899553	31364
上海	Shanghai	77272	32147	4413925	58106	16183	4690	1270474	76305
江苏	Jiangsu	41041	22045	1629017	38537	65904	28851	2258689	35523
浙江	Zhejiang	52794	31155	1768552	39740	38704	13959	1854105	47719
安徽	Anhui	26201	13652	1231149	47246	42151	16047	1417697	35194
福建	Fujian	77622	45752	2702905	35202	56004	19701	2445673	43021
江西	Jiangxi	20563	9991	467484	33651	22818	7583	524189	34754
山东	Shandong	105486	50238	3231820	32078	83459	31498	2788275	34205
河南	Henan	97604	50022	2619490	27043	56994	23096	1603735	28675
湖北	Hubei	33988	16351	1040862	31064	45009	18148	1428505	33716
湖南	Hunan	34806	17813	859655	28662	26324	9866	828997	31344
广东	Guangdong	106249	41335	5552905	52869	48288	13801	2521001	53227
广西	Guangxi	16229	8201	448320	29333	21883	8263	725062	33091
海南	Hainan	4988	2144	158886	31651	3458	1282	116721	32396
重庆	Chongqing	12992	5938	478792	37162	13316	6708	541340	42075
四川	Sichuan	37699	18767	1280108	33506	126882	46551	4987417	40965
贵州	Guizhou	7012	3400	167241	24213	44165	16782	2001367	48268
云南	Yunnan	21124	11486	487041	23930	39919	18073	954085	23973
西藏	Tibet	188	76	6046	31989	403	187	12367	30687
陕西	Shaanxi	17976	8053	492590	27365	23532	7861	834851	35702
甘肃	Gansu	3601	1410	104895	28205	13111	4627	378703	28169
青海	Qinghai	1003	495	20315	20772	4243	1544	170061	40821
宁夏	Ningxia	4079	1959	115088	29555	2042	925	63111	36105
新疆	Xinjiang	15659	6246	581432	35429	12444	4602	478639	41156

3-2 续表 10 continued

地区	Region	烟草制品业 Manufacture of Tobacco 年末人数(人) Year-end Figures (person)	#女性 Female	工资总额(千元) Total Wages (1000 yuan)	平均工资(元) Average Wage (yuan)	纺织业 Manufacture of Textile 年末人数(人) Year-end Figures (person)	#女性 Female	工资总额(千元) Total Wages (1000 yuan)	平均工资(元) Average Wage (yuan)
全 国	**National**	**210149**	**75405**	**21339858**	**104825**	**2025999**	**1174808**	**63531756**	**31387**
北 京	Beijing	938	275	154270	164117	7975	4271	317400	38053
天 津	Tianjin	890	210	125377	145449	15252	9052	611634	37802
河 北	Hebei	4695	999	488438	101567	73487	43377	1698249	22203
山 西	Shanxi	1075	416	101273	94295	7391	4455	92336	12114
内蒙古	Inner Mongolia	2922	1187	253161	86256	20859	12573	646706	30282
辽 宁	Liaoning	2682	944	250579	99436	26769	15689	607818	22291
吉 林	Jilin	4909	1428	502630	103592	8604	5448	172939	19817
黑龙江	Heilongjiang	7921	2208	708363	91178	11190	7214	242469	21086
上 海	Shanghai	4088	877	865347	209985	27422	15403	1235001	43857
江 苏	Jiangsu	6199	2227	744440	120148	256786	152109	8931375	34342
浙 江	Zhejiang	4555	1574	741220	167963	331688	182236	11910166	35512
安 徽	Anhui	14338	4663	1243669	89018	38358	26293	1095769	27811
福 建	Fujian	5147	2065	564801	111665	134578	74637	5055076	37210
江 西	Jiangxi	7009	2356	385880	55427	45452	30656	1031286	35774
山 东	Shandong	8441	2992	833578	100966	431050	224018	13372284	31698
河 南	Henan	16202	7544	1228511	83125	127218	86023	3092057	24748
湖 北	Hubei	10478	3858	597370	51506	111589	73404	3097602	27832
湖 南	Hunan	19332	5362	1992390	103673	31187	18347	771621	24824
广 东	Guangdong	6848	2437	1428838	218510	158919	83533	5526127	33406
广 西	Guangxi	2523	1112	264108	112770	20351	14491	508511	24895
海 南	Hainan	594	218	77509	130927	819	343	24452	22069
重 庆	Chongqing	4972	2581	434777	101607	13709	9607	342204	25068
四 川	Sichuan	8901	2258	737914	86316	40283	28156	1004693	24925
贵 州	Guizhou	7027	2440	646689	94023	2361	1469	52844	17823
云 南	Yunnan	42169	16503	4588880	117851	7835	5047	153902	19245
西 藏	Tibet					173	139	2752	15548
陕 西	Shaanxi	10380	4120	1020637	99555	42956	28497	1019661	22757
甘 肃	Gansu	3905	2208	303425	77702	4125	2446	75926	17715
青 海	Qinghai					1592	970	50106	32306
宁 夏	Ningxia	29	8	1430	49310	3005	645	108996	33527
新 疆	Xinjiang	980	335	54354	57762	23016	14260	679794	28499

3-2 续表 11 continued

地 区	Region	纺织服装、服饰业 Manufacture of Textile, Wearing Apparel and Accessories 年末人数(人) Year-end Figures (person)	#女 性 Female	工资总额(千元) Total Wages (1000 yuan)	平均工资(元) Average Wage (yuan)	皮革、毛皮、羽毛及其制品和制鞋业 Manufacture of Leather, Fur, Feather and Related Products and Footwear 年末人数(人) Year-end Figures (person)	#女 性 Female	工资总额(千元) Total Wages (1000 yuan)	平均工资(元) Average Wage (yuan)
全 国	**National**	**2319243**	**1541664**	**78473201**	**33826**	**1292968**	**745309**	**40361848**	**31391**
北 京	Beijing	46697	34820	1766498	36642	2364	1364	97473	37418
天 津	Tianjin	77004	58281	3357606	43437	8296	4726	333195	40207
河 北	Hebei	27697	17815	651489	23449	13468	6854	429809	33769
山 西	Shanxi	5905	3435	147178	24513	212	117	900	4688
内蒙古	Inner Mongolia	4118	3087	124064	29553	3639	1903	98763	27095
辽 宁	Liaoning	69836	48212	2113975	30181	6581	3558	195125	28386
吉 林	Jilin	8385	6055	172389	20437	1600	794	27737	17249
黑龙江	Heilongjiang	1679	1314	33169	19296	2106	618	34456	16423
上 海	Shanghai	113149	83932	4659740	39501	24451	14546	945411	37435
江 苏	Jiangsu	252176	189385	8092185	31793	49114	33231	1660213	32768
浙 江	Zhejiang	380389	267203	13804507	35627	171185	89114	5414184	31663
安 徽	Anhui	30422	21882	1107866	36156	14573	8870	400586	29755
福 建	Fujian	511270	282175	18023252	35517	433910	249373	14503627	33051
江 西	Jiangxi	63198	44937	1410164	34751	71609	38605	1373717	29639
山 东	Shandong	194410	134994	6030044	30797	85209	51814	2585021	29782
河 南	Henan	43840	28718	1122687	25874	47535	25326	1352388	28898
湖 北	Hubei	81855	56366	2468090	31441	19686	11986	624731	32632
湖 南	Hunan	19129	10908	556959	29306	56326	35401	1459999	26119
广 东	Guangdong	344792	219281	11524108	32269	243685	146663	7763133	30639
广 西	Guangxi	3248	2282	87255	25938	4600	2636	111737	22401
海 南	Hainan	2910	2674	75868	24146	136	75	4062	29868
重 庆	Chongqing	12446	9368	438909	35192	8221	5019	266189	29501
四 川	Sichuan	8917	4961	263914	29511	15268	7376	453438	26805
贵 州	Guizhou	2809	1377	89230	30258	3087	1798	89739	27510
云 南	Yunnan	3520	2560	70402	19933	2788	1897	39057	15711
西 藏	Tibet	124	88	995	8024	82	31	3375	41159
陕 西	Shaanxi	3956	2474	121492	30649	1046	488	35307	32541
甘 肃	Gansu	1237	525	13000	10484	978	331	32405	33236
青 海	Qinghai	1157	442	65464	57274	42	27	837	16412
宁 夏	Ningxia	1103	947	30531	29991	940	657	19725	21141
新 疆	Xinjiang	1865	1166	50171	26801	231	111	5509	23952

3-2 续表 12 continued

地 区 Region	木材加工和木、竹、藤、棕、草制品业 Processing of Timbers,Manufacture of Wood, Bamboo, Rattan, Palm, and Straw Products				家具制造业 Manufacture of Furniture			
	年末人数(人) Year-end Figures (person)	#女性 Female	工资总额(千元) Total Wages (1000 yuan)	平均工资(元) Average Wage (yuan)	年末人数(人) Year-end Figures (person)	#女性 Female	工资总额(千元) Total Wages (1000 yuan)	平均工资(元) Average Wage (yuan)
全 国 National	**345236**	**133646**	**10366647**	**30592**	**399561**	**141711**	**14348669**	**36137**
北 京 Beijing	2926	876	107621	36482	13073	4212	526696	39667
天 津 Tianjin	2338	915	94241	38466	6978	1873	247550	34459
河 北 Hebei	3914	1501	115596	29110	8571	3153	227462	25883
山 西 Shanxi	640	422	18440	28589	621	244	8677	14510
内蒙古 Inner Mongolia	4397	1657	101553	21732	743	147	25740	34737
辽 宁 Liaoning	12318	4605	385912	31622	18589	6375	499208	28033
吉 林 Jilin	30060	10689	643081	21235	2635	1135	57866	20913
黑龙江 Heilongjiang	25865	10261	615819	23873	8488	3288	233042	27849
上 海 Shanghai	8619	2956	459277	50799	27166	9090	1328898	47508
江 苏 Jiangsu	27084	12157	907888	34930	17246	7596	787704	44393
浙 江 Zhejiang	24141	10085	798179	32867	96762	35926	3588507	37519
安 徽 Anhui	4285	1951	117571	28344	1374	541	41493	28815
福 建 Fujian	30494	13396	1096336	36234	36747	15475	1414282	37422
江 西 Jiangxi	11912	4484	283006	36451	9637	3778	225856	36820
山 东 Shandong	18270	6706	679602	38741	20598	6951	615098	30074
河 南 Henan	11852	4225	294244	25051	9238	3067	260582	28867
湖 北 Hubei	13909	4764	452519	35657	7836	3101	278188	35497
湖 南 Hunan	14070	4787	382716	27777	6403	1580	241837	38284
广 东 Guangdong	29094	11435	945538	31837	74188	24303	2564287	33703
广 西 Guangxi	22836	9248	619890	27428	1720	677	42900	24712
海 南 Hainan	1290	411	34102	26663	323	114	6472	20416
重 庆 Chongqing	1806	729	57022	30940	4025	1533	161045	40617
四 川 Sichuan	11883	3796	385025	31878	22157	6134	863935	41434
贵 州 Guizhou	12553	5051	333947	25770	1331	502	35124	26509
云 南 Yunnan	14875	5258	330444	22984	1107	215	19517	19875
西 藏 Tibet	937	372	29814	31549	97	24	1330	13711
陕 西 Shaanxi	1696	470	50741	29883	1210	499	31632	28293
甘 肃 Gansu	605	278	10317	17053	562	146	11096	19779
青 海 Qinghai								
宁 夏 Ningxia					28	11	493	17607
新 疆 Xinjiang	567	161	16206	28382	108	21	2152	20302

3-2 续表 13 continued

地区	Region	造纸和纸制品业 Manufacture of Paper and Paper Products 年末人数(人) Year-end Figures (person)	#女性 Female	工资总额(千元) Total Wages (1000 yuan)	平均工资(元) Average Wage (yuan)	印刷和记录媒介复制业 Printing and Reproduction of Recording Media 年末人数(人) Year-end Figures (person)	#女性 Female	工资总额(千元) Total Wages (1000 yuan)	平均工资(元) Average Wage (yuan)
全国	**National**	**705990**	**259183**	**25254650**	**35550**	**419272**	**178172**	**16823672**	**40030**
北京	Beijing	9065	4145	365161	38897	34866	13625	1832909	51563
天津	Tianjin	15695	4221	668959	43774	7547	2790	299058	39922
河北	Hebei	14979	5218	592689	39334	13826	6098	467794	33596
山西	Shanxi	969	486	20712	20691	6769	2905	173005	25532
内蒙古	Inner Mongolia	4385	1368	142997	31539	3068	1446	92304	29424
辽宁	Liaoning	12487	4484	318373	25016	11132	4652	326959	29305
吉林	Jilin	6965	1924	153760	22434	6096	2788	159092	25249
黑龙江	Heilongjiang	6187	1946	169295	27165	5825	2525	135559	22749
上海	Shanghai	25723	9386	1246809	48347	26684	11624	1702744	61875
江苏	Jiangsu	46201	16224	2383181	50288	24029	10639	1111336	45599
浙江	Zhejiang	64806	21447	2517519	38790	31722	13485	1263051	39395
安徽	Anhui	10608	3674	498814	47174	12421	5425	558439	45747
福建	Fujian	70886	31430	2589565	36338	15695	6988	600216	37988
江西	Jiangxi	10792	3923	286631	40548	10466	5356	295112	36456
山东	Shandong	102673	33961	3358970	32965	26440	10234	882973	33454
河南	Henan	43894	16567	1185053	27005	14973	5564	503133	34899
湖北	Hubei	24952	10302	757390	29268	17194	6664	646350	38517
湖南	Hunan	31275	9284	1082664	34430	11241	4053	400903	36629
广东	Guangdong	84027	35032	3375488	38132	66299	30488	2662748	38928
广西	Guangxi	38936	14559	996948	25621	6551	2964	217976	32734
海南	Hainan	7078	2355	305715	41213	1506	621	44406	29506
重庆	Chongqing	10355	3830	404930	40489	8288	3156	384849	46558
四川	Sichuan	22825	7776	747159	32204	17617	7475	673701	37591
贵州	Guizhou	3824	1246	96857	24886	4507	1924	133670	28889
云南	Yunnan	13134	4905	356170	27491	12761	5403	432385	33497
西藏	Tibet					335	150	10140	30269
陕西	Shaanxi	9666	4095	195622	20508	12270	5101	555915	45567
甘肃	Gansu	1379	292	28113	20581	3303	1523	83151	25609
青海	Qinghai					1568	729	43096	27520
宁夏	Ningxia	7677	3389	247827	28744	571	224	20791	37597
新疆	Xinjiang	4547	1714	161279	33712	3702	1553	109907	34335

3-2 续表 14 continued

地 区 Region	文教、工美、体育和娱乐用品制造业 Manufacture of Articles for Culture, Education, Arts and Crafts,Sport and Entertainment Activities				石油加工、炼焦和核燃料加工业 Processing of Petroleum ,Coking and Processing of Nucleus Fuel			
	年末人数 (人) Year-end Figures (person)	#女 性 Female	工资总额 (千元) Total Wages (1000 yuan)	平均工资 (元) Average Wage (yuan)	年末人数 (人) Year-end Figures (person)	#女 性 Female	工资总额 (千元) Total Wages (1000 yuan)	平均工资 (元) Average Wage (yuan)
全 国 National	**902460**	**505918**	**29571992**	**32321**	**651707**	**187789**	**36720154**	**56523**
北 京 Beijing	11056	5362	494614	43338	16960	5683	1208059	70841
天 津 Tianjin	15798	8306	538689	32477	16655	5174	1250132	74849
河 北 Hebei	9342	6177	277163	28130	31511	8580	1419683	45722
山 西 Shanxi	1220	582	24462	19523	83767	17149	3298510	39364
内蒙古 Inner Mongolia	1166	423	32392	28265	9166	1878	748912	80763
辽 宁 Liaoning	7245	3996	186153	25413	89768	27520	5354005	59140
吉 林 Jilin	802	295	19800	23827	6201	1184	159859	26044
黑龙江 Heilongjiang	4409	3100	84748	18679	63099	21079	3857813	60041
上 海 Shanghai	32950	16972	1479031	43226	20404	6584	1894517	92941
江 苏 Jiangsu	63031	40000	1959233	30897	13235	4520	843506	63574
浙 江 Zhejiang	88564	49731	3081669	34241	9388	2058	880129	95760
安 徽 Anhui	5663	4260	148798	28994	1249	233	60479	36990
福 建 Fujian	154892	79093	5402515	34663	3856	1242	377203	97192
江 西 Jiangxi	30018	16342	599572	32157	13938	3547	499317	40470
山 东 Shandong	94164	54030	2903119	30155	85497	26064	4299698	51178
河 南 Henan	33847	22247	980904	28470	20425	5042	790467	38905
湖 北 Hubei	4319	2196	130923	31135	6876	1686	319961	46567
湖 南 Hunan	8940	4319	208992	23975	18342	4539	1184388	64404
广 东 Guangdong	315768	177948	10520874	31714	22166	5795	1896536	85403
广 西 Guangxi	5773	3604	152438	26355	4393	1071	279568	64476
海 南 Hainan	190	113	4176	22213	968	194	75512	77847
重 庆 Chongqing	2532	1691	80792	31972	3553	822	160534	46104
四 川 Sichuan	770	285	26778	34777	2755	749	106812	38813
贵 州 Guizhou	1158	602	26937	23987	13268	3121	302854	22745
云 南 Yunnan	5445	2182	136758	24334	17426	4770	520199	30204
西 藏 Tibet	469	316	9255	20163				
陕 西 Shaanxi	835	340	21847	26195	20055	7487	1056403	54801
甘 肃 Gansu	793	491	12937	15719	7754	3469	444466	57107
青 海 Qinghai	1042	730	21054	22139	3223	947	288789	87804
宁 夏 Ningxia	87	70	1473	17128	5696	1794	309869	53872
新 疆 Xinjiang	172	115	3896	21765	40113	13808	2831974	70487

3-2 续表 15 continued

地 区	Region	化学原料和化学制品制造业 Manufacture of Raw Chemical Material and Chemical Products				医药制造业 Manufacture of Medicines			
		年末人数（人） Year-end Figures (person)	#女性 Female	工资总额（千元） Total Wages (1000 yuan)	平均工资（元） Average Wage (yuan)	年末人数（人） Year-end Figures (person)	#女性 Female	工资总额（千元） Total Wages (1000 yuan)	平均工资（元） Average Wage (yuan)
全 国	**National**	**2546886**	**806742**	**109492239**	**43258**	**1290436**	**606236**	**56403482**	**44806**
北 京	Beijing	40529	16408	2389469	59992	66239	34075	6849083	106337
天 津	Tianjin	49295	11761	3153459	63899	42489	16375	2993164	72883
河 北	Hebei	103120	32728	3497129	33914	54970	26517	1836687	32090
山 西	Shanxi	83511	25647	2659307	32142	21202	10609	554281	26777
内蒙古	Inner Mongolia	37494	11415	1568248	41753	20067	7681	665322	35603
辽 宁	Liaoning	86414	23345	3496541	40080	28860	12380	1044307	36360
吉 林	Jilin	66287	18067	3523936	51995	44416	23753	1081025	24418
黑龙江	Heilongjiang	22902	7665	632893	27114	43826	20305	1624523	37396
上 海	Shanghai	97910	30141	8848174	89422	55608	25225	5226816	93014
江 苏	Jiangsu	239342	84009	10915385	45330	89793	41544	3382479	39180
浙 江	Zhejiang	169290	50331	8699553	51613	102517	43360	4925171	48877
安 徽	Anhui	66368	20547	2550100	38006	30100	15143	1229949	39155
福 建	Fujian	57375	20607	2220856	38200	19484	9807	797274	40995
江 西	Jiangxi	53519	18233	1384195	36269	44539	22201	1291059	42451
山 东	Shandong	280753	77933	10706566	38390	129534	61579	4229634	33289
河 南	Henan	122598	39860	3641887	29776	86415	41745	2383460	28093
湖 北	Hubei	98109	30067	3397469	34888	60517	31113	2308900	38729
湖 南	Hunan	121680	46821	4012589	33285	30354	13924	968300	32524
广 东	Guangdong	178021	63842	8768522	49062	94071	41152	4837305	52006
广 西	Guangxi	45359	17497	1318057	29072	29658	16247	962326	32729
海 南	Hainan	4027	1418	215570	52681	12987	6752	452260	35586
重 庆	Chongqing	56161	18317	2522256	44553	27853	12773	1135986	43533
四 川	Sichuan	134412	40618	4794973	35719	54356	24081	1921085	35671
贵 州	Guizhou	59673	17542	2339717	39244	26286	12593	788217	30940
云 南	Yunnan	80825	22678	2894299	35788	18451	9238	607047	32936
西 藏	Tibet	23	4	288	12522	893	468	49481	55472
陕 西	Shaanxi	56536	18576	2245593	40457	35508	16567	1558265	44255
甘 肃	Gansu	45361	14371	2663368	59061	9447	4451	368080	39091
青 海	Qinghai	30249	9542	1368118	46666	3460	1803	93048	26616
宁 夏	Ningxia	15183	4521	587935	37647	3233	1345	119172	36987
新 疆	Xinjiang	44560	12231	2475787	55911	3303	1430	119776	37059

3-2 续表 16 continued

地 区	Region	化学纤维制造业 Manufacture of Chemical Fibres 年末人数(人) Year-end Figures (person)	#女性 Female	工资总额(千元) Total Wages (1000 yuan)	平均工资(元) Average Wage (yuan)	橡胶和塑料制品业 Manufacture of Rubber and Plastics Products 年末人数(人) Year-end Figures (person)	#女性 Female	工资总额(千元) Total Wages (1000 yuan)	平均工资(元) Average Wage (yuan)
全 国	**National**	**254321**	**96617**	**9715965**	**37754**	**1340471**	**552546**	**50728555**	**37662**
北 京	Beijing	728	329	32720	43861	24483	10405	1040860	42308
天 津	Tianjin	804	337	39900	51220	42211	14012	1954192	44695
河 北	Hebei	10254	3940	229433	22074	34940	15417	1045011	29015
山 西	Shanxi	786	313	5952	6339	7263	2477	180473	24021
内蒙古	Inner Mongolia					2659	896	106168	39191
辽 宁	Liaoning	6789	2926	209557	30122	45104	15276	1689976	37172
吉 林	Jilin	9666	3065	258466	26627	10857	3332	280281	25596
黑龙江	Heilongjiang	1219	365	21294	16649	13683	4192	340559	24114
上 海	Shanghai	2922	1115	162706	55342	113291	52687	6220073	52348
江 苏	Jiangsu	46920	18039	2116793	42657	76082	31722	3318902	43153
浙 江	Zhejiang	76795	28655	3291545	42556	164754	67662	6317817	37755
安 徽	Anhui	3361	1398	128122	40392	35249	14960	1358324	38863
福 建	Fujian	18798	6974	789577	42930	144874	65668	5424538	38895
江 西	Jiangxi	3312	1241	102218	47810	16072	7290	389472	38550
山 东	Shandong	13288	4784	410538	30923	134069	47549	4589529	34079
河 南	Henan	18513	7567	633035	33506	46992	15397	1434581	30743
湖 北	Hubei	4946	1819	138633	27816	32382	14409	1088153	34053
湖 南	Hunan	1710	774	53249	31828	18490	6656	531124	29168
广 东	Guangdong	10975	4058	404823	36586	250009	111948	9366896	36577
广 西	Guangxi	20	5	539	25667	14930	7426	427401	28810
海 南	Hainan	670	180	22444	33449	2250	1052	78197	34662
重 庆	Chongqing	23	4	355	15435	18248	8508	685536	38440
四 川	Sichuan	15488	6748	453843	28576	33882	13922	969904	28799
贵 州	Guizhou	172	53	2318	12878	18551	5825	597098	32381
云 南	Yunnan	333	50	19296	57946	9936	4227	247619	25711
西 藏	Tibet								
陕 西	Shaanxi	1212	289	62339	51949	7462	2860	189576	24974
甘 肃	Gansu	1486	429	19027	11855	4640	1709	148954	31267
青 海	Qinghai					397	123	10317	27008
宁 夏	Ningxia	82	36	5140	62683	4589	1101	165524	34854
新 疆	Xinjiang	3049	1124	102103	33487	12122	3838	531500	42486

3-2 续表 17 continued

地 区	Region	非金属矿物制品业 Manufacture of Non-metallic Mineral Products 年末人数(人) Year-end Figures (person)	#女 性 Female	工资总额(千元) Total Wages (1000 yuan)	平均工资(元) Average Wage (yuan)	黑色金属冶炼和压延加工业 Smelting and Pressing of Ferrous Metals 年末人数(人) Year-end Figures (person)	#女 性 Female	工资总额(千元) Total Wages (1000 yuan)	平均工资(元) Average Wage (yuan)
全 国	**National**	**2275994**	**679713**	**78149451**	**34826**	**2392923**	**503196**	**110530005**	**46086**
北 京	Beijing	63417	14628	3098137	47979	11967	2690	642906	52159
天 津	Tianjin	28443	6816	1366257	46125	95902	14978	4866148	50866
河 北	Hebei	103547	34102	3100052	29440	299693	54057	14172260	47241
山 西	Shanxi	38196	10153	1075172	27861	88695	19112	4020867	45152
内蒙古	Inner Mongolia	28125	7461	919002	31583	83189	26422	4628028	55087
辽 宁	Liaoning	79904	17669	2450707	30304	271864	43743	11140964	40860
吉 林	Jilin	39687	9041	1060233	26616	34758	6962	1252100	35450
黑龙江	Heilongjiang	36019	8872	1033076	27922	25668	5363	948763	36841
上 海	Shanghai	54025	13704	3349051	60377	56991	9068	6407201	110321
江 苏	Jiangsu	103024	33486	4047042	38779	109232	27909	5142238	45528
浙 江	Zhejiang	96277	25566	3800621	39330	65051	11518	3123004	46982
安 徽	Anhui	44657	12080	1804135	40603	63143	11233	3408492	53518
福 建	Fujian	193897	70519	7126175	38572	64455	14109	3217874	48681
江 西	Jiangxi	93494	34646	2210344	34881	61280	17528	2025333	49780
山 东	Shandong	189377	53703	6288043	33118	199539	41990	9425391	45925
河 南	Henan	168621	46902	4854082	28957	112863	24836	4496159	39755
湖 北	Hubei	124239	30267	4132863	33311	123312	25773	6614529	52660
湖 南	Hunan	120331	34330	4105114	34377	72203	16890	3113511	42581
广 东	Guangdong	236226	90490	8140046	35314	56701	10247	2756208	46830
广 西	Guangxi	61334	21206	1782663	29169	51357	13313	1914980	36903
海 南	Hainan	7918	2020	256784	32070	794	115	29615	36835
重 庆	Chongqing	49345	14152	1854375	36918	30840	7205	1192936	39999
四 川	Sichuan	93883	30165	3159501	33105	151997	41395	5733077	36948
贵 州	Guizhou	46249	11630	1324428	28610	54216	10931	1781699	32693
云 南	Yunnan	60622	15868	1731880	28744	75619	17244	2528285	33635
西 藏	Tibet	2317	692	104966	45637	305	104	8992	29482
陕 西	Shaanxi	35531	9979	1083627	30354	28228	6799	1059231	37749
甘 肃	Gansu	26856	6610	836288	31080	41842	7262	1992613	48260
青 海	Qinghai	6384	1620	200874	30776	18031	4157	750944	41139
宁 夏	Ningxia	5409	1647	267919	46050	8784	1350	300825	35412
新 疆	Xinjiang	38640	9689	1585994	39628	34404	8893	1834832	51131

3-2 续表 18 continued

地 区 Region	有色金属冶炼和压延加工业 Smelting and Pressing of Non-ferrous Metals 年末人数(人) Year-end Figures (person)	#女性 Female	工资总额(千元) Total Wages (1000 yuan)	平均工资(元) Average Wage (yuan)	金属制品业 Manufacture of Metal Products 年末人数(人) Year-end Figures (person)	#女性 Female	工资总额(千元) Total Wages (1000 yuan)	平均工资(元) Average Wage (yuan)
全 国 National	**1178534**	**278509**	**47953811**	**40958**	**1490852**	**452777**	**58426135**	**39101**
北 京 Beijing	5102	1542	248820	47214	46801	12142	2282577	47884
天 津 Tianjin	11264	2130	524396	46621	49400	11896	2330343	47007
河 北 Hebei	19365	4874	634001	32672	66138	20346	2180614	33157
山 西 Shanxi	48831	11628	1800635	36697	37161	12102	1230484	32943
内蒙古 Inner Mongolia	61954	16351	2688435	43052	12560	3159	506392	39316
辽 宁 Liaoning	35582	6942	1205969	32481	99347	24219	3291916	33036
吉 林 Jilin	8976	1896	293970	31555	13634	3717	407361	29336
黑龙江 Heilongjiang	7725	1959	280492	35335	16081	4438	481524	29614
上 海 Shanghai	17332	4452	1094288	59212	111442	35792	6236684	55334
江 苏 Jiangsu	29748	9569	1306267	43613	119240	34503	5290582	43013
浙 江 Zhejiang	43126	12164	1797080	42127	138133	48998	5339649	38207
安 徽 Anhui	39132	7114	1791002	46053	32378	9077	1564500	48087
福 建 Fujian	32198	8030	1735118	54038	62805	20461	2503698	40146
江 西 Jiangxi	62371	12561	2413494	49995	26447	7256	764041	43271
山 东 Shandong	70970	15029	2529400	37664	124179	33174	4310082	34582
河 南 Henan	74197	16937	2754019	37395	61663	18421	2165824	35704
湖 北 Hubei	33224	9263	1206012	36148	57279	18807	2068427	36284
湖 南 Hunan	65593	16200	2580480	39608	32148	7936	1132300	35071
广 东 Guangdong	50498	12814	1862431	36109	225531	83881	8643652	37582
广 西 Guangxi	33652	7899	1383533	40765	14965	3853	550460	36921
海 南 Hainan	4	1	94	23500	2021	649	68041	36522
重 庆 Chongqing	15753	4173	752086	45086	21465	6100	882245	40960
四 川 Sichuan	28458	6386	1030676	35878	43288	11172	1509370	34799
贵 州 Guizhou	33316	7643	1216037	35954	15683	4143	515148	32501
云 南 Yunnan	123855	26774	4934381	38316	17772	4142	529891	29537
西 藏 Tibet	69	32	1505	21812				
陕 西 Shaanxi	79383	17771	2971624	37558	28552	8556	1025616	36453
甘 肃 Gansu	84093	23815	4002960	47237	6563	1538	204244	32149
青 海 Qinghai	30589	6750	1373590	44597	845	265	24850	29408
宁 夏 Ningxia	20302	4106	905949	43942	958	236	35712	37831
新 疆 Xinjiang	11872	1704	635067	60859	6373	1798	349908	51007

3-2 续表 19 continued

地区 Region	通用设备制造业 Manufacture of General Purpose Machinery				专用设备制造业 Manufacture of Special Purpose Machinery			
	年末人数（人）Year-end Figures (person)	#女性 Female	工资总额（千元）Total Wages (1000 yuan)	平均工资（元）Average Wage (yuan)	年末人数（人）Year-end Figures (person)	#女性 Female	工资总额（千元）Total Wages (1000 yuan)	平均工资（元）Average Wage (yuan)
全国 National	**2275721**	**654609**	**101877251**	**44430**	**1790765**	**501859**	**86600348**	**48010**
北京 Beijing	64322	16872	4332286	67339	73563	20773	5261247	70552
天津 Tianjin	68347	16252	4208879	61108	99352	23744	7274254	72401
河北 Hebei	75080	19972	2286505	30439	78781	18888	3250901	41008
山西 Shanxi	32096	8032	876657	27268	59791	23481	2250762	37530
内蒙古 Inner Mongolia	18622	5743	696155	37210	7482	1779	340942	43902
辽宁 Liaoning	157268	39663	6266125	39718	102887	30898	4303527	41337
吉林 Jilin	15983	4290	468088	28850	16306	4020	466666	28794
黑龙江 Heilongjiang	55444	13415	2229412	39232	46399	10015	1972363	42671
上海 Shanghai	185176	51134	14096839	74249	114587	30420	9014370	76303
江苏 Jiangsu	240761	72032	11690202	47476	143728	46464	6398134	44756
浙江 Zhejiang	301189	95486	13049344	42723	130137	40250	5610182	42733
安徽 Anhui	66411	21524	2536936	38804	35978	9157	1545390	42762
福建 Fujian	55017	18838	2150707	38952	56357	16021	2218928	39320
江西 Jiangxi	39744	13381	1027000	35738	29876	14107	815622	41258
山东 Shandong	240027	61254	9091025	37725	162814	39475	6174970	37927
河南 Henan	79528	22704	2450596	31187	119156	33606	4367832	36883
湖北 Hubei	64031	15835	2434083	38193	38941	10406	1584238	40709
湖南 Hunan	62207	13921	2320061	37995	120582	22052	8114422	60538
广东 Guangdong	211651	81814	9763929	44183	156354	53919	7574319	48301
广西 Guangxi	26736	5779	1110373	41267	27490	6614	959335	34503
海南 Hainan	465	194	12401	27017	805	276	22197	25573
重庆 Chongqing	40409	10568	1606695	39014	14024	3807	642554	46008
四川 Sichuan	70506	19123	3250518	45820	56393	14728	2525036	44163
贵州 Guizhou	10391	3000	346231	33119	8871	2368	323660	36228
云南 Yunnan	16635	4159	585485	34414	15990	3903	547191	34135
西藏 Tibet					30	29	395	13167
陕西 Shaanxi	46860	11584	1897625	39191	49282	12407	1975693	39690
甘肃 Gansu	14435	3813	406982	27927	14830	5668	579514	39625
青海 Qinghai	7324	1914	309078	41504	383	109	9387	24445
宁夏 Ningxia	7327	1848	308658	41559	5329	1366	286979	53943
新疆 Xinjiang	1729	465	68376	35227	4267	1109	189338	41340

3-2 续表 20 continued

地 区	Region	汽车制造业 Manufacture of Automobiles 年末人数（人）Year-end Figures (person)	#女 性 Female	工资总额（千元）Total Wages (1000 yuan)	平均工资（元）Average Wage (yuan)	铁路、船舶、航空航天和其他运输设备制造业 Manufacture of Railway, Ship, Aerospace and Other Transport Equipments 年末人数（人）Year-end Figures (person)	#女 性 Female	工资总额（千元）Total Wages (1000 yuan)	平均工资（元）Average Wage (yuan)
全 国	**National**	**2702011**	**733329**	**133498401**	**49247**	**1273028**	**343568**	**65444727**	**51999**
北 京	Beijing	126686	27588	8082669	66910	34789	9869	2831863	82588
天 津	Tianjin	112749	26262	6259713	55232	59362	19135	3420585	59426
河 北	Hebei	96234	23490	3689186	39437	50221	12864	2223709	44661
山 西	Shanxi	15410	4631	464497	29387	19476	4818	873522	45288
内蒙古	Inner Mongolia	6328	1576	275186	43473	7166	1632	345400	48785
辽 宁	Liaoning	83822	21628	3613521	43504	107252	19700	6052513	56748
吉 林	Jilin	180958	36382	10330534	58892	26003	4824	1472356	56716
黑龙江	Heilongjiang	23386	7047	817294	34513	31251	7672	1624416	53157
上 海	Shanghai	198374	53613	16480504	83118	63396	12580	5264523	82600
江 苏	Jiangsu	138691	42575	7052184	50729	127510	36755	6464262	50335
浙 江	Zhejiang	206935	77291	9392057	45251	66314	18296	2886139	42761
安 徽	Anhui	99913	25778	4803520	48102	12376	2889	542495	43884
福 建	Fujian	84260	26601	3393518	39524	31236	8853	1674104	54856
江 西	Jiangxi	56600	14704	2057668	44688	27652	7090	887919	47444
山 东	Shandong	215447	52797	8553079	39783	86733	16293	4640169	52688
河 南	Henan	98438	26229	3470573	35512	42991	14968	1614694	37860
湖 北	Hubei	251031	65417	12279177	48361	34170	8317	1637069	47834
湖 南	Hunan	60808	15324	2456588	39940	52969	16698	3091639	58713
广 东	Guangdong	211795	66730	12482688	56207	85468	20170	4731431	53913
广 西	Guangxi	70131	16262	2942474	41805	14009	3454	581544	41931
海 南	Hainan	6589	1453	237694	35652	661	272	18676	27627
重 庆	Chongqing	155223	40281	6986510	45262	99196	34168	2934851	35232
四 川	Sichuan	55687	17776	2041799	36903	56415	19293	3089426	54803
贵 州	Guizhou	17124	5241	539749	31640	36658	13054	1732734	47315
云 南	Yunnan	15556	3958	464727	29350	3326	841	217762	63340
西 藏	Tibet								
陕 西	Shaanxi	109991	31854	4202297	32719	86971	26332	4122477	42536
甘 肃	Gansu	1385	301	38548	25461	7451	2459	356028	46827
青 海	Qinghai	85	18	2751	25710	210		5573	27453
宁 夏	Ningxia	128	40	3726	29109	20	7	1011	50550
新 疆	Xinjiang	2247	482	83970	39110	1776	265	105837	59795

3-2 续表 21 continued

地区	Region	电气机械和器材制造业 Manufacture of Electrical Machinery and apparatus 年末人数(人) Year-end Figures (person)	#女性 Female	工资总额(千元) Total Wages (1000 yuan)	平均工资(元) Average Wage (yuan)	计算机、通信和其他电子设备制造业 Manufacture of Computers, Communication and Other Electronic Equipment 年末人数(人) Year-end Figures (person)	#女性 Female	工资总额(千元) Total Wages (1000 yuan)	平均工资(元) Average Wage (yuan)
全国	**National**	**2733942**	**1114128**	**116496504**	**41966**	**5127635**	**2365338**	**228641201**	**45467**
北京	Beijing	62234	21552	4460655	68843	140870	59720	10756519	75957
天津	Tianjin	62832	22015	3661347	56537	196134	108122	11312267	57024
河北	Hebei	79922	25931	2910346	35889	58050	25152	2179715	37164
山西	Shanxi	16997	6061	563616	33906	80877	27155	2185604	30580
内蒙古	Inner Mongolia	4610	1326	181238	37995	2338	681	86627	37195
辽宁	Liaoning	83640	32510	3269459	38510	69436	38101	2817772	39272
吉林	Jilin	12658	3810	390132	30031	4640	1306	137062	29450
黑龙江	Heilongjiang	24805	6718	1164504	46705	3735	1381	111276	30018
上海	Shanghai	174296	78707	10130518	54965	452165	201358	23563472	54746
江苏	Jiangsu	286811	114475	13039456	44612	843674	370340	38301971	44407
浙江	Zhejiang	423762	197862	17270613	39613	263320	123232	11945992	43681
安徽	Anhui	93825	35972	3551453	38297	45235	20596	2214910	47632
福建	Fujian	121463	55285	5163617	41602	263823	133751	13107829	49866
江西	Jiangxi	60083	30368	1583254	41671	69051	34446	1482422	32744
山东	Shandong	190199	66768	7228889	37605	275877	114124	12216333	44908
河南	Henan	94147	36079	3503288	37743	344199	216072	10325431	45090
湖北	Hubei	89441	33462	3335563	37604	111709	31936	5391816	49492
湖南	Hunan	57995	18921	2238706	38299	110746	54027	4033020	36377
广东	Guangdong	587399	259959	24528221	40629	1320924	594068	61099165	45412
广西	Guangxi	17842	6140	533965	29894	52846	40128	1494453	28069
海南	Hainan	7144	1628	253315	35345	2990	1190	123445	40355
重庆	Chongqing	36587	14707	1560759	38716	102915	44728	3359924	36290
四川	Sichuan	41312	12633	2092271	50510	221228	85142	6868446	27671
贵州	Guizhou	8062	2895	257038	32287	14746	7665	610985	49241
云南	Yunnan	13661	4552	429247	32067	5381	1060	181730	34828
西藏	Tibet								
陕西	Shaanxi	58375	16966	2448490	37481	56430	23948	2208010	36808
甘肃	Gansu	12774	4020	323741	24967	9683	4962	260871	27538
青海	Qinghai	962	243	28757	26652	270	89	9315	34373
宁夏	Ningxia	3828	1114	154572	37527				
新疆	Xinjiang	6276	1449	239474	39091	4343	858	254819	57664

3-2 续表 22 continued

地 区 Region	仪器仪表制造业 Manufacture of Measuring Instrument and Machinery				其他制造业 Other Manufacture			
	年末人数（人） Year-end Figures (person)	#女 性 Female	工资总额（千元） Total Wages (1000 yuan)	平均工资（元） Average Wage (yuan)	年末人数（人） Year-end Figures (person)	#女 性 Female	工资总额（千元） Total Wages (1000 yuan)	平均工资（元） Average Wage (yuan)
全 国 National	**612117**	**260485**	**28207698**	**46112**	**228665**	**111661**	**8873755**	**38967**
北 京 Beijing	33668	12291	2559988	76281	9756	3368	724817	73310
天 津 Tianjin	10495	4416	539226	50674	7070	3330	359359	49718
河 北 Hebei	9279	3262	343985	36825	4144	2635	124841	29388
山 西 Shanxi	8058	3122	287459	35585	1248	409	29014	22810
内蒙古 Inner Mongolia	897	443	29463	24012	885	410	18140	20497
辽 宁 Liaoning	23534	9121	781350	33201	8007	3474	248772	30923
吉 林 Jilin	6382	2174	277738	44310	334	98	9371	28923
黑龙江 Heilongjiang	5746	1876	167351	29489	524	207	13055	24402
上 海 Shanghai	42422	18099	3291172	76082	8655	4671	548472	62841
江 苏 Jiangsu	76147	28374	3436646	44340	11833	7339	362944	28709
浙 江 Zhejiang	79656	35212	3294260	40926	42617	22868	1507403	36087
安 徽 Anhui	6583	2518	362875	59752	3322	1546	144752	43132
福 建 Fujian	32174	17413	1145662	36348	50052	28751	1786459	35912
江 西 Jiangxi	15427	7705	455161	34401	4248	2183	92614	32371
山 东 Shandong	29555	9859	1287748	43974	8179	3714	263546	33586
河 南 Henan	27282	11933	876448	31812	16524	5881	643975	38803
湖 北 Hubei	11911	5660	548907	45026	3432	1477	130870	37499
湖 南 Hunan	10169	3811	451702	44245	2491	1020	71300	28750
广 东 Guangdong	108718	55060	4749964	43651	18447	9089	597222	31286
广 西 Guangxi	1297	681	44062	33229	706	371	39424	56401
海 南 Hainan	2818	942	99783	32588				
重 庆 Chongqing	20043	8425	924812	46774	10783	4108	516173	47290
四 川 Sichuan	19565	7348	727018	37648	5737	1890	280857	48675
贵 州 Guizhou	6928	2785	257471	38257	504	139	14091	28582
云 南 Yunnan	2956	1279	80837	27181	2071	807	55187	24290
西 藏 Tibet					5	2	63	12600
陕 西 Shaanxi	15286	4999	1010522	66957	2811	1164	99783	35012
甘 肃 Gansu	1501	513	36732	23961	153	45	3196	20487
青 海 Qinghai	788	244	33205	40792	957	309	33171	35515
宁 夏 Ningxia	2639	844	99666	40253	52	13	1768	34000
新 疆 Xinjiang	193	76	6485	37270	3118	343	153116	60069

3-2 续表 23 continued

地区	Region	废弃资源综合利用业 Utilization of Waste Resources 年末人数(人) Year-end Figures (person)	#女性 Female	工资总额(千元) Total Wages (1000 yuan)	平均工资(元) Average Wage (yuan)	金属制品、机械和设备修理业 Repair Service of Metal Products, Machinery and Equipment 年末人数(人) Year-end Figures (person)	#女性 Female	工资总额(千元) Total Wages (1000 yuan)	平均工资(元) Average Wage (yuan)
全国	**National**	**64786**	**20341**	**2694812**	**41596**	**105194**	**22628**	**6392269**	**60056**
北京	Beijing	1414	323	69617	51340	8241	1362	838356	102326
天津	Tianjin	6080	636	453876	64434	1234	306	93375	76852
河北	Hebei	687	168	34230	49465	2680	682	92104	36535
山西	Shanxi	177	48	1889	10672	275	91	12058	45674
内蒙古	Inner Mongolia	1012	457	16358	15943	418	77	14996	35962
辽宁	Liaoning	3251	444	106935	36041	18484	3962	1145140	61590
吉林	Jilin	1517	296	56999	32276	527	121	11546	22376
黑龙江	Heilongjiang	1012	248	19790	24134	4450	1402	141055	29986
上海	Shanghai	1672	373	122825	69353	14039	1622	1152407	77871
江苏	Jiangsu	2352	701	127151	49169	915	171	47083	48539
浙江	Zhejiang	10915	3491	413353	38330	5364	781	321209	59024
安徽	Anhui	2155	194	104021	48091	1098	428	68056	67516
福建	Fujian	1642	532	77226	43779	5231	1453	273896	49872
江西	Jiangxi	2590	1318	54939	34187	48	11	1283	35639
山东	Shandong	417	122	13400	32289	1717	463	59528	33108
河南	Henan	1944	689	49286	27320	4070	1321	160231	38986
湖北	Hubei	6013	3189	233653	38029	7252	2324	226366	31257
湖南	Hunan	4417	2100	157921	34346	1714	509	76394	44545
广东	Guangdong	7659	2043	268717	35858	16642	2897	1259299	74820
广西	Guangxi	1655	765	64896	40059	1698	553	79672	48169
海南	Hainan					42	6	1050	25000
重庆	Chongqing	387	88	12207	31140	1840	312	84447	46527
四川	Sichuan	601	298	20033	33333	3462	855	140913	41348
贵州	Guizhou	4169	1473	188333	45261	152	22	3433	35031
云南	Yunnan	328	89	7994	25540	405	69	10160	25657
西藏	Tibet								
陕西	Shaanxi	496	163	13058	26327	281	98	9995	35569
甘肃	Gansu	85	46	1188	13976	1264	367	23231	17995
青海	Qinghai	4	3	128	32000	821	156	18667	24659
宁夏	Ningxia	61	28	1416	23213				
新疆	Xinjiang	74	16	3373	45581	830	207	26319	31671

3-2 续表 24 continued

地 区 Region	电力、热力、燃气及水生产和供应业 Production and Supply of Electricity, Heat, Gas and Water				电力、热力生产和供应业 Production and Supply of Electric Power and Heat Power			
	年末人数(人) Year-end Figures (person)	#女性 Female	工资总额(千元) Total Wages (1000 yuan)	平均工资(元) Average Wage (yuan)	年末人数(人) Year-end Figures (person)	#女性 Female	工资总额(千元) Total Wages (1000 yuan)	平均工资(元) Average Wage (yuan)
全 国 National	**3445578**	**977166**	**199962223**	**58202**	**2650725**	**687053**	**165031694**	**62378**
北 京 Beijing	89378	22696	8159958	91768	67090	15569	6531679	97356
天 津 Tianjin	43718	11287	4038028	93283	31772	7363	3204852	102591
河 北 Hebei	212466	58734	12349913	58708	171614	43193	10890349	64075
山 西 Shanxi	111272	33756	6296672	57327	82409	22138	5409697	66506
内蒙古 Inner Mongolia	119724	33377	7006434	59148	101845	26171	6298753	62556
辽 宁 Liaoning	164475	42112	8471607	51600	116234	26417	6862654	59219
吉 林 Jilin	88996	21697	3670604	41850	66875	14313	3028912	46108
黑龙江 Heilongjiang	157331	44093	7314074	46604	108626	26842	5272049	48983
上 海 Shanghai	58306	13613	6617666	113596	29106	5210	4168497	144484
江 苏 Jiangsu	128678	33844	10392390	80246	88662	19406	8323359	92571
浙 江 Zhejiang	132999	31178	11387901	85668	99388	20149	9426023	94420
安 徽 Anhui	98776	26555	5501618	55599	77305	18382	4673864	60329
福 建 Fujian	94754	27974	6350618	66938	75194	20827	5408997	71495
江 西 Jiangxi	105199	31964	4906898	46839	85418	24535	4273458	50251
山 东 Shandong	210364	58718	11003337	52617	164871	42113	9286779	56672
河 南 Henan	224991	65914	10016087	44667	169107	43532	8055858	47652
湖 北 Hubei	181825	58424	9066032	49626	147608	44404	7821778	52613
湖 南 Hunan	156673	43448	6782290	43086	127132	31841	5667641	44280
广 东 Guangdong	200800	51900	14688138	72974	141179	31923	11508163	81053
广 西 Guangxi	98378	28137	4607185	46784	80796	21879	3977407	49090
海 南 Hainan	21191	6496	1031575	48513	14494	3908	831074	57044
重 庆 Chongqing	74994	22631	4722784	63028	53791	14117	3483871	64433
四 川 Sichuan	176251	57063	8917614	50484	138081	42062	7233204	52051
贵 州 Guizhou	84348	24078	4972595	59344	70040	19080	4473638	64254
云 南 Yunnan	97205	29554	5112476	53087	85001	24964	4619601	54875
西 藏 Tibet	7715	2608	395113	50825	5418	1689	222038	40997
陕 西 Shaanxi	95723	29956	5166684	54069	73391	21536	4177815	56981
甘 肃 Gansu	72169	24467	2954025	41118	58957	19278	2511149	42829
青 海 Qinghai	19845	5784	1172200	59026	17623	4849	1100800	62421
宁 夏 Ningxia	41126	12068	2849056	70533	37214	10381	2694687	73993
新 疆 Xinjiang	75908	23040	4040651	53796	64484	18982	3593048	56176

3-2 续表 25 continued

地 区	Region	燃气生产和供应业 Production and Supply of Gas				水的生产和供应业 Production and Supply of Water			
		年末人数（人） Year-end Figures (person)	#女 性 Female	工资总额（千元） Total Wages (1000 yuan)	平均工资（元） Average Wage (yuan)	年末人数（人） Year-end Figures (person)	#女 性 Female	工资总额（千元） Total Wages (1000 yuan)	平均工资（元） Average Wage (yuan)
全 国	**National**	**216650**	**71677**	**11325836**	**52756**	**578203**	**218436**	**23604693**	**41030**
北 京	Beijing	10831	3060	884061	82855	11457	4067	744218	66698
天 津	Tianjin	6299	1951	410934	65248	5647	1973	422242	73421
河 北	Hebei	12794	4321	575640	45599	28058	11220	883924	31826
山 西	Shanxi	10126	4004	361797	37877	18737	7614	525178	27721
内蒙古	Inner Mongolia	3320	1020	162564	49098	14559	6186	545117	37714
辽 宁	Liaoning	14488	4677	510571	34844	33753	11018	1098382	32651
吉 林	Jilin	5280	1555	189749	36336	16841	5829	451943	26908
黑龙江	Heilongjiang	8810	3003	368877	39771	39895	14248	1673148	41792
上 海	Shanghai	11826	2751	1145678	96017	17374	5652	1303491	74600
江 苏	Jiangsu	9991	3137	560902	56829	30025	11301	1508129	50739
浙 江	Zhejiang	5865	1795	361730	62855	27746	9234	1600148	58519
安 徽	Anhui	5973	1888	276431	46687	15498	6285	551323	35439
福 建	Fujian	4192	1097	262138	64870	15368	6050	679483	44774
江 西	Jiangxi	3263	1379	120360	37068	16518	6050	513080	31149
山 东	Shandong	12906	4378	572225	44796	32587	12227	1144333	35234
河 南	Henan	15361	5940	555977	37174	40523	16442	1404252	34906
湖 北	Hubei	6568	2230	311041	47545	27649	11790	933213	33960
湖 南	Hunan	4792	1341	233323	49792	24749	10266	881326	35635
广 东	Guangdong	11169	3235	673152	60601	48452	16742	2506823	52021
广 西	Guangxi	1972	599	80329	41664	15610	5659	549449	35387
海 南	Hainan	1267	328	53577	42454	5430	2260	146924	27043
重 庆	Chongqing	10858	4101	710909	66608	10345	4413	528004	51826
四 川	Sichuan	16733	6639	784661	47294	21437	8362	899749	42662
贵 州	Guizhou	3817	1179	136562	36651	10491	3819	362395	34702
云 南	Yunnan	2938	808	153881	52971	9266	3782	338994	36787
西 藏	Tibet	1692	653	152927	86693	605	266	20148	33919
陕 西	Shaanxi	7092	2348	439363	62321	15240	6072	549506	36183
甘 肃	Gansu	1791	706	88062	50007	11421	4483	354814	30991
青 海	Qinghai	166	68	5090	30479	2056	867	66310	32236
宁 夏	Ningxia	1018	307	36804	33642	2894	1380	117565	40807
新 疆	Xinjiang	3452	1179	146521	44080	7972	2879	301082	38472

3-2 续表 26 continued

地 区	Region	建筑业 Construction 年末人数(人) Year-end Figures (person)	#女 性 Female	工资总额(千元) Total Wages (1000 yuan)	平均工资(元) Average Wage (yuan)	房屋建筑业 Construction of Buildings 年末人数(人) Year-end Figures (person)	#女 性 Female	工资总额(千元) Total Wages (1000 yuan)	平均工资(元) Average Wage (yuan)
全 国	**National**	**20102586**	**2338136**	**739268096**	**36483**	**13926696**	**1478124**	**489209826**	**34773**
北 京	Beijing	427383	79027	25822894	61579	181636	34677	11538130	64012
天 津	Tianjin	310989	36727	15547541	49156	127672	11647	5476847	41732
河 北	Hebei	814008	89703	26279969	31241	577064	51842	18237768	30169
山 西	Shanxi	387767	52569	15357823	36538	133062	18577	5155696	32024
内蒙古	Inner Mongolia	182466	27527	9003028	33070	134938	18578	6860000	33187
辽 宁	Liaoning	609206	89043	24797749	34379	312752	37110	13790194	33627
吉 林	Jilin	176383	23848	6536655	31185	90521	10873	3529476	28884
黑龙江	Heilongjiang	356205	57266	14421077	32089	245282	37117	10481166	33381
上 海	Shanghai	488552	46827	25452256	51894	323913	22440	14283604	44122
江 苏	Jiangsu	695026	104256	25206300	37619	493953	75324	16762485	35189
浙 江	Zhejiang	2940726	203500	104960136	36901	2359892	150785	83377863	36635
安 徽	Anhui	699418	74511	26870547	39920	469222	48385	17111212	37916
福 建	Fujian	1216984	153871	49020712	42743	873797	119273	36015010	43405
江 西	Jiangxi	666329	83295	20817450	34105	535930	65104	16535964	34138
山 东	Shandong	1368363	139972	46621827	33667	1062810	99816	35105541	32484
河 南	Henan	1255783	149943	38448580	31682	808349	76494	23355128	30402
湖 北	Hubei	970679	124899	35395784	37668	632338	63365	20815608	34296
湖 南	Hunan	946016	103499	29549974	32676	664108	68494	20107290	31895
广 东	Guangdong	1075838	121764	37822829	36540	705927	74070	21114379	31091
广 西	Guangxi	425239	39426	14315311	36449	337283	30224	11277097	36143
海 南	Hainan	59515	5945	2098152	36529	50547	4191	1778184	36692
重 庆	Chongqing	851617	108629	29067229	35581	614843	78900	19639818	33515
四 川	Sichuan	1160870	153222	35264025	31939	899715	109104	25636803	30305
贵 州	Guizhou	348660	38286	12351216	36560	198723	24611	7237607	38152
云 南	Yunnan	664383	90537	17698633	28354	498744	66834	12263627	26277
西 藏	Tibet	5018	916	121528	22882	4185	628	90828	20365
陕 西	Shaanxi	428073	62069	15545801	34033	226657	33772	7462062	32470
甘 肃	Gansu	229867	32588	8010732	33312	178664	23304	6411730	33633
青 海	Qinghai	73524	9487	3027597	38019	25153	2946	1100289	36130
宁 夏	Ningxia	43860	5671	4127229	38330	22140	2922	2999270	37052
新 疆	Xinjiang	223839	29313	19707512	41232	136876	16717	13659150	39400

3-2 续表 27 continued

地 区	Region	土木工程建筑业 Civil Engineering 年末人数(人) Year-end Figures (person)	#女 性 Female	工资总额(千元) Total Wages (1000 yuan)	平均工资(元) Average Wage (yuan)	建筑安装业 Building Installation 年末人数(人) Year-end Figures (person)	#女 性 Female	工资总额(千元) Total Wages (1000 yuan)	平均工资(元) Average Wage (yuan)
全 国	**National**	**3864937**	**541955**	**161135204**	**40875**	**1262645**	**186748**	**51684435**	**41418**
北 京	Beijing	117965	20670	7804969	66578	76753	13609	4167271	55924
天 津	Tianjin	93772	16020	6038785	64282	37600	6165	2091499	52051
河 北	Hebei	163787	26511	5743845	34794	39693	7196	1222727	32381
山 西	Shanxi	229093	28862	9482021	40400	16080	3588	445930	29587
内蒙古	Inner Mongolia	31403	5589	1422529	30719	11444	2623	457468	35701
辽 宁	Liaoning	178911	30871	6952965	36384	85574	14698	3054032	34951
吉 林	Jilin	42391	5996	1361789	32914	34837	5523	1377908	36958
黑龙江	Heilongjiang	64427	11145	2361359	28499	32784	5770	1245426	32130
上 海	Shanghai	84480	12885	6230909	72855	45572	6227	2928196	60481
江 苏	Jiangsu	122403	18097	5159649	42917	45431	6282	1947819	45875
浙 江	Zhejiang	397122	34360	14662891	37264	65951	6831	3159286	49806
安 徽	Anhui	152349	17055	6484904	43925	42669	6244	2079209	52293
福 建	Fujian	126449	15942	5170448	46124	63333	7334	2537321	41308
江 西	Jiangxi	102905	13884	3362266	33802	12450	1870	458109	38406
山 东	Shandong	199162	26206	7796368	39315	75267	9054	2728879	36447
河 南	Henan	269775	44795	9140518	33912	111065	18096	3773761	34201
湖 北	Hubei	202120	43629	9103697	45831	84670	12740	3632738	44095
湖 南	Hunan	198688	25670	7082019	36205	39018	4439	1196968	33411
广 东	Guangdong	208861	24786	10307943	51063	81154	12006	3476341	42696
广 西	Guangxi	33600	4594	1182930	35968	18631	1924	420722	25605
海 南	Hainan	2897	595	102361	34687	4072	661	153191	37741
重 庆	Chongqing	110122	14922	4618689	40185	66586	5579	2689443	44128
四 川	Sichuan	173260	28102	6336191	37736	59911	12079	2259033	35979
贵 州	Guizhou	129076	10511	4271118	33653	14242	1639	613307	42638
云 南	Yunnan	117616	15664	3894726	35142	27339	4632	927410	34489
西 藏	Tibet	812	277	29476	35513				
陕 西	Shaanxi	147440	20422	6214338	34811	36110	4899	1322465	40886
甘 肃	Gansu	36499	7308	1213393	32838	13035	1602	332857	29556
青 海	Qinghai	43299	5679	1779918	40126	3372	596	79354	25385
宁 夏	Ningxia	17485	2312	890911	43448	2835	172	125861	35444
新 疆	Xinjiang	66768	8596	4931279	45007	15167	2670	779904	48538

3-2 续表 28 continued

地 区	Region	建筑装饰和其他建筑业 Building Decoration and Other Constructions 年末人数(人) Year-end Figures (person)	#女 性 Female	工资总额(千元) Total Wages (1000 yuan)	平均工资(元) Average Wage (yuan)	批发和零售业 Wholesale and Retail Trades 年末人数(人) Year-end Figures (person)	#女 性 Female	工资总额(千元) Total Wages (1000 yuan)	平均工资(元) Average Wage (yuan)
全 国	**National**	**1048308**	**131309**	**37238631**	**37053**	**7118450**	**3394217**	**327127374**	**46340**
北 京	Beijing	51029	10071	2312524	48841	686440	329168	54059315	78945
天 津	Tianjin	51945	2895	1940410	38103	174726	70063	8977518	51282
河 北	Hebei	33464	4154	1075629	31772	263272	132360	7340042	28151
山 西	Shanxi	9532	1542	274176	28695	191635	68799	5729531	30325
内蒙古	Inner Mongolia	4681	737	263031	41041	79761	37657	2990110	37396
辽 宁	Liaoning	31969	6364	1000558	30571	210939	104429	7497689	35462
吉 林	Jilin	8634	1456	267482	30548	95296	44170	3024105	31326
黑龙江	Heilongjiang	13712	3234	333126	24122	159010	68230	5265239	33028
上 海	Shanghai	34587	5275	2009547	61274	598371	299408	54334787	91658
江 苏	Jiangsu	33239	4553	1336347	43109	334759	181072	13540115	40887
浙 江	Zhejiang	117761	11524	3760096	33698	392572	204756	19650217	50256
安 徽	Anhui	35178	2827	1195222	34727	159247	80648	5498339	34988
福 建	Fujian	153405	11322	5297933	36894	242500	110633	10557523	44404
江 西	Jiangxi	15044	2437	461111	31579	166946	78563	5372026	32595
山 东	Shandong	31124	4896	991039	32041	489339	247335	15911209	32868
河 南	Henan	66594	10558	2179173	33278	425923	186263	13186088	31177
湖 北	Hubei	51551	5165	1843741	35644	301322	152682	9388362	31447
湖 南	Hunan	44202	4896	1163697	27393	187470	88180	6584318	35622
广 东	Guangdong	79896	10902	2924166	40230	649729	305715	30531303	48345
广 西	Guangxi	35725	2684	1434562	45663	128422	55871	4213899	32923
海 南	Hainan	1999	498	64416	32782	53711	23118	1846457	35386
重 庆	Chongqing	60066	9228	2119279	38486	198069	100694	7726418	39568
四 川	Sichuan	27984	3937	1031998	37570	184898	85825	7000715	38334
贵 州	Guizhou	6619	1525	229184	33546	131690	54799	5476597	40325
云 南	Yunnan	20684	3407	612870	30972	235155	109619	8145107	34154
西 藏	Tibet	21	11	1224	58286	5241	1818	226419	43136
陕 西	Shaanxi	17866	2976	546936	33965	178351	83278	5864301	33043
甘 肃	Gansu	1669	374	52752	32463	60073	28991	1626478	27122
青 海	Qinghai	1700	266	68036	40116	23542	10993	800232	35273
宁 夏	Ningxia	1400	265	111187	41581	27832	16142	1075476	39124
新 疆	Xinjiang	5028	1330	337179	59583	82209	32938	3687439	45733

3-2 续表 29 continued

地区	Region	批发业 Wholesale Trade 年末人数(人) Year-end Figures (person)	#女性 Female	工资总额(千元) Total Wages (1000 yuan)	平均工资(元) Average Wage (yuan)	零售业 Retail Trade 年末人数(人) Year-end Figures (person)	#女性 Female	工资总额(千元) Total Wages (1000 yuan)	平均工资(元) Average Wage (yuan)
全国	**National**	**3369191**	**1344764**	**200551232**	**59679**	**3749259**	**2049453**	**126576142**	**34221**
北京	Beijing	366674	163636	38186366	103932	319766	165532	15872949	50016
天津	Tianjin	79063	29218	5172907	64664	95663	40845	3804611	40022
河北	Hebei	124416	47267	4051730	32745	138856	85093	3288312	24001
山西	Shanxi	111730	35619	3953630	35835	79905	33180	1775901	22592
内蒙古	Inner Mongolia	38278	13788	1649866	42405	41483	23869	1340244	32649
辽宁	Liaoning	87140	32474	4064713	46455	123799	71955	3432976	27700
吉林	Jilin	44665	15608	1634292	36423	50631	28562	1389813	26900
黑龙江	Heilongjiang	76068	25078	2777307	36595	82942	43152	2487932	29786
上海	Shanghai	322736	145342	40625682	126652	275635	154066	13709105	50394
江苏	Jiangsu	129516	57294	6170731	48196	205243	123778	7369384	36280
浙江	Zhejiang	201034	90258	12257113	61263	191538	114498	7393104	38721
安徽	Anhui	78448	29347	3236868	41095	80799	51301	2261471	28851
福建	Fujian	107865	40562	6368544	58834	134635	70071	4188979	32343
江西	Jiangxi	82370	31736	2956757	36210	84576	46827	2415269	29045
山东	Shandong	200031	79348	7807789	39235	289308	167987	8103420	28424
河南	Henan	181188	62749	6526970	36033	244735	123514	6659118	27540
湖北	Hubei	95842	39392	3641027	37911	205480	113290	5747335	28382
湖南	Hunan	67075	23613	3049697	45597	120395	64567	3534621	29966
广东	Guangdong	359507	159611	19172121	55486	290222	146104	11359182	39717
广西	Guangxi	63740	23069	2341339	36771	64682	32802	1872560	29114
海南	Hainan	23825	9349	966380	42372	29886	13769	880077	29962
重庆	Chongqing	77496	31084	3642939	47727	120573	69610	4083479	34332
四川	Sichuan	86218	33333	3906829	45467	98680	52492	3093886	31995
贵州	Guizhou	73481	25052	3822788	48768	58209	29747	1653809	28800
云南	Yunnan	107164	35279	4954129	42785	127991	74340	3190978	26009
西藏	Tibet	2188	919	116932	53248	3053	899	109487	35862
陕西	Shaanxi	79440	27714	3192659	39749	98911	55564	2671642	27499
甘肃	Gansu	26305	9887	891769	33936	33768	19104	734709	21808
青海	Qinghai	12717	4662	499084	42381	10825	6331	301148	27600
宁夏	Ningxia	10249	4466	490279	48769	17583	11676	585197	33563
新疆	Xinjiang	52722	18010	2421995	46397	29487	14928	1265444	44516

3-2 续表 30 continued

地 区 Region	交通运输、仓储和邮政业 Transport, Storage and Post				铁路运输业 Railway Transport			
	年末人数(人) Year-end Figures (person)	#女 性 Female	工资总额(千元) Total Wages (1000 yuan)	平均工资(元) Average Wage (yuan)	年末人数(人) Year-end Figures (person)	#女 性 Female	工资总额(千元) Total Wages (1000 yuan)	平均工资(元) Average Wage (yuan)
全 国 National	**6675203**	**1756710**	**353150643**	**53391**	**1793267**	**326213**	**119787908**	**67501**
北 京 Beijing	578348	154424	37873875	65986	114534	19255	8771162	76374
天 津 Tianjin	140762	27410	10462216	75420	27381	3608	1886715	70526
河 北 Hebei	243019	63692	11066505	45696	57197	5240	3647162	63697
山 西 Shanxi	223140	55943	11053536	49792	110408	16213	7925999	72439
内蒙古 Inner Mongolia	169479	42656	8928436	53487	95616	16566	5980089	65497
辽 宁 Liaoning	328067	81236	16734615	51268	118775	13570	7482906	63202
吉 林 Jilin	159175	32869	7113588	45290	67513	7645	4001874	59852
黑龙江 Heilongjiang	256089	60909	11371577	44616	120954	16244	7124809	59019
上 海 Shanghai	379549	71483	27519844	71062	30925	4297	2525214	82147
江 苏 Jiangsu	306102	98122	14973799	49167	35325	16828	2194894	62031
浙 江 Zhejiang	293640	75949	16811846	57737	28330	4971	2284997	80237
安 徽 Anhui	163223	46723	7010107	42787	41733	6116	2866467	68433
福 建 Fujian	186432	47597	9443766	52750	41037	8598	2375356	65714
江 西 Jiangxi	128752	35642	6641338	51912	60757	12177	4456574	73631
山 东 Shandong	373826	100263	18458441	50097	74684	11631	5206254	70169
河 南 Henan	308906	90112	13276106	43478	116531	24774	7346147	63686
湖 北 Hubei	243822	68269	11968087	49591	83437	18141	5376672	64737
湖 南 Hunan	236033	65771	10663203	45477	77023	14089	5127085	67117
广 东 Guangdong	617985	161068	35610800	58895	64067	15159	4732561	75606
广 西 Guangxi	184799	46561	7902623	43413	56860	8727	3469417	62969
海 南 Hainan	45144	12716	2326120	51948	4398	834	342073	79849
重 庆 Chongqing	157561	29115	7430721	48702	25771	5693	1693349	69136
四 川 Sichuan	235581	76027	12434003	53841	53426	12855	3624295	71001
贵 州 Guizhou	91459	26184	4247749	47049	31290	6162	2170844	69869
云 南 Yunnan	135612	37984	6748448	50069	37939	8637	2976432	78058
西 藏 Tibet	6009	2194	329847	55689	49	4	3102	63306
陕 西 Shaanxi	183423	52032	8604571	45982	98615	20246	5614564	54467
甘 肃 Gansu	103610	30856	4706904	43603	47346	11160	2969589	58864
青 海 Qinghai	34008	12423	1971487	57690	14898	4239	1199991	80737
宁 夏 Ningxia	35667	12686	1783979	50730	14464	3066	907754	63783
新 疆 Xinjiang	125981	37794	7682506	62427	41984	9468	3503561	85649

3-2 续表 31 continued

地 区	Region	道路运输业 Road Transport 年末人数（人）Year-end Figures (person)	#女 性 Female	工资总额（千元）Total Wages (1000 yuan)	平均工资（元）Average Wage (yuan)	水上运输业 Water Transport 年末人数（人）Year-end Figures (person)	#女 性 Female	工资总额（千元）Total Wages (1000 yuan)	平均工资（元）Average Wage (yuan)
全 国	**National**	**2778125**	**777181**	**102191282**	**36999**	**447050**	**80680**	**31866340**	**71094**
北 京	Beijing	269366	66451	10901316	40686	205	59	38566	189049
天 津	Tianjin	50326	12362	2701880	54863	24213	3512	2878988	119021
河 北	Hebei	114234	36903	3504446	30769	27100	5075	2151527	78158
山 西	Shanxi	76692	23842	1946207	25400	43	9	1762	40977
内蒙古	Inner Mongolia	44885	14997	1702818	38168	32	10	1905	59531
辽 宁	Liaoning	96900	31869	2672315	27704	48823	10882	2837700	58976
吉 林	Jilin	44849	14576	1204596	26333	811	110	21570	27761
黑龙江	Heilongjiang	77338	24914	2078568	26998	2748	489	92723	33571
上 海	Shanghai	174277	25136	7140601	39690	55143	7056	6051395	107289
江 苏	Jiangsu	138456	41203	5803636	42156	49049	11215	2236398	45190
浙 江	Zhejiang	151953	38402	7249499	47932	25954	4714	1843235	71721
安 徽	Anhui	78565	25369	2454079	31222	10393	2088	426793	41046
福 建	Fujian	76966	16465	3025371	40041	13245	2552	801050	60193
江 西	Jiangxi	43973	13404	1442078	32941	2815	631	75836	26902
山 东	Shandong	164478	51406	5864611	36181	54572	8004	3215615	60635
河 南	Henan	135835	46669	3877641	28908	2104	428	94548	44410
湖 北	Hubei	97426	30287	3452306	36092	12860	2464	585045	43317
湖 南	Hunan	98687	30184	2908264	29541	4374	974	126627	28996
广 东	Guangdong	301012	74208	13618380	45605	67255	10709	5571877	82253
广 西	Guangxi	77093	21957	2273663	29767	12972	2626	517092	39911
海 南	Hainan	15754	3793	503280	32156	4644	799	331754	70918
重 庆	Chongqing	76734	12007	3199887	43639	11002	1193	515684	43521
四 川	Sichuan	115329	35636	4059956	35329	15361	4739	1419164	95355
贵 州	Guizhou	36248	9773	1051785	29490	791	145	17143	21591
云 南	Yunnan	56271	17450	1809670	32173	401	146	8445	22165
西 藏	Tibet	3790	1356	148693	39483				
陕 西	Shaanxi	52185	16825	1696221	32954	93	24	2977	32011
甘 肃	Gansu	38077	13111	1166429	30631	47	27	820	17447
青 海	Qinghai	14545	6279	531126	36974				
宁 夏	Ningxia	14237	6560	535366	38284				
新 疆	Xinjiang	41644	13787	1666594	40719				

3-2 续表 32 continued

地 区	Region	航空运输业 Air Transport 年末人数(人) Year-end Figures (person)	#女 性 Female	工资总额(千元) Total Wages (1000 yuan)	平均工资(元) Average Wage (yuan)	管道运输业 Transport Via Pipelines 年末人数(人) Year-end Figures (person)	#女 性 Female	工资总额(千元) Total Wages (1000 yuan)	平均工资(元) Average Wage (yuan)
全 国	**National**	**376100**	**137410**	**38283726**	**104864**	**39762**	**10634**	**2474641**	**63336**
北 京	Beijing	62527	24767	9214822	153035	2715	376	195154	75117
天 津	Tianjin	7246	1079	824986	114486	233	48	32634	143132
河 北	Hebei	1795	612	181708	102198	1586	385	170081	109166
山 西	Shanxi	4853	1875	357929	74213	322	46	4626	18070
内蒙古	Inner Mongolia	4022	1850	197650	49240				
辽 宁	Liaoning	18499	7304	1571284	84989	3749	1290	180098	48557
吉 林	Jilin	5286	1684	404686	78170	1157	315	83013	60682
黑龙江	Heilongjiang	6102	1966	465886	79462	847	123	55249	64694
上 海	Shanghai	57671	18015	7252525	124820	167	36	14785	88533
江 苏	Jiangsu	10292	3497	1065987	106556	15411	4593	992838	67522
浙 江	Zhejiang	10279	3126	895820	91048	61	18	3022	61673
安 徽	Anhui	2968	1009	176079	61804				
福 建	Fujian	13457	4531	961563	77092	913	404	35026	39444
江 西	Jiangxi	914	397	57934	63455	603	122	14827	24548
山 东	Shandong	14714	5752	1394385	98634	2446	649	139555	57406
河 南	Henan	7234	998	583104	85637	457	189	9644	20829
湖 北	Hubei	7438	2805	920123	126686	940	335	56822	62442
湖 南	Hunan	8343	2684	531048	68842	88	14	3307	37580
广 东	Guangdong	49202	18501	4678597	98189	251	47	20048	83533
广 西	Guangxi	6173	2258	396563	66415	92	48	3187	32856
海 南	Hainan	13194	4668	855851	65729				
重 庆	Chongqing	8993	3537	734273	84244	74	65	780	10541
四 川	Sichuan	11635	6416	1518498	146531	746	189	84995	113934
贵 州	Guizhou	4608	2700	403617	95848				
云 南	Yunnan	16161	4191	1200392	76879	380	106	21336	59598
西 藏	Tibet	19	6	885	46579				
陕 西	Shaanxi	8667	6193	392378	46065	1183	202	43234	36423
甘 肃	Gansu								
青 海	Qinghai	186	49	18906	104453				
宁 夏	Ningxia	1705	650	96271	56797				
新 疆	Xinjiang	11917	4290	929976	81185	5341	1034	310380	56536

3-2 续表 33 continued

地 区	Region	装卸搬运和运输代理业 Loading, Unloading and Forwarding Agency 年末人数(人) Year-end Figures (person)	#女性 Female	工资总额(千元) Total Wages (1000 yuan)	平均工资(元) Average Wage (yuan)	仓储业 Storage 年末人数(人) Year-end Figures (person)	#女性 Female	工资总额(千元) Total Wages (1000 yuan)	平均工资(元) Average Wage (yuan)
全 国	**National**	**288400**	**84737**	**15616331**	**53538**	**273882**	**74757**	**11114918**	**40904**
北 京	Beijing	49574	18603	3686147	72676	12712	3791	646970	49948
天 津	Tianjin	11502	3093	831873	73971	12744	2506	835333	64996
河 北	Hebei	4448	800	114354	26724	8058	2696	235269	29179
山 西	Shanxi	3630	1176	77099	21175	7293	2483	134419	18386
内蒙古	Inner Mongolia	4887	1256	329763	47681	5628	1683	185457	30684
辽 宁	Liaoning	9348	2716	408301	43965	12452	3744	519449	41723
吉 林	Jilin	1376	343	41502	30382	25825	3152	873300	37241
黑龙江	Heilongjiang	4081	1143	99531	25134	18287	4001	362439	19950
上 海	Shanghai	17596	5300	1410165	76744	22522	4700	1393636	62102
江 苏	Jiangsu	12493	3655	579756	46097	7690	2094	370444	47892
浙 江	Zhejiang	20304	6515	1178256	57384	11514	3102	566252	48760
安 徽	Anhui	2102	556	62485	28121	6038	1829	202360	34096
福 建	Fujian	16720	4306	1033325	62099	5150	1176	266211	49890
江 西	Jiangxi	1480	435	30252	20552	4139	1573	101669	24761
山 东	Shandong	25590	7112	1180862	46491	11462	3949	415833	36194
河 南	Henan	10394	2575	286227	27556	20683	6718	625174	30345
湖 北	Hubei	10124	2548	452448	44392	7536	1824	287291	38750
湖 南	Hunan	12256	2506	502667	40854	5193	1765	168128	32457
广 东	Guangdong	25672	9310	1463999	57446	26558	9057	1449772	55383
广 西	Guangxi	7657	1594	315748	41524	5373	1821	199696	36702
海 南	Hainan	1282	451	54480	41811	1739	460	58107	33510
重 庆	Chongqing	2349	375	73271	31829	5308	1361	168527	32039
四 川	Sichuan	7164	1959	354569	46988	6102	2019	205714	33746
贵 州	Guizhou	2576	825	84324	32901	3474	1037	136501	37760
云 南	Yunnan	8547	1382	189766	22924	2148	697	65175	31289
西 藏	Tibet					180	52	7846	43348
陕 西	Shaanxi	722	261	17719	24817	8696	2726	269675	30940
甘 肃	Gansu	3829	1145	190332	48778	3732	1038	89560	23921
青 海	Qinghai	634	183	62768	73671	1084	366	54143	44234
宁 夏	Ningxia	891	323	48451	53010	583	198	22020	37577
新 疆	Xinjiang	9172	2291	455891	52353	3979	1139	198548	53187

3-2 续表 34 continued

地区 Region	邮政业 Post 年末人数(人) Year-end Figures (person)	#女性 Female	工资总额(千元) Total Wages (1000 yuan)	平均工资(元) Average Wage (yuan)	住宿和餐饮业 Hotels and Catering Services 年末人数(人) Year-end Figures (person)	#女性 Female	工资总额(千元) Total Wages (1000 yuan)	平均工资(元) Average Wage (yuan)
全 国 National	**678609**	**265095**	**31815411**	**48059**	**2650548**	**1405741**	**82444459**	**31267**
北 京 Beijing	66715	21122	4419738	68527	319643	165545	13308156	42016
天 津 Tianjin	7117	1202	469807	67134	69102	21426	2163329	32183
河 北 Hebei	28601	11981	1061958	38177	67824	38769	1742220	25645
山 西 Shanxi	19899	10299	605495	30456	69215	30687	1988996	29378
内蒙古 Inner Mongolia	14409	6294	530754	37897	28903	16758	892091	30529
辽 宁 Liaoning	19521	9861	1062562	54468	72453	36743	2199029	30494
吉 林 Jilin	12358	5044	483047	39199	30147	16822	772427	25042
黑龙江 Heilongjiang	25732	12029	1092372	42741	45601	23457	1386915	30504
上 海 Shanghai	21248	6943	1731523	81973	201344	100231	8299016	40916
江 苏 Jiangsu	37386	15037	1729846	46773	119385	66916	3669704	30586
浙 江 Zhejiang	45245	15101	2790765	63827	163226	89442	5373069	32827
安 徽 Anhui	21424	9756	821844	37447	43362	25376	1062623	26406
福 建 Fujian	18944	9565	945864	50632	94038	50929	2879312	30883
江 西 Jiangxi	14071	6903	462168	33696	42521	25957	955308	22926
山 东 Shandong	25880	11760	1041326	40555	152025	74719	4449873	29528
河 南 Henan	15668	7761	453621	29307	101005	56726	2769968	27252
湖 北 Hubei	24061	9865	837380	35870	92495	52871	2339884	25661
湖 南 Hunan	30069	13555	1296077	43226	95143	55046	2420769	25783
广 东 Guangdong	83968	24077	4075566	53522	322825	162424	10004896	31378
广 西 Guangxi	18579	7530	727257	39339	47600	28314	1188536	24712
海 南 Hainan	4133	1711	180575	43968	62179	33994	1708384	27559
重 庆 Chongqing	27330	4884	1044950	39353	71293	41151	1975922	27936
四 川 Sichuan	25818	12214	1166812	46043	76382	39563	2226307	28397
贵 州 Guizhou	12472	5542	383535	31018	39394	22619	972063	25372
云 南 Yunnan	13765	5375	477232	34860	85081	48622	1966724	23297
西 藏 Tibet	1971	776	169321	88743	3170	1832	109747	33737
陕 西 Shaanxi	13262	5555	567803	42532	74893	44389	1896177	25006
甘 肃 Gansu	10579	4375	290174	27536	19290	11141	441140	22865
青 海 Qinghai	2653	1304	104366	38957	6789	3983	186390	27613
宁 夏 Ningxia	3787	1889	174117	46369	6208	3649	177115	28149
新 疆 Xinjiang	11944	5785	617556	52145	28012	15640	918369	32468

3-2 续表 35 continued

地区	Region	住宿业 Hotels 年末人数(人) Year-end Figures (person)	#女性 Female	工资总额(千元) Total Wages (1000 yuan)	平均工资(元) Average Wage (yuan)	餐饮业 Catering Services 年末人数(人) Year-end Figures (person)	#女性 Female	工资总额(千元) Total Wages (1000 yuan)	平均工资(元) Average Wage (yuan)
全国	**National**	**1498937**	**802422**	**49453734**	**33039**	**1151611**	**603319**	**32990725**	**28940**
北京	Beijing	153221	77097	7156291	46249	166422	88448	6151865	37974
天津	Tianjin	24111	11902	851876	36651	44991	9524	1311453	29821
河北	Hebei	50463	29262	1333791	26469	17361	9507	408429	23276
山西	Shanxi	45000	17017	1555617	35234	24215	13670	433379	18401
内蒙古	Inner Mongolia	19063	10893	579344	30267	9840	5865	312747	31026
辽宁	Liaoning	48007	23729	1542262	32187	24446	13014	656767	27140
吉林	Jilin	22049	12378	559514	25561	8098	4444	212913	23773
黑龙江	Heilongjiang	26515	14452	758510	28756	19086	9005	628405	32920
上海	Shanghai	72144	32691	3972348	54430	129200	67540	4326668	33321
江苏	Jiangsu	64070	35060	2182148	33913	55315	31856	1487556	26737
浙江	Zhejiang	98226	53090	3458262	35120	65000	36352	1914807	29364
安徽	Anhui	30502	17883	815495	27003	12860	7493	247128	24609
福建	Fujian	59628	33109	1903122	32222	34410	17820	976190	28569
江西	Jiangxi	28809	17664	705109	24474	13712	8293	250199	19456
山东	Shandong	81995	42679	2582201	31704	70030	32040	1867672	26968
河南	Henan	69690	39517	1817899	26013	31315	17209	952069	29980
湖北	Hubei	38232	21303	995284	26371	54263	31568	1344600	25160
湖南	Hunan	66486	38148	1807767	27182	28657	16898	613002	22385
广东	Guangdong	157180	77671	5621643	36193	165645	84753	4383253	26805
广西	Guangxi	38289	23199	978610	25318	9311	5115	209926	22233
海南	Hainan	55359	30022	1550238	28096	6820	3972	158146	23206
重庆	Chongqing	30585	17912	914768	30019	40708	23239	1061154	26359
四川	Sichuan	43246	23358	1270945	29187	33136	16205	955362	27411
贵州	Guizhou	25557	15127	648200	25385	13837	7492	323863	25345
云南	Yunnan	62352	36038	1449372	23339	22729	12584	517352	23179
西藏	Tibet	3108	1790	107506	33690	62	42	2241	36145
陕西	Shaanxi	39164	22974	1023935	26181	35729	21415	872242	23755
甘肃	Gansu	15782	9024	374849	23601	3508	2117	66291	19440
青海	Qinghai	4775	2735	131811	27738	2014	1248	54579	27317
宁夏	Ningxia	3443	2273	100144	28377	2765	1376	76971	27858
新疆	Xinjiang	21886	12425	704873	31671	6126	3215	213496	35412

3-2 续表 36 continued

地 区 Region	信息传输、软件和信息技术服务业 Information Transmission, Software and Information Technology 年末人数（人）Year-end Figures (person)	#女 性 Female	工资总额（千元）Total Wages (1000 yuan)	平均工资（元）Average Wage (yuan)	电信、广播电视和卫星传输服务 Telecommunication, Radio and Television and Satellite Transmission Service 年末人数（人）Year-end Figures (person)	#女 性 Female	工资总额（千元）Total Wages (1000 yuan)	平均工资（元）Average Wage (yuan)
全 国 National	**2227996**	**906210**	**176943681**	**80510**	**1322509**	**579103**	**83327183**	**63544**
北 京 Beijing	526268	194333	66966693	130154	82813	33759	10732676	132520
天 津 Tianjin	32678	13195	2759661	87458	19593	8734	1562265	81018
河 北 Hebei	65019	29796	3285424	50628	60888	27436	3171460	52141
山 西 Shanxi	52745	26613	2025660	38562	49160	24998	1956821	40022
内蒙古 Inner Mongolia	44060	23531	2005474	45675	43096	23075	1957084	45575
辽 宁 Liaoning	90064	40287	5870113	66914	57096	25008	3271515	58267
吉 林 Jilin	47340	20636	2127636	44257	37271	16535	1747506	45664
黑龙江 Heilongjiang	61105	25727	3068707	50042	54206	22995	2825975	51876
上 海 Shanghai	85528	30430	10917174	127888	28734	11285	3655848	127160
江 苏 Jiangsu	107862	44437	8486070	80340	71232	34603	4464363	63768
浙 江 Zhejiang	140702	59357	13479334	96741	68448	33204	5720532	83599
安 徽 Anhui	45481	18204	2203029	47492	41628	17075	1983664	46526
福 建 Fujian	53301	20481	3569374	67917	39308	16040	2634072	67798
江 西 Jiangxi	43445	17151	1907164	44438	30568	9784	1611124	53255
山 东 Shandong	91302	35381	5475345	60459	68572	27929	4246643	62093
河 南 Henan	63358	28805	2807110	44518	58690	27264	2606065	44608
湖 北 Hubei	56419	22643	2469306	44182	40631	17267	1720010	42513
湖 南 Hunan	70520	28364	3326737	47314	60961	25664	2869502	47087
广 东 Guangdong	185936	68800	14838922	80595	103468	39126	8424779	81958
广 西 Guangxi	44284	19758	2004493	45815	37922	15600	1798914	48098
海 南 Hainan	9968	4216	668145	67537	7537	3348	542694	72224
重 庆 Chongqing	39429	14043	2770207	70598	33272	13191	2301463	69516
四 川 Sichuan	59859	24825	3343062	56506	54721	23176	3135294	57563
贵 州 Guizhou	24640	9601	1294876	53384	23031	9108	1235811	54487
云 南 Yunnan	43075	19296	2042934	48332	37308	17144	1873939	51051
西 藏 Tibet	3135	1606	112439	36877	3135	1606	112439	36877
陕 西 Shaanxi	78126	36493	4171061	56137	52007	27877	2467327	50964
甘 肃 Gansu	20373	9028	666268	33062	17860	8065	590766	33258
青 海 Qinghai	9275	3757	478900	54819	9240	3746	477449	54867
宁 夏 Ningxia	6304	3221	378149	59420	6007	3125	357823	58930
新 疆 Xinjiang	26395	12195	1424214	54862	24106	11336	1271360	53644

3-2 续表 37 continued

地区	Region	互联网和相关服务 Internet and Related Service 年末人数(人) Year-end Figures (person)	#女性 Female	工资总额(千元) Total Wages (1000 yuan)	平均工资(元) Average Wage (yuan)	软件和信息技术服务业 Software and Information Technology 年末人数(人) Year-end Figures (person)	#女性 Female	工资总额(千元) Total Wages (1000 yuan)	平均工资(元) Average Wage (yuan)
全国	**National**	**136586**	**55215**	**12912406**	**95577**	**768901**	**271892**	**80704092**	**107413**
北京	Beijing	63213	26092	6012233	98443	380242	134482	50221784	134840
天津	Tianjin	244	82	9744	53834	12841	4379	1187652	98234
河北	Hebei	1700	774	53232	31517	2431	1586	60732	25528
山西	Shanxi	196	72	5377	24779	3389	1543	63462	18562
内蒙古	Inner Mongolia	453	195	20427	46425	511	261	27963	53263
辽宁	Liaoning	1979	776	142663	70765	30989	14503	2455935	83075
吉林	Jilin	3291	1292	117255	36631	6778	2809	262875	39799
黑龙江	Heilongjiang	2117	917	93970	44557	4782	1815	148762	31398
上海	Shanghai	8219	3257	1043340	125447	48575	15888	6217986	128742
江苏	Jiangsu	2735	1346	172512	64059	33895	8488	3849195	116912
浙江	Zhejiang	20074	8847	3780962	175891	52180	17306	3977840	80507
安徽	Anhui	350	189	10797	33018	3503	940	208568	60914
福建	Fujian	3369	1306	169177	52901	10624	3135	766125	72930
江西	Jiangxi	629	321	26298	42622	12248	7046	269742	22391
山东	Shandong	1850	781	89898	49313	20880	6671	1138804	55966
河南	Henan	1893	751	66135	35253	2775	790	134910	48934
湖北	Hubei	1123	402	64044	57906	14665	4974	685252	47836
湖南	Hunan	1426	438	59860	41889	8133	2262	397375	50035
广东	Guangdong	10475	2670	526806	50998	71993	27004	5887337	82927
广西	Guangxi	2489	1664	95830	38579	3873	2494	109749	28381
海南	Hainan	344	172	8742	27577	2087	696	116709	56600
重庆	Chongqing	602	254	23404	39668	5555	598	445340	80357
四川	Sichuan	1890	717	78991	46935	3248	932	128777	42740
贵州	Guizhou	260	92	9246	36984	1349	401	49819	37599
云南	Yunnan	804	291	31502	41125	4963	1861	137493	28668
西藏	Tibet								
陕西	Shaanxi	2829	851	104374	36777	23290	7765	1599360	69384
甘肃	Gansu	1175	366	41155	35175	1338	597	34347	28176
青海	Qinghai					35	11	1451	42676
宁夏	Ningxia	58	31	2589	44638	239	65	17737	75799
新疆	Xinjiang	799	269	51843	64401	1490	590	101011	69423

3-2 续表 38 continued

地 区	Region	金融业 Financial Intermediation 年末人数(人) Year-end Figures (person)	#女 性 Female	工资总额(千元) Total Wages (1000 yuan)	平均工资(元) Average Wage (yuan)	货币金融服务 Monetary and Financial Service 年末人数(人) Year-end Figures (person)	#女 性 Female	工资总额(千元) Total Wages (1000 yuan)	平均工资(元) Average Wage (yuan)
全 国	**National**	**5277677**	**2688267**	**466898183**	**89743**	**3244824**	**1578544**	**333897355**	**104424**
北 京	Beijing	375626	199021	67455878	184612	176303	93717	39653381	232239
天 津	Tianjin	78217	42767	8016244	104335	4294	2390	603144	141218
河 北	Hebei	246544	127664	14685563	60304	153779	69825	11670355	76333
山 西	Shanxi	157731	79778	9646947	62678	118851	57465	8376708	72405
内蒙古	Inner Mongolia	107915	56113	6882536	63880	83739	41988	5940767	71138
辽 宁	Liaoning	225181	115050	15571149	69453	151943	73607	12241316	81067
吉 林	Jilin	109330	53680	6474371	59995	84508	40142	5616850	67308
黑龙江	Heilongjiang	160117	71836	8781642	55849	105352	47364	6915475	66359
上 海	Shanghai	294556	159330	51785436	174682	152856	83107	35184407	228687
江 苏	Jiangsu	293585	151487	26179116	92156	169092	81074	18187022	109711
浙 江	Zhejiang	363777	202977	41162526	117291	234660	130023	31656506	140190
安 徽	Anhui	168299	84001	9860090	59416	102364	46189	7450505	74062
福 建	Fujian	147544	75724	13660712	94708	92799	45737	10942427	120970
江 西	Jiangxi	106257	52604	5648723	53798	77389	36380	4688877	61477
山 东	Shandong	327436	157509	23384059	72345	208270	90611	18491623	90076
河 南	Henan	233242	114361	13272850	57364	154043	72901	10237864	67178
湖 北	Hubei	163344	79572	10037418	62301	103249	47186	7007078	68686
湖 南	Hunan	207382	108840	13439096	65336	119533	60020	9712739	82641
广 东	Guangdong	475908	237395	47821383	101308	283379	140722	32256183	115351
广 西	Guangxi	116635	58205	8005568	69852	76531	35748	6274807	83714
海 南	Hainan	27660	11972	1905506	69316	18690	8163	1416096	77281
重 庆	Chongqing	130264	69172	11170605	87720	63350	33462	8084059	131395
四 川	Sichuan	229727	110785	15834120	69846	141101	66879	11801154	84589
贵 州	Guizhou	73829	35732	5890812	81630	57092	27151	5198534	92937
云 南	Yunnan	98463	47133	8713072	88699	73038	34053	7381628	101907
西 藏	Tibet	8250	3661	954512	119165	7384	3245	910065	126679
陕 西	Shaanxi	146178	74210	8738928	57997	90427	42422	6480777	69178
甘 肃	Gansu	71862	34230	3155541	44437	52864	23693	2523495	48304
青 海	Qinghai	21912	11466	1267015	59574	16754	8119	1052985	64907
宁 夏	Ningxia	29628	16318	2015839	68814	22108	10848	1798529	81718
新 疆	Xinjiang	81278	45674	5480926	69445	49082	24313	4141999	86146

3-2 续表 39 continued

地区 Region	资本市场服务 Capital Market Service				保险业 Insurance			
	年末人数（人） Year-end Figures (person)	#女性 Female	工资总额（千元） Total Wages (1000 yuan)	平均工资（元） Average Wage (yuan)	年末人数（人） Year-end Figures (person)	#女性 Female	工资总额（千元） Total Wages (1000 yuan)	平均工资（元） Average Wage (yuan)
全国 National	**210443**	**85362**	**30349114**	**140809**	**1752741**	**996421**	**92106094**	**53463**
北京 Beijing	50617	21654	10964314	210488	124286	73928	11606218	96920
天津 Tianjin	275	74	73763	268229	71791	39525	7060420	100387
河北 Hebei	3824	1805	306189	80449	87652	55595	2620807	30634
山西 Shanxi	2693	1112	213803	79186	35395	20882	1020826	29394
内蒙古 Inner Mongolia	860	388	60612	66098	22766	13570	848840	37282
辽宁 Liaoning	3896	1765	361636	91669	67900	39015	2868015	42285
吉林 Jilin	3353	1462	158177	48387	21166	11979	665353	31843
黑龙江 Heilongjiang	1395	542	89734	62751	51493	23247	1673857	33380
上海 Shanghai	26462	10621	4959638	183888	112411	64434	10763373	95394
江苏 Jiangsu	7732	3028	754660	97754	114238	66322	6921478	64056
浙江 Zhejiang	15326	6155	1877843	120351	111882	66020	7347881	68206
安徽 Anhui	3728	1615	413552	112715	60919	35691	1891027	31300
福建 Fujian	5090	2105	461443	88535	46976	27000	1973043	42974
江西 Jiangxi	1675	731	61473	36526	26836	15370	844788	31655
山东 Shandong	4383	1809	477039	107927	113996	64811	4323364	38345
河南 Henan	1967	822	209630	105874	76213	40294	2790510	36725
湖北 Hubei	7770	3289	499480	63289	50998	28578	2298063	46042
湖南 Hunan	8711	3676	857575	91817	78094	44738	2772702	35641
广东 Guangdong	28551	10757	4999632	169049	154978	81199	9060275	58773
广西 Guangxi	4051	1596	280231	69278	34295	20083	1301951	38412
海南 Hainan	1019	382	62378	59635	5044	2642	322606	61837
重庆 Chongqing	4045	1462	524325	125707	61108	33514	2345131	39087
四川 Sichuan	14009	4447	1026327	71983	73445	39058	2956267	41138
贵州 Guizhou	1174	475	45994	39684	14964	7858	599448	41393
云南 Yunnan	1892	852	206628	103990	22317	11680	1060931	46948
西藏 Tibet	103	38	7776	75495	711	359	35655	53137
陕西 Shaanxi	3796	1656	272770	63494	49693	29582	1886551	37340
甘肃 Gansu	148	62	1863	12588	18803	10454	627778	33797
青海 Qinghai	820	526	25043	32651	4170	2810	182625	44413
宁夏 Ningxia					7498	5462	216291	29780
新疆 Xinjiang	1078	456	95586	90431	30703	20721	1220020	41511

3-2 续表 40 continued

地 区	Region	其他金融业 Other Financial Activities				房地产业 Real Estate			
		年末人数（人） Year-end Figures (person)	#女 性 Female	工资总额（千元） Total Wages (1000 yuan)	平均工资（元） Average Wage (yuan)	年末人数（人） Year-end Figures (person)	#女 性 Female	工资总额（千元） Total Wages (1000 yuan)	平均工资（元） Average Wage (yuan)
全 国	**National**	**69669**	**27940**	**10545620**	**157975**	**2737129**	**955698**	**127126085**	**46764**
北 京	Beijing	24420	9722	5231965	229392	370621	145440	23581885	64295
天 津	Tianjin	1857	778	278917	142742	55270	18346	3563886	65766
河 北	Hebei	1289	439	88212	68970	68395	23749	2391777	35670
山 西	Shanxi	792	319	35610	44962	26119	8543	760035	29753
内蒙古	Inner Mongolia	550	167	32317	59189	18434	7109	730143	39512
辽 宁	Liaoning	1442	663	100182	70303	123697	46223	4568207	36022
吉 林	Jilin	303	97	33991	112927	51316	17166	1727368	33489
黑龙江	Heilongjiang	1877	683	102576	70742	58534	18240	1840356	31379
上 海	Shanghai	2827	1168	878018	313578	152019	48785	10850774	69810
江 苏	Jiangsu	2523	1063	315956	124983	82260	29472	4334223	53489
浙 江	Zhejiang	1909	779	280296	155634	174563	70691	8996703	52212
安 徽	Anhui	1288	506	105006	82812	69098	24997	2723595	39354
福 建	Fujian	2679	882	283799	106651	101843	36182	5045672	50397
江 西	Jiangxi	357	123	53585	149679	44548	15554	1691405	38431
山 东	Shandong	787	278	92033	119060	158165	49392	6099073	38545
河 南	Henan	1019	344	34846	34196	131032	40765	4796976	36852
湖 北	Hubei	1327	519	232797	180183	99606	30061	4022802	41227
湖 南	Hunan	1044	406	96080	93645	99429	33721	3696530	37834
广 东	Guangdong	9000	4717	1505293	173501	348584	113397	17019900	49644
广 西	Guangxi	1758	778	148579	86736	53961	19602	1698371	31776
海 南	Hainan	2907	785	104426	35972	42436	14695	1632435	38460
重 庆	Chongqing	1761	734	217090	131570	78198	22613	3524028	46012
四 川	Sichuan	1172	401	50372	47077	65708	23637	2754598	41813
贵 州	Guizhou	599	248	46836	79653	54316	18642	1755695	33617
云 南	Yunnan	1216	548	63885	52710	72810	25349	2391389	33562
西 藏	Tibet	52	19	1016	19538	249	82	11565	46446
陕 西	Shaanxi	2262	550	98830	45356	66265	24832	2390675	35213
甘 肃	Gansu	47	21	2405	52283	18849	6944	589913	31397
青 海	Qinghai	168	11	6362	38325	7536	2787	241958	33489
宁 夏	Ningxia	22	8	1019	46318	11392	4459	495779	42469
新 疆	Xinjiang	415	184	23321	58743	31876	14223	1198369	36266

3-2 续表 41 continued

地区	Region	房地产开发经营 Development and Management of Real Estate 年末人数（人） Year-end Figures (person)	#女性 Female	工资总额（千元） Total Wages (1000 yuan)	平均工资（元） Average Wage (yuan)	物业管理 Property Management 年末人数（人） Year-end Figures (person)	#女性 Female	工资总额（千元） Total Wages (1000 yuan)	平均工资（元） Average Wage (yuan)
全　国	**National**	**1379793**	**467136**	**77960113**	**56704**	**1035452**	**367792**	**34837918**	**33989**
北　京	Beijing	87766	35256	10523057	121723	220323	85102	9060073	41611
天　津	Tianjin	29288	9750	2567760	89310	21359	7127	734787	34855
河　北	Hebei	51273	16886	1863328	37240	11924	4702	380210	32080
山　西	Shanxi	15245	4838	426831	28981	7541	2324	247301	33000
内蒙古	Inner Mongolia	10743	3900	425201	39045	2507	1070	62646	25476
辽　宁	Liaoning	60050	20114	2801305	44060	47453	19369	1222066	25890
吉　林	Jilin	23679	6588	881176	36644	20144	7564	583196	29052
黑龙江	Heilongjiang	27847	8620	1007623	35482	23891	7297	606735	25778
上　海	Shanghai	60506	20957	6756137	110479	73805	21644	3134872	41323
江　苏	Jiangsu	49371	17332	3136785	64514	22083	8112	673850	31129
浙　江	Zhejiang	71557	27325	5417072	76944	86643	36625	2766479	32111
安　徽	Anhui	40945	12538	1859002	44927	21719	9839	649121	30348
福　建	Fujian	56040	19924	3600528	65708	39822	13867	1185729	30135
江　西	Jiangxi	36654	12332	1406167	39034	3450	1540	155925	44072
山　东	Shandong	122793	38091	5082387	41317	27103	8469	735333	27413
河　南	Henan	90756	26895	3633004	40266	23556	10090	591312	25493
湖　北	Hubei	72363	21115	3232306	45040	19512	5632	553334	30595
湖　南	Hunan	62123	20128	2689058	43839	31044	11128	774344	25624
广　东	Guangdong	94541	34033	7077828	75158	187851	55092	7102281	38368
广　西	Guangxi	26808	9664	1019946	38327	21137	7693	489735	23585
海　南	Hainan	26419	9016	1251044	47624	13705	4818	315945	22753
重　庆	Chongqing	45623	15633	2615753	58997	28001	5841	703193	25438
四　川	Sichuan	49515	17531	2137011	42617	9533	3634	311804	34014
贵　州	Guizhou	33008	11392	1330710	41159	16051	5213	290872	19785
云　南	Yunnan	53775	18054	1901241	36354	15065	5517	380638	25369
西　藏	Tibet	75	22	4320	57600	48	25	1349	28104
陕　西	Shaanxi	44476	15845	1814235	39227	14095	6372	333980	23863
甘　肃	Gansu	12372	4112	411341	33494	3378	1591	93593	27334
青　海	Qinghai	3741	1344	139144	35788	3281	1270	86551	30768
宁　夏	Ningxia	7424	2771	380735	49216	3599	1494	100559	28176
新　疆	Xinjiang	13017	5130	568078	44174	15829	7731	510105	29723

3-2 续表 42 continued

地 区 Region	房地产中介服务 Agency Services of Real Estate 年末人数(人) Year-end Figures (person)	#女性 Female	工资总额(千元) Total Wages (1000 yuan)	平均工资(元) Average Wage (yuan)	租赁和商务服务业 Leasing and Business Services 年末人数(人) Year-end Figures (person)	#女性 Female	工资总额(千元) Total Wages (1000 yuan)	平均工资(元) Average Wage (yuan)
全 国 National	**115513**	**47933**	**5072236**	**45353**	**2922850**	**923712**	**153116203**	**53162**
北 京 Beijing	21030	9562	1322158	63385	614032	238935	55243772	92736
天 津 Tianjin	3198	1189	169685	57638	54398	10124	2870718	52667
河 北 Hebei	887	416	23081	26110	51580	12503	1392067	26686
山 西 Shanxi	353	160	8633	24456	53465	17505	1427600	26892
内蒙古 Inner Mongolia	1089	390	52077	47646	31520	10605	1307301	41541
辽 宁 Liaoning	5005	2324	198982	41197	102079	29476	3061958	30353
吉 林 Jilin	2181	1028	60629	28213	48576	16125	1728295	36187
黑龙江 Heilongjiang	729	269	27783	38588	48877	16501	1808194	36599
上 海 Shanghai	11776	4283	508568	41563	172215	53780	14206350	82287
江 苏 Jiangsu	2168	874	90048	43713	123202	39330	4800072	38421
浙 江 Zhejiang	6776	2657	263710	43524	292128	80575	13533149	47391
安 徽 Anhui	1431	672	43236	30405	36761	12634	1288561	36804
福 建 Fujian	2030	959	84662	41158	59998	18412	2255848	38431
江 西 Jiangxi	1095	424	36220	32927	29438	9028	1096158	37231
山 东 Shandong	2691	908	72328	26908	115348	38908	4490668	39480
河 南 Henan	4630	1534	141205	30531	112912	37873	3493647	30992
湖 北 Hubei	2827	1176	83325	29350	61644	14795	2055550	33454
湖 南 Hunan	3072	1395	117144	38282	87608	28973	2774055	33093
广 东 Guangdong	30507	13399	1343531	48067	370268	97438	18775555	51342
广 西 Guangxi	1091	464	38176	34992	89188	29048	2480189	27949
海 南 Hainan	1380	541	40413	29520	19762	5569	555161	28064
重 庆 Chongqing	2911	527	129822	43535	61238	10934	2005369	33512
四 川 Sichuan	996	402	41024	41522	52201	15068	2471805	47518
贵 州 Guizhou	1544	538	41283	28065	29628	7493	876480	30121
云 南 Yunnan	1597	723	44213	28469	61996	19394	2059316	33950
西 藏 Tibet					2026	665	108221	54083
陕 西 Shaanxi	1158	457	44371	39974	44698	15496	1587510	35737
甘 肃 Gansu	201	106	6039	30195	17090	6011	483020	28884
青 海 Qinghai	159	64	5931	37538	7939	1948	477202	59427
宁 夏 Ningxia	281	156	11109	39675	17502	5494	549904	31927
新 疆 Xinjiang	720	336	22850	32274	53533	23072	1852508	35016

3-2 续表 43 continued

地 区 Region	租赁业 Leasing 年末人数(人) Year-end Figures (person)	#女性 Female	工资总额(千元) Total Wages (1000 yuan)	平均工资(元) Average Wage (yuan)	商务服务业 Business Services 年末人数(人) Year-end Figures (person)	#女性 Female	工资总额(千元) Total Wages (1000 yuan)	平均工资(元) Average Wage (yuan)
全 国 National	**65125**	**18876**	**3070503**	**48230**	**2857725**	**904836**	**150045700**	**53274**
北 京 Beijing	8200	1825	380140	47672	605832	237110	54863632	93347
天 津 Tianjin	926	217	156826	167728	53472	9907	2713892	50659
河 北 Hebei	1831	153	70137	38139	49749	12350	1321930	26267
山 西 Shanxi	1276	519	19667	15389	52189	16986	1407933	27175
内蒙古 Inner Mongolia	59	18	1894	32102	31461	10587	1305407	41559
辽 宁 Liaoning	940	354	25424	27221	101139	29122	3036534	30382
吉 林 Jilin	1183	390	57574	47308	47393	15735	1670721	35896
黑龙江 Heilongjiang	457	156	24575	54611	48420	16345	1783619	36433
上 海 Shanghai	10330	1048	718691	72927	161885	52732	13487659	82854
江 苏 Jiangsu	9265	4456	400673	43014	113937	34874	4399399	38051
浙 江 Zhejiang	1945	498	89237	47366	290183	80077	13443912	47391
安 徽 Anhui	802	201	28080	35410	35959	12433	1260481	36837
福 建 Fujian	497	126	27047	57793	59501	18286	2228801	38276
江 西 Jiangxi	285	72	9385	33280	29153	8956	1086773	37269
山 东 Shandong	3789	905	142504	40347	111559	38003	4348164	39452
河 南 Henan	5574	3124	271382	49119	107338	34749	3222265	30058
湖 北 Hubei	2073	607	69972	33640	59571	14188	1985578	33448
湖 南 Hunan	1326	383	52645	39702	86282	28590	2721410	32987
广 东 Guangdong	5776	1013	211738	36570	364492	96425	18563817	51579
广 西 Guangxi	2389	1031	100100	42888	86799	28017	2380089	27546
海 南 Hainan	483	88	15700	32505	19279	5481	539461	27953
重 庆 Chongqing	517	97	17488	34561	60721	10837	1987881	33503
四 川 Sichuan	1009	321	44211	43991	51192	14747	2427594	47588
贵 州 Guizhou	1708	514	57695	34058	27920	6979	818785	29877
云 南 Yunnan	569	190	15226	27385	61427	19204	2044090	34010
西 藏 Tibet					2026	665	108221	54083
陕 西 Shaanxi	659	188	16401	26158	44039	15308	1571109	35874
甘 肃 Gansu	257	56	5949	24788	16833	5955	477071	28943
青 海 Qinghai	17	7	701	41235	7922	1941	476501	59466
宁 夏 Ningxia	22	11	502	22818	17480	5483	549402	31938
新 疆 Xinjiang	961	308	38939	60464	52572	22764	1813569	34702

3-2 续表 44 continued

地 区	Region	科学研究和技术服务业 Scientific Research and Technical Services 年末人数(人) Year-end Figures (person)	#女 性 Female	工资总额(千元) Total Wages (1000 yuan)	平均工资(元) Average Wage (yuan)	研究和试验发展 Research and Experimental Development 年末人数(人) Year-end Figures (person)	#女 性 Female	工资总额(千元) Total Wages (1000 yuan)	平均工资(元) Average Wage (yuan)
全 国	**National**	**3306752**	**1014085**	**225938003**	**69254**	**790209**	**261795**	**61304000**	**78824**
北 京	Beijing	540483	190225	56607446	106604	163637	60314	17567038	109513
天 津	Tianjin	82728	22345	8451251	102653	12276	4369	1035642	87021
河 北	Hebei	125263	44914	6971233	58892	18657	5928	1076864	59335
山 西	Shanxi	59181	20167	2515400	42554	15799	4951	704831	45458
内蒙古	Inner Mongolia	48820	17218	2347493	48062	5974	2328	319036	53449
辽 宁	Liaoning	158368	48138	8634727	55447	42126	11865	2471430	59578
吉 林	Jilin	75965	22327	3802544	49835	18665	5191	1195003	65551
黑龙江	Heilongjiang	118926	33051	6622154	57107	21260	6175	1068030	57560
上 海	Shanghai	122304	37971	15843961	129633	53057	17577	6759780	128308
江 苏	Jiangsu	127822	37525	9680303	76548	41091	13500	3663464	89992
浙 江	Zhejiang	174846	49611	11577389	67761	21845	7239	1727073	79924
安 徽	Anhui	82104	22122	4212419	51618	20752	6534	1401366	69040
福 建	Fujian	65357	21182	3591018	55947	5649	1875	328662	58711
江 西	Jiangxi	54343	16034	2134254	39356	11058	3720	442626	39963
山 东	Shandong	124222	32841	6539736	53319	21672	6963	1127386	52312
河 南	Henan	131169	39722	5978196	45988	25824	7968	1292926	50725
湖 北	Hubei	134697	39876	6815200	51212	26104	8328	1328545	50883
湖 南	Hunan	94727	25938	4254495	45204	16794	5479	654638	39179
广 东	Guangdong	212508	66485	17776836	85565	41911	15439	3800890	92040
广 西	Guangxi	93480	29417	3731053	40093	18313	6822	718083	38891
海 南	Hainan	17311	6162	715805	41682	4985	2283	162119	32528
重 庆	Chongqing	56553	11341	4016935	71712	11572	3310	923333	80760
四 川	Sichuan	162010	46056	10776393	67113	65323	19801	4904203	75651
贵 州	Guizhou	54272	14986	2102423	39087	7700	2947	353758	46056
云 南	Yunnan	77777	24032	3369755	43722	14646	5251	913724	63643
西 藏	Tibet	10864	2883	534244	50876	1226	485	75188	61579
陕 西	Shaanxi	143775	43665	8644537	60394	51684	15733	3435738	67718
甘 肃	Gansu	56127	15686	2333536	41814	13708	3965	633123	46126
青 海	Qinghai	28209	8154	1717109	60957	8330	2212	761712	90540
宁 夏	Ningxia	11864	3650	585546	49144	1918	704	82358	41849
新 疆	Xinjiang	60677	20361	3054612	50555	6653	2539	375431	56970

3-2 续表 45 continued

地　区	Region	专业技术服务业 Professional Technical Services 年末人数（人） Year-end Figures (person)	#女 性 Female	工资总额（千元） Total Wages (1000 yuan)	平均工资（元） Average Wage (yuan)	科技推广和应用服务业 Science and Technology Popularization and Application Services 年末人数（人） Year-end Figures (person)	#女 性 Female	工资总额（千元） Total Wages (1000 yuan)	平均工资（元） Average Wage (yuan)
全　国	**National**	**2063503**	**600783**	**138591472**	**68080**	**453040**	**151507**	**26042531**	**58002**
北　京	Beijing	282225	95401	29482294	106452	94621	34510	9558114	102072
天　津	Tianjin	64386	16049	6946399	107833	6066	1927	469210	78085
河　北	Hebei	101924	37243	5718504	59843	4682	1743	175865	37683
山　西	Shanxi	37822	13117	1621709	42610	5560	2099	188860	34047
内蒙古	Inner Mongolia	36824	12715	1740417	47239	6022	2175	288040	47760
辽　宁	Liaoning	96229	29034	5409017	57085	20013	7239	754280	38693
吉　林	Jilin	49261	14202	2324816	46465	8039	2934	282725	35174
黑龙江	Heilongjiang	89750	24010	5259773	58794	7916	2866	294351	37049
上　海	Shanghai	56818	16235	7557646	132488	12429	4159	1526535	122181
江　苏	Jiangsu	72627	19558	5160949	72060	14104	4467	855890	60564
浙　江	Zhejiang	119995	31575	7913269	67432	33006	10797	1937047	60734
安　徽	Anhui	52190	13192	2474647	47488	9162	2396	336406	36570
福　建	Fujian	52911	17206	2987977	57172	6797	2101	274379	43380
江　西	Jiangxi	36412	10280	1467313	40459	6873	2034	224315	32576
山　东	Shandong	91939	22607	4966804	55033	10611	3271	445546	41064
河　南	Henan	84486	25386	3944317	47064	20859	6368	740953	35798
湖　北	Hubei	80304	22749	4385164	55376	28289	8799	1101491	39652
湖　南	Hunan	68675	17726	3337944	48941	9258	2733	261913	28453
广　东	Guangdong	152003	44242	12661964	85462	18594	6804	1313982	71791
广　西	Guangxi	56248	17556	2393166	43075	18919	5039	619804	32556
海　南	Hainan	9891	2909	463067	47117	2435	970	90619	38382
重　庆	Chongqing	39565	6474	2859787	73067	5416	1557	233815	42957
四　川	Sichuan	84387	22628	5424936	64991	12300	3627	447254	36442
贵　州	Guizhou	28270	6628	1025606	36579	18302	5411	723059	40017
云　南	Yunnan	42551	12310	1747418	41332	20580	6471	708613	34673
西　藏	Tibet	8328	2013	408046	51114	1310	385	51010	39329
陕　西	Shaanxi	69666	19650	4240414	60883	22425	8282	968385	42565
甘　肃	Gansu	31132	7926	1259603	40763	11287	3795	440810	39428
青　海	Qinghai	14110	4313	744911	53311	5769	1629	210486	36397
宁　夏	Ningxia	8291	2396	424157	51165	1655	550	79031	47695
新　疆	Xinjiang	44283	13453	2239438	50596	9741	4369	439743	45950

3-2 续表 46 continued

地 区 Region	水利、环境和公共设施管理业 Management of Water Conservancy, Environment and Public Facilites				水利管理业 Management of Water Conservancy			
	年末人数（人） Year-end Figures (person)	#女 性 Female	工资总额（千元） Total Wages (1000 yuan)	平均工资（元） Average Wage (yuan)	年末人数（人） Year-end Figures (person)	#女 性 Female	工资总额（千元） Total Wages (1000 yuan)	平均工资（元） Average Wage (yuan)
全 国 National	**2437831**	**981956**	**78455539**	**32343**	**510488**	**144460**	**18752936**	**36803**
北 京 Beijing	93887	34120	4966271	52647	7923	2460	538368	68573
天 津 Tianjin	36823	10840	2094465	56593	6224	1777	423758	67370
河 北 Hebei	112545	47122	2949984	27314	24751	7969	765382	30961
山 西 Shanxi	76288	35582	1592691	21259	13832	4556	399942	28814
内蒙古 Inner Mongolia	78149	35765	2965136	36403	16355	5511	721039	44003
辽 宁 Liaoning	155501	58216	4315436	27866	20500	6041	622097	30373
吉 林 Jilin	81613	33815	1787310	21804	19547	5664	477212	24283
黑龙江 Heilongjiang	102162	36953	2427795	23666	19421	5249	595009	30778
上 海 Shanghai	61745	20725	3265242	52200	4719	1248	359278	75226
江 苏 Jiangsu	132693	52537	5317019	40233	39194	9822	1774684	45408
浙 江 Zhejiang	129023	50646	5271755	41192	10617	2503	698128	66330
安 徽 Anhui	80841	30278	2380755	29700	22347	6002	736311	33004
福 建 Fujian	50016	16771	1765295	35842	8085	1891	337246	41569
江 西 Jiangxi	58985	25697	1638736	28339	9979	2720	342276	34252
山 东 Shandong	125086	48546	3910027	31602	27365	7052	1103043	40339
河 南 Henan	131293	49688	3941147	29856	40027	11970	1361407	34248
湖 北 Hubei	97879	37995	2757897	28085	31711	9260	906943	27978
湖 南 Hunan	96655	39794	2362591	24673	20933	6097	517622	25057
广 东 Guangdong	143060	59147	5920642	41107	30880	7825	1268456	41279
广 西 Guangxi	88400	39991	2121071	24268	15138	3388	417475	27507
海 南 Hainan	25650	13155	670700	26254	3841	971	94132	24368
重 庆 Chongqing	46405	17957	1363139	30555	3368	1055	122885	38068
四 川 Sichuan	106302	47864	3020416	28701	13400	3841	549956	41011
贵 州 Guizhou	41628	20561	1126486	27779	5198	1478	197145	37796
云 南 Yunnan	57191	25069	1523520	26788	11916	3063	432911	36124
西 藏 Tibet	2253	1210	58918	27455	200	55	10151	51528
陕 西 Shaanxi	89264	35663	2763350	30802	28272	8697	1014214	36056
甘 肃 Gansu	51900	18599	1456208	28195	23655	6394	749125	31852
青 海 Qinghai	10216	4485	340369	33091	4224	1158	183093	42739
宁 夏 Ningxia	20151	9525	672458	34281	5921	1767	274631	45461
新 疆 Xinjiang	54227	23640	1708710	32060	20945	6976	759017	37568

3-2 续表 47 continued

地区	Region	生态保护和环境治理业 Ecological Protection and Environmental Treatment 年末人数（人） Year-end Figures (person)	#女性 Female	工资总额（千元） Total Wages (1000 yuan)	平均工资（元） Average Wage (yuan)	公共设施管理业 Management of Public Facilities 年末人数（人） Year-end Figures (person)	#女性 Female	工资总额（千元） Total Wages (1000 yuan)	平均工资（元） Average Wage (yuan)
全国	**National**	**108376**	**35307**	**4383471**	**40728**	**1818967**	**802189**	**55319132**	**30588**
北京	Beijing	4852	1705	422341	88319	81112	29955	4005562	49028
天津	Tianjin	788	375	37439	48060	29811	8688	1633268	54551
河北	Hebei	4740	1701	159046	33804	83054	37452	2025556	25779
山西	Shanxi	3081	1395	73702	23852	59375	29631	1119047	19311
内蒙古	Inner Mongolia	2798	846	129352	46697	58996	29408	2114745	33946
辽宁	Liaoning	7604	2692	277392	36653	127397	49483	3415947	26936
吉林	Jilin	2776	993	70295	25488	59290	27158	1239803	20815
黑龙江	Heilongjiang	3594	798	117502	32495	79147	30906	1715284	21538
上海	Shanghai	3645	1420	237373	64963	53381	18057	2668591	49306
江苏	Jiangsu	3881	1373	179269	46672	89618	41342	3363066	37689
浙江	Zhejiang	6353	2219	303554	48968	112053	45924	4270073	38381
安徽	Anhui	2047	479	61712	31680	56447	23797	1582732	28313
福建	Fujian	2339	687	106112	45956	39592	14193	1321937	34044
江西	Jiangxi	1275	394	49241	38590	47731	22583	1247219	26789
山东	Shandong	3361	1009	121256	36250	94360	40485	2685728	28867
河南	Henan	5884	1975	195156	33782	85382	35743	2384584	27575
湖北	Hubei	3869	1220	106367	28065	62299	27515	1744587	28142
湖南	Hunan	1598	587	40932	25890	74124	33110	1804037	24539
广东	Guangdong	9144	2951	544757	60542	103036	48371	4107429	39379
广西	Guangxi	3737	1430	92140	23945	69525	35173	1611456	23567
海南	Hainan	1790	492	52434	29457	20019	11692	524134	26333
重庆	Chongqing	930	241	37367	39837	42107	16661	1202887	29741
四川	Sichuan	6463	1735	246681	38145	86439	42288	2223779	26052
贵州	Guizhou	1606	439	47590	29651	34824	18644	881751	26141
云南	Yunnan	5044	1499	134378	26737	40231	20507	956231	23988
西藏	Tibet	119	47	7350	63362	1934	1108	41417	22595
陕西	Shaanxi	6499	2246	224188	34576	54493	24720	1524948	27676
甘肃	Gansu	3960	914	127500	32238	24285	11291	579583	23976
青海	Qinghai	566	124	20886	36901	5426	3203	136390	25090
宁夏	Ningxia	898	309	45156	50285	13332	7449	352671	27820
新疆	Xinjiang	3135	1012	115003	36416	30147	15652	834690	27882

3-2 续表 48 continued

地 区	Region	居民服务、修理和其他服务业 Service to Households, Repair and Other Services				居民服务业 Service to Households			
		年末人数 (人) Year-end Figures (person)	#女 性 Female	工资总额 (千元) Total Wages (1000 yuan)	平均工资 (元) Average Wage (yuan)	年末人数 (人) Year-end Figures (person)	#女 性 Female	工资总额 (千元) Total Wages (1000 yuan)	平均工资 (元) Average Wage (yuan)
全 国	**National**	**621331**	**230588**	**21710325**	**35135**	**260474**	**107412**	**10098772**	**39075**
北 京	Beijing	86390	40719	3378335	38838	29349	15760	1102747	37821
天 津	Tianjin	108802	19158	2691623	25518	13168	1578	378583	30950
河 北	Hebei	21569	8820	898810	41946	4682	1621	141315	30299
山 西	Shanxi	6443	2856	145455	22565	2906	1302	56164	19380
内蒙古	Inner Mongolia	7260	3043	242783	32844	3856	1597	134140	35088
辽 宁	Liaoning	26698	10994	905841	32718	11784	6357	328965	27895
吉 林	Jilin	8769	3537	275332	31513	3442	1240	123622	35657
黑龙江	Heilongjiang	43857	20781	1903142	42918	40314	19407	1823782	44714
上 海	Shanghai	33034	15362	1442291	43525	9440	4862	531205	56367
江 苏	Jiangsu	12609	4342	581019	45981	5867	2118	296855	50460
浙 江	Zhejiang	19990	7670	847523	42613	12470	4824	548629	44586
安 徽	Anhui	5635	1858	205746	35602	3292	1266	105396	32281
福 建	Fujian	13882	4289	461637	34320	6348	2230	223186	35613
江 西	Jiangxi	5891	2292	161716	27611	1186	373	51639	45577
山 东	Shandong	39446	11786	1787263	45588	24203	5987	1314384	54403
河 南	Henan	15968	6033	460100	29170	8217	3384	238372	29410
湖 北	Hubei	14820	6066	444025	30299	5169	1996	157042	30684
湖 南	Hunan	15144	6670	526203	35554	10608	4360	413660	39921
广 东	Guangdong	58402	25311	2144224	36844	22775	9404	893115	39639
广 西	Guangxi	7400	2616	211247	28566	4817	1617	143098	29535
海 南	Hainan	2180	990	56648	25199	737	355	24443	31217
重 庆	Chongqing	9336	1644	290002	31991	2318	803	84443	37364
四 川	Sichuan	11124	3748	361722	32815	6836	2433	219181	32261
贵 州	Guizhou	9668	4370	272132	28224	4936	2689	136145	27779
云 南	Yunnan	8149	3208	211026	26146	4337	1796	133696	30434
西 藏	Tibet	29	11	742	25586	26	10	524	20154
陕 西	Shaanxi	15027	5991	399317	26762	6728	2799	182005	27303
甘 肃	Gansu	3999	1013	98022	24604	2536	608	72744	29133
青 海	Qinghai	3366	1982	127203	38722	2880	1725	102146	37832
宁 夏	Ningxia	470	150	17429	37162	428	138	16129	37773
新 疆	Xinjiang	5974	3278	161767	27376	4819	2773	121417	25417

3-2 续表 49 continued

地区	Region	机动车、电子产品和日用产品修理业 Repair of Motor Vehicle, Electronics and Household Products 年末人数(人) Year-end Figures (person)	#女性 Female	工资总额(千元) Total Wages (1000 yuan)	平均工资(元) Average Wage (yuan)	其他服务业 Other Services 年末人数(人) Year-end Figures (person)	#女性 Female	工资总额(千元) Total Wages (1000 yuan)	平均工资(元) Average Wage (yuan)
全　国	**National**	**91141**	**26221**	**3308268**	**36105**	**269716**	**96955**	**8303285**	**31000**
北　京	Beijing	21592	5489	962822	44229	35449	19470	1312766	36405
天　津	Tianjin	2340	364	127777	54235	93294	17216	2185263	24042
河　北	Hebei	3130	1107	72919	23401	13757	6092	684576	50159
山　西	Shanxi	1139	371	16524	14520	2398	1183	72767	30194
内蒙古	Inner Mongolia	955	436	27131	26942	2449	1010	81512	31816
辽　宁	Liaoning	3512	1103	90141	25067	11402	3534	486735	39582
吉　林	Jilin	1546	382	42513	28267	3781	1915	109197	28995
黑龙江	Heilongjiang	1267	428	25884	20625	2276	946	53476	23240
上　海	Shanghai	4823	1224	270853	54696	18771	9276	640233	34126
江　苏	Jiangsu	3049	870	107430	34925	3693	1354	176734	48065
浙　江	Zhejiang	3264	782	122381	37266	4256	2064	176513	41050
安　徽	Anhui	1181	351	38230	32045	1162	241	62120	47025
福　建	Fujian	1307	339	46352	36072	6227	1720	192099	32565
江　西	Jiangxi	2986	1368	51572	17145	1719	551	58505	34094
山　东	Shandong	6156	1766	173478	28617	9087	4033	299401	33330
河　南	Henan	2899	685	97549	33661	4852	1964	124179	26033
湖　北	Hubei	5255	2216	156094	29955	4396	1854	130889	30256
湖　南	Hunan	899	246	27969	31320	3637	2064	84574	23857
广　东	Guangdong	8189	2259	414753	49066	27438	13648	836356	30733
广　西	Guangxi	1274	338	33772	27214	1309	661	34377	26262
海　南	Hainan	816	230	19713	23357	627	405	12492	20116
重　庆	Chongqing	1196	229	31950	27308	5822	612	173609	30809
四　川	Sichuan	2564	852	82236	31974	1724	463	60305	36394
贵　州	Guizhou	3163	984	98313	30877	1569	697	37674	24197
云　南	Yunnan	1609	270	30282	18693	2203	1142	47048	22861
西　藏	Tibet					3	1	218	72667
陕　西	Shaanxi	2972	976	90629	31600	5327	2216	126683	23516
甘　肃	Gansu	1085	251	16982	15313	378	154	8296	21947
青　海	Qinghai	182	48	4492	24151	304	209	20565	51541
宁　夏	Ningxia	32	10	746	23313	10	2	554	55400
新　疆	Xinjiang	759	247	26781	35899	396	258	13569	35153

3-2 续表 50 continued

地区	Region	教育 Education 年末人数(人) Year-end Figures (person)	#女性 Female	工资总额(千元) Total Wages (1000 yuan)	平均工资(元) Average Wage (yuan)	初等教育 Primary Education 年末人数(人) Year-end Figures (person)	#女性 Female	工资总额(千元) Total Wages (1000 yuan)	平均工资(元) Average Wage (yuan)
全国	**National**	**16533788**	**8475376**	**785099633**	**47734**	**5780523**	**3193834**	**249296776**	**43320**
北京	Beijing	443758	263071	36684824	83566	63865	46912	5614156	88280
天津	Tianjin	163035	94398	12264104	75395	27690	20413	2075402	75491
河北	Hebei	898513	540809	34600954	38701	350061	224682	12603312	36234
山西	Shanxi	499074	299528	19086137	38425	186317	122977	6701985	36065
内蒙古	Inner Mongolia	347945	193715	19527531	56242	136523	80236	7590745	55616
辽宁	Liaoning	577745	308733	27631468	47968	158695	98941	7026261	44411
吉林	Jilin	372010	216577	15209284	40918	139170	88579	5169693	37104
黑龙江	Heilongjiang	469553	261061	18587889	39994	161444	95700	5694238	36408
上海	Shanghai	279905	176912	24285637	85662	42814	32382	3663797	84708
江苏	Jiangsu	888493	464790	52982159	59912	274295	164212	15915630	58127
浙江	Zhejiang	662361	391199	45984115	70174	200132	132234	13688058	69035
安徽	Anhui	632551	257221	26591116	42258	237881	102880	9568695	40178
福建	Fujian	466851	243923	24392079	52282	174608	101751	8542091	49050
江西	Jiangxi	442133	199183	18294575	41596	198628	101784	7589095	38474
山东	Shandong	1098223	521073	50301889	46176	347905	175653	14337452	41703
河南	Henan	1189032	601727	46570378	39582	399385	217897	14922601	37717
湖北	Hubei	718458	281646	28079646	39270	204381	93613	7084293	34759
湖南	Hunan	719767	337850	27688186	38596	197930	103553	6782950	34342
广东	Guangdong	1176919	641507	63275209	53743	444987	264120	20561786	45880
广西	Guangxi	608406	304295	20810301	34339	288630	152649	9270955	32089
海南	Hainan	122746	58203	6150574	50258	49788	23006	2518028	50544
重庆	Chongqing	370584	178366	17830438	48581	135732	71203	5878457	43611
四川	Sichuan	893974	409349	39481381	44443	340542	163369	14116568	41492
贵州	Guizhou	441638	192455	18457562	42432	216631	97396	8857980	41381
云南	Yunnan	549145	265250	21817567	39983	259609	123862	9761131	37864
西藏	Tibet	44022	20924	2431914	55537	22354	10384	1224463	54872
陕西	Shaanxi	568677	288807	27196237	47596	196816	109324	8827248	44783
甘肃	Gansu	368351	163543	14386147	37631	132756	58517	4943576	35974
青海	Qinghai	75788	37911	3884852	51359	25528	12956	1257504	49384
宁夏	Ningxia	84352	42962	3846834	45954	32184	17500	1417968	44128
新疆	Xinjiang	359779	218388	16768646	47187	133242	85149	6090658	46369

3-2 续表 51 continued

地 区	Region	中等教育 Secondary Education 年末人数(人) Year-end Figures (person)	#女 性 Female	工资总额(千元) Total Wages (1000 yuan)	平均工资(元) Average Wage (yuan)	高等教育 Senior Education 年末人数(人) Year-end Figures (person)	#女 性 Female	工资总额(千元) Total Wages (1000 yuan)	平均工资(元) Average Wage (yuan)
全 国	**National**	**7328134**	**3534795**	**342336768**	**46943**	**2109499**	**931008**	**134630917**	**64145**
北 京	Beijing	101391	64355	9271587	92270	163576	78568	15299278	93654
天 津	Tianjin	57080	33375	4166054	73069	42255	19533	3488326	82721
河 北	Hebei	421396	244851	16285531	38804	78879	38247	3948158	50321
山 西	Shanxi	235536	134311	8868182	37906	44255	20919	2425297	55087
内蒙古	Inner Mongolia	151677	81159	8600472	56816	33231	15223	1886830	57276
辽 宁	Liaoning	245193	134029	11250543	45824	109618	43543	6635412	61594
吉 林	Jilin	151584	86524	6101038	40357	62012	29747	3178697	51312
黑龙江	Heilongjiang	192171	107325	7235567	37519	76674	36034	4101073	53781
上 海	Shanghai	87883	54594	7921896	88401	84295	39535	8430961	98680
江 苏	Jiangsu	405229	190144	24691596	61249	133155	59602	8736444	66108
浙 江	Zhejiang	272999	143237	19989650	73676	97042	45092	8002370	83325
安 徽	Anhui	299896	109453	12710137	42627	69435	29252	3377906	49562
福 建	Fujian	203608	90672	10833262	53098	53878	25286	3409112	62863
江 西	Jiangxi	181251	70099	7294773	40370	41175	17479	2567254	62467
山 东	Shandong	566043	256022	25498571	45357	118658	51233	7737813	65147
河 南	Henan	618647	300682	24163452	39483	93637	41919	4564437	49433
湖 北	Hubei	300089	117833	10993109	36750	143196	47127	7520753	52547
湖 南	Hunan	395087	173892	14881307	37846	91275	41431	4848018	53102
广 东	Guangdong	517435	253823	27092566	52440	121532	56021	10632136	87854
广 西	Guangxi	231403	106366	8096326	35206	45358	19629	2240255	50473
海 南	Hainan	50112	22255	2454490	49378	12093	5768	801655	66105
重 庆	Chongqing	171198	78921	8757996	51755	46708	18025	2552228	55093
四 川	Sichuan	400897	171402	17803668	44785	107792	44611	5706221	53742
贵 州	Guizhou	171974	67757	7307105	43379	24210	10485	1215695	50998
云 南	Yunnan	212839	98111	8827939	41692	41020	19372	1965608	48109
西 藏	Tibet	16059	7692	881816	55255	3680	1704	214946	59691
陕 西	Shaanxi	240202	117451	11238944	46515	96101	42539	5492373	56604
甘 肃	Gansu	179727	79067	6998327	37953	32695	13595	1563726	42184
青 海	Qinghai	36754	17279	1974621	53904	5382	2357	299277	55391
宁 夏	Ningxia	38540	18126	1770531	46557	7743	3700	397930	51472
新 疆	Xinjiang	174234	103988	8375712	48549	28939	13432	1390728	48818

3-2 续表 52 continued

地区 Region	卫生和社会工作 Health and Social Service 年末人数（人）Year-end Figures (person)	#女性 Female	工资总额（千元）Total Wages (1000 yuan)	平均工资（元）Average Wage (yuan)	卫生 Health 年末人数（人）Year-end Figures (person)	#女性 Female	工资总额（千元）Total Wages (1000 yuan)	平均工资（元）Average Wage (yuan)
全国 National	**7192776**	**4401098**	**371845811**	**52564**	**6939753**	**4277257**	**361979375**	**53067**
北京 Beijing	229606	160222	21896176	97480	219846	154115	21414442	99635
天津 Tianjin	88333	55367	6924500	79513	86211	54289	6805663	80019
河北 Hebei	322273	198892	11933560	37427	313809	194613	11651218	37592
山西 Shanxi	171291	108899	5503263	32386	167376	106935	5388376	32455
内蒙古 Inner Mongolia	128753	77349	6527230	51009	124589	75273	6328854	51126
辽宁 Liaoning	304061	180132	13439078	44874	285064	171095	12703860	45281
吉林 Jilin	162699	100234	6663408	41304	157373	97626	6490736	41614
黑龙江 Heilongjiang	209837	129835	8263313	39712	200890	125486	7947175	39885
上海 Shanghai	173800	118847	18138835	103905	167814	115015	17777628	105499
江苏 Jiangsu	411158	257944	24962552	61735	400624	252243	24301457	61697
浙江 Zhejiang	373721	241345	28572765	78385	363768	235692	28139343	79564
安徽 Anhui	253210	151018	10902773	44178	249970	149334	10800682	44341
福建 Fujian	181116	114081	10117583	57525	175923	111489	9905084	58004
江西 Jiangxi	211067	116285	8086475	38962	168724	97916	6380476	38608
山东 Shandong	496009	286500	23246672	47768	489212	283173	22960400	47845
河南 Henan	461225	267805	17578808	38814	451621	263557	17237856	38884
湖北 Hubei	342216	194901	14377176	42295	314230	183189	13568440	43472
湖南 Hunan	347902	211292	17119600	50067	341716	208309	16927232	50410
广东 Guangdong	561089	348958	36392625	65942	548067	341221	35770544	66374
广西 Guangxi	260128	161484	10922784	42778	255500	158785	10790235	43028
海南 Hainan	48455	30321	2403013	50136	47340	29875	2355686	50295
重庆 Chongqing	135236	80575	7924984	60072	131976	78941	7809741	60671
四川 Sichuan	392690	237211	20629041	53451	385478	233614	20354306	53736
贵州 Guizhou	146060	86067	6281158	44289	142454	84603	6156884	44528
云南 Yunnan	193633	126230	7908245	41801	185679	122033	7614959	41971
西藏 Tibet	16323	8627	749214	46879	15835	8406	721681	46572
陕西 Shaanxi	219122	131966	10070080	46380	214085	129728	9896603	46664
甘肃 Gansu	116930	65052	4109668	35730	111306	62197	3925781	35874
青海 Qinghai	36704	22316	1547953	43126	33991	20852	1468541	44216
宁夏 Ningxia	40376	25277	1735787	43986	37522	23962	1611021	43994
新疆 Xinjiang	157753	106066	6917492	44864	151760	103691	6774471	45694

3-2 续表 53 continued

地 区	Region	社会工作 Social Service 年末人数（人）Year-end Figures (person)	#女 性 Female	工资总额（千元）Total Wages (1000 yuan)	平均工资（元）Average Wage (yuan)	文化、体育和娱乐业 Culture, Sports and Entertainment 年末人数（人）Year-end Figures (person)	#女 性 Female	工资总额（千元）Total Wages (1000 yuan)	平均工资（元）Average Wage (yuan)
全 国	**National**	**253023**	**123841**	**9866436**	**39005**	**1377422**	**593767**	**73544338**	**53558**
北 京	Beijing	9760	6107	481734	49699	170606	81978	17915132	105785
天 津	Tianjin	2122	1078	118837	58397	19026	6777	1239978	64602
河 北	Hebei	8464	4279	282342	31706	52299	22977	1754640	33453
山 西	Shanxi	3915	1964	114887	29458	44620	20369	1479520	33307
内蒙古	Inner Mongolia	4164	2076	198376	47527	32802	15577	1637206	49701
辽 宁	Liaoning	18997	9037	735218	38843	50533	21875	2194368	43515
吉 林	Jilin	5326	2608	172672	32281	36415	16015	1241264	34017
黑龙江	Heilongjiang	8947	4349	316138	35795	42390	17717	1533949	36117
上 海	Shanghai	5986	3832	361207	59595	51057	22157	4366493	83701
江 苏	Jiangsu	10534	5701	661095	63154	60722	26949	3549646	58582
浙 江	Zhejiang	9953	5653	433422	39947	67442	31353	4488094	66915
安 徽	Anhui	3240	1684	102091	31794	35859	14365	1390776	39138
福 建	Fujian	5193	2592	212499	41544	35522	14414	1708678	47017
江 西	Jiangxi	42343	18369	1705999	40347	38742	17749	1672801	43512
山 东	Shandong	6797	3327	286272	42304	68831	27314	3322014	48702
河 南	Henan	9604	4248	340952	35601	71197	27656	2566342	35925
湖 北	Hubei	27986	11712	808736	29090	63476	26979	2357627	37397
湖 南	Hunan	6186	2983	192368	31300	49510	20468	2148130	43448
广 东	Guangdong	13022	7737	622081	47985	94666	40580	5228669	56081
广 西	Guangxi	4628	2699	132549	29036	32862	12249	1179445	36314
海 南	Hainan	1115	446	47327	43300	11226	4729	393937	35410
重 庆	Chongqing	3260	1634	115243	36002	26375	8012	1230983	46882
四 川	Sichuan	7212	3597	274735	38387	44975	18903	1949019	43665
贵 州	Guizhou	3606	1464	124274	34997	16416	6011	588400	35937
云 南	Yunnan	7954	4197	293286	37814	33617	15201	1207775	35997
西 藏	Tibet	488	221	27533	56652	5999	2240	340781	57178
陕 西	Shaanxi	5037	2238	173477	34406	50098	22263	1940668	38995
甘 肃	Gansu	5624	2855	183887	32902	25672	10675	907074	35478
青 海	Qinghai	2713	1464	79412	29620	7766	3349	351027	45084
宁 夏	Ningxia	2854	1315	124766	43885	7227	3320	342044	47805
新 疆	Xinjiang	5993	2375	143021	24114	29474	13546	1317858	45049

3-2 续表 54 continued

地 区 Region	新闻和出版业 Journalism and Publishing Activities 年末人数(人) Year-end Figures (person)	#女性 Female	工资总额(千元) Total Wages (1000 yuan)	平均工资(元) Average Wage (yuan)	广播、电视、电影和影视录音制作业 Radio, Television, Motion Picture and Videotape Programme Production Services 年末人数(人) Year-end Figures (person)	#女性 Female	工资总额(千元) Total Wages (1000 yuan)	平均工资(元) Average Wage (yuan)
全 国 National	**329807**	**144877**	**21696411**	**66287**	**414304**	**160915**	**24278246**	**58821**
北 京 Beijing	72405	36965	7978182	110757	35404	16363	5809250	165907
天 津 Tianjin	3254	756	267951	78234	1703	712	98544	57967
河 北 Hebei	11331	5131	478618	42195	18722	7499	585033	31547
山 西 Shanxi	8429	4013	308537	36814	13731	5683	456018	33279
内蒙古 Inner Mongolia	5696	2817	255335	44398	11240	4902	576577	51247
辽 宁 Liaoning	9669	3966	505267	51844	17238	6934	787422	45973
吉 林 Jilin	10510	4853	340520	32648	10989	4297	365289	33145
黑龙江 Heilongjiang	8747	3972	349055	39810	14373	5461	502386	34683
上 海 Shanghai	9289	4343	1097358	115475	11904	5056	1327538	110518
江 苏 Jiangsu	11188	4872	848299	75331	22692	8487	1242781	54896
浙 江 Zhejiang	14199	6413	1227573	88942	24495	9999	1718045	70417
安 徽 Anhui	5789	2266	301123	52866	14236	5532	538942	38223
福 建 Fujian	4887	1845	301949	62219	12532	4321	622598	46445
江 西 Jiangxi	16347	8872	903077	56179	8930	3130	332231	37342
山 东 Shandong	15611	6419	810620	52403	26856	9256	1383389	52288
河 南 Henan	15430	4811	724279	44853	23755	9509	848103	35917
湖 北 Hubei	16659	8208	776428	46838	19389	7195	717296	37311
湖 南 Hunan	9891	4209	498019	50489	18687	7266	972299	52257
广 东 Guangdong	20817	7683	1203887	62520	23957	8482	1621531	68523
广 西 Guangxi	5491	1968	258213	48084	8989	2724	390576	43567
海 南 Hainan	3109	1301	113254	36879	2614	1011	112644	43010
重 庆 Chongqing	10098	1747	360391	35353	7134	2518	458858	65290
四 川 Sichuan	10483	4465	466394	46123	12809	4623	626348	48724
贵 州 Guizhou	3891	1320	138640	35677	4604	1430	159380	34906
云 南 Yunnan	5479	2518	193116	35428	8913	3513	360753	41624
西 藏 Tibet	694	271	39331	56673	2797	1056	167271	60518
陕 西 Shaanxi	6846	2630	328762	49835	11543	4696	493518	42963
甘 肃 Gansu	4431	1830	178180	40625	8359	3012	284279	34127
青 海 Qinghai	1008	459	38695	36539	3235	1181	156472	49376
宁 夏 Ningxia	1799	867	110977	62137	1713	639	79540	46624
新 疆 Xinjiang	6330	3087	294381	46565	10761	4428	483335	45054

3-2 续表 55 continued

地 区	Region	文化艺术业 Cultural and Art Activities				体 育 Sports Activities			
		年末人数（人）Year-end Figures (person)	#女 性 Female	工资总额（千元）Total Wages (1000 yuan)	平均工资（元）Average Wage (yuan)	年末人数（人）Year-end Figures (person)	#女 性 Female	工资总额（千元）Total Wages (1000 yuan)	平均工资（元）Average Wage (yuan)
全 国	**National**	**439223**	**205210**	**19096006**	**43585**	**127101**	**53214**	**5579666**	**43629**
北 京	Beijing	31364	14737	2366306	76342	24709	11068	1388687	56568
天 津	Tianjin	7409	2978	431261	58627	3669	1185	250339	66650
河 北	Hebei	16104	7654	528911	32811	3453	1438	98111	28587
山 西	Shanxi	18616	9109	542844	29362	2373	915	90862	38193
内蒙古	Inner Mongolia	14317	7257	726534	50661	1140	415	56384	47743
辽 宁	Liaoning	18265	8805	706098	38752	3925	1653	148987	38133
吉 林	Jilin	11908	5774	417354	34987	2113	718	80863	36474
黑龙江	Heilongjiang	13164	5990	437918	33500	2977	700	108389	35926
上 海	Shanghai	14164	6493	1027189	70408	11939	4909	605788	49151
江 苏	Jiangsu	20512	10733	1119807	55065	2986	1110	169439	57127
浙 江	Zhejiang	20396	10877	1192118	57965	5445	2605	249272	45084
安 徽	Anhui	12746	5270	442394	34875	1847	663	62444	34461
福 建	Fujian	11336	5261	514264	45298	5430	2416	203101	37424
江 西	Jiangxi	10298	4664	336868	32661	2050	745	66225	32368
山 东	Shandong	19534	8700	835156	42930	4049	1637	185453	45893
河 南	Henan	24989	10610	770011	31015	3036	984	107358	35292
湖 北	Hubei	21972	9380	684650	31318	2323	983	79323	34384
湖 南	Hunan	15197	6477	477878	31369	2706	1137	83139	30510
广 东	Guangdong	21340	10373	1186469	55591	20219	10101	867760	42396
广 西	Guangxi	14055	6096	421170	30372	3403	1191	80086	23842
海 南	Hainan	2459	1111	92287	37500	2042	904	50292	25542
重 庆	Chongqing	6474	2729	289944	45212	1633	551	60574	38533
四 川	Sichuan	18182	8502	712432	39255	1785	677	78500	44076
贵 州	Guizhou	6030	2722	240189	39727	1363	334	37095	27116
云 南	Yunnan	12698	6233	472933	37312	4906	2167	132470	25813
西 藏	Tibet	2108	831	111607	53096	373	75	21025	56367
陕 西	Shaanxi	25951	12275	909099	35080	1806	700	81398	44897
甘 肃	Gansu	10901	5119	375104	34569	1293	450	50551	38589
青 海	Qinghai	2962	1513	131897	44024	376	117	17209	45647
宁 夏	Ningxia	2876	1468	121223	42820	764	323	25447	33571
新 疆	Xinjiang	10896	5469	474091	44138	968	343	43095	45315

3-2 续表 56 continued

地区 Region	娱乐业 Entertainment 年末人数(人) Year-end Figures (person)	#女性 Female	工资总额(千元) Total Wages (1000 yuan)	平均工资(元) Average Wage (yuan)	公共管理、社会保障和社会组织 Public Management, Social Security and Social Organization 年末人数(人) Year-end Figures (person)	#女性 Female	工资总额(千元) Total Wages (1000 yuan)	平均工资(元) Average Wage (yuan)
全 国 National	**66987**	**29551**	**2894009**	**43127**	**15415126**	**4538280**	**705833056**	**46074**
北 京 Beijing	6724	2845	372707	55126	447323	163318	31344995	70280
天 津 Tianjin	2991	1146	191883	64891	155004	41543	11342408	73850
河 北 Hebei	2689	1255	63967	21244	837911	253700	27931629	33498
山 西 Shanxi	1471	649	81259	55278	596277	186337	19419001	32672
内蒙古 Inner Mongolia	409	186	22376	53659	390408	128515	20022723	51547
辽 宁 Liaoning	1436	517	46594	32675	527736	156718	21688956	41363
吉 林 Jilin	895	373	37238	41700	339025	102401	12484701	36945
黑龙江 Heilongjiang	3129	1594	136201	43515	440886	135581	16015772	36472
上 海 Shanghai	3761	1356	308620	82541	204944	65400	18907044	90622
江 苏 Jiangsu	3344	1747	169320	49932	673930	184371	47481863	70908
浙 江 Zhejiang	2907	1459	101086	36401	632582	175190	46115402	73676
安 徽 Anhui	1241	634	45873	36935	485145	121491	20784813	43086
福 建 Fujian	1337	571	66766	51201	343289	88384	18406916	53850
江 西 Jiangxi	1117	338	34400	30907	475500	123735	18757111	39622
山 东 Shandong	2781	1302	107396	38493	1098219	312132	46652714	42914
河 南 Henan	3987	1742	116591	30633	1083981	342560	36267737	33696
湖 北 Hubei	3133	1213	99930	32519	614628	173030	24144164	39503
湖 南 Hunan	3029	1379	116795	38777	806970	223453	28138339	35015
广 东 Guangdong	8333	3941	349022	41047	1029262	283175	64139209	62700
广 西 Guangxi	924	270	29400	32026	429945	121947	15293432	35777
海 南 Hainan	1002	402	25460	25333	107902	28425	5061103	47110
重 庆 Chongqing	1036	467	61216	58301	285420	78206	13212889	46751
四 川 Sichuan	1716	636	65345	37576	826419	250877	36265113	44117
贵 州 Guizhou	528	205	13096	25830	433216	128341	17386550	40549
云 南 Yunnan	1621	770	48503	29811	493421	146246	18365059	37580
西 藏 Tibet	27	7	1547	57296	117302	35515	5950331	51823
陕 西 Shaanxi	3952	1962	127891	32337	532144	159082	22791459	42698
甘 肃 Gansu	688	264	18960	27478	386887	119945	13823935	34481
青 海 Qinghai	185	79	6754	36508	92040	31958	4346533	47443
宁 夏 Ningxia	75	23	4857	65635	93051	32111	4112572	44337
新 疆 Xinjiang	519	219	22956	44836	434359	144593	19178583	45071

3-2 续表 57 continued

地区	Region	中国共产党机关 Organs of Communist Party of China 年末人数（人） Year-end Figures (person)	#女性 Female	工资总额（千元） Total Wages (1000 yuan)	平均工资（元） Average Wage (yuan)	国家机构 Government Agencies 年末人数（人） Year-end Figures (person)	#女性 Female	工资总额（千元） Total Wages (1000 yuan)	平均工资（元） Average Wage (yuan)
全国	**National**	**556821**	**141158**	**26985034**	**48667**	**14117046**	**4116165**	**646332479**	**46082**
北京	Beijing	12507	4036	1000596	78515	354636	129254	26892395	76222
天津	Tianjin	208	52	14870	71836	120996	30620	9109200	76161
河北	Hebei	32780	7698	1178713	36230	782650	237300	25909101	33284
山西	Shanxi	20125	5377	780035	38800	552150	170824	17778214	32328
内蒙古	Inner Mongolia	18314	5529	1014353	55835	353329	114880	18059819	51375
辽宁	Liaoning	23288	6074	1083883	46553	475670	138806	19565995	41420
吉林	Jilin	12863	3252	536982	41815	312588	93608	11402303	36604
黑龙江	Heilongjiang	14654	3902	556571	38056	408778	124109	14828103	36415
上海	Shanghai	2854	1043	267373	92071	190422	58080	17846661	92053
江苏	Jiangsu	14960	3154	1182491	78124	641510	174134	45068189	70740
浙江	Zhejiang	19385	4774	1704795	88354	568516	152781	42204619	75073
安徽	Anhui	18323	3881	834023	45783	453691	112867	19401063	43003
福建	Fujian	14251	3315	779771	55295	313595	78981	16783331	53746
江西	Jiangxi	17229	3774	735638	43477	416508	107391	16315158	39334
山东	Shandong	38890	8628	1786599	46087	1026002	291967	43365903	42719
河南	Henan	31856	7924	1183157	37186	1016263	321497	33785517	33490
湖北	Hubei	16816	3238	707947	42301	554465	154005	22008101	39914
湖南	Hunan	28779	6771	1035437	36026	754940	207734	26343181	35043
广东	Guangdong	27951	7311	1967708	70522	964040	262401	59989332	62612
广西	Guangxi	17262	4451	677192	39523	386503	105580	13749240	35781
海南	Hainan	4067	870	213985	52771	99609	25900	4650102	46929
重庆	Chongqing	8479	2127	408472	48668	267110	72190	12339149	46641
四川	Sichuan	35260	10160	1631138	46463	762051	229215	33303879	43941
贵州	Guizhou	17841	4806	798152	45955	398714	117877	15895191	40254
云南	Yunnan	24080	6716	989688	41186	442987	130222	16449331	37510
西藏	Tibet	8504	2455	538387	65777	102041	30605	5145184	51463
陕西	Shaanxi	25973	6411	1191530	45433	484688	144434	20714624	42612
甘肃	Gansu	20958	5468	803627	38645	346516	108427	12314098	34105
青海	Qinghai	4893	1417	277709	56791	81531	28342	3810933	46956
宁夏	Ningxia	2266	537	116193	51096	85456	29289	3752085	44056
新疆	Xinjiang	21205	6007	988019	47089	399091	132845	17552478	44938

3-2 续表 58 continued

地 区 Region	人民政协、民主党派 People's Political Consultative Conference and Democratic Parties				社会保障 Social Security			
	年末人数（人） Year-end Figures (person)	#女 性 Female	工资总额（千元） Total Wages (1000 yuan)	平均工资（元） Average Wage (yuan)	年末人数（人） Year-end Figures (person)	#女 性 Female	工资总额（千元） Total Wages (1000 yuan)	平均工资（元） Average Wage (yuan)
全 国 National	**102407**	**27704**	**5429802**	**53192**	**158043**	**71834**	**6611607**	**41895**
北 京 Beijing	2148	788	206498	96720	3466	1783	201362	57896
天 津 Tianjin	82	7	5126	62512	10421	2346	608984	58421
河 北 Hebei	4863	1201	204798	42140	6261	2921	215676	32668
山 西 Shanxi	3571	952	156498	43520	7188	3469	247176	33841
内蒙古 Inner Mongolia	4321	1893	206660	47739	5006	2237	237574	47620
辽 宁 Liaoning	3267	966	160809	49283	7405	3500	277800	37658
吉 林 Jilin	2401	687	119073	49469	4230	2018	140881	33313
黑龙江 Heilongjiang	2835	820	128048	45247	5495	2665	183242	33402
上 海 Shanghai	833	362	83399	99521	6592	3759	427619	63786
江 苏 Jiangsu	2937	799	260227	89610	6171	3127	368029	58885
浙 江 Zhejiang	3465	917	315752	92325	5143	2871	350574	69434
安 徽 Anhui	2741	612	146266	53794	3323	1528	115165	35327
福 建 Fujian	2920	763	188350	64770	4652	2260	209596	44949
江 西 Jiangxi	3722	828	189361	50999	3797	1451	134615	35697
山 东 Shandong	6205	1384	316280	51021	7649	2975	340901	44855
河 南 Henan	5947	1517	237039	40047	7793	3190	264550	34048
湖 北 Hubei	5664	1912	238081	42131	6766	2883	206492	30728
湖 南 Hunan	4188	1011	160257	38422	6519	2965	204328	31382
广 东 Guangdong	3577	1037	289608	80626	6755	3186	376684	56297
广 西 Guangxi	3189	890	160790	50357	9368	5154	242385	26116
海 南 Hainan	647	169	41842	64671	286	166	10300	35640
重 庆 Chongqing	1681	391	87618	52529	2720	1260	112238	42131
四 川 Sichuan	6890	1824	355340	51814	7844	3698	314445	40370
贵 州 Guizhou	3409	824	184675	54428	3391	1295	104436	31166
云 南 Yunnan	5427	1464	237956	44180	4322	2026	156174	36921
西 藏 Tibet	1210	396	77920	64503	457	219	20339	52151
陕 西 Shaanxi	4319	1075	212841	49406	5554	2638	182077	32872
甘 肃 Gansu	4761	997	175170	36979	2113	875	69930	33189
青 海 Qinghai	1470	330	84881	58660	1399	634	64665	46388
宁 夏 Ningxia	1128	279	60397	53543	737	344	30275	41529
新 疆 Xinjiang	2589	609	138242	53770	5220	2391	193095	37335

3-2 续表 59 continued

地区 Region	群众团体、社会团体和其他成员组织 Non-Governmental Organizations, Social Organizations and Membership Organizations 年末人数（人）Year-end Figures (person)	#女性 Female	工资总额（千元）Total Wages (1000 yuan)	平均工资（元）Average Wage (yuan)
全国 National	**404686**	**153832**	**18859003**	**46788**
北京 Beijing	31440	13603	2396090	76724
天津 Tianjin	21579	7706	1524671	70714
河北 Hebei	11357	4580	423341	37155
山西 Shanxi	13243	5715	457078	34019
内蒙古 Inner Mongolia	9438	3976	504317	53543
辽宁 Liaoning	14447	5521	523447	36330
吉林 Jilin	6866	2788	283144	41209
黑龙江 Heilongjiang	9124	4085	319808	35590
上海 Shanghai	3525	1654	253939	70755
江苏 Jiangsu	7984	2831	585216	74087
浙江 Zhejiang	12815	5027	845031	66096
安徽 Anhui	6247	2176	270433	43394
福建 Fujian	7871	3065	445868	56633
江西 Jiangxi	34135	10265	1379968	40466
山东 Shandong	19317	7110	835574	43418
河南 Henan	21995	8376	795811	36367
湖北 Hubei	30917	10992	983543	32041
湖南 Hunan	12544	4972	395136	31728
广东 Guangdong	26939	9240	1515877	56875
广西 Guangxi	13623	5872	463825	34110
海南 Hainan	3293	1320	144874	43233
重庆 Chongqing	5430	2238	265412	49712
四川 Sichuan	14374	5980	657569	45836
贵州 Guizhou	9861	3539	398803	40899
云南 Yunnan	14618	5021	501514	34499
西藏 Tibet	5090	1840	168501	33314
陕西 Shaanxi	11610	4524	490387	42340
甘肃 Gansu	12539	4178	461110	37174
青海 Qinghai	2747	1235	108345	39760
宁夏 Ningxia	3464	1662	153622	44399
新疆 Xinjiang	6254	2741	306749	49396

3-3 各地区分行业在岗职工人数和工资(2012年)
ON-POST STAFF AND WORKERS AND WAGES BY SECTOR AND REGION(2012)

地区 Region	总计 Total 年末人数(人) Year-end Figures (person)	总计 Total 平均工资(元) Average Wage (yuan)	农、林、牧、渔业 Agriculture, Forestry, Animal Husbandry and Fishery 年末人数(人) Year-end Figures (person)	农、林、牧、渔业 平均工资(元) Average Wage (yuan)	采矿业 Mining 年末人数(人) Year-end Figures (person)	采矿业 Mining 平均工资(元) Average Wage (yuan)	制造业 Manufacturing 年末人数(人) Year-end Figures (person)	制造业 Manufacturing 平均工资(元) Average Wage (yuan)
全　国 National	**144031925**	**47593**	**2912901**	**23419**	**6180907**	**57471**	**41919945**	**41483**
北　京 Beijing	6703514	85307	24804	39664	68613	78460	1050690	63148
天　津 Tianjin	2717368	62225	5026	56160	67868	77664	1178084	55495
河　北 Hebei	5840470	39542	54449	13564	281498	62512	1435522	36600
山　西 Shanxi	4184755	44943	26135	25055	896308	71895	695530	35082
内蒙古 Inner Mongolia	2652650	47053	247181	26604	210414	59874	419330	41708
辽　宁 Liaoning	5723311	42503	245221	12213	315741	54578	1656058	39467
吉　林 Jilin	2743262	39092	151639	21459	166029	40398	635139	40155
黑龙江 Heilongjiang	4133845	38598	593921	21355	410277	49696	608188	37407
上　海 Shanghai	5111610	80191	10262	54522	523	106032	2129743	63747
江　苏 Jiangsu	7926166	51279	82092	26682	126319	51298	3550301	42095
浙　江 Zhejiang	10223156	50813	7853	42992	12997	46792	3688363	40270
安　徽 Anhui	3974127	46091	40567	24161	343541	71149	892084	42714
福　建 Fujian	6041660	44979	31004	32335	50809	36690	2885656	38588
江　西 Jiangxi	3608820	39651	111336	21011	98988	39448	1003943	39445
山　东 Shandong	10602213	42572	27156	31391	766771	58120	3902772	36829
河　南 Henan	8496210	37958	57117	24457	623054	55899	2163476	33936
湖　北 Hubei	5576269	40884	85875	24194	106924	42366	1571605	39653
湖　南 Hunan	5232744	40028	20854	21836	147675	37035	1249435	40184
广　东 Guangdong	12620619	50577	71057	20331	33813	56968	5366397	41415
广　西 Guangxi	3318336	37614	79613	20534	50761	35303	690699	33611
海　南 Hainan	872859	40051	113092	20926	9698	39678	94117	34252
重　庆 Chongqing	3343664	45392	12561	34585	103459	41888	804253	40653
四　川 Sichuan	6117740	43110	38873	32160	235781	47246	1423083	36357
贵　州 Guizhou	2496743	42733	14863	32995	178133	43371	463909	36655
云　南 Yunnan	3627907	38908	82936	22829	212299	38922	664852	37273
西　藏 Tibet	215020	58347	1538	31158	1770	42982	5940	38525
陕　西 Shaanxi	3864571	44330	35247	33194	290848	58302	837682	38227
甘　肃 Gansu	2022673	38440	52510	25733	93678	60399	330790	42314
青　海 Qinghai	607593	46827	15286	29258	25333	55328	116426	42679
宁　夏 Ningxia	628751	48961	23171	29319	65220	77717	105318	39771
新　疆 Xinjiang	2803299	45243	549662	26553	185765	77082	300560	47650

3-3 续表 1 continued

地区 Region	电力、热力、燃气及水生产和供应业 Production and Supply of Electricity, Heat, Gas and Water		建筑业 Construction		批发和零售业 Wholesale and Retail Trades		交通运输、仓储和邮政业 Transport, Storage and Post	
	年末人数（人） Year-end Figures (person)	平均工资（元） Average Wage (yuan)	年末人数（人） Year-end Figures (person)	平均工资（元） Average Wage (yuan)	年末人数（人） Year-end Figures (person)	平均工资（元） Average Wage (yuan)	年末人数（人） Year-end Figures (person)	平均工资（元） Average Wage (yuan)
全　国 National	**3341307**	**59215**	**17389954**	**37284**	**6834727**	**46165**	**6481359**	**53923**
北　京 Beijing	88135	92489	400995	62079	646861	76642	555438	65321
天　津 Tianjin	42048	94637	268789	50936	165007	50206	135859	76892
河　北 Hebei	187949	63685	690555	31755	254300	28490	235741	46143
山　西 Shanxi	108638	58070	312441	35987	187164	30677	220798	50021
内蒙古 Inner Mongolia	118982	59287	172884	32715	78860	37631	166807	53723
辽　宁 Liaoning	160427	52372	551492	34788	200123	35950	322981	51433
吉　林 Jilin	87559	42226	162176	31557	93338	31505	156644	45739
黑龙江 Heilongjiang	152358	47515	292095	32909	150173	33612	246981	45735
上　海 Shanghai	57079	115026	352885	57390	549531	90903	367112	71403
江　苏 Jiangsu	127185	80693	616115	38125	325104	41327	300442	49567
浙　江 Zhejiang	130854	86547	2743139	37235	378826	50889	286023	58364
安　徽 Anhui	97065	56031	511406	40213	154554	35484	157906	43490
福　建 Fujian	92025	67753	1050229	42705	233669	44947	178511	54305
江　西 Jiangxi	101397	47522	552435	35325	158119	33238	125671	52555
山　东 Shandong	200564	53405	1158238	34701	475481	33250	363738	50449
河　南 Henan	219694	45252	1113150	32746	415869	31485	297215	44421
湖　北 Hubei	177242	50356	796760	39925	291109	31901	232656	50698
湖　南 Hunan	152248	43673	762593	33106	179503	36212	224459	46453
广　东 Guangdong	199707	73118	891288	38021	639128	48170	603006	59514
广　西 Guangxi	93430	48416	362183	38437	123597	33608	180042	44135
海　南 Hainan	20625	49542	57250	37052	53336	35363	44258	51971
重　庆 Chongqing	72430	63992	787210	35557	194540	39821	154594	49078
四　川 Sichuan	173014	50940	1083526	32575	179957	38774	229072	54559
贵　州 Guizhou	82697	60184	272455	38733	127283	42413	87244	48118
云　南 Yunnan	91963	54802	546462	28666	214511	36211	132454	50850
西　藏 Tibet	7474	51296	2469	28668	4319	45424	5925	55882
陕　西 Shaanxi	93029	54923	345413	35552	172746	33479	176045	47002
甘　肃 Gansu	70150	41594	214753	33696	56565	27969	99352	44732
青　海 Qinghai	19584	59417	68504	38783	23249	35530	33965	57728
宁　夏 Ningxia	40462	71292	33391	38141	27345	39493	34882	51516
新　疆 Xinjiang	75293	54041	216673	41670	80560	46175	125538	62581

3-3 续表 2 continued

地区 Region	住宿和餐饮业 Hotels and Catering Services		信息传输、软件和信息技术服务业 Information Transmission, Software and Information Technology		金融业 Financial Intermediation		房地产业 Real Estate	
	年末人数（人） Year-end Figures (person)	平均工资（元） Average Wage (yuan)	年末人数（人） Year-end Figures (person)	平均工资（元） Average Wage (yuan)	年末人数（人） Year-end Figures (person)	平均工资（元） Average Wage (yuan)	年末人数（人） Year-end Figures (person)	平均工资（元） Average Wage (yuan)
全　国 National	**2458558**	**31898**	**2175313**	**80402**	**4406061**	**100690**	**2580226**	**47327**
北　京 Beijing	279594	43517	512081	127707	308109	209483	343734	64696
天　津 Tianjin	50893	34356	32303	86606	54165	130864	51370	67315
河　北 Hebei	66040	25767	63125	51641	188625	71367	64997	35918
山　西 Shanxi	67126	29719	50895	39086	136341	69094	25097	29906
内蒙古 Inner Mongolia	28258	30676	43930	45755	98210	67378	18207	39709
辽　宁 Liaoning	69799	30743	88285	67171	183209	78577	118425	36462
吉　林 Jilin	29626	24992	46834	44528	100432	62267	50288	33572
黑龙江 Heilongjiang	42035	31500	60452	50353	128063	64152	53298	32208
上　海 Shanghai	155615	46181	84303	127387	285093	174563	123890	74886
江　苏 Jiangsu	100155	33836	105824	81138	231668	107699	76836	54584
浙　江 Zhejiang	151836	34178	137980	97549	305207	129941	164092	53215
安　徽 Anhui	41860	26661	42404	49834	126660	72730	62241	40402
福　建 Fujian	91844	30874	50450	68856	118971	111047	98110	50825
江　西 Jiangxi	41563	23085	40165	47082	94647	57895	41281	39564
山　东 Shandong	147413	29733	89188	61191	256920	85566	152219	39012
河　南 Henan	99212	27404	61432	45120	201070	63376	128299	37211
湖　北 Hubei	84410	26443	54455	44856	138579	67855	92210	42732
湖　南 Hunan	92053	25954	69291	47707	163976	77567	94651	38506
广　东 Guangdong	314725	31372	183966	80749	421605	108254	339923	49963
广　西 Guangxi	45314	24853	43114	46477	99001	76679	51641	32249
海　南 Hainan	61264	27547	9943	67581	26341	71881	41861	38520
重　庆 Chongqing	69679	28042	38900	71063	83781	124041	75984	46453
四　川 Sichuan	74281	28705	58568	57038	188278	77880	62550	42895
贵　州 Guizhou	38586	25339	24442	53634	69188	84924	52132	33950
云　南 Yunnan	81587	23510	42134	48860	92067	93672	67093	34206
西　藏 Tibet	2827	33129	3088	37114	8076	121482	239	47674
陕　西 Shaanxi	72785	25162	76533	56629	120749	66009	62006	36360
甘　肃 Gansu	18557	23017	19586	33431	66514	45891	18292	31664
青　海 Qinghai	6764	27687	9272	54835	21834	59729	7496	33646
宁　夏 Ningxia	5869	28920	6269	59636	23521	79909	10698	43138
新　疆 Xinjiang	26988	32701	26101	55166	65161	79997	31066	36631

3-3 续表 3 continued

地区 Region	租赁和商务服务业 Leasing and Business Services 年末人数(人) Year-end Figures (person)	平均工资(元) Average Wage (yuan)	科学研究和技术服务业 Scientific Research and Technical Services 年末人数(人) Year-end Figures (person)	平均工资(元) Average Wage (yuan)	水利、环境和公共设施管理业 Management of Water Conservancy,Environment and Public Facilities 年末人数(人) Year-end Figures (person)	平均工资(元) Average Wage (yuan)	居民服务、修理和其他服务业 Service to Households, Repair and Other Services 年末人数(人) Year-end Figures (person)	平均工资(元) Average Wage (yuan)
全国 National	**2778066**	**52315**	**3128374**	**70441**	**2129683**	**34584**	**589999**	**35586**
北京 Beijing	580253	88054	495463	109302	88906	53840	79999	39186
天津 Tianjin	52242	53016	76744	106188	31034	62659	107319	25406
河北 Hebei	49129	27064	122243	59720	98960	29125	20285	42612
山西 Shanxi	50877	26700	57687	43009	72863	21727	6254	22806
内蒙古 Inner Mongolia	31225	41833	48357	48281	74939	37329	7025	33434
辽宁 Liaoning	91973	33282	151235	55775	131370	29896	26248	33021
吉林 Jilin	45129	37101	74041	50367	66672	23932	8610	31511
黑龙江 Heilongjiang	42758	40330	114354	57961	82920	26145	42609	43695
上海 Shanghai	155284	81118	113716	132114	51865	56515	23449	50130
江苏 Jiangsu	115743	39186	122292	77994	113204	43585	12222	46535
浙江 Zhejiang	282701	47940	162038	69567	113165	43334	18646	43397
安徽 Anhui	35150	37629	73667	54398	67223	32681	5189	37401
福建 Fujian	58550	38680	62064	57208	45053	37974	13383	34547
江西 Jiangxi	27725	37931	49298	41104	46660	31904	4820	31141
山东 Shandong	112609	39942	119255	54012	105808	34606	38872	45970
河南 Henan	110207	31270	127756	46603	118530	32018	15727	29041
湖北 Hubei	57142	33783	128519	52384	84396	29785	13169	32048
湖南 Hunan	84127	33452	87878	46818	76582	26936	14532	36067
广东 Guangdong	358211	51095	206176	85740	138364	41717	57588	36761
广西 Guangxi	84222	28530	88105	41050	71976	26520	7126	28938
海南 Hainan	19539	28169	16497	42578	23589	26941	2157	25013
重庆 Chongqing	60040	33530	55332	72760	40972	32055	9236	32117
四川 Sichuan	50088	46661	149276	70727	95672	30172	10823	33119
贵州 Guizhou	29149	30249	52096	39834	34457	30673	9100	28758
云南 Yunnan	59973	34333	74782	44475	50260	28555	7423	27626
西藏 Tibet	1873	53906	8964	56200	1641	30978	28	24964
陕西 Shaanxi	43362	36312	137847	61421	77728	32888	14588	27120
甘肃 Gansu	11875	30708	55072	42190	47172	29299	3902	24804
青海 Qinghai	7917	59538	27749	61551	10092	33403	3284	39602
宁夏 Ningxia	16952	31308	11377	50309	15726	39289	470	37162
新疆 Xinjiang	52041	35328	58494	51293	51884	32938	5916	27351

3-3 续表 4 continued

地区 Region		教 育 Education		卫生和社会工作 Health and Social Service		文化、体育和娱乐业 Culture, Sports and Entertainment		公共管理、社会保障和社会组织 Public Management, Social Security and Social Organization	
		年末人数(人) Year-end Figures (person)	平均工资(元) Average Wage (yuan)	年末人数(人) Year-end Figures (person)	平均工资(元) Average Wage (yuan)	年末人数(人) Year-end Figures (person)	平均工资(元) Average Wage (yuan)	年末人数(人) Year-end Figures (person)	平均工资(元) Average Wage (yuan)
全 国	**National**	**15941095**	**48566**	**6807620**	**53753**	**1307781**	**54414**	**14668049**	**47471**
北 京	Beijing	396645	87579	216540	100081	160205	108910	406449	75242
天 津	Tianjin	155069	77927	83096	82117	17599	66411	142853	78189
河 北	Hebei	862784	39537	305637	38393	50654	33868	807977	34211
山 西	Shanxi	486824	39020	163489	33132	42640	33098	577648	33313
内蒙古	Inner Mongolia	345659	56498	126055	51644	32505	50163	383822	52104
辽 宁	Liaoning	557593	48562	291054	45675	49142	44102	512935	42099
吉 林	Jilin	363150	41369	157732	41920	35426	34457	312798	39040
黑龙江	Heilongjiang	456218	40618	200817	40601	40648	36881	415680	37687
上 海	Shanghai	254429	89892	158758	109118	44482	81223	193591	94182
江 苏	Jiangsu	849146	61155	375933	63900	56684	60765	638901	73360
浙 江	Zhejiang	625322	72498	350212	80273	61950	70698	601952	75921
安 徽	Anhui	607473	43188	236061	45548	32399	40267	446677	45199
福 建	Fujian	448558	53507	171493	59094	33631	48367	327650	55477
江 西	Jiangxi	429290	42403	195453	40237	35981	45019	450048	40963
山 东	Shandong	1079747	46623	469666	48949	67254	49399	1068542	43634
河 南	Henan	1170937	39843	445677	39414	68558	36550	1059230	34137
湖 北	Hubei	688426	40074	326609	43101	61241	38046	584942	40432
湖 南	Hunan	692798	39286	328391	51214	46839	44722	744859	35803
广 东	Guangdong	1149146	54209	543686	66609	90366	56774	1012467	63283
广 西	Guangxi	568732	35656	247318	43721	31433	37270	400029	37358
海 南	Hainan	119576	51018	46492	51059	10828	36126	102396	48759
重 庆	Chongqing	354386	49812	129276	60864	25587	47622	271444	48153
四 川	Sichuan	864732	45214	372232	54118	43053	44722	784881	45501
贵 州	Guizhou	421285	43753	133980	46138	15604	36800	390140	43448
云 南	Yunnan	530218	40894	176352	43883	31861	36572	468680	38870
西 藏	Tibet	41878	57511	14594	50612	5286	62857	97091	60745
陕 西	Shaanxi	553102	48412	204817	47457	47828	39706	502216	44327
甘 肃	Gansu	358073	38173	109996	36737	24827	35948	371009	35318
青 海	Qinghai	75282	51648	36144	43490	7756	45115	91656	47626
宁 夏	Ningxia	80512	47339	37087	45933	6554	50897	83927	47130
新 疆	Xinjiang	354105	47644	152973	45625	28960	45531	415559	46319

3-4 各地区分行业其他就业人员和平均工资(2012年)
OTHER EMPLOYMENT AND AVERAGE WAGE BY SECTOR AND REGION(2012)

地区	Region	总计 Total 年末人数(人) Year-end Figures (person)	总计 Total 平均工资(元) Average Wage (yuan)	农、林、牧、渔业 Agriculture, Forestry, Animal Husbandry and Fishery 年末人数(人) Year-end Figures (person)	农、林、牧、渔业 平均工资(元) Average Wage (yuan)	采矿业 Mining 年末人数(人) Year-end Figures (person)	采矿业 Mining 平均工资(元) Average Wage (yuan)	制造业 Manufacturing 年末人数(人) Year-end Figures (person)	制造业 Manufacturing 平均工资(元) Average Wage (yuan)
全国	**National**	**8331790**	**32527**	**475665**	**18172**	**129312**	**35470**	**701942**	**51441**
北京	Beijing	470203	76648	642	27903	165	47626	29011	102893
天津	Tianjin	173346	49795	468	18047	1290	54705	24367	116766
河北	Hebei	358994	24088	790	20907	6480	42990	18225	37614
山西	Shanxi	175246	28040	2111	28240	6257	21865	7397	21626
内蒙古	Inner Mongolia	55045	29880	2699	23821	4324	34925	7348	29217
辽宁	Liaoning	263961	28918	6508	5935	9800	39327	27141	41799
吉林	Jilin	111519	22390	5437	11891	364	25960	13118	43072
黑龙江	Heilongjiang	575989	21212	338706	19920	2992	27424	25270	22844
上海	Shanghai	445686	61392	1992	34559	19	44900	57528	111486
江苏	Jiangsu	383203	37161	3949	18578	1987	26367	46435	82324
浙江	Zhejiang	478071	36996	330	16803	959	20283	36427	59973
安徽	Anhui	394164	29526	13247	18730	2573	21190	17269	26698
福建	Fujian	336896	35695	17168	9820	2365	29246	38127	49241
江西	Jiangxi	249114	22659	5050	11331	2221	24417	16300	21225
山东	Shandong	499493	27950	347	23325	21458	50348	46998	37169
河南	Henan	315616	20677	1159	13006	6953	13588	19050	20248
湖北	Hubei	403765	24323	11189	14778	12817	33871	34294	27351
湖南	Hunan	442115	26058	3316	12970	4222	17609	32408	24123
广东	Guangdong	419228	40878	1194	19336	624	25202	42983	76181
广西	Guangxi	261493	20491	19647	15544	2071	25975	27911	24948
海南	Hainan	27931	21863	5936	11506	94	26324	817	82923
重庆	Chongqing	188212	28983	363	23082	414	32403	18254	31738
四川	Sichuan	291146	27006	1413	11371	8971	42717	21794	28722
贵州	Guizhou	198227	21497	1306	6115	3586	30843	12311	18903
云南	Yunnan	298828	21677	9063	5445	10422	30312	40450	23427
西藏	Tibet	36837	12879	4132	6831	200	32418	672	26760
陕西	Shaanxi	247666	23982	1122	12670	9038	33776	24463	23813
甘肃	Gansu	90636	20533	2961	11386	2967	31828	7354	19865
青海	Qinghai	9278	22741	383	22170	527	25759	457	30720
宁夏	Ningxia	45471	26944	618	13507	412	52938	2473	28576
新疆	Xinjiang	84411	23235	12419	16586	2740	34980	5290	31820

3-4 续表 1 continued

地 区 Region	电力、热力、燃气及水生产和供应业 Production and Supply of Electricity, Heat, Gas and Water		建筑业 Construction		批发和零售业 Wholesale and Retail Trades		交通运输、仓储和邮政业 Transport, Storage and Post	
	年末人数(人) Year-end Figures (person)	平均工资(元) Average Wage (yuan)	年末人数(人) Year-end Figures (person)	平均工资(元) Average Wage (yuan)	年末人数(人) Year-end Figures (person)	平均工资(元) Average Wage (yuan)	年末人数(人) Year-end Figures (person)	平均工资(元) Average Wage (yuan)
全 国 National	**104271**	**25199**	**2712632**	**31269**	**283723**	**50408**	**193844**	**35731**
北 京 Beijing	1243	37939	26388	53657	39579	117724	22910	81263
天 津 Tianjin	1670	41332	42200	35424	9719	70365	4903	35655
河 北 Hebei	24517	19912	123453	28294	8972	18246	7278	31512
山 西 Shanxi	2634	24258	75326	38779	4471	16557	2342	26178
内蒙古 Inner Mongolia	742	34674	9582	35456	901	19317	2672	36590
辽 宁 Liaoning	4048	19045	57714	31149	10816	26155	5086	40808
吉 林 Jilin	1437	18892	14207	27967	1958	22466	2531	18022
黑龙江 Heilongjiang	4973	18485	64110	29277	8837	22980	9108	14146
上 海 Shanghai	1227	46981	135667	37790	48840	99846	12437	61076
江 苏 Jiangsu	1493	46011	78911	33618	9655	26533	5660	27834
浙 江 Zhejiang	2145	30312	197587	32402	13746	33427	7617	32863
安 徽 Anhui	1711	32148	188012	39106	4693	19711	5317	24452
福 建 Fujian	2729	38053	166755	43023	8831	30732	7921	18072
江 西 Jiangxi	3802	28464	113894	27771	8827	21071	3081	22892
山 东 Shandong	9800	36056	210125	28130	13858	19329	10088	37744
河 南 Henan	5297	22878	142633	23045	10054	18407	11691	16152
湖 北 Hubei	4583	21471	173919	25088	10213	18510	11166	27134
湖 南 Hunan	4425	23643	183423	30806	7967	22169	11574	26733
广 东 Guangdong	1093	46044	184550	28823	10601	58801	14979	34819
广 西 Guangxi	4948	16210	63056	24995	4825	14929	4757	19371
海 南 Hainan	566	15512	2265	22859	375	38584	886	50429
重 庆 Chongqing	2564	35102	64407	35848	3529	25540	2967	27685
四 川 Sichuan	3237	26039	77344	23307	4941	23694	6509	28155
贵 州 Guizhou	1651	20424	76205	28535	4407	12642	4215	25848
云 南 Yunnan	5242	21091	117921	26913	20644	15765	3158	16685
西 藏 Tibet	241	37931	2549	17495	922	31225	84	41625
陕 西 Shaanxi	2694	22351	82660	28157	5605	19682	7378	21613
甘 肃 Gansu	2019	23049	15114	28004	3508	13486	4258	17529
青 海 Qinghai	261	33785	5020	24767	293	17085	43	23949
宁 夏 Ningxia	664	18995	10469	39350	487	20164	785	16146
新 疆 Xinjiang	615	21853	7166	29967	1649	24129	443	26863

3-4 续表 2 continued

地区 Region	住宿和餐饮业 Hotels and Catering Services 年末人数(人) Year-end Figures (person)	住宿和餐饮业 平均工资(元) Average Wage (yuan)	信息传输、软件和信息技术服务业 Information Transmission, Software and Information Technology 年末人数(人) Year-end Figures (person)	平均工资(元) Average Wage (yuan)	金融业 Financial Intermediation 年末人数(人) Year-end Figures (person)	平均工资(元) Average Wage (yuan)	房地产业 Real Estate 年末人数(人) Year-end Figures (person)	平均工资(元) Average Wage (yuan)
全 国 National	**191990**	**22988**	**52683**	**84753**	**871616**	**33762**	**156903**	**37640**
北 京 Beijing	40049	30157	14187	213651	67517	71140	26887	59249
天 津 Tianjin	18209	26041	375	171690	24052	43894	3900	42295
河 北 Hebei	1784	21465	1894	18130	57919	22268	3398	29995
山 西 Shanxi	2089	18660	1850	23718	21390	21222	1022	26221
内蒙古 Inner Mongolia	645	22331	130	18346	9705	28263	227	21387
辽 宁 Liaoning	2654	24496	1779	53138	41972	30664	5272	26408
吉 林 Jilin	521	28111	506	17604	8898	32235	1028	29710
黑龙江 Heilongjiang	3566	15765	653	22309	32054	21776	5236	22397
上 海 Shanghai	45729	22986	1225	162023	9463	178469	28129	47329
江 苏 Jiangsu	19230	14119	2038	39363	61917	30708	5424	37968
浙 江 Zhejiang	11390	14830	2722	45616	58570	50725	10471	36270
安 徽 Anhui	1502	18444	3077	27677	41639	19413	6857	30235
福 建 Fujian	2194	31319	2851	51689	28573	26109	3733	39166
江 西 Jiangxi	958	16701	3280	13952	11610	20566	3267	24374
山 东 Shandong	4612	22838	2114	29879	70516	24328	5946	27321
河 南 Henan	1793	18865	1926	27378	32172	20240	2733	23217
湖 北 Hubei	8085	17320	1964	25412	24765	30807	7396	22726
湖 南 Hunan	3090	20829	1229	27652	43406	19680	4778	23869
广 东 Guangdong	8100	31647	1970	66668	54303	46789	8661	37452
广 西 Guangxi	2286	22108	1170	21460	17634	31859	2320	21752
海 南 Hainan	915	28296	25	49667	1319	24368	575	34141
重 庆 Chongqing	1614	23007	529	35503	46483	23093	2214	31270
四 川 Sichuan	2101	18002	1291	32581	41449	32707	3158	25374
贵 州 Guizhou	808	26987	198	20077	4641	30902	2184	26122
云 南 Yunnan	3494	18595	941	24506	6396	20114	5717	25632
西 藏 Tibet	343	39352	47	18158	174	14839	10	17100
陕 西 Shaanxi	2108	19670	1593	32892	25429	19924	4259	18441
甘 肃 Gansu	733	18992	787	21792	5348	26431	557	22395
青 海 Qinghai	25	7880	3	10000	78	19964	40	16761
宁 夏 Ningxia	339	15259	35	19147	6107	24513	694	32408
新 疆 Xinjiang	1024	26441	294	28313	16117	25229	810	21241

3-4 续表 3 continued

地 区	Region	租赁和商务服务业 Leasing and Business Services 年末人数(人) Year-end Figures (person)	平均工资(元) Average Wage (yuan)	科学研究和技术服务业 Scientific Research and Technical Services 年末人数(人) Year-end Figures (person)	平均工资(元) Average Wage (yuan)	水利、环境和公共设施管理业 Management of Water Conservancy,Environment and Public Facilities 年末人数(人) Year-end Figures (person)	平均工资(元) Average Wage (yuan)	居民服务、修理和其他服务业 Service to Households, Repair and Other Services 年末人数(人) Year-end Figures (person)	平均工资(元) Average Wage (yuan)
全 国	**National**	**144784**	**69243**	**178378**	**48143**	**308148**	**16762**	**31332**	**26612**
北 京	Beijing	33779	169836	45020	76211	4981	31526	6391	34548
天 津	Tianjin	2156	44179	5984	52529	5789	23147	1483	33586
河 北	Hebei	2451	18841	3020	27479	13585	14281	1284	30888
山 西	Shanxi	2588	30902	1494	24828	3425	11828	189	14719
内蒙古	Inner Mongolia	295	14463	463	26636	3210	14011	235	19630
辽 宁	Liaoning	10106	4110	7133	48528	24131	16642	450	14795
吉 林	Jilin	3447	24660	1924	29511	14941	12334	159	31660
黑龙江	Heilongjiang	6119	10572	4572	23264	19242	13019	1248	15914
上 海	Shanghai	16931	92203	8588	96897	9880	28540	9585	26581
江 苏	Jiangsu	7459	26361	5530	45562	19489	20805	387	28761
浙 江	Zhejiang	9427	31239	12808	45141	15858	25169	1344	31872
安 徽	Anhui	1611	20203	8437	28160	13618	15104	446	20584
福 建	Fujian	1448	28584	3293	31749	4963	16772	499	28292
江 西	Jiangxi	1713	26137	5045	22057	12325	14322	1071	12121
山 东	Shandong	2739	21001	4967	35313	19278	14783	574	19817
河 南	Henan	2705	19810	3413	24751	12763	11413	241	39190
湖 北	Hubei	4502	29322	6178	26347	13483	17259	1651	16103
湖 南	Hunan	3481	24546	6849	24289	20073	15833	612	23218
广 东	Guangdong	12057	60033	6332	79834	4696	23775	814	42514
广 西	Guangxi	4966	17944	5375	24969	16424	14485	274	18879
海 南	Hainan	223	18521	814	23204	2061	18167	23	42458
重 庆	Chongqing	1198	32670	1221	26912	5433	18888	100	20469
四 川	Sichuan	2113	68106	12734	24759	10630	15648	301	18799
贵 州	Guizhou	479	21096	2176	22054	7171	13558	568	17437
云 南	Yunnan	2023	23008	2995	25072	6931	14328	726	11243
西 藏	Tibet	153	56273	1900	20453	612	16898	1	43000
陕 西	Shaanxi	1336	17361	5928	36342	11536	16621	439	14867
甘 肃	Gansu	5215	24573	1055	22679	4728	17256	97	13750
青 海	Qinghai	22	17095	460	25202	124	13441	82	13345
宁 夏	Ningxia	550	48305	487	26205	4425	14919	58	30208
新 疆	Xinjiang	1492	24236	2183	31403	2343	13617	58	30208

3-4 续表 4 continued

地 区 Region	教 育 Education		卫生和社会工作 Health and Social Service		文化、体育和娱乐业 Culture, Sports and Entertainment		公共管理、社会保障和社会组织 Public Management, Social Security and Social Organization	
	年末人数(人) Year-end Figures (person)	平均工资(元) Average Wage (yuan)	年末人数(人) Year-end Figures (person)	平均工资(元) Average Wage (yuan)	年末人数(人) Year-end Figures (person)	平均工资(元) Average Wage (yuan)	年末人数(人) Year-end Figures (person)	平均工资(元) Average Wage (yuan)
全 国 National	**592693**	**25090**	**385156**	**31257**	**69641**	**37703**	**747077**	**18634**
北 京 Beijing	47113	49814	13066	54616	10401	60246	40874	21746
天 津 Tianjin	7966	28218	5237	37520	1427	41217	12151	23037
河 北 Hebei	35729	18218	16636	19158	1645	20523	29934	14217
山 西 Shanxi	12250	14799	7802	16649	1980	37646	18629	13024
内蒙古 Inner Mongolia	2286	20446	2698	20858	297	19722	6586	18934
辽 宁 Liaoning	20152	31058	13007	26705	1391	23368	14801	16274
吉 林 Jilin	8860	22206	4967	21474	989	17751	26227	11476
黑龙江 Heilongjiang	13335	18710	9020	19441	1742	18716	25206	16091
上 海 Shanghai	25476	42318	15042	47619	6575	100494	11353	28845
江 苏 Jiangsu	39347	32468	35225	38426	4038	27183	35029	25992
浙 江 Zhejiang	37039	30546	23509	50122	5492	25716	30630	29784
安 徽 Anhui	25078	19281	17149	25067	3460	28930	38468	18892
福 建 Fujian	18293	21952	9623	29841	1891	23792	15639	19776
江 西 Jiangxi	12843	14285	15614	22722	2761	23874	25452	15746
山 东 Shandong	18476	19746	26343	26753	1577	18610	29677	17854
河 南 Henan	18095	23221	15548	21484	2639	19472	24751	14972
湖 北 Hubei	30032	20816	15607	25342	2235	19596	29686	20641
湖 南 Hunan	26969	20420	19511	30486	2671	21545	62111	25512
广 东 Guangdong	27773	34531	17403	44709	4300	40679	16795	27573
广 西 Guangxi	39674	14845	12810	24229	1429	15686	29916	14904
海 南 Hainan	3170	21532	1963	27932	398	15280	5506	16152
重 庆 Chongqing	16198	21330	5960	42150	788	22328	13976	19650
四 川 Sichuan	29242	21204	20458	41109	1922	20813	41538	17983
贵 州 Guizhou	20353	14606	12080	23888	812	19397	43076	14124
云 南 Yunnan	18927	13009	17281	19932	1756	25672	24741	12857
西 藏 Tibet	2144	15999	1729	12433	713	15249	20211	9426
陕 西 Shaanxi	15575	18106	14305	30150	2270	23976	29928	15258
甘 肃 Gansu	10278	17930	6934	18863	845	21327	15878	14620
青 海 Qinghai	506	8556	560	20047	10	20900	384	14756
宁 夏 Ningxia	3840	15968	3289	22146	673	17278	9124	18213
新 疆 Xinjiang	5674	19109	4780	20906	514	18663	18800	17286

3-5 各地区分登记注册类型城镇单位年末人数(2012年)

EMPLOYMENT IN URBAN UNITS BY REGISTRATION STATUS AND REGION(2012)

单位：千人 (1000 persons)

地 区	Region	就业人员 Employment 合计 Total	国有单位 State-owned Units	集体单位 Collective-owned Units	其他单位 Other Ownership Units	在岗职工 On-post Staff and Workers 合计 Total	国有单位 State-owned Units
全 国	**National**	**152364**	**68390**	**5897**	**78077**	**144032**	**64672**
北 京	Beijing	7174	1883	198	5092	6704	1773
天 津	Tianjin	2891	897	80	1914	2717	843
河 北	Hebei	6199	3324	211	2664	5840	3173
山 西	Shanxi	4360	2398	248	1713	4185	2324
内蒙古	Inner Mongolia	2708	1763	85	859	2653	1737
辽 宁	Liaoning	5987	3103	351	2533	5723	2988
吉 林	Jilin	2855	1704	90	1061	2743	1633
黑龙江	Heilongjiang	4710	3354	153	1202	4134	2900
上 海	Shanghai	5557	1405	117	4035	5112	1299
江 苏	Jiangsu	8309	2960	302	5048	7926	2809
浙 江	Zhejiang	10701	2254	257	8190	10223	2112
安 徽	Anhui	4368	2257	172	1939	3974	2067
福 建	Fujian	6379	1662	160	4556	6042	1552
江 西	Jiangxi	3858	2090	181	1587	3609	1952
山 东	Shandong	11102	4474	632	5996	10602	4318
河 南	Henan	8812	4093	509	4211	8496	3978
湖 北	Hubei	5980	2986	197	2796	5576	2758
湖 南	Hunan	5675	2826	275	2575	5233	2611
广 东	Guangdong	13040	4303	553	8184	12621	4192
广 西	Guangxi	3580	2140	162	1277	3318	1975
海 南	Hainan	901	544	35	321	873	522
重 庆	Chongqing	3532	1289	100	2143	3344	1235
四 川	Sichuan	6409	3588	338	2483	6118	3427
贵 州	Guizhou	2695	1746	68	881	2497	1612
云 南	Yunnan	3927	1946	127	1854	3628	1824
西 藏	Tibet	252	242	4	6	215	207
陕 西	Shaanxi	4112	2716	152	1245	3865	2562
甘 肃	Gansu	2113	1586	81	447	2023	1521
青 海	Qinghai	617	438	16	163	608	431
宁 夏	Ningxia	674	409	8	257	629	381
新 疆	Xinjiang	2888	2008	34	846	2803	1955

3-5 续表 continued

单位：千人 (1000 persons)

地区 Region	在岗职工 On-post Staff and Workers		其他就业人员 Others			
	集体单位 Collective-owned Units	其他单位 Other Ownership Units	合计 Total	国有单位 State-owned Units	集体单位 Collective-owned Units	其他单位 Other Ownership Units
全国 National	**5487**	**73873**	**8332**	**3718**	**410**	**4204**
北京 Beijing	186	4745	470	111	12	347
天津 Tianjin	69	1805	173	55	11	108
河北 Hebei	197	2470	359	151	15	194
山西 Shanxi	237	1623	175	74	11	91
内蒙古 Inner Mongolia	81	835	55	27	5	24
辽宁 Liaoning	330	2406	264	115	21	128
吉林 Jilin	86	1024	112	71	4	36
黑龙江 Heilongjiang	141	1092	576	454	12	110
上海 Shanghai	105	3707	446	105	12	328
江苏 Jiangsu	276	4841	383	151	26	207
浙江 Zhejiang	243	7869	478	142	15	321
安徽 Anhui	157	1750	394	190	14	190
福建 Fujian	139	4351	337	110	21	205
江西 Jiangxi	156	1501	249	138	25	86
山东 Shandong	605	5679	499	156	26	317
河南 Henan	485	4033	316	114	24	177
湖北 Hubei	183	2635	404	229	14	161
湖南 Hunan	246	2376	442	215	29	199
广东 Guangdong	531	7898	419	111	22	286
广西 Guangxi	129	1214	261	165	33	63
海南 Hainan	34	317	28	22	1	4
重庆 Chongqing	95	2014	188	54	5	129
四川 Sichuan	323	2368	291	160	16	115
贵州 Guizhou	62	823	198	134	7	58
云南 Yunnan	115	1689	299	123	12	164
西藏 Tibet	3	5	37	35	2	
陕西 Shaanxi	142	1160	248	153	10	85
甘肃 Gansu	77	424	91	65	4	22
青海 Qinghai	15	161	9	7	1	2
宁夏 Ningxia	7	240	45	28	1	17
新疆 Xinjiang	33	816	84	53	1	30

3-6 各地区分登记注册类型城镇单位工资总额(2012年)
WAGES IN URBAN UNITS BY REGISTRATION STATUS AND REGION(2012)

单位：亿元 (100 million yuan)

地 区	Region	就业人员工资总额 Earnings of Employment				在岗职工 Wages of On-post Staff and Workers	
		合计 Total	国有单位 State-owned Units	集体单位 Collective-owned Units	其他单位 Other Ownership Units	合计 Total	国有单位 State-owned Units
全 国	**National**	**70914.2**	**32950.0**	**1990.4**	**35973.8**	**68218.2**	**32059.7**
北 京	Beijing	6012.4	1624.8	76.3	4311.3	5657.9	1582.5
天 津	Tianjin	1778.1	606.5	34.2	1137.5	1695.9	591.1
河 北	Hebei	2398.3	1295.5	61.4	1041.5	2312.8	1266.0
山 西	Shanxi	1922.7	973.0	81.0	868.7	1871.7	959.2
内蒙古	Inner Mongolia	1304.7	871.2	38.7	394.8	1280.5	865.2
辽 宁	Liaoning	2550.5	1346.8	103.1	1100.6	2466.9	1320.7
吉 林	Jilin	1107.3	668.6	27.3	411.4	1080.8	658.1
黑龙江	Heilongjiang	1732.6	1226.7	49.9	456.0	1605.3	1138.3
上 海	Shanghai	4404.5	1275.7	64.1	3064.7	4126.9	1228.8
江 苏	Jiangsu	4205.9	1801.4	126.4	2278.1	4066.0	1758.2
浙 江	Zhejiang	5313.1	1638.6	119.6	3555.0	5138.5	1590.9
安 徽	Anhui	1926.0	1008.1	58.0	859.9	1811.3	963.4
福 建	Fujian	2792.6	888.1	61.1	1843.4	2682.9	857.2
江 西	Jiangxi	1335.0	817.2	50.7	467.1	1282.3	789.2
山 东	Shandong	4628.2	2125.1	216.3	2286.7	4487.1	2082.9
河 南	Henan	3210.0	1597.7	137.3	1475.0	3146.2	1576.0
湖 北	Hubei	2358.5	1245.7	63.4	1049.5	2268.3	1201.5
湖 南	Hunan	2187.1	1133.4	79.7	974.0	2076.5	1080.3
广 东	Guangdong	6561.1	2545.6	171.8	3843.8	6397.0	2508.3
广 西	Guangxi	1280.5	800.0	45.1	435.4	1228.8	769.9
海 南	Hainan	353.7	218.1	11.0	124.6	347.7	214.0
重 庆	Chongqing	1533.6	641.8	29.2	862.6	1479.2	627.9
四 川	Sichuan	2699.8	1706.0	110.7	883.0	2617.3	1657.2
贵 州	Guizhou	1093.1	755.3	25.6	312.1	1050.7	729.0
云 南	Yunnan	1454.0	840.5	44.9	568.6	1391.9	817.6
西 藏	Tibet	128.5	124.7	1.1	2.7	123.8	120.5
陕 西	Shaanxi	1805.6	1262.0	49.2	494.4	1743.5	1223.3
甘 肃	Gansu	810.8	620.6	26.4	163.7	792.3	608.5
青 海	Qinghai	288.0	220.7	4.5	62.7	286.0	219.3
宁 夏	Ningxia	349.8	205.9	4.7	139.2	336.0	200.4
新 疆	Xinjiang	1388.1	864.5	17.7	505.9	1366.2	854.4

3-6 续表 continued

单位：亿元 (100 million yuan)

地区	Region	在岗职工 Wages of On-post Staff and Workers		其他就业人员 Others			
		集体单位 Collective-owned Units	其他单位 Other Ownership Units	合计 Total	国有单位 State-owned Units	集体单位 Collective-owned Units	其他单位 Other Ownership Units
全国	**National**	**1887.2**	**34271.3**	**2696.0**	**890.3**	**103.2**	**1702.5**
北京	Beijing	71.6	4003.8	354.5	42.3	4.7	307.5
天津	Tianjin	30.6	1074.3	82.2	15.4	3.6	63.2
河北	Hebei	58.0	988.8	85.5	29.5	3.4	52.7
山西	Shanxi	78.9	833.6	51.0	13.8	2.0	35.1
内蒙古	Inner Mongolia	37.4	377.9	24.2	6.0	1.3	16.9
辽宁	Liaoning	99.3	1046.9	83.7	26.1	3.8	53.7
吉林	Jilin	26.5	396.2	26.5	10.5	0.8	15.2
黑龙江	Heilongjiang	45.4	421.6	127.3	88.4	4.5	34.4
上海	Shanghai	59.4	2838.6	277.7	46.9	4.7	226.1
江苏	Jiangsu	119.6	2188.2	139.9	43.2	6.8	90.0
浙江	Zhejiang	114.9	3432.8	174.6	47.7	4.7	122.2
安徽	Anhui	55.1	792.8	114.7	44.7	2.9	67.1
福建	Fujian	54.6	1771.1	109.6	30.9	6.5	72.2
江西	Jiangxi	45.5	447.6	52.7	28.1	5.2	19.4
山东	Shandong	208.3	2195.9	141.1	42.2	8.0	90.8
河南	Henan	134.3	1436.0	63.7	21.7	3.0	39.0
湖北	Hubei	60.3	1006.5	90.2	44.2	3.0	43.0
湖南	Hunan	72.9	923.2	110.6	53.1	6.8	50.8
广东	Guangdong	165.7	3723.0	164.1	37.3	6.1	120.8
广西	Guangxi	37.5	421.4	51.7	30.1	7.6	14.0
海南	Hainan	10.7	122.9	6.1	4.1	0.3	1.7
重庆	Chongqing	28.0	823.3	54.4	14.0	1.1	39.3
四川	Sichuan	106.8	853.3	82.4	48.9	3.9	29.7
贵州	Guizhou	24.3	297.4	42.4	26.3	1.4	14.8
云南	Yunnan	42.6	531.7	62.2	22.9	2.3	37.0
西藏	Tibet	0.7	2.5	4.7	4.1	0.4	0.2
陕西	Shaanxi	47.0	473.1	62.1	38.7	2.1	21.2
甘肃	Gansu	24.9	159.0	18.5	12.1	1.6	4.8
青海	Qinghai	4.4	62.3	2.0	1.5	0.1	0.4
宁夏	Ningxia	4.4	131.2	13.8	5.5	0.3	8.0
新疆	Xinjiang	17.4	494.4	21.9	10.2	0.3	11.4

3-7 各地区分登记注册类型城镇单位平均工资(2012年)

AVERAGE WAGE IN URBAN UNITS BY REGISTRATION STATUS AND REGION(2012)

单位：元 (yuan)

地 区	Region	就业人员平均工资 Average Wage of Employment				在岗职工 On-post Staff and Workers	
		合计 Total	国有单位 State-owned Units	集体单位 Collective-owned Units	其他单位 Other Ownership Units	合计 Total	国有单位 State-owned Units
全 国	**National**	**46769**	**48357**	**33784**	**46360**	**47593**	**49750**
北 京	Beijing	84742	87299	38552	85613	85307	90456
天 津	Tianjin	61514	68231	40494	59326	62225	70661
河 北	Hebei	38658	39177	28597	38822	39542	40082
山 西	Shanxi	44236	40881	32780	50526	44943	41561
内蒙古	Inner Mongolia	46557	49278	45344	41598	47053	49680
辽 宁	Liaoning	41858	43177	28183	42200	42503	44062
吉 林	Jilin	38407	39335	29506	37717	39092	40412
黑龙江	Heilongjiang	36406	36814	28762	36378	38598	39549
上 海	Shanghai	78673	89739	52786	75568	80191	93260
江 苏	Jiangsu	50639	61221	42368	44978	51279	62913
浙 江	Zhejiang	50197	73494	46789	43891	50813	76150
安 徽	Anhui	44601	44818	34741	45209	46091	46727
福 建	Fujian	44525	54211	38576	41189	44979	55957
江 西	Jiangxi	38512	39422	29429	38247	39651	40712
山 东	Shandong	41904	47894	34001	38295	42572	48670
河 南	Henan	37338	39344	27682	36508	37958	39948
湖 北	Hubei	39846	41979	32683	38054	40884	43438
湖 南	Hunan	38971	40397	29663	38380	40028	41628
广 东	Guangdong	50278	59423	30947	46814	50577	60116
广 西	Guangxi	36386	37706	28819	35081	37614	39317
海 南	Hainan	39485	40225	31715	39072	40051	41148
重 庆	Chongqing	44498	50523	30087	41488	45392	51675
四 川	Sichuan	42339	47721	33409	35749	43110	48777
贵 州	Guizhou	41156	43702	38882	36223	42733	45825
云 南	Yunnan	37629	43415	37211	31460	38908	45081
西 藏	Tibet	51705	52219	25966	49730	58347	58982
陕 西	Shaanxi	43073	45526	32399	38989	44330	46810
甘 肃	Gansu	37679	38401	32580	36074	38440	39177
青 海	Qinghai	46483	50729	29341	37114	46827	51173
宁 夏	Ningxia	47436	46880	44330	48400	48961	48714
新 疆	Xinjiang	44576	42479	46452	48609	45243	43115

3-7 续表 continued

单位：元 (yuan)

地区 Region	在岗职工 On-post Staff and Workers		其他就业人员 Others			
	集体单位 Collective-owned Units	其他单位 Other Ownership Units	合计 Total	国有单位 State-owned Units	集体单位 Collective-owned Units	其他单位 Other Ownership Units
全 国 National	**34431**	**46682**	**32527**	**24082**	**25140**	**40720**
北 京 Beijing	38596	85234	76648	37877	37890	90878
天 津 Tianjin	41764	59162	49795	29397	32243	62261
河 北 Hebei	29420	39658	24088	19886	19279	27815
山 西 Shanxi	33355	51453	28040	19125	19694	35387
内蒙古 Inner Mongolia	46309	42032	29880	22749	28239	33792
辽 宁 Liaoning	28634	42559	28918	21407	20023	36241
吉 林 Jilin	29951	37814	22390	14736	19602	35353
黑龙江 Heilongjiang	29513	37409	21212	19475	22908	27184
上 海 Shanghai	54733	76306	61392	45125	36288	67393
江 苏 Jiangsu	43835	45008	37161	29225	26612	44246
浙 江 Zhejiang	47562	44112	36996	33969	33523	38488
安 徽 Anhui	35791	46251	29526	23843	22365	35701
福 建 Fujian	39774	41231	35695	29059	30780	40199
江 西 Jiangxi	30608	39030	22659	20846	21983	26159
山 东 Shandong	34366	38837	27950	26801	26660	28643
河 南 Henan	28103	37145	20677	18741	16623	22384
湖 北 Hubei	33551	38675	24323	21945	21566	27656
湖 南 Hunan	30204	39270	26058	25210	24864	27188
广 东 Guangdong	31219	46860	40878	33474	25005	45430
广 西 Guangxi	29941	35607	20491	18426	24323	24275
海 南 Hainan	32091	39083	21863	18572	21868	38305
重 庆 Chongqing	30626	42173	28983	25226	21045	30961
四 川 Sichuan	33767	36197	27006	27509	25879	26363
贵 州 Guizhou	40420	36816	21497	19124	23175	27352
云 南 Yunnan	38554	32160	21677	18724	22555	23962
西 藏 Tibet	26417	50527	12879	12001	25116	40351
陕 西 Shaanxi	33142	40174	23982	24386	21713	23520
甘 肃 Gansu	32524	36896	20533	19504	33510	20704
青 海 Qinghai	29720	37225	22741	22315	18623	25792
宁 夏 Ningxia	44929	49494	26944	19687	37683	35491
新 疆 Xinjiang	47248	49380	23235	18960	24809	28999

四、国有单位就业人员和工资总额

EMPLOYMENT AND TOTAL WAGES IN STATE-OWNED UNITS

4-1 分行业国有单位就业人员和工资总额(2012年)
EMPLOYMENT AND TOTAL WAGES IN STATE-OWNED UNITS BY SECTOR (2012)

项　目	Item	年末人数(千人) Year-end Figures (1000 persons)	#女性 Female	工资总额(千元) Total Wages (1000 yuan)	平均工资(元) Average Wage (yuan)
全国总计	**National Total**	**68390**	**25901**	**3295000751**	**48357**
按隶属关系分组	**Grouped by Administrtive Relationship**				
中央	Under Central Government	11170	3519	751171147	66865
省、自治区、直辖市	Under Provincial Government	11351	3741	596616270	52637
地区	Under Perfectural Government	12802	4985	636355276	50051
县及县以下	At and Below County Level	32265	13357	1271310875	39662
其他	Other	803	298	39547183	49291
按国民经济行业分组	**Grouped by Sector**				
农、林、牧、渔业	**Agriculture, Forestry, Animal Husbandry and Fishery**	**3205**	**1186**	**71348833**	**22484**
农业	Farming	1805	756	38202195	21213
林业	Forestry	806	228	17408944	22257
畜牧业	Animal Husbandry	226	91	4197459	18854
渔业	Fishery	24	7	486267	20389
农、林、牧、渔服务业	Service in Support of Agriculture	344	103	11053968	32148
采矿业	**Mining**	**2562**	**537**	**151329621**	**58534**
煤炭开采和洗选业	Mining and Washing of Coal	1561	242	89544247	57308
石油和天然气开采业	Extraction of Petroleum and Natural Gas	537	175	36522012	64938
黑色金属矿采选业	Mining and Processing of Ferrous Metal Ores	83	15	4389880	53802
有色金属矿采选业	Mining and Processing of Non-Ferrous Metal Ores	88	19	3667737	42567
非金属矿采选业	Mining and Processing of Non-metal Ores	67	19	2402426	36392
开采辅助活动	Support Activities for Mining	226	67	14760017	65438
其他采矿业	Mining of Other Ores	1		43302	39294
制造业	**Manufacturing**	**3695**	**1091**	**176503392**	**47367**
农副食品加工业	Processing of Food from Agricultural Products	91	30	2611483	29457
食品制造业	Manufacture of Foods	62	27	2112799	34286
酒、饮料和精制茶制造业	Manufacture of Liquor, Beverages and Refined Tea	103	40	4375470	43262
烟草制品业	Manufacture of Tobacco	151	51	16844229	113412
纺织业	Manufacture of Textile	82	46	2227894	26646
纺织服装、服饰业	Manufacture of Textile, Wearing Apparel and Accessories	44	24	1391701	31650
皮革、毛皮、羽毛及其制品和制鞋业	Manufacture of Leather, Fur, Feather and Related Products and Footwear	18	9	534529	29865
木材加工和木、竹、藤、棕、草制品业	Processing of Timber, Manufacture of Wood, Bamboo, Rattan, Palm and Straw Products	37	13	1127306	31256

4-1 续表 1 continued

项 目	Item	年末人数 (千人) Year-end Figures (1000 persons)	#女 性 Female	工资总额 (千元) Total Wages (1000 yuan)	平均工资 (元) Average Wage (yuan)
家具制造业	Manufacture of Furniture	4	2	109786	25308
造纸及纸制品业	Manufacture of Paper and Paper Products	46	16	1779522	38572
印刷和记录媒介复制业	Printing and Reproduction of Recording Media	71	27	2938867	40798
文教、工美、体育和娱乐用品制造业	Manufacture of Articles for Culture, Education, Arts and Crafts, Sport and Entertainment Activities	8	4	239612	31090
石油加工、炼焦和核燃料加工业	Processing of Petroleum, Coking and Processing of Nuclear Fuel	125	39	7996795	63386
化学原料和化学制品制造业	Manufacture of Raw Chemical Materials and Chemical Products	288	92	13042951	45318
医药制造业	Manufacture of Medicines	73	34	2893843	39825
化学纤维制造业	Manufacture of Chemical Fibres	23	9	571581	24672
橡胶和塑料制品业	Manufacture of Rubber and Plastics Products	26	9	903921	33470
非金属矿物制品业	Manufacture of Non-metallic Mineral Products	181	47	6180735	33739
黑色金属冶炼和压延加工业	Smelting and Pressing of Ferrous Metals	556	110	26510054	47108
有色金属冶炼和压延加工业	Smelting and Pressing of Non-ferrous Metals	248	56	10838986	43859
金属制品业	Manufacture of Metal Products	90	24	3861276	42894
通用设备制造业	Manufacture of General Purpose Machinery	257	68	11149178	43143
专用设备制造业	Manufacture of Special Purpose Machinery	181	44	8766046	47665
汽车制造业	Manufacture of Automobiles	247	64	11782346	46769
铁路、船舶、航空航天和其他运输设备制造业	Manufacture of Railway, Ship, Aerospace and Other Transport Equipments	350	96	19984706	55450
电气机械和器材制造业	Manufacture of Electrical Machinery and Apparatus	115	33	4903591	40405
计算机、通信和其他电子设备制造业	Manufacture of Computers, Communication and Other Electronic Equipment	123	48	6281625	50903
仪器仪表制造业	Manufacture of Measuring Instruments and Machinery	51	19	2294429	45361
其他制造业	Other Manufacture	18	6	792898	43979
废弃资源综合利用业	Utilization of Waste Resources	6	2	249650	45951
金属制品、机械和设备修理业	Repair Service of Metal Products, Machinery and Equipment	21	4	1205583	56872
电力、热力、燃气及水生产和供应业	**Production and Supply of Electricity, Heat, Gas and Water**	**2183**	**624**	**127869446**	**58589**
电力、热力生产和供应业	Production and Supply of Electric Power and Heat Power	1720	448	109440460	63600
燃气生产和供应业	Production and Supply of Gas	77	26	4017036	51879
水的生产和供应业	Production and Supply of Water	385	150	14411950	37502
建筑业	**Construction**	**3458**	**485**	**142269605**	**40116**
房屋建筑业	Construction of Buildings	1741	212	67713237	37391

4-1 续表 2 continued

项 目	Item	年末人数（千人）Year-end Figures (1000 persons)	#女 性 Female	工资总额（千元）Total Wages (1000 yuan)	平均工资（元）Average Wage (yuan)
土木工程建筑业	Civil Engineering	1361	221	58920476	42723
建筑安装业	Building Installation	247	35	11111942	44538
建筑装饰和其他建筑业	Building Decoration and Other Constructions	109	17	4523950	42331
批发和零售业	**Wholesale and Retail Trades**	**1485**	**564**	**70890962**	**47377**
批发业	Wholesale Trade	1006	336	54543413	53530
零售业	Retail Trade	479	228	16347549	34244
交通运输、仓储和邮政业	**Transport, Storage and Post**	**4195**	**1089**	**225874424**	**54342**
铁路运输业	Railway Transport	1667	292	112276339	68092
道路运输业	Road Transport	1334	393	50108780	37843
水上运输业	Water Transport	201	34	14475353	72395
航空运输业	Air Transport	133	52	10122366	77781
管道运输业	Transport Via Pipelines	28	8	1630857	59434
装卸搬运和运输代理业	Loading, Unloading and Forwarding Agency	90	24	4970811	53969
仓储业	Storage	175	46	6372960	36847
邮政业	Post	567	239	25916958	46207
住宿和餐饮业	**Hotels and Catering Services**	**576**	**306**	**19245446**	**33376**
住宿业	Hotels	481	256	16057564	33561
餐饮业	Catering Services	95	50	3187882	32475
信息传输、软件和信息技术服务业	**Information Transmission, Software and Information Technology**	**658**	**275**	**37243424**	**57056**
电信、广播电视和卫星传输服务	Telecommunication, Radio and Television and Satellite Transmission Service	606	255	33797400	56230
互联网和相关服务	Internet and Related Service	20	8	1295176	65380
软件和信息技术服务业	Software and Information Technology	32	12	2150848	67465
金融业	**Financial Intermediation**	**1519**	**730**	**123781554**	**82040**
货币金融服务	Monetary and Financial Service	1204	566	107025241	89466
资本市场服务	Capital Market Service	39	15	3857236	98096
保险业	Insurance	260	143	11286711	43914
其他金融业	Other Financial Activities	16	6	1612366	99627
房地产业	**Real Estate**	**467**	**164**	**20430768**	**43464**
#房地产开发经营	Development and Management of Real Estate	170	57	9258703	52932
物业管理	Property Management	179	63	6127603	34568
房地产中介服务	Agency Services of Real Estate	20	8	743441	38137
租赁和商务服务业	**Leasing and Business Services**	**1167**	**303**	**51777835**	**44875**
租赁业	Leasing	14	6	659479	46403
商务服务业	Business Services	1153	297	51118356	44856

4-1 续表 3 continued

项 目	Item	年末人数(千人) Year-end Figures (1000 persons)	#女 性 Female	工资总额(千元) Total Wages (1000 yuan)	平均工资(元) Average Wage (yuan)
科学研究和技术服务业	**Scientific Research and Technical Services**	**2325**	**712**	**147764851**	**64206**
研究和试验发展	Research and Experimental Development	670	220	50341349	76278
专业技术服务业	Professional Technical Services	1355	393	83564065	62305
科技推广和应用服务业	Science and Technology Popularization and Application Services	300	99	13859437	46160
水利、环境和公共设施管理业	**Management of Water Conservancy, Environment and Public Facilities**	**2089**	**839**	**66898000**	**32152**
水利管理业	Management of Water Conservancy	480	135	17576103	36713
生态保护和环境治理业	Ecological Protection and Environmental Treatment	91	29	3483947	38608
公共设施管理业	Management of Public Facilities	1518	674	45837950	30322
居民服务、修理和其他服务业	**Service to Households, Repair and Other Services**	**304**	**92**	**11390039**	**37642**
居民服务业	Service to Households	161	61	6936519	43325
机动车、电子产品和日用产品修理业	Repair of Motor Vehicle, Electronics and Household Products	23	7	721951	31440
其他服务业	Other Services	120	24	3731569	31222
教育	**Education**	**15672**	**7988**	**748683232**	**47995**
#初等教育	Primary Education	5644	3114	243701761	43371
中等教育	Secondary Education	7052	3394	329695827	46971
高等教育	Senior Education	1991	872	129233367	65181
卫生和社会工作	**Health and Social Service**	**6395**	**3937**	**337344802**	**53653**
卫生	Health	6164	3826	328088747	54169
社会工作	Social Service	231	111	9256055	40110
文化、体育和娱乐业	**Culture, Sports and Entertainment**	**1150**	**488**	**62457857**	**54398**
新闻和出版业	Journalism and Publishing Activities	279	121	18059179	64774
广播、电视、电影和影视录音制作业	Radio, Television, Motion Picture and Videotape Programme Production Services	376	145	22033402	58830
文化艺术业	Cultural and Art Activities	395	185	17370877	44041
体育	Sports Activities	70	25	3513617	49674
娱乐业	Entertainment	29	12	1480782	49890
公共管理、社会保障和社会组织	**Public Management, Social Security and Social Organization**	**15286**	**4490**	**701896660**	**46207**
中国共产党机关	Organs of Communist Party of China	555	141	26915894	48687
国家机构	Government Agencies	14094	4107	645474628	46098
人民政协、民主党派	People's Political Consultative Conference and Democratic Parties	102	28	5418855	53269
社会保障	Social Security	155	70	6451528	41604
群众团体、社会团体和其他成员组织	Non-Governmental Organizations, Social Organizations and Membership Organizations	375	142	17472330	46742

4-2 各地区分行业国有单位就业人员和工资总额(2012年)

EMPLOYMENT AND TOTAL WAGES IN STATE-OWNED UNITS BY SECTOR AND REGION (2012)

地区	Region	总计 Total 年末人数(人) Year-end Figures (person)	#女性 Female	工资总额(千元) Total Wages (1000 yuan)	平均工资(元) Average Wage (yuan)
全国	**National**	**68390322**	**25900503**	**3295000751**	**48357**
北京	Beijing	1883362	804736	162484200	87299
天津	Tianjin	897401	302034	60646460	68231
河北	Hebei	3324080	1383057	129547201	39177
山西	Shanxi	2398219	921694	97300046	40881
内蒙古	Inner Mongolia	1763475	694347	87121314	49278
辽宁	Liaoning	3102755	1116958	134675891	43177
吉林	Jilin	1704273	653499	66861413	39335
黑龙江	Heilongjiang	3354237	1242126	122669364	36814
上海	Shanghai	1404664	556541	127572289	89739
江苏	Jiangsu	2959931	1216015	180143082	61221
浙江	Zhejiang	2253933	932781	163856930	73494
安徽	Anhui	2257310	748828	100808967	44818
福建	Fujian	1662071	617417	88810896	54211
江西	Jiangxi	2090320	720319	81724531	39422
山东	Shandong	4473920	1607140	212511196	47894
河南	Henan	4092515	1590812	159766717	39344
湖北	Hubei	2986455	1055663	124566131	41979
湖南	Hunan	2825735	1024161	113340416	40397
广东	Guangdong	4303267	1694556	254559033	59423
广西	Guangxi	2140304	857587	80004577	37706
海南	Hainan	544302	209795	21811386	40225
重庆	Chongqing	1288770	455416	64182052	50523
四川	Sichuan	3587685	1305042	170602580	47721
贵州	Guizhou	1745657	592591	75531453	43702
云南	Yunnan	1946252	763254	84053254	43415
西藏	Tibet	242039	87298	12466913	52219
陕西	Shaanxi	2715565	988905	126204009	45526
甘肃	Gansu	1586182	552020	62063429	38401
青海	Qinghai	438266	162972	22074621	50729
宁夏	Ningxia	409186	165072	20586806	46880
新疆	Xinjiang	2008191	877867	86453594	42479

4-2 续表 1 continued

地 区	Region	中央属单位 Units Under Central Government				省、自治区、直辖市属单位 Units Under Provincial Government			
		年末人数（人） Year-end Figures (person)	#女 性 Female	工资总额（千元） Total Wages (1000 yuan)	平均工资（元） Average Wage (yuan)	年末人数（人） Year-end Figures (person)	#女 性 Female	工资总额（千元） Total Wages (1000 yuan)	平均工资（元） Average Wage (yuan)
全 国	**National**	**11169511**	**3519477**	**751171147**	**66865**	**11351476**	**3741242**	**596616270**	**52637**
北 京	Beijing	826086	322109	86778461	105742	418183	145746	32198050	79197
天 津	Tianjin	168843	43334	13623607	81809	366214	98477	22598463	62251
河 北	Hebei	428558	136557	24081674	56508	385841	122037	18525844	47941
山 西	Shanxi	339919	96731	20323677	60426	527408	163862	27789305	53254
内蒙古	Inner Mongolia	333665	98448	20125483	60173	236173	78901	10972483	46353
辽 宁	Liaoning	689717	165277	41621279	60084	336114	106241	17495798	51969
吉 林	Jilin	325127	85902	19334769	60361	281397	87907	11676127	41295
黑龙江	Heilongjiang	726873	223315	41097968	57011	1220007	443021	33334117	27747
上 海	Shanghai	402485	119862	44579601	110048	448463	160547	40692982	88882
江 苏	Jiangsu	364323	140332	25691736	71036	425713	162148	26811216	62657
浙 江	Zhejiang	203023	72085	20558055	101952	262254	101160	20768833	80180
安 徽	Anhui	217316	65468	13203254	60469	432299	119944	23185843	53628
福 建	Fujian	184024	58002	13789541	77981	242665	78619	14639152	60945
江 西	Jiangxi	151299	50269	7484237	49877	424820	121776	22247197	52567
山 东	Shandong	620170	176438	39044325	63626	626030	191762	36789672	58894
河 南	Henan	420254	111161	24911579	59342	367110	128355	19060087	52023
湖 北	Hubei	643213	197970	35933007	56808	280540	86458	13163123	46677
湖 南	Hunan	361173	103511	22259331	61561	366309	124017	17341110	47673
广 东	Guangdong	441008	158193	42493637	97353	482381	177466	34348637	71193
广 西	Guangxi	202846	57909	12294109	61326	313700	112798	13421138	43237
海 南	Hainan	29102	10178	1627802	55896	239490	89421	8409318	35307
重 庆	Chongqing	159665	42888	10984846	68627	286503	85442	15178620	53429
四 川	Sichuan	663315	219137	43771977	63520	413948	136664	21638887	52571
贵 州	Guizhou	220170	58959	11761082	52716	359326	91744	17209859	48276
云 南	Yunnan	213335	69416	15611758	71063	374521	132613	17759247	47643
西 藏	Tibet	15688	6538	1519353	98276	44183	17221	2569402	58755
陕 西	Shaanxi	642134	197423	36342265	53445	447413	131517	22124353	48162
甘 肃	Gansu	241608	71834	13151465	53722	339265	91391	13907371	40454
青 海	Qinghai	107584	32787	6959678	65854	114850	40374	5282766	46965
宁 夏	Ningxia	72702	22951	4897443	62897	105591	40913	5978357	45381
新 疆	Xinjiang	754286	304493	35314148	44534	182765	72700	9498913	51438

4-2 续表 2 continued

地区	Region	地区属单位 Units Under Prefectural Government 年末人数(人) Year-end Figures (person)	#女性 Female	工资总额(千元) Total Wages (1000 yuan)	平均工资(元) Average Wage (yuan)	县及县以下属单位 Units at and Below County Level 年末人数(人) Year-end Figures (person)	#女性 Female	工资总额(千元) Total Wages (1000 yuan)	平均工资(元) Average Wage (yuan)
全　国	**National**	**12801716**	**4984677**	**636355276**	**50051**	**32264583**	**13356875**	**1271310875**	**39662**
北　京	Beijing	529792	285530	38162015	72575	69796	32479	2951632	42582
天　津	Tianjin	235262	110753	16518633	70353	107736	43699	6592027	62909
河　北	Hebei	544794	224041	21896404	40415	1961117	899103	64898675	33306
山　西	Shanxi	400271	162483	13144005	33128	1120600	495629	35746902	32057
内蒙古	Inner Mongolia	341049	137028	15171937	44400	848844	378288	40669712	47777
辽　宁	Liaoning	755187	276614	31124717	40778	1285799	556661	42580502	33011
吉　林	Jilin	332312	134332	11886230	35813	760029	343224	23766793	31318
黑龙江	Heilongjiang	434695	169677	16898398	38341	964667	403629	31049184	32303
上　海	Shanghai	486454	248365	37546255	76472	51748	21777	3897254	74967
江　苏	Jiangsu	567551	221225	36008049	64556	1540281	664805	87489137	57051
浙　江	Zhejiang	420422	163072	30584337	73858	1338239	584687	90092955	67995
安　徽	Anhui	499785	177972	22132516	44169	1050583	371939	40071830	38494
福　建	Fujian	396934	137520	21949253	56334	807733	336244	36709067	45697
江　西	Jiangxi	356790	121195	14621103	41448	1149035	424419	37063289	32550
山　东	Shandong	812846	290608	39849156	49297	2370100	931310	94751245	40389
河　南	Henan	772399	290078	31527546	41138	2438782	1023426	80926115	33514
湖　北	Hubei	540323	189777	25077969	46600	1494401	570859	49529580	33317
湖　南	Hunan	482030	174595	19813398	41825	1581294	608329	52707407	33535
广　东	Guangdong	1057293	389881	70651104	67402	2193804	915630	98944890	45242
广　西	Guangxi	480339	192085	18780035	39634	1135842	491272	35231820	31184
海　南	Hainan	63808	26349	3044492	48060	201337	79361	8194791	40779
重　庆	Chongqing	226970	84506	9958269	45242	592453	237110	27088335	46548
四　川	Sichuan	634157	207328	28236285	46343	1844606	731711	75757740	41335
贵　州	Guizhou	175434	64391	7728877	44726	980099	374392	38370783	39766
云　南	Yunnan	234103	97268	10133345	44011	1117941	462560	40324416	36380
西　藏	Tibet	50795	19965	2703288	53366	131373	43574	5674870	44027
陕　西	Shaanxi	417797	155057	18327685	43567	1171923	489745	47542723	40540
甘　肃	Gansu	220452	86666	7995727	33678	782571	301373	26939587	34064
青　海	Qinghai	38596	16257	1820556	46227	176093	73258	7942890	45138
宁　夏	Ningxia	79631	34624	3518780	44102	149736	65997	6126879	41345
新　疆	Xinjiang	213445	95435	9544912	44711	846021	400385	31677845	37960

4-2 续表 3 continued

地 区 Region	其他隶属关系单位 Other Units 年末人数(人) Year-end Figures (person)	#女 性 Female	工资总额(千元) Total Wages (1000 yuan)	平均工资(元) Average Wage (yuan)	农、林、牧、渔业 Agriculture, Forestry, Animal Husbandry and Fishery 年末人数(人) Year-end Figures (person)	#女 性 Female	工资总额(千元) Total Wages (1000 yuan)	平均工资(元) Average Wage (yuan)
全 国 National	**803036**	**298232**	**39547183**	**49291**	**3204507**	**1185693**	**71348833**	**22484**
北 京 Beijing	39505	18872	2394042	61593	9796	3794	462028	46802
天 津 Tianjin	19346	5771	1313730	66660	5254	1475	274559	52158
河 北 Hebei	3770	1319	144604	38499	52400	19297	692204	13182
山 西 Shanxi	10021	2989	296157	29483	19248	5370	507665	26412
内蒙古 Inner Mongolia	3744	1682	181699	47317	242290	78402	6477824	26565
辽 宁 Liaoning	35938	12165	1853595	50563	244479	99951	2741177	11209
吉 林 Jilin	5408	2134	197494	33259	152620	51192	3238012	21186
黑龙江 Heilongjiang	7995	2484	289697	36490	923644	331213	18557545	20910
上 海 Shanghai	15514	5990	856197	54552	4682	1465	274550	58477
江 苏 Jiangsu	62063	27505	4142944	67237	81720	32561	2143869	25874
浙 江 Zhejiang	29995	11777	1852750	62246	5534	1537	249300	44502
安 徽 Anhui	57327	13505	2215524	39200	52082	19798	1186096	22671
福 建 Fujian	30715	7032	1723883	60949	44188	10947	1070852	24429
江 西 Jiangxi	8376	2660	308705	36860	97186	31678	2003637	20522
山 东 Shandong	44774	17022	2076798	46664	21599	6326	712228	32737
河 南 Henan	93970	37792	3341390	35715	35721	11612	856393	24128
湖 北 Hubei	27978	10599	862452	30779	94275	40309	2171321	23010
湖 南 Hunan	34929	13709	1219170	34922	19400	6532	372252	19201
广 东 Guangdong	128781	53386	8120765	62627	68149	21773	1361673	19739
广 西 Guangxi	7577	3523	277475	38294	93055	30789	1794336	19129
海 南 Hainan	10565	4486	534983	50318	117216	50889	2399088	20490
重 庆 Chongqing	23179	5470	971982	40249	10044	2260	359928	36545
四 川 Sichuan	31659	10202	1197691	37146	37634	11384	1208578	31514
贵 州 Guizhou	10628	3105	460852	41808	13598	3665	453281	33254
云 南 Yunnan	6352	1397	224488	45581	87691	31262	1868267	21355
西 藏 Tibet					5639	569	74891	13441
陕 西 Shaanxi	36298	15163	1866983	47406	35096	11537	1144918	32751
甘 肃 Gansu	2286	756	69279	30372	53811	17851	1330317	24787
青 海 Qinghai	1143	296	68731	42270	12464	3662	420205	33358
宁 夏 Ningxia	1526	587	65347	41889	22780	8490	666140	28645
新 疆 Xinjiang	11674	4854	417776	43609	541212	238103	14275699	26407

4-2 续表 4 continued

地 区	Region	采矿业 Mining 年末人数（人）Year-end Figures (person)	#女 性 Female	工资总额（千元）Total Wages (1000 yuan)	平均工资（元）Average Wage (yuan)	制造业 Manufacturing 年末人数（人）Year-end Figures (person)	#女 性 Female	工资总额（千元）Total Wages (1000 yuan)	平均工资（元）Average Wage (yuan)
全 国	**National**	**2561776**	**537273**	**151329621**	**58534**	**3694930**	**1091441**	**176503392**	**47367**
北 京	Beijing					53281	16346	4063350	75440
天 津	Tianjin	2746	614	275214	98467	101452	26723	5974734	59203
河 北	Hebei	127711	19576	7465147	59345	186560	57241	7806179	41591
山 西	Shanxi	238906	40019	16203083	68910	119329	38052	4062863	34065
内蒙古	Inner Mongolia	69392	12553	4814808	68137	31893	9060	1715866	52029
辽 宁	Liaoning	142902	30626	7551762	53573	306958	59047	12925707	41759
吉 林	Jilin	70857	8422	2754421	38561	98352	23553	5088048	51977
黑龙江	Heilongjiang	184829	51928	11073310	60327	145416	44426	6534380	44812
上 海	Shanghai	132	14	6216	48945	100917	22836	7745580	73826
江 苏	Jiangsu	75732	22864	4166913	53895	164946	52517	7942445	49017
浙 江	Zhejiang	2697	533	90838	33298	43573	10789	2962144	68605
安 徽	Anhui	135343	14617	9175637	68273	126240	39205	6059601	48989
福 建	Fujian	12808	3228	471433	36326	29943	9007	1453768	48868
江 西	Jiangxi	67484	12235	2887084	41946	144989	43435	4950584	33706
山 东	Shandong	502711	118335	31403117	62723	194796	65113	8454035	43469
河 南	Henan	205889	51573	11931965	57644	153288	50195	5746553	37760
湖 北	Hubei	46097	12508	2367932	51080	248047	77772	12366724	49656
湖 南	Hunan	52383	7771	1990792	37944	131919	37509	6398663	48344
广 东	Guangdong	16020	4355	895163	55531	96503	32796	5484353	56710
广 西	Guangxi	29207	6618	1061538	36914	118253	36916	4577446	38905
海 南	Hainan	7694	1962	328000	42443	6539	2289	189953	29680
重 庆	Chongqing	22936	2784	1183960	50538	52326	16480	2336709	43991
四 川	Sichuan	108367	29170	7577922	57092	252915	80964	12082728	47075
贵 州	Guizhou	63368	9182	2723433	43797	121411	39160	5728952	46811
云 南	Yunnan	42789	11637	1987242	46261	93561	29802	6889403	74841
西 藏	Tibet	1801	324	89982	42930	2688	1152	93287	34641
陕 西	Shaanxi	232650	48978	13933094	58956	316549	96207	13939655	40742
甘 肃	Gansu	36187	2347	2030098	56017	157826	43543	8210221	52166
青 海	Qinghai	13934	2918	909140	65486	41204	12190	2081793	51711
宁 夏	Ningxia	6556	592	393225	60163	20792	5803	870430	41823
新 疆	Xinjiang	41648	8990	3587152	83088	32464	11313	1767238	56074

4-2 续表 5 continued

地 区 Region	电力、热力、燃气及水生产和供应业 Production and Supply of Electricity, Heat, Gas and Water				建筑业 Construction			
	年末人数（人） Year-end Figures (person)	#女 性 Female	工资总额（千元） Total Wages (1000 yuan)	平均工资（元） Average Wage (yuan)	年末人数（人） Year-end Figures (person)	#女 性 Female	工资总额（千元） Total Wages (1000 yuan)	平均工资（元） Average Wage (yuan)
全 国 National	**2182822**	**623828**	**127869446**	**58589**	**3458278**	**485008**	**142269605**	**40116**
北 京 Beijing	23715	6545	2341831	93133	31820	5831	2037769	65498
天 津 Tianjin	19606	4811	2013767	103680	50001	7223	3103281	65280
河 北 Hebei	160808	43851	8791292	55120	117558	21190	4305111	36136
山 西 Shanxi	76820	23735	4567494	60148	111055	24095	3518294	32653
内蒙古 Inner Mongolia	76931	22448	4597059	60557	29587	5770	1295128	38485
辽 宁 Liaoning	96817	25517	5142132	53227	152130	21883	7405114	41562
吉 林 Jilin	49049	12500	2169062	44253	39165	5631	1252980	31969
黑龙江 Heilongjiang	113756	32751	5559012	48945	142808	26413	6157614	36449
上 海 Shanghai	39550	9367	4709981	118030	61295	9289	3975782	67034
江 苏 Jiangsu	70017	17976	6327860	89290	65419	15628	3424103	51597
浙 江 Zhejiang	88013	19467	8375407	95115	60187	4143	2498631	42100
安 徽 Anhui	59809	15933	3373665	56221	155022	20574	6587930	40529
福 建 Fujian	54804	16620	3901598	71009	134170	13444	6188315	49743
江 西 Jiangxi	59971	18834	2753682	45815	172530	24116	5759362	35506
山 东 Shandong	139651	39276	7769415	55581	161004	22440	5686109	34936
河 南 Henan	147162	43871	6593592	44917	181924	28856	6847133	38206
湖 北 Hubei	139349	43820	7126521	50723	218151	34371	8236759	39502
湖 南 Hunan	118766	32703	5095218	42300	171501	23134	6164013	37315
广 东 Guangdong	128207	32760	9064814	70447	227237	24123	9431345	41848
广 西 Guangxi	73204	21987	3347862	45756	49702	8281	1763212	38731
海 南 Hainan	16279	4794	795224	48649	27516	2384	960475	36001
重 庆 Chongqing	23028	7611	1279751	56004	85313	8003	3030263	37183
四 川 Sichuan	89409	28964	4881838	54557	358118	38422	12532059	37259
贵 州 Guizhou	67282	19714	4203294	62922	186167	20986	7403794	40449
云 南 Yunnan	52684	15655	2945667	56394	70682	15266	3367780	49066
西 藏 Tibet	7715	2608	395113	50825	3038	542	72915	22075
陕 西 Shaanxi	55789	17653	2606603	46800	181563	28693	7562987	37269
甘 肃 Gansu	59764	20640	2385693	40153	94690	10530	3715539	38029
青 海 Qinghai	12546	3912	755086	59946	40763	4620	1701053	41353
宁 夏 Ningxia	29326	7877	2293904	80145	15467	2260	1816643	37406
新 疆 Xinjiang	32995	9628	1706009	52832	62695	6867	4468112	40498

4-2 续表 6 continued

地 区	Region	批发和零售业 Wholesale and Retail Trades 年末人数(人) Year-end Figures (person)	#女 性 Female	工资总额(千元) Total Wages (1000 yuan)	平均工资(元) Average Wage (yuan)	交通运输、仓储和邮政业 Transport, Storage and Post 年末人数(人) Year-end Figures (person)	#女 性 Female	工资总额(千元) Total Wages (1000 yuan)	平均工资(元) Average Wage (yuan)
全 国	**National**	**1485103**	**563928**	**70890962**	**47377**	**4194654**	**1088836**	**225874424**	**54342**
北 京	Beijing	35750	14678	3545350	98630	110054	21594	8132042	73686
天 津	Tianjin	29011	10851	1917086	65271	77727	15089	5078565	66149
河 北	Hebei	77267	38360	2669057	34496	176969	46461	7827433	44584
山 西	Shanxi	93339	32292	3239706	35179	180212	43377	9870495	55177
内蒙古	Inner Mongolia	29758	12090	1344302	43649	152473	36292	8320236	55538
辽 宁	Liaoning	40084	14762	1681461	41968	231452	53093	12131557	52602
吉 林	Jilin	25465	7930	962403	37820	130853	24503	6232754	48867
黑龙江	Heilongjiang	57246	18771	2247930	39393	235375	54442	10651632	45456
上 海	Shanghai	35667	13336	3040479	84721	173948	36294	13132817	74632
江 苏	Jiangsu	47928	17371	2285845	47703	166346	60677	9083007	55015
浙 江	Zhejiang	27912	9965	2403289	85955	131101	35659	8103563	61913
安 徽	Anhui	56463	22390	2251751	39751	102718	29163	4920740	47763
福 建	Fujian	48762	16460	3498553	71210	133459	34618	6857151	53655
江 西	Jiangxi	70611	26023	2551896	36595	112748	29073	6197614	55311
山 东	Shandong	89778	36396	3649882	40681	258838	65724	13320026	52284
河 南	Henan	128434	49966	4981589	39029	213807	58551	10501494	49514
湖 北	Hubei	61203	25510	2279308	37043	162964	45348	8188280	50567
湖 南	Hunan	41837	14913	2059798	48724	164107	45086	8254510	50490
广 东	Guangdong	109783	41074	5181008	47024	277193	77030	16654035	61163
广 西	Guangxi	43420	16201	1779247	40848	128167	31054	6168661	49178
海 南	Hainan	9591	3560	468189	48999	17794	5343	790588	44355
重 庆	Chongqing	32345	12897	1772073	55334	118942	20057	5866619	50784
四 川	Sichuan	62651	24793	3402597	54348	164308	52506	8874442	55021
贵 州	Guizhou	48404	16109	3149508	59106	78169	21857	3721937	48169
云 南	Yunnan	60312	17240	3500950	51316	89861	25929	5232076	58492
西 藏	Tibet	4479	1727	208197	46462	5745	2150	315107	55682
陕 西	Shaanxi	52437	21673	1876052	36504	157535	44701	7555023	46699
甘 肃	Gansu	22906	9574	809269	35324	85652	24357	4166151	46443
青 海	Qinghai	6210	3026	296438	49136	29360	10344	1835145	62320
宁 夏	Ningxia	7441	3192	392612	52806	31185	11083	1607023	52394
新 疆	Xinjiang	28609	10798	1445137	51555	95592	27381	6283701	67229

4-2 续表 7 continued

地区 Region	住宿和餐饮业 Hotels and Catering Services 年末人数(人) Year-end Figures (person)	#女性 Female	工资总额(千元) Total Wages (1000 yuan)	平均工资(元) Average Wage (yuan)	信息传输、软件和信息技术服务业 Information Transmission, Software and Information Technology 年末人数(人) Year-end Figures (person)	#女性 Female	工资总额(千元) Total Wages (1000 yuan)	平均工资(元) Average Wage (yuan)
全 国 National	**576149**	**305715**	**19245446**	**33376**	**658464**	**275405**	**37243424**	**57056**
北 京 Beijing	49561	24056	2258046	45825	12711	5027	1283431	104319
天 津 Tianjin	9854	4893	337614	36745	5494	1985	437028	80543
河 北 Hebei	28666	15751	760317	26260	24182	10347	1259238	51880
山 西 Shanxi	25557	11993	705697	27479	35568	17257	1463576	41214
内蒙古 Inner Mongolia	12103	6957	363749	30112	37576	19966	1708551	45587
辽 宁 Liaoning	19661	8885	704041	34723	25174	8791	1377475	54814
吉 林 Jilin	12056	6559	302995	25072	25689	10368	1156818	43550
黑龙江 Heilongjiang	21634	11041	742007	34203	24755	8970	1199164	47875
上 海 Shanghai	27604	12430	1429198	51570	19821	6643	2832213	141018
江 苏 Jiangsu	17741	9719	593923	33213	27819	11335	1568232	56797
浙 江 Zhejiang	20377	10978	783154	38513	20693	9259	1757422	85212
安 徽 Anhui	10803	5837	278881	26267	26059	10326	1049992	41065
福 建 Fujian	17350	9785	601667	34438	20769	6854	1374555	67589
江 西 Jiangxi	13043	8074	326432	24687	9454	3598	545220	58163
山 东 Shandong	52504	27292	1606734	30977	33657	13521	2068085	61338
河 南 Henan	32855	17978	985242	29802	33228	14890	1341336	40617
湖 北 Hubei	12370	6657	345520	28518	22301	8876	892482	40222
湖 南 Hunan	18978	10979	549661	28694	30236	13461	1361008	44980
广 东 Guangdong	47189	24151	1864811	41071	49018	15196	3984450	81385
广 西 Guangxi	16763	10142	434096	25615	23887	9470	1027770	43824
海 南 Hainan	8002	4249	221068	27252	753	277	30900	40658
重 庆 Chongqing	7265	4140	219299	30231	7580	2295	381727	48137
四 川 Sichuan	19464	9924	748186	34732	35443	15095	1881691	53353
贵 州 Guizhou	8941	5062	253617	30117	13038	5184	729166	56815
云 南 Yunnan	14751	8242	365698	24818	19274	8868	1020300	53497
西 藏 Tibet	3063	1758	106922	33987	3135	1606	112439	36877
陕 西 Shaanxi	20079	12024	499602	24657	38277	20803	1862170	53618
甘 肃 Gansu	9946	5826	254239	25320	10606	4959	331973	31482
青 海 Qinghai	2945	1628	95475	32201	8045	3488	417322	55532
宁 夏 Ningxia	1531	1011	50222	34141	4114	2216	232492	56403
新 疆 Xinjiang	13493	7694	457333	33499	10108	4474	555198	55542

4-2 续表 8 continued

地区	Region	金融业 Financial Intermediation 年末人数(人) Year-end Figures (person)	#女性 Female	工资总额(千元) Total Wages (1000 yuan)	平均工资(元) Average Wage (yuan)	房地产业 Real Estate 年末人数(人) Year-end Figures (person)	#女性 Female	工资总额(千元) Total Wages (1000 yuan)	平均工资(元) Average Wage (yuan)
全国	**National**	**1519275**	**730295**	**123781554**	**82040**	**467005**	**164438**	**20430768**	**43464**
北京	Beijing	18336	9635	2734434	150550	29828	10391	1763991	59004
天津	Tianjin	9694	4899	1189952	121697	16028	4361	1077254	67539
河北	Hebei	38518	16305	2751415	71976	14248	5221	490556	34833
山西	Shanxi	53628	27054	3593076	67590	9001	3337	214798	24132
内蒙古	Inner Mongolia	45495	23144	2889668	63048	8268	3395	371657	44569
辽宁	Liaoning	81798	40186	6458659	79608	28343	10279	1043706	33419
吉林	Jilin	43111	21089	2618074	61333	11708	4581	391040	33105
黑龙江	Heilongjiang	58142	26286	3784801	65325	22451	7143	743681	33821
上海	Shanghai	49256	26737	9654324	197964	33986	10519	2233678	64219
江苏	Jiangsu	91949	44008	7118279	79345	16817	6001	907095	54376
浙江	Zhejiang	56299	29776	7303791	132671	16479	6402	856905	52564
安徽	Anhui	58823	28016	3097726	53280	16257	5438	574173	35721
福建	Fujian	51841	25763	4514997	88808	26277	9319	1291359	49715
江西	Jiangxi	48994	23090	2662981	54591	11174	3722	351073	32286
山东	Shandong	81858	34572	6105917	75579	22740	7647	830202	36032
河南	Henan	65074	29546	3532992	54279	12069	3452	447426	37401
湖北	Hubei	75361	34615	4947060	66211	17279	6574	587651	36286
湖南	Hunan	38117	18523	2895082	76983	17139	6217	610748	36460
广东	Guangdong	133540	67063	15305500	114570	43278	14944	2072311	48054
广西	Guangxi	54824	27802	3930758	72314	11468	3727	393735	34152
海南	Hainan	11325	4000	638773	56599	6169	2317	201316	32211
重庆	Chongqing	36051	18270	4005905	113273	11944	3916	495815	42883
四川	Sichuan	108475	50842	8053325	74670	9638	3600	386029	40669
贵州	Guizhou	21168	9934	1394042	66131	6171	2451	204364	32999
云南	Yunnan	44904	21331	3431999	76321	5129	2140	205464	40840
西藏	Tibet	7448	3268	911776	125797	201	57	10216	50826
陕西	Shaanxi	45543	20315	2902090	60810	20870	8307	766249	33446
甘肃	Gansu	31339	14170	1306726	41908	8405	2921	298985	35992
青海	Qinghai	15750	8259	965929	62935	2606	1197	93518	42508
宁夏	Ningxia	13143	6644	982690	74474	2940	1012	138817	47265
新疆	Xinjiang	29471	15153	2098813	71909	8094	3850	376956	39759

4-2 续表 9 continued

地 区	Region	租赁和商务服务业 Leasing and Business Services 年末人数(人) Year-end Figures (person)	#女 性 Female	工资总额(千元) Total Wages (1000 yuan)	平均工资(元) Average Wage (yuan)	科学研究和技术服务业 Scientific Research and Technical Services 年末人数(人) Year-end Figures (person)	#女 性 Female	工资总额(千元) Total Wages (1000 yuan)	平均工资(元) Average Wage (yuan)
全 国	**National**	**1167457**	**302594**	**51777835**	**44875**	**2325047**	**711916**	**147764851**	**64206**
北 京	Beijing	169890	41150	11186626	70647	213916	77821	24008768	113925
天 津	Tianjin	19455	3556	872510	43761	37927	11825	3562116	94878
河 北	Hebei	25726	5917	720999	27615	105703	41068	5405231	53151
山 西	Shanxi	31457	9163	892042	28494	55454	18935	2311634	41682
内蒙古	Inner Mongolia	22578	7027	1016383	45175	45700	16388	2250239	49248
辽 宁	Liaoning	56049	11871	1644341	29257	123361	37132	6637851	54911
吉 林	Jilin	22225	7464	830565	37341	64611	19104	3322006	51429
黑龙江	Heilongjiang	32865	9703	1296679	38762	109663	29810	6237182	58468
上 海	Shanghai	61787	11759	4205899	65915	82232	25012	9348454	113227
江 苏	Jiangsu	55409	14500	2058477	37447	89557	26561	6470520	72819
浙 江	Zhejiang	95184	24177	4197907	44389	77530	22944	6241372	81106
安 徽	Anhui	16030	4209	495353	31858	67268	18383	3472628	51947
福 建	Fujian	30884	9834	1326757	44017	43516	12220	2616519	60316
江 西	Jiangxi	23013	6895	859720	37283	52572	15419	2082959	39684
山 东	Shandong	57217	17565	2366085	41516	94386	24345	5178174	55588
河 南	Henan	47342	12698	1473452	31208	102581	31279	4703717	46232
湖 北	Hubei	27060	6983	865028	32065	109403	32250	5637852	51956
湖 南	Hunan	35920	11819	981565	29890	75604	21172	3281996	43681
广 东	Guangdong	144633	26817	6734901	46081	108643	33843	9007526	83961
广 西	Guangxi	39959	12241	1305168	32692	74090	22430	3078667	41554
海 南	Hainan	11379	2635	307252	26933	12953	4762	568337	44277
重 庆	Chongqing	23224	5228	852107	37137	36374	8744	2408424	66656
四 川	Sichuan	24564	6731	1542913	62383	149772	42583	10011684	67431
贵 州	Guizhou	8452	2487	277726	33778	47699	13175	1873274	39559
云 南	Yunnan	16551	4308	723321	44332	66047	20550	2985944	45560
西 藏	Tibet	339	132	10378	30795	10864	2883	534244	50876
陕 西	Shaanxi	17387	6647	740299	42953	124552	37177	7504882	60481
甘 肃	Gansu	13156	4326	376867	29310	53471	14900	2226767	41818
青 海	Qinghai	5650	1322	421141	74315	25950	7505	1622411	62451
宁 夏	Ningxia	2501	1138	74809	29804	10543	3233	497615	46918
新 疆	Xinjiang	29571	12292	1120565	38239	53105	18463	2675858	51078

4-2 续表 10 continued

地区	Region	水利、环境和公共设施管理业 Management of Water Conservancy, Environment and Public Facilities 年末人数(人) Year-end Figures (person)	#女性 Female	工资总额(千元) Total Wages (1000 yuan)	平均工资(元) Average Wage (yuan)	居民服务、修理和其他服务业 Service to Households, Repair and Other Services 年末人数(人) Year-end Figures (person)	#女性 Female	工资总额(千元) Total Wages (1000 yuan)	平均工资(元) Average Wage (yuan)
全　国	**National**	**2088747**	**838640**	**66898000**	**32152**	**303722**	**91833**	**11390039**	**37642**
北　京	Beijing	62002	23920	3409258	55122	13446	4646	660932	49312
天　津	Tianjin	32700	9453	1870907	56687	68466	2587	1473225	22051
河　北	Hebei	101215	42055	2777510	27564	16655	6895	780574	47225
山　西	Shanxi	69275	31335	1470938	21635	4012	1683	98470	24477
内蒙古	Inner Mongolia	72179	33050	2754701	36940	4191	1664	166881	39895
辽　宁	Liaoning	142273	53461	3971472	28072	16746	6470	648083	36729
吉　林	Jilin	68466	27498	1537074	22353	5299	2142	179777	33844
黑龙江	Heilongjiang	94414	34016	2186107	23028	40531	19279	1824912	44469
上　海	Shanghai	49993	15846	2699070	53146	6618	2948	380764	57465
江　苏	Jiangsu	96756	36155	4279461	44347	5501	1591	310156	56290
浙　江	Zhejiang	70884	28351	3093132	44063	6028	2187	362154	59761
安　徽	Anhui	70885	26922	2089835	29603	2975	942	102580	34458
福　建	Fujian	44472	14957	1590192	36226	8673	2322	294755	35889
江　西	Jiangxi	54124	23378	1547597	29166	5207	1917	147921	28518
山　东	Shandong	112457	44133	3465731	31171	28004	7548	1468355	52227
河　南	Henan	116978	44307	3453672	29365	6408	2061	180122	28246
湖　北	Hubei	85428	32632	2448529	28568	7865	3263	217885	28002
湖　南	Hunan	87875	36799	2101441	24099	2638	968	87341	33134
广　东	Guangdong	112250	44638	4639777	41404	20377	7400	932596	45968
广　西	Guangxi	80779	36974	1886308	23642	3723	1448	130958	35204
海　南	Hainan	22513	11901	564422	25130	697	242	20044	26513
重　庆	Chongqing	36755	14109	1102197	30964	1271	393	50796	40443
四　川	Sichuan	96823	43559	2814029	29369	4795	1515	184103	38824
贵　州	Guizhou	38629	19079	1076553	28657	4014	1863	130849	32590
云　南	Yunnan	49343	21202	1323976	26940	2563	721	66875	25662
西　藏	Tibet	2253	1210	58918	27455	9	6	519	57667
陕　西	Shaanxi	85627	33870	2662781	30972	5627	1903	175574	31308
甘　肃	Gansu	51791	18580	1452387	28180	3439	669	87966	25691
青　海	Qinghai	9815	4366	326675	33061	2898	1705	102824	37831
宁　夏	Ningxia	19334	9023	652978	34995	450	142	16985	37829
新　疆	Xinjiang	50459	21861	1590372	31839	4596	2713	105063	22980

4-2 续表 11 continued

地 区	Region	教 育 Education				卫生和社会工作 Health and Social Service			
		年末人数（人）Year-end Figures (person)	#女 性 Female	工资总额（千元）Total Wages (1000 yuan)	平均工资（元）Average Wage (yuan)	年末人数（人）Year-end Figures (person)	#女 性 Female	工资总额（千元）Total Wages (1000 yuan)	平均工资（元）Average Wage (yuan)
全 国	**National**	**15671696**	**7987965**	**748683232**	**47995**	**6394590**	**3937242**	**337344802**	**53653**
北 京	Beijing	348274	204615	31298293	90380	194281	136103	19799292	103984
天 津	Tianjin	159541	92372	12102593	76063	81961	52258	6661449	82427
河 北	Hebei	887789	534471	34274419	38798	296559	184196	11197428	38163
山 西	Shanxi	487799	292655	18796410	38713	150633	96547	4975983	33311
内蒙古	Inner Mongolia	344833	191786	19424528	56450	115449	70450	5963054	52042
辽 宁	Liaoning	551237	296797	26579738	48435	273553	163669	12411857	46035
吉 林	Jilin	364543	212064	14958677	41048	150812	93219	6303692	42175
黑龙江	Heilongjiang	463587	258221	18371018	40042	202402	125362	8024783	39980
上 海	Shanghai	263363	166156	23113522	86623	154671	106100	16532647	106517
江 苏	Jiangsu	854755	444666	51426169	60428	311720	198662	19822456	64827
浙 江	Zhejiang	565473	327323	40916735	72982	306900	199388	24620949	82302
安 徽	Anhui	598270	239468	25492402	42779	188177	114813	8689583	47413
福 建	Fujian	441416	228550	23216567	52618	144877	92606	8608980	61175
江 西	Jiangxi	435083	197322	18075670	41767	202293	111745	7831528	39283
山 东	Shandong	1038169	491099	48028935	46656	426517	250002	20759544	49609
河 南	Henan	1058350	535777	41906336	39994	417981	242962	16047216	39118
湖 北	Hubei	682441	266879	26795555	39359	307481	180083	12880450	42301
湖 南	Hunan	668073	310425	25856569	38804	309681	188818	15544987	51146
广 东	Guangdong	1100105	590479	59176787	53688	525697	326313	34519932	66695
广 西	Guangxi	588825	292522	20276137	34567	251066	155724	10632653	43159
海 南	Hainan	111582	50751	5823583	52245	41358	26171	2155602	52712
重 庆	Chongqing	351936	169439	17080299	49014	122584	73734	7455924	62329
四 川	Sichuan	867235	394980	38457188	44598	331404	201907	17901951	55064
贵 州	Guizhou	431112	186501	18170544	42795	140655	82751	6117550	44790
云 南	Yunnan	529734	252890	21262339	40390	180906	118078	7526669	42600
西 藏	Tibet	44022	20924	2431914	55537	16323	8627	749214	46879
陕 西	Shaanxi	554598	281445	26729579	47955	204607	122899	9550991	47117
甘 肃	Gansu	367593	163229	14362827	37644	113779	63248	4006120	35801
青 海	Qinghai	73689	36265	3842789	52259	34867	21344	1494477	43729
宁 夏	Ningxia	81455	41231	3747679	46297	39924	24946	1721935	44150
新 疆	Xinjiang	356814	216663	16687431	47326	155472	104517	6835906	44993

4-2 续表 12 continued

地区 Region	文化、体育和娱乐业 Culture, Sports and Entertainment 年末人数(人) Year-end Figures (person)	#女性 Female	工资总额(千元) Total Wages (1000 yuan)	平均工资(元) Average Wage (yuan)	公共管理、社会保障和社会组织 Public Management, Social Security and Social Organization 年末人数(人) Year-end Figures (person)	#女性 Female	工资总额(千元) Total Wages (1000 yuan)	平均工资(元) Average Wage (yuan)
全国 National	**1149998**	**488409**	**62457857**	**54398**	**15286102**	**4490044**	**701896660**	**46207**
北京 Beijing	114551	54564	13643538	119934	392150	144020	29855221	76455
天津 Tianjin	16561	6134	1117606	67055	153923	40925	11307000	74132
河北 Hebei	49235	21640	1683412	34037	836311	253215	27889679	33512
山西 Shanxi	41443	18797	1425545	34475	595483	185998	19382277	32658
内蒙古 Inner Mongolia	32374	15391	1623993	49960	390405	128514	20022687	51548
辽宁 Liaoning	46318	19857	2019029	43654	523420	154681	21600729	41535
吉林 Jilin	30604	13331	1089941	35399	338788	102349	12473074	36936
黑龙江 Heilongjiang	40368	16921	1473419	36416	440351	135430	16004188	36490
上海 Shanghai	38701	16455	3589530	90808	200441	63335	18667585	91474
江苏 Jiangsu	48005	20012	2858899	59599	671794	183211	47355373	70940
浙江 Zhejiang	55234	25304	3876959	70978	603835	164599	45163278	75617
安徽 Anhui	31453	12454	1231105	39442	482633	120340	20679289	43093
福建 Fujian	31072	12572	1535886	48177	342790	88311	18396992	53900
江西 Jiangxi	35259	16248	1454263	41599	474585	123517	18735308	39652
山东 Shandong	59972	23703	2993832	50322	1098062	312103	46644790	42913
河南 Henan	63942	24677	2361133	36678	1069482	336561	35875354	33784
湖北 Hubei	57396	24634	2169490	38041	611984	172579	24041784	39505
湖南 Hunan	38282	15313	1692407	44251	803279	222019	28042365	35054
广东 Guangdong	67723	27326	4177717	61978	1027722	282475	64070334	62727
广西 Guangxi	30022	11328	1124814	37839	429890	121933	15291211	35776
海南 Hainan	7747	3187	305742	39599	107195	28082	5042830	47274
重庆 Chongqing	23432	6850	1087367	46656	285420	78206	13212889	46751
四川 Sichuan	40862	17414	1816172	44509	825808	250689	36245145	44126
贵州 Guizhou	14349	5168	536811	37594	433030	128263	17382758	40558
云南 Yunnan	27099	12335	1006800	37476	492371	145798	18342484	37616
西藏 Tibet	5975	2240	340550	57361	117302	35515	5950331	51823
陕西 Shaanxi	34784	15048	1404060	40505	531995	159025	22787400	42703
甘肃 Gansu	25119	10477	891362	35635	386702	119873	13819922	34487
青海 Qinghai	7540	3268	346964	45611	92030	31953	4346236	47445
宁夏 Ningxia	7063	3218	335282	47932	92641	31961	4095325	44347
新疆 Xinjiang	27513	12543	1244229	45608	434280	144564	19172822	45065

4-3 各地区分行业国有单位在岗职工人数和平均工资(2012年)
ON-POST STAFF AND WORKERS AND AVERAGE WAGE IN STATE-OWNED UNITS BY SECTOR AND REGION(2012)

地 区	Region	总 计 Total		农、林、牧、渔业 Agriculture, Forestry, Animal Husbandry and Fishery		采矿业 Mining		制造业 Manufacturing	
		年末人数(人) Year-end Figures (person)	平均工资(元) Average Wage (yuan)	年末人数(人) Year-end Figures (person)	平均工资(元) Average Wage (yuan)	年末人数(人) Year-end Figures (person)	平均工资(元) Average Wage (yuan)	年末人数(人) Year-end Figures (person)	平均工资(元) Average Wage (yuan)
全 国	**National**	**64672393**	**49750**	**2737000**	**23233**	**2485813**	**59272**	**3582978**	**48073**
北 京	Beijing	1772818	90456	9549	47384			51125	76688
天 津	Tianjin	842787	70661	4812	55426	2716	99260	98389	60105
河 北	Hebei	3173428	40082	51663	13064	122507	59893	183285	41777
山 西	Shanxi	2324396	41561	18997	26584	236632	69279	117628	34262
内蒙古	Inner Mongolia	1736837	49680	239622	26593	69022	68178	31095	52378
辽 宁	Liaoning	2987820	44062	238179	11372	134259	54480	300540	42348
吉 林	Jilin	1632981	40412	147215	21531	70783	38572	95198	53185
黑龙江	Heilongjiang	2900325	39549	584968	21491	184583	60376	141027	45533
上 海	Shanghai	1299486	93260	4209	60732	121	51138	95271	75183
江 苏	Jiangsu	2809153	62913	77898	26252	74933	53987	162912	49392
浙 江	Zhejiang	2111985	76150	5312	45885	1781	39735	42299	69206
安 徽	Anhui	2067218	46727	39023	23944	134136	68727	122205	49886
福 建	Fujian	1551881	55957	27127	33251	12463	36796	26625	52255
江 西	Jiangxi	1952005	40712	92186	21029	65733	42581	139972	34248
山 东	Shandong	4317945	48670	21277	32869	484783	63020	191719	43825
河 南	Henan	3978088	39948	34849	24371	201004	58886	150310	38224
湖 北	Hubei	2757703	43438	83149	24194	35800	55427	236334	51132
湖 南	Hunan	2611175	41628	16888	20357	49906	39088	128430	49132
广 东	Guangdong	4192037	60116	67217	19744	15556	56525	94182	57315
广 西	Guangxi	1974960	39317	73923	20115	27372	37675	113199	39602
海 南	Hainan	521894	41148	111360	20986	7603	42582	6464	29879
重 庆	Chongqing	1234524	51675	9899	36762	22893	50584	50544	44817
四 川	Sichuan	3427309	48777	36319	32263	103053	59289	247020	47498
贵 州	Guizhou	1611863	45825	12397	35929	62610	44011	115856	48359
云 南	Yunnan	1823687	45081	78981	23018	41840	46695	85038	79218
西 藏	Tibet	207167	58982	1509	31316	1601	46181	2408	35100
陕 西	Shaanxi	2562216	46810	34049	33379	226450	59827	304507	41421
甘 肃	Gansu	1521455	39177	51009	25560	34676	56866	156181	52520
青 海	Qinghai	431124	51173	12081	33708	13566	66605	41137	51765
宁 夏	Ningxia	381367	48714	22453	29101	6183	60503	19956	42519
新 疆	Xinjiang	1954759	43115	528880	26644	41248	83534	32122	56304

4-3 续表 1 continued

地 区 Region	电力、热力、燃气及水生产和供应业 Production and Supply of Electricity, Heat, Gas and Water		建筑业 Construction		批发和零售业 Wholesale and Retail Trades		交通运输、仓储和邮政业 Transport, Storage and Post	
	年末人数(人) Year-end Figures (person)	平均工资(元) Average Wage (yuan)	年末人数(人) Year-end Figures (person)	平均工资(元) Average Wage (yuan)	年末人数(人) Year-end Figures (person)	平均工资(元) Average Wage (yuan)	年末人数(人) Year-end Figures (person)	平均工资(元) Average Wage (yuan)
全 国 National	**2107441**	**59821**	**2964407**	**41447**	**1416736**	**48782**	**4088822**	**55026**
北 京 Beijing	23231	94263	30619	65065	33610	101886	109397	73713
天 津 Tianjin	18785	105254	40372	70854	28091	66279	74701	67631
河 北 Hebei	138410	60706	109968	36973	75503	34979	170661	44986
山 西 Shanxi	75347	60856	99855	32814	90365	35958	179027	55312
内蒙古 Inner Mongolia	76317	60710	28781	38802	29125	44271	150330	55750
辽 宁 Liaoning	94697	54021	148363	42067	38053	43282	227738	52780
吉 林 Jilin	48195	44736	37496	32534	24575	38701	129633	49203
黑龙江 Heilongjiang	110278	49974	133528	38309	53125	40142	226441	46682
上 海 Shanghai	38912	119099	54483	67077	32136	89433	170062	75427
江 苏 Jiangsu	69239	89873	63451	52180	46579	48616	163621	55395
浙 江 Zhejiang	86860	95962	30218	45837	27202	87168	128184	62663
安 徽 Anhui	58470	56742	106940	42921	54961	40398	99800	48545
福 建 Fujian	53735	71579	114350	46408	46434	72612	127858	55296
江 西 Jiangxi	57548	46765	136630	37019	67963	37232	110481	55876
山 东 Shandong	131739	56499	150415	36232	88076	41088	250453	52697
河 南 Henan	142572	45692	168434	39323	124144	39639	209062	50101
湖 北 Hubei	135814	51509	137933	46039	58829	37512	155022	51753
湖 南 Hunan	114746	43032	122177	39669	37383	51986	157615	51244
广 东 Guangdong	127665	70632	209154	43255	107171	47479	273432	61522
广 西 Guangxi	69001	47680	36691	40141	41464	42148	125113	50041
海 南 Hainan	15998	49598	26091	36694	9409	49070	17019	44066
重 庆 Chongqing	22298	56915	78277	37800	31487	56294	117154	51075
四 川 Sichuan	87921	55093	344164	37872	61147	54794	159338	55786
贵 州 Guizhou	65895	63927	154239	42656	46442	66476	74226	49381
云 南 Yunnan	50055	58275	58192	49223	45660	64891	87636	59585
西 藏 Tibet	7474	51296	1773	32730	3712	48598	5661	55884
陕 西 Shaanxi	54113	47560	141891	38698	50386	37063	151694	47722
甘 肃 Gansu	57925	40632	89232	38415	22339	35730	82396	47536
青 海 Qinghai	12290	60564	37015	42625	6084	49802	29317	62371
宁 夏 Ningxia	29055	80645	13009	38184	7206	53854	30528	53221
新 疆 Xinjiang	32856	52929	60666	40911	28075	51927	95222	67382

4-3 续表 2 continued

地区 Region	住宿和餐饮业 Hotels and Catering Services		信息传输、软件和信息技术服务业 Information Transmission, Software and Information Technology		金融业 Financial Intermediation		房地产业 Real Estate	
	年末人数（人）Year-end Figures (person)	平均工资（元）Average Wage (yuan)	年末人数（人）Year-end Figures (person)	平均工资（元）Average Wage (yuan)	年末人数（人）Year-end Figures (person)	平均工资（元）Average Wage (yuan)	年末人数（人）Year-end Figures (person)	平均工资（元）Average Wage (yuan)
全　国 National	**547719**	**33741**	**639374**	**58014**	**1387826**	**87166**	**434613**	**44782**
北　京 Beijing	47308	46357	12220	106542	18244	151115	26705	61780
天　津 Tianjin	8720	37828	5352	82040	9140	130694	14992	70118
河　北 Hebei	27610	26514	23196	53378	37988	72375	13801	35408
山　西 Shanxi	24499	27877	33770	42096	50078	71122	8492	24971
内蒙古 Inner Mongolia	11553	30367	37451	45677	43155	65046	8220	44861
辽　宁 Liaoning	18640	35246	24883	55219	76645	83090	27162	34124
吉　林 Jilin	11898	25153	25318	43987	41163	62925	11267	33625
黑龙江 Heilongjiang	20256	35272	24324	48341	55218	67206	20599	35110
上　海 Shanghai	24512	52178	19513	141929	48793	199378	25477	74298
江　苏 Jiangsu	16826	33820	26701	57824	73973	92253	15914	55763
浙　江 Zhejiang	19565	39130	20012	86900	54569	135099	14917	56111
安　徽 Anhui	10550	26496	23241	43282	44260	64910	15315	35866
福　建 Fujian	16441	35054	19968	69362	42992	101193	25349	50688
江　西 Jiangxi	12396	25092	7257	73036	43944	58320	10582	33225
山　东 Shandong	51338	31157	33176	61860	71993	81975	22048	36528
河　南 Henan	31834	30146	32904	40643	59121	57791	11750	37496
湖　北 Hubei	11566	29045	21854	40739	69710	69123	16086	37789
湖　南 Hunan	17449	29281	29650	45559	33212	84566	16206	37534
广　东 Guangdong	45792	41010	48236	82160	124110	119543	42462	48290
广　西 Guangxi	15192	26445	22956	44861	48755	77304	10657	35454
海　南 Hainan	7908	27413	751	40697	10963	57548	5970	32225
重　庆 Chongqing	7003	30806	7318	48610	35553	114888	11591	43552
四　川 Sichuan	18623	35226	34513	53989	96332	80462	9067	42116
贵　州 Guizhou	8415	30630	12898	57158	20519	67424	5735	34482
云　南 Yunnan	13737	25363	18807	54223	42634	79377	4829	42045
西　藏 Tibet	2720	33383	3088	37114	7295	128251	194	51974
陕　西 Shaanxi	18775	25067	37609	53870	43314	61822	18172	35867
甘　肃 Gansu	9479	25442	10272	31906	29100	42930	8224	35929
青　海 Qinghai	2945	32201	8042	55550	15697	63092	2603	42545
宁　夏 Ningxia	1347	36525	4107	56463	11790	80034	2571	48952
新　疆 Xinjiang	12822	33570	9987	55860	27566	75365	7656	40756

4-3 续表 3 continued

地 区	Region	租赁和商务服务业 Leasing and Business Services		科学研究和技术服务业 Scientific Research and Technical Services		水利、环境和公共设施管理业 Management of Water Conservancy,Environment and Public Facilities		居民服务、修理和其他服务业 Service to Households, Repair and Other Services	
		年末人数（人） Year-end Figures (person)	平均工资（元） Average Wage (yuan)	年末人数（人） Year-end Figures (person)	平均工资（元） Average Wage (yuan)	年末人数（人） Year-end Figures (person)	平均工资（元） Average Wage (yuan)	年末人数（人） Year-end Figures (person)	平均工资（元） Average Wage (yuan)
全 国	**National**	**1098470**	**46075**	**2215579**	**65666**	**1818968**	**34526**	**291259**	**38272**
北 京	Beijing	161932	71652	200775	117745	58448	56982	12710	50640
天 津	Tianjin	19113	44022	35045	99472	27892	62478	67743	22049
河 北	Hebei	23498	28403	103968	53664	87921	29514	15577	48114
山 西	Shanxi	29754	28191	54175	42105	66026	22158	3847	24834
内蒙古	Inner Mongolia	22284	45638	45290	49453	69050	37951	4094	40093
辽 宁	Liaoning	46789	34674	119877	55584	120006	30220	16536	36917
吉 林	Jilin	19938	39806	63233	51902	55903	24726	5168	34255
黑龙江	Heilongjiang	27229	44639	105482	59317	75561	25533	39435	45193
上 海	Shanghai	54375	69456	77181	116361	42075	57572	5091	65782
江 苏	Jiangsu	52564	38177	86157	74065	86619	46853	5355	56881
浙 江	Zhejiang	91133	45103	73034	83320	61818	47037	5650	60640
安 徽	Anhui	14870	32922	60080	54998	58480	32856	2650	35963
福 建	Fujian	29770	44657	41403	61965	39863	38520	8294	36139
江 西	Jiangxi	21451	38011	47660	41435	43016	32766	4146	32841
山 东	Shandong	56006	42030	90364	56340	93928	34384	27704	52621
河 南	Henan	45746	31498	99678	46886	105087	31600	6274	28537
湖 北	Hubei	25054	32081	104553	53208	74997	30134	6580	30451
湖 南	Hunan	34113	30343	69960	45355	68574	26421	2498	33666
广 东	Guangdong	143318	46245	105004	84963	108589	42104	19866	46291
广 西	Guangxi	36008	34379	69309	42799	64669	25954	3547	35873
海 南	Hainan	11262	27054	12226	45545	20480	25803	689	26304
重 庆	Chongqing	22834	36961	35451	67727	31788	32860	1221	41126
四 川	Sichuan	23183	60694	137640	71194	87365	30946	4509	39854
贵 州	Guizhou	8230	34091	46036	40432	31475	32021	3548	34227
云 南	Yunnan	16105	45006	63985	46372	43090	28809	2023	29608
西 藏	Tibet	294	34086	8964	56200	1641	30978	8	59500
陕 西	Shaanxi	16491	44342	119310	61555	74214	33161	5289	32255
甘 肃	Gansu	8299	31573	52478	42240	47089	29289	3351	25905
青 海	Qinghai	5644	74374	25512	63103	9691	33386	2816	38863
宁 夏	Ningxia	2406	30402	10086	48055	15470	39485	450	37829
新 疆	Xinjiang	28777	38596	51663	51695	48143	32751	4590	22987

4-3 续表 4 continued

地 区 Region	教 育 Education		卫生和社会工作 Health and Social Service		文化、体育和娱乐业 Culture, Sports and Entertainment		公共管理、社会保障和社会组织 Public Management, Social Security and Social Organization	
	年末人数(人) Year-end Figures (person)	平均工资(元) Average Wage (yuan)	年末人数(人) Year-end Figures (person)	平均工资(元) Average Wage (yuan)	年末人数(人) Year-end Figures (person)	平均工资(元) Average Wage (yuan)	年末人数(人) Year-end Figures (person)	平均工资(元) Average Wage (yuan)
全 国 National	**15152717**	**48875**	**6057421**	**54927**	**1090014**	**55427**	**14555236**	**47595**
北 京 Beijing	322212	94861	186170	106453	107919	124131	360644	81402
天 津 Tianjin	152304	78432	77229	85183	15233	69973	142158	78377
河 北 Hebei	852523	39637	281241	39203	47718	34452	806390	34227
山 西 Shanxi	475861	39310	143705	34081	39484	34294	576854	33299
内蒙古 Inner Mongolia	342555	56710	112995	52705	32079	50430	383819	52105
辽 宁 Liaoning	538213	48973	263593	46836	44992	44327	508655	42281
吉 林 Jilin	356932	41523	146458	42795	30046	35640	312562	39033
黑龙江 Heilongjiang	450812	40674	193579	40907	38709	37191	415171	37707
上 海 Shanghai	242509	90929	141777	111603	33393	86934	189596	94991
江 苏 Jiangsu	819214	61621	285732	67329	44602	62062	636863	73397
浙 江 Zhejiang	536067	75495	288081	84384	50178	75892	575105	77881
安 徽 Anhui	575189	43698	174326	49072	28222	40653	444500	45191
福 建 Fujian	424625	53871	138130	62668	29278	49768	327176	55527
江 西 Jiangxi	422316	42588	186973	40615	32616	43034	449135	40997
山 东 Shandong	1022094	47087	403837	50871	58610	51097	1068385	43633
河 南 Henan	1043217	40276	403386	39753	61379	37380	1047337	34180
湖 北 Hubei	654159	40164	292582	43166	55300	38746	582381	40434
湖 南 Hunan	643503	39479	291629	52429	35946	45760	741290	35846
广 东 Guangdong	1076378	54240	508980	67416	63778	63413	1011147	63305
广 西 Guangxi	549890	35930	238592	44129	28647	38942	399975	37358
海 南 Hainan	108610	53097	39867	53521	7510	40370	101714	48937
重 庆 Chongqing	337984	50141	116988	63217	22797	47305	271444	48153
四 川 Sichuan	839644	45370	314061	55737	39133	45559	784277	45511
贵 州 Guizhou	411169	44145	128652	46748	13567	38617	389954	43458
云 南 Yunnan	512662	41287	164770	44839	25682	38016	467961	38893
西 藏 Tibet	41878	57511	14594	50612	5262	63090	97091	60745
陕 西 Shaanxi	540417	48737	190744	48272	32724	41470	502067	44332
甘 肃 Gansu	357315	38188	106989	36823	24277	36117	370824	35325
青 海 Qinghai	73199	52555	34309	44120	7530	45644	91646	47628
宁 夏 Ningxia	78057	47641	36666	46118	6392	51103	83635	47111
新 疆 Xinjiang	351209	47785	150786	45755	27011	46121	415480	46314

4-4 各地区分行业国有单位其他就业人员和平均工资(2012年)

OTHER EMPLOYMENT AND AVERSGE WAGE IN STATE-OWNED UNITS BY SECTOR AND REGION(2012)

地区	Region	总计 Total		农、林、牧、渔业 Agriculture, Forestry, Animal Husbandry and Fishery		采矿业 Mining		制造业 Manufacturing	
		年末人数(人) Year-end Figures (person)	平均工资(元) Average Wage (yuan)	年末人数(人) Year-end Figures (person)	平均工资(元) Average Wage (yuan)	年末人数(人) Year-end Figures (person)	平均工资(元) Average Wage (yuan)	年末人数(人) Year-end Figures (person)	平均工资(元) Average Wage (yuan)
全国	**National**	**3717929**	**24082**	**467507**	**18043**	**75963**	**39211**	**111952**	**24528**
北京	Beijing	110544	37877	247	25439			2156	46024
天津	Tianjin	54614	29397	442	16589	30	25367	3063	31769
河北	Hebei	150652	19886	737	21431	5204	47180	3275	31418
山西	Shanxi	73823	19125	251	13985	2274	29733	1701	19572
内蒙古	Inner Mongolia	26638	22749	2668	24050	370	59879	798	34122
辽宁	Liaoning	114935	21407	6300	5075	8643	41030	6418	14739
吉林	Jilin	71292	14736	5405	11861	74	27583	3154	18462
黑龙江	Heilongjiang	453912	19475	338676	19920	246	14813	4389	22242
上海	Shanghai	105178	45125	473	37720	11	25818	5646	51584
江苏	Jiangsu	150778	29225	3822	18370	799	40822	2034	22705
浙江	Zhejiang	141948	33969	222	16305	916	20027	1274	49824
安徽	Anhui	190092	23843	13059	18781	1207	14747	4035	22114
福建	Fujian	110190	29059	17061	9760	345	17935	3318	17937
江西	Jiangxi	138315	20846	5000	11303	1751	23813	5017	17476
山东	Shandong	155975	26801	322	24015	17928	54692	3077	20268
河南	Henan	114427	18741	872	14429	4885	10041	2978	14783
湖北	Hubei	228752	21945	11126	14761	10297	36244	11713	21707
湖南	Hunan	214560	25210	2512	11355	2477	15337	3489	19152
广东	Guangdong	111230	33474	932	19373	464	23293	2321	33776
广西	Guangxi	165344	18426	19132	15490	1835	25831	5054	18542
海南	Hainan	22408	18572	5856	11494	91	26809	75	12689
重庆	Chongqing	54246	25226	145	21139	43	34500	1782	22987
四川	Sichuan	160376	27509	1315	10745	5314	46129	5895	29474
贵州	Guizhou	133794	19124	1201	5693	758	29598	5555	12993
云南	Yunnan	122565	18724	8710	4968	949	27698	8523	30027
西藏	Tibet	34872	12001	4130	6814	200	32418	280	30743
陕西	Shaanxi	153349	24386	1047	12439	6200	27898	12042	21603
甘肃	Gansu	64727	19504	2802	10727	1511	34586	1645	18439
青海	Qinghai	7142	22315	383	22170	368	25811	67	17556
宁夏	Ningxia	27819	19687	327	14890	373	54204	836	24204
新疆	Xinjiang	53432	18960	12332	16568	400	31772	342	34873

4-4 续表 1 continued

地 区 Region	电力、热力、燃气及水生产和供应业 Production and Supply of Electricity, Heat, Gas and Water		建筑业 Construction		批发和零售业 Wholesale and Retail Trades		交通运输、仓储和邮政业 Transport, Storage and Post	
	年末人数(人) Year-end Figures (person)	平均工资(元) Average Wage (yuan)	年末人数(人) Year-end Figures (person)	平均工资(元) Average Wage (yuan)	年末人数(人) Year-end Figures (person)	平均工资(元) Average Wage (yuan)	年末人数(人) Year-end Figures (person)	平均工资(元) Average Wage (yuan)
全 国 National	**75381**	**23798**	**493871**	**31696**	**68367**	**22097**	**105832**	**28504**
北 京 Beijing	484	31385	1201	76883	2140	47109	657	71321
天 津 Tianjin	821	49939	9629	35780	920	35033	3026	30097
河 北 Hebei	22398	19998	7590	23190	1764	13811	6308	33895
山 西 Shanxi	1473	19069	11200	30990	2974	13429	1185	34088
内蒙古 Inner Mongolia	614	39048	806	24846	633	19009	2143	37671
辽 宁 Liaoning	2120	15408	3767	33870	2031	17932	3714	41830
吉 林 Jilin	854	16019	1669	21559	890	13599	1220	14224
黑龙江 Heilongjiang	3478	16622	9280	24132	4121	29812	8934	14255
上 海 Shanghai	638	50382	6812	66610	3531	42386	3886	41624
江 苏 Jiangsu	778	39109	1968	33734	1349	16957	2725	31661
浙 江 Zhejiang	1153	26546	29969	38458	710	39315	2917	27627
安 徽 Anhui	1339	34150	48082	34357	1502	20443	2918	26595
福 建 Fujian	1069	42877	19820	71150	2328	51064	5601	18310
江 西 Jiangxi	2423	22638	35900	29689	2648	20759	2267	23549
山 东 Shandong	7912	39869	10589	20680	1702	20997	8385	40390
河 南 Henan	4590	23584	13490	24209	4290	22200	4745	22002
湖 北 Hubei	3535	20386	80218	20297	2374	25638	7942	28108
湖 南 Hunan	4020	22177	49324	31500	4454	21898	6492	32820
广 东 Guangdong	542	26075	18083	26193	2612	28129	3761	36491
广 西 Guangxi	4203	14421	13011	34929	1956	13155	3054	18803
海 南 Hainan	281	6511	1425	22583	182	45430	775	52995
重 庆 Chongqing	730	28289	7036	32149	858	19535	1788	30993
四 川 Sichuan	1488	22324	13954	24641	1504	36721	4970	30298
贵 州 Guizhou	1387	18895	31928	30152	1962	10250	3943	26334
云 南 Yunnan	2629	20312	12490	48341	14652	13159	2225	13984
西 藏 Tibet	241	37931	1265	9205	767	34745	84	41625
陕 西 Shaanxi	1676	21657	39672	32418	2051	22991	5841	20080
甘 肃 Gansu	1839	23737	5458	30593	567	19063	3256	19038
青 海 Qinghai	256	33647	3748	25584	126	17130	43	23949
宁 夏 Ningxia	271	19509	2458	24199	235	21515	657	14532
新 疆 Xinjiang	139	30384	2029	21168	534	31383	370	27942

4-4 续表 2 continued

地区 Region	住宿和餐饮业 Hotels and Catering Services		信息传输、软件和信息技术服务业 Information Transmission, Software and Information Technology		金融业 Financial Intermediation		房地产业 Real Estate	
	年末人数(人) Year-end Figures (person)	平均工资(元) Average Wage (yuan)	年末人数(人) Year-end Figures (person)	平均工资(元) Average Wage (yuan)	年末人数(人) Year-end Figures (person)	平均工资(元) Average Wage (yuan)	年末人数(人) Year-end Figures (person)	平均工资(元) Average Wage (yuan)
全 国 National	**28430**	**26267**	**19090**	**25553**	**131449**	**27483**	**32392**	**25738**
北 京 Beijing	2253	34729	491	58636	92	41862	3123	34317
天 津 Tianjin	1134	26122	142	22331	554	14332	1036	31021
河 北 Hebei	1056	19371	986	16555	530	42724	447	16178
山 西 Shanxi	1058	17834	1798	24091	3550	18157	509	10348
内蒙古 Inner Mongolia	550	23031	125	18573	2340	25886	48	15833
辽 宁 Liaoning	1021	25368	291	20271	5153	27623	1181	16130
吉 林 Jilin	158	19682	371	13180	1948	27211	441	19651
黑龙江 Heilongjiang	1378	17761	431	20712	2924	30466	1852	20105
上 海 Shanghai	3092	46822	308	83106	463	49155	8509	33090
江 苏 Jiangsu	915	21517	1118	32026	17976	22965	903	30795
浙 江 Zhejiang	812	23506	681	36093	1730	55992	1562	20447
安 徽 Anhui	253	17303	2818	23326	14563	18689	942	33355
福 建 Fujian	909	22310	801	23420	8849	27366	928	23565
江 西 Jiangxi	647	17652	2197	12707	5050	22305	592	17318
山 东 Shandong	1166	23044	481	25474	9865	27765	692	20014
河 南 Henan	1021	18985	324	37944	5953	19175	319	30651
湖 北 Hubei	804	20415	447	18456	5651	28816	1193	17315
湖 南 Hunan	1529	21790	586	18717	4905	22420	933	15500
广 东 Guangdong	1397	42956	782	32960	9430	48621	816	37256
广 西 Guangxi	1571	18269	931	18609	6069	32839	811	18545
海 南 Hainan	94	11439	2	11000	362	27377	199	31754
重 庆 Chongqing	262	15925	262	33787	498	19092	353	21188
四 川 Sichuan	841	24030	930	30268	12143	30228	571	18103
贵 州 Guizhou	526	21493	140	20168	649	26815	436	13558
云 南 Yunnan	1014	17803	467	24595	2270	23420	300	20836
西 藏 Tibet	343	39352	47	18158	153	11974	7	19000
陕 西 Shaanxi	1304	18814	668	40132	2229	39384	2698	15920
甘 肃 Gansu	467	22889	334	18506	2239	28720	181	39012
青 海 Qinghai			3	10000	53	20232	3	15667
宁 夏 Ningxia	184	15781	7	21000	1353	25409	369	37155
新 疆 Xinjiang	671	32180	121	29375	1905	23398	438	19315

4-4 续表 3 continued

地区 Region	租赁和商务服务业 Leasing and Business Services		科学研究和技术服务业 Scientific Research and Technical Services		水利、环境和公共设施管理业 Management of Water Conservancy,Environment and Public Facilities		居民服务、修理和其他服务业 Service to Households, Repair and Other Services	
	年末人数（人） Year-end Figures (person)	平均工资（元） Average Wage (yuan)	年末人数（人） Year-end Figures (person)	平均工资（元） Average Wage (yuan)	年末人数（人） Year-end Figures (person)	平均工资（元） Average Wage (yuan)	年末人数（人） Year-end Figures (person)	平均工资（元） Average Wage (yuan)
全 国 National	**68987**	**25982**	**109468**	**34137**	**269779**	**16019**	**12463**	**22675**
北 京 Beijing	7958	51667	13141	55898	3554	24975	736	27713
天 津 Tianjin	342	28939	2882	38619	4808	22249	723	22217
河 北 Hebei	2228	18935	1735	23740	13294	14263	1078	33606
山 西 Shanxi	1703	33722	1279	23775	3249	11782	165	16169
内蒙古 Inner Mongolia	294	14449	410	26762	3129	14039	97	31546
辽 宁 Liaoning	9260	1852	3484	30517	22267	16317	210	21597
吉 林 Jilin	2287	16319	1378	29684	12563	11825	131	17682
黑龙江 Heilongjiang	5636	10114	4181	22469	18853	13030	1096	17680
上 海 Shanghai	7412	39327	5051	65376	7918	28524	1527	29068
江 苏 Jiangsu	2845	23939	3400	41740	10137	23010	146	34562
浙 江 Zhejiang	4051	28483	4496	46508	9066	23078	378	46734
安 徽 Anhui	1160	19089	7188	27065	12405	14534	325	21737
福 建 Fujian	1114	27181	2113	27235	4609	16673	379	30561
江 西 Jiangxi	1562	27519	4912	22464	11108	14652	1061	12020
山 东 Shandong	1211	17950	4022	36925	18529	14555	300	15891
河 南 Henan	1596	22882	2903	23520	11891	11094	134	14875
湖 北 Hubei	2006	31878	4850	24273	10431	17072	1285	15435
湖 南 Hunan	1807	21919	5644	22691	19301	15584	140	23568
广 东 Guangdong	1315	28526	3639	54788	3661	21021	511	33714
广 西 Guangxi	3951	16927	4781	24181	16110	14454	176	22122
海 南 Hainan	117	14259	727	22868	2033	18151	8	43889
重 庆 Chongqing	390	46757	923	28192	4967	18258	50	23250
四 川 Sichuan	1381	92094	12132	24751	9458	15029	286	17557
贵 州 Guizhou	222	23073	1663	16625	7154	13544	466	16611
云 南 Yunnan	446	18316	2062	20516	6253	14158	540	10669
西 藏 Tibet	45	9444	1900	20453	612	16898		
陕 西 Shaanxi	896	17807	5242	35702	11413	16612	338	16536
甘 肃 Gansu	4857	25267	993	20052	4702	17154	88	14254
青 海 Qinghai	6	18000	438	24429	124	13441	82	13345
宁 夏 Ningxia	95	17009	457	25982	3864	15045		
新 疆 Xinjiang	794	25259	1442	29207	2316	13367	6	17167

4-4 续表 4 continued

地区 Region	教育 Education		卫生和社会工作 Health and Social Service		文化、体育和娱乐业 Culture, Sports and Entertainment		公共管理、社会保障和社会组织 Public Management, Social Security and Social Organization	
	年末人数（人） Year-end Figures (person)	平均工资（元） Average Wage (yuan)	年末人数（人） Year-end Figures (person)	平均工资（元） Average Wage (yuan)	年末人数（人） Year-end Figures (person)	平均工资（元） Average Wage (yuan)	年末人数（人） Year-end Figures (person)	平均工资（元） Average Wage (yuan)
全国 National	**518979**	**22013**	**337169**	**30379**	**59984**	**35833**	**730866**	**18534**
北京 Beijing	26062	36432	8111	48427	6632	53662	31506	20283
天津 Tianjin	7237	28525	4732	36812	1328	32336	11765	23088
河北 Hebei	35266	18218	15318	18496	1517	20786	29921	14217
山西 Shanxi	11938	14912	6928	17240	1959	38021	18629	13024
内蒙古 Inner Mongolia	2278	20431	2454	21013	295	19717	6586	18934
辽宁 Liaoning	13024	25296	9960	24352	1326	21564	14765	16262
吉林 Jilin	7611	18324	4354	21069	558	22907	26226	11476
黑龙江 Heilongjiang	12775	17803	8823	19151	1659	18875	25180	16092
上海 Shanghai	20854	35150	12894	49101	5308	115495	10845	28871
江苏 Jiangsu	35541	32479	25988	36942	3403	26363	34931	25977
浙江 Zhejiang	29406	26715	18819	50010	5056	24224	28730	30399
安徽 Anhui	23081	19242	13851	26058	3231	29233	38133	18949
福建 Fujian	16791	20561	6747	30891	1794	23077	15614	19803
江西 Jiangxi	12767	14263	15320	22696	2643	23935	25450	15746
山东 Shandong	16075	18878	22680	27132	1362	16375	29677	17854
河南 Henan	15133	21344	14595	21402	2563	19486	22145	15192
湖北 Hubei	28282	20658	14899	25268	2096	19278	29603	20650
湖南 Hunan	24570	20644	18052	30150	2336	21412	61989	25531
广东 Guangdong	23727	28861	16717	44300	3945	36886	16575	27466
广西 Guangxi	38935	14718	12474	24233	1375	15260	29915	14904
海南 Hainan	2972	21092	1491	30349	237	14798	5481	16128
重庆 Chongqing	13952	21421	5596	42933	635	22756	13976	19650
四川 Sichuan	27591	20632	17343	42622	1729	21547	41531	17984
贵州 Guizhou	19943	14461	12003	23900	782	19915	43076	14127
云南 Yunnan	17072	11790	16136	19190	1417	27644	24410	12853
西藏 Tibet	2144	15999	1729	12433	713	15249	20211	9426
陕西 Shaanxi	14181	17669	13863	30354	2060	25029	29928	15258
甘肃 Gansu	10278	17930	6790	18776	842	21376	15878	14620
青海 Qinghai	490	8159	558	20101	10	20900	384	14756
宁夏 Ningxia	3398	14706	3258	22122	671	17285	9006	18245
新疆 Xinjiang	5605	18970	4686	20902	502	18698	18800	17286

4-5 各地区国有控股企业就业人员和工资总额(2012年)

EMPLOYMENT AND TOTAL WAGES IN STATE-OWNED CONTROLLING SHARE HOLD ENTERPRISES BY REGION(2012)

地 区	Region	年末人数（人） Year-End Person (person) 就业人员年末人数 Year-end Employment	#女 性 Female	在岗职工 On-post Staff and Workers	其他就业人员 Other Employment	就业人员工资总额(千元) Ttoal Wages of Employment (1000 yuan)
全 国	National	**42193931**	**12555596**	**39143904**	**3050027**	**2319312437**
北 京	Beijing	2553783	849516	2406542	147241	232238984
天 津	Tianjin	917313	245385	861541	55772	63781193
河 北	Hebei	1280375	407078	1171438	108937	59086740
山 西	Shanxi	2020707	487748	1948458	72249	110641341
内蒙古	Inner Mongolia	998307	300697	979967	18340	49903996
辽 宁	Liaoning	2332320	669903	2241559	90761	107546814
吉 林	Jilin	928717	239235	903962	24755	43536468
黑龙江	Heilongjiang	2414992	743228	1969308	445684	91104232
上 海	Shanghai	1969869	569115	1743045	226824	177276680
江 苏	Jiangsu	1529557	557234	1443162	86395	88130079
浙 江	Zhejiang	1574502	521551	1456042	118460	107850562
安 徽	Anhui	1563483	398315	1360201	203282	81078244
福 建	Fujian	943925	271464	857790	86135	52245675
江 西	Jiangxi	1071962	295589	996527	75435	44353283
山 东	Shandong	2853720	787363	2688355	165365	146460250
河 南	Henan	2275692	663198	2192407	83285	105878780
湖 北	Hubei	1583080	489757	1420346	162734	74437553
湖 南	Hunan	1506093	438131	1342872	163221	69299040
广 东	Guangdong	2335008	683301	2182625	152383	152004365
广 西	Guangxi	761958	259081	688657	73301	30144836
海 南	Hainan	295591	103762	285946	9645	10642456
重 庆	Chongqing	1023098	294198	946038	77060	51571644
四 川	Sichuan	1693568	503635	1618343	75225	83946905
贵 州	Guizhou	916578	224938	843516	73062	42851863
云 南	Yunnan	811394	256133	745601	65793	42391780
西 藏	Tibet	39774	14983	36370	3404	2289055
陕 西	Shaanxi	1613534	485183	1496318	117216	76854691
甘 肃	Gansu	583685	164555	561763	21922	26369074
青 海	Qinghai	215896	63940	210362	5534	11115833
宁 夏	Ningxia	221099	68617	209588	11511	14829266
新 疆	Xinjiang	1364351	498763	1335255	29096	69450755

4-5 续表 continued

地区 Region	工资 Wages 在岗职工 On-post Staff and Workers	工资 Wages 其他就业人员 Others	就业人员平均工资(元) Average Earnings of Employment (yuan)	在岗职工 Average Wage of On-post Staff and Workers	其他就业人员 Average Earnings of Others
全国 National	**2225341337**	**93971100**	**54914**	**56793**	**30785**
北京 Beijing	223440590	8798394	92238	94186	60472
天津 Tianjin	61721194	2059999	70058	71864	39967
河北 Hebei	56448094	2638646	46774	48367	27440
山西 Shanxi	108634523	2006818	54945	55985	27394
内蒙古 Inner Mongolia	49138795	765201	47995	48338	32980
辽宁 Liaoning	104757556	2789258	45113	46019	25926
吉林 Jilin	42688175	848293	47102	47495	33249
黑龙江 Heilongjiang	81398165	9706067	37883	41734	21358
上海 Shanghai	167109702	10166978	88851	94781	43803
江苏 Jiangsu	85659496	2470583	57884	59551	29378
浙江 Zhejiang	103163213	4687349	68502	70748	40329
安徽 Anhui	73985157	7093087	52012	54407	35647
福建 Fujian	49520837	2724838	56763	58967	33806
江西 Jiangxi	42485188	1868095	48259	50210	25621
山东 Shandong	141798912	4661338	51531	52968	28224
河南 Henan	104142500	1736280	46722	47714	20793
湖北 Hubei	71180006	3257547	47480	49653	24273
湖南 Hunan	64792371	4506669	46384	48624	27908
广东 Guangdong	146866139	5138226	65689	67710	35445
广西 Guangxi	28447360	1697476	40333	42115	23603
海南 Hainan	10464953	177503	36196	36795	18471
重庆 Chongqing	49313060	2258584	50874	52767	28528
四川 Sichuan	80907521	3039384	49435	50432	32389
贵州 Guizhou	40935068	1916795	47022	48909	25779
云南 Yunnan	40780072	1611708	52757	55204	24871
西藏 Tibet	2198226	90829	57112	60703	23488
陕西 Shaanxi	73393706	3460985	45629	47228	26556
甘肃 Gansu	25864705	504369	45008	45795	23929
青海 Qinghai	10990998	124835	51064	51655	25445
宁夏 Ningxia	14515996	313270	55365	56808	25432
新疆 Xinjiang	68599059	851696	45129	45608	24446

五、城镇集体单位就业人员和工资总额

EMPLOYMENT AND TOTAL WAGES IN URBAN COLLECTIVE-OWNED UNITS

5-1 分行业城镇集体单位就业人员和工资总额(2012年)

EMPLOYMENT AND TOTAL WAGES IN URBAN COLLECTIVE-OWNED UNITS BY SECTOR (2012)

项 目	Item	年末人数(千人) Year-end Figures (1000 persons)	#女性 Female	工资总额(千元) Total Wages (1000 yuan)	平均工资(元) Average Wage (yuan)
全 国 总 计	**National Total**	**5897**	**1884**	**199040025**	**33784**
农、林、牧、渔业	**Agriculture, Forestry, Animal Husbandry and Fishery**	**50**	**16**	**1080306**	**22592**
农业	Farming	24	7	481720	21435
林业	Forestry	7	2	123392	17138
畜牧业	Animal Husbandry	3	1	65935	20157
渔业	Fishery	2		43406	24141
农、林、牧、渔服务业	Service in Support of Agriculture	14	5	365853	27981
采矿业	**Mining**	**206**	**30**	**7359213**	**35953**
煤炭开采和洗选业	Mining and Washing of Coal	133	18	5180865	39147
石油和天然气开采业	Extraction of Petroleum and Natural Gas				
黑色金属矿采选业	Mining and Processing of Ferrous Metal Ores	23	5	647976	28555
有色金属矿采选业	Mining and Processing of Non-Ferrous Metal Ores	20	3	635546	31574
非金属矿采选业	Mining and Processing of Non-metal Ores	27	4	809800	29613
开采辅助活动	Support Activities for Mining	2		68289	39157
其他采矿业	Mining of Other Ores			16737	38565
制造业	**Manufacturing**	**1137**	**464**	**33931128**	**29538**
农副食品加工业	Processing of Food from Agricultural Products	40	14	1089995	27309
食品制造业	Manufacture of Foods	24	10	614029	25348
酒、饮料和精制茶制造业	Manufacture of Liquor, Beverages and Refined Tea	12	6	266375	22278
烟草制品业	Manufacture of Tobacco	4	2	217186	54790
纺织业	Manufacture of Textile	45	25	1314365	27524
纺织服装、服饰业	Manufacture of Textile, Wearing Apparel and Accessories	40	23	955995	23750
皮革、毛皮、羽毛及其制品和制鞋业	Manufacture of Leather, Fur, Feather and Related Products and Footwear	29	17	842564	29186
木材加工和木、竹、藤、棕、草制品业	Processing of Timber, Manufacture of Wood, Bamboo, Rattan, Palm and Straw Products	18	6	641143	35264
家具制造业	Manufacture of Furniture	6	2	115982	20319
造纸及纸制品业	Manufacture of Paper and Paper Products	22	8	610591	27344
印刷和记录媒介复制业	Printing and Reproduction of Recording Media	32	16	997972	30856
文教、工美、体育和娱乐用品制造业	Manufacture of Articles for Culture, Education, Arts and Crafts, Sport and Entertainment Activities	27	15	767123	28776
石油加工、炼焦和核燃料加工业	Processing of Petroleum, Coking and Processing of Nuclear Fuel	16	7	523946	32451
化学原料和化学制品制造业	Manufacture of Raw Chemical Materials and Chemical Products	62	21	1718154	27576
医药制造业	Manufacture of Medicines	17	8	558653	32733
化学纤维制造业	Manufacture of Chemical Fibres	3	1	142108	48320
橡胶和塑料制品业	Manufacture of Rubber and Plastics Products	53	24	1455459	26622
非金属矿物制品业	Manufacture of Non-metallic Mineral Products	108	32	2886611	26155
黑色金属冶炼和压延加工业	Smelting and Pressing of Ferrous Metals	58	16	1551067	26942
有色金属冶炼和压延加工业	Smelting and Pressing of Non-ferrous Metals	20	8	680984	32993
金属制品业	Manufacture of Metal Products	81	31	2469584	30381

5-1 续表 1 continued

项　目	Item	年末人数（千人）Year-end Figures (1000 persons)	#女性 Female	工资总额（千元）Total Wages (1000 yuan)	平均工资（元）Average Wage (yuan)
通用设备制造业	Manufacture of General Purpose Machinery	111	36	3395732	30311
专用设备制造业	Manufacture of Special Purpose Machinery	70	32	1957255	28350
汽车制造业	Manufacture of Automobiles	44	15	1380525	31301
铁路、船舶、航空航天和其他运输设备制造业	Manufacture of Railway, Ship, Aerospace and Other Transport Equipments	41	13	1244629	31390
电气机械和器材制造业	Manufacture of Electrical Machinery and Apparatus	80	29	3032232	37454
计算机、通信和其他电子设备制造业	Manufacture of Computers, Communication and Other Electronic Equipment	41	32	1517959	34788
仪器仪表制造业	Manufacture of Measuring Instruments and Machinery	14	6	420447	29515
其他制造业	Other Manufacture	6	3	141421	22733
废弃资源综合利用业	Utilization of Waste Resources	7	4	240410	32834
金属制品、机械和设备修理业	Repair Service of Metal Products, Machinery and Equipment	6	2	180632	28299
电力、热力、燃气及水生产和供应业	**Production and Supply of Electricity, Heat, Gas and Water**	**51**	**15**	**2027314**	**39587**
电力、热力生产和供应业	Production and Supply of Electric Power and Heat Power	31	8	1292000	41537
燃气生产和供应业	Production and Supply of Gas	1		42408	36153
水的生产和供应业	Production and Supply of Water	19	7	692906	36596
建筑业	**Construction**	**1850**	**242**	**55055794**	**29607**
房屋建筑业	Construction of Buildings	1530	184	43964438	28644
土木工程建筑业	Civil Engineering	169	29	5737629	33593
建筑安装业	Building Installation	117	23	4357691	36340
建筑装饰和其他建筑业	Building Decoration and Other Constructions	34	6	996036	29296
批发和零售业	**Wholesale and Retail Trades**	**409**	**164**	**9443791**	**23096**
批发业	Wholesale Trade	180	63	4591238	25521
零售业	Retail Trade	229	102	4852553	21191
交通运输、仓储和邮政业	**Transport, Storage and Post**	**177**	**50**	**5043179**	**28474**
铁路运输业	Railway Transport	26	10	939914	36822
道路运输业	Road Transport	92	23	2487593	27337
水上运输业	Water Transport	17	5	381547	21732
航空运输业	Air Transport	1		20306	28008
管道运输业	Transport Via Pipelines				
装卸搬运和运输代理业	Loading, Unloading and Forwarding Agency	31	8	887585	28017
仓储业	Storage	8	3	242916	28659
邮政业	Post	2	1	74643	41331
住宿和餐饮业	**Hotels and Catering Services**	**93**	**52**	**2581239**	**27535**
住宿业	Hotels	68	37	1930460	28108
餐饮业	Catering Services	25	14	650779	25966
信息传输、软件和信息技术服务业	**Information Transmission, Software and Information Technology**	**13**	**5**	**482842**	**38770**
电信、广播电视和卫星传输服务	Telecommunication, Radio and Television and Satellite Transmission Service	8	3	297520	39919
互联网和相关服务	Internet and Related Service	1		33859	41750
软件和信息技术服务业	Software and Information Technology	4	2	151463	36149
金融业	**Financial Intermediation**	**501**	**214**	**30558177**	**61756**
货币金融服务	Monetary and Financial Service	485	206	29600249	61821

5-1 续表 2 continued

项　目	Item	年末人数（千人）Year-end Figures (1000 persons)	#女 性 Female	工资总额（千元）Total Wages (1000 yuan)	平均工资（元）Average Wage (yuan)
资本市场服务	Capital Market Service				
保险业	Insurance	14	6	841560	61757
其他金融业	Other Financial Activities	2	1	97128	46786
房地产业	**Real Estate**	**87**	**30**	**2999104**	**34365**
#房地产开发经营	Development and Management of Real Estate	30	8	1038334	34860
物业管理	Property Management	35	13	1168290	33194
房地产中介服务	Agency Services of Real Estate	2	1	47209	30204
租赁和商务服务业	**Leasing and Business Services**	**337**	**87**	**9822915**	**29583**
租赁业	Leasing	3	1	84053	31778
商务服务业	Business Services	334	86	9738862	29565
科学研究和技术服务业	**Scientific Research and Technical Services**	**54**	**17**	**2492763**	**46890**
研究和试验发展	Research and Experimental Development	7	2	443251	66966
专业技术服务业	Professional Technical Services	35	11	1529032	44626
科技推广和应用服务业	Science and Technology Popularization and Application Services	13	3	520480	42384
水利、环境和公共设施管理业	Management of Water Conservancy, Environment and Public Facilities	106	51	2567781	24432
水利管理业	Management of Water Conservancy	9	2	268342	29016
生态保护和环境治理业	Ecological Protection and Environmental Treatment	1	1	30526	22528
公共设施管理业	Management of Public Facilities	95	48	2268913	24011
居民服务、修理和其他服务业	**Service to Households, Repair and Other Services**	**61**	**24**	**1661267**	**27415**
居民服务业	Service to Households	26	10	718801	27501
机动车、电子产品和日用产品修理业	Repair of Motor Vehicle, Electronics and Household Products	11	4	264028	24588
其他服务业	Other Services	24	11	678438	28601
教育	**Education**	**190**	**107**	**7732118**	**41061**
#初等教育	Primary Education	61	33	2508609	41136
中等教育	Secondary Education	66	31	2844342	43663
高等教育	Senior Education	10	5	536759	56182
卫生和社会工作	**Health and Social Service**	**526**	**297**	**22427391**	**43265**
卫生	Health	516	291	22180689	43552
社会工作	Social Service	9	6	246702	27152
文化、体育和娱乐业	**Culture, Sports and Entertainment**	**25**	**11**	**823685**	**33433**
新闻和出版业	Journalism and Publishing Activities	6	3	192546	33887
广播、电视、电影和影视录音制作业	Radio, Television, Motion Picture and Videotape Programme Production Services	4	1	127351	35874
文化艺术业	Cultural and Art Activities	13	5	430037	34241
体育	Sports Activities	1	1	38876	28090
娱乐业	Entertainment	1	1	34875	23854
公共管理、社会保障和社会组织	**Public Management, Social Security and Social Organization**	**23**	**9**	**950018**	**41285**
中国共产党机关	Organs of Communist Party of China				
国家机构	Government Agencies				
人民政协、民主党派	People's Political Consultative Conference and Democratic Parties				
社会保障	Social Security				
群众团体、社会团体和其他成员组织	Non-Governmental Organizations, Social Organizations and Membership Organizations	3	1	112186	34593

5-2 各地区分行业城镇集体单位就业人员和工资总额(2012年)
EMPLOYMENT AND TOTAL WAGES IN URBAN COLLECTIVE-OWNED UNITS BY SECTOR AND REGION (2012)

地 区	Region	总 计 Total				农、林、牧、渔业 Agriculture, Forestry, Animal Husbandry and Fishery			
		年末人数(人) Year-end Figures (person)	#女 性 Female	工资总额(千元) Total Wages (1000 yuan)	平均工资(元) Average Wage (yuan)	年末人数(人) Year-end Figures (person)	平均人数(人) Average Figures (person)	工资总额(千元) Total Wages (1000 yuan)	平均工资(元) Average Wage (yuan)
全 国	**National**	**5896674**	**1884183**	**199040025**	**33784**	**49842**	**16464**	**1080306**	**22592**
北 京	Beijing	198115	81626	7632955	38552	3807	1626	90734	23653
天 津	Tianjin	79787	21475	3418485	40494	1		29	29000
河 北	Hebei	211447	73765	6136160	28597	1282	291	29576	22681
山 西	Shanxi	248399	96609	8098746	32780	1041	246	26909	25824
内蒙古	Inner Mongolia	85311	35706	3867613	45344	579	86	16155	29161
辽 宁	Liaoning	351196	107025	10314309	28183	721	158	25790	29508
吉 林	Jilin	89781	35947	2732906	29506	473	139	12265	26040
黑龙江	Heilongjiang	153364	47301	4988320	28762	1678	680	22478	12565
上 海	Shanghai	117192	41124	6408554	52786	267	48	20464	74686
江 苏	Jiangsu	301873	127633	12635024	42368	678	170	31791	47028
浙 江	Zhejiang	257358	84804	11957629	46789	382	85	13151	34247
安 徽	Anhui	171775	59374	5803527	34741	564	211	11901	21176
福 建	Fujian	160208	53748	6107335	38576	275	75	7077	24403
江 西	Jiangxi	181000	41894	5068534	29429	17841	5162	336075	20748
山 东	Shandong	631634	190523	21633946	34001	1946	911	51215	27315
河 南	Henan	508505	177616	13729285	27682	9913	4402	188141	20269
湖 北	Hubei	197366	64331	6336302	32683	1152	288	24024	20836
湖 南	Hunan	274622	63546	7969654	29663	730	157	15220	21257
广 东	Guangdong	552770	179885	17177058	30947	996	221	24271	23889
广 西	Guangxi	162499	37687	4507682	28819	730	140	12992	17797
海 南	Hainan	35477	10180	1100662	31715	883	333	10508	11900
重 庆	Chongqing	99873	26683	2915741	30087	633	132	18218	28735
四 川	Sichuan	338150	90971	11072867	33409	1624	429	56590	34911
贵 州	Guizhou	68178	18675	2564960	38882	278	65	5521	19860
云 南	Yunnan	126763	31244	4488398	37211	349	227	7525	21378
西 藏	Tibet	4317	1379	112950	25966	31	8	968	25474
陕 西	Shaanxi	151840	42973	4915556	32399	538	92	11840	22007
甘 肃	Gansu	80550	20597	2642005	32580	273	43	4878	17868
青 海	Qinghai	15572	5465	454429	29341	118	23	2443	20703
宁 夏	Ningxia	7891	2704	473485	44330	7	1	320	45714
新 疆	Xinjiang	33861	11693	1774948	46452	52	15	1237	25245

5-2 续表 1 continued

地 区 Region	采矿业 Mining				制造业 Manufacturing			
	年末人数（人）Year-end Figures (person)	#女 性 Female	工资总额（千元）Total Wages (1000 yuan)	平均工资（元）Average Wage (yuan)	年末人数（人）Year-end Figures (person)	#女 性 Female	工资总额（千元）Total Wages (1000 yuan)	平均工资（元）Average Wage (yuan)
全 国 National	**205983**	**30163**	**7359213**	**35953**	**1137366**	**464172**	**33931128**	**29538**
北 京 Beijing	851	92	49392	58452	30674	12651	1056364	33353
天 津 Tianjin	173	16	6385	28252	16966	4983	658125	38752
河 北 Hebei	4772	2219	163540	34264	50145	20089	1275687	25469
山 西 Shanxi	26435	3926	1481732	58400	53165	27143	1479450	27779
内蒙古 Inner Mongolia	1824	496	67874	36868	16637	7326	437562	26153
辽 宁 Liaoning	14434	3370	358922	25552	131480	43841	3101191	23588
吉 林 Jilin	2462	513	63707	25554	28071	11250	692765	24081
黑龙江 Heilongjiang	13859	2995	549207	36227	40565	13295	995137	24237
上 海 Shanghai					30853	8649	1376137	42889
江 苏 Jiangsu	872	301	29528	32919	62901	27582	2025597	32485
浙 江 Zhejiang	2687	305	92919	34607	15117	5849	523194	34236
安 徽 Anhui	3908	909	111033	28646	15100	7707	485600	33430
福 建 Fujian	5047	488	186655	37197	30295	13576	991683	33204
江 西 Jiangxi	3809	616	112895	30275	12087	4583	285314	23896
山 东 Shandong	25871	3927	824533	31816	163161	59310	5872863	35639
河 南 Henan	9717	1710	252249	26249	97997	40706	2647264	27473
湖 北 Hubei	15620	2111	435167	28023	36944	13992	1089167	29514
湖 南 Hunan	37838	2875	1282864	34741	44104	13080	1214522	26400
广 东 Guangdong	1742	455	55110	32022	128759	78263	3969392	29039
广 西 Guangxi	1643	182	52145	32693	19800	7609	484490	24577
海 南 Hainan	113	22	3149	28627	1600	639	30494	19071
重 庆 Chongqing	5787	409	221304	38548	15004	6126	420246	27914
四 川 Sichuan	7570	686	245912	33558	26689	10579	731410	27778
贵 州 Guizhou	3796	242	129109	34356	12448	4052	291506	23343
云 南 Yunnan	4803	295	163175	35039	14099	4947	310837	22069
西 藏 Tibet	169	14	2143	12680	1756	922	53944	30737
陕 西 Shaanxi	6295	722	266864	42562	17461	6591	500210	28693
甘 肃 Gansu	2960	181	115866	33304	15895	5909	672464	42515
青 海 Qinghai	293	44	10518	36648	3367	1429	78405	22892
宁 夏 Ningxia					338	110	8667	25949
新 疆 Xinjiang	633	42	25316	40120	3888	1384	171441	44346

5-2 续表 2 continued

地 区 Region	电力、热力、燃气及水生产和供应业 Production and Supply of Electricity, Heat, Gas and Water				建筑业 Construction			
	年末人数(人) Year-end Figures (person)	#女性 Female	工资总额(千元) Total Wages (1000 yuan)	平均工资(元) Average Wage (yuan)	年末人数(人) Year-end Figures (person)	#女性 Female	工资总额(千元) Total Wages (1000 yuan)	平均工资(元) Average Wage (yuan)
全 国 National	**51263**	**15247**	**2027314**	**39587**	**1849842**	**242105**	**55055794**	**29607**
北 京 Beijing	840	173	20892	27062	18828	3120	1021216	50969
天 津 Tianjin	301	53	14282	47926	25538	2977	1267907	42702
河 北 Hebei	350	127	9975	27786	47579	5259	1365525	26749
山 西 Shanxi	1471	387	32800	22359	28668	5259	677632	22483
内蒙古 Inner Mongolia	820	359	23537	28704	13661	2610	491273	35721
辽 宁 Liaoning	4329	1507	110837	24868	99276	17637	3507634	30622
吉 林 Jilin	515	172	10238	19841	11649	2613	422979	29652
黑龙江 Heilongjiang	1189	436	37955	30908	37494	6105	1517051	26995
上 海 Shanghai	1252	281	74326	59083	15999	1641	679630	39310
江 苏 Jiangsu	3799	937	149155	39148	54083	10077	1918379	36693
浙 江 Zhejiang	2550	677	148515	57564	82069	8646	3169337	38714
安 徽 Anhui	1221	411	36281	29739	57846	8667	1777721	32319
福 建 Fujian	2237	518	103567	46757	40009	5297	1502452	38039
江 西 Jiangxi	621	135	17023	26149	103992	14509	2925327	30022
山 东 Shandong	3434	824	87168	26616	205427	22685	6083702	28943
河 南 Henan	2587	852	75478	29041	133931	15372	3287719	26002
湖 北 Hubei	1026	325	34605	33761	46860	6398	1424399	31249
湖 南 Hunan	2122	792	63566	30429	104736	11417	2706167	27244
广 东 Guangdong	12780	3720	752386	58923	207749	23882	5097429	25006
广 西 Guangxi	688	186	12574	18144	83701	10654	2012000	25824
海 南 Hainan	215	91	2698	12549	15685	1487	517290	34567
重 庆 Chongqing	1275	406	32998	26024	47826	6140	1302456	28620
四 川 Sichuan	3387	1222	114002	33649	177386	24344	4893486	28499
贵 州 Guizhou	608	142	14776	24504	24549	3652	636710	28028
云 南 Yunnan	532	176	16095	30774	60569	7636	1390029	25168
西 藏 Tibet					1916	330	48459	24927
陕 西 Shaanxi	685	200	22506	32904	55991	8328	1628017	29008
甘 肃 Gansu	275	92	4971	18076	34393	3222	1035742	29728
青 海 Qinghai	12	8	563	43308	5405	1188	152630	29312
宁 夏 Ningxia					1655	197	130799	29054
新 疆 Xinjiang	142	38	3545	24965	5372	756	464697	44384

5-2 续表 3 continued

地 区	Region	批发和零售业 Wholesale and Retail Trades 年末人数（人）Year-end Figures (person)	#女 性 Female	工资总额（千元）Total Wages (1000 yuan)	平均工资（元）Average Wage (yuan)	交通运输、仓储和邮政业 Transport, Storage and Post 年末人数（人）Year-end Figures (person)	#女 性 Female	工资总额（千元）Total Wages (1000 yuan)	平均工资（元）Average Wage (yuan)
全 国	**National**	**409294**	**164202**	**9443791**	**23096**	**177374**	**50387**	**5043179**	**28474**
北 京	Beijing	15103	6411	596917	40651	7899	1652	216893	26916
天 津	Tianjin	4799	1582	182864	33140	6592	770	263555	40982
河 北	Hebei	25606	10565	405288	15997	4697	1078	93904	20061
山 西	Shanxi	35740	11366	607750	17047	5530	2107	103726	18706
内蒙古	Inner Mongolia	3150	1333	90714	29112	2051	592	73220	35963
辽 宁	Liaoning	13801	5372	295775	21351	6658	2118	132737	19735
吉 林	Jilin	3952	1680	74520	18625	862	210	20732	23857
黑龙江	Heilongjiang	10153	3799	191972	18964	2750	803	53088	19816
上 海	Shanghai	7181	2722	363324	49085	3660	877	145956	37901
江 苏	Jiangsu	16354	7129	424600	25502	12462	3995	489053	39897
浙 江	Zhejiang	8052	3768	260321	32626	10881	1704	694694	62817
安 徽	Anhui	6281	2043	135835	21297	6722	2090	125959	18412
福 建	Fujian	13120	3961	329389	24942	3063	694	96195	30991
江 西	Jiangxi	7737	2342	179358	23293	3106	674	59494	19229
山 东	Shandong	45562	20207	1253262	27709	10257	3399	299167	29144
河 南	Henan	72333	30601	1555022	21650	28680	10923	554123	19780
湖 北	Hubei	16166	10668	364864	22801	5175	1394	151223	29244
湖 南	Hunan	5742	1979	123092	21478	11931	2602	241431	20945
广 东	Guangdong	29575	10851	679407	22845	14394	3980	429269	29432
广 西	Guangxi	11727	3698	204852	17394	7458	1947	149978	19664
海 南	Hainan	3296	1028	51066	15149	772	284	14602	19418
重 庆	Chongqing	4616	1917	102585	22369	2790	461	80054	29442
四 川	Sichuan	9565	3809	209195	21908	10334	2992	277770	26371
贵 州	Guizhou	4790	1947	93721	19603	1419	563	50325	35316
云 南	Yunnan	9446	4006	166971	17761	1985	366	42994	21670
西 藏	Tibet	289	30	5061	17512	11	1	147	13364
陕 西	Shaanxi	13909	4941	274251	19671	2892	1111	99422	33363
甘 肃	Gansu	5015	2180	76323	15289	1026	351	25890	25357
青 海	Qinghai	1014	549	24086	23227	92	59	2246	23894
宁 夏	Ningxia	434	176	11535	27077				
新 疆	Xinjiang	4786	1542	109871	23813	1225	590	55332	47171

5-2 续表 4 continued

地区 Region	住宿和餐饮业 Hotels and Catering Services				信息传输、软件和信息技术服务业 Information Transmission, Software and Information Technology			
	年末人数(人) Year-end Figures (person)	#女性 Female	工资总额(千元) Total Wages (1000 yuan)	平均工资(元) Average Wage (yuan)	年末人数(人) Year-end Figures (person)	#女性 Female	工资总额(千元) Total Wages (1000 yuan)	平均工资(元) Average Wage (yuan)
全 国 National	**93003**	**51601**	**2581239**	**27535**	**12520**	**5212**	**482842**	**38770**
北 京 Beijing	10002	5616	334818	32300	243	91	8360	32784
天 津 Tianjin	1735	608	54714	32433	87	32	5810	65281
河 北 Hebei	3083	1904	71329	22980	409	181	11313	28072
山 西 Shanxi	5048	2246	146079	27926	134	72	2631	20395
内蒙古 Inner Mongolia	1240	682	30042	24169	26	24	468	18000
辽 宁 Liaoning	3921	1568	97690	24607	322	127	8649	26694
吉 林 Jilin	1563	901	36885	25975	36	17	333	9250
黑龙江 Heilongjiang	2636	1374	79338	30409	211	74	3012	14275
上 海 Shanghai	4934	2645	166213	33031				
江 苏 Jiangsu	3185	1923	94449	28910	837	257	36199	43094
浙 江 Zhejiang	4775	2819	154534	32561	1838	938	90887	48785
安 徽 Anhui	769	474	15967	20629	200	50	6601	32358
福 建 Fujian	2357	1487	68869	28588	109	38	2377	21223
江 西 Jiangxi	774	495	9857	12785	989	306	17410	17639
山 东 Shandong	9237	4953	295903	32048	934	383	49239	52945
河 南 Henan	8846	5038	218134	24598	1145	475	30242	25914
湖 北 Hubei	1985	1205	41830	21288	286	155	4707	16458
湖 南 Hunan	1879	1049	39709	21581	162	43	4199	25920
广 东 Guangdong	8607	4973	241693	27628	2312	1009	122702	53888
广 西 Guangxi	1912	1071	39047	20076	790	531	29054	36363
海 南 Hainan	705	411	22304	32656	60	22	2217	47170
重 庆 Chongqing	2621	1712	62546	23909	43	9	2030	48333
四 川 Sichuan	2848	1656	67963	23101	80	20	3221	40263
贵 州 Guizhou	822	467	17179	21235	34	13	766	22529
云 南 Yunnan	2084	1291	44195	21443	127	41	2631	20881
西 藏 Tibet	90	67	1628	18089				
陕 西 Shaanxi	2363	1410	51720	21860	642	181	29326	44166
甘 肃 Gansu	1442	644	31349	21740	156	37	2840	18205
青 海 Qinghai	452	301	9580	22974				
宁 夏 Ningxia	131	99	5113	39031				
新 疆 Xinjiang	957	512	30562	31869	308	86	5618	27405

5-2 续表 5 continued

地区	Region	金融业 Financial Intermediation 年末人数（人） Year-end Figures (person)	#女性 Female	工资总额（千元） Total Wages (1000 yuan)	平均工资（元） Average Wage (yuan)	房地产业 Real Estate 年末人数（人） Year-end Figures (person)	#女性 Female	工资总额（千元） Total Wages (1000 yuan)	平均工资（元） Average Wage (yuan)
全国	**National**	**501127**	**213608**	**30558177**	**61756**	**87235**	**30152**	**2999104**	**34365**
北京	Beijing	6	3	975	162500	16382	7164	638005	38627
天津	Tianjin	2728	1247	215725	79692	1009	224	38317	39502
河北	Hebei	25447	10834	1490570	58200	1055	418	41742	39379
山西	Shanxi	44367	19404	2487707	57906	2314	813	45575	19815
内蒙古	Inner Mongolia	26084	13159	1964063	76047	73	53	1187	16260
辽宁	Liaoning	24314	10171	1127127	46137	3040	749	91178	26058
吉林	Jilin	17219	7158	794575	46537	188	78	4966	26556
黑龙江	Heilongjiang	20706	7994	913878	44901	1424	326	35104	24210
上海	Shanghai	75	34	8486	111658	3159	905	163049	50015
江苏	Jiangsu	22981	9049	1814570	80490	2349	999	107032	46194
浙江	Zhejiang	4193	2153	449449	112418	4448	1648	227255	51485
安徽	Anhui	17636	7182	1124263	64324	927	355	26983	28675
福建	Fujian	10636	4464	910758	86780	2752	941	106105	39284
江西	Jiangxi	16458	7395	803080	49184	789	211	17929	22666
山东	Shandong	37868	16297	2398629	63780	11639	3592	356943	30944
河南	Henan	32802	15447	1423088	43582	3694	1678	106786	29192
湖北	Hubei	15510	6575	807733	53046	2659	834	72961	28590
湖南	Hunan	12535	5727	628558	50719	2814	556	67714	25476
广东	Guangdong	43390	17699	2264470	52802	14631	4772	516985	35408
广西	Guangxi	16418	6175	1083708	67324	1565	590	48643	30593
海南	Hainan	3478	1379	161331	47035	701	240	14133	20132
重庆	Chongqing	12	4	440	36667	819	104	41017	54041
四川	Sichuan	27087	11973	1723206	64181	1547	483	47843	31270
贵州	Guizhou	9876	4288	1100608	113793	1517	514	34743	23587
云南	Yunnan	19523	7275	2067088	107131	641	278	15092	23471
西藏	Tibet								
陕西	Shaanxi	21122	8914	1229507	59159	4263	1307	111117	26182
甘肃	Gansu	13015	4913	492776	38646	226	99	5091	21481
青海	Qinghai	2189	988	96914	45245	27	7	418	17417
宁夏	Ningxia	3496	1449	271414	78015	10	3	168	16800
新疆	Xinjiang	9956	4258	703481	72824	573	211	15023	26127

5-2 续表 6 continued

地区	Region	租赁和商务服务业 Leasing and Business Services 年末人数(人) Year-end Figures (person)	#女性 Female	工资总额(千元) Total Wages (1000 yuan)	平均工资(元) Average Wage (yuan)	科学研究和技术服务业 Scientific Research and Technical Services 年末人数(人) Year-end Figures (person)	#女性 Female	工资总额(千元) Total Wages (1000 yuan)	平均工资(元) Average Wage (yuan)
全国	**National**	**337214**	**87012**	**9822915**	**29583**	**54190**	**16619**	**2492763**	**46890**
北京	Beijing	44447	18000	1065257	24744	9284	3603	598105	68669
天津	Tianjin	5928	1880	176372	28975	803	331	51836	62079
河北	Hebei	12868	2819	255050	19724	643	207	16977	26403
山西	Shanxi	11905	4428	262557	22839	521	172	9956	19183
内蒙古	Inner Mongolia	1925	593	58853	30829	892	148	22135	24787
辽宁	Liaoning	15335	3603	402151	27898	3450	1381	185505	53738
吉林	Jilin	3359	845	100035	32627	824	281	36925	45586
黑龙江	Heilongjiang	4014	1456	98223	24488	1656	468	70734	42921
上海	Shanghai	17646	4817	1187729	64978	1146	310	88306	76455
江苏	Jiangsu	16061	4279	487671	31066	1963	577	97597	50127
浙江	Zhejiang	31186	4900	1149986	37106	5939	1427	326545	55992
安徽	Anhui	3573	482	86503	23955	781	232	28245	35131
福建	Fujian	13829	2363	349045	25394	905	155	40190	61831
江西	Jiangxi	2236	249	55199	24921	364	195	5016	13856
山东	Shandong	23253	7781	745583	32225	3103	774	126086	40053
河南	Henan	12448	3832	279278	22636	4076	1256	132800	32637
湖北	Hubei	4005	1254	120111	30013	6169	1872	181475	29907
湖南	Hunan	16422	6280	377085	23853	1329	310	55172	41829
广东	Guangdong	48300	7896	1472417	31000	3498	938	158505	45456
广西	Guangxi	8492	1900	172174	20487	959	286	35463	37687
海南	Hainan	385	133	7921	20310	671	258	22039	33443
重庆	Chongqing	2645	766	76959	30347	783	182	30445	39032
四川	Sichuan	9067	1244	233092	26032	1177	228	52930	45085
贵州	Guizhou	3753	502	77962	21418	167	55	4208	25198
云南	Yunnan	5791	856	118712	21267	1017	416	22507	21788
西藏	Tibet	11	2	146	13273				
陕西	Shaanxi	9487	1275	191556	20245	1437	349	69557	49088
甘肃	Gansu	2431	1098	66036	27653	250	95	5153	20287
青海	Qinghai	1447	263	30149	19848	227	64	7270	33502
宁夏	Ningxia	1147	328	21363	18956	19	10	1038	54632
新疆	Xinjiang	3818	888	97740	26071	137	39	10043	66953

5-2 续表 7 continued

地 区	Region	水利、环境和公共设施管理业 Management of Water Conservancy, Environment and Public Facilities 年末人数(人) Year-end Figures (person)	#女 性 Female	工资总额(千元) Total Wages (1000 yuan)	平均工资(元) Average Wage (yuan)	居民服务、修理和其他服务业 Service to Households, Repair and Other Services 年末人数(人) Year-end Figures (person)	#女 性 Female	工资总额(千元) Total Wages (1000 yuan)	平均工资(元) Average Wage (yuan)
全 国	**National**	**105909**	**50514**	**2567781**	**24432**	**60828**	**23915**	**1661267**	**27415**
北 京	Beijing	2617	1177	63266	24111	9286	3820	247217	26924
天 津	Tianjin	226	67	8366	35906	6683	3309	242608	37113
河 北	Hebei	1925	767	37791	19734	2297	862	47822	20910
山 西	Shanxi	5724	3755	92437	16132	1269	644	16071	12674
内蒙古	Inner Mongolia	2653	1477	28655	10805	1819	776	41548	21764
辽 宁	Liaoning	3785	1362	86204	22763	3582	1487	89768	25117
吉 林	Jilin	8271	4177	146528	17639	1044	554	22814	21523
黑龙江	Heilongjiang	3835	1306	62307	16660	1411	706	30099	21286
上 海	Shanghai	3238	1385	123023	37633	2596	1213	119019	44896
江 苏	Jiangsu	20496	11070	537012	26490	2067	939	79239	37823
浙 江	Zhejiang	11565	5158	390130	34108	3002	766	103416	34518
安 徽	Anhui	1553	826	33240	23196	414	160	16676	40673
福 建	Fujian	1442	540	46524	31520	1415	267	35291	25949
江 西	Jiangxi	3035	1287	49515	16588	550	323	9448	17336
山 东	Shandong	3621	1200	88355	24564	2461	738	69395	28593
河 南	Henan	2460	957	65979	27722	1350	499	35932	27098
湖 北	Hubei	7870	3293	174357	22293	1059	458	36415	34033
湖 南	Hunan	1616	604	43274	27371	1945	344	64871	33822
广 东	Guangdong	8549	4383	259953	30080	4253	1435	95615	23321
广 西	Guangxi	580	250	11761	20454	1963	387	32798	16717
海 南	Hainan	131	31	1971	15046	31	16	526	16968
重 庆	Chongqing	2631	1691	61690	23976	654	217	18895	29477
四 川	Sichuan	4503	1666	94145	21080	3273	1118	71320	21651
贵 州	Guizhou	1200	620	18671	15204	366	152	8939	24291
云 南	Yunnan	1844	1262	27196	15941	510	252	9288	18212
西 藏	Tibet					20	5	223	11150
陕 西	Shaanxi	287	108	6510	23004	4362	1728	72779	16444
甘 肃	Gansu					395	283	7391	18711
青 海	Qinghai	153	64	6156	38236	343	236	21258	48424
宁 夏	Ningxia	98	31	2688	29538	20	8	444	22200
新 疆	Xinjiang	1		77	77000	388	213	14142	39175

5-2 续表 8 continued

地 区	Region	教育 Education 年末人数(人) Year-end Figures (person)	#女性 Female	工资总额(千元) Total Wages (1000 yuan)	平均工资(元) Average Wage (yuan)	卫生和社会工作 Health and Social Service 年末人数(人) Year-end Figures (person)	#女性 Female	工资总额(千元) Total Wages (1000 yuan)	平均工资(元) Average Wage (yuan)
全 国	**National**	**189994**	**106670**	**7732118**	**41061**	**525610**	**296854**	**22427391**	**43265**
北 京	Beijing	12697	6595	693819	55470	13281	8907	859367	66340
天 津	Tianjin	665	511	21226	30942	4803	2502	190336	40480
河 北	Hebei	3929	2661	115776	29355	22223	12314	628958	28563
山 西	Shanxi	4186	2612	105922	25523	18872	11200	484069	25754
内蒙古	Inner Mongolia	222	116	9089	40941	11611	5854	510336	43824
辽 宁	Liaoning	4423	2627	140062	31985	16904	9299	517915	30926
吉 林	Jilin	402	300	15157	37517	8505	4956	262609	30943
黑龙江	Heilongjiang	2674	1483	106175	38992	6233	3652	200277	32497
上 海	Shanghai	2036	1492	126124	60988	17653	11651	1460351	81739
江 苏	Jiangsu	6278	5116	284002	45711	70104	41113	3805077	54555
浙 江	Zhejiang	23828	16677	1392662	59212	41375	25980	2591269	63906
安 徽	Anhui	3141	1338	109241	36462	47699	24760	1540441	33097
福 建	Fujian	2104	1438	84903	40296	29853	17194	1203902	41072
江 西	Jiangxi	57	49	945	16579	4838	2517	137905	29242
山 东	Shandong	28629	13968	1207829	42117	52216	28489	1725978	33568
河 南	Henan	64759	32350	2197594	34398	16919	9697	550220	32993
湖 北	Hubei	7209	4077	239793	33472	23950	8703	989113	43706
湖 南	Hunan	6559	3215	243508	37285	21417	12183	776955	36313
广 东	Guangdong	7253	5537	348780	48489	14824	9385	644509	45755
广 西	Guangxi	2714	1293	88731	32562	1262	759	35356	28698
海 南	Hainan	181	100	5405	29862	6037	3448	216810	36003
重 庆	Chongqing	1275	644	45787	36895	10342	5705	394813	39168
四 川	Sichuan	1224	514	43497	35450	49106	27309	2162941	44098
贵 州	Guizhou	1319	715	41219	31805	1176	674	36030	30769
云 南	Yunnan	1148	569	23825	21084	1381	973	41874	30212
西 藏	Tibet								
陕 西	Shaanxi	634	430	26921	42597	8607	4902	297619	34575
甘 肃	Gansu	172	108	4742	27570	2433	1317	82458	34258
青 海	Qinghai	8	7	335	41875	203	156	7465	36415
宁 夏	Ningxia	147	56	6268	42932	289	211	8807	30474
新 疆	Xinjiang	121	72	2781	22795	1494	1044	63631	43198

5-2 续表 9 continued

地区 Region	文化、体育和娱乐业 Culture, Sports and Entertainment 年末人数（人）Year-end Figures (person)	#女性 Female	工资总额（千元）Total Wages (1000 yuan)	平均工资（元）Average Wage (yuan)	公共管理、社会保障和社会组织 Public Management, Social Security and Social Organization 年末人数（人）Year-end Figures (person)	#女性 Female	工资总额（千元）Total Wages (1000 yuan)	平均工资（元）Average Wage (yuan)
全国 National	**24983**	**10539**	**823685**	**33433**	**23097**	**8747**	**950018**	**41285**
北京 Beijing	1427	749	55625	37737	441	176	15733	35676
天津 Tianjin	213	76	6044	28509	537	307	13984	26586
河北 Hebei	1588	706	35588	23444	1549	464	39749	25711
山西 Shanxi	1805	755	29226	16237	204	74	6517	31946
内蒙古 Inner Mongolia	41	21	866	21122	3	1	36	12000
辽宁 Liaoning	449	178	9213	20750	972	470	25961	26627
吉林 Jilin	149	51	3246	21785	237	52	11627	48649
黑龙江 Heilongjiang	341	198	10701	31381	535	151	11584	21572
上海 Shanghai	1323	567	86906	63948	4174	1887	219511	51882
江苏 Jiangsu	2274	963	97767	43126	2129	1157	126306	60578
浙江 Zhejiang	934	459	39466	44695	2537	845	139899	55982
安徽 Anhui	1031	364	29974	28932	2409	1113	101063	41883
福建 Fujian	685	228	38240	56235	75	24	4113	54118
江西 Jiangxi	1515	782	42473	28035	202	64	4271	21039
山东 Shandong	2858	1056	90172	31452	157	29	7924	50471
河南 Henan	1744	710	41544	23862	3104	1111	87692	28546
湖北 Hubei	1852	587	64460	34397	1869	142	79898	43305
湖南 Hunan	522	275	16193	30611	219	58	5554	25953
广东 Guangdong	1060	463	40771	38572	98	23	3394	34283
广西 Guangxi	79	27	1272	16101	18	2	644	33895
海南 Hainan	485	235	14893	30644	48	23	1305	27188
重庆 Chongqing	117	58	3258	27846				
四川 Sichuan	1112	518	25000	29762	571	181	19344	33996
贵州 Guizhou	55	10	2907	52855	5	2	60	12000
云南 Yunnan	106	48	2601	25010	808	330	15763	19460
西藏 Tibet	24		231	10043				
陕西 Shaanxi	806	356	23600	29317	59	28	2234	37864
甘肃 Gansu	166	20	7455	44910	27	5	580	22308
青海 Qinghai	222	79	3993	22817				
宁夏 Ningxia					100	25	4861	48610
新疆 Xinjiang					10	3	411	41100

5-3 各地区分行业城镇集体单位在岗职工人数和平均工资(2012年)

ON-POST STAFF AND WORKERS AND AVERAGE WAGE IN URBAN COLLECTIVE-OWNED UNITS BY SECTOR AND REGION(2012)

地 区 Region	总 计 Total		农、林、牧、渔业 Agriculture, Forestry, Animal Husbandry and Fishery		采矿业 Mining		制造业 Manufacturing	
	年末人数(人) Year-end Figures (person)	平均工资(元) Average Wage (yuan)	年末人数(人) Year-end Figures (person)	平均工资(元) Average Wage (yuan)	年末人数(人) Year-end Figures (person)	平均工资(元) Average Wage (yuan)	年末人数(人) Year-end Figures (person)	平均工资(元) Average Wage (yuan)
全 国 National	**5486772**	**34431**	**48755**	**22744**	**202462**	**36141**	**1103672**	**29667**
北 京 Beijing	185642	38596	3698	23855	847	58386	28742	31729
天 津 Tianjin	69225	41764	1	29000	158	29928	16092	38164
河 北 Hebei	196924	29420	1236	23058	4693	34347	49504	25645
山 西 Shanxi	237490	33355	1029	25846	25810	59542	51847	27966
内蒙古 Inner Mongolia	80646	46309	548	30690	1751	35386	15467	26161
辽 宁 Liaoning	329914	28634	715	29563	14268	25544	125334	24072
吉 林 Jilin	85865	29951	445	26579	2455	25569	27884	24074
黑龙江 Heilongjiang	141144	29513	1653	12245	13429	36351	38031	24299
上 海 Shanghai	104806	54733	267	74686			28678	43322
江 苏 Jiangsu	275950	43835	660	47205	747	37420	61641	32638
浙 江 Zhejiang	242646	47562	370	34648	2684	34639	14662	34619
安 徽 Anhui	157387	35791	417	22877	3736	29053	14700	33919
福 建 Fujian	138854	39774	269	24537	4988	36892	29662	33440
江 西 Jiangxi	156150	30608	17830	20756	3802	30297	11081	25001
山 东 Shandong	605410	34366	1944	27334	25761	31730	161884	35758
河 南 Henan	484721	28103	9910	20271	9697	26105	96398	27580
湖 北 Hubei	183174	33551	1109	20964	15200	28410	35547	29937
湖 南 Hunan	246014	30204	695	21144	37127	34869	42987	26447
广 东 Guangdong	530992	31219	963	24273	1734	32007	126811	28776
广 西 Guangxi	129271	29941	416	20514	1640	32709	18377	23898
海 南 Hainan	34153	32091	838	12119	112	28853	1586	19145
重 庆 Chongqing	94707	30626	631	28747	5785	38548	14078	28357
四 川 Sichuan	322635	33767	1600	34932	7386	33858	25650	28130
贵 州 Guizhou	61637	40420	278	19860	3622	34854	11985	23412
云 南 Yunnan	114778	38554	325	22022	4730	34809	13486	22361
西 藏 Tibet	2780	26417	29	24556	169	12680	1637	31854
陕 西 Shaanxi	142090	33142	463	22998	6289	42588	16659	29326
甘 肃 Gansu	76961	32524	239	19264	2960	33304	15780	42762
青 海 Qinghai	15054	29720	118	20703	249	37123	3355	22906
宁 夏 Ningxia	7187	44929	7	45714			322	26476
新 疆 Xinjiang	32565	47248	52	25245	633	40120	3805	44968

5-3 续表 1 continued

地 区 Region	电力、热力、燃气及水生产和供应业 Production and Supply of Electricity, Heat, Gas and Water		建筑业 Construction		批发和零售业 Wholesale and Retail Trades		交通运输、仓储和邮政业 Transport, Storage and Post	
	年末人数（人） Year-end Figures (person)	平均工资（元） Average Wage (yuan)	年末人数（人） Year-end Figures (person)	平均工资（元） Average Wage (yuan)	年末人数（人） Year-end Figures (person)	平均工资（元） Average Wage (yuan)	年末人数（人） Year-end Figures (person)	平均工资（元） Average Wage (yuan)
全 国 National	**49115**	**40484**	**1629325**	**30091**	**385882**	**23467**	**163671**	**29312**
北 京 Beijing	736	27295	17946	50794	13284	42606	7542	27031
天 津 Tianjin	262	51481	19507	45326	4429	33965	5925	42144
河 北 Hebei	292	30957	37064	29199	24584	16296	4476	20722
山 西 Shanxi	1471	22359	25323	22742	35116	17223	4753	20326
内蒙古 Inner Mongolia	820	28704	11712	36615	3099	29272	1596	35805
辽 宁 Liaoning	3892	27155	89428	31122	12836	21768	6466	20075
吉 林 Jilin	515	19841	11245	29117	3864	18743	812	24453
黑龙江 Heilongjiang	1189	30908	32022	27716	9069	19949	2634	20437
上 海 Shanghai	852	69109	15089	39873	5794	53161	3222	39190
江 苏 Jiangsu	3751	39218	48839	37649	15311	25992	11964	40401
浙 江 Zhejiang	2494	58257	79383	38814	7390	33490	10651	63653
安 徽 Anhui	1221	29739	50629	32992	5853	21217	5925	19442
福 建 Fujian	1841	49186	24295	40496	12343	25463	2937	31493
江 西 Jiangxi	621	26149	84766	31633	6110	22235	3056	19252
山 东 Shandong	3223	28048	191715	28880	43596	28072	10039	28905
河 南 Henan	2566	29180	120938	26454	69922	22006	24068	21270
湖 北 Hubei	1001	34188	41866	31711	14800	23974	4677	30534
湖 南 Hunan	2044	31144	83552	27631	5438	21815	10317	21352
广 东 Guangdong	12598	59572	192864	25201	28860	22956	14267	29505
广 西 Guangxi	651	18815	55341	26295	10788	17888	7081	20005
海 南 Hainan	215	12549	15075	34835	3211	15328	748	19599
重 庆 Chongqing	1261	26087	44910	29151	4517	22403	2416	31453
四 川 Sichuan	3358	33823	169393	28653	9047	22509	9883	26441
贵 州 Guizhou	602	24652	19617	28807	4358	20573	1409	35358
云 南 Yunnan	525	31126	51446	25300	9097	17810	1854	21581
西 藏 Tibet			632	20464	159	22050	11	13364
陕 西 Shaanxi	685	32904	51245	29339	12465	20468	2610	33976
甘 肃 Gansu	275	18076	31925	28852	4946	15254	1023	25398
青 海 Qinghai	12	43308	4980	30392	1012	23289	92	23894
宁 夏 Ningxia			1499	29519	342	33494		
新 疆 Xinjiang	142	24965	5079	44226	4242	25543	1217	47346

5-3 续表 2 continued

地 区 Region	住宿和餐饮业 Hotels and Catering Services		信息传输、软件和信息技术服务业 Information Transmission, Software and Information Technology		金融业 Financial Intermediation		房地产业 Real Estate	
	年末人数（人） Year-end Figures (person)	平均工资（元） Average Wage (yuan)	年末人数（人） Year-end Figures (person)	平均工资（元） Average Wage (yuan)	年末人数（人） Year-end Figures (person)	平均工资（元） Average Wage (yuan)	年末人数（人） Year-end Figures (person)	平均工资（元） Average Wage (yuan)
全 国 National	**89617**	**27750**	**11537**	**40032**	**484598**	**62974**	**80820**	**35047**
北 京 Beijing	9198	33038	214	32643	6	162500	15716	39002
天 津 Tianjin	1599	33633	85	66230	2561	82128	973	40477
河 北 Hebei	3039	23016	409	28072	25179	58549	1054	39448
山 西 Shanxi	5009	28053	131	20516	41853	59867	2095	15386
内蒙古 Inner Mongolia	1194	24348	26	18000	25619	76959	73	16260
辽 宁 Liaoning	3884	24659	322	26694	23592	46841	2896	22066
吉 林 Jilin	1450	26244	36	9250	16868	47149	188	26556
黑龙江 Heilongjiang	2501	32036	208	14212	20201	45532	999	28180
上 海 Shanghai	4267	33538			60	103967	2405	56903
江 苏 Jiangsu	3100	29266	552	49665	22539	81481	2231	47800
浙 江 Zhejiang	4713	32851	1823	48962	4161	112925	3931	54947
安 徽 Anhui	732	20760	189	32959	16599	66985	900	29183
福 建 Fujian	2311	28677	91	22543	10280	89131	2567	40790
江 西 Jiangxi	739	12205	871	18791	15543	50504	721	24298
山 东 Shandong	9111	32047	608	69435	34811	67505	11494	31028
河 南 Henan	8822	24627	1137	26000	32432	43969	3647	29409
湖 北 Hubei	1930	21352	284	16514	15208	53523	1880	29882
湖 南 Hunan	1856	21570	162	25920	11941	52101	2418	25034
广 东 Guangdong	8481	27736	2284	53983	43021	53085	13894	36049
广 西 Guangxi	1715	20601	790	36415	16101	68007	1221	34720
海 南 Hainan	705	32656	59	48109	3463	47108	688	20187
重 庆 Chongqing	2430	24470	43	48333	12	36667	795	55216
四 川 Sichuan	2795	23316	65	46415	26127	65080	1463	31966
贵 州 Guizhou	814	21141	28	24214	9615	116028	1339	25187
云 南 Yunnan	1997	21291	124	21195	19011	109327	624	23759
西 藏 Tibet	90	18089						
陕 西 Shaanxi	2175	22004	532	47704	20138	60781	3883	27458
甘 肃 Gansu	1433	21754	156	18205	12576	38740	151	25468
青 海 Qinghai	452	22974			2172	45498	21	19273
宁 夏 Ningxia	131	39031			3126	79908	10	16800
新 疆 Xinjiang	944	32151	308	27405	9783	73658	543	26566

5-3 续表 3 continued

地区 Region	租赁和商务服务业 Leasing and Business Services		科学研究和技术服务业 Scientific Research and Technical Services		水利、环境和公共设施管理业 Management of Water Conservancy,Environment and Public Facilities		居民服务、修理和其他服务业 Service to Households, Repair and Other Services	
	年末人数（人） Year-end Figures (person)	平均工资（元） Average Wage (yuan)	年末人数（人） Year-end Figures (person)	平均工资（元） Average Wage (yuan)	年末人数（人） Year-end Figures (person)	平均工资（元） Average Wage (yuan)	年末人数（人） Year-end Figures (person)	平均工资（元） Average Wage (yuan)
全　国 National	**322746**	**29737**	**50036**	**48273**	**87849**	**25981**	**58237**	**27756**
北　京 Beijing	43328	24736	8270	71704	2505	24488	9006	27006
天　津 Tianjin	4999	29556	684	68247	100	49974	6591	37299
河　北 Hebei	12803	19690	643	26403	1924	19738	2274	21034
山　西 Shanxi	11488	22910	498	19640	5685	16160	1257	12703
内蒙古 Inner Mongolia	1924	30835	892	24787	2572	10738	1681	22725
辽　宁 Liaoning	15160	27898	3288	53601	3294	23691	3401	26060
吉　林 Jilin	3346	32698	739	48707	6045	19137	1035	21521
黑龙江 Heilongjiang	3782	25856	1578	44617	3535	17342	1275	23378
上　海 Shanghai	15523	67358	1058	79612	2973	38161	2142	48686
江　苏 Jiangsu	13089	32836	1877	51058	15143	30516	1914	39364
浙　江 Zhejiang	30130	37258	4655	63471	9896	35286	2410	36825
安　徽 Anhui	3352	24384	755	35798	1143	25990	345	41818
福　建 Fujian	13720	25488	870	64639	1241	33476	1381	26172
江　西 Jiangxi	2117	25793	249	18474	1834	20015	550	17336
山　东 Shandong	23169	32256	3099	40072	2959	26687	2416	28556
河　南 Henan	11882	23002	3803	33659	2443	27636	1348	27072
湖　北 Hubei	3869	30308	6072	29973	4853	25030	971	35803
湖　南 Hunan	15686	23797	1194	44616	1341	31227	1914	33948
广　东 Guangdong	46428	31491	3263	46945	8403	29908	4214	23394
广　西 Guangxi	8035	20412	919	38401	389	23682	1909	16882
海　南 Hainan	379	20448	657	33519	131	15046	31	16968
重　庆 Chongqing	2577	30710	768	39599	2445	24503	625	30201
四　川 Sichuan	8919	26283	1136	45478	3434	21703	3272	21655
贵　州 Guizhou	3738	21464	161	24969	1189	15242	362	24419
云　南 Yunnan	5543	21377	946	22312	1843	15955	490	18296
西　藏 Tibet	9	14667					20	11150
陕　西 Shaanxi	9247	20457	1428	49286	287	23004	4262	16610
甘　肃 Gansu	2100	30170	250	20287			395	18711
青　海 Qinghai	1447	19848	217	33783	153	38236	343	48424
宁　夏 Ningxia	1145	18957	17	58824	88	30136	20	22200
新　疆 Xinjiang	3812	26081	50	170140	1	77000	383	39455

5-3 续表 4 continued

地区 Region	教育 Education		卫生和社会工作 Health and Social Service		文化、体育和娱乐业 Culture, Sports and Entertainment		公共管理、社会保障和社会组织 Public Management, Social Security and Social Organization	
	年末人数(人) Year-end Figures (person)	平均工资(元) Average Wage (yuan)	年末人数(人) Year-end Figures (person)	平均工资(元) Average Wage (yuan)	年末人数(人) Year-end Figures (person)	平均工资(元) Average Wage (yuan)	年末人数(人) Year-end Figures (person)	平均工资(元) Average Wage (yuan)
全 国 National	**181268**	**41823**	**492736**	**44043**	**23462**	**33982**	**20984**	**43319**
北 京 Beijing	10991	59553	12100	67509	1171	38943	342	37090
天 津 Tianjin	523	33259	4456	41124	129	35149	151	39325
河 北 Hebei	3779	29828	20951	28669	1484	23739	1536	25817
山 西 Shanxi	4109	25834	18028	26411	1784	16409	204	31946
内蒙古 Inner Mongolia	222	40941	11406	44268	41	21122	3	12000
辽 宁 Liaoning	4069	33960	15686	31119	437	20664	946	26719
吉 林 Jilin	402	37517	8151	31231	149	21785	236	48798
黑龙江 Heilongjiang	2157	39202	6045	32552	327	32373	509	21599
上 海 Shanghai	1788	65113	15729	87005	1227	65890	3732	54682
江 苏 Jiangsu	5438	49502	62908	56443	2215	43349	2031	61939
浙 江 Zhejiang	21657	62048	38460	65121	821	46154	2355	58169
安 徽 Anhui	3032	37038	44881	33921	901	30487	2077	46975
福 建 Fujian	1982	41174	27372	42938	629	59968	75	54118
江 西 Jiangxi	55	16618	4601	29663	1402	28461	202	21039
山 东 Shandong	27929	42611	48796	34217	2699	31574	157	50471
河 南 Henan	64352	34503	16556	33212	1702	23899	3098	28542
湖 北 Hubei	6968	33974	23332	44192	1811	34455	1796	44435
湖 南 Hunan	6265	38258	20421	36654	502	31418	154	31196
广 东 Guangdong	7129	48665	14679	45875	1012	39177	87	32420
广 西 Guangxi	2611	33287	1192	29368	77	16182	18	33895
海 南 Hainan	181	29862	5573	37359	458	31527	43	29023
重 庆 Chongqing	1211	37995	10086	39408	117	27871		
四 川 Sichuan	1213	35612	46311	44755	1016	32044	567	34126
贵 州 Guizhou	1312	31929	1148	31232	55	52855	5	12000
云 南 Yunnan	811	26054	1339	30079	98	25927	489	24251
西 藏 Tibet					24	10043		
陕 西 Shaanxi	634	42597	8243	35116	786	29625	59	37864
甘 肃 Gansu	172	27570	2387	34544	166	44910	27	22308
青 海 Qinghai	8	41875	201	36724	222	22817		
宁 夏 Ningxia	147	42932	258	31182			75	56453
新 疆 Xinjiang	121	22795	1440	44032			10	41100

5-4 各地区分行业城镇集体单位其他就业人员和平均工资(2012年)

OTHER EMPLOYMENT AND AVERAGE WAGE IN URBAN COLLECTIVE-OWNED UNITS BY SECTOR AND REGION(2012)

地 区	Region	总 计 Total		农、林、牧、渔业 Agriculture, Forestry, Animal Husbandry and Fishery		采矿业 Mining		制造业 Manufacturing	
		年末人数(人) Year-end Figures (person)	平均工资(元) Average Wage (yuan)	年末人数(人) Year-end Figures (person)	平均工资(元) Average Wage (yuan)	年末人数(人) Year-end Figures (person)	平均工资(元) Average Wage (yuan)	年末人数(人) Year-end Figures (person)	平均工资(元) Average Wage (yuan)
全 国	**National**	**409902**	**25140**	**1087**	**16172**	**3521**	**25720**	**33694**	**25611**
北 京	Beijing	12473	37890	109	16265	4	77000	1932	58469
天 津	Tianjin	10562	32243			15	7647	874	47986
河 北	Hebei	14523	19279	46	12370	79	27109	641	12978
山 西	Shanxi	10909	19694	12	24000	625	12984	1318	20000
内蒙古	Inner Mongolia	4665	28239	31	4219	73	80115	1170	26018
辽 宁	Liaoning	21282	20023	6	25182	166	26137	6146	13914
吉 林	Jilin	3916	19602	28	17828	7	16500	187	25086
黑龙江	Heilongjiang	12220	22908	25	32679	430	32567	2534	23370
上 海	Shanghai	12386	36288					2175	37064
江 苏	Jiangsu	25923	26612	18	40556	125	6833	1260	25213
浙 江	Zhejiang	14712	33523	12	21833	3	13250	455	21472
安 徽	Anhui	14388	22365	147	16374	172	19983	400	15540
福 建	Fujian	21354	30780	6	19000	59	63276	633	22566
江 西	Jiangxi	24850	21983	11	9364	7	18571	1006	11725
山 东	Shandong	26224	26660	2	9500	110	38272	1277	20207
河 南	Henan	23784	16623	3	18500	20	112188	1599	18913
湖 北	Hubei	14192	21566	43	17535	420	14607	1397	18055
湖 南	Hunan	28608	24864	35	23529	711	27585	1117	24604
广 东	Guangdong	21778	25005	33	12455	8	35250	1948	36177
广 西	Guangxi	33228	24323	314	14197	3	24000	1423	33461
海 南	Hainan	1324	21868	45	7822			14	10643
重 庆	Chongqing	5166	21045	2	25000	2	37500	926	21022
四 川	Sichuan	15515	25879	24	33500	184	21713	1039	18879
贵 州	Guizhou	6541	23175			174	23653	463	21507
云 南	Yunnan	11985	22555	24	15722	73	67182	613	16051
西 藏	Tibet	1537	25116	2	42000			119	15927
陕 西	Shaanxi	9750	21713	75	15893	6	19000	802	15895
甘 肃	Gansu	3589	33510	34	8059			115	8835
青 海	Qinghai	518	18623			44	33953	12	19357
宁 夏	Ningxia	704	37683					16	16118
新 疆	Xinjiang	1296	24809					83	23297

5-4 续表 1 continued

地 区 Region	电力、热力、燃气及水生产和供应业 Production and Supply of Electricity, Heat, Gas and Water		建筑业 Construction		批发和零售业 Wholesale and Retail Trades		交通运输、仓储和邮政业 Transport, Storage and Post	
	年末人数（人） Year-end Figures (person)	平均工资（元） Average Wage (yuan)	年末人数（人） Year-end Figures (person)	平均工资（元） Average Wage (yuan)	年末人数（人） Year-end Figures (person)	平均工资（元） Average Wage (yuan)	年末人数（人） Year-end Figures (person)	平均工资（元） Average Wage (yuan)
全 国 National	**2148**	**20693**	**220517**	**25992**	**23412**	**16984**	**13703**	**17264**
北 京 Beijing	104	25074	882	54563	1819	26475	357	24626
天 津 Tianjin	39	20324	6031	33651	370	21851	667	30987
河 北 Hebei	58	10982	10515	19885	1022	8884	221	6775
山 西 Shanxi			3345	20292	624	7076	777	3409
内蒙古 Inner Mongolia			1949	30385	51	19692	455	36479
辽 宁 Liaoning	437	11876	9848	23058	965	15915	192	8161
吉 林 Jilin			404	43449	88	13386	50	14100
黑龙江 Heilongjiang			5472	24533	1084	11150	116	4291
上 海 Shanghai	400	36934	910	30053	1387	31760	438	28377
江 苏 Jiangsu	48	33816	5244	27085	1043	18272	498	27759
浙 江 Zhejiang	56	28467	2686	34760	662	22070	230	25906
安 徽 Anhui			7217	26823	428	22414	797	10504
福 建 Fujian	396	34643	15714	34243	777	16547	126	19500
江 西 Jiangxi			19226	22912	1627	27251	50	16833
山 东 Shandong	211	5829	13712	29641	1966	19536	218	39570
河 南 Henan	21	12000	12993	20077	2411	11519	4612	8711
湖 北 Hubei	25	19103	4994	27509	1366	10155	498	17174
湖 南 Hunan	78	12000	21184	25714	304	15516	1614	18377
广 东 Guangdong	182	11384	14885	22469	715	18259	127	20887
广 西 Guangxi	37	8000	28360	24896	939	11713	377	15006
海 南 Hainan			610	27560	85	8200	24	13917
重 庆 Chongqing	14	20357	2916	21703	99	20840	374	16875
四 川 Sichuan	29	14167	7993	25143	518	11685	451	24766
贵 州 Guizhou	6	9833	4932	24664	432	9913	10	29300
云 南 Yunnan	7	10667	9123	24280	349	16538	131	22882
西 藏 Tibet			1284	27384	130	11962		
陕 西 Shaanxi			4746	25509	1444	12805	282	27383
甘 肃 Gansu			2468	37325	69	17704	3	11667
青 海 Qinghai			425	17169	2	7000		
宁 夏 Ningxia			156	23286	92	4415		
新 疆 Xinjiang			293	48642	544	8839	8	21750

5-4 续表 2 continued

地区 Region	住宿和餐饮业 Hotels and Catering Services		信息传输、软件和信息技术服务业 Information Transmission, Software and Information Technology		金融业 Financial Intermediation		房地产业 Real Estate	
	年末人数（人） Year-end Figures (person)	平均工资（元） Average Wage (yuan)	年末人数（人） Year-end Figures (person)	平均工资（元） Average Wage (yuan)	年末人数（人） Year-end Figures (person)	平均工资（元） Average Wage (yuan)	年末人数（人） Year-end Figures (person)	平均工资（元） Average Wage (yuan)
全　国 National	**3386**	**21821**	**983**	**24049**	**16529**	**26472**	**6415**	**25918**
北　京 Beijing	804	23814	29	33929			666	29851
天　津 Tianjin	136	18406	2	24000	167	15505	36	15579
河　北 Hebei	44	20200			268	22808		
山　西 Shanxi	39	10553	3	15333	2514	26664	219	63439
内蒙古 Inner Mongolia	46	19522			465	25093		
辽　宁 Liaoning	37	19333			722	23989	144	58259
吉　林 Jilin	113	21095			351	16348		
黑龙江 Heilongjiang	135	600	3	18667	505	19714	425	14374
上　海 Shanghai	667	29719			15	142933	754	28299
江　苏 Jiangsu	85	18190	285	30298	442	32795	118	18270
浙　江 Zhejiang	62	17216	15	25500	32	51545	517	26383
安　徽 Anhui	37	18027	11	21818	1037	22745	27	12690
福　建 Fujian	46	24022	18	14333	356	17821	185	17802
江　西 Jiangxi	35	24971	118	9161	915	26434	68	5857
山　东 Shandong	126	32178	326	22393	3057	22212	145	25205
河　南 Henan	24	13565	8	13500	370	17936	47	12532
湖　北 Hubei	55	19036	2	8500	302	29718	779	24894
湖　南 Hunan	23	22435			594	23125	396	29051
广　东 Guangdong	126	19629	28	46250	369	19433	737	22819
广　西 Guangxi	197	15359			317	33428	344	15917
海　南 Hainan			1	4000	15	24455	13	17231
重　庆 Chongqing	191	16791					24	24448
四　川 Sichuan	53	11377	15	13600	960	39784	84	19435
贵　州 Guizhou	8	30625	6	14667	261	33837	178	12843
云　南 Yunnan	87	25036	3	8000	512	26220	17	12882
西　藏 Tibet								
陕　西 Shaanxi	188	20106	110	26345	984	26392	380	13283
甘　肃 Gansu	9	19556			439	35285	75	13506
青　海 Qinghai					17	16895	6	15846
宁　夏 Ningxia					370	62299		
新　疆 Xinjiang	13	11308			173	27646	30	18419

5-4 续表 3 continued

地 区 Region	租赁和商务服务业 Leasing and Business Services		科学研究和技术服务业 Scientific Research and Technical Services		水利、环境和公共设施管理业 Management of Water Conservancy,Environment and Public Facilities		居民服务、修理和其他服务业 Service to Households, Repair and Other Services	
	年末人数（人） Year-end Figures (person)	平均工资（元） Average Wage (yuan)	年末人数（人） Year-end Figures (person)	平均工资（元） Average Wage (yuan)	年末人数（人） Year-end Figures (person)	平均工资（元） Average Wage (yuan)	年末人数（人） Year-end Figures (person)	平均工资（元） Average Wage (yuan)
全 国 National	**14468**	**26220**	**4154**	**30878**	**18060**	**16767**	**2591**	**20070**
北 京 Beijing	1119	25040	1014	45630	112	14268	280	24338
天 津 Tianjin	929	25894	119	26033	126	22195	92	25596
河 北 Hebei	65	26348			1	13000	23	8696
山 西 Shanxi	417	20683	23	7158	39	12000	12	10143
内蒙古 Inner Mongolia	1	19000			81	12938	138	14352
辽 宁 Liaoning	175	27927	162	56608	491	16307	181	7431
吉 林 Jilin	13	15923	85	19655	2226	13481	9	21667
黑龙江 Heilongjiang	232	3190	78	8782	300	8098	136	2692
上 海 Shanghai	2123	48655	88	42031	265	31498	454	27032
江 苏 Jiangsu	2972	23442	86	30685	5353	15103	153	17554
浙 江 Zhejiang	1056	32895	1284	29605	1669	27051	592	25170
安 徽 Anhui	221	17385	26	19031	410	12138	69	33724
福 建 Fujian	109	13809	35	12486	201	19188	34	17265
江 西 Jiangxi	119	9555	115	3939	1201	11287		
山 东 Shandong	84	23051	4	25250	662	14807	45	30447
河 南 Henan	566	14770	273	18694	17	39647	2	44500
湖 北 Hubei	136	22259	97	25845	3017	17939	88	14273
湖 南 Hunan	736	25121	135	16977	275	8816	31	22429
广 东 Guangdong	1872	18872	235	25747	146	42598	39	16286
广 西 Guangxi	457	21799	40	23783	191	13963	54	10870
海 南 Hainan	6	11500	14	29929				
重 庆 Chongqing	68	12280	15	10133	186	16842	29	14207
四 川 Sichuan	148	11987	41	34220	1069	19096	1	9000
贵 州 Guizhou	15	9429	6	31333	11	11000	4	15000
云 南 Yunnan	248	19159	71	16553	1	8333	20	16150
西 藏 Tibet	2	7000						
陕 西 Shaanxi	240	12059	9	18000			100	9000
甘 肃 Gansu	331	12012						
青 海 Qinghai			10	27700				
宁 夏 Ningxia	2	18000	2	19000	10	12000		
新 疆 Xinjiang	6	20000	87	15360			5	19200

5-4 续表 4 continued

地区 Region	教 育 Education		卫生和社会工作 Health and Social Service		文化、体育和娱乐业 Culture, Sports and Entertainment		公共管理、社会保障和社会组织 Public Management, Social Security and Social Organization	
	年末人数(人) Year-end Figures (person)	平均工资(元) Average Wage (yuan)	年末人数(人) Year-end Figures (person)	平均工资(元) Average Wage (yuan)	年末人数(人) Year-end Figures (person)	平均工资(元) Average Wage (yuan)	年末人数(人) Year-end Figures (person)	平均工资(元) Average Wage (yuan)
全 国 National	**8726**	**25254**	**32874**	**31722**	**1521**	**25158**	**2113**	**21176**
北 京 Beijing	1706	29403	1181	54508	256	32238	99	30526
天 津 Tianjin	142	21657	347	31505	84	15324	386	21456
河 北 Hebei	150	17295	1272	26770	104	19433	13	13231
山 西 Shanxi	77	8419	844	11545	21	1619		
内蒙古 Inner Mongolia			205	19098				
辽 宁 Liaoning	354	8741	1218	28460	12	23833	26	23269
吉 林 Jilin			354	24085			1	13000
黑龙江 Heilongjiang	517	38123	188	30704	14	8214	26	7000
上 海 Shanghai	248	30583	1924	38459	96	39500	442	28177
江 苏 Jiangsu	840	20457	7196	38162	59	34638	98	31430
浙 江 Zhejiang	2171	30861	2915	48569	113	34445	182	28143
安 徽 Anhui	109	22424	2818	20242	130	18100	332	12654
福 建 Fujian	122	26492	2481	20497	56	13818		
江 西 Jiangxi	2	15500	237	21242	113	22481		
山 东 Shandong	700	22253	3420	24443	159	29371		
河 南 Henan	407	18210	363	23036	42	22381	6	30167
湖 北 Hubei	241	19302	618	26000	41	32444	73	17013
湖 南 Hunan	294	16352	996	29183	20	10050	65	15394
广 东 Guangdong	124	39000	145	34188	48	27333	11	49182
广 西 Guangxi	103	14107	70	17571	2	13000		
海 南 Hainan			464	20274	27	15630	5	11400
重 庆 Chongqing	64	16672	256	29289		25000		
四 川 Sichuan	11	13556	2795	33181	96	12480	4	15750
贵 州 Guizhou	7	9000	28	11857				
云 南 Yunnan	337	9290	42	34476	8	14000	319	12275
西 藏 Tibet								
陕 西 Shaanxi			364	22359	20	17200		
甘 肃 Gansu			46	18535				
青 海 Qinghai			2	5000				
宁 夏 Ningxia			31	24581			25	25080
新 疆 Xinjiang			54	20868				

六、其他单位就业人员和工资总额

EMPLOYMENT AND TOTAL WAGES IN OTHER OWNERSHIP UNITS

6-1 分行业其他单位就业人员和工资总额(2012年)

EMPLOYMENT AND TOTAL WAGES IN OTHER OWNERSHIP UNITS BY SECTOR (2012)

项 目	Item	年末人数(千人) Year-end Figures (1000 persons)	#女性 Female	工资总额(千元) Total Wages (1000 yuan)	平均工资(元) Average Wage (yuan)
全国总计	**National Total**	**78077**	**26804**	**3597380139**	**46360**
按登记注册类型分组	**Grouped by Registration Status**				
内资	Domestic Funded	55925	16860	2471495244	44610
股份合作	Cooperative Units	1492	545	64598167	43433
联营	Joint-owned Units	386	111	15229816	42083
#国有联营	State Joint-owned Units	120	33	5510373	47792
集体联营	Collective Joint-owned Units	63	19	2180784	35665
有限责任公司	Limited Liability Corporations	37873	10474	1574687661	41860
#国有独资	State Funded Corporations	4258	1037	238368467	56109
股份有限公司	Share-holding Corporations Ltd	12426	4370	689181304	56254
其他	Others	3748	1361	127798296	34694
港、澳、台商投资	Funded by Entrepreneurs from Hong Kong, Macao and Taiwan	9692	4559	428439793	44103
外商投资	Foreign Funded	12460	5385	697445102	55888
按国民经济行业分组	**Grouped by Sector**				
农、林、牧、渔业	**Agriculture, Forestry, Animal Husbandry and Fishery**	**134**	**49**	**3653791**	**27612**
农业	Farming	59	24	1390819	23968
林业	Forestry	14	5	337660	24148
畜牧业	Animal Husbandry	34	13	1005744	30188
渔业	Fishery	13	2	495331	38734
农、林、牧、渔服务业	Service in Support of Agriculture	15	5	424237	29846
采矿业	**Mining**	**3542**	**579**	**201378318**	**57001**
煤炭开采和洗选业	Mining and Washing of Coal	2706	381	157515978	58568
石油和天然气开采业	Extraction of Petroleum and Natural Gas	226	78	17223920	75789
黑色金属矿采选业	Mining and Processing of Ferrous Metal Ores	175	33	7779188	43273
有色金属矿采选业	Mining and Processing of Non-Ferrous Metal Ores	224	42	9098348	40871
非金属矿采选业	Mining and Processing of Non-metal Ores	141	29	4638492	32825
开采辅助活动	Support Activities for Mining	70	15	5116618	70740
其他采矿业	Mining of Other Ores			5774	31552
制造业	**Manufacturing**	**37790**	**15055**	**1556372661**	**41453**
农副食品加工业	Processing of Food from Agricultural Products	1476	643	46967664	32690
食品制造业	Manufacture of Foods	977	465	38789794	40747
酒、饮料和精制茶制造业	Manufacture of Liquor, Beverages and Refined Tea	879	328	33060516	38592
烟草制品业	Manufacture of Tobacco	55	22	4278443	83742
纺织业	Manufacture of Textile	1899	1104	59989497	31693
纺织服装、服饰业	Manufacture of Textile, Wearing Apparel and Accessories	2236	1494	76125505	34050
皮革、毛皮、羽毛及其制品和制鞋业	Manufacture of Leather, Fur, Feather and Related Products and Footwear	1246	719	38984755	31465
木材加工和木、竹、藤、棕、草制品业	Processing of Timber, Manufacture of Wood, Bamboo, Rattan, Palm and Straw Products	290	115	8598198	30209

6-1 续表 1 continued

项 目	Item	年末人数（千人）Year-end Figures (1000 persons)	#女 性 Female	工资总额（千元）Total Wages (1000 yuan)	平均工资（元）Average Wage (yuan)
家具制造业	Manufacture of Furniture	389	138	14122901	36491
造纸及纸制品业	Manufacture of Paper and Paper Products	638	235	22864537	35619
印刷和记录媒介复制业	Printing and Reproduction of Recording Media	315	135	12886833	40795
文教、工美、体育和娱乐用品制造业	Manufacture of Articles for Culture, Education, Arts and Crafts, Sport and Entertainment Activities	868	487	28565257	32439
石油加工、炼焦和核燃料加工业	Processing of Petroleum, Coking and Processing of Nuclear Fuel	511	141	28199413	55583
化学原料和化学制品制造业	Manufacture of Raw Chemical Materials and Chemical Products	2196	694	94731134	43435
医药制造业	Manufacture of Medicines	1200	564	52950986	45292
化学纤维制造业	Manufacture of Chemical Fibres	229	87	9002276	38930
橡胶和塑料制品业	Manufacture of Rubber and Plastics Products	1261	519	48369175	38228
非金属矿物制品业	Manufacture of Non-metallic Mineral Products	1987	601	69082105	35419
黑色金属冶炼和压延加工业	Smelting and Pressing of Ferrous Metals	1780	377	82468884	46383
有色金属冶炼和压延加工业	Smelting and Pressing of Non-ferrous Metals	910	214	36433841	40345
金属制品业	Manufacture of Metal Products	1320	398	52095275	39378
通用设备制造业	Manufacture of General Purpose Machinery	1908	550	87332341	45426
专用设备制造业	Manufacture of Special Purpose Machinery	1540	425	75877047	48926
汽车制造业	Manufacture of Automobiles	2412	655	120335530	49834
铁路、船舶、航空航天和其他运输设备制造业	Manufacture of Railway, Ship, Aerospace and Other Transport Equipments	883	235	44215392	51502
电气机械和器材制造业	Manufacture of Electrical Machinery and Apparatus	2540	1052	108560681	42182
计算机、通信和其他电子设备制造业	Manufacture of Computers, Communication and Other Electronic Equipment	4963	2286	220841617	45425
仪器仪表制造业	Manufacture of Measuring Instruments and Machinery	547	236	25492822	46614
其他制造业	Other Manufacture	205	102	7939436	39019
废弃资源综合利用业	Utilization of Waste Resources	52	15	2204752	42375
金属制品、机械和设备修理业	Repair Service of Metal Products, Machinery and Equipment	78	16	5006054	63482
电力、热力、燃气及水生产和供应业	**Production and Supply of Electricity, Heat, Gas and Water**	**1211**	**338**	**70065463**	**58293**
电力、热力生产和供应业	Production and Supply of Electric Power and Heat Power	899	231	54299234	60750
燃气生产和供应业	Production and Supply of Gas	138	45	7266392	53399
水的生产和供应业	Production and Supply of Water	174	61	8499837	49398
建筑业	**Construction**	**14794**	**1611**	**541942697**	**36476**
房屋建筑业	Construction of Buildings	10656	1082	377532151	35209

6-1 续表 2 continued

项　目	Item	年末人数（千人）Year-end Figures (1000 persons)	#女 性 Female	工资总额（千元）Total Wages (1000 yuan)	平均工资（元）Average Wage (yuan)
土木工程建筑业	Civil Engineering	2335	293	96477099	40329
建筑安装业	Building Installation	898	128	36214802	41225
建筑装饰和其他建筑业	Building Decoration and Other Constructions	905	108	31718645	36706
批发和零售业	**Wholesale and Retail Trades**	**5224**	**2666**	**246792621**	**47882**
批发业	Wholesale Trade	2183	946	141416581	65419
零售业	Retail Trade	3041	1720	105376040	35214
交通运输、仓储和邮政业	**Transport, Storage and Post**	**2303**	**617**	**122233040**	**53592**
铁路运输业	Railway Transport	101	24	6571655	65601
道路运输业	Road Transport	1353	361	49594909	36822
水上运输业	Water Transport	229	42	17009440	73723
航空运输业	Air Transport	242	85	28141054	120149
管道运输业	Transport Via Pipelines	11	2	835195	74009
装卸搬运和运输代理业	Loading, Unloading and Forwarding Agency	167	52	9757935	58117
仓储业	Storage	90	26	4499042	49825
邮政业	Post	110	25	5823810	58643
住宿和餐饮业	**Hotels and Catering Services**	**1981**	**1048**	**60617774**	**30827**
住宿业	Hotels	950	509	31465710	33133
餐饮业	Catering Services	1031	539	29152064	28672
信息传输、软件和信息技术服务业	**Information Transmission, Software and Information Technology**	**1557**	**626**	**139217415**	**90839**
电信、广播电视和卫星传输服务	Telecommunication, Radio and Television and Satellite Transmission Service	709	321	49232263	70049
互联网和相关服务	Internet and Related Service	116	47	11583371	101184
软件和信息技术服务业	Software and Information Technology	732	258	78401781	109611
金融业	**Financial Intermediation**	**3257**	**1744**	**312558452**	**97706**
货币金融服务	Monetary and Financial Service	1556	806	197271865	129577
资本市场服务	Capital Market Service	171	70	26472638	150500
保险业	Insurance	1479	847	79977823	55075
其他金融业	Other Financial Activities	51	21	8836126	182207
房地产业	**Real Estate**	**2183**	**761**	**103696213**	**47983**
#房地产开发经营	Development and Management of Real Estate	1180	402	67663076	57824
物业管理	Property Management	821	292	27542025	33897
房地产中介服务	Agency Services of Real Estate	94	39	4281586	47163
租赁和商务服务业	**Leasing and Business Services**	**1418**	**534**	**91515453**	**65637**
租赁业	Leasing	48	12	2326971	49714
商务服务业	Business Services	1370	522	89188482	66190

6-1 续表 3 continued

项　目	Item	年末人数（千人）Year-end Figures (1000 persons)	#女 性 Female	工资总额（千元）Total Wages (1000 yuan)	平均工资（元）Average Wage (yuan)
科学研究和技术服务业	**Scientific Research and Technical Services**	**928**	**286**	**75680389**	**83362**
研究和试验发展	Research and Experimental Development	114	40	10519400	94647
专业技术服务业	Professional Technical Services	674	196	53498375	81029
科技推广和应用服务业	Science and Technology Popularization and Application Services	140	49	11662614	85460
水利、环境和公共设施管理业	**Management of Water Conservancy, Environment and Public Facilities**	**243**	**93**	**8989758**	**37466**
水利管理业	Management of Water Conservancy	21	7	908491	42140
生态保护和环境治理业	Ecological Protection and Environmental Treatment	16	6	868998	54201
公共设施管理业	Management of Public Facilities	205	80	7212269	35642
居民服务、修理和其他服务业	**Service to Households, Repair and Other Services**	**257**	**115**	**8659019**	**33992**
居民服务业	Service to Households	73	37	2443452	33842
机动车、电子产品和日用产品修理业	Repair of Motor Vehicle, Electronics and Household Products	57	15	2322289	40090
其他服务业	Other Services	126	63	3893278	31244
教育	**Education**	**672**	**381**	**28684283**	**43473**
#初等教育	Primary Education	76	47	3086406	41206
中等教育	Secondary Education	211	109	9796599	47005
高等教育	Senior Education	109	54	4860791	45592
卫生和社会工作	**Health and Social Service**	**273**	**167**	**12073618**	**45020**
卫生	Health	259	160	11709939	45906
社会工作	Social Service	13	7	363679	27760
文化、体育和娱乐业	**Culture, Sports and Entertainment**	**202**	**95**	**10262796**	**51217**
新闻和出版业	Journalism and Publishing Activities	45	21	3444686	80442
广播、电视、电影和影视录音制作业	Radio, Television, Motion Picture and Videotape Programme Production Services	35	15	2117493	61070
文化艺术业	Cultural and Art Activities	31	15	1295092	41575
体育	Sports Activities	55	28	2027173	36348
娱乐业	Entertainment	36	17	1378352	38329
公共管理、社会保障和社会组织	**Public Management, Social Security and Social Organization**	**106**	**39**	**2986378**	**28113**
中国共产党机关	Organs of Communist Party of China				
国家机构	Government Agencies				
人民政协、民主党派	People's Political Consultative Conference and Democratic Parties				
社会保障	Social Security				
群众团体、社会团体和其他成员组织	Non-Governmental Organizations, Social Organizations and Membership Organizations	26	11	1274487	48968

6-2 各地区分行业其他单位就业人员和工资总额(2012年)

EMPLOYMENT AND TOTAL WAGES IN OTHER OWNERSHIP UNITS BY SECTOR AND REGION (2012)

地区	Region	总计 Total				内资 Domestic Funded			
		年末人数(人) Year-end Figures (person)	#女性 Female	工资总额(千元) Total Wages (1000 yuan)	平均工资(元) Average wage (yuan)	年末人数(人) Year-end Figures (person)	#女性 Female	工资总额(千元) Total Wages (1000 yuan)	平均工资(元) Average wage (yuan)
全国	**National**	**78076719**	**26804466**	**3597380139**	**46360**	**55925166**	**16860263**	**2471495244**	**44610**
北京	Beijing	5092240	1989915	431127720	85613	3622031	1358421	270561398	75514
天津	Tianjin	1913526	620913	113746871	59326	1063307	278108	63185695	59653
河北	Hebei	2663937	777046	104146980	38822	2233860	616813	86857274	38611
山西	Shanxi	1713383	387523	86872666	50526	1550575	335313	81801919	52205
内蒙古	Inner Mongolia	858909	255084	39484023	41598	804341	233484	36916420	41224
辽宁	Liaoning	2533321	830744	110063945	42200	1863849	542294	80229286	41384
吉林	Jilin	1060727	323735	41135297	37717	922000	282523	34223346	35820
黑龙江	Heilongjiang	1202233	360341	45601725	36378	1090386	314218	41356494	36344
上海	Shanghai	4035440	1528187	306472265	75568	1711509	519773	127942197	73798
江苏	Jiangsu	5047565	2041898	227812534	44978	2784293	997487	124044086	45045
浙江	Zhejiang	8189936	2593939	355497025	43891	5935963	1520756	254377588	43720
安徽	Anhui	1939206	576737	85985891	45209	1700311	471474	76273047	45772
福建	Fujian	4556277	1796930	184338496	41189	2333850	701710	96286348	42909
江西	Jiangxi	1586614	576306	46706133	38247	1226730	387815	37213097	39567
山东	Shandong	5996152	2010105	228671894	38295	4452881	1336499	169690823	38263
河南	Henan	4210806	1404365	147502472	36508	3849965	1243317	135155162	36515
湖北	Hubei	2796213	891581	104947325	38054	2365652	732697	85978904	36937
湖南	Hunan	2574502	796476	97399452	38380	2254643	646886	86259931	38806
广东	Guangdong	8183810	3330761	384378249	46814	3470464	1126119	176220755	51537
广西	Guangxi	1277026	422051	43539383	35081	1059981	326934	35346238	34382
海南	Hainan	321011	131572	12462659	39072	260677	103910	10089165	39081
重庆	Chongqing	2143233	624815	86260347	41488	1836668	500497	73109968	41035
四川	Sichuan	2483051	769968	88302104	35749	2164003	649687	77453878	36492
贵州	Guizhou	881135	257783	31212156	36223	836685	239706	29726087	36263
云南	Yunnan	1853720	526176	56863305	31460	1789481	501048	54590844	31297
西藏	Tibet	5501	1811	269884	49730	5455	1797	267303	49731
陕西	Shaanxi	1244832	433549	49435804	38989	1104274	377313	42650655	37966
甘肃	Gansu	446577	144241	16373891	36074	433286	139365	15839426	35934
青海	Qinghai	163033	47716	6268908	37114	151156	43478	5781426	36814
宁夏	Ningxia	257145	80516	13915393	48400	241370	75754	13264598	48786
新疆	Xinjiang	845658	271682	50585342	48609	805520	255067	48801886	48790

6-2 续表 1 continued

地 区	Region	股份合作 Cooperative Units 年末人数(人) Year-end Figures (person)	#女性 Female	工资总额(千元) Total Wages (1000 yuan)	平均工资(元) Average wage (yuan)	联营 Joint-owned Units 年末人数(人) Year-end Figures (person)	#女性 Female	工资总额(千元) Total Wages (1000 yuan)	平均工资(元) Average wage (yuan)
全 国	**National**	**1492319**	**545074**	**64598167**	**43433**	**385542**	**111005**	**15229816**	**42083**
北 京	Beijing	71930	30901	2455596	34146	6783	3589	426338	63030
天 津	Tianjin	19043	5633	1007273	52995	4869	1165	195843	39725
河 北	Hebei	56681	23183	2735367	47555	37219	4832	864799	34556
山 西	Shanxi	18800	5147	623462	34028	6511	798	247446	38621
内蒙古	Inner Mongolia	24091	6332	1074930	41841	2201	944	73112	31514
辽 宁	Liaoning	58289	17040	1841832	31354	14363	2686	427614	30375
吉 林	Jilin	12667	4804	578873	31527	1217	294	33772	28190
黑龙江	Heilongjiang	83149	29360	3176954	37312	8336	3758	292202	37963
上 海	Shanghai	50800	16389	5074028	99720	17920	4938	1053056	58751
江 苏	Jiangsu	74071	30173	2949047	39098	15415	4778	484580	36399
浙 江	Zhejiang	123953	51793	7743567	63149	19880	6037	1465221	80317
安 徽	Anhui	48539	18901	2106523	43780	8367	1880	288605	35004
福 建	Fujian	74978	27196	3083037	42404	20878	7025	888532	43227
江 西	Jiangxi	37222	13583	961946	32766	5837	1225	132695	31178
山 东	Shandong	127067	42376	4928907	38703	25374	6911	1054356	40217
河 南	Henan	88930	34056	3234415	36536	20619	5927	686544	33885
湖 北	Hubei	43090	17709	1605647	37653	16153	5428	556709	35804
湖 南	Hunan	72119	26335	2691823	38192	16811	3974	558697	33551
广 东	Guangdong	126922	47287	5009611	39230	69882	24098	3293944	48046
广 西	Guangxi	32861	11462	1328614	40409	9894	3866	320022	33336
海 南	Hainan	3501	1526	104212	29894	3299	719	85223	25849
重 庆	Chongqing	45769	8154	2230679	49039	16017	4406	452429	32586
四 川	Sichuan	85022	27725	3313988	39673	9754	3987	342214	35204
贵 州	Guizhou	27362	9441	1575460	58738	9062	1603	260646	29217
云 南	Yunnan	37526	18257	1207559	32692	4550	1617	140606	30025
西 藏	Tibet					192	41	4366	23989
陕 西	Shaanxi	25168	10900	924564	36807	8743	2571	422294	49138
甘 肃	Gansu	9156	3826	251759	27362	1626	610	47373	29099
青 海	Qinghai	3600	1167	105472	30519	117	22	3354	27719
宁 夏	Ningxia	5427	2238	234978	43782	743	386	24120	33361
新 疆	Xinjiang	4586	2180	438044	97235	2910	890	103104	43893

6-2 续表 2 continued

地 区	Region	国有联营 State Joint-owned Units 年末人数（人）Year-end Figures (person)	#女性 Female	工资总额（千元）Total Wages (1000 yuan)	平均工资（元）Average wage (yuan)	集体联营 Collective Joint-owned Units 年末人数（人）Year-end Figures (person)	#女性 Female	工资总额（千元）Total Wages (1000 yuan)	平均工资（元）Average wage (yuan)
全 国	**National**	**119713**	**32854**	**5510373**	**47792**	**62996**	**18901**	**2180784**	**35665**
北 京	Beijing	1873	1077	168541	89459	1687	923	125739	77188
天 津	Tianjin	1335	191	64725	50488	1865	714	59617	30463
河 北	Hebei	3238	710	103792	27991	776	221	21726	29359
山 西	Shanxi	1927	165	101717	53367	3797	483	125270	33720
内蒙古	Inner Mongolia	1532	638	55530	36223	212	70	5166	25200
辽 宁	Liaoning	3758	390	132803	38184	615	142	15882	25699
吉 林	Jilin	647	158	18830	30128	152	74	3893	25612
黑龙江	Heilongjiang	121	23	3463	28620	1250	491	50286	41016
上 海	Shanghai	5762	1129	364049	65418	3485	757	246826	63533
江 苏	Jiangsu	3029	662	102032	34343	3083	835	103533	33990
浙 江	Zhejiang	4809	1092	255018	59087	6485	2039	207115	39420
安 徽	Anhui	1408	616	47861	34432	1203	433	56696	46094
福 建	Fujian	5881	1992	330999	57465	2851	920	78739	28161
江 西	Jiangxi	846	244	19564	22644	2053	316	52738	27199
山 东	Shandong	13888	3441	694968	48450	4032	1437	113271	27288
河 南	Henan	6148	1120	286475	46250	6655	1663	198208	30414
湖 北	Hubei	5526	1814	221434	44190	2656	1032	83583	31975
湖 南	Hunan	2512	628	88424	36018	5321	1524	160949	31270
广 东	Guangdong	22840	7092	1340076	60849	7423	2388	269002	38075
广 西	Guangxi	4549	2291	175648	39551	240	122	5524	22733
海 南	Hainan	373	137	13992	37114	113	34	2543	22504
重 庆	Chongqing	11834	2977	343248	34947	1011	316	24531	25264
四 川	Sichuan	3720	1659	116338	31181	1177	259	35861	30572
贵 州	Guizhou	5566	732	163462	29769	1034	502	23478	23131
云 南	Yunnan	1206	448	44966	37503	645	121	16231	25361
西 藏	Tibet	23	4	863	37522				
陕 西	Shaanxi	3408	758	195774	57648	1910	490	58651	31720
甘 肃	Gansu	58	34	1107	20127	880	416	23626	26848
青 海	Qinghai	20	9	682	34100	57	10	1732	28393
宁 夏	Ningxia	202	90	6501	33510	301	164	9192	31806
新 疆	Xinjiang	1674	533	47491	42365	27	5	1176	43556

6-2 续表 3 continued

地 区	Region	有限责任公司 Limited Liability Corporations 年末人数(人) Year-end Figures (person)	#女 性 Female	工资总额(千元) Total Wages (1000 yuan)	平均工资(元) Average wage (yuan)	国有独资 State Funded Corporations 年末人数(人) Year-end Figures (person)	#女 性 Female	工资总额(千元) Total Wages (1000 yuan)	平均工资(元) Average wage (yuan)
全 国	**National**	**37872941**	**10473678**	**1574687661**	**41860**	**4257628**	**1036652**	**238368467**	**56109**
北 京	Beijing	2615867	930624	173182418	67006	374260	121663	32582489	88201
天 津	Tianjin	721806	179211	41592431	57532	118473	31246	8966092	75339
河 北	Hebei	1536798	373476	58988946	37630	69568	21066	2774885	41385
山 西	Shanxi	1263229	236044	69130804	53773	314348	71023	19698543	63293
内蒙古	Inner Mongolia	565580	155331	26197217	40603	117229	30382	7119794	59908
辽 宁	Liaoning	1270054	342898	51669377	38795	238609	50051	12900275	52626
吉 林	Jilin	545535	162560	17971745	32097	32934	12325	1383550	42397
黑龙江	Heilongjiang	711175	191154	24478740	32763	185636	36874	7397003	40460
上 海	Shanghai	1031725	266356	62152923	59409	111413	23071	10288269	88348
江 苏	Jiangsu	1195316	387886	51935903	43882	101476	33074	5459423	54739
浙 江	Zhejiang	4411637	1000624	170035012	39321	136476	45212	6656047	49073
安 徽	Anhui	1125903	269849	49605819	45271	208648	37997	14755624	71178
福 建	Fujian	1622525	480991	64685399	40315	51752	11644	2970023	59049
江 西	Jiangxi	864887	261302	25626266	38734	41333	10857	1880435	45202
山 东	Shandong	3034718	830390	110776355	36643	371242	66065	17848008	48306
河 南	Henan	2867736	879832	99556655	36386	170148	48225	7716550	45013
湖 北	Hubei	1687654	488456	60351330	36549	154113	42805	6613075	44216
湖 南	Hunan	1459868	365522	53423735	37014	164802	38853	6261094	38011
广 东	Guangdong	2299750	663671	103102018	45754	309540	71815	17536329	58956
广 西	Guangxi	685451	184200	22813877	34623	198791	15784	8436413	45691
海 南	Hainan	189376	71960	6654204	35646	4282	1312	308429	72452
重 庆	Chongqing	1402007	349895	51591717	38129	157070	43010	7284874	46848
四 川	Sichuan	1424906	410269	47518313	34063	86832	29608	3718556	43383
贵 州	Guizhou	594106	167985	19436982	33332	116776	19420	4241752	37360
云 南	Yunnan	783034	229432	24701403	31617	97746	27219	4630823	47185
西 藏	Tibet	2372	848	133988	58256	1801	667	97069	55915
陕 西	Shaanxi	829957	269559	30824950	36845	92426	31278	4568292	47279
甘 肃	Gansu	280695	85742	10090047	35071	50478	18865	2010163	40022
青 海	Qinghai	114121	31792	4327469	35989	6306	1708	314416	36981
宁 夏	Ningxia	189842	51672	11094498	50718	71165	14922	5856687	70128
新 疆	Xinjiang	545311	154147	31037120	42724	101955	28611	6093485	52461

6-2 续表 4 continued

地 区	Region	股份有限公司 Share-holding Corporations Ltd 年末人数（人）Year-end Figures (person)	#女 性 Female	工资总额（千元）Total Wages (1000 yuan)	平均工资（元）Average wage (yuan)	其 他 Others 年末人数（人）Year-end Figures (person)	#女 性 Female	工资总额（千元）Total Wages (1000 yuan)	平均工资（元）Average wage (yuan)
全 国	**National**	**12426277**	**4369767**	**689181304**	**56254**	**3748087**	**1360739**	**127798296**	**34694**
北 京	Beijing	831567	338447	90267603	109537	95884	54860	4229443	44253
天 津	Tianjin	228320	73873	16548110	74772	89269	18226	3842038	42210
河 北	Hebei	583883	205670	23699492	40865	19279	9652	568670	29259
山 西	Shanxi	226966	81112	10606548	47696	35069	12212	1193659	34881
内蒙古	Inner Mongolia	201168	65919	9254398	43830	11301	4958	316763	28391
辽 宁	Liaoning	431425	148623	23265915	53504	89718	31047	3024548	30517
吉 林	Jilin	316286	98828	14271237	44029	46295	16037	1367719	26391
黑龙江	Heilongjiang	281302	87635	13212937	45415	6424	2311	195661	27948
上 海	Shanghai	546690	205040	56112134	101202	64374	27050	3550056	55267
江 苏	Jiangsu	677975	273054	38581019	57852	821516	301596	30093537	36942
浙 江	Zhejiang	1260924	395981	70033765	56662	119569	66321	5100023	43504
安 徽	Anhui	450260	149063	21877494	48685	67242	31781	2394606	36905
福 建	Fujian	447693	123614	20623167	53945	167776	62884	7006213	42749
江 西	Jiangxi	251629	86931	8689559	44491	67155	24774	1802631	36060
山 东	Shandong	1013434	367405	44309590	43961	252288	89417	8621615	34461
河 南	Henan	681391	245591	25767818	38581	191289	77911	5909730	31329
湖 北	Hubei	498595	176917	19320315	38671	120160	44187	4144903	34922
湖 南	Hunan	529851	180059	23718342	45683	175994	70996	5867334	33879
广 东	Guangdong	829924	313627	58345925	70491	143986	77436	6469257	45571
广 西	Guangxi	198130	79043	6858771	35379	133645	48363	4024954	30312
海 南	Hainan	47124	19641	2758122	58076	17377	10064	487404	28324
重 庆	Chongqing	300379	115847	16231107	54533	72496	22195	2604036	36390
四 川	Sichuan	558340	179173	23310961	42556	85981	28533	2968402	34334
贵 州	Guizhou	168170	47273	7458310	45662	37985	13404	994689	26507
云 南	Yunnan	214666	63450	9288337	44867	749705	188292	19252939	26951
西 藏	Tibet	2891	908	128949	44573				
陕 西	Shaanxi	226410	87552	10067640	42141	13996	6731	411207	29028
甘 肃	Gansu	113105	40107	4783217	42014	28704	9080	667030	23481
青 海	Qinghai	26290	7094	1162413	44240	7028	3403	182718	26302
宁 夏	Ningxia	37462	18123	1683614	42888	7896	3335	227388	29152
新 疆	Xinjiang	244027	94167	16944495	65822	8686	3683	279123	29406

6-2 续表 5 continued

地 区	Region	港、澳、台商投资 Funded from Hong Kong, Macao and Taiwan				外商投资 Foreign Funded			
		年末人数（人） Year-end Figures (person)	#女 性 Female	工资总额（千元） Total Wages (1000 yuan)	平均工资（元） Average wage (yuan)	年末人数（人） Year-end Figures (person)	#女 性 Female	工资总额（千元） Total Wages (1000 yuan)	平均工资（元） Average wage (yuan)
全 国	**National**	**9691531**	**4559084**	**428439793**	**44103**	**12460022**	**5385119**	**697445102**	**55888**
北 京	Beijing	542979	241936	52282620	96608	927230	389558	108283702	118777
天 津	Tianjin	255364	121847	15255053	58977	594855	220958	35306123	58900
河 北	Hebei	142043	47894	5572648	39093	288034	112339	11717058	40319
山 西	Shanxi	22418	7108	696443	31717	140390	45102	4374304	33521
内蒙古	Inner Mongolia	23501	8599	963393	43316	31067	13001	1604210	51050
辽 宁	Liaoning	150801	59263	5994085	40049	518671	229187	23840574	45859
吉 林	Jilin	24038	10649	783382	32411	114689	30563	6128569	55199
黑龙江	Heilongjiang	37373	15195	1402250	35415	74474	30928	2842981	37395
上 海	Shanghai	695879	315367	42151515	60427	1628052	693047	136378553	83960
江 苏	Jiangsu	730800	350109	30090777	39973	1532472	694302	73677671	47276
浙 江	Zhejiang	1112775	533571	49522094	43969	1141198	539612	51597343	44677
安 徽	Anhui	79844	35993	3183039	40809	159051	69270	6529805	41435
福 建	Fujian	1296299	655408	48652680	37211	926128	439812	39399468	42642
江 西	Jiangxi	219680	126453	5250352	30670	140204	62038	4242684	38758
山 东	Shandong	331235	143184	12601872	38019	1212036	530422	46379199	38490
河 南	Henan	193218	100204	6362721	36814	167623	60844	5984589	36053
湖 北	Hubei	174585	70290	6679243	38255	255976	88594	12289178	48103
湖 南	Hunan	186430	88878	6134921	33453	133429	60712	5004600	38053
广 东	Guangdong	2875686	1383312	113722902	39100	1837660	821330	94434592	50154
广 西	Guangxi	111789	53965	3559202	32648	105256	41152	4633943	44542
海 南	Hainan	20331	9034	705339	34795	40003	18628	1668155	41149
重 庆	Chongqing	166748	68859	6934298	43737	139817	55459	6216081	44741
四 川	Sichuan	185543	64908	5808970	27183	133505	55373	5039256	37646
贵 州	Guizhou	16715	7413	515142	36150	27735	10664	970927	35073
云 南	Yunnan	29666	10944	957583	33206	34573	14184	1314878	38269
西 藏	Tibet					46	14	2581	49635
陕 西	Shaanxi	34084	16601	1265371	36946	106474	39635	5519778	50040
甘 肃	Gansu	4033	1726	106113	28177	9258	3150	428352	45857
青 海	Qinghai	4602	1586	208736	45006	7275	2652	278746	38559
宁 夏	Ningxia	1888	665	63778	34851	13887	4097	587017	42590
新 疆	Xinjiang	21184	8123	1013271	47576	18954	8492	770185	40271

6-2 续表 6 continued

地 区	Region	农、林、牧、渔业 Agriculture, Forestry, Animal Husbandry and Fishery 年末人数(人) Year-end Figures (person)	#女性 Female	工资总额(千元) Total Wages (1000 yuan)	平均工资(元) Average wage (yuan)	采矿业 Mining 年末人数(人) Year-end Figures (person)	#女性 Female	工资总额(千元) Total Wages (1000 yuan)	平均工资(元) Average wage (yuan)
全 国	**National**	**134217**	**49143**	**3653791**	**27612**	**3542460**	**579013**	**201378318**	**57001**
北 京	Beijing	11843	5365	463076	38214	67927	9724	5389515	78626
天 津	Tianjin	239	59	17318	69550	66239	16159	5094444	76520
河 北	Hebei	1557	625	36886	21852	155495	26151	10353508	65041
山 西	Shanxi	7957	2110	178303	22507	637224	91877	45595361	73066
内蒙古	Inner Mongolia	7011	2766	188290	26655	143522	23420	7995052	55289
辽 宁	Liaoning	6529	1844	272698	39856	168205	32504	9642169	56869
吉 林	Jilin	3983	1114	73030	18262	93074	20405	3921454	42144
黑龙江	Heilongjiang	7305	2230	98508	13278	214581	31505	8812120	41206
上 海	Shanghai	7305	1705	356437	44920	410	107	50243	120487
江 苏	Jiangsu	3643	1413	115762	32219	51702	12665	2439335	46915
浙 江	Zhejiang	2267	862	81434	36081	8572	1493	445231	52013
安 徽	Anhui	1168	375	36152	31657	206863	25414	15167309	72829
福 建	Fujian	3709	1403	95749	25547	35319	3943	1274255	36224
江 西	Jiangxi	1359	473	30186	22834	29916	5516	995075	33423
山 东	Shandong	3958	1857	106256	25518	259647	42774	13253282	51200
河 南	Henan	12642	5518	345682	27415	414401	72249	22682143	54992
湖 北	Hubei	1637	659	43316	26268	58024	12914	2163859	37283
湖 南	Hunan	4040	856	109355	27428	61676	6471	2224134	36302
广 东	Guangdong	3106	934	97651	32239	16675	3207	1012822	59634
广 西	Guangxi	5475	2129	143918	26277	21982	4988	744283	32595
海 南	Hainan	929	318	21272	21574	1985	425	60395	29404
重 庆	Chongqing	2247	751	55921	25546	75150	9425	2972970	39401
四 川	Sichuan	1028	349	21719	22322	128815	20624	4806564	37045
贵 州	Guizhou	2293	794	40014	17705	114555	11496	4821230	43027
云 南	Yunnan	3959	1558	72292	18475	175129	17284	6344921	36699
西 藏	Tibet								
陕 西	Shaanxi	735	284	22863	31064	60941	7347	3278638	53675
甘 肃	Gansu	1387	470	45851	33615	57498	12393	3639842	63367
青 海	Qinghai	3087	1326	37123	12006	11633	1842	512715	42723
宁 夏	Ningxia	1002	427	29146	28491	59076	10550	4787683	79470
新 疆	Xinjiang	20817	8569	417583	23755	146224	44141	10897766	74690

6-2 续表 7 continued

地区	Region	制造业 Manufacturing 年末人数(人) Year-end Figures (person)	#女性 Female	工资总额(千元) Total Wages (1000 yuan)	平均工资(元) Average wage (yuan)	电力、热力、燃气及水生产和供应业 Production and Supply of Electricity, Heat, Gas and Water 年末人数(人) Year-end Figures (person)	#女性 Female	工资总额(千元) Total Wages (1000 yuan)	平均工资(元) Average wage (yuan)
全　国	**National**	**37789591**	**15054783**	**1556372661**	**41453**	**1211493**	**338091**	**70065463**	**58293**
北　京	Beijing	995746	364437	64404811	64611	64823	15978	5797235	92017
天　津	Tianjin	1084033	392620	62103538	56843	23811	6423	2009979	85288
河　北	Hebei	1217042	394175	44433324	36305	51308	14756	3548646	70260
山　西	Shanxi	530433	149152	18707825	35873	32981	9634	1696378	52304
内蒙古	Inner Mongolia	378148	124513	15743864	41267	41973	10570	2385838	57184
辽　宁	Liaoning	1244761	413981	50852739	40622	63329	15088	3218638	50996
吉　林	Jilin	521834	154674	20247022	38896	39432	9025	1491304	39062
黑龙江	Heilongjiang	447477	150258	16004929	35341	42386	10906	1717107	40753
上　海	Shanghai	2055501	809767	134390675	64929	17504	3965	1833359	107258
江　苏	Jiangsu	3368889	1458079	145559050	42525	54862	14931	3915375	71413
浙　江	Zhejiang	3666100	1624632	148641449	40161	42436	11034	2863979	67716
安　徽	Anhui	768013	284701	31878149	41500	37746	10211	2091672	55447
福　建	Fujian	2863545	1380581	110478512	38677	37713	10836	2345453	62192
江　西	Jiangxi	863167	384088	22116210	40796	44607	12995	2136193	48543
山　东	Shandong	3591813	1366826	130485360	36527	67279	18618	3146754	47634
河　南	Henan	1931241	828875	60917964	33807	75242	21191	3347017	44718
湖　北	Hubei	1320908	486313	49469288	37723	41450	14279	1904906	46277
湖　南	Hunan	1105820	387625	43627204	39322	35785	9953	1623506	46557
广　东	Guangdong	5184118	2278134	221222765	41765	59813	15420	4870938	81406
广　西	Guangxi	580557	231033	18494986	32465	24486	5964	1246749	50646
海　南	Hainan	86795	33964	3108133	35330	4697	1611	233653	49682
重　庆	Chongqing	755177	273464	29526231	40449	50691	14614	3410035	67111
四　川	Sichuan	1165273	411773	40516794	34091	83455	26877	3921774	46814
贵　州	Guizhou	342361	110168	11062729	32807	16458	4222	754525	46041
云　南	Yunnan	597642	190938	18480249	31006	43989	13723	2150714	49388
西　藏	Tibet	2168	707	98997	46024				
陕　西	Shaanxi	528135	183477	19685931	36292	39249	12103	2537575	64774
甘　肃	Gansu	164423	55352	5281177	31906	12130	3735	563361	46360
青　海	Qinghai	72312	19936	2807589	38544	7287	1864	416551	57455
宁　夏	Ningxia	86661	25616	3454877	39058	11800	4191	555152	47163
新　疆	Xinjiang	269498	84924	12570290	46402	42771	13374	2331097	54622

6-2 续表 8 continued

地 区	Region	建筑业 Construction 年末人数（人） Year-end Figures (person)	#女 性 Female	工资总额（千元） Total Wages (1000 yuan)	平均工资（元） Average wage (yuan)	批发和零售业 Wholesale and Retail Trades 年末人数（人） Year-end Figures (person)	#女 性 Female	工资总额（千元） Total Wages (1000 yuan)	平均工资（元） Average wage (yuan)
全 国	**National**	**14794466**	**1611023**	**541942697**	**36476**	**5224053**	**2666087**	**246792621**	**47882**
北 京	Beijing	376735	70076	22763909	61826	635587	308079	49917048	78716
天 津	Tianjin	235450	26527	11176353	46751	140916	57630	6877568	49065
河 北	Hebei	648871	63254	20609333	30713	160399	83435	4265697	26992
山 西	Shanxi	248044	23215	11161897	39520	62556	25141	1882075	30756
内蒙古	Inner Mongolia	139218	19147	7216627	32097	46853	24234	1555094	33775
辽 宁	Liaoning	357800	49523	13885001	32398	157054	84295	5520453	35048
吉 林	Jilin	125569	15604	4860696	31128	65879	34560	1987182	29621
黑龙江	Heilongjiang	175903	24748	6746412	30080	91611	45660	2825337	30633
上 海	Shanghai	411258	35897	20796844	50250	555523	283350	50930984	92684
江 苏	Jiangsu	575524	78551	19863818	36025	270477	156572	10829670	40623
浙 江	Zhejiang	2798470	190711	99292168	36732	356608	191023	16986607	47841
安 徽	Anhui	486550	45270	18504896	40621	96503	56215	3110753	33049
福 建	Fujian	1042805	135130	41329945	42047	180618	90212	6729581	38361
江 西	Jiangxi	389807	44670	12132761	34592	88598	50198	2640772	30222
山 东	Shandong	1001932	94847	34852016	34444	353999	190732	11008065	31529
河 南	Henan	939928	105715	28313728	31185	225156	105696	6649477	29755
湖 北	Hubei	705668	84130	25734626	37537	223953	116504	6744190	30516
湖 南	Hunan	669779	68948	20679794	32322	139891	71288	4401428	32167
广 东	Guangdong	640852	73759	23294055	38447	510371	253790	24670888	50183
广 西	Guangxi	291836	20491	10540099	39137	73275	35972	2229800	30689
海 南	Hainan	16314	2074	620387	39280	40824	18530	1327202	33811
重 庆	Chongqing	718478	94486	24734510	35850	161108	85880	5851760	36883
四 川	Sichuan	625366	90456	17838480	29928	112682	57223	3388923	30678
贵 州	Guizhou	137944	13648	4310712	32638	78496	36743	2233368	28727
云 南	Yunnan	533132	67635	12940824	25864	165397	88373	4477186	27834
西 藏	Tibet	64	44	154	2406	473	61	13161	27476
陕 西	Shaanxi	190519	25048	6354797	32139	112005	56664	3713998	33119
甘 肃	Gansu	100784	18836	3259451	30199	32152	17237	740886	23105
青 海	Qinghai	27356	3679	1173914	35261	16318	7418	479708	30717
宁 夏	Ningxia	26738	3214	2179787	39916	19957	12774	671329	34203
新 疆	Xinjiang	155772	21690	14774703	41366	48814	20598	2132431	44440

6-2 续表 9 continued

地　区	Region	交通运输、仓储和邮政业 Transport, Storage and Post				住宿和餐饮业 Hotels and Catering Services			
		年末人数（人） Year-end Figures (person)	#女　性 Female	工资总额（千元） Total Wages (1000 yuan)	平均工资（元） Average wage (yuan)	年末人数（人） Year-end Figures (person)	#女　性 Female	工资总额（千元） Total Wages (1000 yuan)	平均工资（元） Average wage (yuan)
全　国	**National**	**2303175**	**617487**	**122233040**	**53592**	**1981396**	**1048425**	**60617774**	**30827**
北　京	Beijing	460395	131178	29524940	64812	260080	135873	10715292	41678
天　津	Tianjin	56443	11551	5120096	92232	57513	15925	1771001	31431
河　北	Hebei	61353	16153	3145168	50786	36075	21114	910574	25378
山　西	Shanxi	37398	10459	1079315	28736	38610	16448	1137220	30910
内蒙古	Inner Mongolia	14955	5772	534980	35476	15560	9119	498300	31344
辽　宁	Liaoning	89957	26025	4470321	50194	48871	26290	1397298	29191
吉　林	Jilin	27460	8156	860102	30016	16528	9362	432547	24945
黑龙江	Heilongjiang	17964	5664	666857	37328	21331	11042	565570	26724
上　海	Shanghai	201941	34312	14241071	68650	168806	85156	6703605	39413
江　苏	Jiangsu	127294	33450	5401739	42470	98459	55274	2981332	30166
浙　江	Zhejiang	151658	38586	8013589	53698	138074	75645	4435381	32002
安　徽	Anhui	53783	15470	1963408	36378	31790	19065	767775	26612
福　建	Fujian	49910	12285	2490420	51749	74331	39657	2208776	30112
江　西	Jiangxi	12898	5895	384230	30041	28704	17388	619019	22367
山　东	Shandong	104731	31140	4839248	46789	90284	42474	2547236	28429
河　南	Henan	66419	20638	2220489	34032	59304	33710	1566592	26235
湖　北	Hubei	75683	21527	3628584	48878	78140	45009	1952534	25324
湖　南	Hunan	59995	18083	2167262	36448	74286	43018	1831399	25124
广　东	Guangdong	326398	80058	18527496	58304	267029	133300	7898392	29840
广　西	Guangxi	49174	13560	1583984	32345	28925	17101	715393	24497
海　南	Hainan	26578	7089	1520930	58046	53472	29334	1465012	27540
重　庆	Chongqing	35829	8597	1484048	43223	61407	35299	1694077	27836
四　川	Sichuan	60939	20529	3281791	55514	54070	27983	1410158	26156
贵　州	Guizhou	11871	3764	475487	41022	29631	17090	701267	24113
云　南	Yunnan	43766	11689	1473378	33989	68246	39089	1556831	23022
西　藏	Tibet	253	43	14593	57680	17	7	1197	70412
陕　西	Shaanxi	22996	6220	950126	42473	52451	30955	1344855	25279
甘　肃	Gansu	16932	6148	514863	30390	7902	4671	155552	19917
青　海	Qinghai	4556	2020	134096	28944	3392	2054	81335	24149
宁　夏	Ningxia	4482	1603	176956	39376	4546	2539	121780	25966
新　疆	Xinjiang	29164	9823	1343473	47265	13562	7434	430474	31481

6-2 续表 10 continued

地 区	Region	信息传输、软件和信息技术服务业 Information Transmission, Software and Information Technology 年末人数(人) Year-end Figures (person)	#女 性 Female	工资总额(千元) Total Wages (1000 yuan)	平均工资(元) Average wage (yuan)	金融业 Financial Infermediation 年末人数(人) Year-end Figures (person)	#女 性 Female	工资总额(千元) Total Wages (1000 yuan)	平均工资(元) Average wage (yuan)
全 国	**National**	**1557012**	**625593**	**139217415**	**90839**	**3257275**	**1744364**	**312558452**	**97706**
北 京	Beijing	513314	189215	65674902	130837	357284	189383	64720469	186394
天 津	Tianjin	27097	11178	2316823	88975	65795	36621	6610567	102733
河 北	Hebei	40428	19268	2014873	50099	182579	100525	10443578	58121
山 西	Shanxi	17043	9284	559453	33125	59736	33320	3566164	61706
内蒙古	Inner Mongolia	6458	3541	296455	46307	36336	19810	2028805	56229
辽 宁	Liaoning	64568	31369	4483989	72007	119069	64693	7985363	67309
吉 林	Jilin	21615	10251	970485	45189	49000	25433	3061722	63581
黑龙江	Heilongjiang	36139	16683	1866531	51756	81269	37556	4082963	51717
上 海	Shanghai	65707	23787	8084961	123849	245225	132559	42122626	170115
江 苏	Jiangsu	79206	32845	6881639	89168	178655	98430	17246267	100376
浙 江	Zhejiang	118171	49160	11631025	99541	303285	171048	33409286	114457
安 徽	Anhui	19222	7828	1146436	55614	91840	48803	5638101	62415
福 建	Fujian	32423	13589	2192442	68288	85067	45497	8234957	99329
江 西	Jiangxi	33002	13247	1344534	41299	40805	22119	2182662	54717
山 东	Shandong	56711	21477	3358021	60054	207710	106640	14879513	72642
河 南	Henan	28985	13440	1435532	49734	135366	69368	8316770	62233
湖 北	Hubei	33832	13612	1572117	47050	72473	38382	4282625	60176
湖 南	Hunan	40122	14860	1961530	49171	156730	84590	9915456	63687
广 东	Guangdong	134606	52595	10731770	80761	298978	152633	30251413	102351
广 西	Guangxi	19607	9757	947669	48596	45393	24228	2991102	67744
海 南	Hainan	9155	3917	635028	69891	12857	6593	1105402	86535
重 庆	Chongqing	31806	11739	2386450	76325	94201	50898	7164260	77900
四 川	Sichuan	24336	9710	1458150	61231	94165	47970	6057589	65843
贵 州	Guizhou	11568	4404	564944	49609	42785	21510	3396162	82007
云 南	Yunnan	23674	10387	1020003	44211	34036	18527	3213985	94615
西 藏	Tibet					802	393	42736	56084
陕 西	Shaanxi	39207	15509	2279565	58589	79513	44981	4607331	56069
甘 肃	Gansu	9611	4032	331455	35071	27508	15147	1356039	50077
青 海	Qinghai	1230	269	61578	50432	3973	2219	204172	54042
宁 夏	Ningxia	2190	1005	145657	64967	12989	8225	761735	60359
新 疆	Xinjiang	15979	7635	863398	54788	41851	26263	2678632	66835

6-2 续表 11 continued

地　区	Region	房地产业 Real Estate 年末人数(人) Year-end Figures (person)	#女性 Female	工资总额(千元) Total Wages (1000 yuan)	平均工资(元) Average wage (yuan)	租赁和商务服务业 Leasing and Business Services 年末人数(人) Year-end Figures (person)	#女性 Female	工资总额(千元) Total Wages (1000 yuan)	平均工资(元) Average wage (yuan)
全　国	**National**	**2182889**	**761108**	**103696213**	**47983**	**1418179**	**534106**	**91515453**	**65637**
北　京	Beijing	324411	127885	21179889	66112	399695	179785	42991889	109029
天　津	Tianjin	38233	13761	2448315	65691	29015	4688	1821836	63964
河　北	Hebei	53092	18110	1859479	35821	12986	3767	416018	31697
山　西	Shanxi	14804	4393	499662	34834	10103	3914	273001	26544
内蒙古	Inner Mongolia	10093	3661	357299	35492	7017	2985	232065	32861
辽　宁	Liaoning	92314	35195	3433323	37283	30695	14002	1015466	33559
吉　林	Jilin	39420	12507	1331362	33636	22992	7816	797695	35530
黑龙江	Heilongjiang	34659	10771	1061571	30150	11998	5342	413292	34605
上　海	Shanghai	114874	37361	8454047	72016	92782	37204	8812722	97318
江　苏	Jiangsu	63094	22472	3320096	53523	51732	20551	2253924	41536
浙　江	Zhejiang	153636	62641	7912543	52195	165758	51498	8185256	51157
安　徽	Anhui	51914	19204	2122439	40666	17158	7943	706705	44584
福　建	Fujian	72814	25922	3648208	51065	15285	6215	580046	39163
江　西	Jiangxi	32585	11621	1322403	40883	4189	1884	181239	43483
山　东	Shandong	123786	38153	4911928	39723	34878	13562	1379000	41022
河　南	Henan	115269	35635	4242764	37039	53122	21343	1740917	32739
湖　北	Hubei	79668	22653	3362190	42651	30579	6558	1070411	35136
湖　南	Hunan	79476	26948	3018068	38547	35266	10874	1415405	40237
广　东	Guangdong	290675	93681	14430604	50614	177335	62725	10568237	61427
广　西	Guangxi	40928	15285	1255993	31143	40737	14907	1002847	24816
海　南	Hainan	35566	12138	1416986	39923	7998	2801	239988	30059
重　庆	Chongqing	65435	18593	2987196	46480	35369	4940	1076303	31325
四　川	Sichuan	54523	19554	2320726	42305	18570	7093	695800	37958
贵　州	Guizhou	46628	15677	1516588	34035	17423	4504	520792	30214
云　南	Yunnan	67040	22931	2170833	33103	39654	14230	1217283	31406
西　藏	Tibet	48	25	1349	28104	1676	531	97697	59103
陕　西	Shaanxi	41132	15218	1513309	37148	17824	7574	655655	36990
甘　肃	Gansu	10218	3924	285837	27900	1503	587	40117	27161
青　海	Qinghai	4903	1583	148022	29598	842	363	25912	30701
宁　夏	Ningxia	8442	3444	356794	40884	13854	4028	453732	33395
新　疆	Xinjiang	23209	10162	806390	35079	20144	9892	634203	31947

6-2 续表 12 continued

地 区	Region	科学研究和技术服务业 Scientific Research and Technical Services 年末人数(人) Year-end Figures (person)	#女性 Female	工资总额(千元) Total Wages (1000 yuan)	平均工资(元) Average wage (yuan)	水利、环境和公共设施管理业 Management of Water Conservancy, Environment and Public Facilities 年末人数(人) Year-end Figures (person)	#女性 Female	工资总额(千元) Total Wages (1000 yuan)	平均工资(元) Average wage (yuan)
全 国	**National**	**927515**	**285550**	**75680389**	**83362**	**243175**	**92802**	**8989758**	**37466**
北 京	Beijing	317283	108801	32000573	102713	29268	9023	1493747	50027
天 津	Tianjin	43998	10189	4837299	110066	3897	1320	215192	57050
河 北	Hebei	18917	3639	1549025	96597	9405	4300	134683	25321
山 西	Shanxi	3206	1060	193810	61861	1289	492	29316	24410
内蒙古	Inner Mongolia	2228	682	75119	33268	3317	1238	181780	42984
辽 宁	Liaoning	31557	9625	1811371	57698	9443	3393	257760	26836
吉 林	Jilin	10530	2942	443613	40706	4876	2140	103708	21161
黑龙江	Heilongjiang	7607	2773	314238	41152	3913	1631	179381	45819
上 海	Shanghai	38926	12649	6407201	166408	8514	3494	443149	52147
江 苏	Jiangsu	36302	10387	3112186	87281	15441	5312	500546	32533
浙 江	Zhejiang	91377	25240	5009472	56881	46574	17137	1788493	38593
安 徽	Anhui	14055	3507	711546	50989	8403	2530	257680	31691
福 建	Fujian	20936	8807	934309	46354	4102	1274	128579	33147
江 西	Jiangxi	1407	420	46279	33560	1826	1032	41624	23384
山 东	Shandong	26733	7722	1235476	46882	9008	3213	355941	39792
河 南	Henan	24512	7187	1141679	47210	11855	4424	421496	35084
湖 北	Hubei	19125	5754	995873	53840	4581	2070	135011	28923
湖 南	Hunan	17794	4456	917327	51932	7164	2391	217876	31246
广 东	Guangdong	100367	31704	8610805	88781	22261	10126	1020912	43761
广 西	Guangxi	18431	6701	616923	34215	7041	2767	223002	31667
海 南	Hainan	3687	1142	125429	34103	3006	1223	104307	35287
重 庆	Chongqing	19396	2415	1578066	82608	7019	2157	199252	30925
四 川	Sichuan	11061	3245	711779	65151	4976	2639	112242	22648
贵 州	Guizhou	6406	1756	224941	35893	1799	862	31262	17793
云 南	Yunnan	10713	3066	361304	34410	6004	2605	172348	28624
西 藏	Tibet								
陕 西	Shaanxi	17786	6139	1070098	60694	3350	1685	94059	27200
甘 肃	Gansu	2406	691	101616	44104	109	19	3821	35380
青 海	Qinghai	2032	585	87428	44312	248	55	7538	30893
宁 夏	Ningxia	1302	407	86893	67359	719	471	16792	19390
新 疆	Xinjiang	7435	1859	368711	46773	3767	1779	118261	35344

6-2 续表 13 continued

地 区	Region	居民服务、修理和其他服务业 Service to Households, Repair and Other Services 年末人数(人) Year-end Figures (person)	#女 性 Female	工资总额(千元) Total Wages (1000 yuan)	平均工资(元) Average wage (yuan)	教 育 Education 年末人数(人) Year-end Figures (person)	#女 性 Female	工资总额(千元) Total Wages (1000 yuan)	平均工资(元) Average wage (yuan)
全 国	**National**	**256781**	**114840**	**8659019**	**33992**	**672098**	**380741**	**28684283**	**43473**
北 京	Beijing	63658	32253	2470186	38356	82787	51861	4692712	58522
天 津	Tianjin	33653	13262	975790	30367	2829	1515	140285	48965
河 北	Hebei	2617	1063	70414	26958	6795	3677	210759	31424
山 西	Shanxi	1162	529	30914	26765	7089	4261	183805	26157
内蒙古	Inner Mongolia	1250	603	34354	26426	2890	1813	93914	32553
辽 宁	Liaoning	6370	3037	167990	25976	22085	9309	911668	39835
吉 林	Jilin	2426	841	72741	30757	7065	4213	235450	34242
黑龙江	Heilongjiang	1915	796	48131	25439	3292	1357	110696	33966
上 海	Shanghai	23820	11201	942508	39502	14506	9264	1045991	71604
江 苏	Jiangsu	5041	1812	191624	38089	27460	15008	1271988	46956
浙 江	Zhejiang	10960	4717	381953	35258	73060	47199	3674718	51666
安 徽	Anhui	2246	756	86490	36158	31140	16415	989473	32595
福 建	Fujian	3794	1700	131591	33933	23331	13935	1090609	46993
江 西	Jiangxi	134	52	4347	34776	6993	1812	217960	31204
山 东	Shandong	8981	3500	249513	28802	31425	16006	1065125	34093
河 南	Henan	8210	3473	244046	30241	65923	33600	2466448	38035
湖 北	Hubei	5896	2345	189725	32689	28808	10690	1044298	38549
湖 南	Hunan	10561	5358	373991	36501	45135	24210	1588109	35668
广 东	Guangdong	33772	16476	1116013	33008	69561	45491	3749642	55198
广 西	Guangxi	1714	781	47491	27724	16867	10480	445433	26644
海 南	Hainan	1452	732	36078	24694	10983	7352	321586	29965
重 庆	Chongqing	7411	1034	220311	30735	17373	8283	704352	40698
四 川	Sichuan	3056	1115	106299	35587	25515	13855	980696	39493
贵 州	Guizhou	5288	2355	132344	25165	9207	5239	245799	27014
云 南	Yunnan	5076	2235	134863	27218	18263	11791	531403	29330
西 藏	Tibet								
陕 西	Shaanxi	5038	2360	150964	30891	13445	6932	439737	32863
甘 肃	Gansu	165	61	2665	16152	586	206	18578	32031
青 海	Qinghai	125	41	3121	24383	2091	1639	41728	19880
宁 夏	Ningxia					2750	1675	92887	35494
新 疆	Xinjiang	990	352	42562	43609	2844	1653	78434	29744

6-2 续表 14 continued

地 区 Region	卫生和社会工作 Health and Social Service 年末人数（人）Year-end Figures (person)	#女 性 Female	工资总额（千元）Total Wages (1000 yuan)	平均工资（元）Average wage (yuan)	文化、体育和娱乐业 Culture, Sports and Entertainment 年末人数（人）Year-end Figures (person)	#女 性 Female	工资总额（千元）Total Wages (1000 yuan)	平均工资（元）Average wage (yuan)
全 国 National	**272576**	**167002**	**12073618**	**45020**	**202441**	**94819**	**10262796**	**51217**
北 京 Beijing	22044	15212	1237517	58209	54628	26665	4215969	77899
天 津 Tianjin	1569	607	72715	46374	2252	567	116328	50250
河 北 Hebei	3491	2382	107174	31365	1476	631	35640	24179
山 西 Shanxi	1786	1152	43211	24692	1372	817	24749	19472
内蒙古 Inner Mongolia	1693	1045	53840	30996	387	165	12347	31338
辽 宁 Liaoning	13604	7164	509306	38807	3766	1840	166126	44502
吉 林 Jilin	3382	2059	97107	28790	5662	2633	148077	26676
黑龙江 Heilongjiang	1202	821	38253	31931	1681	598	49829	29838
上 海 Shanghai	1476	1096	145837	97681	11033	5135	690057	61175
江 苏 Jiangsu	29334	18169	1335019	46310	10443	5974	592980	57254
浙 江 Zhejiang	25446	15977	1360547	54819	11274	5590	571669	49422
安 徽 Anhui	17334	11445	672749	39634	3375	1547	129697	39470
福 建 Fujian	6386	4281	304701	52157	3765	1614	134552	35577
江 西 Jiangxi	3936	2023	117042	33739	1968	719	176065	89328
山 东 Shandong	17276	8009	761150	45361	6001	2555	238010	40685
河 南 Henan	26325	15146	981372	37754	5511	2269	163665	30758
湖 北 Hubei	10785	6115	507613	39660	4228	1758	123677	29888
湖 南 Hunan	16804	10291	797658	48026	10706	4880	439530	41209
广 东 Guangdong	20568	13260	1228184	60738	25883	12791	1010181	40781
广 西 Guangxi	7800	5001	254775	32912	2761	894	53359	19955
海 南 Hainan	1060	702	30601	30179	2994	1307	73302	25121
重 庆 Chongqing	2310	1136	74247	33414	2826	1104	140358	49526
四 川 Sichuan	12180	7995	564149	47878	3001	971	107847	36057
贵 州 Guizhou	4229	2642	127578	31369	2012	833	48682	23875
云 南 Yunnan	11346	7179	339702	30554	6412	2818	198374	30134
西 藏 Tibet								
陕 西 Shaanxi	5908	4165	221470	38158	14508	6859	513008	35880
甘 肃 Gansu	718	487	21090	29579	387	178	8257	21336
青 海 Qinghai	1634	816	46011	30410	4	2	70	17500
宁 夏 Ningxia	163	120	5045	29503	164	102	6762	42263
新 疆 Xinjiang	787	505	17955	22931	1961	1003	73629	37318

6-2 续表 15 continued

地 区	Region	公共管理、社会保障和社会组织 Public Management, Social Security and Social Organization 年末人数（人） Year-end Figures (person)	#女 性 Female	工资总额（千元） Total Wages (1000 yuan)	平均工资（元） Average wage (yuan)
全 国	**National**	**105927**	**39489**	**2986378**	**28113**
北 京	Beijing	54732	19122	1474041	26769
天 津	Tianjin	544	311	21424	39896
河 北	Hebei	51	21	2201	43157
山 西	Shanxi	590	265	30207	45561
内蒙古	Inner Mongolia				
辽 宁	Liaoning	3344	1567	62266	18732
吉 林	Jilin				
黑龙江	Heilongjiang				
上 海	Shanghai	329	178	19948	60632
江 苏	Jiangsu	7	3	184	26286
浙 江	Zhejiang	26210	9746	812225	31048
安 徽	Anhui	103	38	4461	42486
福 建	Fujian	424	49	5811	13770
江 西	Jiangxi	713	154	17532	24974
山 东	Shandong				
河 南	Henan	11395	4888	304691	26821
湖 北	Hubei	775	309	22482	29273
湖 南	Hunan	3472	1376	90420	26423
广 东	Guangdong	1442	677	65481	45536
广 西	Guangxi	37	12	1577	42622
海 南	Hainan	659	320	16968	23899
重 庆	Chongqing				
四 川	Sichuan	40	7	624	15600
贵 州	Guizhou	181	76	3732	20619
云 南	Yunnan	242	118	6812	25609
西 藏	Tibet				
陕 西	Shaanxi	90	29	1825	20278
甘 肃	Gansu	158	67	3433	21728
青 海	Qinghai	10	5	297	27000
宁 夏	Ningxia	310	125	12386	39955
新 疆	Xinjiang	69	26	5350	77536

6-3 各地区分行业其他单位在岗职工人数和平均工资(2012年)
ON-POST STAFF AND WORKERS AND AVERAGE WAGE IN OTHER OWNERSHIP UNITS BY SECTOR AND REGION (2012)

地区	Region	总计 Total		农、林、牧、渔业 Agriculture, Forestry, Animal Husbandry and Fishery		采矿业 Mining		制造业 Manufacturing	
		年末人数(人) Year-end Figures (person)	平均工资(元) Average Wage (yuan)	年末人数(人) Year-end Figures (person)	平均工资(元) Average Wage (yuan)	年末人数(人) Year-end Figures (person)	平均工资(元) Average Wage (yuan)	年末人数(人) Year-end Figures (person)	平均工资(元) Average Wage (yuan)
全国	**National**	**73872760**	**46682**	**127146**	**27716**	**3492632**	**57414**	**37233295**	**41195**
北京	Beijing	4745054	85234	11557	38374	67766	78707	970823	63390
天津	Tianjin	1805356	59162	213	71934	64994	76903	1063603	55333
河北	Hebei	2470118	39658	1550	21854	154298	65349	1202733	36258
山西	Shanxi	1622869	51453	6109	20160	633866	73370	526055	35984
内蒙古	Inner Mongolia	835167	42032	7011	26655	139641	56019	372768	41442
辽宁	Liaoning	2405577	42559	6327	40256	167214	57040	1230184	40321
吉林	Jilin	1024416	37814	3979	18271	92791	42202	512057	38643
黑龙江	Heilongjiang	1092376	37409	7300	13283	212265	41362	429130	35916
上海	Shanghai	3707318	76306	5786	49021	402	121640	2005794	63489
江苏	Jiangsu	4841063	45008	3534	32522	50639	47453	3325748	41921
浙江	Zhejiang	7868525	44112	2171	37197	8532	52139	3631402	39963
安徽	Anhui	1749522	46251	1127	32340	205669	73477	755179	41740
福建	Fujian	4350925	41231	3608	25966	33358	36618	2829369	38511
江西	Jiangxi	1500665	39030	1320	22885	29453	33508	852890	41133
山东	Shandong	5678858	38837	3935	25577	256227	51499	3549169	36499
河南	Henan	4033401	37145	12358	27851	412353	55128	1916768	33917
湖北	Hubei	2635392	38675	1617	26384	55924	37732	1299724	37818
湖南	Hunan	2375555	39270	3271	29750	60642	36637	1078018	39688
广东	Guangdong	7897590	46860	2877	33064	16523	59922	5145404	41447
广西	Guangxi	1214105	35607	5274	26397	21749	32658	559123	32697
海南	Hainan	316812	39083	894	21729	1983	29412	86067	34844
重庆	Chongqing	2014433	42173	2031	25696	74781	39438	739631	40599
四川	Sichuan	2367796	36197	954	22923	125342	37456	1150413	34155
贵州	Guizhou	823243	36816	2188	17919	111901	43293	336068	32994
云南	Yunnan	1689442	32160	3630	18694	165729	37046	566328	31447
西藏	Tibet	5073	50527					1895	48717
陕西	Shaanxi	1160265	40174	735	31064	58109	53975	516516	36515
甘肃	Gansu	424257	36896	1262	33970	56042	64287	158829	32319
青海	Qinghai	161415	37225	3087	12006	11518	42902	71934	38570
宁夏	Ningxia	240197	49494	711	35888	59037	79485	85040	39187
新疆	Xinjiang	815975	49380	20730	23800	143884	75322	264633	46673

6-3 续表 1 continued

地 区 Region	电力、热力、燃气及水生产和供应业 Production and Supply of Electricity, Heat, Gas and Water		建筑业 Construction		批发和零售业 Wholesale and Retail Trades		交通运输、仓储和邮政业 Transport, Storage and Post	
	年末人数(人) Year-end Figures (person)	平均工资(元) Average Wage (yuan)	年末人数(人) Year-end Figures (person)	平均工资(元) Average Wage (yuan)	年末人数(人) Year-end Figures (person)	平均工资(元) Average Wage (yuan)	年末人数(人) Year-end Figures (person)	平均工资(元) Average Wage (yuan)
全 国 National	**1184751**	**58907**	**12796222**	**37211**	**5032109**	**47180**	**2228866**	**53738**
北 京 Beijing	64168	92509	352430	62444	599967	75951	438499	63885
天 津 Tianjin	23001	86441	208910	47861	132487	47382	55233	93166
河 北 Hebei	49247	72334	543523	30894	154213	27215	60604	51199
山 西 Shanxi	31820	53099	187263	39137	61683	30705	37018	28684
内蒙古 Inner Mongolia	41845	57312	132391	31435	46636	33837	14881	35593
辽 宁 Liaoning	61838	51398	313701	32537	149234	35310	88777	50287
吉 林 Jilin	38849	39315	113435	31537	64899	29589	26199	30395
黑龙江 Heilongjiang	40891	41367	126545	29314	87979	31102	17906	37398
上 海 Shanghai	17315	107903	283313	56554	511601	91446	193828	68482
江 苏 Jiangsu	54195	71677	503825	36302	263214	40941	124857	42841
浙 江 Zhejiang	41500	68467	2633538	37086	344234	48375	147188	54175
安 徽 Anhui	37374	55775	353837	40324	93740	33467	52181	36681
福 建 Fujian	36449	63056	911584	42310	174892	38908	47716	53154
江 西 Jiangxi	43228	48875	331039	35573	84046	30818	12134	30601
山 东 Shandong	65602	48274	816108	35785	343809	31882	103246	47141
河 南 Henan	74556	44969	823778	32303	221803	29912	64085	34745
湖 北 Hubei	40427	46822	616961	38897	217480	30897	72957	49746
湖 南 Hunan	35458	46555	556864	32479	136682	32357	56527	37518
广 东 Guangdong	59444	81346	489270	40868	503097	49835	315307	59172
广 西 Guangxi	23778	51341	270151	40723	71345	30998	47848	32617
海 南 Hainan	4412	51136	16084	39694	40716	33764	26491	58094
重 庆 Chongqing	48871	68153	664023	35727	158536	37031	35024	43556
四 川 Sichuan	81735	47186	569969	30633	109763	31018	59851	56141
贵 州 Guizhou	16200	46330	98599	34510	76483	28938	11609	41552
云 南 Yunnan	41383	50918	436824	26225	159754	27980	42964	34198
西 藏 Tibet			64	2406	448	27112	253	57680
陕 西 Shaanxi	38231	65709	152277	34425	109895	33348	21741	43358
甘 肃 Gansu	11950	46763	93596	30830	29280	24170	15933	31512
青 海 Qinghai	7282	57496	26509	35513	16153	30882	4556	28944
宁 夏 Ningxia	11407	48042	18883	38973	19797	34280	4354	39798
新 疆 Xinjiang	42295	54986	150928	41834	48243	44634	29099	47394

6-3 续表 2 continued

地区 Region	住宿和餐饮业 Hotels and Catering Services		信息传输、软件和信息技术服务业 Information Transmission, Software and Information Technology		金融业 Financial Intermediation		房地产业 Real Estate	
	年末人数（人） Year-end Figures (person)	平均工资（元） Average Wage (yuan)	年末人数（人） Year-end Figures (person)	平均工资（元） Average Wage (yuan)	年末人数（人） Year-end Figures (person)	平均工资（元） Average Wage (yuan)	年末人数（人） Year-end Figures (person)	平均工资（元） Average Wage (yuan)
全 国 National	**1821222**	**31546**	**1524402**	**90176**	**2533637**	**115402**	**2064793**	**48358**
北 京 Beijing	223088	43368	499647	128260	289859	213228	301313	66330
天 津 Tianjin	40574	33656	26866	87609	42464	133945	35405	66837
河 北 Hebei	35391	25412	39520	50853	125458	73653	50142	35983
山 西 Shanxi	37618	31231	16994	33190	44410	75394	14510	35026
内蒙古 Inner Mongolia	15511	31382	6453	46324	29436	62532	9914	35608
辽 宁 Liaoning	47275	29386	63080	72257	82972	83569	88367	37767
吉 林 Jilin	16278	24781	21480	45251	42401	67624	38833	33590
黑龙江 Heilongjiang	19278	27541	35920	51946	52644	68064	31700	30544
上 海 Shanghai	126836	45461	64790	122919	236240	169567	96008	75498
江 苏 Jiangsu	80229	34021	78571	89442	135156	120664	58691	54519
浙 江 Zhejiang	127558	33471	116145	100168	246477	129066	145244	52872
安 徽 Anhui	30578	26878	18974	58032	65801	79462	46026	42118
福 建 Fujian	73092	29984	30391	68671	65699	121032	70194	51243
江 西 Jiangxi	28428	22462	32037	42053	35160	60677	29978	42112
山 东 Shandong	86964	28653	55404	60692	150116	91520	118677	40249
河 南 Henan	58556	26330	27391	51352	109517	72233	112902	37434
湖 北 Hubei	70914	26159	32317	47896	53661	70243	74244	44075
湖 南 Hunan	72748	25242	39479	49420	118823	78158	76027	39139
广 东 Guangdong	260452	29852	133446	80689	254474	112000	283567	50913
广 西 Guangxi	28407	24266	19368	48782	34145	79902	39763	31300
海 南 Hainan	52651	27501	9133	69931	11915	92590	35203	39965
重 庆 Chongqing	60246	27864	31539	76653	48216	130871	63598	46872
四 川 Sichuan	52863	26451	23990	61522	65819	79188	52020	43338
贵 州 Guizhou	29357	23996	11516	49753	39054	86623	45058	34140
云 南 Yunnan	65853	23188	23203	44600	30422	104024	61640	33699
西 藏 Tibet	17	70412			781	56661	45	29133
陕 西 Shaanxi	51835	25328	38392	59226	57297	70989	39951	37480
甘 肃 Gansu	7645	20193	9158	35394	24838	53048	9917	28274
青 海 Qinghai	3367	24271	1230	50432	3965	54103	4872	29728
宁 夏 Ningxia	4391	26428	2162	65532	8605	79733	8117	41431
新 疆 Xinjiang	13222	31895	15806	55091	27812	86902	22867	35227

6-3 续表 3 continued

地 区 Region	租赁和商务服务业 Leasing and Business Services 年末人数（人）Year-end Figures (person)	平均工资（元）Average Wage (yuan)	科学研究和技术服务业 Scientific Research and Technical Services 年末人数（人）Year-end Figures (person)	平均工资（元）Average Wage (yuan)	水利、环境和公共设施管理业 Management of Water Conservancy,Environment and Public Facilities 年末人数（人）Year-end Figures (person)	平均工资（元）Average Wage (yuan)	居民服务、修理和其他服务业 Service to Households, Repair and Other Services 年末人数（人）Year-end Figures (person)	平均工资（元）Average Wage (yuan)
全 国 National	**1356850**	**62768**	**862759**	**84127**	**222866**	**38491**	**240503**	**34218**
北 京 Beijing	374993	101931	286418	104414	27953	50021	58283	38571
天 津 Tianjin	28130	63741	41015	112460	3042	64872	32985	30026
河 北 Hebei	12828	31906	17632	102263	9115	25905	2434	27586
山 西 Shanxi	9635	26503	3014	63574	1152	25174	1150	27046
内蒙古 Inner Mongolia	7017	32861	2175	33545	3317	42984	1250	26426
辽 宁 Liaoning	30024	33665	28070	56843	8070	27682	6311	26106
吉 林 Jilin	21845	35203	10069	41164	4724	20690	2407	29924
黑龙江 Heilongjiang	11747	34762	7294	41511	3824	46227	1899	25534
上 海 Shanghai	85386	91782	35477	168513	6817	57938	16216	45468
江 苏 Jiangsu	50090	41724	34258	89497	11442	35982	4953	38113
浙 江 Zhejiang	161438	51640	84349	57682	41451	39757	10586	35545
安 徽 Anhui	16928	44832	12832	52707	7600	32345	2194	38459
福 建 Fujian	15060	39112	19791	46662	3949	33768	3708	34182
江 西 Jiangxi	4157	43662	1389	33630	1810	23383	124	35809
山 东 Shandong	33434	41830	25792	47535	8921	39576	8752	28959
河 南 Henan	52579	32925	24275	47494	11000	36942	8105	29760
湖 北 Hubei	28219	35771	17894	55178	4546	29032	5618	33257
湖 南 Hunan	34328	40547	16724	53113	6667	31565	10120	37088
广 东 Guangdong	168465	60766	97909	87921	21372	44353	33508	32760
广 西 Guangxi	40179	24857	17877	34273	6918	31899	1670	28017
海 南 Hainan	7898	30143	3614	34249	2978	35434	1437	24519
重 庆 Chongqing	34629	31437	19113	83511	6739	30943	7390	30759
四 川 Sichuan	17986	38253	10500	67337	4873	22339	3042	35571
贵 州 Guizhou	17181	30316	5899	35502	1793	17740	5190	25218
云 南 Yunnan	38325	31632	9851	34165	5327	30570	4910	27727
西 藏 Tibet	1570	57868						
陕 西 Shaanxi	17624	37172	17109	61489	3227	27590	5037	30893
甘 肃 Gansu	1476	26550	2344	43501	83	35048	156	16494
青 海 Qinghai	826	30954	2020	44269	248	30893	125	24383
宁 夏 Ningxia	13401	32537	1274	68164	168	31071		
新 疆 Xinjiang	19452	32269	6781	47615	3740	35642	943	44069

6-3 续表 4 continued

地 区 Region	教 育 Education 年末人数(人) Year-end Figures (person)	教 育 Education 平均工资(元) Average Wage (yuan)	卫生和社会工作 Health and Social Service 年末人数(人) Year-end Figures (person)	卫生和社会工作 Health and Social Service 平均工资(元) Average Wage (yuan)	文化、体育和娱乐业 Culture, Sports and Entertainment 年末人数(人) Year-end Figures (person)	文化、体育和娱乐业 Culture, Sports and Entertainment 平均工资(元) Average Wage (yuan)	公共管理、社会保障和社会组织 Public Management, Social Security and Social Organization 年末人数(人) Year-end Figures (person)	公共管理、社会保障和社会组织 Public Management, Social Security and Social Organization 平均工资(元) Average Wage (yuan)
全 国 National	**607110**	**42782**	**257463**	**44747**	**194305**	**51129**	**91829**	**28894**
北 京 Beijing	63442	54803	18270	56093	51115	78211	45463	26838
天 津 Tianjin	2242	55004	1411	43748	2237	44520	544	39896
河 北 Hebei	6482	32046	3445	31419	1452	24434	51	43157
山 西 Shanxi	6854	26677	1756	24715	1372	19472	590	45561
内蒙古 Inner Mongolia	2882	32574	1654	31234	385	31390		
辽 宁 Liaoning	15311	38583	11775	38965	3713	44109	3334	18742
吉 林 Jilin	5816	31800	3123	29108	5231	27912		
黑龙江 Heilongjiang	3249	33799	1193	31706	1612	30323		
上 海 Shanghai	10132	69372	1252	107376	9862	63700	263	68234
江 苏 Jiangsu	24494	48159	27293	45429	9867	58775	7	26286
浙 江 Zhejiang	67598	51688	23671	54886	10951	49527	24492	31847
安 徽 Anhui	29252	33498	16854	40044	3276	39670	100	43210
福 建 Fujian	21951	47542	5991	50830	3724	35199	399	14481
江 西 Jiangxi	6919	31346	3879	33710	1963	89499	711	25000
山 东 Shandong	29724	34500	17033	45661	5945	40690		
河 南 Henan	63368	38107	25735	38111	5477	30886	8795	30974
湖 北 Hubei	27299	39436	10695	39727	4130	30136	765	29296
湖 南 Hunan	43030	36515	16341	48083	10391	41774	3415	26566
广 东 Guangdong	65639	54286	20027	60747	25576	40187	1233	47359
广 西 Guangxi	16231	26746	7534	33161	2709	19813	36	43694
海 南 Hainan	10785	29989	1052	29986	2860	25513	639	23900
重 庆 Chongqing	15191	43463	2202	33477	2673	51157		
四 川 Sichuan	23875	40105	11860	48343	2904	36706	37	16081
贵 州 Guizhou	8804	27257	4180	31412	1982	24146	181	21448
云 南 Yunnan	16745	29537	10243	30508	6081	30825	230	25094
西 藏 Tibet								
陕 西 Shaanxi	12051	34014	5830	38236	14318	36186	90	20278
甘 肃 Gansu	586	32031	620	30369	384	21440	158	21728
青 海 Qinghai	2075	19879	1634	30410	4	17500	10	27000
宁 夏 Ningxia	2308	37089	163	29503	162	42608	217	51359
新 疆 Xinjiang	2775	29749	747	23005	1949	37470	69	77536

6-4 各地区分行业其他单位其他就业人员和平均工资(2012)
OTHER EMPLOYMENT AND AVERAGE WAGE IN OTHER OWNERSHIP UNITS BY SECTOR AND REGION (2012)

地　区 Region	总　计 Total		农、林、牧、渔业 Agriculture, Forestry, Animal Husbandry and Fishery		采矿业 Mining		制造业 Manufacturing	
	年末人数(人) Year-end Figures (person)	平均工资(元) Average Wage (yuan)	年末人数(人) Year-end Figures (person)	平均工资(元) Average Wage (yuan)	年末人数(人) Year-end Figures (person)	平均工资(元) Average Wage (yuan)	年末人数(人) Year-end Figures (person)	平均工资(元) Average Wage (yuan)
全　国 National	**4203959**	**40720**	**7071**	**25954**	**49828**	**29313**	**556296**	**58479**
北　京 Beijing	347186	90878	286	32994	161	47125	24923	111141
天　津 Tianjin	108170	62261	26	46130	1245	56075	20430	132894
河　北 Hebei	193819	27815	7	21286	1197	25006	14309	40212
山　西 Shanxi	90514	35387	1848	30306	3358	18468	4378	22826
内蒙古 Inner Mongolia	23742	33792			3881	32316	5380	29209
辽　宁 Liaoning	127744	36241	202	28470	991	23228	14577	63699
吉　林 Jilin	36311	35353	4	9750	283	25720	9777	51867
黑龙江 Heilongjiang	109857	27184	5	6200	2316	27406	18347	22909
上　海 Shanghai	328122	67393	1519	33883	8	68222	49707	121790
江　苏 Jiangsu	206502	44246	109	22532	1063	21537	43141	86873
浙　江 Zhejiang	321411	38488	96	17354	40	26381	34698	60846
安　徽 Anhui	189684	35701	41	10057	1194	23942	12834	28341
福　建 Fujian	205352	40199	101	15826	1961	30047	34176	52458
江　西 Jiangxi	85949	26159	39	19500	463	27736	10277	23814
山　东 Shandong	317294	28643	23	14826	3420	28914	42644	38849
河　南 Henan	177405	22384	284	8535	2048	23288	14473	21390
湖　北 Hubei	160821	27656	20	18043	2100	27136	21184	31521
湖　南 Hunan	198947	27188	769	17726	1034	16950	27802	24740
广　东 Guangdong	286220	45430	229	20316	152	30291	38714	83719
广　西 Guangxi	62921	24275	201	23095	233	27043	21434	25645
海　南 Hainan	4199	38305	35	17711	2	21000	728	91083
重　庆 Chongqing	128800	30961	216	24243	369	32008	15546	33511
四　川 Sichuan	115255	26363	74	15325	3473	22266	14860	29075
贵　州 Guizhou	57892	27352	105	12167	2654	31754	6293	23496
云　南 Yunnan	164278	23962	329	16067	9400	30460	31314	21577
西　藏 Tibet	428	40351					273	27498
陕　西 Shaanxi	84567	23520			2832	47398	11619	26497
甘　肃 Gansu	22320	20704	125	29491	1456	29308	5594	20487
青　海 Qinghai	1618	25792			115	22183	378	33398
宁　夏 Ningxia	16948	35491	291	9973	39	25000	1621	31150
新　疆 Xinjiang	29683	28999	87	18197	2340	35496	4865	31802

6-4 续表 1 continued

地区 Region	电力、热力、燃气及水生产和供应业 Production and Supply of Electricity, Heat, Gas and Water		建筑业 Construction		批发和零售业 Wholesale and Retail Trades		交通运输、仓储和邮政业 Transport, Storage and Post	
	年末人数（人） Year-end Figures (person)	平均工资（元） Average Wage (yuan)	年末人数（人） Year-end Figures (person)	平均工资（元） Average Wage (yuan)	年末人数（人） Year-end Figures (person)	平均工资（元） Average Wage (yuan)	年末人数（人） Year-end Figures (person)	平均工资（元） Average Wage (yuan)
全　国 National	**26742**	**29741**	**1998244**	**31747**	**191944**	**66323**	**74309**	**49242**
北　京 Beijing	655	44176	24305	52459	35620	126813	21896	82794
天　津 Tianjin	810	33446	26540	35839	8429	76812	1210	51650
河　北 Hebei	2061	19218	105348	29731	6186	21216	749	19506
山　西 Shanxi	1161	30188	60781	40676	873	34181	380	32936
内蒙古 Inner Mongolia	128	16879	6827	36013	217	20325	74	12013
辽　宁 Liaoning	1491	29445	44099	31587	7820	29792	1180	42961
吉　林 Jilin	583	22910	12134	28212	980	31849	1261	21839
黑龙江 Heilongjiang	1495	23094	49358	31894	3632	18723	58	15036
上　海 Shanghai	189	55640	127945	36654	43922	106568	8113	72748
江　苏 Jiangsu	667	53742	71699	34066	7263	29497	2437	23777
浙　江 Zhejiang	936	34727	164932	31268	12374	33635	4470	36854
安　徽 Anhui	372	25346	132713	41392	2763	18776	1602	26414
福　建 Fujian	1264	34551	131221	39902	5726	20178	2194	17255
江　西 Jiangxi	1379	38384	58768	28265	4552	18979	764	21489
山　东 Shandong	1677	21390	185824	28529	10190	18969	1485	21590
河　南 Henan	686	18001	116150	23146	3353	18365	2334	15681
湖　北 Hubei	1023	25244	88707	27930	6473	17564	2726	26055
湖　南 Hunan	327	46850	112915	31487	3209	23310	3468	18500
广　东 Guangdong	369	91098	151582	29881	7274	74051	11091	34388
广　西 Guangxi	708	27330	21685	18866	1930	18536	1326	22563
海　南 Hainan	285	26961	230	14133	108	50596	87	43294
重　庆 Chongqing	1820	38037	54455	37312	2572	27714	805	25332
四　川 Sichuan	1720	29357	55397	22649	2919	19465	1088	19322
贵　州 Guizhou	258	29015	39345	27527	2013	21148	262	18202
云　南 Yunnan	2606	22007	96308	24258	5643	23859	802	22873
西　藏 Tibet					25	34080		
陕　西 Shaanxi	1018	23654	38242	23857	2110	21202	1255	27635
甘　肃 Gansu	180	15715	7188	22113	2872	12301	999	12642
青　海 Qinghai	5	36643	847	25616	165	17270		
宁　夏 Ningxia	393	18653	7855	42721	160	26242	128	24616
新　疆 Xinjiang	476	19134	4844	30843	571	29901	65	24689

6-4 续表 2 continued

地 区 Region	住宿和餐饮业 Hotels and Catering Services		信息传输、软件和信息技术服务业 Information Transmission, Software and Information Technology		金融业 Financial Intermediation		房地产业 Real Estate	
	年末人数（人） Year-end Figures (person)	平均工资（元） Average Wage (yuan)	年末人数（人） Year-end Figures (person)	平均工资（元） Average Wage (yuan)	年末人数（人） Year-end Figures (person)	平均工资（元） Average Wage (yuan)	年末人数（人） Year-end Figures (person)	平均工资（元） Average Wage (yuan)
全 国 National	**160174**	**22417**	**32610**	**119856**	**723638**	**35088**	**118096**	**41540**
北 京 Beijing	36992	30002	13667	220306	67425	71182	23098	63330
天 津 Tianjin	16939	26098	231	287466	23331	45008	2828	47982
河 北 Hebei	684	24026	908	19725	57121	22071	2950	32458
山 西 Shanxi	992	19775	49	11000	15326	21020	294	26873
内蒙古 Inner Mongolia	49	18959	5	9000	6900	29286	179	25443
辽 宁 Liaoning	1596	24079	1488	60411	36097	31221	3947	26481
吉 林 Jilin	250	36457	135	33046	6599	34758	587	36341
黑龙江 Heilongjiang	2053	15345	219	25012	28625	20871	2959	25299
上 海 Shanghai	41970	21101	917	188556	8985	185495	18866	54364
江 苏 Jiangsu	18230	13749	635	56128	43499	33905	4403	40099
浙 江 Zhejiang	10516	14150	2026	50251	56808	50560	8392	40114
安 徽 Anhui	1212	18777	248	33735	26039	19688	5888	29849
福 建 Fujian	1239	38998	2032	62724	19368	25693	2620	46292
江 西 Jiangxi	276	13303	965	17411	5645	18049	2607	26642
山 东 Shandong	3320	22388	1307	33374	57594	23870	5109	28313
河 南 Henan	748	18865	1594	25579	25849	20527	2367	22984
湖 北 Hubei	7226	16980	1515	27960	18812	31407	5424	23636
湖 南 Hunan	1538	19913	643	35711	37907	19298	3449	25442
广 东 Guangdong	6577	29323	1160	88528	44504	46621	7108	38933
广 西 Guangxi	518	36621	239	32991	11248	31272	1165	25912
海 南 Hainan	821	29926	22	53500	942	23411	363	35968
重 庆 Chongqing	1161	26133	267	37173	45985	23145	1837	33261
四 川 Sichuan	1207	13697	346	40188	28346	33600	2503	26741
贵 州 Guizhou	274	36230	52	20464	3731	31470	1570	31182
云 南 Yunnan	2393	18715	471	24523	3614	17058	5400	25947
西 藏 Tibet					21	35714	3	12667
陕 西 Shaanxi	616	21289	815	27991	22216	17834	1181	26040
甘 肃 Gansu	257	11126	453	25390	2670	23407	301	15231
青 海 Qinghai	25	7880			8	25375	31	17059
宁 夏 Ningxia	155	14785	28	18667	4384	20818	325	25935
新 疆 Xinjiang	340	15354	173	27580	14039	25469	342	24254

6-4 续表 3 continued

地　区 Region	租赁和商务服务业 Leasing and Business Services		科学研究和技术服务业 Scientific Research and Technical Services		水利、环境和公共设施管理业 Management of Water Conservancy,Environment and Public Facilities		居民服务、修理和其他服务业 Service to Households, Repair and Other Services	
	年末人数（人） Year-end Figures (person)	平均工资（元） Average Wage (yuan)	年末人数（人） Year-end Figures (person)	平均工资（元） Average Wage (yuan)	年末人数（人） Year-end Figures (person)	平均工资（元） Average Wage (yuan)	年末人数（人） Year-end Figures (person)	平均工资（元） Average Wage (yuan)
全　国 National	**61329**	**128682**	**64756**	**73068**	**20309**	**26456**	**16278**	**30666**
北　京 Beijing	24702	213660	30865	86305	1315	50152	5375	36042
天　津 Tianjin	885	71283	2983	69818	855	28537	668	46898
河　北 Hebei	158	14389	1285	32480	290	15091	183	18566
山　西 Shanxi	468	27738	192	34077	137	13700		
内蒙古 Inner Mongolia			53	26012				
辽　宁 Liaoning	671	28926	3487	64219	1373	21846	59	12597
吉　林 Jilin	1147	41549	461	30797	152	32708	19	123810
黑龙江 Heilongjiang	251	27552	313	32931	89	26976	16	14941
上　海 Shanghai	7396	151515	3449	144947	1697	28150	7604	26044
江　苏 Jiangsu	1642	35606	2044	52338	3999	22757	88	36880
浙　江 Zhejiang	4320	33454	7028	47177	5123	28365	374	27328
安　徽 Anhui	230	28385	1223	34460	803	25457	52	15992
福　建 Fujian	225	42445	1145	40936	153	16571	86	22919
江　西 Jiangxi	32	17966	18	28278	16	23667	10	22900
山　东 Shandong	1444	23409	941	29150	87	61770	229	22879
河　南 Henan	543	16202	237	34543	855	14971	105	92355
湖　北 Hubei	2360	27562	1231	34514	35	13515	278	20124
湖　南 Hunan	938	29034	1070	33526	497	27585	441	23144
广　东 Guangdong	8870	77245	2458	123333	889	31349	264	63043
广　西 Guangxi	558	21832	554	32323	123	19172	44	14816
海　南 Hainan	100	23495	73	25581	28	19333	15	41600
重　庆 Chongqing	740	26480	283	23422	280	30541	21	22762
四　川 Sichuan	584	29096	561	24242	103	37620	14	38929
贵　州 Guizhou	242	19238	507	40258	6	31000	98	21597
云　南 Yunnan	1329	25204	862	37232	677	15704	166	12530
西　藏 Tibet	106	77689						
陕　西 Shaanxi	200	21558	677	41329	123	17386		
甘　肃 Gansu	27	60000	62	66295	26	36480	9	10222
青　海 Qinghai	16	16733	12	51333				
宁　夏 Ningxia	453	55255	28	31071	551	14212		
新　疆 Xinjiang	692	23124	654	38175	27	21778	47	33381

6-4 续表 4 continued

地 区 Region	教 育 Education 年末人数(人) Year-end Figures (person)	教 育 Education 平均工资(元) Average Wage (yuan)	卫生和社会工作 Health and Social Service 年末人数(人) Year-end Figures (person)	卫生和社会工作 Health and Social Service 平均工资(元) Average Wage (yuan)	文化、体育和娱乐业 Culture, Sports and Entertainment 年末人数(人) Year-end Figures (person)	文化、体育和娱乐业 Culture, Sports and Entertainment 平均工资(元) Average Wage (yuan)	公共管理、社会保障和社会组织 Public Management, Social Security and Social Organization 年末人数(人) Year-end Figures (person)	公共管理、社会保障和社会组织 Public Management, Social Security and Social Organization 平均工资(元) Average Wage (yuan)
全 国 National	**64988**	**50020**	**15113**	**49723**	**8136**	**53189**	**14098**	**23223**
北 京 Beijing	19345	71017	3774	68647	3513	73813	9269	26443
天 津 Tianjin	587	25828	158	68554	15	928733		
河 北 Hebei	313	18584	46	27250	24	8750		
山 西 Shanxi	235	11047	30	23400				
内蒙古 Inner Mongolia	8	25000	39	20615	2	21000		
辽 宁 Liaoning	6774	42825	1829	37836	53	74667	10	15909
吉 林 Jilin	1249	44994	259	24808	431	9853		
黑龙江 Heilongjiang	43	46159	9	61667	69	16593		
上 海 Shanghai	4374	76852	224	43327	1171	40847	66	29156
江 苏 Jiangsu	2966	35964	2041	58223	576	31180		
浙 江 Zhejiang	5462	51391	1775	53933	323	45926	1718	20198
安 徽 Anhui	1888	19538	480	25941	99	33020	3	28000
福 建 Fujian	1380	38292	395	70969	41	69190	25	1435
江 西 Jiangxi	74	17959	57	35466	5	21800	2	16000
山 东 Shandong	1701	26883	243	24414	56	40276		
河 南 Henan	2555	36192	590	22504	34	16065	2600	13091
湖 北 Hubei	1509	23925	90	31776	98	19213	10	25000
湖 南 Hunan	2105	18422	463	46017	315	23225	57	19382
广 东 Guangdong	3922	70900	541	60404	307	86867	209	34876
广 西 Guangxi	636	23644	266	25828	52	27115	1	4000
海 南 Hainan	198	28584	8	54375	134	16123	20	23850
重 庆 Chongqing	2182	20883	108	32108	153	20563		
四 川 Sichuan	1640	30739	320	31132	97	15385	3	9667
贵 州 Guizhou	403	21709	49	27878	30	6323		
云 南 Yunnan	1518	27010	1103	31036	331	18373	12	36500
西 藏 Tibet								
陕 西 Shaanxi	1394	22640	78	32449	190	13692		
甘 肃 Gansu			98	24622	3	8000		
青 海 Qinghai	16	20000						
宁 夏 Ningxia	442	26519			2	15000	93	13344
新 疆 Xinjiang	69	29573	40	21474	12	17467		

七、乡镇企业就业人员

EMPLOYMENT IN TOWNSHIP AND VILLAGE ENTERPRISES

7-1 乡镇企业单位数
TOWNSHIP AND VILLAGE ENTERPRISES

单位：万个 (10 000 units)

年 份 Year	合 计 Total	农林牧渔业 Farming Forestry Animal husbandry & Fishery	工业企业 Industry	建筑业 Constructure	交通运输仓储业 Transport Storage	批发零售业 Wholesale and Retail Trade	住宿及餐饮业 Hotels and Catering Services	社会服务业 Social Services	其他企业 Others
1978	152.42	49.46	79.40	4.67	6.51	12.38			
1979	148.04	44.39	76.71	4.97	8.21	13.76			
1980	142.46	37.83	75.78	5.08	8.94	14.83			
1981	133.75	31.90	72.54	4.83	8.89	15.59			
1982	136.17	29.28	74.92	5.38	9.58	17.01			
1983	134.64	26.98	74.40	5.70	9.16	18.40			
1984	606.52	24.84	481.22	8.04	12.96	79.46			
1985	1222.45	22.42	493.03	8.26	10.61	688.13			
1986	1515.30	23.97	635.50	89.25	261.98	504.60			
1987	1750.24	23.12	708.28	90.25	325.24	603.35			
1988	1888.16	23.28	773.52	95.58	372.55	623.23			
1989	1868.63	22.68	736.47	92.55	379.88	637.05			
1990	1850.40	22.40	722.00	90.40	381.40	634.20			
1991	1908.88	23.09	742.57	88.81	400.34	654.07			
1992	2091.62	24.92	793.82	98.49	436.95	737.77			
1993	2452.90	27.90	918.40	121.70	486.40	656.30			
1994	2494.47	24.64	698.58	82.99	369.11	759.63	292.93		266.58
1995	2202.67	27.77	718.16	106.75	495.17	697.77	94.45		62.60
1996	2336.33	28.94	756.43	104.58	546.49	761.71			
1997	907.50	21.46	378.22	41.62	143.06	211.08	86.75		25.30
1998	2004.00	18.90	662.00	82.10	414.80	545.50	221.10		59.50
1999	2070.90	16.50	673.50	82.50	412.70	583.10	241.40		61.10
2000	2084.66	15.12	674.01	79.52	412.52	591.30	249.19		63.01
2001	2115.54	12.74	672.17	76.26	412.86	614.17	262.70		64.64
2002	2132.69	32.17	627.68	69.75	380.13	627.12	211.02	106.29	78.53
2003	2185.08	41.43	643.13	68.06	383.45	647.85	213.20	124.22	63.74
2004	2213.22	41.44	640.28	65.41	377.50	677.35	208.58	136.61	66.05
2005	2249.59	41.18	632.99	64.29	379.86	690.94	215.09	152.98	72.27
2006	2314.47	41.08	656.57	65.43	381.23	712.56	218.70	158.05	80.84
2007	2390.89	17.96	285.27	20.81	58.29	124.90	41.62	28.89	21.65
2008	2599.21	18.54	744.67	73.40	427.64	807.25	248.22	180.79	98.69
2009	2678.94	17.13	277.44	22.00	53.32	119.87	41.76	31.42	27.01
2010	2742.46	17.35	294.11	20.84	53.87	125.01	44.86	33.05	27.62
2011	2844.15	18.39	306.57	21.71	54.58	132.39	48.48	34.91	27.69
2012	671.78	19.62	319.90	21.52	54.44	137.92	51.21	38.26	28.91

注：1.本表1978－1983年为乡村两级数，1984年以后为乡镇企业全部数(以下同)。
2.1997年乡镇企业数统计口径有所调整,与以前数据不可比(以下同)。
3.2007、2009年及以后数据按行业分组不含个体工商户(下表同)。
4.2012年数据不含个体工商户(下表同)。

Note: a) Figures for 1978-1983 included only township and village level enterprises, since 1984 figuers has been covered all township and village enterprises(the same below).
b) In 1997 the statistical coverage of township and village enterprises was adjusted(the same below).
c) Data in 2007.since 2009 are not included individuals in each sector (the same below).
d) Data in 2012 are not included individuals (the same below).

7-2 乡镇企业就业人数

EMPLOYMENT IN TOWNSHIP AND VILLAGE ENTERPRISES

单位: 万人 (10 000 persons)

年 份 Year	合 计 Total	农林牧渔业 Farming Forestry Animal husbandry & Fishery	工业企业 Industry	建筑业 Constructure	交通运输仓储业 Transport Storage	批发零售业 Wholesale and Retail Trade	住宿及餐饮业 Hotels and Catering Services	社会服务业 Social Services	其他企业 Others
1978	2826.56	608.42	1734.36	235.62	103.83	144.33			
1979	2909.34	533.00	1814.38	298.45	116.90	146.61			
1980	2999.67	456.07	1942.30	334.67	113.56	153.07			
1981	2969.56	379.94	1980.80	348.83	107.38	152.61			
1982	3112.91	344.00	2072.81	421.29	112.94	161.87			
1983	3234.64	309.22	2168.14	482.72	109.71	164.85			
1984	5208.11	283.93	3656.07	683.49	129.30	455.32			
1985	6979.03	252.38	4136.70	789.95	114.18	1685.82			
1986	7937.14	240.80	4761.96	270.37	541.26	1122.75			
1987	8805.18	244.18	5266.69	373.98	623.14	1297.19			
1988	9545.45	249.99	5703.39	1484.81	684.16	1423.10			
1989	9366.78	239.30	5624.10	1403.73	699.37	1400.28			
1990	9264.75	236.06	5571.69	1346.84	711.22	1398.94			
1991	9609.11	243.08	5813.55	1384.33	732.31	1435.84			
1992	10624.59	261.82	6336.40	1552.42	799.74	1674.34			
1993	12345.30	285.40	7259.60	1826.90	931.40	1407.80			
1994	12017.47	260.46	6961.51	1622.04	725.59	1614.53	418.17		415.16
1995	12862.06	313.52	7564.72	1932.52	952.03	1677.42	225.22		196.63
1996	13508.29	336.00	7860.14	1948.84	1062.32	2447.87			
1997	9158.28	276.96	6149.44	1273.40	382.03	622.99	347.74		105.72
1998	12536.55	273.91	7334.23	1633.75	886.34	1418.90	767.63		221.79
1999	12704.09	247.38	7395.32	1613.45	885.72	1514.02	834.90		213.29
2000	12819.57	222.04	7466.73	1581.09	898.49	1556.93	864.04		230.25
2001	13085.58	200.03	7615.11	1564.41	902.69	1643.74	924.54		235.07
2002	13287.71	205.37	7667.61	1460.36	861.62	1691.27	830.78	301.94	268.76
2003	13572.93	290.42	7856.23	1408.44	847.95	1673.36	829.87	380.27	286.39
2004	13866.17	284.72	8160.54	1375.98	844.47	1699.30	817.91	425.94	257.32
2005	14272.36	285.21	8452.06	1362.75	846.86	1784.47	854.11	419.23	267.67
2006	14680.11	273.05	8502.72	1266.89	946.87	1958.33	886.68	537.29	308.28
2007	15089.76	179.48	6836.55	732.51	270.13	639.94	333.17	173.85	163.39
2008	15450.56	185.64	8972.14	1348.83	1010.47	2075.01	950.21	582.49	325.77
2009	15588.24	182.11	6945.55	791.18	277.67	687.29	353.05	208.28	188.38
2010	15892.56	180.95	7105.25	803.78	277.37	676.92	361.91	214.17	195.40
2011	16186.43	201.22	7164.19	806.90	281.00	720.80	395.31	232.92	211.11
2012	10149.97	223.30	7155.73	801.85	294.35	771.40	426.30	253.75	223.30

八、职业培训与技能鉴定

VOCATIONAL TRAINING AND SKILL APPRAISAL

8-1 技工学校综合情况

单位：亿元、万人

年 份 Year	技工学校个数（个） Number of Vocational Schools (unit)	招生人数 Students Newly Enrolled	在校学生人数 Number of Students in School	毕业生人数 Number of Graduates	在职教职工人数 Total Teachers and Staff	文化技术理论课教师 Teachers of Cultural and Technical Theory	生产实习指导教师 Production Guide Teachers
绝对数 Absolute figure							
1990	4184	50.6	133.2	24.3	30.8	10.4	3.2
1995	4521	74.6	189.0	68.5	33.7	11.5	3.9
2000	3792	50.4	140.1	64.6	24.0	10.5	3.5
2001	3470	55.1	134.7	47.7	22.0	10.0	3.4
2002	3075	73.3	153.0	45.4	20.3	9.5	3.2
2003	2970	91.6	193.1	45.3	20.2	9.6	3.4
2004	2884	109.7	234.4	53.5	20.4	9.6	3.8
2005	2855	118.4	275.3	69.0	20.4	9.7	3.8
2006	2880	134.8	320.8	86.4	21.5	10.4	4.2
2007	2995	158.5	367.1	99.7	24.0	11.2	5.0
2008	3075	161.4	397.5	109	24.7	12.2	5.4
2009	3064	156.4	414.3	115.2	25.8	12.5	6.0
2010	2998	158.6	421.0	121.3	26.5	12.7	6.3
2011	2914	163.5	429.4	118.9	26.5	12.9	6.3
2012	2892	156.8	422.8	120.2	26.7	13.0	6.6
比上年增长(%) Increase over Preceding year(%)							
1995	2.1	4.5	1.0	23.0	-1.0	0.9	1.6
2000	-7.5	-2.3	-10.2	-2.5	-11.0	-6.9	-6.7
2001	-8.5	9.4	-3.8	-26.1	-8.3	-4.9	-3.7
2002	-11.4	33.0	13.6	-4.9	-7.4	-5.0	-6.8
2003	-3.4	24.9	26.2	-0.2	-0.7	1.5	7.3
2004	-2.9	19.8	21.4	18.1	1.0		11.8
2005	-1.0	7.9	17.4	29.0		1.0	
2006	0.9	13.9	16.5	25.2	5.4	7.2	10.5
2007	4.0	17.6	14.4	15.4	11.6	7.7	19.0
2008	2.7	1.8	8.3	9.3	2.9	8.9	8.0
2009	-0.4	-3.1	4.2	5.7	4.6	2.8	11.6
2010	-2.2	1.4	1.6	5.4	2.6	1.2	4.3
2011	-2.8	3.1	2.0	-2.0	0.0	1.8	-0.4
2012		-4.1	-1.5	1.1	0.8	0.3	6.1

GENERAL CONDITION OF VOCATIONAL SCHOOLS

(100 million yuan，10 000 persons)

兼职教师人数 Part-time Teachers	经费来源合计 Resourses of Funds	#事业经费 Operating Funds	#公司经费 Company Funds	经费支出合计 Expenditure	培训社会人员人次 Person-time of Trainees from the Society	培训社会人员结业人数 Graduates of Trainees Recruited from the Society
1.7	15.6	6.1	2.3	17.5		
1.9	53.7	13.2	4.4	43.3	89.9	71.3
2.7	56.9	21.9	3.2	59.4	158.5	156.7
2.6	68.1	23.6	3.2	64.6	151.7	163.9
2.6	67.4	28.2	2.8	67.1	208.6	196.9
3.0	81.4	30.5	2.8	80.5	226.9	223.7
2.9	112.5	37.4	5.2	102.8	265.6	257.5
3.2	123.4	37.8	3.8	124.0	273.3	270.1
3.6	143.1	43.9	3.0	148.7	337.7	330.2
3.8	198.2				380.7	369.8
4.1	204.4				400.0	389.8
4.3	237.3				484.1	382.9
4.4	260.4				468.4	371.3
4.3	271.5				527.5	416.1
4.3	306.1				551.3	441.6
8.2	18.6	11.1	14.3	18.0	6.8	3.9
-6.3	-4.6	0.8	-30.1	-0.9	6.3	8.4
-4.1	19.7	7.7	0.6	8.7	-4.3	4.6
-2.4	-1.1	19.4	-13.6	3.8	37.6	20.2
17.4	20.8	8.2	0.1	20.0	37.6	20.2
-3.3	38.2	22.6	85.7	27.7	17.1	15.1
10.3	9.7	1.0	-26.9	20.6	2.9	4.9
12.5	16.0	16.1	-21.1	19.9	23.6	22.3
5.6	38.5				12.7	12.0
7.9	3.1				5.1	5.4
5.2	16.1				21.0	-1.8
1.0	9.7				-3.2	-3.0
-1.7	4.3				12.6	12.1
0.6	12.7				4.5	6.1

8-2 各地区技工学校综合情况(2012年)

地　区 Region	技工学校个数(个) Number of Vocational Schools (unit)	#劳动预备制度定点培训机构数 Number of Labor Pre-partory System Training Agency	在职教职工人数(人) Total Teachers and Staff (person)	#女性 Female	文化技术理论课教师 Teachers of Cultural and Technical Theory	#高级讲师 Senior Lecturers
全　国 National	**2892**	**1201**	**266994**	**114022**	**129753**	**34708**
北　京 Beijing	35	17	3647	1822	1388	388
天　津 Tianjin	31	7	3249	1391	1250	443
河　北 Hebei	170	35	13188	6268	6736	2036
山　西 Shanxi	99	61	8811	4024	4365	1113
内蒙古 Inner Mongolia	34	22	3267	1617	1856	622
辽　宁 Liaoning	146	50	10152	4703	5284	1613
吉　林 Jilin	135	39	6058	3075	3514	1139
黑龙江 Heilongjiang	134	43	12338	5946	6187	2384
上　海 Shanghai						
江　苏 Jiangsu	126	40	17563	7723	8837	2269
浙　江 Zhejiang	66	38	8431	3472	4238	968
安　徽 Anhui	88	31	6452	2545	3432	1016
福　建 Fujian	71	19	4834	2044	2485	755
江　西 Jiangxi	105	49	11987	4430	5805	1748
山　东 Shandong	213	96	29909	11371	15384	4749
河　南 Henan	183	86	14864	6284	6758	1514
湖　北 Hubei	130	39	9225	3543	4692	1296
湖　南 Hunan	129	62	11552	4783	5577	1490
广　东 Guangdong	243	57	28382	11457	12487	1987
广　西 Guangxi	49	30	5870	2219	2786	548
海　南 Hainan	10	2	1482	610	788	172
重　庆 Chongqing	80	80	5569	3296	2204	585
四　川 Sichuan	92	32	8064	3280	3993	878
贵　州 Guizhou	65	26	2977	1237	1255	284
云　南 Yunnan	37	19	4595	1934	2223	620
陕　西 Shaanxi	222	73	15926	6824	6827	1469
甘　肃 Gansu	79	41	4553	1709	2296	493
青　海 Qinghai	18	18	2414	1153	1217	384
宁　夏 Ningxia	19	7	2290	1051	961	325
新　疆 Xinjiang	83	82	9345	4211	4928	1420

GENERAL CONDITION OF VOCATIONAL SCHOOLS BY REGION (2012)

#讲师 Lecturers	#助理讲师 Assistant Lecturers	生产实习指导教师 Production Guide Teachers	高级实习指导教师 Senior	一级实习指导教师 Class One	二级实习指导教师 Class Two	三级实习指导教师 Class Three	技师和高级技师 Technician and Senior Technician
47311	**36345**	**66461**	**8104**	**14051**	**12621**	**6952**	**19072**
563	285	705	140	146	132	46	228
397	365	671	134	181	205	38	75
2414	1820	2619	331	516	420	137	795
1388	1366	1855	189	394	320	325	615
639	346	875	111	146	127	56	194
2001	1237	1730	164	301	274	175	561
1319	814	1193	178	243	208	103	398
2168	1269	2508	327	480	368	212	768
3322	2491	4118	477	928	806	359	1190
1454	1087	1647	179	393	267	111	647
1233	903	1243	176	186	190	161	337
676	636	1159	153	227	290	146	212
2117	1481	5662	878	1212	1092	904	1338
5850	4080	6067	914	1502	1094	445	1831
2368	2299	4057	451	856	891	411	1229
1972	1132	2228	343	550	452	220	554
2119	1441	3248	322	924	705	278	806
4595	4913	8287	619	1901	1580	740	3257
1079	942	1671	111	263	334	141	691
202	346	524	82	92	139	27	184
971	484	2586	456	460	535	545	528
1393	1111	1667	169	326	419	253	326
541	317	711	74	130	146	99	139
692	700	1605	158	230	177	114	396
2238	2008	3748	392	586	735	506	997
904	727	939	88	243	236	213	159
430	306	491	115	120	68	37	127
308	271	470	75	67	110		97
1958	1168	2177	298	448	301	150	393

8-2 续表 1

地 区 Region	一体化教师 Allround Teachers	兼职教师人数 Part-time Teachers	经费来源(亿元) Resouses of Funds (100 million yuan)	招生学校数(所) Number of School (unit)	招生人数(人) Students Newly Enrolled (person)
全 国 National	**64282**	**43050**	**306.1**	**2170**	**1567530**
北 京 Beijing	1029	1172	10.8	22	19163
天 津 Tianjin	761	247	4.3	28	8335
河 北 Hebei	2628	1896	9.9	133	55585
山 西 Shanxi	1559	1412	9.8	68	42601
内蒙古 Inner Mongolia	699	496	2.5	26	7414
辽 宁 Liaoning	1691	1000	13.9	78	26074
吉 林 Jilin	1494	829	4.0	71	21604
黑龙江 Heilongjiang	2772	2447	9.7	103	94975
上 海 Shanghai					
江 苏 Jiangsu	4890	3557	24.8	119	105525
浙 江 Zhejiang	2270	1049	17.2	64	35537
安 徽 Anhui	1494	1159	6.7	65	20686
福 建 Fujian	1099	1155	7.2	69	103818
江 西 Jiangxi	3884	2486	9.4	92	56419
山 东 Shandong	7111	3669	36.1	185	154546
河 南 Henan	4034	2542	12.1	124	108398
湖 北 Hubei	1873	1280	5.4	95	46595
湖 南 Hunan	2800	1960	7.2	78	46643
广 东 Guangdong	7788	2469	56.3	177	301322
广 西 Guangxi	1775	644	7.2	48	43044
海 南 Hainan	647	97	2.0	10	9020
重 庆 Chongqing	941	1378	3.8	55	51141
四 川 Sichuan	2117	1744	9.2	69	41243
贵 州 Guizhou	557	759	3.1	33	16647
云 南 Yunnan	1663	1489	5.7	37	39391
陕 西 Shaanxi	2323	2832	9.9	192	53612
甘 肃 Gansu	665	802	5.1	50	26620
青 海 Qinghai	438	356	2.2	13	6769
宁 夏 Ningxia	469	462	2.1	9	1796
新 疆 Xinjiang	2811	1662	8.5	57	23007

continued

#高级班学生 Senior Class	#农业户口学生 New Students from Rural	在校学生人数（人） Number of Students in School (person)	#女生 Female	#高级班学生 Senior Class	#农业户口学生 New Students from Rural	毕业生人数（人） Number of Graduates (person)	#获得中级职业资格 Won Medium Certificates
392549	**1100510**	**4228216**	**1211737**	**1142266**	**2982551**	**1202123**	**793076**
8100	10516	43461	14205	15564	27770	14579	7881
2685	5586	21346	5043	8713	11189	8471	4045
8827	43607	145272	40702	26649	101841	52701	37431
11806	28786	116802	30997	29791	89713	35280	28352
1714	2631	18181	4424	4315	9650	5587	2455
6823	15608	85417	15514	23512	48500	27304	18185
2837	7280	43543	10506	3741	22659	16381	10375
5714	72739	225762	93257	21082	172901	55013	42569
38472	64677	280292	76959	94780	193026	86911	45506
12250	25077	106085	27335	34116	78629	26618	17909
4304	14296	56048	16250	12394	40258	22674	14818
4638	22190	156962	29883	13412	59082	77412	69896
9192	44821	150271	58685	26849	128484	48893	24020
58597	135303	401207	115554	154715	353093	113066	53390
20320	88069	278814	66091	56323	206154	84745	60587
9784	37095	137793	49916	25084	83479	54560	32738
21400	43117	178055	41802	65825	87384	41949	23260
96956	205277	885190	232409	292999	530756	141228	95224
3394	37509	102160	29685	11315	89158	45403	40776
2184	6589	30474	6935	6797	22866	6277	5456
6882	35797	133866	46515	22592	101084	34501	27345
6920	30874	107175	30003	21455	85496	33009	20176
2758	10100	38001	11726	7550	29567	8240	5833
11644	21708	102783	28856	34489	86194	24390	16587
21671	48105	206414	68212	80745	181288	89105	56030
8441	22547	96116	34007	35318	85599	25182	13723
446	4762	21154	8108	1805	15445	7265	5593
634	1020	8178	2746	2328	6009	3233	2550
3156	14824	51394	15412	8008	35277	12146	10366

8-2 续表 2

单位：人

地区	Region	#获得高级职业资格 Won Senior Certificates	培训社会人员（人次） Person-time of Trainees from the Society (person-time)	培训社会人员结业人数 Graduates of Trainees Recruited from the Society	按培训对象分组 Grouped by Trainee 失业人员 Unemployment Workers	劳动预备制人员 Pupils of Labour Preparatory System
全国	**National**	**294003**	**5512989**	**4415681**	**467857**	**329995**
北京	Beijing	5738	113458	90562	5470	3145
天津	Tianjin	3736	108352	98247	830	7161
河北	Hebei	10364	157260	117593	11778	8261
山西	Shanxi	5354	109354	99141	10935	15818
内蒙古	Inner Mongolia	1327	84589	60107	9642	2744
辽宁	Liaoning	7713	205181	154045	37108	10491
吉林	Jilin	2742	73399	44789	21009	4143
黑龙江	Heilongjiang	4645	276266	247361	77990	9760
上海	Shanghai					
江苏	Jiangsu	36985	498147	373799	30735	29037
浙江	Zhejiang	6511	269045	210478	17252	11434
安徽	Anhui	3749	165056	119392	14297	11311
福建	Fujian	4073	196605	137273	5127	3272
江西	Jiangxi	15016	109791	92472	6141	13162
山东	Shandong	44904	476517	329855	46154	40233
河南	Henan	16435	436038	370345	40193	26416
湖北	Hubei	7170	169862	155609	16698	6900
湖南	Hunan	17656	266387	204075	23367	38527
广东	Guangdong	44449	404250	301826	15793	12769
广西	Guangxi	3371	119051	95613	5457	14802
海南	Hainan	774	28768	12204	4250	1344
重庆	Chongqing	6008	190247	139795	7686	6953
四川	Sichuan	4120	181758	148012	9923	5830
贵州	Guizhou	1501	70060	63233	2867	5165
云南	Yunnan	5954	136327	123924	8864	8186
陕西	Shaanxi	23623	162591	155497	7820	13913
甘肃	Gansu	6853	99874	82742	17826	6843
青海	Qinghai	1461	24098	24077	1217	121
宁夏	Ningxia	485	25453	23488	1936	266
新疆	Xinjiang	1286	355205	340127	9492	11988

continued

(person)

按培训对象分组 Grouped by Trainee		按获取证书分组 Grouped by Certification Level				就业	
在职职工 Workers	农村劳动者 Rural Workers	初级职业资格 Primary Certificates	中级职业资格 Medium Certificates	高级职业资格 Senior Certificates	技师和高级技师资格 Technicians and Senior Technicians Certificates	人数 Employment	#高级班学生 Students in Senior Class
2751436	**1343955**	**1509330**	**1013668**	**315386**	**96645**	**1169717**	**319428**
76401	12568	24556	14165	14217	3373	14228	5924
55835	17660	17660	58664	11167	5583	8262	3781
84791	43123	23234	25744	12267	6961	51378	10637
59080	13715	9871	57408	8730	1773	34554	7344
49814	14998	14582	6648	4538	2108	5307	1638
112213	31792	29566	16470	4573	3115	26387	8328
33036	11778	20410	7918	3472	349	15913	2742
81242	71765	127489	47273	14501	4856	52952	5130
310395	67380	64505	107723	42449	8875	84129	35265
169932	54414	77240	24388	21212	6226	26088	6213
63934	42393	45072	22594	7969	1776	21967	5684
84683	33104	34678	28503	5420	2742	76804	4117
65679	8998	34549	12702	9731	3169	46790	17685
219079	108430	142740	57023	27038	10437	110187	45890
211974	104207	88110	100584	23525	6744	82463	16354
77071	49356	59239	33440	7058	4543	52181	10648
127544	51543	104197	64342	17486	3573	41365	17585
167512	187219	100214	129856	23774	7513	139510	44004
45800	37969	45933	16458	11251	2579	44584	2939
8366	9204	2163	2516	1914		6101	774
123483	40100	96991	27412	4109	486	33826	6008
83937	63233	39081	34183	7026	1821	32401	5295
45421	11994	12763	4187	1262	696	8046	1536
50271	53027	101529	12731	7092	1165	23576	5880
88136	45508	60067	46878	7715	815	84554	35937
26512	31465	23150	12787	2486	924	23933	8100
14931	5859	6742	2178	1133	69	7215	1480
10302	12500	11957	4803	2219	1312	3222	777
204062	108653	91042	34090	10052	3062	11794	1733

8-3 各地区就业训练中心综合情况(2012年)

单位：人

地区 Region	就业训练中心个数(个) Number of Employment Trainning Centers (unit)	在职教职工总人数 Total Teachers and Staff	#教师 Teachers	兼职教师人数 Part-time Teachers	经费来源总计(亿元) Resouses of Funds (100 million yuan)
全　国 National	**3913**	**58405**	**40118**	**58611**	**26.8**
北　京 Beijing	18	488	229	491	0.6
天　津 Tianjin	19	408	124	844	0.3
河　北 Hebei	294	4915	2977	1730	0.2
山　西 Shanxi	78	1273	764	446	6.6
内蒙古 Inner Mongolia	104	785	561	535	0.5
辽　宁 Liaoning	179	1953	1313	1333	0.9
吉　林 Jilin	65	752	497	504	0.3
黑龙江 Heilongjiang	73	848	578	616	0.5
上　海 Shanghai					
江　苏 Jiangsu	103	2413	1345	2195	2.2
浙　江 Zhejiang	65	410	189	768	0.6
安　徽 Anhui	117	1528	1086	795	0.7
福　建 Fujian	114	1111	575	976	0.3
江　西 Jiangxi	221	3120	1975	1309	1.6
山　东 Shandong	1037	18757	14144	32111	1.9
河　南 Henan	160	1847	922	1689	1.8
湖　北 Hubei	120	1980	1298	959	1.1
湖　南 Hunan	310	4818	3973	4357	1.8
广　东 Guangdong	144	2286	1487	2083	1.3
广　西 Guangxi	36	621	442	321	0.3
海　南 Hainan	28	12	343	47	0.0
重　庆 Chongqing	38	251	159	273	0.4
四　川 Sichuan	158	1525	1203	1359	0.8
贵　州 Guizhou	44	463	165	366	0.2
云　南 Yunnan	3			3	0.0
西　藏 Xizang	8				0.0
陕　西 Shaanxi	152	2740	1933	1083	0.9
甘　肃 Gansu	96	1452	716	434	0.3
青　海 Qinghai	27	373	298	254	0.1
宁　夏 Ningxia	22	154	100	128	0.1
新　疆 Xinjiang	80	1122	722	602	0.8

EMPLOYMENT TRAINNING CENTERS BY REGION (2012)

(person)

财政补助费 Financial Allowance	职业培训补贴 Occupational Training Allowance	就业训练人数 Trainees	#女性 Female	结业人数 Number of Graduates	按训练对象分组 Grouped by Personnel: 劳动预备制学员 Pupils of Labour Preparatory System	按训练对象分组 Grouped by Personnel: 失业人员 Unemployment Workers
7.4	**17.3**	**8505094**	**4110293**	**7558849**	**407221**	**2868924**
0.1	0.4	75729	32155	72308	412	27459
0.1	0.3	97701	37482	78763		7629
0.0	0.2	265160	117089	217161	16654	103848
2.9	3.7	252952	99862	209827	14769	52682
0.1	0.4	91101	37085	89825	763	44750
0.9		1500083	900050	1350074	10491	975053
0.0	0.3	191362	71287	155897	7561	56635
0.3	0.2	192700	95827	186823	13463	98848
0.5	1.6	738104	365171	689207	27620	250375
0.2	0.3	196874	94590	172291	2043	50454
0.1	0.5	252962	132561	252168	36815	62141
0.2	0.1	172095	66513	166634	2123	26742
0.4	1.1	479229	221212	454962	18001	114034
0.6	1.1	695801	312359	648225	43459	185124
0.2	0.2	498563	243623	477253	30212	221233
0.1	1.0	458577	227383	407259	25788	125403
0.1	1.6	612789	292623	509436	61453	129183
0.2	1.1	584271	285446	417307	19416	57323
0.0	0.2	48604	21803	48339	1224	9045
0.1	0.0	9416	20155		9433	463
0.1	0.3	44376	21220	41125	177	21548
0.1	0.7	227600	106755	218268	8244	53280
0.0	0.1	38227	17389	36980	3224	9582
	0.0	7278	282	7254	6357	253
	0.0	38576	11861	24200		15517
0.1	0.7	257190	110793	209782	32929	53309
0.1	0.2	137646	63398	131492	8922	64136
0.0	0.1	26873	10176	26292		7944
0.0	0.0	55354	21453	49804		13728
0.0	0.7	257901	72690	209893	5668	31203

8-3 续表

单位：人

地　区	Region	按训练对象分组 Grouped by Personnel			按训练期限分组 Grouped by Duration
		农村劳动者 Rural Workers	在职职工 Workers	其他 Others	六个月以下 Less than Half a Year
全　国	**National**	**2894812**	**1109981**	**995059**	**7608577**
北　京	Beijing	37611	8508	1518	70263
天　津	Tianjin	60273	17489	7874	77821
河　北	Hebei	87740	10565	29011	237079
山　西	Shanxi	110648	55881	12065	232345
内蒙古	Inner Mongolia	35988	3002	6598	81990
辽　宁	Liaoning	270015	2650	241874	1343119
吉　林	Jilin	57329	37527	30450	180769
黑龙江	Heilongjiang	57426	9667	13296	170536
上　海	Shanghai				
江　苏	Jiangsu	208638	148432	96848	716926
浙　江	Zhejiang	34871	65307	36396	195153
安　徽	Anhui	132103	19526	2377	243865
福　建	Fujian	85228	26241	6855	167108
江　西	Jiangxi	236040	41715	68221	464201
山　东	Shandong	235747	97622	84886	621483
河　南	Henan	85645	2563	87987	381235
湖　北	Hubei	192792	57932	41409	410841
湖　南	Hunan	137857	284296		413645
广　东	Guangdong	227897	126538	133675	575364
广　西	Guangxi	11848	9282	17180	39656
海　南	Hainan	2147	15782	1127	636
重　庆	Chongqing	16122	1755	4774	41827
四　川	Sichuan	123340	23521	19215	216036
贵　州	Guizhou	16582	2208	2096	38227
云　南	Yunnan	339		47	921
西　藏	Xizang	18087	1024	3948	10545
陕　西	Shaanxi	130267	17483	18223	209489
甘　肃	Gansu	36987	7265	9186	134757
青　海	Qinghai	18543		386	26873
宁　夏	Ningxia	31948	4265	3196	54351
新　疆	Xinjiang	194754	11935	14341	251516

continued

(person)

按训练期限分组 Grouped by Duration		按获取证书分组 Grouped by Certification Level				就业人数 Employment
六个月至一年 Half to One Year	一年以上 More than One Year	初级职业资格 Primary Certificates	中级职业资格 Medium Certificates	高级职业资格 Senior Certificates	技师和高级技师资格 Technicians and Senior Technicians Certificates	
458663	**165794**	**4065073**	**654463**	**166519**	**60148**	**6925624**
	498	26881	9107	1071	224	43139
1974		28281	3062	3506	836	52579
2607	782	134141	13314	1025		213375
12152	3526	57053	19324	1470	32	155400
9111		12754	911			819278
150008	6956	1317764	29172	2986	152	1125062
10458	135	49503	9375	2035	4	138538
4926	3075	60292	4229	302	185	132367
15885	5293	168175	72616	23413	1521	449111
1266	287	80743	21277	11152	2276	132828
6451	2646	238498	4682	1420	7568	249658
1425	387	82734	8043	2899	1207	132933
6056	743	249328	14925	317		441202
30853	2703	342994	96045	30507	5441	537753
25635	56352	75234	42531	5028	85	387684
2869	2388	203344	40767	7146	4673	355495
129609	69535	203637	162538	56129	397	475644
2154	1662	204216	41134	9898	903	303691
		12053	1644	1136	300	25822
19679	476	20041	4690	967	673	
1284	1265	9702	1854			33515
6748	4816	110654	26600	3215	16151	175278
		20808	141	37		29884
6357		6952	269	33		6850
		2560	621		17475	17475
1808	1552	135459	10240	441		175223
2677		34920	9789	68		99869
		8362				20146
1003		21859	2854	22		42852
5668	717	146131	2709	296	45	152973

8-4 各地区民办职业培训机构综合情况(2012年)

单位：人

地 区	Region	职业培训机构个数(个) Number of Vocational Training Agencies	在职教职工总人数 Total Teachers and Staff	#教师 Teachers	兼职教师人数 Part-time Teachers	经费来源(亿元) Resouses of Funds (100 million yuan)
全 国	**National**	**18897**	**288129**	**189564**	**98413**	**81.8**
北 京	Beijing	397	6100	3459	2925	1.7
天 津	Tianjin	353	4377	2082	1871	1.0
河 北	Hebei	870	12190	8972	3163	1.0
山 西	Shanxi	407	5997	3812	1634	1.9
内蒙古	Inner Mongolia	324	3563	2259	2094	0.4
辽 宁	Liaoning	956	10043	6449	3979	2.2
吉 林	Jilin	667	4985	3491	1445	0.6
黑龙江	Heilongjiang	553	5703	3733	2373	0.5
上 海	Shanghai	466	14939	12171	3222	6.0
江 苏	Jiangsu	1176	31458	22886	6500	3.9
浙 江	Zhejiang	784	6905	4381	3660	2.1
安 徽	Anhui	977	14036	10063	3323	2.4
福 建	Fujian	404	4614	2856	2175	1.2
江 西	Jiangxi	323	7254	2884	1786	0.7
山 东	Shandong	1285	15657	10329	4446	19.0
河 南	Henan	1134	14726	9653	4624	2.1
湖 北	Hubei	590	7691	4844	3041	2.3
湖 南	Hunan	777	8923	5118	4243	2.4
广 东	Guangdong	1297	15562	9277	5473	5.9
广 西	Guangxi	338	6280	4300	2342	1.0
海 南	Hainan	28	354	304	863	0.4
重 庆	Chongqing	595	8861	4979	3733	4.8
四 川	Sichuan	1444	18682	12264	6927	6.2
贵 州	Guizhou	191	3828	2752	914	1.2
云 南	Yunnan	757	22616	14855	10964	2.9
西 藏	Tibet	554	15296	10721	4597	5.2
陕 西	Shaanxi	46	422	245	91	0.3
甘 肃	Gansu	531	4613	3218	1535	0.2
青 海	Qinghai	108	1459	959	269	0.3
宁 夏	Ningxia	175	4737	3121	1787	0.8
新 疆	Xinjiang	390	6258	3127	2414	1.1

VOCATIONAL TRAINING AGENCIES BY REGION (2012)

(person)

财政补助费 Financial Allowance	职业培训补贴 Occupational Training Allowance	培训人数 Trainees	#女性 Female	结业人数 Number of Graduates	按培训对象分组 Grouped by trainee	
					劳动预备制学员 Pupils of Labour Preparatory System	失业人员 Unemployment Workers
10.9	**23.9**	**13538584**	**5370722**	**11381265**	**572700**	**1422911**
0.1	0.5	315284	138907	282992	7847	36867
0.0	0.1	329468	77497	309699		42257
0.0	0.3	517354	225260	441587	12818	41172
0.1	1.3	221367	103255	202058	26569	53918
0.0	0.3	178848	72029	164531	4362	41271
0.2	0.5	312404	120752	281074	36191	73575
	0.1	212045	99333	169249	9318	44252
0.0	0.1	136531	62234	118260	16570	49863
0.2	2.0	571809	256473	441678		26938
0.4	1.2	1109482	308502	1077900	46541	111426
0.2	1.0	532214	234966	432158	23346	35988
0.0	1.6	330700	166162	302965	19274	47700
0.1	0.3	240522	104093	201830	10551	13081
0.0	0.1	202046	88951	170019	19116	24971
6.9	1.8	1194509	509694	609462	35090	123440
0.2	0.5	771280	365438	689423	49079	68513
0.1	0.7	281749	121493	241295	33008	29521
0.0	1.5	494147	151463	386830	49614	69539
0.1	1.2	1265427	571729	1163686	15166	82320
0.0	0.3	217430	87307	169000	4017	24408
0.0	0.4	56845	19234	54736	1775	16227
0.3	0.6	1134312	324056	1057441	79105	71347
0.1	2.4	814760	371500	738107	28437	109739
0.0	1.5	240757	73921	130483	3407	11301
0.7	0.6	599902	241288	505414		31676
0.8	0.8	475555	190171	345069	548	34071
0.1	0.1	12788	3854	11974	3585	1935
	0.2	184253	81140	159214	29001	24479
	0.3	65336	20285	61369		12476
0.1	0.5	182524	55175	175372	4388	20949
0.0	1.1	336936	124560	286390	3977	47691

8-4 续表

单位：人

地区	Region	按培训对象分组 Grouped by trainee 农村劳动者 Rural Workers	在职职工 Workers	其他 Others	按训练期限分组 Grouped by Duration 六个月以下 Less than Half a Year
全国	**National**	**4636587**	**4301481**	**2356337**	**11789714**
北京	Beijing	72170	150764	44681	282662
天津	Tianjin	104944	109693	72574	183980
河北	Hebei	165639	189612	104181	452739
山西	Shanxi	90383	29742	18425	177161
内蒙古	Inner Mongolia	66532	31156	33888	166943
辽宁	Liaoning	89633	47959	62966	258013
吉林	Jilin	66118	22942	64757	193558
黑龙江	Heilongjiang	30320	17414	13342	108610
上海	Shanghai	11208	456916	76747	546787
江苏	Jiangsu	303546	585457	152476	1076693
浙江	Zhejiang	135431	253155	55074	507242
安徽	Anhui	154983	50959	56658	257040
福建	Fujian	67547	93910	37788	224930
江西	Jiangxi	58549	73010	26400	155906
山东	Shandong	296687	338830	188548	902462
河南	Henan	492453	125690	33246	702353
湖北	Hubei	85315	84101	46520	229856
湖南	Hunan	211035	106621	56027	316646
广东	Guangdong	308518	685798	173625	1156891
广西	Guangxi	87403	40906	38325	174913
海南	Hainan	36004	643	2196	54738
重庆	Chongqing	351251	365080	267529	1087840
四川	Sichuan	365177	184029	124093	717941
贵州	Guizhou	83916	9987	132146	238053
云南	Yunnan	302123	121252	131417	579629
西藏	Tibet	131856	38867	270213	292966
陕西	Shaanxi	6965	172	131	12572
甘肃	Gansu	73262	30275	27236	165313
青海	Qinghai	51666	255	939	65336
宁夏	Ningxia	114681	22649	13830	168183
新疆	Xinjiang	221272	33637	30359	331758

continued

(person)

按训练期限分组 Grouped by Duration		按获取证书分组 Grouped by Certification Level				就业人数 Employment
六个月至一年 Half to One Year	一年以上 More than One Year	初级职业资格 Primary Certificates	中级职业资格 Medium Certificates	高级职业资格 Senior Certificates	技师和高级技师资格 Technicians and Senior Technicians Certificates	
884798	**368486**	**3524812**	**1561322**	**446274**	**84722**	**8861012**
17011	4834	96068	49675	20050	3564	127974
15488		34335	21222	8799	5400	248688
28770	6386	129796	113201	21645	2646	392287
31331	2329	53624	24018	7861	146	143268
4549	4488	46852	7325	5409	1624	109762
21167	25272	76699	44982	10341	1402	202467
14899	3525	82825	22726	2377	803	301374
12866	4622	34944	19206	2141	500	111075
19422	5600	128344	92028	36070	10668	480238
57884	45396	230990	146236	30319	6011	905312
17675	6804	214710	70712	35703	5887	261104
56035	13657	147691	48755	16117	784	273764
11035	2978	74869	17691	7710	826	141437
25956	20184	99306	45636	17684	1598	162764
59600	13847	274411	82274	24605	3762	520057
51691	17060	120757	58705	14600	2349	642547
30484	12654	70804	39486	28703	19854	180734
84156	33025	181675	63170	5931	1071	315064
86329	21950	177978	79508	27143	3980	455406
13165	8706	82238	14689	2614	708	90745
2107		10047	5099	3637		39441
26646	1982	161753	78290	13058	3411	892419
58238	24382	202328	176487	15925	1480	572886
2681	23	89958	8158	1208	55	173934
10075	437	279611	134282	58352	2934	375195
100271	82318	124360	32142	18648		190701
170	46	2334	126	158		9928
14558	4382	83000	31512	1701	683	123288
		26477				54455
6562	398	36063	22968	7266	2576	127868
3977	1201	149965	11013	499		234830

8-5 历年全国职业技能鉴定综合情况

单位：人

年 份	Year	职业技能鉴定机构数（个）Numbe of Testing Agencies (unit)	鉴定所数 Testing Agencies	鉴定站数 Testing Stations	工考委和中央企业试点单位数 The Units of Workers Assessing Committees & the Central Enterprises Pilot	考评人员人数 Number of the Assessors	本年鉴定考核人数 Number of the Candidates	初 级 Primary
1996		5682	2369	794	2519	37859	2685695	932642
1997		5752	3012	1030	1710	50779	3141832	1044325
1998		6878	3690	1263	1925	70466	3194218	1185862
1999		7820	4202	2240	1378	97209	3678723	1548193
#行业合计	Subtotal of Industrial Administrations	904		904		24141	300733	87304
地方合计	Subtotal of Local Governments	6916	4202	1336	1378	73068	3377990	1460889
2000		8179	4440	2824	915	128033	4421880	1818534
#行业合计	Subtotal of Industrial Administrations	1445		1443	2	48383	762909	241359
地方合计	Subtotal of Local Governments	6734	4440	1381	913	79650	3658971	1577175
2001		8336	4702	2837	797	143068	5348001	2057575
#行业合计	Subtotal of Industrial Administrations	1501		1464	37	48455	892499	285684
地方合计	Subtotal of Local Governments	6835	4702	1373	760	94613	4455502	1771891
2002		8517	4448	3617	452	175247	6619012	2373190
#行业合计	Subtotal of Industrial Administrations	1776		1770	6	69230	1318097	347894
地方合计	Subtotal of Local Governments	6741	4448	1847	446	106017	5300915	2025296
2003		7252	4780	2293	179	155971	6875444	2461777
#行业合计	Subtotal of Industrial Administrations	1131		1128	3	56821	1105420	249368
地方合计	Subtotal of Local Governments	6121	4780	1165	176	99150	5770024	2212409
2004		9441	4305	5059	77	198560	8812781	3145324
#行业合计	Subtotal of Industrial Administrations	3559	4	3554	1	81539	1700147	482348
地方合计	Subtotal of Local Governments	5879	4301	1505	73	116282	7096125	2662147
中央企业试点	The Central Enterprises Pilot	3			3	739	16509	829
2005		7654	4144	3347	163	164442	9577395	3222564
#行业合计	Subtotal of Industrial Administrations	1848	5	1824	19	59974	1595369	362360
地方合计	Subtotal of Local Governments	5719	4139	1436	144	101484	7922895	2842964
中央企业试点	The Central Enterprises Pilot	87		87		2984	59131	17240
							11821552	4140894
2006		7998	3860	4002	136	161596		
#行业合计	Subtotal of Industrial Administrations	2020	12	2008		65571	2473429	916021
地方合计	Subtotal of Local Governments	5823	3848	1839	136	91729	9279660	3212161
中央企业试点	The Central Enterprises Pilot	155		155		4296	68463	12712

STATISTICS OF OCCUPATIONAL SKILL TESTING

(person)

中级 Medium	高级 Senior	技师 Technicians	高级技师 Senior Technicians	本年获取证书人数 Number of the Candidates Got the Certificates	初级 Primary	中级 Medium	高级 Senior	技师 Technicians	高级技师 Senior Technicians
1318141	360490	69132	5290	2146895	727215	1094809	271346	51262	2263
1625749	427603	39478	4677	2786360	949828	1439046	364024	30506	2956
1670410	278862	51799	7285	2858782	1071270	1491968	244529	44995	6020
1711318	369049	45329	4780	3141392	1341236	1466663	293584	36699	3210
147011	63460	2645	259	217186	60914	110560	44104	1534	74
1564307	305589	42684	4521	2924206	1280322	1356103	249480	35165	3136
2050863	505685	43794	3004	3726619	1553035	1743885	393201	34175	2323
343589	167271	10125	565	521288	157155	239573	118036	6132	392
1707274	338414	33669	2439	3205331	1395880	1504312	275165	28043	1931
2571508	645644	67688	5586	4570081	1756881	2236967	523010	49689	3534
367182	223536	14192	1905	645636	195946	280851	161054	7082	703
2204326	422108	53496	3681	3924445	1560935	1956116	361956	42607	2831
3204580	965404	69379	6459	5562607	2036748	2712382	761195	48852	3430
577791	369192	20071	3149	1019654	269218	453267	286133	9718	1318
2626789	596212	49308	3310	4542953	1767530	2259115	475062	39134	2112
3338421	969477	96653	9116	5839222	2124504	2870097	768890	69501	6230
486792	345449	20515	3296	892494	208524	401194	267989	12867	1920
2851629	624028	76138	5820	4946728	1915980	2468903	500901	56634	4310
4164858	1237088	215859	49652	7375590	2692723	3519811	982528	143818	36710
731856	440143	35862	9938	1346661	390280	583697	345424	20988	6272
3429756	788987	176175	39060	6014314	2301666	2933089	629731	119828	30000
3246	7958	3822	654	14615	777	3025	7373	3002	438
4552986	1456750	290637	54458	7857292	2732405	3756905	1133278	195577	39127
686936	489903	48197	7973	1233171	278809	551073	372000	27357	3932
3852384	948018	234071	45458	6575037	2438276	3194681	745632	162062	34386
13666	18829	8369	1027	49084	15320	11151	15646	6158	809
5269104	1909269	432423	65401						
				9252416	3124130	4390924	1440591	260830	35384
826698	629978	86015	14717	1576857	377737	660904	488129	43178	6909
4422694	1257031	338287	49487	7619774	2734026	3712773	933739	211694	27542
19712	22260	8121	1197	55785	12367	17247	18723	5958	933

8-5 续表

单位：人

年 份	Year	职业技能鉴定机构数（个）Numbe of Testing Agencies（unit）	鉴定所数 Testing Agencies	鉴定站数 Testing Stations	工考委和中央企业试点单位数 The Units of Workers Assessing Committees & the Central Enterprises Pilot	考评人员人数 Number of the Assessors	本年鉴定考核人数 Number of the Candidates	初 级 Primary
2007		7794	4251	3378	165	158186	12231413	4389064
#行业合计	Subtotal of Industrial Administrations	1938	6	1932		56673	1622348	465248
地方合计	Subtotal of Local Governments	5845	4245	1446	154	98395	10515051	3873553
中央企业试点	The Central Enterprises Pilot	11			11	3118	94014	50263
2008		9933	4096	4662	1175	203883	13374707	5104213
#行业合计	Subtotal of Industrial Administrations	1477	1	1476		72503	1736592	468497
地方合计	Subtotal of Local Governments	8441	4095	3186	1160	124902	11560949	4598473
中央企业试点	The Central Enterprises Pilot	15			15	6478	77166	37243
2009		9538	4825	4486	227	232060	14920761	6029998
#行业合计	Subtotal of Industrial Administrations	2241	9	2188	44	80116	2049033	663297
地方合计	Subtotal of Local Governments	7281	4816	2298	167	143719	12674516	5279691
中央企业试点	The Central Enterprises Pilot	16			16	8225	197212	87010
2010		9803	4612	5058	133	210497	16575457	6768836
#行业合计	Subtotal of Industrial Administrations	2137	12	2125		70109	2831683	949906
地方合计	Subtotal of Local Governments	7647	4600	2933	114	130977	13495340	5704143
中央企业试点	The Central Enterprises Pilot	19			19	9411	248434	114787
2011		10677	5533	4977	167	194795	17459327	7254275
#行业合计	Subtotal of Industrial Administrations	2574	12	2562		75206	3129020	1059714
地方合计	Subtotal of Local Governments	8084	5521	2415	148	110545	14101095	6087176
中央企业试点	The Central Enterprises Pilot	19			19	9044	229212	107385
2012		10963	5321	5441	201	213403	18305470	7538797
#行业合计	Subtotal of Industrial Administrations	3246	13	3197	36	91000	3355097	1241887
地方合计	Subtotal of Local Governments	7698	5308	2244	146	111150	14651252	6162855
中央企业试点	The Central Enterprises Pilot	19			19	11253	299121	134055

continued

(person)

中 级 Medium	高 级 Senior	技 师 Technicians	高级技师 Senior Technicians	本年获取证书人数 Number of the Candidates Got the Certificates	初 级 Primary	中 级 Medium	高 级 Senior	技 师 Technicians	高级技师 Senior Technicians
5422375	1907654	442715	69605	9956079	3687419	4518674	1429235	274176	46575
619235	461074	65822	10969	1284859	384585	499805	361828	32760	5881
4788802	1424504	370444	57748	8593861	3259275	4007337	1050805	236480	39964
14338	22076	6449	888	77359	43559	11532	16602	4936	730
5758542	2029246	403738	78968	11372105	4492273	4891989	1606473	318047	63323
633514	535833	86649	12099	1448203	393277	514497	440977	86369	13083
5108105	1477855	311085	65431	9863382	4069230	4363967	1152734	227947	49504
16923	15558	6004	1438	60520	29766	13525	12762	3731	736
6110523	2126028	544210	110002	12320051	5251357	5134383	1516357	336623	81331
806706	460363	98550	20117	1636149	562781	673659	335144	55143	9422
5234031	1634315	438111	88368	10556864	4636816	4414218	1158564	276470	70796
69786	31350	7549	1517	127038	51760	46506	22649	5010	1113
6531792	2722092	453762	98975	13929377	5899097	5544598	2097432	316663	71587
951227	766652	129482	34416	2285392	801645	770516	626959	72822	13450
5495732	1918827	314609	62029	11489343	5028937	4718723	1446776	238171	56736
84833	36613	9671	2530	154642	68515	55359	23697	5670	1401
6579593	3098462	428247	98750	14820504	6533022	5464700	2464290	286769	71723
1094106	816296	132899	26005	2578410	1067480	724459	686101	84163	16207
5408072	2246836	288493	70518	12091861	5396177	4689411	1753472	198785	54016
77415	35330	6855	2227	150233	69365	50830	24717	3821	1500
6611139	3476563	503134	175837	15487834	6655352	5604790	2760639	336187	130866
1056340	880430	147893	28547	2702465	1020025	857542	708589	97529	18780
5443861	2551931	347493	145112	12584198	5546362	4672359	2021009	233932	110536
110938	44202	7748	2178	201171	88965	74889	31041	4726	1550

8-6 各地区职业技能鉴定综合情况(2012年)

单位：人

地 区	Region	职业技能鉴定机构数（个）Numbe of Testing Agencies (unit)	鉴定所数 Testing Agencies	鉴定站数 Testing Stations	工考委和中央企业试点单位数 The Units of Workers Assessing Committees & the Central Enterprises Pilot	考评人员人数 Number of the Assessors	本年鉴定考核人数 Number of the Candidates	初级 Primary
全 国	**National**	**10963**	**5321**	**5441**	**201**	**213403**	**18305470**	**7538797**
行业合计	Subtotal of Industrial Administrations	3246	13	3197	36	91000	3355097	1241887
地方合计	Subtotal of Local Governments	7698	5308	2244	146	111150	14651252	6162855
中央企业试点	The Central Enterprises Pilot	19			19	11253	299121	134055
北 京	Beijing	69	44	3	22	255	216659	64290
天 津	Tianjin	119	85	23	11	2523	186652	63305
河 北	Hebei	171	171			1094	439982	171107
山 西	Shanxi	162	123	39		5008	347032	90084
内蒙古	Inner Mongolia	205	3	202		4099	228065	114164
辽 宁	Liaoning	145	136	9		1033	279104	120115
吉 林	Jilin	17	17			194	165089	76768
黑龙江	Heilongjiang	49	36	13		760	347359	171118
上 海	Shanghai	503	303	200		3971	417043	171789
江 苏	Jiangsu	197	159	11	27	614	1490234	453722
浙 江	Zhejiang	186	78	108		2080	905898	480964
安 徽	Anhui	414	1	413		6208	607531	263481
福 建	Fujian	544	533	11		1156	577362	201413
江 西	Jiangxi	341	268	73		600	240525	80745
山 东	Shandong	192	15	177		499	929246	443999
河 南	Henan	586	359	183	44	2644	535687	169945
湖 北	Hubei	751	751			310	644241	262586
湖 南	Hunan	421	413	6	2	2199	613553	272876
广 东	Guangdong	55	55			34589	1617886	608926
广 西	Guangxi	86	44	3	39	628	408361	186920
海 南	Hainan	90	84	6		1284	58364	20756
重 庆	Chongqing	171	171			9010	429815	177421
四 川	Sichuan	504	264	240		6363	816650	278955
贵 州	Guizhou	140	140			3765	135948	67735
云 南	Yunnan	715	482	233		9817	556134	271170
西 藏	Tibet	20	6	14		230	16064	14311
陕 西	Shaanxi	329	190	139		5275	466053	198989
甘 肃	Gansu	79	79			591	303972	175520
青 海	Qinghai	62	29	32	1	620	10198	5088
宁 夏	Ningxia	57	56	1		1698	63513	42348
新 疆	Xinjiang	266	181	85		406	478155	407123
新疆兵团	Xinjiang Production and Construction Crops	52	32	20		1627	118877	35122

STATISTICS OF OCCUPATIONAL SKILL TESTING BY REGION (2012)

(person)

中 级 Medium	高 级 Senior	技 师 Technicians	高级技师 Senior Technicians	本年获取证书人数 Number of the Candidates Got the Certificates	初 级 Primary	中 级 Medium	高 级 Senior	技 师 Technicians	高级技师 Senior Technicians
6611139	**3476563**	**503134**	**175837**	**15487834**	**6655352**	**5604790**	**2760639**	**336187**	**130866**
1056340	880430	147893	28547	2702465	1020025	857542	708589	97529	18780
5443861	2551931	347493	145112	12584198	5546362	4672359	2021009	233932	110536
110938	44202	7748	2178	201171	88965	74889	31041	4726	1550
85283	59548	5153	2385	188627	55835	72731	54088	3978	1995
58814	41482	14353	8698	177147	59974	56284	40042	13755	7092
151208	92693	10062	14912	392235	157521	136766	79100	7647	11201
165336	80781	9101	1730	294537	77213	144229	66714	5306	1075
53908	41078	14203	4712	201083	106835	46048	33385	11130	3685
112721	36909	6941	2418	242406	109101	96462	29391	5532	1920
45046	36987	4813	1475	128131	56941	36120	30066	3864	1140
68514	84461	20991	2275	331913	163733	66509	80261	19512	1898
139965	70353	30273	4663	266629	127983	92000	35985	9125	1536
637136	368955	27827	2594	1161809	373491	504633	267154	15133	1398
291005	114392	17806	1731	799302	433685	256918	94286	13151	1262
247157	84782	10911	1200	498472	235789	193644	62369	6200	470
232949	125132	14368	3500	480932	183082	201601	88189	6107	1953
123082	31876	4476	346	232545	80014	119909	28306	3978	338
259598	194580	26163	4906	861630	425969	234396	173449	23396	4420
195544	146625	21456	2117	468406	155045	180985	114942	15875	1559
166125	144456	11545	59529	615696	251681	162047	137939	9893	54136
212232	105132	13850	9463	531919	248574	187742	84234	8398	2971
706194	262330	32652	7784	1257743	513410	553325	171668	15030	4310
158607	57338	4467	1029	350183	173772	134358	38487	3007	559
25078	10942	1329	259	43163	16814	20061	5581	586	121
203636	39335	7732	1691	372892	160379	176467	29502	5297	1247
461013	62217	12545	1920	755693	264340	429877	50989	9251	1236
53361	14286	438	128	125959	63321	48705	13454	364	115
179381	98603	5967	1013	498792	253651	160140	79944	4318	739
955	784	14		12001	10469	843	675	14	
179262	81239	5670	893	401142	174190	149459	72297	4448	748
117324	8675	2062	391	282492	163489	109787	7553	1412	251
1461	1773	1801	75	7918	4253	1120	1277	1218	50
14935	4501	1391	338	46022	29801	11071	3666	1223	261
59357	7478	3507	690	446704	382890	52982	6832	3385	615
37674	42208	3626	247	110075	33117	35140	39184	2399	235

九、劳动关系

LABOUR RELATION

9-1 历年劳动争议处理情况

单位：件

项 目	Item	1996	1997	1998	1999	2000
上期未结案件数	Number of Cases Left from Last Year-end	2634	2864	3475	3840	6374
案件受理情况	Cases Accepted					
当期案件受理数	Cases	48121	71524	93649	120191	135206
#集体劳动争议案件数	Number of Collective Labour Disputes	3150	4109	6767	9043	8247
劳动者申诉案件数	Number of Cases Left from Last Year-end	41697	68773	84829	114152	120043
劳动者当事人数(人)	Number of Laborers Involved(person)	189120	221115	358531	473957	422617
#集体劳动争议劳动者当事人数	Number of Laborers Involved in Collective Labour Disputes	92203	132647	251268	319445	259445
争议原因	Disputes Reasons					
劳动报酬	Labour Remuneration					
社会保险	Social Insurances					
变更劳动合同	Change the Labour Contract		2992	2840	3469	3829
解除、终止劳动合同	Relieve or End the Labour Contract		10337	13069	18108	21149
其 他	Others		8917	9515	8626	12549
案件处理情况	Cases Settled					
结案数	Number of Cases Settled	46543	70792	92288	121289	130688
处理方式	by Manners of Settlement					
仲裁调解	by Mediation	24223	32793	31483	39550	41877
仲裁裁决	by Arbitrition Lawsuit	12789	15060	25389	34712	54142
其他方式	Others	9531	22939	35155	47027	34669
处理结果	by Result of Settlement					
用人单位胜诉	Lawsuit Won by Units	9452	11488	11937	15674	13699
劳动者胜诉	Lawsuit Won by Laborers	23696	40063	48650	63030	70544
双方部分胜诉及其他	Lawsuit Partly Won by Both Parties and Others	13395	19241	27365	37459	37247
案外调解案件数	Cases Mediated					

注：2011年起，解除、终止劳动合同的类型进行合并统计。

a) Since 2011, items of Relieve or End the Labour Contract have been merged during statistics.

LABOUR DISPUTES ACCEPTED AND SETTLED

(piece)

2001	2002	2003	2004	2005	2006	2007	2008	2009	2010	2011	2012
8739	12472	16276	17117	17829	22165	25424	33084	83709	77926	42308	36151
154621	184116	226391	260471	313773	317162	350182	693465	684379	600865	589244	641202
9847	11024	10823	19241	16217	13977	12784	21880	13779	9314	6592	7252
146781	172253	215512	249335	293710	301233	325590	650077	627530	558853	568768	620849
467150	608396	801042	764981	744195	679312	653472	1214328	1016922	815121	779490	882487
286680	374956	514573	477992	409819	348714	271777	502713	299601	211755	174785	231894
45172	59144	76774	85132	103183	103887	108953	225061	247330	209968	200550	225981
31158	56558	76181	88119	97519	100342	97731				149944	159649
4254	3765	5494	4465	7567	3456	4695					
29038	30940	40017	57021	68873	67868	80261	139702	43876	31915	118684	129108
150279	178744	223503	258678	306027	310780	340030	622719	689714	634041	592823	643292
42933	50925	67765	83400	104308	104435	119436	221284	251463	250131	278873	302552
77250	77340	95774	110708	131745	141465	149013	274543	290971	266506	244942	268530
35096	50479	59954	64550	69974	64880	71581	126892	147280	117404	69008	72210
31544	27017	34272	35679	39401	39251	49211	80462	95470	85028	74189	79187
71739	84432	109556	123268	145352	146028	156955	276793	255119	229448	195680	213453
46996	67295	79475	94041	121274	125501	133864	265464	339125	319565	322954	350652
63939	77342	58451	70840	93561	130321	151902	237283	185598	163997	194338	212937

9-2 各地区劳动争议处理情况(2012年)

单位：件

地区	Region	上期未结案件数 Number of Cases Left from Last Year-end	案件受理情况 Cases Accepted: 当期案件受理数 Cases	案件受理情况 Cases Accepted: #集体劳动争议案件 Number of Collective Labour Disputes	案件受理情况 Cases Accepted: #劳动者申诉案件 Number of Cases Left from Last Year-end	案件受理情况 Cases Accepted: 劳动者当事人数(人) Number of Laborers Involved (person)	案件受理情况 Cases Accepted: #集体劳动争议劳动者当事人数 Number of Laborers Involvedin Collective Labour Disputes	案件受理情况 Cases Accepted: 争议原因 Causes of the Disputes: 劳动报酬 Labour Remuneration	案件受理情况 Cases Accepted: 争议原因 Causes of the Disputes: 社会保险 Social Insurance
全　国	**National**	**36151**	**641202**	**7252**	**620849**	**882487**	**231894**	**225981**	**159649**
北　京	Beijing	3428	66463	651	65539	66463	15128	34414	5734
天　津	Tianjin	2909	13988	59	13747	15857	1082	5476	3422
河　北	Hebei	418	16410	272	15668	21862	4280	3519	5576
山　西	Shanxi	322	4686	50	4506	7086	1246	1332	1847
内蒙古	Inner Mongolia	79	4316	205	4157	11370	5637	1414	1506
辽　宁	Liaoning	1108	24231	238	23638	29834	5209	11675	4991
吉　林	Jilin	119	5376	119	5192	8067	1923	1688	1527
黑龙江	Heilongjiang	489	7577	47	7526	8624	899	2186	3970
上　海	Shanghai	3243	65670	104	64026	70241	3754	21159	11300
江　苏	Jiangsu	1377	56062	505	55706	74920	17840	20729	14224
浙　江	Zhejiang	2263	44632	757	44105	78068	32522	16071	15166
安　徽	Anhui	278	11776	137	11751	16530	3171	3270	4403
福　建	Fujian	761	12518	350	12238	28632	14821	4596	3767
江　西	Jiangxi	188	6589	71	6512	8684	1443	1777	2494
山　东	Shandong	2235	34903	294	33279	48481	11718	14981	6744
河　南	Henan	464	18855	268	17718	25336	4639	5034	6896
湖　北	Hubei	849	19398	185	16808	27984	3683	4237	7653
湖　南	Hunan	549	14625	265	13421	21925	4264	3757	4279
广　东	Guangdong	10346	100329	1763	97055	169527	75671	40644	10515
广　西	Guangxi	520	11710	36	11605	12653	1015	3879	2975
海　南	Hainan	930	3251	39	3334	4454	656	796	665
重　庆	Chongqing	457	29600	104	29184	32537	2199	6003	10547
四　川	Sichuan	750	26671	176	24066	34484	4330	6447	10880
贵　州	Guizhou	668	10914	38	10106	11880	994	2203	5477
云　南	Yunnan	227	5452	62	5356	7868	2022	907	2749
西　藏	Tibet	14	467	103	466	2622	1780	297	89
陕　西	Shaanxi	222	7175	15	7045	8774	1087	1355	2701
甘　肃	Gansu	47	2831	84	2690	6950	3178	966	1179
青　海	Qinghai	46	1106	8	1067	1289	336	554	317
宁　夏	Ningxia	192	2587	131	2572	3163	1339	586	1114
新　疆	Xinjiang	644	10233	115	10018	14719	3248	3640	4736
新疆兵团	Xinjiang Production and Construction Crops	9	801	1	748	1603	780	389	206

LABOUR DISPUTES ACCEPTED AND SETTLED BY REGION (2012)

(piece)

案件受理情况 Cases Accepted		案件处理情况 Cases Settled							案外调解案件数 Cases Mediated
争议原因 Causes of the Disputes		结案数 Number of Cases Settled	处理方式 by Manners of Settlement			处理结果 by Result of Settlement			
#工伤保险 Work Injury Insurance	解除、终止劳动合同 Relieve or End the Labour Contract		仲裁调解 by Mediation	仲裁裁决 by Arbitration Lawsuit	其他方式 Others	用人单位胜诉 Lawsuit Won by Units	劳动者胜诉 Lawsuit Won by Laborers	双方部分胜诉及其他 Lawsuit Partly Won by Both Parties and Others	
89308	**129108**	**643292**	**302552**	**268530**	**72210**	**79187**	**213453**	**350652**	**212937**
419	142	67209	33309	27297	6603	12001	5734	49474	6666
824	2171	14451	7222	6373	856	2225	5406	6820	4511
3078	2548	15925	6929	8008	988	1847	8535	5543	5851
1299	364	4683	2237	2002	444	511	2975	1197	1412
1016	831	4229	1769	1920	540	324	2376	1529	789
2765	2576	24874	9311	12042	3521	3086	11435	10353	4554
808	1089	5084	2788	1857	439	232	2866	1986	3828
3188	351	7626	3718	3479	429	592	5179	1855	1395
3366	20594	65171	19504	29270	16397	16748	9774	38649	5738
11416	12128	55753	35296	12838	7619	4604	19291	31858	28596
10386	7793	44006	28703	10277	5026	3363	13596	27047	3031
2210	2323	11766	5689	5072	1005	951	5495	5320	4535
3125	2464	12851	5745	5238	1868	1009	5542	6300	6564
1356	1211	6563	4462	1964	137	150	3387	3026	2849
5318	7198	34839	19122	13407	2310	3169	12869	18801	10141
1985	3541	18504	9465	8264	775	2624	8435	7445	6355
2468	4355	18940	8579	8008	2353	1807	6272	10861	5671
2166	3557	14522	8479	4460	1583	1146	8590	4786	12725
8612	35123	102127	37687	56323	8117	12347	22306	67474	55765
552	2447	11646	4235	6475	936	1276	5322	5048	2699
62	753	3727	1061	2161	505	460	1426	1841	94
8359	5719	29588	15331	10380	3877	3299	10740	15549	9790
6259	4506	26900	12972	11376	2552	2120	13795	10985	12650
3353	881	11247	6080	4354	813	600	5209	5438	6229
1332	320	5424	2530	2550	344	347	3132	1945	2359
42	22	463	335	114	14	11	311	141	622
987	2176	7280	2597	3700	983	914	3824	2542	839
482	210	2839	1180	1483	176	275	1671	893	990
231	145	1142	298	756	88	79	873	190	107
453	517	2483	1308	998	177	274	1264	945	493
1236	966	10642	4412	5610	620	739	5569	4334	4375
155	87	788	199	474	115	57	254	477	714

9-3 劳动保障监察案件结案情况(2012)

CASES SETTLED BY LABOUR AND SOCIAL SECURITY INSPECTION ORGANIZATION(2012)

单位：件 (piece)

项 目	Item	2012
结案数	**Cases Settled**	**411822**
案件分类	**Cases by Caused Reasons**	
内部劳动保障规章制度	Inner Institutions on Labour and Social Security	18404
订立和解除劳动合同	Signing or Relieve Labour Contract	59206
女职工特殊劳动保护	Special Protection for Female Workers and employees	1298
未成年工特殊劳动保护	Special Protection for minor Workers and employees	1143
工作时间和休息休假	Working Hours and Vocation	28966
支付工资和最低工资标准	Wage Payment and Minimum Wage Standard	217851
参加社会保险和缴纳社会保险费	Social Insurances	77364
职业介绍	Job Referral	4719
职业技能培训和职业技能考核	Vocational Training and Vocational Qualification	5492
其 他	Others	30354
案件处理情况	**Settlement of Cases**	
责令限期改正	Orders to Make Corrections	263829
行政处理决定	Decisions of Administrative Settlement	12981
行政处罚决定	Decisions of Administrative Penalty	22861
警 告	Disciplinary Warning	6566
罚 款	Fine	16304
其他行政处罚	Others	928

9-4 劳动保障监察工作情况(2012)

LABOUR AND SOCIAL SECURITY INSPECTION (2012)

项 目	Item	2012
主动监察	Inspection on Initiative	
检查单位数(万户)	Employing Units Inspected (10 000 households)	207.6
涉及劳动者人数(万人)	Labourers Involved (10 000 persons)	11232.9
投诉结案数(万件)	Complaint Cases Settled (10 000 pieces)	31.6
举报结案数(万件)	Cases Settled through Inspection upon Reporting (10 000 pieces)	4.9
审查用人单位报送的书面材料涉及用人单位数(万户)	Employing Units inspected through Examining Documents reported (10 000 households)	213.1
补签劳动合同(万人)	Number of Labour Contracts Signed for Inspection (10 000 persons)	805.5
追发劳动者工资等待遇	Repay Wages and other Benefits	
涉及劳动者人数(万人)	Labourers Involved (10 000 persons)	622.5
金额(亿元)	Amount of Money (100 million yuan)	200.8
督促缴纳社会保险费	Levy of Social Insurance Fees for Inspection	
单位数(万户)	Employing Units Involved (10 000 households)	12.5
金额(亿元)	Amount of Money (100 million yuan)	52.2
督促社会保险登记单位数(万户)	Registeration of Social Insurance for Inspection Employing Units Involved (10 000 households)	8.4
取缔非法职业中介机构(户)	Number of Illegal Occupational Intermediary Agencies(household)	4133
清退风险抵押金金额(万元)	Amount of Money in Pledge Repaid to Employees (10 000 Yuan)	2918.7
审查用人单位规章数(万件)	Number of Regulations of Employing Units Inspected (10 000 pieces)	101.8
纠正用人单位违法规章数(万件)	Number of Regulations of Employing Units Corrected (10 000 pieces)	16.3
向社会公布重大违法行为数(件)	Discolsed Serious Violations of Laws or Rules (piece)	333

十、社会保障

SOCIAL SECURITY

10-1 历年全国社会保险基金收入
REVENUE OF SOCIAL INSURANCE FUNDS

年 份 Year	合 计 Total	城镇职工基本养老保险 Urban Basic Pension Insurance	失业保险 Unemployment Insurance	城镇基本医疗保险 Urban Basic Medical Insurance	工伤保险 Work Injury Insurance	生育保险 Maternity Insurance
绝对数(亿元) Revenue (100 million yuan)						
1989	153.6	146.7	6.8			
1990	186.8	178.8	7.2			
1991	225.0	215.7	9.3			
1992	377.4	365.8	11.7			
1993	526.1	503.5	17.9	1.4	2.4	0.8
1994	742.0	707.4	25.4	3.2	4.6	1.5
1995	1006.0	950.1	35.3	9.7	8.1	2.9
1996	1252.4	1171.8	45.2	19.0	10.9	5.5
1997	1458.2	1337.9	46.9	52.3	13.6	7.4
1998	1623.1	1459.0	68.4	60.6	21.2	9.8
1999	2211.8	1965.1	125.2	89.9	20.9	10.7
2000	2644.9	2278.5	160.4	170.0	24.8	11.2
2001	3101.9	2489.0	187.3	383.6	28.3	13.7
2002	4048.7	3171.5	215.6	607.8	32.0	21.8
2003	4882.9	3680.0	249.5	890.0	37.6	25.8
2004	5780.3	4258.4	290.8	1140.5	58.3	32.1
2005	6975.2	5093.3	340.3	1405.3	92.5	43.8
2006	8643.2	6309.8	402.4	1747.1	121.8	62.1
2007	10812.3	7834.2	471.7	2257.2	165.6	83.6
2008	13696.1	9740.2	585.1	3040.4	216.7	113.7
2009	16115.6	11490.8	580.4	3671.9	240.1	132.4
2010	18822.8	13419.5	649.8	4308.9	284.9	159.6
2011	24043.2	16894.7	923.1	5539.2	466.4	219.8
2012	28909.5	20001.0	1138.9	6938.7	526.7	304.2
比上年增长(%) Increase rate						
1990	21.6	21.9	5.9			
1991	20.5	20.6	29.2			
1992	67.7	69.6	25.8			
1993	39.4	37.7	53.0			
1994	41.0	40.5	41.9	119.9	90.4	73.8
1995	35.6	34.3	38.9	206.3	77.5	99.4
1996	24.5	23.3	28.2	96.6	34.7	87.8
1997	16.4	14.2	3.7	175.1	24.6	34.9
1998	11.3	9.0	45.7	15.9	55.9	31.1
1999	36.3	34.7	83.1	48.3	-1.3	10.1
2000	19.6	15.9	28.1	89.2	18.7	3.8
2001	17.3	9.2	16.8	125.7	14.2	23.1
2002	30.5	27.4	15.1	58.4	13.2	58.9
2003	20.6	16.0	15.7	46.4	17.4	18.3
2004	18.4	15.7	16.6	28.1	55.1	24.4
2005	20.7	19.6	17.0	23.2	58.7	36.4
2006	23.9	23.9	18.2	24.3	31.7	41.8
2007	25.1	24.2	17.2	29.2	36.0	34.6
2008	26.7	24.3	24.0	34.7	30.9	36.0
2009	17.7	18.0	-0.8	20.8	10.8	16.4
2010	16.8	16.8	12.0	17.3	18.7	20.5
2011	27.7	25.9	42.1	28.6	63.7	37.8
2012	20.2	18.4	23.4	25.3	12.9	38.4

10-2 历年全国社会保险基金支出
EXPENSES OF SOCIAL INSURANCE FUNDS

年份 Year	合计 Total	城镇职工基本养老保险 Urban Basic Pension Insurance	失业保险 Unemployment Insurance	城镇基本医疗保险 Basic Medical Insurance	工伤保险 Work Injury Insurance	生育保险 Maternity Insurance
绝对数(亿元) Expenses (100 million yuan)						
1989	120.9	118.8	2.0			
1990	151.9	149.3	2.5			
1991	176.1	173.1	3.0			
1992	327.1	321.9	5.1			
1993	482.2	470.6	9.3	1.3	0.4	0.5
1994	680.0	661.1	14.2	2.9	0.9	0.8
1995	877.1	847.6	18.9	7.3	1.8	1.6
1996	1082.4	1031.9	27.3	16.2	3.7	3.3
1997	1339.2	1251.3	36.3	40.5	6.1	4.9
1998	1636.9	1511.6	51.9	53.3	9.0	6.8
1999	2108.1	1924.9	91.6	69.1	15.4	7.1
2000	2385.6	2115.5	123.4	124.5	13.8	8.3
2001	2748.0	2321.3	156.6	244.1	16.5	9.6
2002	3471.5	2842.9	186.6	409.4	19.9	12.8
2003	4016.4	3122.1	199.8	653.9	27.1	13.5
2004	4627.4	3502.1	211.3	862.2	33.3	18.8
2005	5400.8	4040.3	206.9	1078.7	47.5	27.4
2006	6477.4	4896.7	198.0	1276.7	68.5	37.5
2007	7887.9	5964.9	217.7	1561.8	87.9	55.6
2008	9925.1	7389.6	253.5	2083.6	126.9	71.5
2009	12302.6	8894.4	366.8	2797.4	155.7	88.3
2010	14818.5	10554.9	423.3	3538.1	192.4	109.9
2011	18054.6	12764.9	432.8	4431.4	286.4	139.2
2012	22181.6	15561.8	450.6	5543.6	406.3	219.3
比上年增长(%) Increase rate						
1990	25.6	25.7	27.0			
1991	15.9	15.9	18.1			
1992	85.7	86.0	70.0			
1993	47.4	46.2	82.4			
1994	41.0	40.5	52.7	118.3	127.4	60.5
1995	29.0	28.2	32.9	150.2	92.4	95.3
1996	23.4	21.7	44.7	122.9	104.1	108.2
1997	23.7	21.3	33.1	149.5	64.5	49.4
1998	22.2	20.8	42.9	31.6	48.6	39.5
1999	28.8	27.3	76.6	29.6	70.5	4.1
2000	13.2	9.9	34.7	80.3	-10.5	17.1
2001	15.2	9.7	26.8	96.0	19.5	14.9
2002	26.3	22.5	19.2	67.7	20.6	33.3
2003	15.7	9.8	7.1	59.7	36.2	5.6
2004	15.2	12.2	5.8	31.9	22.9	39.3
2005	16.7	15.4	-2.1	25.1	42.6	45.7
2006	19.9	21.2	-4.3	18.4	44.2	36.9
2007	21.8	21.8	9.9	22.3	28.3	48.3
2008	25.8	23.9	16.4	33.4	44.4	28.6
2009	24.0	20.4	44.7	34.3	22.7	23.5
2010	20.5	18.7	15.4	26.5	23.6	24.4
2011	21.8	20.9	2.2	25.2	48.8	26.7
2012	22.9	21.9	4.1	25.1	41.9	57.6

10-3 历年全国社会保险基金累计结余
BALANCE OF SOCIAL INSURANCE FUNDS

年 份 Year	合 计 Total	城镇职工基本养老保险 Urban Basic Pension Insurance	失业保险 Unemployment Insurance	城镇基本医疗保险 Basic Medical Insurance	工伤保险 Work Injury Insurance	生育保险 Maternity Insurance
绝对数(亿元) Balance at the Year-end (100 million yuan)						
1989	81.6	68.0	13.6			
1990	117.3	97.9	19.5			
1991	169.7	144.1	25.7			
1992	252.8	220.6	32.1			
1993	303.7	258.6	40.8	0.4	3.1	0.8
1994	365.7	304.8	52.0	0.7	6.8	1.4
1995	516.8	429.8	68.4	3.1	12.7	2.7
1996	696.1	578.6	86.4	6.4	19.7	5.0
1997	831.6	682.8	97.0	16.6	27.7	7.5
1998	791.1	587.8	133.4	20.0	39.5	10.3
1999	1009.8	733.5	159.9	57.6	44.9	13.9
2000	1327.5	947.1	195.9	109.8	57.9	16.8
2001	1622.8	1054.1	226.2	253.0	68.9	20.6
2002	2423.4	1608.0	253.8	450.7	81.1	29.7
2003	3313.8	2206.5	303.5	670.6	91.2	42.0
2004	4493.4	2975.0	385.8	957.9	118.6	55.9
2005	6073.7	4041.0	519.0	1278.1	163.5	72.1
2006	8255.9	5488.9	724.8	1752.4	192.9	96.9
2007	11236.6	7391.4	979.1	2476.9	262.6	126.6
2008	15176.0	9931.0	1310.1	3431.7	384.6	168.2
2009	19006.5	12526.1	1523.6	4275.9	468.8	212.1
2010	22902.7	15365.3	1749.8	5047.1	561.4	261.4
2011	29001.9	19496.6	2240.2	6180.0	742.6	342.5
2012	35804.4	23941.3	2929.0	7644.5	861.9	427.6
比上年增长(%) Increase rate						
1990	43.8	44.0	43.1			
1991	44.6	47.2	32.0			
1992	49.0	53.1	24.9			
1993	20.1	17.2	27.1			
1994	20.4	17.9	27.5	63.8	118.1	87.6
1995	41.3	41.0	31.6	335.4	87.3	91.7
1996	34.7	34.6	26.2	107.9	55.8	81.6
1997	19.5	18.0	12.3	157.8	40.1	51.2
1998	-4.9	-13.9	37.6	20.5	42.9	37.1
1999	27.6	24.8	19.8	187.8	13.6	34.9
2000	31.5	29.1	22.6	90.8	28.8	20.6
2001	22.2	11.3	15.5	130.4	19.1	22.7
2002	49.3	52.6	12.2	78.1	17.7	44.5
2003	36.7	37.2	19.6	48.8	12.5	41.3
2004	35.6	34.8	27.1	42.8	30.0	33.1
2005	35.2	35.8	34.5	33.4	37.9	29.0
2006	35.9	35.8	39.7	37.1	18.0	34.4
2007	36.1	34.7	35.1	41.3	36.1	30.7
2008	35.1	34.4	33.8	38.5	46.5	32.9
2009	25.2	26.1	16.3	24.6	21.9	26.1
2010	20.5	22.7	14.8	18.0	19.8	23.2
2011	26.6	26.9	28.0	22.4	32.3	31.0
2012	23.5	22.8	30.7	23.7	16.1	24.8

10-4 历年全国城镇职工基本养老保险情况
URBAN BASIC PENSION INSURANCE

年 份 Year	年末参保人数(万人) Persons Covered at the Year-end (10 000 persons)			基金收支情况(亿元) Revenue and Expenses(100 million yuan)		
	合 计 Total	职工 Workers	离退休人员 Retirees	基金收入 Revenue	基金支出 Expenses	累计结余 Balance at the Year-end
1989	5710.3	4816.9	893.4	146.7	118.8	68.0
1990	6166.0	5200.7	965.3	178.8	149.3	97.9
1991	6740.3	5653.7	1086.6	215.7	173.1	144.1
1992	9456.2	7774.7	1681.5	365.8	321.9	220.6
1993	9847.6	8008.2	1839.4	503.5	470.6	258.6
1994	10573.5	8494.1	2079.4	707.4	661.1	304.8
1995	10979.0	8737.8	2241.2	950.1	847.6	429.8
1996	11116.7	8758.4	2358.3	1171.8	1031.9	578.6
1997	11203.9	8670.9	2533.0	1337.9	1251.3	682.8
1998	11203.1	8475.8	2727.3	1459.0	1511.6	587.8
1999	12485.4	9501.8	2983.6	1965.1	1924.9	733.5
2000	13617.4	10447.5	3169.9	2278.5	2115.5	947.1
2001	14182.5	10801.9	3380.6	2489.0	2321.3	1054.1
2002	14736.6	11128.8	3607.8	3171.5	2842.9	1608.0
2003	15506.7	11646.5	3860.2	3680.0	3122.1	2206.5
2004	16352.9	12250.3	4102.6	4258.4	3502.1	2975.0
2005	17487.9	13120.4	4367.5	5093.3	4040.3	4041.0
2006	18766.3	14130.9	4635.4	6309.8	4896.7	5488.9
2007	20136.9	15183.2	4953.7	7834.2	5964.9	7391.4
2008	21891.1	16587.5	5303.6	9740.2	7389.6	9931.0
2009	23549.9	17743.0	5806.9	11490.8	8894.4	12526.1
2010	25707.3	19402.3	6305.0	13419.5	10554.9	15365.3
2011	28391.3	21565.0	6826.2	16894.7	12764.9	19496.6
2012	30426.8	22981.1	7445.7	20001.0	15561.8	23941.3

10-5 历年全国机关、事业单位城镇职工基本养老保险情况
URBAN BASIC PENSION INSURANCE (INSTITUTION AGENCIES AND ORGANIZATIONS)

年 份 Year	年末参保人数(万人) Persons Covered at the Year-end (10 000 persons)			基金收支情况(亿元) Revenue and Expenses(100 million yuan)		
	合 计 Total	职工 Workers	离退休人员 Retirees	基金收入 Revenue	基金支出 Expenses	累计结余 Balance at the Year-end
1999	762.5	642.6	119.9	93.2	61.8	89.3
2000	1131.0	977.6	153.4	189.8	145.4	186.1
2001	1278.2	1068.9	209.3	253.0	204.4	233.2
2002	1458.0	1199.4	258.6	387.8	340.1	364.5
2003	1625.3	1322.0	303.3	470.6	405.9	441.7
2004	1674.0	1346.4	327.6	529.9	470.9	475.7
2005	1772.1	1409.8	362.3	601.6	545.0	534.3
2006	1909.7	1512.9	396.8	677.2	609.4	619.8
2007	1902.3	1492.6	409.7	823.6	811.3	633.2
2008	1939.7	1504.1	435.6	940.1	882.0	690.0
2009	1983.0	1524.0	459.0	1070.3	1007.8	751.8
2010	2072.9	1579.6	493.3	1201.1	1145.0	818.1
2011	2108.0	1595.0	513.0	1409.9	1339.3	888.5
2012	2154.9	1620.2	534.7	1638.0	1553.3	973.3

10-6 历年全国企业及其他城镇职工基本养老保险情况

URBAN BASIC PENSION INSURANCE(ENTERPRISES AND OTHERS)

年 份 Year	年末参保人数(万人) Persons Covered at the Year-end (10 000 persons)			基金收支情况(亿元) Revenue and Expenses(100 million yuan)		
	合 计 Total	职工 Workers	离退休人员 Retirees	基金收入 Revenue	基金支出 Expenses	累计结余 Balance at the Year-end
1989	5710.3	4816.9	893.4	146.7	118.8	68.0
1990	6166.0	5200.7	965.3	178.8	149.3	97.9
1991	6740.3	5653.7	1086.6	215.7	173.1	144.1
1992	9456.2	7774.7	1681.5	365.8	321.9	220.6
1993	9847.6	8008.2	1839.4	503.5	470.6	258.6
1994	10573.5	8494.1	2079.4	707.4	661.1	304.8
1995	10979.0	8737.8	2241.2	950.1	847.6	429.8
1996	11116.7	8758.4	2358.3	1171.8	1031.9	578.6
1997	11203.9	8670.9	2533.0	1337.9	1251.3	682.8
1998	11203.1	8475.8	2727.3	1459.0	1511.6	587.8
1999	11722.9	8859.2	2863.7	1871.9	1863.1	644.2
2000	12486.4	9469.9	3016.5	2088.3	1970.0	761.0
2001	12904.3	9733.0	3171.3	2235.1	2116.5	818.6
2002	13278.6	9929.4	3349.2	2783.6	2502.8	1243.5
2003	13881.4	10324.5	3556.9	3209.4	2716.2	1764.8
2004	14678.9	10903.9	3775.0	3728.5	3031.2	2499.3
2005	15715.8	11710.6	4005.2	4491.7	3495.3	3506.7
2006	16856.6	12618.0	4238.6	5632.5	4287.3	4869.1
2007	18234.6	13690.6	4544.0	7010.6	5153.6	6758.2
2008	19951.4	15083.4	4868.0	8800.1	6507.6	9241.0
2009	21567.0	16219.0	5348.0	10420.6	7886.6	11774.3
2010	23634.4	17822.7	5811.6	12218.4	9409.9	14547.2
2011	26284.0	19970.0	6314.0	15484.8	11425.7	18608.1
2012	28271.9	21360.9	6910.9	18363.0	14008.5	22968.0

10-7 历年各地区城镇职工基本养老保险参保人数

CONTRIBUTORS OF URBAN BASIC PENSION INSURANCE BY REGION

单位：万人 (10 000 persons)

地区	Region	2001 合计 Total	2001 #离退休人员 Retirees	2002 合计 Total	2002 #离退休人员 Retirees	2003 合计 Total	2003 #离退休人员 Retirees	2004 合计 Total	2004 #离退休人员 Retirees
全　国	**National**	**14182.5**	**3380.6**	**14736.6**	**3607.8**	**15506.7**	**3860.2**	**16352.9**	**4102.6**
北　京	Beijing	425.9	124.3	436.2	133.2	448.5	141.5	459.7	148.6
天　津	Tianjin	281.4	85.2	296.0	91.4	283.3	97.6	298.1	102.9
河　北	Hebei	641.4	145.3	643.5	154.0	665.5	163.6	683.4	172.0
山　西	Shanxi	365.6	81.8	361.8	85.4	364.4	88.1	376.7	93.3
内蒙古	Inner Mongolia	290.6	65.3	292.9	70.8	300.9	72.6	318.8	82.0
辽　宁	Liaoning	1022.7	288.9	1039.2	302.2	1070.4	315.5	1101.0	333.8
吉　林	Jilin	389.1	99.6	397.7	104.9	427.0	115.5	439.0	123.1
黑龙江	Heilongjiang	692.5	178.5	689.8	187.4	714.3	196.0	738.1	207.3
上　海	Shanghai	683.5	239.9	699.8	246.9	715.6	254.6	770.9	265.3
江　苏	Jiangsu	888.1	212.7	1063.5	252.9	1135.2	271.4	1214.1	288.8
浙　江	Zhejiang	610.4	125.1	701.1	132.6	801.2	144.2	888.0	152.4
安　徽	Anhui	432.7	98.5	432.3	102.8	456.6	113.6	463.9	118.8
福　建	Fujian	242.0	58.4	285.1	61.6	364.2	79.4	377.5	83.7
江　西	Jiangxi	328.8	78.2	339.8	82.6	355.9	93.4	371.8	99.9
山　东	Shandong	1022.6	191.3	1043.0	205.3	1135.9	219.3	1218.7	232.2
河　南	Henan	736.6	141.9	757.8	161.5	751.1	171.0	781.1	181.1
湖　北	Hubei	612.1	137.7	628.8	147.2	732.4	177.9	780.5	195.4
湖　南	Hunan	603.4	148.0	616.5	157.7	636.2	167.5	691.7	185.4
广　东	Guangdong	1370.3	187.0	1405.4	193.5	1482.2	203.8	1588.8	220.4
广　西	Guangxi	248.9	58.7	257.2	63.5	264.8	66.3	279.3	70.2
海　南	Hainan	108.2	30.5	111.2	31.9	116.7	33.6	120.0	35.2
重　庆	Chongqing	270.3	82.3	280.3	87.8	280.0	92.4	283.9	96.8
四　川	Sichuan	578.9	169.4	589.2	178.1	605.5	187.5	668.0	202.7
贵　州	Guizhou	159.0	42.4	168.9	44.9	168.0	48.0	174.9	50.0
云　南	Yunnan	243.1	69.6	252.1	74.1	257.3	77.8	255.3	79.4
西　藏	Tibet	7.1	2.6	7.0	2.6	7.3	2.8	7.6	3.0
陕　西	Shaanxi	345.4	83.4	352.0	90.8	362.4	97.4	369.3	102.5
甘　肃	Gansu	188.4	45.3	188.0	48.1	192.0	51.2	194.5	53.5
青　海	Qinghai	51.9	14.9	54.2	15.0	56.4	15.9	58.5	16.5
宁　夏	Ningxia	57.9	13.2	59.0	13.7	60.7	14.3	62.5	15.2
新　疆	Xinjiang	258.4	77.6	262.1	79.6	269.3	83.0	294.8	87.3
中国人民银行	The People's Bank of China	19.8	3.1	19.8	3.3	19.8	3.4	17.1	3.5
中国农业发展银行	Agricutural Development Bank of China	5.4	0.2	5.5	0.3	5.6	0.4	5.8	0.4

10-7 续表 1 continued

单位：万人 (10 000 persons)

地区	Region	2005 合计 Total	2005 #离退休人员 Retirees	2006 合计 Total	2006 #离退休人员 Retirees	2007 合计 Total	2007 #离退休人员 Retirees	2008 合计 Total	2008 #离退休人员 Retirees
全　国	**National**	**17487.9**	**4367.5**	**18766.3**	**4635.4**	**20136.9**	**4953.7**	**21891.1**	**5303.6**
北　京	Beijing	520.0	155.2	603.6	160.9	671.0	171.2	757.2	180.1
天　津	Tianjin	308.3	107.7	328.2	112.7	344.8	119.2	376.5	129.3
河　北	Hebei	707.9	184.2	747.5	196.0	795.6	210.2	862.5	222.7
山　西	Shanxi	383.4	98.2	486.9	112.7	506.7	120.2	539.4	128.0
内蒙古	Inner Mongolia	338.9	86.1	356.6	91.1	370.9	96.6	389.5	102.9
辽　宁	Liaoning	1193.6	360.8	1248.8	383.0	1299.7	408.1	1406.2	429.9
吉　林	Jilin	455.9	131.0	480.2	138.9	501.7	147.8	525.3	155.4
黑龙江	Heilongjiang	768.9	223.2	801.0	236.5	826.8	253.0	857.8	276.0
上　海	Shanghai	830.0	290.7	891.7	314.4	932.4	340.5	967.7	357.8
江　苏	Jiangsu	1345.6	307.9	1469.8	328.1	1602.3	353.3	1751.6	378.6
浙　江	Zhejiang	962.3	160.9	1052.6	170.9	1167.1	182.3	1386.9	194.8
安　徽	Anhui	471.7	124.8	495.2	133.8	530.3	144.8	578.4	158.1
福　建	Fujian	409.6	88.9	456.1	93.6	512.8	98.1	557.2	102.6
江　西	Jiangxi	387.4	105.5	415.0	111.6	475.0	118.5	550.3	128.5
山　东	Shandong	1302.4	248.6	1368.0	261.7	1457.1	282.2	1565.9	305.0
河　南	Henan	814.0	194.2	863.8	208.2	912.9	224.7	972.0	239.1
湖　北	Hubei	804.0	206.4	850.8	220.5	886.8	235.3	932.3	252.0
湖　南	Hunan	718.6	195.2	751.6	209.9	784.0	227.3	829.1	235.3
广　东	Guangdong	1796.1	231.2	1972.3	243.5	2226.8	257.2	2444.3	273.0
广　西	Guangxi	288.6	73.3	302.7	77.1	325.5	82.2	368.1	95.0
海　南	Hainan	120.9	36.5	132.0	38.0	141.7	39.7	156.2	42.0
重　庆	Chongqing	290.2	100.5	317.3	107.9	344.8	112.7	406.1	130.7
四　川	Sichuan	793.4	230.7	842.7	244.9	917.4	269.4	1017.9	306.7
贵　州	Guizhou	183.7	51.7	193.2	54.1	205.9	56.5	215.9	59.3
云　南	Yunnan	258.7	81.9	267.4	83.8	279.4	87.6	293.7	89.3
西　藏	Tibet	7.7	3.1	7.6	3.1	8.1	3.0	8.5	3.1
陕　西	Shaanxi	376.1	107.8	391.5	111.4	408.1	117.4	433.4	124.4
甘　肃	Gansu	197.3	55.1	201.2	57.7	208.4	60.6	221.0	64.0
青　海	Qinghai	60.0	16.9	62.5	17.4	65.2	18.0	68.3	18.6
宁　夏	Ningxia	67.5	16.1	72.3	16.7	77.0	17.7	82.6	18.8
新　疆	Xinjiang	302.1	89.0	313.3	90.9	327.7	93.7	346.3	97.6
中国人民银行	The People's Bank of China	17.1	3.7	17.2	3.9	17.3	4.1	17.5	4.2
中国农业发展银行	Agricutural Development Bank of China	5.7	0.5	5.6	0.5	5.6	0.6	5.6	0.7

10-7 续表 2 continued

单位：万人 (10 000 persons)

地区	Region	2009 合计 Total	2009 #离退休人员 Retirees	2010 合计 Total	2010 #离退休人员 Retirees	2011 合计 Total	2011 #离退休人员 Retirees	2012 合计 Total	2012 #离退休人员 Retirees
全国	**National**	**23549.9**	**5806.9**	**25707.3**	**6305.0**	**28391.3**	**6826.2**	**30426.8**	**7445.7**
北京	Beijing	826.7	188.2	981.3	195.5	1089.4	201.2	1206.4	210.7
天津	Tianjin	401.5	136.5	431.5	143.6	458.7	148.8	490.3	156.9
河北	Hebei	919.5	238.0	988.4	259.5	1059.8	285.3	1125.6	312.3
山西	Shanxi	563.8	136.6	591.0	147.3	623.8	158.9	648.7	168.9
内蒙古	Inner Mongolia	410.8	112.8	430.7	119.2	452.4	136.6	471.9	153.0
辽宁	Liaoning	1457.4	449.4	1496.9	472.7	1556.6	486.5	1609.2	510.4
吉林	Jilin	554.3	171.1	599.5	206.6	617.5	221.1	632.2	234.6
黑龙江	Heilongjiang	920.3	333.7	952.2	363.0	981.0	380.0	1013.0	401.6
上海	Shanghai	1001.1	376.0	1049.5	392.2	1382.7	406.5	1416.9	423.8
江苏	Jiangsu	1883.1	415.4	2033.0	449.1	2223.9	483.1	2427.5	547.0
浙江	Zhejiang	1527.4	209.6	1702.2	223.6	1919.2	253.4	2183.3	347.8
安徽	Anhui	628.2	169.5	669.5	177.5	729.3	191.5	783.8	205.4
福建	Fujian	585.9	108.1	635.5	113.5	695.1	118.2	756.5	125.5
江西	Jiangxi	581.9	135.9	607.6	145.5	653.0	168.7	707.4	189.1
山东	Shandong	1661.0	326.0	1773.0	345.1	1907.1	373.1	2063.2	416.3
河南	Henan	1019.1	254.5	1079.3	270.3	1168.4	287.9	1270.6	306.0
湖北	Hubei	982.0	273.6	1039.8	301.6	1113.4	341.7	1171.4	367.3
湖南	Hunan	879.1	246.1	938.9	265.4	988.2	277.9	1048.0	300.4
广东	Guangdong	2716.4	294.2	3215.2	339.6	3800.7	372.6	4034.1	390.2
广西	Guangxi	411.3	118.0	449.3	138.1	483.8	151.5	512.7	163.6
海南	Hainan	168.1	43.2	180.8	45.4	199.9	47.8	214.2	52.5
重庆	Chongqing	492.8	176.5	584.4	192.5	647.6	220.1	716.9	247.0
四川	Sichuan	1176.2	393.5	1300.9	439.0	1494.2	495.4	1615.4	541.7
贵州	Guizhou	235.6	63.5	257.3	67.0	282.1	71.3	309.4	77.7
云南	Yunnan	306.5	90.2	317.4	92.3	342.8	104.2	364.5	110.7
西藏	Tibet	9.2	3.1	9.9	3.2	11.2	3.2	13.3	3.5
陕西	Shaanxi	458.8	131.0	550.4	150.3	588.6	155.5	643.5	177.1
甘肃	Gansu	230.9	67.5	242.5	71.3	263.0	85.1	277.4	93.7
青海	Qinghai	71.3	19.3	74.4	20.0	81.5	25.2	86.0	26.2
宁夏	Ningxia	89.4	20.0	107.8	30.5	121.4	36.4	131.2	39.9
新疆	Xinjiang	356.9	100.6	393.8	119.2	431.5	131.9	458.8	139.0
中国人民银行	The People's Bank of China	17.5	4.4	17.7	4.6	17.8	4.8	17.9	5.0
中国农业发展银行	Agricutural Development Bank of China	5.6	0.7	5.7	0.8	5.8	1.0	5.9	1.0

10-8 各地区城镇职工基本养老保险情况(2012年)

URBAN BASIC PENSION INSURANCE BY REGION(2012)

单位：万人、亿元 (10 000 persons，100 million yuan)

地 区	Region	参保职工年末人数 Active Contributors at the Year-end	#企业(含其他) Enterprises (others)	参保离退休人员年末人数 Retirees at the Year-end	基金收支情况 Revenue and Expenses 基金收入 Revenue	基金支出 Expenses	累计结余 Balance at the Year-end
全 国	**National**	**22981.1**	**21360.9**	**7445.7**	**20001.0**	**15561.8**	**23941.3**
北 京	Beijing	995.7	995.7	210.7	995.1	640.2	1224.8
天 津	Tianjin	333.4	326.9	156.9	420.5	365.0	279.2
河 北	Hebei	813.3	680.3	312.3	793.0	723.5	755.1
山 西	Shanxi	479.8	397.7	168.9	563.1	391.6	963.3
内蒙古	Inner Mongolia	319.0	308.9	153.0	405.8	343.6	405.9
辽 宁	Liaoning	1098.8	1036.9	510.4	1212.3	1052.6	1054.9
吉 林	Jilin	397.6	397.6	234.6	390.6	377.6	407.1
黑龙江	Heilongjiang	611.4	554.2	401.6	720.2	717.2	469.9
上 海	Shanghai	993.1	932.5	423.8	1391.6	1127.7	821.5
江 苏	Jiangsu	1880.6	1796.7	547.0	1629.9	1142.1	2145.8
浙 江	Zhejiang	1835.5	1761.8	347.8	1227.2	783.5	1963.9
安 徽	Anhui	578.4	564.9	205.4	515.7	406.7	594.0
福 建	Fujian	631.0	575.4	125.5	322.0	273.3	226.2
江 西	Jiangxi	518.3	499.8	189.1	382.9	297.0	332.2
山 东	Shandong	1646.9	1407.2	416.3	1316.6	1059.0	1639.5
河 南	Henan	964.6	857.3	306.0	728.8	612.0	717.7
湖 北	Hubei	804.1	758.2	367.3	764.3	647.8	754.6
湖 南	Hunan	747.6	591.2	300.4	607.8	502.8	685.9
广 东	Guangdong	3643.8	3484.5	390.2	1680.9	900.9	3879.6
广 西	Guangxi	349.1	349.1	163.6	326.2	297.1	443.1
海 南	Hainan	161.6	132.0	52.5	123.0	114.4	94.1
重 庆	Chongqing	469.9	459.5	247.0	535.8	412.7	458.1
四 川	Sichuan	1073.7	954.3	541.7	1132.0	927.7	1464.3
贵 州	Guizhou	231.7	221.7	77.7	216.9	153.1	293.4
云 南	Yunnan	253.8	245.0	110.7	298.5	211.3	423.0
西 藏	Tibet	9.9	7.4	3.5	18.2	12.0	24.6
陕 西	Shaanxi	466.4	422.2	177.1	480.6	401.1	338.9
甘 肃	Gansu	183.6	183.6	93.7	233.9	193.2	288.3
青 海	Qinghai	59.9	59.9	26.2	71.8	65.0	78.8
宁 夏	Ningxia	91.4	91.4	39.9	90.7	86.2	158.5
新 疆	Xinjiang	319.8	307.2	139.0	401.3	320.5	547.0
中国人民银行	The People's Bank of China	12.9		5.0			
中国农业发展银行	Agricutural Development Bank of China	4.8		1.0	3.8	3.6	8.3

10-9 各地区养老金社会化发放人数(2012年)

NUMBER OF PENSIONERS PAID BY THE SOCIALIZED AGENCIES BY REGION (2012)

地 区	Region	社会化发放人数(万人) Pensioners Paid by the Socialized Agencies (10 000 persons)	纳入社区管理的企业退休人数(万人) Community Administer Retirees (10 000 persons)	纳入社区管理的企业退休人数占企业退休人员总数的比例(%) Ratio of Community Administer Retirees (%)
全 国	**National**	**6865.5**	**5328.0**	**78.3**
北 京	Beijing	**210.7**	182.0	89.0
天 津	Tianjin	152.6	127.0	89.9
河 北	Hebei	268.8	220.0	88.7
山 西	Shanxi	167.5	104.0	75.1
内蒙古	Inner Mongolia	148.9	110.0	81.1
辽 宁	Liaoning	478.4	401.0	90.6
吉 林	Jilin	234.6	208.0	96.1
黑龙江	Heilongjiang	378.1	287.0	81.6
上 海	Shanghai	376.6	271.0	88.1
江 苏	Jiangsu	512.0	445.0	95.1
浙 江	Zhejiang	321.5	255.0	87.0
安 徽	Anhui	201.2	158.0	85.1
福 建	Fujian	97.1	77.0	84.7
江 西	Jiangxi	184.6	150.0	89.2
山 东	Shandong	332.7	272.0	97.6
河 南	Henan	277.3	205.0	80.2
湖 北	Hubei	351.4	274.0	83.7
湖 南	Hunan	243.6	167.0	74.0
广 东	Guangdong	333.5	249.0	77.1
广 西	Guangxi	162.4	120.0	79.0
海 南	Hainan	44.2	32.0	79.4
重 庆	Chongqing	244.1	102.0	80.3
四 川	Sichuan	500.3	459.0	97.2
贵 州	Guizhou	77.0	50.0	70.2
云 南	Yunnan	106.7	74.0	73.6
西 藏	Tibet	3.4		
陕 西	Shaanxi	160.6	116.0	79.1
甘 肃	Gansu	92.5	67.0	78.6
青 海	Qinghai	26.2	16.0	62.9
宁 夏	Ningxia	40.3	34.0	90.0
新 疆	Xinjiang	81.3	61.0	88.3
新疆兵团	Xinjiang Production and Construction Crops	55.7	35.0	66.5

10-10 历年全国城镇基本医疗保险基本情况
PERSONS COVERED BY THE BASIC MEDICAL INSURANCE AT THE YEAR-END

年 份 Year	合计 Total	职工基本医疗保险参保人数 Persons Covered by the Basic Medical Insurance of Employment	职工人数 Workers	退休人员人数 Retirees	城镇居民基本医疗保险参保人数 Persons Covered by the Basic Medical Insurance of Non-employment
绝对数(万人) Absolute figure (10 000 persons)					
1993	290.1	290.1	267.6	22.5	
1994	400.3	400.3	374.6	25.7	
1995	745.9	745.9	702.6	43.3	
1996	855.7	855.7	791.2	64.5	
1997	1762.0	1762.0	1588.9	173.1	
1998	1878.7	1878.7	1509.7	369.0	
1999	2065.3	2065.3	1509.4	555.9	
2000	3786.9	3786.9	2862.8	924.2	
2001	7285.9	7285.9	5470.7	1815.2	
2002	9401.2	9401.2	6925.8	2475.4	
2003	10901.7	10901.7	7974.9	2926.8	
2004	12403.6	12403.6	9044.4	3359.2	
2005	13782.9	13782.9	10021.7	3761.2	
2006	15731.8	15731.8	11580.3	4151.5	
2007	22311.4	18020.3	13420.3	4600.0	4291.1
2008	31821.6	19995.6	14987.7	5007.9	11826.0
2009	40147.0	21937.4	16410.5	5526.9	18209.6
2010	43262.9	23734.7	17791.2	5943.5	19528.3
2011	47343.2	25227.1	18948.5	6278.6	22116.1
2012	53641.3	26485.6	19861.3	6624.2	27155.7
比上年增长(%) Increase over Preceding Year %					
1994	38.0	38.0	40.0	14.3	
1995	86.3	86.3	87.6	68.0	
1996	14.7	14.7	12.6	49.0	
1997	105.9	105.9	100.8	168.5	
1998	6.6	6.6	-5.0	113.2	
1999	9.9	9.9	0.0	50.7	
2000	83.4	83.4	89.7	66.2	
2001	92.4	92.4	91.1	96.4	
2002	29.0	29.0	26.6	36.4	
2003	16.0	16.0	15.1	18.2	
2004	13.8	13.8	13.4	14.8	
2005	11.1	11.1	10.8	12.0	
2006	14.1	14.1	15.6	10.4	
2007	41.8	14.5	15.9	10.8	
2008	42.6	11.0	11.7	8.9	175.6
2009	26.2	9.7	9.5	10.4	54.0
2010	7.8	8.2	8.4	7.5	7.2
2011	9.4	6.3	6.5	5.6	13.3
2012	13.3	5.0	4.8	5.5	22.8

10-11 历年各地区城镇基本医疗保险参保人数

BASIC MEDICAL INSURANCE BY REGION

单位：万人 (10 000 persons)

地区	Region	2001		2002		2003	
		职工基本医疗保险 Staff	#退休人员 Retirees	职工基本医疗保险 Staff	#退休人员 Retirees	职工基本医疗保险 Staff	#退休人员 Retirees
全国	**National**	**7285.9**	**1815.2**	**9401.2**	**2475.4**	**10901.7**	**2926.8**
北京	Beijing	240.7	89.4	321.1	113.2	436.1	134.7
天津	Tianjin	139.6	46.8	250.2	103.8	254.7	108.5
河北	Hebei	282.5	61.5	330.4	73.0	383.2	84.7
山西	Shanxi	157.3	34.4	216.7	49.5	245.5	51.3
内蒙古	Inner Mongolia	196.9	45.5	221.7	54.2	252.3	66.1
辽宁	Liaoning	313.6	90.4	619.0	188.7	697.7	217.2
吉林	Jilin	124.2	27.8	176.9	39.8	230.8	55.3
黑龙江	Heilongjiang	308.3	89.2	392.8	108.2	435.2	122.1
上海	Shanghai	680.5	238.9	694.8	245.9	709.6	250.6
江苏	Jiangsu	456.0	113.5	690.9	183.2	815.0	227.6
浙江	Zhejiang	352.7	100.0	423.4	117.0	510.3	139.5
安徽	Anhui	232.8	53.6	273.4	65.6	318.2	79.8
福建	Fujian	171.0	38.3	230.0	54.7	247.8	61.8
江西	Jiangxi	71.6	12.2	106.6	22.7	188.2	45.7
山东	Shandong	490.2	86.0	625.6	119.5	691.1	138.0
河南	Henan	460.3	94.8	537.4	115.2	567.9	126.9
湖北	Hubei	255.4	54.5	338.1	80.6	416.6	110.1
湖南	Hunan	351.6	83.7	398.1	108.3	423.5	116.1
广东	Guangdong	544.8	84.4	717.7	118.8	877.0	146.4
广西	Guangxi	150.1	33.4	201.8	54.1	235.0	66.1
海南	Hainan	40.9	8.5	52.6	11.5	63.1	15.4
重庆	Chongqing	36.8	9.7	58.7	18.0	121.8	41.7
四川	Sichuan	437.6	128.3	480.6	150.1	531.2	173.8
贵州	Guizhou	31.1	6.9	94.6	26.6	134.1	38.2
云南	Yunnan	185.7	45.6	238.4	65.0	281.5	81.4
西藏	Tibet					6.0	1.8
陕西	Shaanxi	231.4	49.4	261.8	65.1	301.0	77.4
甘肃	Gansu	109.9	23.6	124.1	26.0	146.0	32.8
青海	Qinghai	38.3	12.6	51.1	16.3	56.4	17.8
宁夏	Ningxia	17.2	4.0	36.8	10.1	48.1	12.7
新疆	Xinjiang	177.0	48.1	235.7	70.6	276.7	85.3

10-11 续表 1 continued

单位：万人 (10 000 persons)

地区	Region	2004 职工基本医疗保险 Staff	2004 #退休人员 Retirees	2005 职工基本医疗保险 Staff	2005 #退休人员 Retirees	2006 职工基本医疗保险 Staff	2006 #退休人员 Retirees
全 国	**National**	**12403.6**	**3359.2**	**13782.9**	**3761.2**	**15731.9**	**4151.5**
北 京	Beijing	483.9	141.7	574.8	155.1	679.5	163.9
天 津	Tianjin	263.0	104.8	299.1	118.3	344.2	126.0
河 北	Hebei	472.5	108.9	562.1	139.6	615.9	158.6
山 西	Shanxi	295.5	63.9	324.9	73.0	353.8	82.2
内蒙古	Inner Mongolia	274.2	78.1	292.0	86.0	316.2	93.1
辽 宁	Liaoning	783.7	247.3	864.2	280.0	959.3	307.4
吉 林	Jilin	270.0	67.5	283.0	73.9	376.3	101.2
黑龙江	Heilongjiang	544.1	151.7	602.9	170.4	708.2	192.9
上 海	Shanghai	714.1	260.9	728.6	275.9	1023.3	291.0
江 苏	Jiangsu	976.7	261.6	1124.1	303.0	1274.3	338.5
浙 江	Zhejiang	569.2	150.3	639.6	163.1	730.6	172.9
安 徽	Anhui	362.2	97.7	387.1	112.7	441.2	124.7
福 建	Fujian	285.9	69.5	333.0	77.2	370.1	85.2
江 西	Jiangxi	250.4	65.8	276.7	75.0	313.3	86.5
山 东	Shandong	771.9	153.5	861.5	176.7	996.1	199.9
河 南	Henan	590.0	136.8	641.5	154.1	704.1	173.3
湖 北	Hubei	466.8	132.5	502.0	147.2	565.3	166.6
湖 南	Hunan	477.0	133.9	503.4	146.6	560.5	162.4
广 东	Guangdong	1034.2	168.9	1235.3	180.3	1421.1	197.9
广 西	Guangxi	272.2	77.8	285.9	82.3	302.0	88.7
海 南	Hainan	78.6	22.3	87.2	24.5	91.0	25.6
重 庆	Chongqing	206.3	76.2	237.7	91.9	257.5	97.4
四 川	Sichuan	587.6	196.5	647.0	220.2	734.5	247.8
贵 州	Guizhou	152.6	44.0	180.5	51.5	199.2	57.8
云 南	Yunnan	302.3	89.6	320.7	95.5	331.5	98.8
西 藏	Tibet	7.1	2.8	15.2	4.8	16.5	5.0
陕 西	Shaanxi	325.6	86.8	348.8	101.3	377.1	111.4
甘 肃	Gansu	165.8	40.6	176.6	46.2	195.8	51.7
青 海	Qinghai	60.2	19.5	62.0	20.4	64.5	22.0
宁 夏	Ningxia	55.6	14.6	64.5	17.2	73.1	19.9
新 疆	Xinjiang	304.4	93.2	321.1	97.5	335.8	101.2

10-11 续表 2 continued

单位: 万人 (10 000 persons)

地区 Region	2007				2008			
	合计 Total	#职工基本医疗保险 Staff	#退休人员 Retirees	#城镇居民基本医疗保险 Urban Staff	合计 Total	#职工基本医疗保险 Staff	#退休人员 Retirees	#城镇居民基本医疗保险 Urban Staff
全 国 National	**22311.4**	**18020.3**	**4600.0**	**4291.1**	**31821.7**	**19995.6**	**5007.9**	**11826.1**
北 京 Beijing	929.4	783.0	172.9	146.4	1017.1	871.0	182.4	146.1
天 津 Tianjin	403.8	382.5	133.2	21.3	484.5	399.1	141.8	85.4
河 北 Hebei	746.3	686.3	183.9	60.0	1083.1	738.5	199.5	344.5
山 西 Shanxi	460.6	405.7	98.3	54.9	593.9	441.8	108.8	152.1
内蒙古 Inner Mongolia	451.6	352.7	103.8	98.9	612.5	373.7	108.6	238.8
辽 宁 Liaoning	1200.2	1087.8	346.5	112.4	1507.5	1209.3	386.5	298.1
吉 林 Jilin	767.2	427.8	118.2	339.4	937.4	450.9	131.8	486.5
黑龙江 Heilongjiang	826.7	752.2	202.3	74.5	1056.3	788.3	216.0	268.1
上 海 Shanghai	1096.8	1096.8	306.4		1355.2	1171.7	320.9	183.5
江 苏 Jiangsu	2136.6	1435.8	365.4	700.8	2837.6	1604.3	390.3	1233.3
浙 江 Zhejiang	946.2	855.0	185.5	91.2	1322.6	1053.9	198.3	268.7
安 徽 Anhui	953.3	486.2	137.1	467.1	1323.8	528.8	148.1	795.0
福 建 Fujian	477.4	406.1	91.0	71.3	796.5	435.7	101.4	360.7
江 西 Jiangxi	784.7	403.4	121.6	381.3	1207.1	503.2	149.4	704.0
山 东 Shandong	1292.3	1115.9	227.8	176.4	1847.0	1266.2	256.2	580.8
河 南 Henan	897.7	781.0	197.4	116.8	1549.4	840.9	220.8	708.6
湖 北 Hubei	870.5	644.5	196.3	226.0	1435.7	714.9	210.9	720.8
湖 南 Hunan	724.5	620.6	181.9	103.9	1321.6	682.0	206.5	639.6
广 东 Guangdong	2281.6	2022.2	218.0	259.4	3551.8	2370.7	240.3	1181.1
广 西 Guangxi	361.4	339.3	99.2	22.1	568.2	361.4	103.8	206.8
海 南 Hainan	155.3	107.5	29.9	47.9	249.7	121.8	34.0	127.9
重 庆 Chongqing	327.5	284.7	104.7	42.8	550.6	326.2	115.1	224.4
四 川 Sichuan	1020.0	815.0	270.6	205.0	1413.8	893.5	296.7	520.4
贵 州 Guizhou	293.8	228.2	66.1	65.6	404.3	257.4	73.0	146.9
云 南 Yunnan	400.3	345.8	101.8	54.5	618.2	356.8	103.6	261.4
西 藏 Tibet	19.2	19.2	5.8		32.4	20.1	5.3	12.3
陕 西 Shaanxi	459.3	410.1	123.2	49.3	717.3	432.7	132.8	284.6
甘 肃 Gansu	449.5	221.5	61.6	228.0	522.2	248.9	68.8	273.2
青 海 Qinghai	95.8	70.1	23.0	25.7	93.6	72.1	24.5	21.5
宁 夏 Ningxia	114.0	78.3	21.4	35.7	158.7	83.2	22.7	75.4
新 疆 Xinjiang	367.9	355.1	105.1	12.7	652.1	376.6	109.0	275.5

10-11 续表 3 continued

单位：万人 (10 000 persons)

地 区	Region	2009 合 计 Total	2009 #职工基本医疗保险 Staff	2009 #退休人员 Retirees	2009 #城镇居民基本医疗保险 Urban Staff	2010 合 计 Total	2010 #职工基本医疗保险 Staff	2010 #退休人员 Retirees	2010 #城镇居民基本医疗保险 Urban Staff
全 国	**National**	**40147.0**	**21937.4**	**5526.9**	**18209.6**	**43262.9**	**23734.7**	**5943.5**	**19528.3**
北 京	Beijing	1083.9	938.4	191.8	145.5	1207.3	1063.7	215.1	143.7
天 津	Tianjin	605.3	444.1	150.6	161.2	960.9	470.0	157.5	490.9
河 北	Hebei	1421.1	802.1	219.7	619.0	1518.1	848.0	238.0	670.0
山 西	Shanxi	879.0	534.6	128.5	344.5	923.5	562.0	140.0	361.5
内蒙古	Inner Mongolia	805.3	410.4	117.8	394.9	886.4	433.5	124.7	452.8
辽 宁	Liaoning	1895.6	1347.0	444.5	548.6	2056.2	1408.7	464.1	647.5
吉 林	Jilin	1242.8	486.4	147.4	756.4	1333.8	550.1	179.9	783.7
黑龙江	Heilongjiang	1544.3	851.3	256.5	693.0	1560.8	873.7	278.4	687.1
上 海	Shanghai	1583.8	1329.6	372.5	254.2	1665.2	1405.9	388.8	259.2
江 苏	Jiangsu	3031.0	1701.1	418.6	1329.9	3249.4	1848.3	443.2	1401.2
浙 江	Zhejiang	1784.4	1173.7	211.8	610.7	1963.8	1344.4	226.8	619.4
安 徽	Anhui	1435.8	570.2	160.4	865.6	1529.3	598.5	169.3	930.9
福 建	Fujian	1137.2	503.7	114.7	633.5	1200.6	546.6	120.7	654.0
江 西	Jiangxi	1300.4	515.1	151.6	785.3	1326.4	532.1	166.5	794.3
山 东	Shandong	2540.2	1428.6	287.8	1111.6	2770.6	1541.3	316.7	1229.3
河 南	Henan	1970.1	920.1	243.7	1050.0	2043.7	957.4	258.7	1086.4
湖 北	Hubei	1811.7	820.4	236.2	991.3	1860.0	847.8	239.8	1012.3
湖 南	Hunan	1831.9	746.4	225.6	1085.5	1894.5	777.4	236.9	1117.2
广 东	Guangdong	4568.5	2556.4	259.4	2012.1	5043.2	3000.0	314.5	2043.2
广 西	Guangxi	850.0	388.8	110.6	461.2	935.2	413.5	123.0	521.7
海 南	Hainan	283.8	152.7	41.5	131.0	323.3	166.9	43.2	156.4
重 庆	Chongqing	769.5	362.5	120.8	407.0	830.8	406.2	125.6	424.6
四 川	Sichuan	1912.7	958.5	317.3	954.2	2063.1	1051.9	348.3	1011.2
贵 州	Guizhou	567.0	279.5	85.1	287.5	602.5	293.5	88.2	309.0
云 南	Yunnan	762.5	397.4	118.3	365.0	820.5	414.8	121.4	405.7
西 藏	Tibet	36.0	22.6	6.4	13.5	38.6	23.5	6.6	15.1
陕 西	Shaanxi	890.0	463.3	145.2	426.8	947.2	474.2	151.2	473.1
甘 肃	Gansu	557.4	272.2	77.7	285.2	588.8	290.2	85.9	298.6
青 海	Qinghai	104.8	75.7	24.6	29.1	140.3	78.7	25.2	61.6
宁 夏	Ningxia	186.0	87.0	23.8	99.0	188.3	94.1	26.4	94.2
新 疆	Xinjiang	755.0	397.5	114.7	357.4	790.5	417.7	119.0	372.7

10-11 续表 4 continued

单位：万人 (10 000 persons)

地 区	Region	2011 合 计 Total	2011 #职工基本医疗保险 Staff	2011 #退休人员 Retirees	2011 #城镇居民基本医疗保险 Urban Staff	2012 合 计 Total	2012 #职工基本医疗保险 Staff	2012 #退休人员 Retirees	2012 #城镇居民基本医疗保险 Urban Staff
全 国	**National**	**47343.2**	**25227.1**	**6278.6**	**22116.1**	**53641.3**	**26485.6**	**6624.2**	**27155.7**
北 京	Beijing	1347.8	1188.0	232.8	159.8	1431.6	1279.7	239.1	151.9
天 津	Tianjin	972.8	474.5	162.5	498.3	981.3	479.1	168.9	502.2
河 北	Hebei	1562.2	875.5	248.2	686.6	1644.4	906.8	261.5	737.6
山 西	Shanxi	1005.1	595.8	150.8	409.3	1055.9	621.1	157.2	434.9
内蒙古	Inner Mongolia	907.3	438.0	124.3	469.3	967.7	455.1	132.4	512.6
辽 宁	Liaoning	2120.1	1499.4	494.1	620.7	2251.9	1587.0	524.8	664.9
吉 林	Jilin	1350.6	557.2	188.2	793.4	1370.0	569.5	194.0	800.5
黑龙江	Heilongjiang	1578.0	881.0	293.6	697.0	1580.3	867.8	309.6	712.5
上 海	Shanghai	1591.8	1342.1	404.1	249.7	1638.6	1376.0	421.5	262.6
江 苏	Jiangsu	3500.5	2012.4	470.9	1488.1	3608.8	2155.5	508.9	1453.4
浙 江	Zhejiang	2244.1	1514.4	243.3	729.7	2806.8	1671.0	277.1	1135.8
安 徽	Anhui	1612.9	659.3	181.9	953.6	1660.0	685.2	191.5	974.8
福 建	Fujian	1217.2	579.3	126.2	637.8	1262.9	666.3	130.2	596.6
江 西	Jiangxi	1329.7	535.9	170.9	793.8	1438.6	546.8	180.4	891.8
山 东	Shandong	2947.8	1637.1	337.5	1310.7	3101.2	1734.1	365.6	1367.1
河 南	Henan	2122.3	1016.4	272.2	1105.8	2222.2	1082.2	293.2	1140.0
湖 北	Hubei	1932.5	902.8	254.6	1029.7	1960.3	921.2	264.7	1039.1
湖 南	Hunan	1941.2	789.5	242.9	1151.7	2341.9	797.6	248.8	1544.3
广 东	Guangdong	6767.1	3234.3	340.5	3532.8	8421.8	3373.4	362.8	5048.4
广 西	Guangxi	981.3	437.2	128.8	544.1	1011.5	456.3	133.6	555.3
海 南	Hainan	352.4	186.2	45.3	166.1	378.5	205.2	47.5	173.2
重 庆	Chongqing	1324.8	458.5	133.1	866.3	3219.1	496.5	147.9	2722.6
四 川	Sichuan	2248.4	1169.1	366.0	1079.3	2383.8	1240.9	381.8	1142.9
贵 州	Guizhou	629.0	314.1	93.3	314.9	648.3	329.3	96.3	319.0
云 南	Yunnan	865.8	443.4	126.6	422.4	882.4	452.2	129.5	430.2
西 藏	Tibet	43.7	24.9	6.6	18.7	50.1	27.6	7.1	22.6
陕 西	Shaanxi	1090.4	540.3	172.8	550.2	1118.8	547.5	175.8	571.3
甘 肃	Gansu	590.8	291.1	88.2	299.8	616.5	293.0	87.7	323.6
青 海	Qinghai	151.6	82.4	25.9	69.2	172.3	86.1	26.7	86.2
宁 夏	Ningxia	188.8	100.2	27.1	88.5	561.8	106.6	28.5	455.2
新 疆	Xinjiang	825.2	446.6	125.2	378.5	851.9	469.1	129.6	382.9

10-12 各地区城镇基本医疗保险基本情况(2012年)
BASIC MEDICAL INSURANCE BY REGION(2012)

地 区	Region	年末参保人数(万人) Persons Covered at the Year-end (10 000 persons)	基金收支情况(亿元) Revenue and Expenses(100 million yuan)		
			基金收入 Revenue	基金支出 Expenses	累计结余 Balance at the Year-end
全 国	**National**	**53641.3**	**6938.7**	**5543.6**	**7644.5**
北 京	Beijing	1431.6	506.9	509.2	198.4
天 津	Tianjin	981.3	157.2	137.9	77.7
河 北	Hebei	1644.4	234.6	174.4	294.5
山 西	Shanxi	1055.9	152.6	111.9	181.2
内蒙古	Inner Mongolia	967.7	125.9	106.2	122.0
辽 宁	Liaoning	2251.9	301.8	272.1	310.9
吉 林	Jilin	1370.0	111.9	84.2	156.9
黑龙江	Heilongjiang	1580.3	187.7	160.5	252.3
上 海	Shanghai	1638.6	545.7	367.8	475.8
江 苏	Jiangsu	3608.8	583.2	465.0	671.7
浙 江	Zhejiang	2806.8	511.6	364.8	624.3
安 徽	Anhui	1660.0	159.6	130.7	179.8
福 建	Fujian	1262.9	168.4	126.3	246.6
江 西	Jiangxi	1438.6	102.8	79.6	126.2
山 东	Shandong	3101.2	422.1	332.0	416.1
河 南	Henan	2222.2	207.4	164.1	250.7
湖 北	Hubei	1960.3	196.5	174.0	221.4
湖 南	Hunan	2341.9	183.5	157.8	196.1
广 东	Guangdong	8421.8	735.6	532.4	1102.1
广 西	Guangxi	1011.5	115.7	93.0	169.6
海 南	Hainan	378.5	41.1	33.6	46.6
重 庆	Chongqing	3219.1	201.7	158.2	185.9
四 川	Sichuan	2383.8	337.0	276.8	423.3
贵 州	Guizhou	648.3	72.9	65.4	78.6
云 南	Yunnan	882.4	137.3	116.7	150.9
西 藏	Tibet	50.1	13.0	8.9	22.9
陕 西	Shaanxi	1118.8	127.0	93.5	162.1
甘 肃	Gansu	616.5	71.9	65.3	71.0
青 海	Qinghai	172.3	35.7	29.1	46.5
宁 夏	Ningxia	561.8	42.8	31.5	43.3
新 疆	Xinjiang	851.9	147.5	120.5	138.8

10-13 各地区职工基本医疗保险基本情况(2012年)

BASIC MEDICAL INSURANCE OF EMPLOYMENT BY REGION(2012)

地 区	Region	年末参保人数(万人) Persons Covered at the Year-end (10 000 persons)			基金收支情况(亿元) Revenue and Expenses (100 million yuan)				
		合 计 Total	职 工 Workers	退休人员 Retirees	基金收入 Revenue	基金支出 Expenses	累计结余 Balance at the Year-end	统筹基金 Mutual Assistance Fund	个人账户 Personal Accounts
全 国	**National**	**26485.6**	**19861.3**	**6624.2**	**6061.9**	**4868.5**	**6884.2**	**4186.8**	**2697.5**
北 京	Beijing	1279.7	1040.6	239.1	497.4	500.4	189.4	188.7	0.7
天 津	Tianjin	479.1	310.2	168.9	137.7	121.1	73.6	26.1	47.5
河 北	Hebei	906.8	645.3	261.5	213.2	161.2	268.7	163.5	105.2
山 西	Shanxi	621.1	463.8	157.2	141.0	104.2	165.5	74.6	90.8
内蒙古	Inner Mongolia	455.1	322.7	132.4	110.5	94.9	108.5	67.2	41.2
辽 宁	Liaoning	1587.0	1062.1	524.8	286.6	259.6	292.4	188.9	103.5
吉 林	Jilin	569.5	375.6	194.0	89.8	71.9	128.8	91.7	37.1
黑龙江	Heilongjiang	867.8	558.3	309.6	163.5	145.2	221.8	141.0	80.8
上 海	Shanghai	1376.0	954.5	421.5	524.8	348.5	473.0	79.4	393.6
江 苏	Jiangsu	2155.5	1646.5	508.9	531.2	418.3	636.4	373.2	263.2
浙 江	Zhejiang	1671.0	1393.9	277.1	453.2	310.8	598.1	439.5	158.6
安 徽	Anhui	685.2	493.7	191.5	130.2	110.1	144.1	90.3	53.9
福 建	Fujian	666.3	536.1	130.2	155.0	115.0	237.3	110.2	127.1
江 西	Jiangxi	546.8	366.4	180.4	77.2	63.5	93.1	56.8	36.2
山 东	Shandong	1734.1	1368.5	365.6	388.2	311.0	379.1	289.8	89.4
河 南	Henan	1082.2	789.0	293.2	175.0	143.5	214.9	113.9	100.9
湖 北	Hubei	921.2	656.5	264.7	167.3	154.8	177.9	103.1	74.8
湖 南	Hunan	797.6	548.8	248.8	142.1	125.5	161.0	70.8	90.2
广 东	Guangdong	3373.4	3010.6	362.8	574.4	411.8	973.8	723.4	250.4
广 西	Guangxi	456.3	322.7	133.6	101.0	85.5	147.5	74.9	72.6
海 南	Hainan	205.2	157.7	47.5	35.1	29.4	39.7	35.4	4.3
重 庆	Chongqing	496.5	348.6	147.9	120.8	87.3	146.7	82.2	64.5
四 川	Sichuan	1240.9	859.1	381.8	277.3	223.7	377.0	262.3	114.7
贵 州	Guizhou	329.3	233.0	96.3	65.8	60.5	69.3	33.0	36.3
云 南	Yunnan	452.2	322.7	129.5	126.5	105.3	141.3	71.3	70.0
西 藏	Tibet	27.6	20.4	7.1	12.3	8.0	22.4	16.2	6.2
陕 西	Shaanxi	547.5	371.7	175.8	109.3	84.3	140.3	79.5	60.9
甘 肃	Gansu	293.0	205.3	87.7	63.9	58.4	61.4	43.5	17.9
青 海	Qinghai	86.1	59.4	26.7	32.0	25.6	43.6	18.0	25.6
宁 夏	Ningxia	106.6	78.1	28.5	24.1	18.8	30.0	17.3	12.7
新 疆	Xinjiang	469.1	339.5	129.6	135.4	110.3	127.7	61.0	66.7

10-14 各地区城镇居民基本医疗保险基本情况(2012年)
BASIC MEDICAL INSURANCE OF NONEMPLOYMENT BY REGION(2012)

地 区	Region	年末参保居民人数(万人) Non-employment Covered at the Year-end (10 000 persons)	基金收支情况(亿元) Revenue and Expenses(100 million yuan)		
			基金收入 Revenue	基金支出 Expenses	累计结余 Balance at the Year-end
全 国	**National**	**27155.7**	**876.8**	**675.1**	**760.3**
北 京	Beijing	151.9	9.5	8.8	9.0
天 津	Tianjin	502.2	19.5	16.8	4.2
河 北	Hebei	737.6	21.4	13.2	25.8
山 西	Shanxi	434.9	11.5	7.6	15.8
内蒙古	Inner Mongolia	512.6	15.4	11.3	13.6
辽 宁	Liaoning	664.9	15.2	12.6	18.5
吉 林	Jilin	800.5	22.1	12.4	28.1
黑龙江	Heilongjiang	712.5	24.2	15.3	30.5
上 海	Shanghai	262.6	20.9	19.3	2.8
江 苏	Jiangsu	1453.4	52.0	46.6	35.2
浙 江	Zhejiang	1135.8	58.4	54.0	26.2
安 徽	Anhui	974.8	29.4	20.6	35.6
福 建	Fujian	596.6	13.3	11.3	9.3
江 西	Jiangxi	891.8	25.6	16.2	33.2
山 东	Shandong	1367.1	33.9	21.0	37.0
河 南	Henan	1140.0	32.3	20.6	35.8
湖 北	Hubei	1039.1	29.2	19.3	43.5
湖 南	Hunan	1544.3	41.4	32.3	35.1
广 东	Guangdong	5048.4	161.2	120.6	128.3
广 西	Guangxi	555.3	14.7	7.4	22.2
海 南	Hainan	173.2	6.0	4.2	6.8
重 庆	Chongqing	2722.6	80.9	70.9	39.2
四 川	Sichuan	1142.9	59.7	53.1	46.3
贵 州	Guizhou	319.0	7.2	4.9	9.3
云 南	Yunnan	430.2	10.8	11.3	9.6
西 藏	Tibet	22.6	0.7	0.8	0.6
陕 西	Shaanxi	571.3	17.7	9.2	21.7
甘 肃	Gansu	323.6	8.0	6.9	9.6
青 海	Qinghai	86.2	3.8	3.5	3.0
宁 夏	Ningxia	455.2	18.7	12.7	13.3
新 疆	Xinjiang	382.9	12.1	10.2	11.1

10-15 历年全国失业保险基本情况

UNEMPLOYMENT INSURANCE

年　份 Year	年末参保人数(万人) Contributors at the Year-end (10 000 persons)	年末领取失业保险金人数(万人) Beneficiaries of Unemplo-ment Insurance Funds(10 000 persons)	全年发放失业保险金(万元) Unemployed Relief (10 000 yuan)
绝对数 Absolute figure			
1992	7443		8959
1993	7924		27847
1994	7968		50755
1995	8238		81964
1996	8333		138704
1997	7961		186780
1998	7928		203907
1999	9852	109	318722
2000	10408	190	561984
2001	10355	312	832563
2002	10182	440	1167736
2003	10373	415	1334448
2004	10584	419	1374983
2005	10648	362	1323767
2006	11187	327	1257582
2007	11645	286	1294405
2008	12400	261	1395349
2009	12715	235	1457592
2010	13376	209	1404485
2011	14317	197	1598544
2012	15225	204	1812934
比上年增长(%) Increase over Preceding Year %			
1993	6.5		210.8
1994	0.6		82.3
1995	3.4		61.5
1996	1.2		69.2
1997	-4.5		34.7
1998	-0.4		9.2
1999	24.3		56.3
2000	5.6	74.3	76.3
2001	-0.6	64.2	48.1
2002	-1.7	41.0	40.3
2003	1.9	-5.7	14.3
2004	2.0	1.0	3.0
2005	0.6	-13.5	-3.7
2006	5.0	-9.9	-5.0
2007	4.1	-12.4	2.9
2008	6.5	-8.7	7.8
2009	2.5	-10.0	4.5
2010	5.2	-11.0	-3.6
2011	7.0	-5.8	13.8
2012	6.3	3.6	13.4

10-16 历年各地区失业保险参保人数

UNEMPLOYMENT INSURANCE BY REGION

单位：万人 (10 000 persons)

地区	Region	2001 年末参保人数 Contributors at the Year-end	2001 年末领取失业保险金人数 Beneficiaries at the Year-end	2002 年末参保人数 Contributors at the Year-end	2002 年末领取失业保险金人数 Beneficiaries at the Year-end	2003 年末参保人数 Contributors at the Year-end	2003 年末领取失业保险金人数 Beneficiaries at the Year-end
全国	**National**	**10355**	**312**	**10182**	**440**	**10373**	**415**
北京	Beijing	287.2	5.5	299.6	4.8	306.6	5.2
天津	Tianjin	214.3	10.8	196.3	12.4	193.5	9.4
河北	Hebei	513.2	7.3	488.6	7.2	484.2	8.3
山西	Shanxi	286.0	5.9	278.9	4.5	284.1	5.7
内蒙古	Inner Mongolia	217.7	5.4	219.7	7.1	221.6	5.7
辽宁	Liaoning	656.7	20.3	591.2	82.2	622.2	67.0
吉林	Jilin	283.8	13.2	284.0	15.6	292.9	16.2
黑龙江	Heilongjiang	532.6	12.5	466.0	19.6	479.0	12.6
上海	Shanghai	430.7	13.1	436.0	14.4	441.1	14.0
江苏	Jiangsu	766.5	39.5	735.6	49.7	761.6	48.9
浙江	Zhejiang	391.1	33.0	390.0	27.5	396.8	17.4
安徽	Anhui	375.2	11.5	378.8	17.5	380.8	23.4
福建	Fujian	239.6	9.6	249.5	11.1	266.4	10.0
江西	Jiangxi	235.9	2.1	226.7	3.9	215.5	5.9
山东	Shandong	700.2	20.5	701.2	30.1	719.1	30.1
河南	Henan	676.1	10.0	670.4	16.8	680.0	18.7
湖北	Hubei	420.8	26.1	416.1	25.1	390.1	18.7
湖南	Hunan	352.0	4.4	326.6	7.9	347.5	10.5
广东	Guangdong	819.5	21.2	890.2	26.2	954.1	25.9
广西	Guangxi	217.7	5.0	215.5	7.6	219.1	8.9
海南	Hainan	56.1	0.7	60.2	1.7	57.7	1.8
重庆	Chongqing	210.0	7.7	205.3	9.1	199.5	8.1
四川	Sichuan	412.2	11.9	402.9	14.0	400.0	12.6
贵州	Guizhou	136.4	1.2	132.2	1.6	128.0	1.3
云南	Yunnan	190.7	3.6	183.2	4.6	183.0	6.6
西藏	Tibet	6.3		7.1		7.1	
陕西	Shaanxi	304.9	3.5	315.7	7.3	323.3	8.2
甘肃	Gansu	162.7	1.1	161.0	2.7	162.1	3.8
青海	Qinghai	35.7	1.4	32.2	1.0	33.2	1.3
宁夏	Ningxia	34.7	0.7	35.7	0.8	36.3	1.0
新疆	Xinjiang	188.2	3.9	185.2	5.7	186.5	7.4

10-16 续表 1 continued

单位：万人 (10 000 persons)

地 区	Region	2004		2005		2006	
		年末参保人数 Contributors at the Year-end	年末领取失业保险金人数 Beneficiaries at the Year-end	年末参保人数 Contributors at the Year-end	年末领取失业保险金人数 Beneficiaries at the Year-end	年末参保人数 Contributors at the Year-end	年末领取失业保险金人数 Beneficiaries at the Year-end
全 国	**National**	**10584**	**419**	**10648**	**362**	**11187**	**327**
北 京	Beijing	308.2	3.8	357.5	3.5	482.2	3.1
天 津	Tianjin	195.1	5.1	197.5	3.8	216.7	3.6
河 北	Hebei	479.0	11.0	461.2	13.3	470.8	13.4
山 西	Shanxi	286.5	5.4	288.5	4.8	296.0	5.2
内蒙古	Inner Mongolia	222.3	5.8	222.2	4.9	223.5	5.0
辽 宁	Liaoning	616.2	81.7	607.7	46.5	614.1	25.9
吉 林	Jilin	282.2	12.2	199.4	7.5	224.4	10.2
黑龙江	Heilongjiang	475.8	9.7	459.6	10.3	457.5	17.8
上 海	Shanghai	487.8	15.9	466.1	17.8	476.4	18.5
江 苏	Jiangsu	797.1	43.6	838.3	30.2	901.1	22.7
浙 江	Zhejiang	428.4	11.3	444.7	7.2	504.4	6.5
安 徽	Anhui	371.1	26.4	360.3	24.3	362.6	17.9
福 建	Fujian	266.4	9.5	266.6	8.6	293.1	6.8
江 西	Jiangxi	226.6	7.2	230.7	6.0	241.0	4.9
山 东	Shandong	747.5	30.6	771.1	32.2	789.7	30.3
河 南	Henan	681.6	22.3	681.9	29.2	682.8	28.0
湖 北	Hubei	391.3	17.0	391.5	14.8	395.5	12.0
湖 南	Hunan	380.5	9.8	382.7	11.3	386.3	10.2
广 东	Guangdong	1005.8	23.4	1099.1	20.4	1208.2	16.7
广 西	Guangxi	226.4	9.8	219.9	9.4	222.3	8.1
海 南	Hainan	57.9	2.1	56.7	2.0	59.1	2.3
重 庆	Chongqing	193.4	9.2	188.2	6.4	193.0	4.8
四 川	Sichuan	398.6	12.6	380.5	15.6	400.0	16.3
贵 州	Guizhou	129.9	1.2	129.3	1.3	131.1	1.5
云 南	Yunnan	173.2	10.5	180.3	9.1	183.0	6.4
西 藏	Tibet	6.7		6.7		7.5	
陕 西	Shaanxi	325.5	7.2	326.7	8.6	326.5	14.1
甘 肃	Gansu	161.0	4.3	160.0	5.4	160.5	7.5
青 海	Qinghai	33.1	1.2	33.2	1.1	34.0	1.0
宁 夏	Ningxia	36.4	1.2	37.2	1.2	38.3	1.2
新 疆	Xinjiang	192.4	7.7	202.4	5.6	205.4	4.8

10-16 续表 2 continued

单位：万人 (10 000 persons)

地 区 Region	2007		2008		2009	
	年末参保人数 Contributors at the Year-end	年末领取失业保险金人数 Beneficiaries at the Year-end	年末参保人数 Contributors at the Year-end	年末领取失业保险金人数 Beneficiaries at the Year-end	年末参保人数 Contributors at the Year-end	年末领取失业保险金人数 Beneficiaries at the Year-end
全 国 National	**11645**	**286**	**12400**	**261**	**12715**	**235**
北 京 Beijing	535.3	3.0	614.3	2.6	675.7	1.8
天 津 Tianjin	221.5	3.3	232.5	3.2	239.2	3.1
河 北 Hebei	473.3	11.6	481.7	9.8	484.4	10.4
山 西 Shanxi	299.0	6.0	312.2	7.3	293.3	6.1
内蒙古 Inner Mongolia	223.7	4.7	225.5	3.1	229.7	2.5
辽 宁 Liaoning	622.1	19.6	622.7	15.7	625.3	13.4
吉 林 Jilin	228.7	13.9	233.7	16.5	241.4	14.3
黑龙江 Heilongjiang	464.1	15.3	467.6	10.3	471.3	9.3
上 海 Shanghai	491.5	14.9	511.8	14.0	523.5	14.6
江 苏 Jiangsu	968.5	21.2	1052.2	21.5	1079.1	19.7
浙 江 Zhejiang	584.7	6.3	731.1	6.3	784.5	5.5
安 徽 Anhui	364.5	14.1	373.1	12.8	377.8	10.5
福 建 Fujian	318.2	5.7	338.7	4.6	348.1	3.6
江 西 Jiangxi	251.5	5.3	266.3	3.4	275.5	3.4
山 东 Shandong	814.9	27.8	864.1	24.9	899.5	23.0
河 南 Henan	682.9	21.6	683.4	18.4	690.2	16.7
湖 北 Hubei	405.7	8.9	422.9	7.4	440.3	7.0
湖 南 Hunan	389.0	8.6	390.1	8.3	392.0	8.3
广 东 Guangdong	1295.5	14.3	1471.9	13.7	1470.7	12.8
广 西 Guangxi	223.8	7.2	234.6	8.0	237.0	7.6
海 南 Hainan	66.2	2.5	84.7	3.3	97.5	2.8
重 庆 Chongqing	196.7	4.1	210.1	4.4	215.9	4.7
四 川 Sichuan	418.2	11.3	436.9	12.2	463.5	10.0
贵 州 Guizhou	134.5	1.4	141.4	1.3	144.6	1.1
云 南 Yunnan	185.8	4.3	191.9	3.7	198.7	3.5
西 藏 Tibet	7.2	0.0	7.8	0.0	8.8	0.0
陕 西 Shaanxi	327.2	13.6	329.3	9.1	331.0	9.3
甘 肃 Gansu	161.8	7.1	162.6	5.6	164.1	3.7
青 海 Qinghai	34.7	2.1	35.4	2.3	36.0	1.0
宁 夏 Ningxia	40.1	1.5	44.4	1.4	44.9	1.1
新 疆 Xinjiang	213.6	4.7	224.8	6.1	231.8	4.9

10-16 续表 3 continued

单位：万人 (10 000 persons)

地区 Region	2010 年末参保人数 Contributors at the Year-end	2010 年末领取失业保险金人数 Beneficiaries at the Year-end	2011 年末参保人数 Contributors at the Year-end	2011 年末领取失业保险金人数 Beneficiaries at the Year-end	2012 年末参保人数 Contributors at the Year-end	2012 年末领取失业保险金人数 Beneficiaries at the Year-end
全 国 National	**13376**	**209**	**14317**	**197**	**15225**	**204**
北 京 Beijing	774.2	1.6	881.0	2.0	1006.7	2.3
天 津 Tianjin	246.1	3.5	258.8	2.8	268.7	2.0
河 北 Hebei	493.4	9.0	498.7	8.4	501.7	7.9
山 西 Shanxi	305.7	4.6	309.4	4.3	391.0	3.8
内蒙古 Inner Mongolia	230.9	2.1	232.5	2.5	232.8	2.5
辽 宁 Liaoning	626.9	11.4	632.3	9.7	660.7	7.4
吉 林 Jilin	245.1	7.8	247.2	5.1	251.5	4.6
黑龙江 Heilongjiang	472.9	8.8	474.5	7.1	476.2	7.7
上 海 Shanghai	556.2	11.6	604.2	11.2	617.4	10.9
江 苏 Jiangsu	1153.8	19.7	1238.2	29.9	1332.2	32.7
浙 江 Zhejiang	875.0	5.8	980.6	7.4	1065.6	7.0
安 徽 Anhui	384.0	7.8	397.7	6.7	402.2	6.1
福 建 Fujian	374.2	3.2	430.9	3.6	459.1	4.6
江 西 Jiangxi	265.3	8.2	263.5	5.4	272.2	3.3
山 东 Shandong	931.2	20.7	964.9	19.8	1009.8	19.1
河 南 Henan	696.7	14.7	701.2	13.3	724.2	11.4
湖 北 Hubei	469.7	6.4	498.2	5.1	508.6	4.8
湖 南 Hunan	399.5	6.9	415.6	7.0	449.9	6.0
广 东 Guangdong	1627.3	10.6	1875.4	10.5	2008.7	9.8
广 西 Guangxi	238.4	6.2	240.8	5.2	243.4	5.5
海 南 Hainan	112.5	1.6	126.0	1.8	139.5	1.8
重 庆 Chongqing	237.4	3.7	268.6	2.9	323.5	2.8
四 川 Sichuan	464.7	9.1	536.8	8.1	585.5	24.5
贵 州 Guizhou	152.5	1.2	160.5	1.1	173.5	1.0
云 南 Yunnan	209.6	3.2	216.8	3.3	224.7	3.8
西 藏 Tibet	9.3	0.0	9.6	0.0	10.6	
陕 西 Shaanxi	331.6	7.5	332.2	4.5	339.1	3.5
甘 肃 Gansu	164.2	2.4	163.8	1.5	163.6	1.2
青 海 Qinghai	36.6	0.4	37.3	0.6	37.9	0.7
宁 夏 Ningxia	47.6	1.0	60.0	1.2	70.5	1.1
新 疆 Xinjiang	242.9	8.3	260.2	5.0	273.7	4.2

10-17 各地区失业保险基金基本情况(2012年)
UNEMPLOYMENT INSURANCE BY REGION(2012)

地　区	Region	参保人数 (万人) Employees Insured (10 000 persons)	基金收入 (亿元) Revenue (100 million yuan)	基金支出 (亿元) Expenses (100 million yuan)	累计结余 (亿元) Balance at the Year-end (100 million yuan)
全　国	**National**	**15225**	**1138.9**	**450.6**	**2929.0**
北　京	Beijing	1006.7	46.3	28.9	112.6
天　津	Tianjin	268.7	30.5	12.8	77.6
河　北	Hebei	501.7	41.1	15.7	96.0
山　西	Shanxi	391.0	26.3	5.0	80.1
内蒙古	Inner Mongolia	232.8	19.7	4.5	53.1
辽　宁	Liaoning	660.7	66.3	17.0	143.6
吉　林	Jilin	251.5	20.1	5.7	57.2
黑龙江	Heilongjiang	476.2	32.3	7.4	96.1
上　海	Shanghai	617.4	91.5	69.5	129.2
江　苏	Jiangsu	1332.2	121.6	57.4	267.3
浙　江	Zhejiang	1065.6	83.6	36.9	233.9
安　徽	Anhui	402.2	26.8	14.3	57.6
福　建	Fujian	459.1	22.7	7.9	82.9
江　西	Jiangxi	272.2	10.3	3.5	36.3
山　东	Shandong	1009.8	83.2	35.3	230.7
河　南	Henan	724.2	33.9	14.8	76.7
湖　北	Hubei	508.6	33.1	8.4	90.8
湖　南	Hunan	449.9	22.3	8.6	61.4
广　东	Guangdong	2008.7	91.2	20.7	304.4
广　西	Guangxi	243.4	21.4	6.4	70.5
海　南	Hainan	139.5	8.5	2.5	26.0
重　庆	Chongqing	323.5	19.6	3.5	52.6
四　川	Sichuan	585.5	71.6	24.9	161.8
贵　州	Guizhou	173.5	14.9	6.5	49.9
云　南	Yunnan	224.7	20.7	3.5	67.2
西　藏	Tibet	10.6	1.7	0.3	7.2
陕　西	Shaanxi	339.1	26.6	4.9	80.0
甘　肃	Gansu	163.6	12.9	3.0	34.6
青　海	Qinghai	37.9	4.4	1.4	15.6
宁　夏	Ningxia	70.5	6.3	1.5	17.3
新　疆	Xinjiang	273.7	27.4	17.8	58.7

10-18 历年全国工伤保险基本情况
WORK INJURY INSURANCE

年 份 Year	年末参保人数(万人) Contributors at the Year-end (10 000 persons)	全年享受工伤待遇保险人数(万人) Beneficiaries at the Year-end (10 000 persons)	基金收支情况(亿元) Revenue and Expenses(100 million yuan)		
			基金收入 Revenue	基金支出 Expenses	累计结余 Balance at the Year-end
绝对数 Absolute figure					
1993	1103.5		2.4	0.4	3.1
1994	1822.1		4.6	0.9	6.8
1995	2614.8		8.1	1.8	12.7
1996	3102.6		10.9	3.7	19.7
1997	3507.8		13.6	6.1	27.7
1998	3781.3		21.2	9.0	39.5
1999	3912.3		20.9	15.4	44.9
2000	4350.3		24.8	13.8	57.9
2001	4345.3	18.7	28.3	16.5	68.9
2002	4405.6	26.5	32.0	19.9	81.1
2003	4574.8	32.9	37.6	27.1	91.2
2004	6845.2	51.9	58.3	33.3	118.6
2005	8477.8	65.1	92.5	47.5	163.5
2006	10268.5	77.8	121.8	68.5	192.9
2007	12173.4	96.0	165.6	87.9	262.6
2008	13787.2	117.8	216.7	126.9	384.6
2009	14895.5	129.6	240.1	155.7	468.8
2010	16160.7	147.5	284.9	192.4	561.4
2011	17695.9	163.0	466.4	286.4	742.6
2012	19010.1	190.5	526.7	406.3	861.9
比上年增长(%) Increase over Preceding Year %					
1994	65.1		90.4	127.4	118.1
1995	43.5		77.5	92.4	87.3
1996	18.7		34.7	104.1	55.8
1997	13.1		24.6	64.5	40.1
1998	7.8		55.9	48.6	42.9
1999	3.5		-1.3	70.5	13.6
2000	11.2		18.7	-10.5	28.8
2001	-0.1	-0.6	14.2	19.5	19.1
2002	1.4	41.7	13.2	20.6	17.7
2003	3.8	24.2	17.4	36.2	12.5
2004	49.6	57.8	55.1	22.9	30.0
2005	23.9	25.4	58.7	42.6	37.9
2006	21.1	19.5	31.7	44.2	18.0
2007	18.6	23.4	36.0	28.3	36.1
2008	13.3	22.7	30.9	44.4	27.6
2009	8.0	10.0	10.8	22.7	21.9
2010	8.5	13.8	18.7	23.6	19.8
2011	9.5	10.6	63.7	48.8	32.3
2012	7.4	16.9	12.9	41.9	16.1

10-19 历年各地区工伤保险基本情况

WORK INJURY INSURANCE BY REGION

单位：万人 (10 000 persons)

地区	Region	2001 年末参保人数 Contributors at the Year-end	2001 享受工伤待遇人数 Beneficiaries of Work Injury Insurance	2002 年末参保人数 Contributors at the Year-end	2002 享受工伤待遇人数 Beneficiaries of Work Injury Insurance	2003 年末参保人数 Contributors at the Year-end	2003 享受工伤待遇人数 Beneficiaries of Work Injury Insurance
全国	**National**	**4345**	**19**	**4406**	**27**	**4575**	**33**
北京	Beijing	204.7	0.1	221.1	0.7	242.9	1.2
天津	Tianjin						
河北	Hebei	163.1	0.8	146.7	0.4	145.7	0.4
山西	Shanxi	71.8	0.0	46.3	0.1	48.4	0.0
内蒙古	Inner Mongolia	26.7	0.5	23.8	0.2	31.8	0.3
辽宁	Liaoning	390.6	5.0	390.5	6.0	345.8	7.3
吉林	Jilin	30.7	1.1	36.6	1.5	37.1	1.2
黑龙江	Heilongjiang	104.4	0.1	119.0	0.9	130.9	1.1
上海	Shanghai						
江苏	Jiangsu	473.9	0.7	480.0	1.3	503.0	1.7
浙江	Zhejiang	219.7	0.6	226.0	1.0	287.7	1.4
安徽	Anhui	73.4	0.2	69.8	0.3	68.0	0.4
福建	Fujian	159.0	0.2	170.7	0.3	172.3	0.6
江西	Jiangxi	137.8	0.2	129.3	0.2	129.7	0.3
山东	Shandong	285.5	0.6	277.7	1.1	281.8	1.5
河南	Henan	196.0	0.5	218.8	0.7	210.6	0.5
湖北	Hubei	182.3	1.3	183.2	1.7	189.2	1.4
湖南	Hunan					8.6	0.0
广东	Guangdong	990.1	5.2	1049.9	8.0	1120.0	9.7
广西	Guangxi	124.1	0.1	117.3	0.2	120.3	0.3
海南	Hainan	69.5	0.0	68.9	0.1	68.2	0.1
重庆	Chongqing	25.0	0.1	29.7	0.1	26.5	0.2
四川	Sichuan	179.3	0.5	167.4	0.6	161.4	1.2
贵州	Guizhou	1.7	0.0	1.3	0.0	1.3	0.0
云南	Yunnan	97.3	0.6	89.0	0.9	84.1	1.2
西藏	Tibet						
陕西	Shaanxi	24.5	0.1	25.6	0.0	35.1	0.1
甘肃	Gansu	9.5	0.0	8.7	0.0	8.0	0.0
青海	Qinghai	7.1	0.0	6.6	0.0	6.6	0.0
宁夏	Ningxia	11.4	0.0	16.0	0.0	15.2	0.1
新疆	Xinjiang	86.3	0.1	86.0	0.1	94.6	0.5

10-19 续表 1 continued

单位: 万人 (10 000 persons)

地 区	Region	2004 年末参保人数 Contributors at the Year-end	2004 享受工伤待遇人数 Beneficiaries of Work Injury Insurance	2005 年末参保人数 Contributors at the Year-end	2005 享受工伤待遇人数 Beneficiaries of Work Injury Insurance	2006 年末参保人数 Contributors at the Year-end	2006 享受工伤待遇人数 Beneficiaries of Work Injury Insurance
全 国	**National**	**6845**	**52**	**8478**	**65**	**10268**	**78**
北 京	Beijing	258.9	2.5	303.9	3.0	465.3	1.5
天 津	Tianjin	147.2	0.1	162.9	0.9	209.7	1.7
河 北	Hebei	273.9	0.9	361.4	1.3	402.4	2.4
山 西	Shanxi	104.0	0.1	151.4	0.5	201.4	3.3
内蒙古	Inner Mongolia	85.0	0.5	110.2	0.7	131.6	0.8
辽 宁	Liaoning	404.2	8.2	474.6	9.1	510.0	8.5
吉 林	Jilin	114.3	3.1	136.7	2.2	174.7	3.0
黑龙江	Heilongjiang	202.7	4.3	257.5	3.8	303.0	3.9
上 海	Shanghai	488.3	0.1	523.7	0.5	817.7	0.7
江 苏	Jiangsu	577.2	2.7	680.2	3.7	812.7	5.6
浙 江	Zhejiang	360.4	2.7	453.1	4.8	603.9	7.4
安 徽	Anhui	102.0	0.5	148.2	1.7	200.2	2.0
福 建	Fujian	205.4	0.8	239.1	1.3	261.0	1.5
江 西	Jiangxi	134.7	0.4	153.6	0.8	207.9	1.5
山 东	Shandong	476.7	4.7	578.7	5.7	647.3	5.8
河 南	Henan	324.7	1.1	404.0	1.5	421.0	1.7
湖 北	Hubei	187.2	1.8	230.3	1.1	275.5	1.5
湖 南	Hunan	203.3	0.3	228.2	0.7	280.1	2.0
广 东	Guangdong	1215.1	11.3	1605.1	12.9	1868.2	13.5
广 西	Guangxi	133.5	0.7	144.4	0.8	161.1	0.8
海 南	Hainan	64.5	0.1	68.9	0.1	71.5	0.2
重 庆	Chongqing	122.6	0.4	154.1	1.2	165.4	1.8
四 川	Sichuan	195.6	1.6	270.5	2.0	304.9	2.3
贵 州	Guizhou	1.2	0.0	65.8	0.1	90.5	0.6
云 南	Yunnan	150.9	1.1	166.9	1.2	173.8	1.1
西 藏	Tibet			1.9		2.3	0.0
陕 西	Shaanxi	115.1	0.7	149.2	1.8	210.3	0.7
甘 肃	Gansu	42.0	0.1	70.1	0.4	86.3	0.3
青 海	Qinghai	15.7	0.1	20.5	0.3	23.1	0.4
宁 夏	Ningxia	19.1	0.3	23.5	0.3	24.2	0.3
新 疆	Xinjiang	119.5	0.7	139.1	0.9	161.3	1.2

10-19 续表 2 continued

单位：万人 (10 000 persons)

地 区 Region	2007		2008		2009	
	年末参保人数 Contributors at the Year-end	享受工伤待遇人数 Beneficiaries of Work Injury Insurance	年末参保人数 Contributors at the Year-end	享受工伤待遇人数 Beneficiaries of Work Injury Insurance	年末参保人数 Contributors at the Year-end	享受工伤待遇人数 Beneficiaries of Work Injury Insurance
全 国 National	**12173**	**96**	**13787**	**118**	**14896**	**130**
北 京 Beijing	609.2	1.6	666.5	1.8	747.1	4.1
天 津 Tianjin	257.2	2.3	274.9	2.7	292.2	3.1
河 北 Hebei	481.3	6.0	520.8	5.3	559.3	6.0
山 西 Shanxi	229.1	3.9	261.0	4.6	280.7	4.3
内蒙古 Inner Mongolia	163.6	1.3	185.4	1.4	199.1	1.6
辽 宁 Liaoning	572.3	9.1	659.6	8.5	695.8	9.0
吉 林 Jilin	206.8	2.6	234.9	4.1	272.2	3.0
黑龙江 Heilongjiang	351.7	4.9	390.9	4.5	401.8	5.6
上 海 Shanghai	884.4	0.9	950.4	1.2	934.0	1.3
江 苏 Jiangsu	921.0	6.6	1056.6	8.4	1118.1	9.3
浙 江 Zhejiang	1002.9	11.2	1261.8	16.9	1331.1	18.0
安 徽 Anhui	248.7	2.2	292.9	2.9	320.6	3.9
福 建 Fujian	294.8	1.9	346.1	2.2	379.3	2.3
江 西 Jiangxi	251.3	1.7	313.6	2.0	340.2	1.9
山 东 Shandong	745.0	7.0	865.0	8.8	1064.6	9.2
河 南 Henan	448.3	2.6	500.2	3.1	521.0	3.2
湖 北 Hubei	327.5	2.0	360.9	2.4	410.7	2.7
湖 南 Hunan	342.4	2.6	403.5	3.9	472.1	5.3
广 东 Guangdong	2113.9	13.8	2302.3	15.2	2435.5	15.0
广 西 Guangxi	182.4	0.9	204.9	1.1	221.7	1.2
海 南 Hainan	78.4	0.2	86.1	0.2	90.1	0.3
重 庆 Chongqing	181.1	1.6	208.2	4.2	226.5	4.7
四 川 Sichuan	397.3	3.2	464.6	4.6	515.8	6.1
贵 州 Guizhou	110.5	0.9	129.0	1.1	143.3	1.4
云 南 Yunnan	188.5	1.6	202.5	2.3	215.1	2.4
西 藏 Tibet	3.7	0.0	5.9	0.0	8.3	
陕 西 Shaanxi	232.0	1.0	247.6	1.4	264.9	1.4
甘 肃 Gansu	98.2	0.4	108.9	0.8	119.7	0.8
青 海 Qinghai	25.3	0.4	29.9	0.5	40.1	0.5
宁 夏 Ningxia	30.5	0.1	37.5	0.2	42.4	0.2
新 疆 Xinjiang	194.1	1.4	214.5	1.6	232.3	1.9

10-19 续表 3 continued

单位：万人 (10 000 persons)

地 区 Region	2010 年末参保人数 Contributors at the Year-end	2010 享受工伤待遇人数 Beneficiaries of Work Injury Insurance	2011 年末参保人数 Contributors at the Year-end	2011 享受工伤待遇人数 Beneficiaries of Work Injury Insurance	2012 年末参保人数 Contributors at the Year-end	2012 享受工伤待遇人数 Beneficiaries of Work Injury Insurance
全 国 National	**16161**	**147**	**17696**	**163**	**19010**	**191**
北 京 Beijing	823.8	4.4	862.4	4.7	897.2	4.8
天 津 Tianjin	304.5	4.1	320.4	3.8	330.1	3.4
河 北 Hebei	594.4	7.5	640.4	8.6	694.8	9.1
山 西 Shanxi	292.4	4.9	337.6	5.5	529.6	8.4
内蒙古 Inner Mongolia	207.5	1.8	225.3	3.2	248.9	2.5
辽 宁 Liaoning	730.0	10.0	779.1	11.3	819.1	14.0
吉 林 Jilin	300.5	3.7	331.6	3.3	359.4	4.2
黑龙江 Heilongjiang	415.1	6.2	450.0	8.2	470.6	6.8
上 海 Shanghai	961.0	1.7	939.5	2.5	898.9	6.1
江 苏 Jiangsu	1205.5	9.8	1327.0	10.7	1420.7	12.3
浙 江 Zhejiang	1475.1	20.2	1610.8	22.2	1731.7	23.8
安 徽 Anhui	351.1	4.4	422.0	5.6	457.9	8.8
福 建 Fujian	417.7	2.4	496.9	2.8	540.9	3.4
江 西 Jiangxi	371.7	2.7	387.9	3.0	410.9	5.5
山 东 Shandong	1211.2	10.2	1276.1	10.8	1339.6	11.9
河 南 Henan	551.7	3.0	655.5	3.5	720.6	4.8
湖 北 Hubei	444.0	3.1	481.0	4.5	522.6	4.0
湖 南 Hunan	516.0	7.4	635.5	7.0	693.8	7.8
广 东 Guangdong	2657.8	14.7	2847.8	15.4	2962.8	16.7
广 西 Guangxi	235.7	1.4	272.5	1.5	312.4	1.8
海 南 Hainan	95.8	0.3	104.0	0.3	119.5	0.4
重 庆 Chongqing	266.0	5.6	337.1	6.2	374.9	8.0
四 川 Sichuan	583.8	6.0	650.8	6.5	689.4	8.0
贵 州 Guizhou	162.2	1.9	194.0	2.2	238.2	2.7
云 南 Yunnan	227.4	4.6	243.4	3.6	295.3	4.0
西 藏 Tibet	8.8	0.0	11.8	0.0	14.2	0.1
陕 西 Shaanxi	278.6	1.6	326.8	1.9	350.4	2.2
甘 肃 Gansu	130.1	1.1	150.2	1.4	158.5	1.8
青 海 Qinghai	43.2	0.5	45.6	0.5	49.2	0.6
宁 夏 Ningxia	48.9	0.3	58.3	0.3	63.9	0.4
新 疆 Xinjiang	249.3	2.0	274.6	2.0	294.1	2.4

10-20 各地区工伤保险基本情况(2012年)
WORK INJURY INSURANCE BY REGION (2012)

单位：人 (person)

地区 Region	参保人数 Contributors at the Year-end	享受伤残待遇人数 Beneficiaries of Work Injury Insurance	#享受职业病待遇人数 Beneficiaries of Occupational Diseases	一至四级 Level 1 to Level 4 Disability	#职业病 Occupational Diseases	五至六级 Level 5 to Level 6 Disability	#职业病 Occupational Diseases
全　国 National	**19010**	**1633790**	**106232**	**186018**	**45701**	**92122**	**15021**
北　京 Beijing	897	39920	7487	6494	3447	2557	1737
天　津 Tianjin	330	31726	6164	7911	4216	2957	1450
河　北 Hebei	695	70512	2088	9694	1240	4063	68
山　西 Shanxi	530	59058	4443	17341	1461	1536	119
内蒙古 Inner Mongolia	249	22379	782	2184	240	2753	194
辽　宁 Liaoning	819	122055	29958	25207	10137	17980	5973
吉　林 Jilin	359	39193	3173	8780	2194	5269	435
黑龙江 Heilongjiang	471	55413	6176	10393	2400	12857	1349
上　海 Shanghai	899	57961	1669	3632	882	1130	230
江　苏 Jiangsu	1421	109961	2754	8793	1119	1915	204
浙　江 Zhejiang	1732	232336	314	2145	60	2150	9
安　徽 Anhui	458	75287	5566	5363	309	2805	9
福　建 Fujian	541	30475	1541	1476	212	344	43
江　西 Jiangxi	411	48027	4080	5724	2942	2575	307
山　东 Shandong	1340	90871	7268	16465	3555	5234	691
河　南 Henan	721	36379	2506	4910	1146	1265	394
湖　北 Hubei	523	36114	1172	4501	658	2404	26
湖　南 Hunan	694	69051	1180	2709	284	1684	54
广　东 Guangdong	2963	149596	1343	3073	113	10717	13
广　西 Guangxi	312	14101	731	2154	286	725	80
海　南 Hainan	119	2939	53	178	9	84	13
重　庆 Chongqing	375	68517	4139	9101	3129	478	49
四　川 Sichuan	689	65085	6768	8842	2455	3635	1142
贵　州 Guizhou	238	24428	652	1208	166	1207	66
云　南 Yunnan	295	29079	522	3425	367	463	34
西　藏 Tibet	14	575		27		90	
陕　西 Shaanxi	350	16615	422	3338	252	1281	73
甘　肃 Gansu	159	10611	436	4133	226	706	14
青　海 Qinghai	49	3218	273	1052	216	99	5
宁　夏 Ningxia	64	3098	210	509	136	175	22
新　疆 Xinjiang	226	14346	1727	3267	1279	725	191
新疆兵团 Xinjiang Production and Construction Crops	68	4864	635	1989	565	259	27

注：工伤保险累计结余中含储备金。
a) Balance of work injury insurance includes reserves.

10-20 续表 continued

单位：人、亿元 (person, 100 million yuan)

地区	Region	七至十级 Level 7 to Level 10 Disability	#职业病 Occupational Diseases	其他 Others	#职业病 Occupational Diseases	基金收入 Revenue	基金支出 Expenses	累计结余 Balance at the Year-end
全国	**National**	**495355**	**19376**	**860295**	**26134**	**526.7**	**406.3**	**861.9**
北京	Beijing	12742	2170	18127	133	20.5	17.2	21.9
天津	Tianjin	8020	467	12838	31	8.2	7.4	12.5
河北	Hebei	17692	42	39063	738	24.7	23.5	21.9
山西	Shanxi	6100	421	34081	2442	24.0	17.6	38.6
内蒙古	Inner Mongolia	7425	178	10017	170	12.2	5.8	20.4
辽宁	Liaoning	48816	5449	30052	8399	26.7	22.3	41.2
吉林	Jilin	19439	429	5705	115	9.5	6.9	11.9
黑龙江	Heilongjiang	23048	2338	9115	89	18.9	16.6	27.7
上海	Shanghai	36282	549	16917	8	22.0	20.9	47.2
江苏	Jiangsu	39322	444	59931	987	43.7	38.7	48.5
浙江	Zhejiang	52516	8	175525	237	37.3	30.3	49.9
安徽	Anhui	15468	410	51651	4838	14.3	10.9	20.6
福建	Fujian	6406	266	22249	1020	11.8	7.0	32.6
江西	Jiangxi	15919	701	23809	130	10.3	8.3	14.4
山东	Shandong	25572	976	43600	2046	34.7	28.0	41.9
河南	Henan	6233	279	23971	687	18.0	11.9	35.2
湖北	Hubei	7505	284	21704	204	10.1	6.9	20.2
湖南	Hunan	14137	476	50521	366	23.6	17.0	28.9
广东	Guangdong	51531	103	84275	1114	52.7	32.1	172.1
广西	Guangxi	3009	44	8213	321	5.9	3.3	17.9
海南	Hainan	246	13	2431	18	2.1	1.0	6.4
重庆	Chongqing	19583	732	39355	229	14.6	15.0	6.6
四川	Sichuan	26120	1951	26488	1220	22.0	18.0	34.0
贵州	Guizhou	11461	254	10552	166	11.0	8.0	13.0
云南	Yunnan	3975	61	21216	60	10.8	9.2	18.5
西藏	Tibet	354		104		0.6	0.4	1.3
陕西	Shaanxi	4676	90	7320	7	10.9	5.8	21.8
甘肃	Gansu	2236	23	3536	173	5.1	4.0	8.6
青海	Qinghai	878	52	1189		2.3	1.7	4.1
宁夏	Ningxia	1157	52	1257		8.1	1.9	8.7
新疆	Xinjiang	6213	107	4141	150	8.2	6.8	11.7
新疆兵团	Xinjiang Production and Construction Crops	1274	7	1342	36	1.9	1.6	1.8

10-21 各地区工伤认定情况(2012年)

单位：人

地 区 Region	当期认定(视同)工伤人数					
	合 计	认定工伤件数				
	合 计 Total	小 计 Sub-total	在工作时间和工作场所内因工作原因受到事故伤害 Injured by the Work Accident at the Workplace During the Work Time	工作时间前后在工作场所内从事与工作有关的预备性或者收尾性工作受到事故伤害 Injured by the Accident Related to the Preparation or Ending of Work at the Workplace During the Work Time	在工作时间和工作场所内因履行工作职责受到暴力等意外伤害 Injured by Non-work Accident such as Violence in Fulfilling Work-related Responsibilities at the Workplace During the Work Time	患职业病 Suffering from the Occupational Disease
全 国 National	**1173998**	**1167243**	**1032833**	**8728**	**10809**	**15941**
北 京 Beijing	23818	23555	18506	230	310	1477
天 津 Tianjin	19965	19800	17235	224	193	385
河 北 Hebei	49497	49001	42305	213	426	531
山 西 Shanxi	14457	14190	11973	92	92	1015
内蒙古 Inner Mongolia	8542	8341	6995	39	78	309
辽 宁 Liaoning	30015	29640	26535	191	239	480
吉 林 Jilin	12613	12437	11153	112	125	277
黑龙江 Heilongjiang	11960	11769	10829	110	58	261
上 海 Shanghai	60829	60560	50319	788	542	246
江 苏 Jiangsu	106637	106261	91662	584	710	481
浙 江 Zhejiang	221338	221047	209710	985	485	291
安 徽 Anhui	27508	27393	23663	200	200	427
福 建 Fujian	27817	27707	24992	141	186	281
江 西 Jiangxi	14785	14693	12029	20	38	195
山 东 Shandong	67406	66938	51905	1356	1086	1144
河 南 Henan	20842	20495	16312	154	283	858
湖 北 Hubei	22417	22208	19089	264	449	289
湖 南 Hunan	44732	44531	38930	232	642	1719
广 东 Guangdong	196756	195975	180875	815	1838	605
广 西 Guangxi	11239	11115	9327	96	309	89
海 南 Hainan	2468	2442	2031	21	111	
重 庆 Chongqing	55677	55536	51851	166	238	1472
四 川 Sichuan	47495	47252	40215	300	1227	1573
贵 州 Guizhou	18182	18084	16215	237	164	693
云 南 Yunnan	20852	20636	18408	104	302	182
西 藏 Tibet	283	277	230	11	4	2
陕 西 Shaanxi	10496	10364	8821	792	107	131
甘 肃 Gansu	5304	5222	4504	99	47	89
青 海 Qinghai	2980	2934	2617	13	42	20
宁 夏 Ningxia	4247	4204	3321	60	87	135
新 疆 Xinjiang	10425	10268	8277	62	165	215
新疆兵团 Xinjiang Production and Construction Crops	2416	2368	1999	17	26	69

WORK INJURY CERTIFICATION BY REGION (2012)

(person)

Cases Certified(Cases Considered) as Suffering Work Injury							不予认定工伤人数	当期不予受理申请人数
Cases Certified as Suffering Work Injury			视同工伤件数 Cases Considered as Suffering Work Injury					
因工外出期间由于工作原因受到伤害或者发生事故下落不明 Injured by Work-related Accident or Missing Due to Accident When Outside the Workplace Due to Work-related Reasons	在上下班途中受到机动车事故伤害 Injured by Automobile Accident on the Road to Work from Home and Back Home from Work	其他应当认定为工伤的情形 Other Circumstances That Shall be Certified as Suffering Work Injury as Stipulated by Laws and Regulations	小计 Sub-total	在工作时间和工作岗位突发疾病死亡或者在48小时之内经抢救无效死亡 Died Immediately or Within 48 Hours after Unsuccessful Salvage Due to Illness Outburst at the Workplace During the	在抢险救灾等维护国家利益、公共利益活动中受到伤害 Injured in Rescue Activities for Protecting the Common Good of the State and the Public in Case of Emergencies or Natural	因战、因公负伤致残到用人单位后旧伤复发 Recrudescing of Previous Injury as a Result of War or Public Activities on the Employee Who Hold an Honorable Disabled Veteran Certificate	Cases Not be Certified or Considered as Suffering Work Injury	Work Injury Certification Applications Not Accepted
33604	**64440**	**888**	**6755**	**6295**	**260**	**200**	**10676**	**6631**
1534	1490	8	263	251	7	5	83	33
630	1124	9	165	162	2	1	81	52
1521	3989	16	496	474	10	12	261	118
361	656	1	267	266	1		80	38
429	491		201	194	7		95	42
910	1145	140	375	357	3	15	160	125
286	460	24	176	172	2	2	95	312
180	329	2	191	178	6	7	73	77
2539	6124	2	269	259	3	7	267	161
2234	10587	3	376	367	6	3	1181	475
2648	6902	26	291	270	19	2	531	967
798	2104	1	115	112	3		171	161
672	1435		110	106	3	1	279	253
217	2194		92	92			198	75
3374	8030	43	468	438	14	16	521	254
871	1937	80	347	333	3	11	197	231
727	1386	4	209	156	28	25	286	172
1075	1827	106	201	187	8	6	537	261
6085	5646	111	781	673	42	66	3111	1263
602	684	8	124	121	2	1	235	216
111	155	13	26	23	3		68	3
900	883	26	141	133	7	1	578	381
1726	2139	72	243	199	42	2	584	468
427	333	15	98	80	5	13	193	114
1026	554	60	216	195	18	3	279	68
27	3		6	4	2		3	7
231	217	65	132	130	1	1	50	23
239	244		82	82			55	47
175	67		46	46			38	27
191	358	52	43	42	1		75	36
739	809	1	157	145	12		240	141
119	138		48	48			71	30

10-22 分地区因工死亡人员工伤认定情况(2012年)

单位：人

地区	Region	当期认定(视同)工伤人数					
		合计	认定工伤件数				
			小计	在工作时间和工作场所内因工作原因受到事故伤害	工作时间前后在工作场所内从事与工作有关的预备性或者收尾性工作受到事故伤害	在工作时间和工作场所内因履行工作职责受到暴力等意外伤害	患职业病
		Total	Sub-total	Injured by the Work Accident at the Workplace During the Work Time;	Injured by the Accident Related to the Preparation or Ending of Work at the Workplace During the Work Time	Injured by Non-work Accident such as Violence in Fulfilling Work-related Responsibilities at the Workplace During the Work Time	Suffering from the Occupational Disease
全国	**National**	**22313**	**15942**	**8809**	**148**	**249**	**83**
北京	Beijing	703	448	213	2	12	1
天津	Tianjin	390	228	105	4	3	
河北	Hebei	1938	1463	790	9	10	
山西	Shanxi	730	463	241	3	8	
内蒙古	Inner Mongolia	510	312	173	1	4	1
辽宁	Liaoning	855	488	283	6	5	11
吉林	Jilin	350	176	106	4	9	
黑龙江	Heilongjiang	364	186	137		4	
上海	Shanghai	781	521	277	5	6	4
江苏	Jiangsu	1656	1288	613	2	9	1
浙江	Zhejiang	1339	1066	568	7	10	3
安徽	Anhui	592	478	229	1		1
福建	Fujian	556	449	252	6	6	
江西	Jiangxi	288	196	145			
山东	Shandong	1895	1457	518	19	31	10
河南	Henan	905	569	280	8	8	8
湖北	Hubei	542	384	225	4	6	1
湖南	Hunan	950	759	576	15	1	1
广东	Guangdong	1763	1088	525	10	28	16
广西	Guangxi	366	243	146	1	6	
海南	Hainan	55	29	16	1	2	
重庆	Chongqing	638	504	390	5	2	3
四川	Sichuan	1096	886	505	4	49	
贵州	Guizhou	481	397	292	11	4	4
云南	Yunnan	791	595	468	2	17	5
西藏	Tibet	16	11	3	1		
陕西	Shaanxi	442	312	201	11	3	10
甘肃	Gansu	344	262	194	2		
青海	Qinghai	180	134	77	1		1
宁夏	Ningxia	157	115	57	1	1	
新疆	Xinjiang	485	328	151	1	3	1
新疆兵团	Xinjiang Production and Construction Crops	155	107	53	1	2	1

WORK INJURY CERTIFICATION INVOLVING DEATHS BY REGION

(person)

Cases Certified(Cases Considered) as Suffering Work Injury — Cases Certified as Suffering Work Injury: 因工外出期间由于工作原因受到伤害或者发生事故下落不明 Injured by Work-related Accident or Missing Due to Accident When Outside the Workplace Due to Work-related Reasons	在上下班途中受到机动车事故伤害 Injured by Automobile Accident on the Road to Work from Home and Back Home from Work	其他应当认定为工伤的情形 Other Circumstances That Shall be Certified as Suffering Work Injury as Stipulated by Laws and Regulations	视同工伤件数 Cases Considered as Suffering Work Injury: 小计 Sub-total	在工作时间和工作岗位突发疾病死亡或者在48小时之内经抢救无效死亡 Died Immediately or Within 48 Hours after Unsuccessful Salvage Due to Illness Outburst at the Workplace During the	在抢险救灾等维护国家利益、公共利益活动中受到伤害 Injured in Rescue Activities for Protecting the Common Good of the State and the Public in Case of Emergencies or Natural	因战、因公负伤致残到用人单位后旧伤复发 Recrudescing of Previous Injury as a Result of War or Public Activities on the Employee Who Hold an Honorable Disabled Veteran Certificate	不予认定工伤人数 Cases Not be Certified or Considered as Suffering Work Injury	当期不予受理申请人数 Work Injury Certification Applications Not Accepted
1995	**4630**	**28**	**6371**	**6295**	**66**	**10**	**1787**	**226**
107	112	1	255	251	4		34	2
35	81		162	162			17	2
153	501		475	474	1		43	2
42	169		267	266	1		26	1
68	65		198	194	4		22	1
52	130	1	367	357	2	8	31	7
21	36		174	172	2		4	
13	32		178	178			4	
68	161		260	259	1		26	
132	531		368	367	1		157	79
121	357		273	270	3		120	4
61	186		114	112	2		22	4
43	142		107	106	1		28	
12	39		92	92			30	10
220	652	7	438	438			376	11
76	185	4	336	333	2	1	27	6
41	107		158	156	2		27	2
44	121	1	191	187	4		149	53
169	340		675	673	2		352	
32	58		123	121	1	1	58	11
2	8		26	23	3			
31	71	2	134	133	1		53	9
86	240	2	210	199	11		37	6
35	51		84	80	4		25	2
54	49		196	195	1		35	1
7			5	4	1			
41	46		130	130			14	
42	24		82	82			8	
39	16		46	46			2	1
20	36		42	42			8	2
112	50	10	157	145	12		30	6
16	34		48	48			22	4

10-23 各地区劳动能力鉴定情况(2012)
WORK CAPACITY ASSESSMENT BY REGION

单位：人　　　　(person)

地区 Region	申请鉴定人数 Work Capacity Assessment Applicants						评定伤残等级人数 Persons Assessed as Certain Level of Work-related Disable				存在生活自理障碍人数 Persons Assessed as Living-related Disable
	小计 Sub-total	初次申请 First Appli-cations	再次申请 Second Appli-cations	#改变结论 Concu-sions Changed	复查申请 Reas-sessment Appli-cations	#改变结论 Concu-sions Changed	小计 Sub-total	一至四级 Level 1 to Level 4	五至六级 Level 5 to Level 6	七至十级 Level 7 to Level 10	
全　国 National	**605618**	**582510**	**16530**	**5143**	**6578**	**2907**	**513395**	**25085**	**27559**	**460751**	**8971**
北　京 Beijing	13067	12245	65	9	757	701	10721	1104	1022	8595	239
天　津 Tianjin	7446	6859	211	94	376	162	6974	378	735	5861	182
河　北 Hebei	18398	17769	156	47	473	226	17379	1236	1296	14847	408
山　西 Shanxi	12377	12114	185	55	78	45	11498	2570	1078	7850	654
内蒙古 Inner Mongolia	5840	5628	149	74	63	46	5115	718	461	3936	178
辽　宁 Liaoning	21109	19584	295	80	1230	563	18528	1057	1281	16190	520
吉　林 Jilin	8353	7576	593	291	184	55	7285	279	479	6527	151
黑龙江 Heilongjiang	20736	19812	706	346	218	76	18857	713	1162	16982	461
上　海 Shanghai	48650	47258	1253	327	139	1	44051	500	971	42580	282
江　苏 Jiangsu	61122	59426	1142	140	554	202	53304	1033	1812	50459	463
浙　江 Zhejiang	64544	62636	1887	644	21	10	60158	958	1860	57340	355
安　徽 Anhui	13881	13239	531	175	111	59	11360	672	951	9737	237
福　建 Fujian	12722	12080	626	199	16	6	9560	616	718	8226	248
江　西 Jiangxi	12400	11689	621	186	90	27	11965	342	618	11005	278
山　东 Shandong	30401	29271	748	204	382	110	27249	1132	1792	24325	651
河　南 Henan	16056	15136	700	4	220	42	9048	593	762	7693	417
湖　北 Hubei	14014	13223	535	165	256	87	12210	494	718	10998	287
湖　南 Hunan	21724	20978	671	270	75	24	17413	822	910	15681	283
广　东 Guangdong	77221	75677	1431	80	113	42	55526	923	1781	52822	291
广　西 Guangxi	6068	5951	92	42	25	15	3943	436	320	3187	69
海　南 Hainan	1097	1078	13	1	6	3	613	141	137	335	34
重　庆 Chongqing	28156	26531	1232	493	393	81	25799	1329	918	23552	404
四　川 Sichuan	35193	33578	1457	610	158	32	28558	2152	2044	24362	537
贵　州 Guizhou	15762	15149	505	226	108	74	14811	757	866	13188	162
云　南 Yunnan	10357	10195	140	81	22	16	7672	807	526	6339	293
西　藏 Tibet	523	516	5	4	2	1	458	32	51	375	20
陕　西 Shaanxi	6822	6475	109	51	238	89	6080	459	589	5032	487
甘　肃 Gansu	4144	4035	78		31	26	3556	462	359	2735	97
青　海 Qinghai	1548	1488	23	11	37	5	1512	280	203	1029	57
宁　夏 Ningxia	3182	3108	61	20	13	3	2202	274	189	1739	146
新　疆 Xinjiang	7237	6916	269	201	52	11	5392	309	313	4770	49
新疆兵团 Xinjiang Production and Construction Crops	5468	5290	41	13	137	67	4598	1507	637	2454	31

10-24 历年全国生育保险基本情况

MATERNITY INSURANCE

年 份 Year	年末参保人数 (万人) Contributors at the Year-end (10 000 persons)	基金收支情况(亿元) Revenue and Expenses(100 million yuan)		
		基金收入 Revenue	基金支出 Expenses	累计结余 Balance at the Year-end
绝对数 Absolute figure				
1993	557.2	0.8	0.5	0.8
1994	915.9	1.5	0.8	1.4
1995	1500.2	2.9	1.6	2.7
1996	2015.6	5.5	3.3	5.0
1997	2485.9	7.4	4.9	7.5
1998	2776.7	9.8	6.8	10.3
1999	2929.8	10.7	7.1	13.9
2000	3001.6	11.2	8.3	16.8
2001	3455.1	13.7	9.6	20.6
2002	3488.2	21.8	12.8	29.7
2003	3655.4	25.8	13.5	42.0
2004	4383.8	32.1	18.8	55.9
2005	5408.5	43.8	27.4	72.1
2006	6458.9	62.1	37.5	96.9
2007	7775.3	83.6	55.6	126.6
2008	9254.1	113.7	71.5	168.2
2009	10875.7	132.4	88.3	212.1
2010	12335.9	159.6	109.9	261.4
2011	13892.0	219.8	139.2	342.5
2012	15428.7	304.2	219.3	427.6
比上年增长(%) Increase over Preceding Year %				
1994	64.4	73.8	60.5	87.6
1995	63.8	99.4	95.3	91.7
1996	34.4	87.8	108.2	81.6
1997	23.3	34.9	49.4	51.2
1998	11.7	31.1	39.5	37.1
1999	5.5	10.1	4.1	34.9
2000	2.5	3.8	17.1	20.6
2001	15.1	23.1	14.9	22.7
2002	1.0	58.9	33.3	44.5
2003	4.8	18.3	5.6	41.3
2004	19.9	24.4	39.3	33.1
2005	23.4	36.4	45.7	29.0
2006	19.4	41.8	36.9	34.4
2007	20.4	34.6	48.3	30.7
2008	19.0	36.0	28.6	32.9
2009	17.5	16.4	23.5	26.1
2010	13.4	20.5	24.4	23.2
2011	12.6	37.8	26.7	31.0
2012	11.1	38.4	57.6	24.8

10-25 历年各地区生育保险基本情况
MATERNITY INSURANCE BY REGION

单位：万人、万人次 (10 000 persons)

地区 Region	2001		2002		2003	
	年末参保人数 Contributors at the Year-end	享受待遇人次 Beneficiaries of Maternity Insurance	年末参保人数 Contributors at the Year-end	享受待遇人次 Beneficiaries of Maternity Insurance	年末参保人数 Contributors at the Year-end	享受待遇人次 Beneficiaries of Maternity Insurance
全 国 National	**3455**	**24**	**3488**	**28**	**3655**	**36**
北 京 Beijing						
天 津 Tianjin						
河 北 Hebei	131.5	0.8	95.4	0.7	94.1	0.4
山 西 Shanxi	108.0	0.3	84.3	0.3	84.3	0.2
内蒙古 Inner Mongolia	27.9	0.3	23.4	0.1	40.3	0.2
辽 宁 Liaoning	227.8	1.2	216.1	1.2	199.1	1.5
吉 林 Jilin	24.0	0.1	32.7	0.1	34.0	0.1
黑龙江 Heilongjiang	68.2	0.2	153.2	1.2	167.5	2.7
上 海 Shanghai	443.7	0.1	452.9	3.7	461.1	4.1
江 苏 Jiangsu	483.5	4.6	486.1	4.1	504.1	7.2
浙 江 Zhejiang	187.6	1.7	193.7	1.9	215.0	2.1
安 徽 Anhui	23.4	0.1	23.6	0.2	23.9	0.2
福 建 Fujian	118.2	0.9	123.7	1.0	139.4	1.4
江 西 Jiangxi	120.2	0.8	109.4	0.7	108.7	0.6
山 东 Shandong	331.8	3.4	322.8	3.8	336.5	4.1
河 南 Henan	196.4	1.1	205.9	1.1	199.2	1.1
湖 北 Hubei	182.1	1.1	182.7	0.8	182.1	0.6
湖 南 Hunan	3.7	0.0	3.4	0.0	3.3	0.0
广 东 Guangdong	250.1	2.4	258.7	2.5	330.8	3.0
广 西 Guangxi	113.5	1.2	106.8	1.1	111.1	1.2
海 南 Hainan	10.8	0.1	23.2	0.2	28.4	0.2
重 庆 Chongqing	23.6	0.2	19.9	0.1	16.5	0.1
四 川 Sichuan	178.1	1.6	166.4	1.2	165.1	1.3
贵 州 Guizhou	1.1	0.0	0.9	0.0	0.9	0.0
云 南 Yunnan	96.1	1.2	86.9	1.0	82.8	1.4
西 藏 Tibet						
陕 西 Shaanxi	4.6	0.1	5.4	0.1	14.6	0.1
甘 肃 Gansu	5.0	0.0	5.1	0.0	6.8	0.0
青 海 Qinghai	6.6	0.1	4.3	0.0	5.2	0.1
宁 夏 Ningxia	8.7	0.1	15.0	0.2	15.1	0.2
新 疆 Xinjiang	78.9	1.0	86.4	1.0	85.7	2.0

10-25 续表 1 continued

单位：万人、万人次 (10 000 persons)

地 区 Region	2004 年末参保人数 Contributors at the Year-end	2004 享受待遇人次 Beneficiaries of Maternity Insurance	2005 年末参保人数 Contributors at the Year-end	2005 享受待遇人次 Beneficiaries of Maternity Insurance	2006 年末参保人数 Contributors at the Year-end	2006 享受待遇人次 Beneficiaries of Maternity Insurance
全 国 National	**4384**	**46**	**5408**	**62**	**6459**	**108**
北 京 Beijing			226.1	1.1	263.3	6.7
天 津 Tianjin			157.4	0.6	180.1	7.7
河 北 Hebei	114.1	0.4	215.9	0.8	264.2	1.7
山 西 Shanxi	93.2	0.2	95.6	0.3	98.1	0.4
内蒙古 Inner Mongolia	66.7	0.4	105.8	1.5	122.1	2.1
辽 宁 Liaoning	215.9	2.1	220.1	2.7	378.7	4.9
吉 林 Jilin	35.1	0.2	35.3	0.8	117.7	0.6
黑龙江 Heilongjiang	187.3	3.5	156.6	2.9	172.7	3.1
上 海 Shanghai	505.6	4.9	539.3	5.8	555.1	16.8
江 苏 Jiangsu	552.7	9.2	630.9	11.2	711.5	12.8
浙 江 Zhejiang	239.8	3.0	284.9	3.7	382.7	6.9
安 徽 Anhui	37.6	0.2	53.5	0.5	78.6	1.0
福 建 Fujian	146.5	1.7	161.8	2.1	173.5	2.0
江 西 Jiangxi	107.6	0.5	117.8	0.8	123.2	1.1
山 东 Shandong	390.8	4.7	461.2	5.5	488.8	10.0
河 南 Henan	201.2	1.5	228.4	1.5	238.4	2.0
湖 北 Hubei	179.9	0.6	175.9	0.6	194.5	0.8
湖 南 Hunan	212.9	0.5	250.2	3.2	308.5	5.2
广 东 Guangdong	376.7	3.6	419.4	4.2	464.8	4.8
广 西 Guangxi	134.8	1.6	141.4	1.9	145.2	1.9
海 南 Hainan	31.7	0.4	34.9	0.5	40.6	0.7
重 庆 Chongqing	12.9	0.0			96.8	0.6
四 川 Sichuan	187.4	1.4	212.5	1.4	274.1	1.9
贵 州 Guizhou	2.3	0.0	52.1	0.0	72.1	0.7
云 南 Yunnan	142.3	2.3	156.1	2.5	159.5	2.6
西 藏 Tibet						
陕 西 Shaanxi	36.2	0.2	43.1	0.8	86.3	0.5
甘 肃 Gansu	31.0	0.1	40.0	0.3	47.0	0.4
青 海 Qinghai	5.8	0.1	6.5	0.1	7.2	0.2
宁 夏 Ningxia	18.4	0.2	21.6	0.2	18.1	0.4
新 疆 Xinjiang	117.4	2.5	164.1	4.7	195.6	7.5

10-25 续表 2 continued

单位：万人、万人次 (10 000 persons)

地 区	Region	2007 年末参保人数 Contributors at the Year-end	2007 享受待遇人次 Beneficiaries of Maternity Insurance	2008 年末参保人数 Contributors at the Year-end	2008 享受待遇人次 Beneficiaries of Maternity Insurance	2009 年末参保人数 Contributors at the Year-end	2009 享受待遇人次 Beneficiaries of Maternity Insurance
全 国	**National**	**7775**	**113**	**9254**	**140**	**10876**	**174**
北 京	Beijing	290.6	9.8	324.1	11.8	346.8	12.8
天 津	Tianjin	194.0	3.9	196.5	4.7	204.6	4.8
河 北	Hebei	338.5	2.5	408.5	5.2	489.9	6.7
山 西	Shanxi	104.4	0.3	148.3	0.7	185.8	0.9
内蒙古	Inner Mongolia	139.1	1.7	154.6	1.6	182.9	2.0
辽 宁	Liaoning	423.0	13.2	460.2	11.7	531.2	13.5
吉 林	Jilin	173.6	1.6	227.9	2.5	289.9	4.6
黑龙江	Heilongjiang	216.8	3.1	241.9	3.2	270.0	3.3
上 海	Shanghai	592.0	7.3	609.9	7.1	625.1	6.5
江 苏	Jiangsu	794.1	14.5	907.2	19.5	962.5	23.3
浙 江	Zhejiang	505.0	6.1	690.0	8.1	750.7	10.4
安 徽	Anhui	175.6	1.9	231.0	3.5	303.6	4.6
福 建	Fujian	250.4	2.7	273.9	3.2	317.8	4.5
江 西	Jiangxi	137.8	0.8	156.6	0.6	163.0	0.7
山 东	Shandong	563.3	8.2	638.0	10.3	703.0	14.4
河 南	Henan	279.1	2.2	313.4	2.8	379.8	4.0
湖 北	Hubei	224.6	1.1	278.0	2.9	357.1	6.5
湖 南	Hunan	369.3	5.6	431.5	6.2	502.4	9.0
广 东	Guangdong	659.1	6.6	1011.2	9.7	1586.3	12.5
广 西	Guangxi	163.5	2.3	176.5	3.0	199.0	3.2
海 南	Hainan	66.7	0.8	79.8	1.1	85.0	1.2
重 庆	Chongqing	116.9	2.2	141.6	2.6	155.5	3.7
四 川	Sichuan	323.3	3.6	373.0	4.4	426.4	5.8
贵 州	Guizhou	89.1	1.2	135.9	1.8	152.5	1.9
云 南	Yunnan	165.1	2.2	168.4	2.6	181.1	2.8
西 藏	Tibet	9.4	0.0	12.4	0.1	14.2	0.2
陕 西	Shaanxi	120.9	0.9	147.6	1.6	164.4	2.1
甘 肃	Gansu	53.3	0.7	59.1	0.6	71.2	0.7
青 海	Qinghai	6.2	0.2	6.3	0.1	6.3	0.1
宁 夏	Ningxia	19.2	0.4	25.1	0.4	30.7	0.5
新 疆	Xinjiang	211.6	5.6	225.4	6.4	236.8	6.6

10-25 续表 3 continued

单位：万人、万人次 (10 000 persons)

地 区 Region	2010 年末参保人数 Contributors at the Year-end	2010 享受待遇人次 Beneficiaries of Maternity Insurance	2011 年末参保人数 Contributors at the Year-end	2011 享受待遇人次 Beneficiaries of Maternity Insurance	2012 年末参保人数 Contributors at the Year-end	2012 享受待遇人次 Beneficiaries of Maternity Insurance
全 国 National	**12336**	**211**	**13892**	**265**	**15429**	**353**
北 京 Beijing	372.2	12.6	395.3	14.9	844.7	27.9
天 津 Tianjin	212.0	5.6	234.6	6.6	242.7	8.0
河 北 Hebei	561.5	5.2	593.1	5.5	634.8	9.7
山 西 Shanxi	211.6	1.7	253.7	2.1	407.6	3.1
内蒙古 Inner Mongolia	233.9	2.2	263.3	4.8	274.8	4.3
辽 宁 Liaoning	593.0	13.5	664.7	15.1	713.9	19.4
吉 林 Jilin	310.5	5.6	335.9	6.7	350.4	9.4
黑龙江 Heilongjiang	290.1	3.4	350.1	3.6	353.1	4.2
上 海 Shanghai	657.3	7.7	703.1	8.8	711.5	11.7
江 苏 Jiangsu	1086.4	24.4	1199.2	44.2	1276.2	55.5
浙 江 Zhejiang	863.7	12.4	979.8	14.9	1084.8	19.4
安 徽 Anhui	346.9	5.0	400.1	6.3	430.1	9.0
福 建 Fujian	374.4	4.9	451.9	5.7	484.3	8.2
江 西 Jiangxi	170.0	1.0	200.1	0.8	204.2	2.0
山 东 Shandong	774.1	18.0	857.8	19.7	919.0	19.9
河 南 Henan	412.9	5.3	460.7	6.3	520.3	12.0
湖 北 Hubei	381.8	11.0	420.9	13.6	452.9	18.8
湖 南 Hunan	527.1	12.1	538.8	15.3	546.0	14.8
广 东 Guangdong	2038.5	24.3	2339.7	32.6	2484.9	40.1
广 西 Guangxi	218.5	3.6	243.8	3.9	254.7	5.1
海 南 Hainan	92.6	1.5	100.7	2.2	116.0	3.2
重 庆 Chongqing	175.7	4.9	216.6	5.4	253.5	8.2
四 川 Sichuan	484.2	5.9	601.7	6.8	654.4	12.5
贵 州 Guizhou	164.3	2.3	198.1	2.6	221.6	3.1
云 南 Yunnan	210.2	4.0	216.5	3.5	239.2	4.6
西 藏 Tibet	14.8	0.3	16.1	0.3	18.2	0.4
陕 西 Shaanxi	180.1	2.4	211.6	2.8	223.7	3.1
甘 肃 Gansu	82.0	1.0	110.1	1.7	129.5	2.5
青 海 Qinghai	6.4	0.1	6.7	0.2	33.8	0.3
宁 夏 Ningxia	39.8	0.6	59.3	1.0	66.4	1.9
新 疆 Xinjiang	249.4	8.4	268.1	7.0	281.6	10.3

10-26 各地区生育保险基本情况(2012年)

MATERNITY INSURANCE BY REGION(2012)

单位：万人、亿元 (10 000 persons, 100 million yuan)

地 区	Region	享受待遇人数 Beneficiaries of Maternity Insurance	基金收入 Revenue	基金支出 Expenses	累计结余 Balance at the Year-end
全 国	**National**	**353**	**304.2**	**219.3**	**427.6**
北 京	Beijing	27.9	30.3	20.9	33.5
天 津	Tianjin	8.0	8.3	5.6	15.6
河 北	Hebei	9.7	9.3	5.6	12.9
山 西	Shanxi	3.1	5.7	2.4	9.4
内蒙古	Inner Mongolia	4.3	5.2	3.5	7.5
辽 宁	Liaoning	19.4	13.2	11.2	14.2
吉 林	Jilin	9.4	3.8	2.1	7.8
黑龙江	Heilongjiang	4.2	5.1	3.5	9.6
上 海	Shanghai	11.7	27.2	28.9	0.3
江 苏	Jiangsu	55.5	32.0	22.2	59.8
浙 江	Zhejiang	19.4	21.9	17.5	22.7
安 徽	Anhui	9.0	6.1	4.7	8.7
福 建	Fujian	8.2	8.0	5.8	14.1
江 西	Jiangxi	2.0	1.7	0.7	4.4
山 东	Shandong	19.9	23.1	17.3	31.0
河 南	Henan	12.0	8.6	4.5	15.2
湖 北	Hubei	18.8	6.7	4.0	13.6
湖 南	Hunan	14.8	7.3	4.2	13.8
广 东	Guangdong	40.1	30.1	21.1	48.9
广 西	Guangxi	5.1	4.7	2.8	9.3
海 南	Hainan	3.2	1.7	1.1	3.2
重 庆	Chongqing	8.2	5.3	3.6	6.4
四 川	Sichuan	12.5	11.4	8.8	17.9
贵 州	Guizhou	3.1	2.2	1.0	5.0
云 南	Yunnan	4.6	6.2	4.6	12.0
西 藏	Tibet	0.4	0.4	0.3	0.9
陕 西	Shaanxi	3.1	4.2	1.9	8.1
甘 肃	Gansu	2.5	2.3	1.2	4.1
青 海	Qinghai	0.3	1.0	0.3	1.3
宁 夏	Ningxia	1.9	1.5	1.1	1.7
新 疆	Xinjiang	10.3	9.6	7.0	14.8

10-27 各地区城乡居民社会养老保险情况（2012年）

STATISTICS ON BASIC PENSION INSURANCE FOR URBAN AND RURAL RESIDENTS BY REGION (2012)

地 区	Region	参保人数（万人）Contributors at Year-end (10 000 persons)	#达到领取待遇年龄参保人数 Number of Participants Who Have Reached the Prescribed Age of Benifit Entilement	基金收支情况(亿元) Revenue and Expenses(100 million yuan) 基金收入 Revenue	基金支出 Expenses	累计结余 Balance at Year-end
全 国	**National Total**	**48369.5**	**13382.2**	**1829.2**	**1149.7**	**2302.2**
北 京	Beijing	176.8	27.1	26.8	13.6	88.7
天 津	Tianjin	89.3	69.8	31.1	14.0	73.1
河 北	Hebei	3334.6	789.7	91.0	49.1	93.3
山 西	Shanxi	1482.1	326.2	41.5	21.0	62.8
内蒙古	Inner Mongolia	756.1	184.9	33.1	19.7	38.1
辽 宁	Liaoning	1046.1	347.9	36.0	22.4	30.5
吉 林	Jilin	561.3	198.1	24.3	12.5	20.6
黑龙江	Heilongjiang	758.0	191.5	28.9	13.3	30.1
上 海	Shanghai	80.8	45.4	30.6	29.4	72.3
江 苏	Jiangsu	2347.2	888.7	145.9	109.1	294.7
浙 江	Zhejiang	1332.3	572.6	92.4	80.3	112.8
安 徽	Anhui	3350.6	805.5	96.1	53.1	84.5
福 建	Fujian	1446.1	358.8	40.3	22.1	46.2
江 西	Jiangxi	1737.5	394.9	48.0	24.6	49.3
山 东	Shandong	4401.2	1257.5	169.7	106.8	286.0
河 南	Henan	4719.7	1153.8	116.6	74.2	129.6
湖 北	Hubei	2266.2	580.5	73.5	37.7	73.0
湖 南	Hunan	3120.3	857.0	94.3	54.6	68.1
广 东	Guangdong	2255.2	727.2	95.3	54.8	163.4
广 西	Guangxi	1572.3	488.8	46.5	34.3	35.7
海 南	Hainan	269.5	65.7	8.9	5.6	9.9
重 庆	Chongqing	1130.9	372.4	112.3	86.7	40.5
四 川	Sichuan	2828.4	1027.5	114.2	69.0	161.3
贵 州	Guizhou	1260.7	404.8	58.5	48.9	28.1
云 南	Yunnan	2103.2	419.7	47.2	24.2	48.7
西 藏	Tibet	134.0	21.9	4.2	2.4	2.9
陕 西	Shaanxi	1705.5	383.5	58.5	32.9	64.5
甘 肃	Gansu	1176.6	252.4	30.0	14.1	51.3
青 海	Qinghai	206.1	38.1	7.8	4.5	8.9
宁 夏	Ningxia	180.3	35.7	5.8	3.2	8.5
新 疆	Xinjiang	540.6	94.4	19.8	11.4	24.9

注：2012年8月起，新型农村社会养老保险和城镇居民社会养老保险制度全覆盖工作全面启动，合并为城乡居民社会养老保险。

Note:Since August 2012, basic pension insurance for unban and rural residents consist of new rural old-age insurance and urban residents basic pension insurance.

十一、工会工作

TRADE UNION WORKS

11-1 各地区基层工会组织数(2012年)

NUMBER OF GRASSROOTS TRADE UNION BY REGION (2012)

单位：个 (unit)

地区	Region	总计 Total	内资企业 Enterprises of Domestic Funded 国有企业 State-owned	集体企业 Urban Collective-owned	股份合作企业 Coopera-tive	联营企业 Joint-owned	国有独资公司 State Funded Corporations	有限责任公司 Limited Liability Corporations	国有控股公司 State-holding	股份有限公司 Share-holding Corporations Ltd.
全国	**National**	**2663437**	**80686**	**73697**	**39815**	**7909**	**8186**	**162129**	**15711**	**48211**
北京	Beijing	29260	1475	1518	790	39	403	7712	429	834
天津	Tianjin	25384	1467	681	103	27	255	951	288	177
河北	Hebei	127281	4002	4146	1047	417	250	3423	611	1599
山西	Shanxi	59368	3957	3205	528	115	188	2309	340	1287
内蒙古	Inner Mongolia	69735	1716	556	587	116	60	4689	257	746
辽宁	Liaoning	93971	2542	1805	839	158	216	5546	578	1475
吉林	Jilin	47518	1619	692	388	66	164	2381	292	762
黑龙江	Heilongjiang	69289	6524	1449	575	100	116	4378	484	1480
上海	Shanghai	55762	2154	2300	1245	66	623	3114	763	653
江苏	Jiangsu	136123	2369	2878	3589	560	415	8918	683	3428
浙江	Zhejiang	143885	1985	1482	6761	292	632	14635	773	4716
安徽	Anhui	104452	3226	6200	1778	365	493	5828	891	1774
福建	Fujian	120946	3090	2226	1276	496	306	2970	659	1425
江西	Jiangxi	73715	3452	1625	1747	364	183	2862	247	940
山东	Shandong	202435	4794	6672	2954	439	490	12949	1071	4693
河南	Henan	194186	5083	7122	2198	559	238	7481	699	2656
湖北	Hubei	120561	2987	6739	1929	774	409	5379	895	1463
湖南	Hunan	114123	3814	4825	2140	427	272	4453	515	3048
广东	Guangdong	232330	5734	6176	1967	355	644	14085	1163	1686
广西	Guangxi	87373	2928	1626	455	942	132	3820	505	1543
海南	Hainan	16485	982	599	214	66	71	5228	259	400
重庆	Chongqing	57881	879	930	913	253	215	4720	173	1530
四川	Sichuan	149786	2718	1718	1481	194	434	10758	691	3428
贵州	Guizhou	59046	2083	809	1535	211	160	3756	597	2373
云南	Yunnan	96742	1468	959	696	136	223	6590	532	1702
西藏	Tibet	3751	272	123	57	2	12	21	25	7
陕西	Shaanxi	87665	3528	3578	1131	263	232	8685	424	1455
甘肃	Gansu	33196	1205	499	432	57	83	1219	315	317
青海	Qinghai	14549	439	129	123	26	46	441	96	87
宁夏	Ningxia	13136	412	128	82	8	22	806	103	124
新疆	Xinjiang	22682	1719	296	255	16	186	2008	343	403

11-1 续表 continued

单位：个 (unit)

地 区	Region	私营企业 Private	其他企业 Others	个体经营户 Individuals	港澳台商投资企业 Funded by Entrepreneurs from HongKong, Macao & Taiwan	外商投资企业 Foreign Funded	事业单位 Institutions	机关 Agencies and Organizations	其他 Others
全 国	**National**	**1396722**	**12154**	**105574**	**36379**	**48585**	**307393**	**179701**	**140585**
北 京	Beijing	6436	104	561	334	795	4127	1417	2286
天 津	Tianjin	13755	53	407	323	1543	3009	1228	1117
河 北	Hebei	64680	3807	4473	241	663	13218	10617	14087
山 西	Shanxi	23755	53	2422	115	347	12014	5511	3222
内蒙古	Inner Mongolia	42559	58	2661	47	179	8290	6328	886
辽 宁	Liaoning	50959	154	4988	390	1974	11296	5031	6020
吉 林	Jilin	31698	49	389	52	173	5881	2164	748
黑龙江	Heilongjiang	33889	21	2114	133	397	8766	5603	3260
上 海	Shanghai	28091	787	813	2660	5765	5340	1388	
江 苏	Jiangsu	76438	274	2119	3688	7345	12283	5834	5302
浙 江	Zhejiang	79827	259	1614	2267	3447	12296	6544	6355
安 徽	Anhui	55067	136	6075	159	389	11545	6128	4398
福 建	Fujian	82324	1181	1936	3520	2735	9004	5294	2504
江 西	Jiangxi	36168	124	3094	279	1294	12016	7213	2107
山 东	Shandong	114263	657	11691	926	6940	17009	9451	7436
河 南	Henan	115051	275	12058	141	296	23078	10312	6939
湖 北	Hubei	61496	690	5744	339	668	16229	6948	7872
湖 南	Hunan	57732	729	7081	155	275	13979	10029	4649
广 东	Guangdong	134647	1080	9643	19258	10051	17646	8195	
广 西	Guangxi	52015	175	3332	411	637	10055	6368	2429
海 南	Hainan	4048	13	454	90	179	2171	1297	414
重 庆	Chongqing	30049	41	3015	82	238	6473	3721	4649
四 川	Sichuan	51855	1114	7659	428	961	23746	17469	25132
贵 州	Guizhou	18610	134	1322	33	55	8989	5567	12812
云 南	Yunnan	63430	60	1352	156	353	8443	8510	2132
西 藏	Tibet	566	1	74		1	479	1735	376
陕 西	Shaanxi	36451	75	4233	83	685	12479	6526	7837
甘 肃	Gansu	13654	32	903	27	78	7281	5633	1461
青 海	Qinghai	5389	2	1511	7	24	2259	2010	1960
宁 夏	Ningxia	6263	1	933	11	31	1759	1239	1214
新 疆	Xinjiang	5557	15	903	23	67	5654	4279	958

11-2 各地区工会会员人数(2012年)
TRADE UNION MEMBERS IN GRASSROOTS TRADE UNION BY REGION (2012)

单位：人 (person)

地区	Region	总计 Total	内资企业 Enterprises of Domestic Funded 国有企业 State-owned	集体企业 Urban Collective-owned	股份合作企业 Cooperative	联营企业 Joint-owned	国有独资公司 State Funded Corporations	有限责任公司 Limited Liability Corporations	国有控股公司 State-holding	股份有限公司 Share-holding Corporations Ltd.
全国	**National**	**280213348**	**26981170**	**8670794**	**6401073**	**1261388**	**2965223**	**16471920**	**7463625**	**7118339**
北京	Beijing	4307698	566773	122043	108422	1685	146802	775215	318646	136609
天津	Tianjin	3707534	544936	80952	33623	2020	119150	198634	184223	49596
河北	Hebei	14330097	1250959	461178	178906	87868	115068	533531	267743	315882
山西	Shanxi	7665182	1802776	402385	143568	23906	65224	324122	256431	205527
内蒙古	Inner Mongolia	6158667	824018	89971	109288	58580	34767	456847	80256	182461
辽宁	Liaoning	9813753	1446088	423085	120516	13108	174799	503200	329615	214131
吉林	Jilin	5108959	596916	77371	90980	7040	120891	315623	287574	148556
黑龙江	Heilongjiang	8349125	2385659	201274	99978	15773	73320	433643	288236	184399
上海	Shanghai	8736493	636766	297439	128122	12306	224182	513179	554773	152506
江苏	Jiangsu	18874026	1194923	504748	733094	88328	147903	1152013	328064	590932
浙江	Zhejiang	19257470	456283	219191	960760	71368	148825	2022310	260763	900029
安徽	Anhui	7466536	807235	512384	209663	63328	58272	438317	284974	165367
福建	Fujian	9862393	477515	159646	149449	65564	85158	235850	183692	220811
江西	Jiangxi	7145806	764453	138737	394808	58701	68358	191723	65443	99057
山东	Shandong	22692488	1657656	1060110	708822	93499	238407	1969544	479618	895574
河南	Henan	16143601	1651549	893188	434784	59444	143540	646687	302574	290739
湖北	Hubei	12920629	938485	903292	342182	167119	153288	622981	452792	287433
湖南	Hunan	11299672	1445567	588270	297583	73437	89235	339381	241471	304242
广东	Guangdong	26563799	1109549	606021	402647	53173	105859	1500290	512938	572018
广西	Guangxi	6253534	629694	140989	75273	104392	64398	348138	156309	146860
海南	Hainan	1169636	176757	32993	21586	4068	16692	201379	125963	41805
重庆	Chongqing	7617823	358663	68432	98911	30710	82453	558007	101864	134990
四川	Sichuan	18151853	1006221	133899	192918	18042	136899	798571	353886	354210
贵州	Guizhou	4593805	427038	41995	42695	5286	69089	101729	207277	43013
云南	Yunnan	5311415	532736	67709	66713	31098	71681	323402	280354	158028
西藏	Tibet	250956	21159	11300	4598	108	1243	1570	3571	874
陕西	Shaanxi	6711272	1132076	257810	102864	32277	96030	544113	238920	153833
甘肃	Gansu	3445575	528148	115752	65748	14053	39050	125043	160492	45816
青海	Qinghai	1049798	163376	9069	16038	2739	13355	31384	17263	9670
宁夏	Ningxia	1288464	137258	13357	21233	444	8789	70192	20726	36859
新疆	Xinjiang	3711439	1282209	35701	45301	1924	49360	191687	115710	76512

11-2 续表 continued

单位；人 (person)

地 区	Region	私营企业 Private	其他企业 Others	个 体 经营户 Individuals	港澳台商投资企业 Funded by Entrepreneurs from HongKong Macao&Taiwan	外 商 投资企业 Foreign Funded	事业单位 Institutions	机 关 Agencies and Organization	其他 Others
全 国	**National**	**98094635**	**1637613**	**9698273**	**9572667**	**10647940**	**32271511**	**15726723**	**24930454**
北 京	Beijing	433154	10263	36609	79196	219764	580329	213796	258392
天 津	Tianjin	1343900	2361	39782	76112	386815	344988	148647	151795
河 北	Hebei	5838910	479900	367576	86749	161950	1500535	860770	1822572
山 西	Shanxi	2078168	6631	216722	104087	51420	1076679	411247	496289
内蒙古	Inner Mongolia	2815589	5990	121833	10750	60443	707301	449945	150628
辽 宁	Liaoning	2997461	18790	280323	59507	438220	1264473	511003	1019434
吉 林	Jilin	2290990	8450	78695	8882	49385	614023	236410	177173
黑龙江	Heilongjiang	2124767	5444	364067	39451	93566	945946	485183	608419
上 海	Shanghai	3529725	145638	128704	526901	1073330	658495	154427	
江 苏	Jiangsu	7524934	27957	380086	749257	1586730	1630032	668059	1566966
浙 江	Zhejiang	8613169	57949	296379	511587	816653	1279244	459359	2183601
安 徽	Anhui	2480171	23353	235995	31288	90672	1058062	410245	597210
福 建	Fujian	5234001	125102	83879	883807	536924	736820	357303	326872
江 西	Jiangxi	3304914	8879	106779	75195	218929	899211	579207	171412
山 东	Shandong	8163170	117436	1270486	235511	1114550	2441062	921632	1325411
河 南	Henan	5628042	21165	974923	166512	88847	2754835	1261179	825593
湖 北	Hubei	4594164	118196	586763	107110	174344	1624960	583564	1263956
湖 南	Hunan	4304942	80533	521035	41734	63963	1349669	1046690	511920
广 东	Guangdong	9992784	181356	569896	5431321	2871932	2028442	625573	
广 西	Guangxi	2455145	5781	160244	71986	128284	981064	467730	317247
海 南	Hainan	158250	1031	7039	8182	38485	202025	91284	42097
重 庆	Chongqing	2430249	3737	915443	12815	54558	597438	597458	1572095
四 川	Sichuan	3602666	157086	1150819	197685	138953	2694442	1604030	5611526
贵 州	Guizhou	716946	3156	71479	10761	11219	597077	350794	1894251
云 南	Yunnan	1735290	8092	101196	18592	45305	902522	677017	291680
西 藏	Tibet	31014	94	4408		110	62623	79891	28393
陕 西	Shaanxi	1612473	8015	275800	15070	94719	1012507	397704	737061
甘 肃	Gansu	971191	2662	85543	5326	10085	650605	373188	252873
青 海	Qinghai	226793	38	60582	1334	5798	151412	81737	259210
宁 夏	Ningxia	358817	460	85606	1173	6571	165980	76001	284998
新 疆	Xinjiang	502846	2068	119582	4760	15416	639109	449158	180096

11-3 分地区基层单位建立职工代表大会制度情况(2012年)

EMPLOYEE CONGRESS SYSTEM IN GRASSROOTS TRADE UNION BY REGION (2012)

地 区	Region	建立职工(代表)大会制度的企事业单位(个) Number of Establishments with Employee Congress (unit)	本年度召开过职工(代表)大会的企事业单位(个) Number of Establishments with Congress Held (unit)	职工(代表)大会的职工代表(人) Congress Members (person)	#女职工代表 Female	实行厂务公开的企事业单位(个) Number of Establishments with Publishing Management Affairs (unit)
全 国	**National**	**4049397**	**3395098**	**21983007**	**6540114**	**3954676**
北 京	Beijing	51381	37994	271761	98678	53368
天 津	Tianjin	68463	66710	488039	158175	69514
河 北	Hebei	154650	130474	922267	247743	145919
山 西	Shanxi	119122	112280	749814	164180	118519
内蒙古	Inner Mongolia	60602	42801	564787	122956	56668
辽 宁	Liaoning	147994	119465	878453	206474	138107
吉 林	Jilin	88330	78887	510088	167790	86365
黑龙江	Heilongjiang	119119	86707	628977	157726	115791
上 海	Shanghai	234168	213071	631812	245330	247425
江 苏	Jiangsu	292544	272478	2246427	745965	274269
浙 江	Zhejiang	307231	237049	1943736	744139	293478
安 徽	Anhui	96645	68629	886719	191554	86020
福 建	Fujian	166597	133676	731497	242822	150013
江 西	Jiangxi	93970	70938	732743	196611	93230
山 东	Shandong	439710	398750	2013967	545850	417301
河 南	Henan	197462	153324	1225413	310836	188263
湖 北	Hubei	198748	140206	802655	220342	198825
湖 南	Hunan	133466	116936	868988	239554	135185
广 东	Guangdong	283907	220166	991276	316279	307290
广 西	Guangxi	106885	96910	759463	267834	107404
海 南	Hainan	23008	14392	78950	26242	23008
重 庆	Chongqing	105405	88639	284001	81084	101131
四 川	Sichuan	206766	194177	853276	287963	203808
贵 州	Guizhou	69655	61385	242328	67262	69430
云 南	Yunnan	84068	64917	374178	111983	81936
西 藏	Tibet	467	411	3714	1195	502
陕 西	Shaanxi	90083	76160	572499	150737	86000
甘 肃	Gansu	52131	45541	300874	89062	50867
青 海	Qinghai	15268	13165	82988	22220	15329
宁 夏	Ningxia	16615	15605	91627	27838	16392
新 疆	Xinjiang	24560	22937	239595	79941	23009
国家机关		357	298	9591	3518	290
中直机关		20	20	504	231	20

11-4 各地区基层以上工会职业培训机构情况(2012年)

VOCATIONAL TRAINING ORGANIZATIONS ABOVE GRASSROOTS TRADE UNION BY REGION (2012)

地 区	Region	工会开办的职业培训机构(个) Number of Vocational Training (Organizations)	本年度工会职业培训机构培训人次(人次) Trained Persons (person-time)	#农民工 Migrant Workers	#下岗失业人员人次数 Laid-off and Unemployment Persons	#经培训实现再就业人次数 Reemployees
全 国	**National**	**4479**	**1753475**	**943537**	**596590**	**326597**
北 京	Beijing	8	3866	1446	470	430
天 津	Tianjin	57	30277	21971	7338	4925
河 北	Hebei	963	82417	43128	34671	17852
山 西	Shanxi	920	74531	36951	17945	9797
内蒙古	Inner Mongolia	55	53144	29756	34185	28129
辽 宁	Liaoning	305	99000	36265	58651	34710
吉 林	Jilin	64	24454	8014	14125	9332
黑龙江	Heilongjiang	72	31533	5611	22864	10192
上 海	Shanghai	12	35071	17445	6037	2169
江 苏	Jiangsu	99	89735	46012	30403	17374
浙 江	Zhejiang	55	126820	92553	22118	7211
安 徽	Anhui	64	57923	24223	23055	16734
福 建	Fujian	53	35931	23724	7903	4089
江 西	Jiangxi	50	33922	12939	19169	8740
山 东	Shandong	136	121212	62547	40162	23716
河 南	Henan	350	157674	90517	47747	26674
湖 北	Hubei	90	53153	28230	20147	9552
湖 南	Hunan	101	47187	29080	14662	8104
广 东	Guangdong	33	60279	9627	12715	2692
广 西	Guangxi	557	78989	57240	17884	11551
海 南	Hainan	3	2502	501	1115	579
重 庆	Chongqing	25	30298	17756	9892	6728
四 川	Sichuan	138	160662	93881	47893	19549
贵 州	Guizhou	41	55838	27867	24193	13715
云 南	Yunnan	31	47049	43659	3445	2447
西 藏	Tibet	17	4819	3468	685	287
陕 西	Shaanxi	51	52071	26148	18544	7863
甘 肃	Gansu	76	46449	25824	15485	8793
青 海	Qinghai	9	5687	4094	3042	750
宁 夏	Ningxia	19	21497	14117	5939	2645
新 疆	Xinjiang	25	29485	8943	14106	9268

11-5 各地区基层工会开展合理化建议和劳动竞赛活动情况(2012年)

CONDITION OF CARRYING OUT RATIONALIZED PROPOSALS AND LABOR EMULATION IN GRASSROOTS TRADE UNION BY REGION (2012)

地区	Region	本年度职工提出合理化建议件数(件) Rationalized Proposals Put Forward by the Staff and Workers This Year (case)	本年度已实施的合理化建议件数(件) Rationalized Proposals Practiced This Year (case)	本年度开展了劳动竞赛的基层工会(个) Grassroots Trade union Participating in Labor Emulation This Year (unit)	本年度参加劳动竞赛的职工(人次) Person/Time of Staff and Workers Participating in Labor Emulation (person-time)
全国	**National**	**11397683**	**6127925**	**627758**	**78613456**
北京	Beijing	358737	215463	6084	1952396
天津	Tianjin	607196	328720	20284	4002537
河北	Hebei	756480	308035	45758	5080688
山西	Shanxi	416203	215690	15214	2270356
内蒙古	Inner Mongolia	126984	69712	39405	3970783
辽宁	Liaoning	675064	311688	15211	2231761
吉林	Jilin	301139	225739	8323	945745
黑龙江	Heilongjiang	171523	64854	10943	1931185
上海	Shanghai	1715347	1140152	12179	2391493
江苏	Jiangsu	737038	370761	48206	5107857
浙江	Zhejiang	465323	192890	39822	4917064
安徽	Anhui	244151	124323	10584	1644728
福建	Fujian	211030	108814	23298	2181764
江西	Jiangxi	114898	68193	8927	893286
山东	Shandong	1372081	727045	73452	8519017
河南	Henan	396230	261503	24637	2910021
湖北	Hubei	282209	145496	22111	3196475
湖南	Hunan	187674	90793	26991	2027675
广东	Guangdong	798804	457616	24559	3349808
广西	Guangxi	100367	33200	13278	1531995
海南	Hainan	25879	18181	7316	915343
重庆	Chongqing	387452	265458	14269	2030294
四川	Sichuan	394993	171740	55110	5768483
贵州	Guizhou	45567	27315	12761	1471865
云南	Yunnan	71028	33117	15866	1369122
西藏	Tibet	659	333	104	9903
陕西	Shaanxi	178870	59020	15346	1873678
甘肃	Gansu	145827	50379	7199	924939
青海	Qinghai	8698	3968	1249	252402
宁夏	Ningxia	66905	21087	4744	441454
新疆	Xinjiang	31449	15723	4449	2484926
国家机关		1878	917	78	14260
中直机关				1	153

11-6 各地区基层工会参与调节劳动争议工作情况(2012年)
CONDITION OF GRASSROOTS TRADE UNION PATICIPATING IN MEDIATION LABOR DISPUTE BY REGION (2012)

地区	Region	建立劳动争议调解委员会的基层工会(个) Units with Labor Dispute Mediation Committee (unit)	劳动争议调解委员会委员(人) Member of Labor Dispute Mediation Committee (person)	#工会成员(职工代表) Delegates of Trade Union and Staff and Workers	本年度劳动争议调解委员会受理劳动争议件数(件) Cases Accepted by Labor Dispute Mediation Committee This Year (case)	#集体劳动争议 Collective Labor Dispute	本年度劳动争议调解委员会调解成功劳动争议件数(件) Cases Successfully Madiated by Labor Dispute Mediation Committee This Year (case)	#集体劳动争议 Collective Labor Dispute
全　国	**National**	**858468**	**2883896**	**1410154**	**246615**	**22142**	**122725**	**14314**
北　京	Beijing	7052	28608	15446	3957	251	835	52
天　津	Tianjin	15872	54142	28020	6050	23	3765	21
河　北	Hebei	66695	192087	92602	8024	733	1513	248
山　西	Shanxi	20897	75207	38171	3072	145	1037	101
内蒙古	Inner Mongolia	38522	184557	80001	1666	86	506	14
辽　宁	Liaoning	32056	125069	62455	7018	196	2746	83
吉　林	Jilin	13906	46658	21758	2643	70	325	26
黑龙江	Heilongjiang	14523	45141	22256	3068	168	1073	77
上　海	Shanghai	31938	103661	51031	2664	60	1098	43
江　苏	Jiangsu	75222	238400	110897	20681	2428	9251	938
浙　江	Zhejiang	62278	209145	104244	28837	3151	11948	2208
安　徽	Anhui	7434	28983	15011	2042	428	552	10
福　建	Fujian	33200	107728	51800	13865	3824	9101	3502
江　西	Jiangxi	51767	187696	97429	1163	265	842	260
山　东	Shandong	78638	257998	132314	11895	1343	7233	935
河　南	Henan	18021	62053	32384	33620	595	29704	444
湖　北	Hubei	18465	62593	30014	8660	693	7075	579
湖　南	Hunan	7708	27447	13806	7749	1912	4690	1431
广　东	Guangdong	71828	207961	102247	29056	1791	14603	985
广　西	Guangxi	25597	75720	37429	2924	67	226	21
海　南	Hainan	2928	12945	6803	687	31	202	24
重　庆	Chongqing	10752	41912	20507	7753	483	1693	85
四　川	Sichuan	89899	283867	133852	10734	1852	6367	1709
贵　州	Guizhou	9425	32926	17350	4147	218	750	43
云　南	Yunnan	15608	52079	24738	7222	345	965	38
西　藏	Tibet	63	365	180	57	1	5	1
陕　西	Shaanxi	18467	62343	29250	3231	29	629	19
甘　肃	Gansu	8364	29871	13127	3535	334	2150	138
青　海	Qinghai	821	3556	1834	1086	8	65	1
宁　夏	Ningxia	4906	16298	7772	1588	238	916	230
新　疆	Xinjiang	5532	26307	15086	7619	372	859	48
国家机关		83	497	297	267	2	1	
中直机关		1	76	43	35			

11-7 各地区基层以上工会职业介绍机构情况(2012年)

JOB EXCHANGES ABOVE GRASSROOTS TRADE UNION BY REGION (2012)

地 区	Region	工会开办职业介绍机构(个) Number of job Exchanges (unit)	#获得政府有关部门资质认定的机构 Qualificated by Labor and Security Bureau	本年度工会职业介绍机构成功介绍人次数(人次) Placed Jobseekers (person-time)	#农民工 Migrant Workers	#下岗失业人员人次数 Laid-off and Unemployed Persons
全 国	**National**	**2330**	**1314**	**1511411**	**634961**	**483966**
北 京	Beijing	25	3	10398	4021	3349
天 津	Tianjin	21	2	25155	17676	6716
河 北	Hebei	343	306	53184	24927	21449
山 西	Shanxi	70	14	33111	18408	10314
内蒙古	Inner Mongolia	37	13	15962	7772	7508
辽 宁	Liaoning	212	73	128982	25465	47092
吉 林	Jilin	52	20	24387	9151	12572
黑龙江	Heilongjiang	86	46	32536	10435	18953
上 海	Shanghai	12	10	9616	4961	4190
江 苏	Jiangsu	74	43	54426	28775	21533
浙 江	Zhejiang	46	22	44668	21345	8236
安 徽	Anhui	57	26	55505	38615	14750
福 建	Fujian	310	287	37172	22981	9400
江 西	Jiangxi	165	79	56704	23665	18614
山 东	Shandong	91	46	144930	76734	37013
河 南	Henan	113	58	310085	76357	45715
湖 北	Hubei	70	33	69209	35988	26243
湖 南	Hunan	126	53	52821	22062	10537
广 东	Guangdong	38	24	54014	7109	38074
广 西	Guangxi	56	16	21438	12673	7412
海 南	Hainan			1227	615	495
重 庆	Chongqing	21	14	37340	22205	14594
四 川	Sichuan	93	40	90677	52789	39189
贵 州	Guizhou	63	20	42667	19479	18346
云 南	Yunnan	18	10	7531	4190	3441
西 藏	Tibet	10	3	2201	1616	137
陕 西	Shaanxi	43	26	40355	17478	15635
甘 肃	Gansu	26	8	18670	11832	6459
青 海	Qinghai	4	2	598	253	92
宁 夏	Ningxia	19	3	15454	6767	6874
新 疆	Xinjiang	29	14	20388	8617	9034

十二、香港资料

MAIN INDICATORS OF HONG KONG

十二、香港資料

MAIN INDICATORS OF HONG KONG

12-1 劳动人口及失业状况
LABOUR FORCE AND UNEMPLOYMENT

项　　目	Item	2007	2008	2009	2010	2011	2012
劳动人口数目(万人)	Labour Force (10 000 persons)	362.2	363.7	366.0	363.1	370.3	378.5
男	Male	195.4	194.4	194.4	193.1	194.3	197.2
女	Female	166.9	169.3	171.6	170.0	176.0	181.3
劳动人口参与率 (%)	Labour Force Participation Rate (%)	61.2	60.9	60.8	59.6	60.1	60.5
就业人口 (万人)	Employed Persons (10 000 persons)	347.7	350.9	346.8	347.4	357.6	366.1
失业人口 (万人)	Unemployed Persons (10 000 persons)	14.5	12.8	19.3	15.7	12.7	12.4
失业率 (%)	Unemployment Rate (%)	4.0	3.5	5.3	4.3	3.4	3.3

注：数字是根据每年1月至12月进行的“综合住户统计调查”结果，以及由政府统计处与跨部门人口分布推算小组共同编制按区议会分区划分年中人口估计数字而编制。

统计数字在编制过程中涉及应用人口数字。2007年至2010年的年度数字已就2011年人口普查的结果而作出了修订。2011年人口普查的结果提供了一个基准，用作修订自2006年中期人口统计以来编制的人口数字。

Notes: Figures are compiled based on data collected in the General Household Survey from January to December of the year concerned as well as the mid-year population estimates by District Council district compiled jointly by the Census and Statistics Department and an inter-departmental Working Group on Population Distribution Projections.

Statistics involve the use of the population figures in the compilation process. Annual figures of 2007-2010 have been revised to take into account the results of the 2011 Population Census which provided a benchmark for revising the population figures compiled since the 2006 Population By-census.

12-2 按行业划分的就业人数

EMPLOYED PERSONS BY INDUSTRY

单位：万人 (10 000 persons)

行业（按香港标准行业分类1.1版分类）	Industry (based on HSIC Version 1.1)	2005	2006	2007
制造业	Manufacturing	22.4	21.7	20.0
建筑业	Construction	26.4	26.9	27.5
批发、零售、进出口	Wholesale, Retail and Import/Export	109.4	110.5	114.2
贸易、饮食及酒店业	Trades, Restaurants and Hotels			
运输、仓库及通讯业	Transport, Storage and Communications	35.7	36.9	37.2
金融、保险、地产及商用服务业	Financing, Insurance, Real Estate and Business Services	50.3	52.6	54.6
社区、社会及个人服务业	Community, Social and Personal Services	87.0	89.2	92.0
其它	Others	2.4	2.3	2.2
总计	**Total**	**333.7**	**340.1**	**347.7**

行业（按香港标准行业分类2.0版分类）	Industry (based on HSIC Version 2.0)	2008	2009	2010	2011	2012
制造	Manufacturing	16.6	15.0	13.3	13.3	13.4
建筑	Construction	26.5	26.2	26.5	27.7	29.1
进出口贸易及批发	Import/Export Trade and Wholesale	58.9	56.2	54.7	53.9	56.4
零售、住宿①及膳食服务	Retail, Accommodation① and Food Services	55.2	54.5	55.8	57.8	59.1
运输、仓库、邮政及速递服务、资讯及通讯	Transportation, Storage, Postal and Courier Services, Information and Communications	43.4	42.3	42.2	43.4	43.4
金融、保险、地产、专业及商用服务	Financing, Insurance, Real Estate, Professional and Business Services	63.9	63.7	64.1	67.6	68.7
公共行政、社会及个人服务	Public Administration, Social and Personal Services	84.3	86.7	88.5	91.5	93.5
其它	Others	2.2	2.1	2.3	2.4	2.4
总计	**Total**	**350.9**	**346.8**	**347.4**	**357.6**	**366.1**

注：数字是根据每年1月至12月进行的“综合住户统计调查”结果，以及由政府统计处与跨部门人口分布推算小组共同编制按区议会分区划分年中人口估计数字而编制。

统计数字在编制过程中涉及应用人口数字。2007年至2010年的年度数字已就2011年人口普查的结果而作出了修订。2011年人口普查的结果提供了一个基准，用作修订自2006年中期人口统计以来编制的人口数字。

由2009年开始，数字是按“香港标准行业分类2.0版”编制，其数列已向前估计至2008年。

①住宿服务包括酒店、宾馆、旅舍及其他提供短期住宿服务的机构单位。

Notes : Figures are compiled based on data collected in the General Household Survey from January to December of the year concerned as well as the mid-year population estimates by District Council district compiled jointly by the Census and Statistics Department and an inter-departmental Working Group on Population Distribution Projections.

Statistics involve the use of the population figures in the compilation process. Annual figures of 2007-2010 have been revised to take into account the results of the 2011 Population Census which provided a benchmark for revising the population figures compiled since the 2006 Population By-census.

Starting from 2009, figures are compiled based on the Hong Kong Standard Industrial Classification Version 2.0 and the series has been backcasted to 2008.

①Accommodation services cover hotels, guesthouses, boarding houses and other establishments providing short term accommodation.

12-3 按每月就业收入划分的就业人数

EMPLOYED PERSONS BY MONTHLY EMPLOYMENT EARNINGS

单位：万人，另有注明除外 (10 000 persons, unless otherwise specified)

每月就业收入(港元)	Monthly employment Earnings(HKD)	2008	2009	2010	2011	2012
< 3000	< 3000	12.8	13.3	11.3	10.1	9.9
3000 － 3999	3000 - 3999	26.7	27.5	27.3	28.2	29.1
4000 － 4999	4000 - 4999	9.4	9.2	8.1	6.8	6.9
5000 － 5999	5000 - 5999	14.6	13.2	11.6	8.5	6.2
6000 － 6999	6000 - 6999	22.6	22.0	20.3	16.5	11.3
7000 － 7999	7000 - 7999	23.8	23.1	23.2	22.2	17.8
8000 － 8999	8000 - 8999	26.2	27.7	27.2	28.9	28.6
9000 － 9999	9000 - 9999	23.0	21.4	21.0	21.3	25.7
10000 － 11999	10000 - 11999	32.4	32.8	35.9	38.2	38.3
12000 － 13999	12000 - 13999	28.5	27.7	29.6	33.0	35.2
14000 － 15999	14000 - 15999	25.2	25.2	25.6	26.0	29.6
16000 － 17999	16000 - 17999	9.5	8.7	8.8	9.8	12.3
18000 － 19999	18000 - 19999	9.8	9.5	9.5	10.1	9.6
20000 － 24999	20000 - 24999	26.5	27.6	27.0	30.1	31.6
25000 － 29999	25000 - 29999	14.3	12.8	13.1	14.7	15.4
30000 － 34999	30000 - 34999	13.7	13.9	14.6	17.1	17.0
35000 － 39999	35000 - 39999	5.5	5.5	5.7	6.4	8.0
40000 － 44999	40000 - 44999	5.6	5.9	6.0	6.0	7.5
45000 － 49999	45000 - 49999	3.2	3.2	3.7	3.8	3.7
50000 － 59999	50000 - 59999	6.0	5.8	6.3	6.8	8.9
60000 － 79999	60000 - 79999	5.3	4.7	5.2	5.8	5.6
80000 － 99999	80000 - 99999	2.3	2.3	2.5	2.6	3.0
≧ 100000	≧ 100000	4.0	3.9	4.1	4.8	5.2
总　计	Total	350.9	346.8	347.4	357.6	366.1
每　月	Monthly					
就业收入中位数(港元)	**Median Employment Earnings(HKD)**	**10600**	**10500**	**11000**	**11300**	**12000**

注：数字是根据每年1月至12月进行的“综合住户统计调查”结果，以及由政府统计处与跨部门人口分布推算小组共同编制按区议会分区划分年中人口估计数字而编制。

Notes: Figures are compiled based on data collected in the General Household Survey from January to December of the year concerned as well as the mid-year population estimates by District Council district compiled jointly by the Census and Statistics Department and an inter-departmental Working Group on Population Distribution Projections.

12-4 按行业划分督导级(不包括经理级与专业雇员)及以下雇员的工资指数

WAGE INDICES FOR EMPLOYEES UP TO SUPERVISORY LEVEL (MANAGERIAL AND PROFESSIONAL EMPLOYEES ARE NOT INCLUDED) BY INDUSTRY

(1992年9月 = 100) (September 1992=100)

行业主类	Industry Section	2008	2009	2010	2011	2012
名义工资指数	**Nominal Wage Index**					
制造	Manufacturing	159.9	155.3	153.7	170.0	172.8
进出口贸易、批发及零售	Import/Export, Wholesale and Retail Trades	165.1	166.2	173.5	188.1	195.1
运输	Transportation	149.1	151.6	153.9	161.8	166.4
住宿及餐饮服务活动①	Accommodation and Food Service Activities①	131.6	131.4	135.8	150.6	163.2
金融及保险活动	Financial and Insurance Activities	170.3	174.0	177.9	190.3	201.8
地产租赁及保养管理	Real Estate Leasing and Maintenance Management	162.0	164.0	167.1	186.6	199.8
专业及商业服务	Professional and Business Services	153.0	156.4	162.0	185.8	192.7
个人服务	Personal Services	188.1	187.9	196.3	222.0	240.7
所有选定行业②	All Selected Industries②	156.6	157.9	163.1	178.3	187.5
实际工资指数③	**Real Wage Index③**					
制造	Manufacturing	117.8	111.6	107.0	112.4	109.6
进出口贸易、批发及零售	Import/Export, Wholesale and Retail Trades	121.6	119.5	120.7	124.3	123.7
运输	Transportation	109.8	109.0	107.1	106.9	105.5
住宿及餐饮服务活动①	Accommodation and Food Service Activities①	96.9	94.4	94.5	99.6	103.5
金融及保险活动	Financial and Insurance Activities	125.4	125.1	123.8	125.8	128.0
地产租赁及保养管理	Real Estate Leasing and Maintenance Management	119.3	117.9	116.3	123.3	126.7
专业及商业服务	Professional and Business Services	112.7	112.5	112.8	122.8	122.2
个人服务	Personal Services	138.5	135.1	136.6	146.7	152.6
所有选定行业②	All Selected Industries②	115.3	113.5	113.5	117.9	118.9

注：指有关年度12月份的数字。由2009年的统计期开始，工资统计数字是按“香港标准行业分类2.0版”编制，其数列已作出后向估计至2004年3月。

①住宿服务包括酒店、宾馆、旅舍及其他提供短期住宿服务的机构单位。

②指“劳工收入统计调查”内工资统计调查所涵盖的所有行业，包括并没有列出其统计数字的电力及燃气供应业、污水处理及废弃物管理业与出版活动业。

③实际工资指数是以名义工资指数扣除以2009/10年为基期的甲类消费价格指数而计算出来。

Notes : Figures refer to December of the year. Starting from the reference year of 2009, the statistics are compiled based on the Hong Kong Standard Industrial Classification (HSIC) Version 2.0 and the series has been revised and backcasted to March 2004.

①Accommodation services cover hotels, guesthouses, boarding houses and other establishments providing short term accommodation.

②Figures refer to all industries covered by the wage enquiry of the Labour Earnings Survey, including the electricity and gas supply industry, sewerage and waste management activities industry and publishing activities industry, the statistics of which are not separately shown.

③The Real Wage Indices are derived by deflating the Nominal Wage Indices by the 2009/10-based Consumer Price Index (A).

12-5 消费价格指数（2009年10月-2010年9月=100）

CONSUMER PRICE INDICES (OCT.2009-SEP.2010=100)

项　　目	Item	权　数 Weight	2008	2009	2010	2011	2012
综合消费价格指数	**Composite Consumer Price Index**						
总指数	**All Items**	**100.00**	**97.8**	**98.4**	**100.7**	**106.0**	**110.3**
食品	Food	27.45	97.3	98.6	100.9	108.0	114.2
外出用膳	Meals Bought away from Home	(17.07)	97.4	99.0	100.6	105.9	111.6
食品(不包括外出用𦛀	Food(Excluding Meals Bought away from Home)	(10.38)	97.1	98.0	101.4	111.4	118.6
住屋①	Housing①	31.66	96.6	100.3	100.6	107.8	113.9
私人房屋租金	Private Housing Rent	(27.14)	96.1	99.6	100.5	107.7	115.1
公营房屋租金	Public Housing Rent	(2.05)	100.4	110.0	101.3	113.4	105.3
电力、燃气及水	Electricity, Gas and Water	3.10	96.9	72.2	103.6	99.2	91.1
烟酒	Alcoholic Drinks and Tobacco	0.59	81.6	96.9	100.1	117.2	120.7
衣履	Clothing and Footwear	3.45	96.2	98.6	100.5	107.3	110.6
耐用物品	Durable Goods	5.27	104.7	101.7	98.7	95.0	93.7
杂项物品	Miscellaneous Goods	4.17	96.1	98.3	100.6	104.4	106.7
交通	Transport	8.44	99.6	98.8	100.8	105.2	108.3
杂项服务②	Miscellaneous Services②	15.87	100.8	98.7	100.7	104.2	107.1
教育服务	Educational Services	(4.37)	103.0	99.2	100.5	103.0	105.8
资讯及通讯服务	Information and Communications Services	(2.40)	103.6	101.0	100.4	97.9	95.2
医疗服务	Medical Services	(2.74)	96.9	99.3	100.7	104.5	107.6

注：2009年10月起的消费价格指数是根据2009至2010年住户开支统计调查所得的开支权数编制。较早的指数则是根据旧的开支权数而经过按比例换算与新基期的指数拼接。

①除“私人房屋租金”及“公营房屋租金”外，“住屋”类别还包括“管理费及其他住屋杂费”和“保养住所材料”。而丙类消费物价指数中的“住屋”类别并不包括“公营房屋租金”。

②“杂项服务”类别包括“教育服务”、“资讯及通讯服务”、“医疗服务”及其他杂项服务。

Notes : The CPIs from October 2009 onwards are compiled based on expenditure weights obtained from the 2009/10 Household Expenditure Survey. The CPIs for earlier periods are compiled based on old weights and have been re-scaled to the new base period for linking with the new index series.

①Apart from "Private Housing Rent" and "Public Housing Rent", the "Housing" section also includes "Management Fees and Other Housing Charges" and "Materials for House Maintenance". For CPI(C), the "Housing" section does not include "Public Housing Rent".

②"Miscellaneous Services" section includes "Educational Services", "Information and Communications Services", "Medical Services" and other miscellaneous services.

十三、澳门资料

MAIN INDICATORS OF MACAO

13-1 经济活动人口及失业状况
LABOUR FORCE AND UNEMPLOYMENT

项　目	Item	2007	2008	2009	2010	2011	2012
劳动人口 （万人）	Labour Force (10 000 persons)	31.0	32.7	32.3	32.4	33.6	35.0
男	Male	16.6	17.3	16.6	16.5	17.1	18.1
女	Female	14.4	15.4	15.7	15.9	16.5	16.9
就业人口 （万人）	Employed Population (10 000 persons)	30.0	31.7	31.2	31.5	32.8	34.3
失业人口 （万人）	Unemployed Population (10 000 persons)	0.9	1.0	1.1	0.9	0.9	0.7
劳动力参与率 (%)	Labour Force Participation Rate (%)	69.2	70.7	72.3	72.0	72.5	72.4
失业率 (%)	Unemployment Rate (%)	3.1	3.0	3.5	2.8	2.6	2.0
就业不足率 (%)	Underemployment Rate (%)	1.0	1.6	1.8	1.7	1.1	0.8

13-2 按行业划分的就业人口
EMPLOYED POPULATION BY INDUSTRY

单位：万人　(10 000 persons)

行　业	Industry	2009	2010	2011	2012
总数	**Total**	**31.19**	**31.48**	**32.76**	**34.32**
农业、捕渔业 及采矿工业	Agriculture, Fishing, Mining & Quarrying	0.11	0.06	0.08	0.08
制造业	Manufacturing	1.64	1.52	1.28	1.03
水电及气体生产供应业	Electricity, Gas & Water Supply	0.09	0.09	0.13	0.15
建筑业	Construction	3.18	2.71	2.82	3.23
批发及零售业	Wholesale & Retail Trades	4.08	4.14	4.34	4.23
酒店及饮食业	Hotels, Restaurants & Similar Activities	4.32	4.28	4.61	5.30
运输、仓储及通信业	Transport, Storage & Communications	1.62	1.82	1.60	1.60
金融业	Financial Intermediation	0.73	0.73	0.81	0.82
不动产及工商服务业	Real Estate & Business Activities	2.53	2.75	2.80	2.43
公共行政及社保事务	Public Administration & Social Security	1.97	2.14	2.30	2.51
教育	Education	1.18	1.15	1.23	1.31
医疗卫生及社会福利	Health & Social Welfare	0.75	0.81	0.85	0.86
文娱博彩及其他服务业	Recreational, Cultural, Gaming & Other Services	7.37	7.54	8.20	8.95
家务工作	Domestic Work	1.60	1.74	1.68	1.80
其他及不详	Others and Unknown	0.01	0.01	0.02	0.01

13-3 按行业划分的月工作收入中位数
MEDIAN MONTHLY EMPLOYMENT EARNINGS BY INDUSTRY

单位：澳门元 (MOP)

行　　业	Occupation	2009	2010	2011	2012
总数	**Total**	**8500**	**9000**	**10000**	**11300**
制造业	Manufacturing	5000	5700	6500	7500
水电及气体生产供应业	Electricity, Gas & Water Supply	15000	16000	17500	16000
建筑业	Construction	9000	9500	10100	11700
批发及零售业	Wholesale & Retail Trade	7000	7500	8000	9000
酒店及饮食业	Hotels, Restaurants & Similar Activities	6500	7000	7500	8300
运输、仓储及通信业	Transport, Storage & Communications	8500	8500	10000	11000
金融业	Financial Intermediation	12000	13000	12000	14000
不动产及工商服务业	Real Estate & Business Activities	6000	6500	7000	8000
公共行政及社保事务	Public Administration & Social Security	19500	19500	20700	25000
教育	Education	13000	14000	15000	16000
医疗卫生及社会福利	Health & Social Welfare	10300	10000	12000	15000
文娱博彩及其他服务业	Recreational, Cultural, Gaming & Other Services	12000	12000	13000	14500
家务工作	Domestic Work	2800	2900	3000	3100

13-4 消费物价指数
CONSUMER PRICE INDEX

2008年4月至2009年3月=100 (04/2008-03/2009=100)

项　目	Items	权数 Weight	2008	2009	2010	2011	2012
综合消费价格指数	**Composite Consumer Price Index**						
总指数	**Global Index**	**100.00**	**100.23**	**101.40**	**104.25**	**110.30**	**117.04**
食品及非酒精饮料	Food and Non-alcoholic Beverages	32.78	97.19	102.57	107.41	116.16	126.06
烟酒	Alcoholic Beverages and Tobacco	1.12	99.34	109.08	114.23	115.59	150.61
服装、鞋	Clothing and Footwear	6.75	95.04	104.07	110.84	118.30	122.15
住房及燃料	Housing and Fuels	22.82	99.05	97.80	98.21	101.58	108.45
家居设备及用品	Household Goods and Furnishings	3.13	99.26	101.44	102.94	107.60	114.98
医疗	Health	2.90	98.68	102.08	106.57	113.04	119.61
交通	Transport	7.88	102.82	96.87	102.97	111.97	114.91
通讯	Communications	3.52	97.32	95.64	92.30	82.45	79.01
康乐及文化	Recreation and Culture	5.93	97.41	100.55	104.56	109.95	112.75
教育	Education	5.16	119.84	107.21	99.42	100.93	101.17
其他商品及服务	Miscellaneous Goods and Services	8.02	99.78	104.22	110.61	120.63	127.63

十四、台湾资料

MAIN INDICATORS OF TAIWAN

14-1 劳动力和就业状况
LABOUR FORCE AND EMPLOYMENT

项目	Item	2007	2008	2009	2010	2011	2012
劳动力人口 (万人)	Labour Force (10 000 persons)	1071.3	1085.3	1091.7	1107.0	1120.0	1134.1
男	Male	611.6	617.3	618.0	624.2	630.4	636.9
女	Female	459.7	468.0	473.7	482.8	489.6	497.2
就业人数 (万人)	Employment (10 000 persons)	1029.4	1040.3	1027.9	1049.3	1070.9	1086.0
男	Male	586.8	590.2	577.6	588.0	600.6	608.3
女	Female	442.6	450.1	450.2	461.3	470.2	477.7
就业者行业构成 (%)	Distribution of Employment by Industry (%)	100.0	100.0	100.0	100.0	100.0	100.0
农、林、渔、牧业	Agriculture, Forestry, Fishery and Animal Husbandry	5.3	5.1	5.3	5.2	5.1	5.0
工业	Industry	36.8	36.8	35.8	35.9	36.3	36.2
矿业及土石采取业	Mining and Quarrying	0.06	0.06	0.05	0.04	0.04	0.04
制造业	Manufacturing	27.6	27.7	27.1	27.3	27.5	27.4
电力及燃气供应业	Electricity, Gas	0.3	0.3	0.3	0.3	0.3	0.3
用水供应及污染整治业	Water Supply and Pollution Management	0.6	0.7	0.7	0.7	0.7	0.8
建筑业	Construction	8.2	8.1	7.7	7.6	7.8	7.8
服务业	Services	57.9	58.0	58.9	58.8	58.6	58.8
批发及零售业	Wholesale and Retail Trades	17.3	17.0	16.9	16.6	16.5	16.6
运输及仓储业	Transport, Storage, Communications	4.0	4.0	3.9	3.9	3.8	3.8
金融及保险业	Finance, Insurance	3.9	4.0	4.0	4.1	4.0	3.9
咨讯及通讯传播	Information and Communication	2.0	2.0	2.0	2.0	2.0	2.1
住宿及餐饮业	Hotels and Restaurants	6.6	6.6	6.7	6.9	6.8	6.9
教育服务业	Education	5.7	5.8	6.0	5.9	5.9	5.8
公共行政	Public Administration	3.2	3.3	3.7	3.7	3.6	3.5
失业人数 (万人)	Unemployment (10 000 persons)	41.9	45.0	63.8	57.7	49.1	48.1
劳动力参与率 (%)	Labour Force Participation Rate (%)	58.3	58.3	57.9	58.1	58.2	58.4
男	Male	67.2	67.1	66.4	66.5	66.7	66.8
女	Female	49.4	49.7	49.6	49.9	50.0	50.2
失业率 (%)	Unemployment Rate (%)	3.9	4.1	5.8	5.2	4.4	4.2

14-2 居民消费价格分类指数
CONSUMER PRICE INDICES

2011年=100　　(2011=100)

年份 Year	总指数 General Index	食品 Food	服装 Clothing	居住 Housing	交通 Transportation	医药保健 Medicines and Medical Care	教育娱乐 Education and Entertainment	杂项 Miscellaneous
2005	92.9	88.0	96.2	95.8	94.4	88.4	99.3	86.5
2006	93.5	87.4	92.8	96.6	96.0	91.3	99.4	90.1
2007	95.2	89.9	95.4	97.5	97.7	94.9	100.0	91.7
2008	98.5	97.6	96.3	99.0	99.9	97.0	101.3	93.3
2009	97.7	97.2	95.6	98.7	95.9	97.6	99.5	95.8
2010	98.6	97.8	97.2	99.2	98.6	98.2	99.5	98.6
2011	100.0	100.0	100.0	100.0	100.0	100.0	100.0	100.0
2012	101.9	104.2	102.5	101.1	100.4	100.9	100.7	102.3

附录一、国外有关资料

MAIN INDICATORS OF OTHER COUNTRIES

附录1-1 全部就业人数

A1-1 EMPLOYMENT

单位：千人 (1000 persons)

国 别	Country	2009	2010	2011	2012
阿根廷	Argentina	10401.9	10531.9	10765.7	10843.6
澳大利亚	Australia	10953.6	11189.0	11393.2	11513.6
加拿大	Canada	16813.1	17041.0	17306.2	17507.7
埃 及	Egypt	22775.5	23832.5	23351.8	23502.0
法 国	France	25639.5	25694.0	25777.8	25798.4
德 国	Germany	38471.1	38737.8	39737.1	40061.7
匈牙利	Hungary	3781.8	3781.2	3811.9	3877.9
印度尼西亚	Indonesia	104678.1	107806.7	110476.1	111805.5
意大利	Italy	23025.0	22872.3	22967.2	22898.7
日 本	Japan	62878.3	62563.3	61110.0	62700.0
韩 国	Korea, Republic of	23505.7	23828.8	24244.2	24680.7
马来西亚	Malaysia	11020.2	11291.4	12219.6	12545.0
墨西哥	Mexico	43678.1	45301.6	46306.3	47847.2
荷 兰	Netherlands	8596.1	8370.2	8368.7	8424.2
新西兰	New Zealand	2164.4	2180.3	2215.4	2216.1
挪 威	Norway	2499.5	2500.8	2535.5	2585.4
菲律宾	Philippines	35061.3	36034.8	37191.5	37621.8
葡萄牙	Portugal	5054.1	4978.2	4837.0	4634.7
罗马尼亚	Romania	9243.5	9239.4	9137.7	9262.8
俄罗斯	Russian Federation	69305.1	69803.3	70731.7	71390.7
瑞 典	Sweden	4499.1	4522.6	4626.0	4655.2
泰 国	Thailand	37706.3	38037.3	38464.7	38939.1
英 国	United Kingdom	28922.7	28941.5	29077.7	29428.1
美 国	United States	139877.5	139064.0	139869.0	142469.0

注：1)资料来源:国际劳工组织劳动统计数据库(下同)。

a)Date resources:ILO Labour Statistics Database (same as below).

附录1-2 全部女性就业人数
A1-2 FEMALE EMPLOYMENT

单位：千人 (1000 persons)

国 别	Country	2009	2010	2011	2012
阿根廷	Argentina	4396.9	4384.4	4441.3	4510.2
澳大利亚	Australia	4994.3	5077.3	5188.0	5258.0
加拿大	Canada	8052.4	8129.5	8221.1	8320.0
埃 及	Egypt	4549.5	4674.5	4626.5	4646.5
法 国	France	12176.8	12198.8	12239.9	12292.4
德 国	Germany	17655.2	17846.2	18334.0	18453.8
匈牙利	Hungary	1737.0	1758.6	1754.6	1795.5
印度尼西亚	Indonesia		41090.7	42669.5	42531.2
意大利	Italy	9235.8	9238.3	9348.6	9458.2
日 本	Japan	26421.7	26414.2	25799.2	26540.8
韩 国	Korea, Republic of	9771.4	9913.8	10091.1	10293.6
墨西哥	Mexico	16464.0	16998.4	17443.8	18253.6
荷 兰	Netherlands	3947.7	3844.3	3870.0	3899.8
新西兰	New Zealand	1015.9	1018.9	1037.7	1039.9
挪 威	Norway	1190.2	1186.0	1203.7	1223.2
菲律宾	Philippines	13657.3	14113.3	14619.0	14772.8
葡萄牙	Portugal	2366.5	2333.6	2262.5	2191.1
罗马尼亚	Romania	4143.0	4127.9	4111.7	4136.6
俄罗斯	Russian Federation	34295.5	34303.4	34742.3	35030.1
瑞 典	Sweden	2140.0	2129.6	2187.7	2213.3
泰 国	Thailand	17217.1	17384.9	17650.4	17810.0
英 国	United Kingdom	13474.5	13450.7	13502.1	13635.6
美 国	United States	66207.8	65705.0	65579.0	66914.0

附录1-3 全部男性就业人数

A1-3 MALE EMPLOYMENT

单位：千人 (1000 persons)

国 别	Country	2009	2010	2011	2012
阿根廷	Argentina	6005.0	6147.5	6324.4	6333.4
澳大利亚	Australia	5959.4	6111.7	6205.2	6255.6
加拿大	Canada	8760.7	8911.6	9085.1	9187.7
埃 及	Egypt	18226.0	19158.0	18725.0	18855.8
法 国	France	13462.8	13495.2	13538.0	13506.0
德 国	Germany	20815.9	20891.7	21403.1	21607.9
匈牙利	Hungary	2044.9	2022.6	2057.3	2082.4
印度尼西亚	Indonesia		66716.0	67806.6	69274.3
意大利	Italy	13789.2	13634.0	13618.6	13440.5
日 本	Japan	36455.0	36150.8	35310.8	36159.2
韩 国	Korea, Republic of	13734.1	13915.0	14153.2	14387.0
墨西哥	Mexico	27214.1	28303.2	28862.5	29593.7
荷 兰	Netherlands	4648.4	4525.9	4498.6	4524.3
新西兰	New Zealand	1148.5	1161.5	1177.8	1176.3
挪 威	Norway	1309.3	1314.7	1331.8	1362.3
菲律宾	Philippines	21403.5	21921.3	22573.5	22849.3
葡萄牙	Portugal	2687.6	2644.5	2574.5	2443.6
罗马尼亚	Romania	5100.5	5111.4	5026.1	5126.2
俄罗斯	Russian Federation	35063.1	35500.0	35989.5	36360.6
瑞 典	Sweden	2359.1	2392.9	2438.3	2441.9
泰 国	Thailand	20489.3	20652.5	20814.3	21129.1
英 国	United Kingdom	15448.2	15490.8	15575.6	15792.5
美 国	United States	73669.7	73359.0	74290.0	75555.0

附录1-4 非农行业就业人数

A1-4 EMPLOYMENT IN NON-AGRICULTURAL ACTIVITIES

单位：千人 (1000 persons)

国别	Country	2009	2010	2011	2012
阿根廷	Argentina	10274.5	10398.6	10636.9	10777.2
澳大利亚	Australia	10557.0	10785.8	11030.2	11148.6
加拿大	Canada	16496.9	16740.2	17000.7	17198.5
法国	France	24886.9	24944.6	25024.5	25044.2
德国	Germany	37823.9	38104.7	39089.3	39459.7
匈牙利	Hungary	3607.8	3612.5	3627.6	3676.8
印度尼西亚	Indonesia	62358.0	65645.9	69575.7	71761.9
意大利	Italy	22175.8	22005.5	22116.8	22049.6
日本	Japan	60207.5	60035.0	57530.0	59760.0
韩国	Korea, Republic of	21857.4	22262.5	22702.5	23152.7
马来西亚	Malaysia	9512.2	9717.8	10867.1	10862.4
墨西哥	Mexico	37676.5	39020.7	40007.2	41312.1
荷兰	Netherlands	8378.0	8137.6	8160.0	8215.8
新西兰	New Zealand	2021.4	2031.1	2062.4	2065.5
挪威	Norway	2432.1	2437.1	2475.5	2527.9
菲律宾	Philippines	23018.5	24079.3	24924.3	25517.5
葡萄牙	Portugal	4489.3	4436.0	4358.5	4148.7
罗马尼亚	Romania	6554.4	6459.5	6525.2	6580.5
俄罗斯	Russian Federation	63498.9	64275.1	65145.1	66052.7
瑞典	Sweden	4401.6	4428.6	4534.6	4560.1
泰国	Thailand	23013.8	23475.6	23581.6	23903.5
英国	United Kingdom	28601.8	28591.2	28725.0	29080.9
美国	United States	137774.0	136858.0	137615.0	140283.0

附录1-5 制造业就业人数

A1-5 EMPLOYMENT IN MANUFACTURING

单位：千人 (1000 persons)

国　别	Country	2009	2010	2011	2012
阿根廷	Argentina	1379.4	1434.1	1478.3	1409.3
澳大利亚	Australia	1015.1	993.1	964.0	965.5
加拿大	Canada	1781.8	1744.3	1760.2	1785.5
法　国	France	3509.6	3368.4	3398.1	3307.4
德　国	Germany	7848.0	7746.5	7897.6	7917.1
匈牙利	Hungary	792.7	785.1	807.6	803.1
印度尼西亚	Indonesia	12727.6	13438.4	14126.0	14789.4
意大利	Italy	4448.0	4265.3	4310.9	4207.7
日　本	Japan	10727.5	10482.5	9967.5	10322.5
韩　国	Korea, Republic of	3836.3	4027.5	4092.1	4104.9
马来西亚	Malaysia	1815.7	1898.8	2081.6	2062.7
墨西哥	Mexico	6545.4	6953.3	7083.8	7316.6
荷　兰	Netherlands	847.5	800.5	766.2	771.7
新西兰	New Zealand	249.5	247.5	249.6	245.9
挪　威	Norway	248.4	236.7	238.3	239.1
菲律宾	Philippines	2893.5	3033.3	3081.5	3130.3
葡萄牙	Portugal	851.6	826.6	813.3	769.5
罗马尼亚	Romania	1751.3	1646.7	1671.6	1683.0
俄罗斯	Russian Federation	10529.0	10582.0	10545.9	10673.0
瑞　典	Sweden	605.9	591.1	603.7	586.9
泰　国	Thailand	5373.9	5349.6	5359.6	5458.1
英　国	United Kingdom	2792.6	2850.9	2836.2	2886.8
美　国	United States	14202.0	14081.0	14336.0	14686.0

附录1-6 失业人数
A1-6 UNEMPLOYMENT

单位：千人 (1000 persons)

国 别	Country	2009	2010	2011	2012
阿根廷	Argentina	984.4	880.3	832.7	843.4
澳大利亚	Australia	648.9	616.7	611.2	636.0
加拿大	Canada	1516.0	1484.1	1393.1	1368.4
埃 及	Egypt	2359.5	2350.3	3180.3	3413.5
法 国	France	2575.2	2640.0	2612.1	2824.3
德 国	Germany	3228.2	2945.5	2501.4	2316.5
匈牙利	Hungary	420.7	474.8	467.9	475.6
印度尼西亚	Indonesia	9110.8	8456.1	7908.9	7429.6
意大利	Italy	1944.9	2102.4	2107.8	2743.6
日 本	Japan	3355.8	3335.0	2911.7	2847.5
韩 国	Korea, Republic of	888.8	918.1	854.7	819.9
马来西亚	Malaysia	413.7	387.7	389.1	393.1
墨西哥	Mexico	2509.9	2559.9	2549.9	2498.9
荷 兰	Netherlands	303.7	389.9	388.6	468.5
新西兰	New Zealand	141.4	152.2	154.6	164.5
挪 威	Norway	80.0	91.3	84.2	83.3
菲律宾	Philippines	2830.5	2858.8	2814.0	2832.5
葡萄牙	Portugal	528.6	602.6	706.1	860.1
罗马尼亚	Romania	680.7	725.1	730.2	701.2
俄罗斯	Russian Federation	6403.2	5644.9	5020.2	4245.5
瑞 典	Sweden	407.5	424.3	389.5	402.4
泰 国	Thailand	572.3	402.2	264.3	259.1
英 国	United Kingdom	2363.1	2440.2	2533.7	2510.8
美 国	United States	14265.0	14825.0	13747.0	12506.0

附录1-7 居民消费价格指数

A1-7 CONSUMER PRICE INDICES

(2005年=100) (2005=100)

国家和地区	Country or Region	2007	2008	2009	2010	2011	2012
孟加拉国	Bangladesh	116.5	126.9	133.7	144.6	160.1	174.1
文　莱	Brunei Darussalam	101.1	103.2	104.3	104.7	106.8	
柬 埔 寨	Cambodia	114.3	142.9	141.9	147.6	155.7	160.2
印　度	India	112.9	122.3	135.6	151.9	165.4	180.8
印度尼西亚	Indonesia	120.4	132.1	138.5	145.6	153.4	160.0
伊　朗	Iran	131.2	164.7	187.0	205.9	248.4	316.3
以 色 列	Israel	102.6	107.4	110.9	113.9	117.9	119.9
日　本	Japan	100.3	101.7	100.3	99.6	99.3	99.3
韩　国	Korea, Rep.	104.8	109.7	112.8	116.1	120.7	123.4
老　挝	Laos	111.6	120.1	120.2	127.4	137.0	142.9
马来西亚	Malaysia	105.7	111.5	112.1	114.0	117.7	119.6
蒙　古	Mongolia	114.6	143.3	152.3	167.8	183.7	
缅　甸	Myanmar	162.0	205.4	208.5	224.6	235.8	
巴基斯坦	Pakistan	116.1	139.7	158.7	180.8	202.3	221.9
菲 律 宾	Philippines	108.5	117.5	122.4	127.1	133.0	137.2
新 加 坡	Singapore	103.1	109.9	110.5	113.6	119.6	125.0
斯里兰卡	Sri Lanka	127.4	156.2	161.6	171.7	183.2	195.7
泰　国	Thailand	107.0	112.8	111.8	115.5	119.9	123.6
埃　及	Egypt	117.7	139.2	155.6	173.1	190.5	204.1
尼日利亚	Nigeria	114.1	127.3	142.0	161.4	178.9	200.8
南　非	South Africa	112.1	125.0	133.9	139.6	146.6	154.9
加 拿 大	Canada	104.2	106.7	107.0	108.9	112.0	113.7
墨 西 哥	Mexico	107.7	113.3	119.3	124.2	128.5	133.7
美　国	United States	106.2	110.2	109.9	111.7	115.2	117.6
阿 根 廷	Argentina	120.7	131.1	139.3	154.3	168.9	185.9
巴　西	Brazil	108.0	114.1	119.7	125.7	134.0	141.3
捷　克	Czech Rep.	105.5	112.2	113.4	115.0	117.2	121.1
法　国	France	103.2	106.1	106.2	107.8	110.1	112.3
德　国	Germany	103.9	106.6	107.0	108.2	110.4	112.6
意 大 利	Italy	103.9	107.4	108.2	109.9	112.9	116.4
荷　兰	Netherlands	102.8	105.4	106.6	108.0	110.5	113.2
波　兰	Poland	103.5	108.0	112.2	115.2	120.1	124.6
俄罗斯联邦	Russian Fed.	119.6	136.4	152.3	162.8	176.5	185.4
西 班 牙	Spain	106.4	110.7	110.4	112.4	116.0	118.8
土 耳 其	Turkey	120.2	132.7	141.0	153.1	163.0	177.5
乌 克 兰	Ukraine	123.1	154.1	178.6	195.4	210.9	212.1
英　国	United Kingdom	104.7	108.5	110.8	114.5	119.6	123.0
澳大利亚	Australia	106.0	110.6	112.6	115.8	119.7	
新 西 兰	New Zealand	105.8	110.0	112.3	114.9	120.0	120.8

注：1)资料来源：国际货币基金组织数据库。

a) Date resources: IFS Database.

附录二、主要统计指标解释

EXPLANATORY NOTES ON MAIN STATISTICAL INDICATORS

主要统计指标解释

就业人员 指从事一定社会劳动并取得劳动报酬或经营收入的人员。就业人员包括：（1）职工；（2）再就业的离退休人员；（3）私营业主；（4）个体户主；（5）私营企业和个体就业人员；（6）乡镇企业就业人员；（7）农村就业人员；（8）其他就业人员（包括现役军人）。

单位就业人员 指在各级国家机关、政党机关、社会团体及企业、事业单位中工作，取得工资或其他形式劳动报酬的全部人员。包括：在岗职工、再就业的离退休人员、民办教师以及在各单位中工作的外方人员和港澳台方人员、兼职人员、借用的外单位人员和第二职业者。不包括离开本单位仍保留劳动关系的职工。

在岗职工 指在本单位工作并由单位支付工资的人员，以及有工作岗位，但由于学习、病伤产假等原因暂未工作仍由单位支付工资的人员。

其他就业人员 各单位其他就业人员是指劳动统计制度规定不作职工统计，但实际参加各单位生产或工作并取得劳动报酬的人员。包括：再就业的离退休人员、民办教师以及在各单位中工作的外方人员和港、澳、台方人员。但不包括在各单位中工作并领取劳动报酬的在校学生。单位其他就业人员与在岗职工之和为该单位全部单位就业人员。

年末人数 指年末最后一天的实有人数。

国有单位 指资产归国家所有的经济组织。包括按《中华人民共和国企业法人登记管理条例》规定登记注册的非公司制的经济组织，以及中央、地方各级国家机关、事业单位和社会团体。

集体单位 指生产资料归集体所有，并按《中华人民共和国企业法人登记管理条例》规定登记注册的经济组织。

其他单位 包括股份合作单位、联营单位、有限责任公司、股份有限公司、港澳台商投资单位以及外商投资单位等其他登记注册类型单位。

使用的农村劳动力 指户粮关系在农村的职工。

第一产业 指农业（包括林、牧、渔业等）。

第二产业 指采矿业、制造业、电力、热力、燃气及水生产和供应业、建筑业。

第三产业 指上述第一、第二产业以外的其他行业。

企业 指从事商品生产、流通、经营和服务性经济活动，以营利为目的并在工商行政管理部门登记的独立核算单位。包括：农业企业，工业企业，建筑企业，交通运输和邮电通讯企业，商业企业，公共饮食企业，物资供销和仓储企业，房地产企业、居民服务企业和市内公共交通企业、文化企业，金融、保险企业（不包括中国人民银行总行），其他企业。

事业 指从事为生产和生活服务以及提高人民科学、文化水平和素质服务的独立核算单位。包括：农、林、牧、渔、水利事业，地质普查和勘探事业，勘察、建筑设计事业，交通运输事业，房地产管理、公用事业和咨询服务事业，卫生、体育和社会福利事业，教育、文化艺术和广播电影电视事业，科学研究和综合技术服务事业，其他事业。

机关 指具有代表国家权力和行使国家行政、检察、审判职能，组织协调社会、政治、经济、科技等活动的独立核算单位。包括：国家机关，政党机关和社会团体。

城镇单位就业人员工资总额 指各单位在一定时期内直接支付给本单位全部就业人员的劳动报酬总额。包括职工工资总额和其他就业人员工资总额。

工资总额 指各单位在一定时期内直接支付给本单位全部就业人员的劳动报酬总额。工资总额的计算应以直接支付给就业人员的全部劳动报酬为根据。各单位支付给就业人员的劳动报酬以及其他根据有关规定支付的工资，不论是计入成本的还是不计入成本的，不论是以货币形式支付的还是以实物形式支付的，均应列入工资总额的计算范围。工资总额包括计时工资、计件工资、奖金、津贴和补贴、加班加点工资、特殊情况下支付的工资。

其他就业人员工资总额 指各单位在一定时期内直接支付给本单位其他就业人员的全部劳动报酬。

平均工资 指企业、事业、机关等单位的就业人员在一定时期内平均每人所得的货币工资额。

计算公式为：

$$平均工资=\frac{报告期实际支付的全部就业人员工资总额}{报告期全部就业人员平均人数}$$

平均实际工资 指扣除物价变动因素后的就业人员平均工资。计算公式为：

$$平均实际工资=\frac{报告期就业人员平均工资}{报告期城市居民消费价格指数}$$

城镇失业人员 指城镇常住人口中一定年龄以上，有劳动能力，在调查期间无工作，当前有就业可能并以某种方式寻找工作的人员。在城镇劳动力调查中对城镇 1 6 岁及以上，具有劳动能力并同时符合以下各项条件的人员列为失业人员：

（1）在调查周内未从事为取得劳动报酬或经营利润的劳动，也没有处于就业定义中的暂时未工作状态；

（2）在某一特定期间内采取了某种方式寻找工作；

（3）当前如有工作机会可以在一个特定期间内应聘就业或从事自营职业。

城镇登记失业人员 是指有非农业户口，在劳动年龄(16 周岁至退休年龄)内，有劳动能力，无业而要求就业，并在当地就业服务机构进行求职登记的人员。不包括：(1)正在就读的学生和等待就学的人员；(2)已经达到国家规定的退休年龄或虽未达到国家规定的退休年龄但已经办理了退休(含离休)、退职手续的人员；(3)其他不符合失业定义的人员。

城镇失业率 指城镇失业人数同城镇就业人数、城镇失业人数之和的比。计算公式为：

$$城镇失业率=\frac{城镇失业人数}{城镇就业人数+城镇失业人数}\times 100\%$$

城镇登记失业率 城镇登记失业人员与城镇单位就业人员（扣除使用的农村劳动力、聘用的离退休人员、港澳台及外方人员）、城镇单位中的不在岗职工、城镇私营业主、个体户主、城镇私营企业和个体就业人员、城镇登记失业人员之和的比。计算公式为：

$$城镇登记失业率=\frac{城镇登记失业人数}{\begin{array}{l}(城镇单位就业人员-使用的农村劳动力-聘用的离退休\\人员-聘用的港澳台及外方人员)+不在岗职工+城镇\\私营业主+城镇个体户主+城镇私营企业及个体就业人\\员+城镇登记失业人数\end{array}}\times 100\%$$

城镇职工基本养老保险

1.（参保）职工人数 指报告期末按照国家法律、法规和有关政策规定参加基本养老保险并在社保经办机构已建立缴费记录档案的职工人数，包括中断缴费但未终止养老保险关系的职工人数，不包括只登记未建立缴费记录档案的人数。

2.（参保）离退休人员人数 指报告期末参加基本养老保险的离休、退休和退职人员的人数。

3. 基金收入 指根据国家有关规定，由纳入基本养老保险范围的缴费单位和个人按国家规定的缴费基数和缴费比例缴纳的养老保险基金，以及通过其他方式取得的形成基金来源的收入。包括单位和职工个人缴纳的基本养老保险费、基本养老保险基金利息收入、上级补助收入、下级上解收入、转移收入、财政补贴和其他收入。

4 **基金支出**　指按照国家政策规定的开支范围和开支标准从养老保险基金中支付给参加基本养老保险的个人的养老金、丧葬抚恤补助，以及由于保险关系转移、上下级之间调剂资金等原因而发生的支出。包括离休金、退休金、退职金、各种补贴、医疗费、死亡丧葬补助费、抚恤救济费、社会保险经办机构管理费、补助下级支出、上解上级支出、转移支出、其他支出等。

5. **基金累计结余**　指截止报告期末基本养老保险基金收支相抵后的累计余额。

基本医疗保险

1. **参保人数**　指报告期末按国家有关规定参加相应基本医疗保险的人数。

2. **基金收入**　指由用人单位和个人按照国家规定的缴费基数、缴费比例或缴费标准缴纳的基本医疗保险基金，财政补助资金以及通过其他方式取得的形成基金来源的款项，包括：单位缴纳收入、个人缴纳收入、财政补助收入（含医疗救助补助个人收入）、财政补贴收入、利息收入和其他收入。

3. **基金支出**　指按照国家政策规定的开支范围和开支标准，从基本医疗保险基金中支付给参保人员的医疗保险待遇支出，以及其他支出。包括住院医疗费用支出、门急诊医疗费用支出、个人账户基金支出、其他支出。

4. **基金累计结余**　指截止报告期末基本医疗保险基金累计结余金额。

失业保险

1. **参保人数**　指报告期末按照国家法律、法规和有关政策规定参加了失业保险的城镇企业、事业单位的职工及地方政府规定参加失业保险的其他人员的人数。

2. **基金收入**　指报告期内筹集的失业保险基金的总额，包括失业保险费收入、利息收入、财政补贴收入、其他收入、转移收入、上级补助收入、下级上解收入。

3. **基金支出**　指报告期内为保障失业人员基本生活、促进其再就业等支出的基金总额，包括失业保险金支出、医疗补助金支出、丧葬补助金和抚恤金支出、职业培训和职业介绍补贴支出、农民合同制工人一次性生活补助支出、其他支出、转移支出、上级补助支出、下级上解支出。

4. **基金累计结余**　指截止报告期末失业保险基金收支相抵后的累计余额。

工伤保险

1. **参加保险人数**　指报告期末依据国家有关规定参加工伤保险的职工人数和有雇工的个体工商户的雇工数。

2. **享受保险待遇人数**　指年初至报告期末因工伤或职业病而享受工伤保险待遇的人数。为享受工伤医疗待遇中未评定等级的人数、享受伤残待遇人数以及享受因工死亡待遇人数之和。

3. **基金收入**　指根据国家有关规定，由参加工伤保险的单位按国家规定的缴费基数和缴费比例缴纳的工伤保险基金，以及通过其他形式取得的形成基金来源的款项。包括：单位缴纳的社会统筹基金收入、财政补贴收入、利息收入、其他收入。

4. **基金支出**　指按照国家政策规定的开支范围和开支标准从工伤保险基金中支付给参加工伤保险的人员及供养直系亲属工伤保险待遇支出及其他支出。包括工伤医疗费、伤残补助金、工亡补助金、护理费、丧葬补助费、工伤预防费用、职业康复费用和其他支出。

5. **基金累计结余**　指截止报告期末工伤保险基金累计结余金额。

生育保险

1. **参保人数**　指报告期末依据有关规定参加生育保险的人数。

2. **基金收入**　指根据国家有关规定，由参加生育保险的单位按照国家规定的缴费基数和缴费比例缴纳的生育保险基金，以及通过其他方式取得的形成基金来源的款项，包括：单位缴纳的基金收入、利息收入和其他收入。

3. 基金支出 指按照国家政策规定的开支范围和开支标准，从生育保险基金中支付给参加生育保险的职工，因妊娠、分娩和计划生育手术而享受的待遇及其他支出。包括：生育津贴、医疗费用支出及其他支出。

4. 基金累计结余 指截止报告期末生育保险基金累计结余金额。

Explanatory Notes on Main Statistical Indicators

Employment refers to total number of persons engaged in social economic activities that generate income, including:

(1) Total formal employees

(2) Reemployed retirees

(3) Employers in urban private enterprises

(4) Urban individual laborers

(5) Employment in urban private enterprises and individual households

(6) Employment in township and village enterprises

(7) Rural laborers

(8) Other social laborers（Servicemen included）

Staff and Workers refers to those who work in (and receive income there from) units with state ownership, urban collective ownership, joint ownership, share holding stock ownership, limited liability corporations, foreign and Hong Kong, Macao, and Taiwan Chinese fund or other ownership and their affiliated units.

On-post Staff and Workers refer to those who are practically working in a certain urban unit, including those who are temporarily absent because of study, disease, vocation or other reasons.

Year-end Number refers to those who are employed on the last day of the year.

State-owned Units refers to various enterprises, institutions, and government administrative organizations at various levels, social organizations, etc., with state ownership of production means.

Collective-owned Units refers to various enterprises and institution with collective ownership of production means, including various rural economic organizations engaging in agriculture, forestry, animal husbandry and fishery, enterprises and institutions run by townships and villages; collective enterprises and institutions run by cities, counties, towns, and neighborhood committees.

Other Ownership Units involve joint ownership, share holding stock ownership, limited liability corporations, foreign and Hong Kong, Macao, and Taiwan Chinese fund or other ownership.

Employment in Urban Private Enterprises and Individual units refers to those who have their population records in urban area and take part in productions or operations in urban private enterprises or individual units, and get earnings from the units, including helpers, apprentices and employees.

Primary Industry refers to farming, forestry, animal husbandry and fishery.

Secondary Industry refers to mining manufacturing, electricity, production and supply of electriciy, heat, gas and water and construction.

Tertiary Industry refers to the sectors except primary industry and secondary industry.

Enterprises refer to those units engaged in economic activities such as production, circulation, operation or service, etc.

Institutions refer to those units engaged in service activities for production and daily life, such as transportation, real estate, public affairs, health care, sports, education, social welfare, communication, science research, etc.

Organizations refer to those units engaged in organizing and coordinating activities on society, politics, economics and science, such as government and Party agencies, communities, social and personal services, etc.

Total wages refer to total remuneration payment to all employment in various units in urban area (excluded urban private sectors and individuals) during a certain period of time, including staff and workers and other employment (i.e., reemployed retirees or those who are from Hong Kong, Macao, Taiwan or other countries).

Total Wage Bill of employees refers to total remuneration payment to all employees in various units in urban area (excluded urban private sectors and individuals) during a certain period of time. The calculation of total wage bill is based on the total remuneration payment. Therefore, wages and salaries and other payments to employees should be included at all and regardless of its resource, category, both in kind or cash.

Average Wage of employees refers to the average wage level in money terms per employee during a certain period of time, it is calculated as follows:

$$\text{Average Wage of Employees} = \frac{\text{Total Wage Bill of employees Average Wage of in Reference Period}}{\text{Average Number employees in Reference Period}}$$

Average Real Wage of employees refers to the average wage of employees after deducting consumer price index, which is calculated as follows:

$$\text{Average Real Wage of Employees} = \frac{\text{Average Wage of Employees in Reference Period}}{\text{Urban Consumer Price Index in Reference Period}}$$

Urban Unemployment refers to those urban inhabitants who (1) aged 16 or above, (2)be able to but not work, (3)meanwhile looking for a job, and (4)available for work within two weeks.

Urban Registered Unemployment refers to those who (1) with nonagricultural residence cards, (2) within a certain working age scope (16 to retired age), (3)be able to but not work, (4)want to work and have registered in the local labor exchanges for looking for jobs.

Urban Unemployment Rate refers to the ratio of unemployment in urban area to total employment and unemployment in urban area, which is calculated as follows:

$$\text{Urban Unemployment Rate} = \frac{\text{Urban Unemployment}}{\text{Urban Employment} + \text{Urban Unemployment}} \times 100\%$$

Urban Registered Unemployment Rate refers to the ratio of urban registered unemployment to the sum of employment in urban units (excluded those who have agricultural residence cards, reemployed retirees, and those who are from Hong Kong, Macao, Taiwan or other countries) and not-on-post staff and workers and employment in urban private sectors and individuals and urban registered unemployment. It is calculated as follows:

$$\text{Urban Registered Unemployment Rate} = \frac{\text{urban registered unemployment}}{\begin{array}{l}\text{(employment in urban units - those who have agricultural}\\ \text{residence cards - reemployed retirees - those who are from}\\ \text{Hong Kong, Macal, Taiwan or other countries + not - on - post}\\ \text{staff and workers + employment in urban private sectors and}\\ \text{individuals + urban registered unemployment.}\end{array}} \times 100\%$$

Basic Pension Insurance

1. Number of staff and workers covered refer to staff and workers participating in the basic pension insurance programme according to national laws, regulations and related policies at the end of the reference period, who have already had payment records in social security management agencies, including those who have interrupt payment without terminating the insurance programme. Those who have registered in the programme but with no payment records are not included.

2. Number of retirees participating in the basic pension insurance programme refer to the number of retirees participating in basic pension insurance programmes by the end of the reference period.

3. Revenue of the basic pension insurance programme refers to payments made by employers and individuals participating in the pension insurance programme in accordance with the basis and proportion stipulated in State regulations, and income from other sources that become source of pension insurance fund, including the premium paid by employers and staff and workers, interest income, subsidies from higher level agencies, income as transfer from subordinate agencies, transferred income, government financial subsidies and other income.

4. Expenditure of basic pension insurance programme refer to payment made on pensions and funeral subsidies to those retired and resigned people covered in pension insurance programmes according to related national policies on scope and standard of expenditure. Also included are expenditure which arises due to shift of the insurance relationship or adjustment of funds among agencies. More specifically, included are pensions for resigned people, pensions for retired people, pension for people quitting jobs, various subsidies, medical fees, funeral subsidies, compensation payments, management fees for social security agencies, expenses on subsidies to lower subordinates, expenses as transfer to agencies at higher level, transferred expenditure and other expenditure.

5. Balance of basic pension insurance programme refers to the balance of basic pension insurance funds at the end of the reference period after deducting expenses from revenue.

Basic Medical Care Insurance

1. Number of people participating in the insurance programme refers to people participating in the basic medical care insurance programme according to related regulations as at the end of reference period.

2. Revenue of the insurance programme refers to payments made by employers and individuals participating in the medical care insurance programme in accordance with the basis and proportion stipulated in State regulations, and income from other sources that become source of medical insurance fund, including income paid by units, individual paid income, financial assistance's income (including individual income from medicaid), financial subsidies' income, interest income and other income.

3. Expenditure of the insurance programme refers to payment made to people covered in basic medical care insurance programme within the scope and standards of expenditure according to related national policies, and medical care payment and other expenses, including medical expenses of hospital inpatients, medical expenses for outpatients and emergency patients, payment from individual accounts and other expenditure.

4. Balance of the basic medical care insurance programme refers to the balance of medical care insurance funds at the end of the reference period.

Unemployment Insurance

1. Number of people covered refers to staff and workers in urban enterprises or institutions who have participated in the unemployment insurance programme according to relevant policies and regulations, and other people who have participated according to local government regulations, as at the end of reference period.

2. Revenue of the unemployment insurance programme refers to the total unemployment insurance funds raised in the reference period, including unemployment insurance premium, interest income, financial subsidies, other income, transferred income, subsidies from higher level agencies and income as transfer from subordinate agencies..

3. Expenditure of the unemployment insurance programme refers to total expenses during the reference period to guarantee the basic livelihood of unemployed people, and to encourage their re-employment. Included are unemployment relief, medical fees, funeral subsidies, compensation payments, training expenses, management fees for unemployment insurance agencies, subsidies to lower level agencies, expenses as transfer to higher level agencies, transferred expenditure and other expenditure.

4. Balance of the unemployment insurance programme refers to the balance of revenue of the programme after deducting expenses at the end of the reference period.

Work Injury Insurance

1. Number of people covered refers to staff and workers who have participated in the work injury insurance programme and number of employees in private business according to relevant national regulations at the end of the reference period.

2. Number of beneficiaries refers to number of people benefited from work injury insurance, as a result of work injury or occupational disease. It is the sum of beneficiaries from the work injury medical treatment withut rating, disabilities and deaths at work places.

3. Revenue of the work injury insurance programme refers to payments made by employers participating in the work injury insurance programme in accordance with the basis and proportion stipulated in State regulations, and income from other sources that become source of work injury insurance fund, including income of social comprehensive funds paid by employers, government financial subsidies, interest income and other income.

4. Expenditure of the work injury insurance programme refers to payments made from work injury insurance funds to those who participated in the work injury insurance programme and their direct dependents within the scope and standards of expenditure according to related national policies, and other expenditure, including medical fees for work injury, injury and disability subsidies, death subsidies, nursing fees, funeral subsidies, injury prevention fees, occupational rehabilitation fees and other expenditure.

5. Balance of the work injury insurance programme refers to the balance of the work injury funds at the end of the reference period.

Maternity Insurance

1. Number of people covered refers to people who have participated in the maternity insurance programme according to relevant regulation at the end of the reporting period.

2. Revenue of maternity insurance refers to payments made by employers participating in the maternity insurance programme in accordance with the basis and proportion stipulated in State regulations, and income from other sources that become source of maternity insurance fund, including income of funds paid by employers, interest income and other income.

3. Expenditure of the maternity insurance programme refers to payments made from maternity insurance funds to staff and workers who participate in the maternity insurance programme within the scope and standards of expenditure in accordance with related national policies, expenses paid for pregnancy, child delivery or surgeries related to family planning, and other expenditure, including allowance for child bearing, medical fees and other expenditure.

4. Balance of the maternity programme refers to the balance of the maternity insurance funds at the end of reference period.